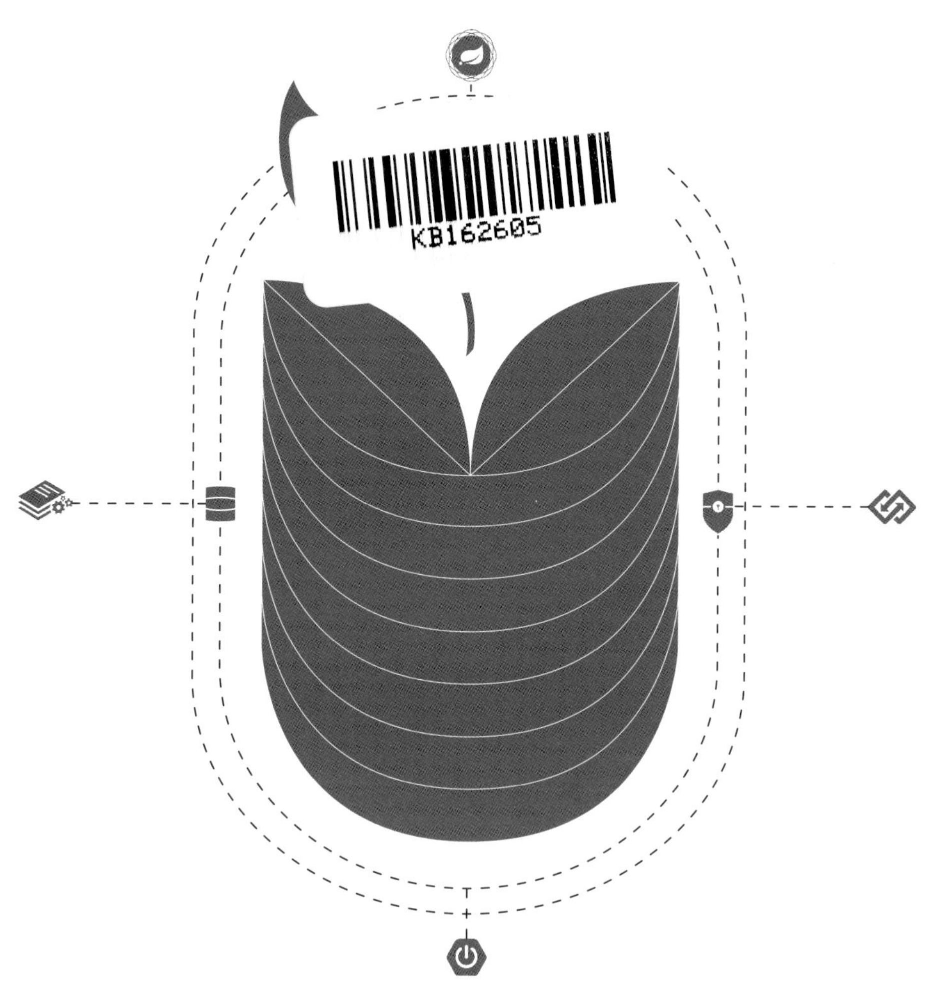

배워서 바로 쓰는

스프링 프레임워크

애시시 사린, 제이 샤르마 지음
오현석 옮김

한빛미디어
Hanbit Media, Inc.

지은이 · 옮긴이 소개

지은이 **애시시 사린** Ashish Sarin

선 공인 엔터프라이즈 아키텍트(SCEA)로서 18년 이상 애플리케이션의 아키텍처를 잡아온 경력을 갖고 있다. 『Spring Roo 1.1 Cookbook』(팩트, 2017)과 『Portlets in Action』(매닝, 2011)의 저자다.

지은이 **제이 샤르마** J Sharma

다양한 스프링 애플리케이션 개발 경력을 지닌 프리랜서 자바 개발자다.

옮긴이 **오현석** enshahar@gmail.com

KAIST에서 전산학 학사와 석사 학위(프로그래밍 언어 연구실)를 취득했다. 삼성메디슨, 비트앤펄스 등에서 UI 개발자와 개발 팀장을 지냈고, 현재 호주 브리즈번 JNF Soft에서 소프트웨어 개발자 및 컨설턴트로 일하고 있다. 최근에는 블록체인 관련 기반 기술 연구 개발과 블록체인을 활용한 서비스 개발에 참여했다. 함수형 프로그래밍을 활용해 오류 발생 가능성이 적으면서도 유지 보수가 편한 프로그램을 작성하는 방법과 이를 지원하는 여러 도구를 만드는 일에 관심이 많다. 『엔터프라이즈 자바 마이크로서비스』(한빛미디어, 2019), 『Kotlin in Action』(에이콘, 2017) 등 20여 권의 책을 번역했다.

옮긴이의 말

스프링은 국내에서 가장 널리 쓰이는 프레임워크 중 하나이므로 시중에 다양한 책이 나와 있다. 최근 스프링 부트가 대세로 자리 잡으면서 스프링 부트를 사용해 간편하게 개발을 시작할 수 있으며, 마이크로서비스 아키텍처에 사용할 마이크로서비스를 스프링 JAR로 가볍게 배포하는 형태로도 많이 쓰이고 있다.

스프링 부트를 사용하면 간편하게 개발을 진행할 수 있지만, 디버깅하거나 좀 더 미세하게 설정을 변경해야 한다면, 스프링 프레임워크의 내부 구조를 이해하고 애플리케이션 컨텍스트 XML, 애너테이션, 스프링 프레임워크 자바 메서드 호출 사이의 관계를 이해해야 한다. 이 책은 스프링 프레임워크의 동작과 구조를 이해하고, 여러분이 원하는 작업을 XML, 애너테이션, 자바 메서드 호출을 사용해 달성하는 방법에 대해 설명한다. 따라서 이 책은 스프링을 배울 때는 물론, 실무에서 스프링을 사용하며 필요한 부분을 찾아보는 참고서로도 활용할 수 있다.

아무쪼록 이 책이 여러 자바 개발자에게 도움이 되기를 바란다.

2020년 4월 오현석

이 책의 사용법

예제 프로젝트 다운로드하기

이 책에는 다양한 예제 프로젝트가 들어 있다. 예제 프로젝트는 깃허브(https://github.com/getting-started-with-spring/4thEdition)에서 다운로드할 수 있다.

예제 프로젝트를 ZIP 파일 하나로 다운로드할 수도 있고, 깃 명령어를 사용해 프로젝트를 체크아웃checkout할 수도 있다. 더 자세한 내용은 위의 URL을 참조한다.

예제 프로젝트를 이클립스 IDE에 임포트하기

이 책을 읽는 과정에서 **IMPORT** `chapter<번호>/<프로젝트 이름>`이 나오면, 해당 프로젝트를 여러분이 사용 중인 이클립스Eclipse IDE에 임포트해야 한다(원한다면 다른 IDE도 좋다). 부록 B는 예제 프로젝트를 임포트하고 실행하기 위해 어떤 단계를 거쳐야 하는지 자세히 다룬다.

예제 코드의 위치 지정

각 예제에는 프로젝트 이름(`#프로젝트`라는 제목을 사용)과 예제 파일의 위치(`#src/main/java/sample/spring/chapterXX`라는 제목을 사용)가 있다. 만약 예제 코드에 프로젝트 이름과 예제 파일의 위치가 없다면 예제 프로젝트에서 사용하지 않는다는 뜻이며, 단지 이해를 돕기 위해 본문에 표시하고 있음을 의미한다.

문의나 제안

구글 그룹스 포럼(https://groups.google.com/forum/#!forum/getting-started-with-springframework)을 통해 저자들에게 문의나 제안을 보낼 수 있다.

각 장에서 배울 수 있는 내용을 간단히 살펴보면 다음과 같다.

CHAPTER 1. 스프링 프레임워크 소개

스프링을 이루는 여러 모듈을 소개하고 각각의 장점을 알아본다. 스프링 DI 기능을 사용하는 간단한 스프링 애플리케이션을 살펴보면서 스프링 및 웹 애플리케이션 개발에 중요한 애플리케이션의 아키텍처를 이해한다.

스프링과 웹 애플리케이션에 대한 기초 지식을 알아본다. 스프링에 대한 자세한 설명보다는 스프링 및 웹 애플리케이션 개발에 중요한 애플리케이션의 아키텍처를 살펴본다. 초심자에게는 필수적이다.

CHAPTER 2. 스프링 프레임워크 기초

스프링의 기본 개념을 다룬다. '인터페이스를 사용하는 프로그래밍' 설계 접근 방법을 살펴보고, 빈 인스턴스를 만드는 다양한 접근 방법과 생성자 기반 DI, 빈 스코프에 대해 알아본다.

스프링 코어의 하나인 DI를 살펴본다. DI의 개요를 설명하고 스프링에서 DI를 어떻게 이용하는지 알아본 후, 그 특징과 사용법에 내해 이해해본다.

CHAPTER 3. 빈 설정

빈 설정 방법을 살펴본다. 빈 정의 상속과 스프링 `util` 스키마, `p`-이름공간과 `c`-이름공간, `FactoryBean` 인터페이스 등을 살펴본다.

빈 정의 상속을 사용해 빈 정의를 더 간결하고 관리하기 쉽게 만드는 방법을 살펴본다. 여러 타입의 빈 프로퍼티나 생성자 인자를 설정하는 방법을 살펴보고, 스프링의 `util` 스키마를 사용하는 방법과 스프링 `FactoryBean` 인터페이스를 활용해 빈 팩토리를 만드는 방법을 배운다. 그리고 p-와 c-이름공간을 사용해 빈 정의를 간결히 작성하는 방법도 알아본다. 또 스프링에 내장된 PropertyEditor 구현을 몇 가지 배워보고 스프링 컨테이너에 프로퍼티 에디터를 추가 등록하는 방법도 살펴본다.

CHAPTER 4. 의존 관계 주입

스프링이 다양한 의존 관계 주입을 어떻게 처리하는지 살펴본다. 앞장에서는 스프링 컨테이너가 빈 인스턴스 생성과 의존 관계 주입을 책임지는 내용이 나온다.

데이터 액세스 층의 설계상 문제점과 해결책을 알아본 다음, 스프링 JDBC와 스프링 Data JPA를 살펴본다. 스프링 JDBC와 스프링 Data JPA의 이점 및 사용법을 이해할 수 있을 것이다.

CHAPTER 5. 빈과 빈 정의 커스텀화하기

커스텀 초기화와 정리 로직을 빈 인스턴스에 추가하는 방법을 살펴본다. 그리고 BeanPostProcessor 구현을 사용해 새로 생성된 빈 인스턴스를 변경하고, BeanFactoryPostProcessor를 사용해 빈 정의를 변경하는 방법도 알아본다. 스프링은 내부적으로 BeanPostProcessor와 BeanFactoryPostProcessor를 사용해 여러 프레임워크 기능을 제공한다.

CHAPTER 6. 애너테이션 기반 개발

스프링의 애너테이션 기반 개발 지원에 대해 살펴본다. 애너테이션을 사용해 3, 4, 5장에서 배운 빈 정의와 똑같은 정보를 빈 클래스에 지정한다. 이 장을 마치고 나면 XML 파일에 명시적으로 빈을 설정하는 수고를 덜 수 있다.

CHAPTER 7. 자바 기반의 컨테이너 설정

프로그램 코드로 스프링 컨테이너를 설정하고, 컨테이너에 빈을 등록하는 방법을 살펴본다. 이 장을 마치고 나면 애플리케이션 개발에서 XML이나 자바 애너테이션, 자바 기반 컨테이너 설정 중 원하는 방법을 취향에 맞게 선택할 수 있다.

CHAPTER 8. 스프링을 사용해 데이터베이스와 상호 작용하기

대표적인 ORM 데이터 액세스 기술인 하이버네이트와 연계하는 방법을 알아본다. 이 장을 마치면 ORM 단독으로 사용하는 것보다 스프링과 연계하는 편이 좋다는 점을 알 수 있으며, 각 ORM의 특징을 이해한 후 실제 현장에서 무엇이 최적인지 판단할 수 있다.

CHAPTER 9. 스프링 데이터

스프링 데이터 JPA와 스프링 데이터 몽고DB 프로젝트를 사용해 애플리케이션의 리포지터리 레이어를 만드는 방법을 살펴본다. 이 장을 마치면 대부분의 스프링 데이터 프로젝트가 따르는 핵심 개념을 이해할 수 있다.

CHAPTER 10. 스프링을 사용한 메시징, 전자우편, 비동기 메시지 실행, 캐싱

자바 메시지 서비스Java Message Service(JMS)를 사용한 메시징, 전자우편, 비동기 메시지를 전송하는 방법을 알아본다. 스프링 5부터 지원하는 `java.util.concurrent.ConcurrentMap`, `Ehcache`, `Caffeine`, `Guava`, `GemFire`나 `JSR 107`(자바 임시 캐싱 API)을 구현한 캐시 솔루션에 대한 캐시 추상화를 알아본다.

CHAPTER 11. AOP

이번 장에서는 AOP의 개념을 살펴보고, 스프링 AOP를 사용해 스프링 애플리케이션에서 횡단 관심사를 표현하는 방법을 살펴본다. 그리고 AspectJ 애너테이션 스타일과 XML 스키마 스타일로 애스팩트를 만드는 방법도 알아본다.

CHAPTER 12. 스프링 웹 MVC 기초

스프링 웹 MVC 애플리케이션에서 중요한 객체를 살펴본다. 샘플 애플리케이션을 학습하며 스프링의 MVC 프레임워크 개념을 이해하고, MVC 프레임워크를 구성하는 기본적인 클래스 이용법을 알아본다.

CHAPTER 13. 스프링 웹 MVC를 활용한 검증과 데이터 바인딩

스프링 웹 MVC의 핵심 기능들을 학습한다. 애너테이션을 설정한 컨트롤러를 개발할 때 자주 쓰는 `@ModelAttribute`와 `@SessionAttribute`에 대해 알아본 후, 스프링이 데이터 바인딩과 검증을 어떻게 수행하는지 자세히 살펴본다.

CHAPTER 14. 스프링 웹 MVC로 RESTful 웹 서비스 개발하기

스프링 웹 MVC를 사용해 RESTful 웹 서비스를 어떻게 개발하는지 살펴본다. 그리고 `RestTemplate`을 사용해 RESTful 웹 서비스에 동기적으로 접근하고, `WebClient`를 사용해 레스트풀 웹 서비스에 비동기적으로 접근하는 방법도 알아본다.

CHAPTER 15. 스프링 웹 MVC 더 살펴보기 - 국제화, 파일 업로드, 비동기 요청 처리

이번 장에서는 웹 애플리케이션을 개발할 때 필요한 스프링 웹 MVC 프레임워크의 기능을 조금 더 깊이 살펴본다. 이 장을 마치면 웹 애플리케이션 개발을 편하게 해주는 스프링 웹 MVC 프레임워크의 중요성을 깨달을 수 있을 것이다.

CHAPTER 16. 스프링 시큐리티를 사용한 애플리케이션 보안

스프링 시큐리티 프레임워크를 사용해 스프링 애플리케이션을 보호하는 방법을 살펴본다. 웹 애플리케이션에는 반드시 필요하지만 그 중요성에 비해 이해하는 사람이 적다고 생각되는 인증 기능을 설명한다. 기본적인 개념부터 인증 기능을 구현하는 방법까지 알아본다.

CHAPTER 17. 자바 함수형 프로그래밍

함수형 스타일 프로그래밍을 지원하는 자바 구성 요소를 살펴본다. 자바 8에서 함수형 스타일 프로그래밍을 지원하기 위해 추가된 새로운 언어 요소와 기능을 학습한다.

CHAPTER 18. RxJava 2를 사용한 반응형 프로그래밍

반응형 설계 원칙과 반응형 스트림 명세에 정의된 핵심 개념과 API를 설명한다. 그리고 RxJava 2 라이브러리를 통해 반응형 애플리케이션을 개발하는 방법도 알아본다.

CHAPTER 19. 스프링 웹플럭스, 스프링 데이터, 스프링 시큐리티를 사용해 반응형 RESTful 웹 서비스 개발하기

몽고DB의 반응형 JDBC 드라이버, 스프링 데이터, 스프링 시큐리티, 스프링 웹플럭스[WebFlux]를 사용해 실제로 반응형 애플리케이션을 개발하는 방법을 살펴본다. 이 장은 앞에서 배운 내용을 기반으로 반응형 RESTful 웹 서비스를 개발한다.

CONTENTS

CHAPTER 2 스프링 프레임워크 기초

CHAPTER 3 빈 설정

CONTENTS

CHAPTER 4 의존 관계 주입

CHAPTER 5 빈과 빈 정의 커스텀화하기

CONTENTS

CONTENTS

CHAPTER 7 자바 기반의 컨테이너 설정

CHAPTER 8 스프링을 사용해 데이터베이스와 상호 작용하기

CHAPTER 9 스프링 데이터

CONTENTS

CHAPTER 10 스프링을 사용한 메시징, 전자우편, 비동기 메시지 실행, 캐싱

CHAPTER 11 AOP

CONTENTS

CHAPTER 12 스프링 웹 MVC 기초

CHAPTER 13 스프링 웹 MVC를 활용한 검증과 데이터 바인딩

CONTENTS

CHAPTER 14 스프링 웹 MVC로 RESTful 웹 서비스 개발하기

CHAPTER 15 스프링 웹 MVC 더 살펴보기 – 국제화, 파일 업로드, 비동기 요청 처리

CHAPTER 16 스프링 시큐리티를 사용한 애플리케이션 보안

CONTENTS

CHAPTER 18 RxJava 2를 사용한 반응형 프로그래밍

CHAPTER 19 스프링 웹플럭스, 스프링 데이터, 스프링 시큐리티를 사용해 반응형 RESTful 웹 서비스 개발하기

CONTENTS

CHAPTER 1

스프링 프레임워크 소개

1.1 소개

개발자는 전통적인 자바 엔터프라이즈 개발에서 유지 보수와 테스트가 쉽도록 구조가 제대로 된 애플리케이션을 만들 책임이 있다. 비즈니스와는 무관한[1] 이런 요구 사항을 만족시키기 위해 개발자는 다양한 디자인 패턴을 사용한다. 하지만 다양한 디자인 패턴을 사용해도 생산성이 낮아질 뿐 아니라 개발한 애플리케이션의 품질까지 낮아지곤 한다.

스프링 프레임워크(이하 줄여서 '스프링'이라고 부름)는 자바 엔터프라이즈 애플리케이션 개발을 단순하게 해주는 오픈 소스 애플리케이션 프레임워크다. 스프링은 구조가 잘 잡히고 유지 보수하기 쉬우며 테스트하기 좋은 애플리케이션을 개발하기 위한 인프라를 제공한다. 스프링을 사용하면 개발자는 애플리케이션의 비즈니스 로직을 작성하는 데 신경을 더욱 집중할 수 있어 생산성이 좋아진다. 스프링을 사용하면 독립 실행 자바 애플리케이션, 웹 애플리케이션, **애플릿**applet, 다양한 유형의 자바 애플리케이션을 개발할 수 있다. 스프링 프로젝트 홈페이지(projects.spring.io/spring-framework/)를 방문하면 참조 문서와 API를 볼 수 있다.

이번 장은 스프링을 이루는 여러 모듈을 소개하고 각각의 장점을 설명하는 것으로 시작한다. 스프링의 중심에는 IoCInversion of Control(제어의 역전) 컨테이너가 있다. IoC 컨테이너는 DIDependency Injection(의존 관계 주입) 기능을 제공한다. 이번 장에서는 스프링의 DI 기능과 IoC

1 옮긴이_ 기업 전체에서 보면 유지 보수나 테스트의 용이성은 직간접적 비용에 영향을 끼치므로 꼭 비즈니스와 무관한 요구 사항은 아닐 것이다. 하지만 애플리케이션이 제공하는 비즈니스 기능하고는 무관하다고 할 수 있어서 저자들이 이런 표현을 썼다.

컨테이너를 소개하고 스프링을 사용해 독립적으로 실행되는 자바 애플리케이션을 작성하는 방법을 살펴본다. 1장의 끝부분에서는 스프링 5 배포판의 새로운 특징과 개선 사항을 살펴본다. 이번 장은 2장부터 스프링에 깊이 들어가기 위한 무대를 마련하는 장이다.

NOTE_ 이 책에서는 인터넷 뱅킹 애플리케이션인 MyBank를 예제로 스프링의 특징을 소개한다.

1.2 스프링 모듈

스프링은 담당하는 애플리케이션 개발 요소에 따라 여러 모듈로 구성된다. 다음 표는 스프링의 여러 모듈 그룹을 보여주고, 각 그룹에서 중요한 모듈이 담당하는 역할을 설명한다.[2]

모듈 그룹	설명
핵심 컨테이너	스프링의 기반을 이루는 모듈을 포함한다. 이 그룹에 spring-core와 spring-beans 모듈은 스프링 DI 기능과 IoC 컨테이너 구현을 제공한다. 한편 spring-expression 모듈은 스프링 애플리케이션에서 애플리케이션 객체 설정[2]에 사용하는 SpEL(스프링 표현 언어, 6장 참조) 지원을 제공한다.
AOP와 계측	AOP(관점 기반 프로그래밍)과 클래스 계측을 지원하는 모듈을 포함한다. spring-aop 모듈은 AOP 기능을, spring-instrument 모듈은 클래스 계측 지원을 제공한다.
메시징	메시지 기반 애플리케이션을 쉽게 개발하도록 도와주는 spring-messaging 모듈을 포함한다.
데이터 접근/통합	데이터베이스나 메시징 공급자와의 상호 작용을 쉽게 해주는 모듈을 포함한다. spring-jdbc 모듈은 JDBC를 사용한 데이터베이스 사용을 단순화해주고, spring-orm 모듈은 하이버네이트나 JPA와 같은 ORM(객체-관계 매핑) 프레임워크 통합을 제공한다. spring-jms 모듈은 JMS 공급자와의 상호 작용을 쉽게 만들어준다. spring-tx 모듈은 프로그램을 통해 트랜잭션 관리를 선언적으로 할 수 있다.
웹	이 그룹에는 spring-web, spring-webmvc, spring-webflux, spring-websocket 모듈이 있다. spring-webmvc 모듈은 서블릿(servlet) 기반의 웹 애플리케이션과 RESTful 웹 서비스 개발(이들은 원래 블로킹 방식이다)을 쉽게 해주며, spring-webflux 모듈은 반응형(원래 넌블로킹 방식이다) 웹 애플리케이션과 RESTful 웹 서비스 개발을 쉽게 해준다. spring-websocket 모듈은 웹소켓 프로토콜을 사용하는 웹 애플리케이션 개발을 지원하며, spring-web 모듈은 모든 웹 모듈이 공통으로 사용하는 클래스와 인터페이스를 정의한다.
테스트	단위 테스트와 통합 테스트를 도와주는 spring-test 모듈이 있다.

2 옮긴이_ 역자에 따라서는 configuration-구성, setting-설정 등으로 엄밀히 구분해 번역하기도 한다. 하지만 의사소통에 큰 문제가 없는 한 이 책에서는 엄밀히 구분하지 않고 설정이나 구성을 혼용한다.

NOTE_ 스프링 5는 더 이상 포틀릿 개발을 지원하지 않는다. 포틀릿 애플리케이션을 스프링으로 개발하고 싶은 사용자는 스프링 4.3.x를 사용한다.

이 표는 스프링이 엔터프라이즈 애플리케이션 개발의 모든 측면을 다룬다는 사실을 보여준다. 스프링을 사용하면 웹 애플리케이션을 개발하고 데이터베이스에 접근하며, 트랜잭션을 관리하고 단위 테스트와 통합 테스트를 개발하는 등의 일을 할 수 있다. 스프링의 여러 모듈은 애플리케이션에 꼭 필요한 부분만 포함하도록 설계한다. 예를 들어 애플리케이션에서 DI 기능을 사용하려면 **핵심 컨테이너** 그룹 모듈만 포함하면 된다. 이 책은 여러 스프링 모듈을 자세히 다루고, 애플리케이션 개발 시 각 모듈의 사용 방법을 예제로 살펴볼 것이다.

스프링 배포판 명명규약(이름 붙이는 규칙)은 다음과 같다.

```
spring-<짧은 모듈 이름>-<스프링 버전>.jar
```

여기서 `<짧은 모듈 이름>`은 스프링 모듈의 짧은 이름으로 aop, beans, context, expressions 등이다. `<스프링 버전>`은 스프링의 버전이다.

따라서 `Spring 5.0.1.RELEASE` 버전의 `JAR` 파일들은 명명규약에 의해 `spring-aop-5.0.1.RELEASE.jar`, `spring-beans-5.0.1.RELEASE.jar` 등으로 정해진다.

그림 1-1 스프링 모듈 간의 상호 의존 관계

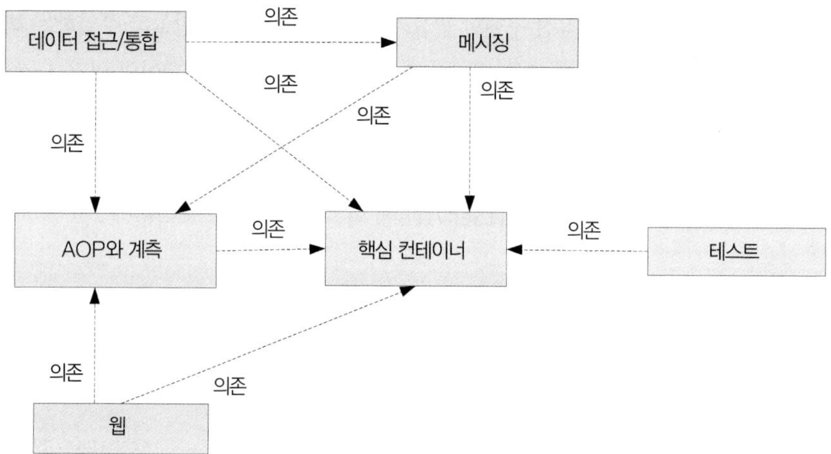

[그림 1-1]은 스프링 모듈 사이의 상호 의존 관계를 보여준다. 스프링 중심에 핵심 컨테이너 그룹에 속한 모듈이 있고, 다른 모듈이 이 그룹에 의존한다. 다른 스프링 모듈에 AOP 기능을 제공하는 AOP와 계측 그룹도 핵심 컨테이너 그룹만큼 중요하다.

이제 스프링이 다루는 애플리케이션 개발 영역에 대해 기본적인 감을 잡았으므로 스프링 IoC 컨테이너에 대해 살펴보자.

1.3 스프링 IoC 컨테이너

자바 애플리케이션은 애플리케이션의 행동 방식을 제공하기 위해 상호 작용하는 객체로 이뤄진다. 객체가 다른 객체와 상호 작용하는 경우를 객체의 **의존 관계**dependency라고 한다. 예를 들어 X 객체가 Y, Z 객체와 상호 작용한다면, X 객체는 Y와 Z 객체와 의존 관계이다. DI는 객체 간의 의존 관계를 **생성자 인수**constructor argument나 **세터 메서드 인수**setter method arguments로 명시하고 객체를 생성할 때 생성자나 세터를 통해 의존 관계를 주입하는 방식을 따르는 디자인 패턴이다.

스프링 IoC 컨테이너(이를 '스프링 컨테이너'라고도 한다)는 스프링 애플리케이션에서 애플리케이션에 존재하는 객체를 생성하고 의존 관계를 주입하는 일을 담당한다. 스프링 컨테이너가 생성하고 관리하는 애플리케이션 객체들을 **빈**bean이라고 부른다. 스프링 컨테이너는 애플리케이션 객체를 한꺼번에 책임지므로 애플리케이션을 조합하기 위해 팩토리Factory나 서비스 로케이터Service Locator 등의 디자인 패턴을 직접 구현할 필요가 없다. 의존 관계를 만들고 주입하는 책임은 애플리케이션의 객체가 아닌 스프링 컨테이너에 있으며 이를 DI 또는 제어의 역전(IoC)이라고도 부른다. 예를 들어 `MyBank`(이 책에서 다룰 예제 애플리케이션의 이름) 애플리케이션에는 `FixedDepositController`와 `FixedDepositService` 두 객체가 있다. 다음 예제는 `FixedDepositController`가 `FixedDepositService`에 의존하고 있음을 보여준다.

예제 1-1 `FixedDepositController` 클래스

```
public class FixedDepositController {
  private FixedDepositService fixedDepositService;

  public FixedDepositController() {
    fixedDepositService = new FixedDepositService();
```

```
    }
    public boolean submit() {
      //-- 정기 예금의 상세 정보 저장
      fixedDepositService.save(.....);
    }
  }
```

이 예제에서 FixedDepositController의 생성자는 나중에 자신의 submit 메서드에서 사용할 FixedDepositService의 인스턴스를 만든다. FixedDepositController가 FixedDepositService와 상호 작용하므로 FixedDepositService는 FixedDepositController의 의존 관계를 나타낸다.

FixedDepositController를 스프링 빈으로 설정하려면 [예제 1-1]의 FixedDepositController 클래스가 FixedDepositService에 대한 의존 관계를 생성자 인수로 받거나 세터 메서드 인수로 받게 수정해야 한다. 다음 예제는 수정한 FixedDepositController 클래스를 보여준다.

예제 1-2 FixedDepositController 클래스 - 생성자 인수로 FixedDepositService 객체를 전달 받음

```
public class FixedDepositController {
  private FixedDepositService fixedDepositService;

  public FixedDepositController(FixedDepositService fixedDepositService) {
    this.fixedDepositService = fixedDepositService;
  }
  public boolean submit() {
    //-- 정기 예금의 상세 정보 저장
    fixedDepositService.save(.....);
  }
}
```

이 예제에 FixedDepositService 인스턴스는 FixedDepositController 인스턴스의 생성자 인수로 전달된다. 이제는 FixedDepositController 클래스를 스프링 빈으로 설정할 수 있다. 이때 FixedDepositController가 스프링의 어떤 인터페이스나 클래스를 구현하거나 확장하지 않는다는 점에 유의하자.

스프링 기반 애플리케이션에서 애플리케이션 객체와 그들의 의존 관계의 정보는 설정 메타데

타데이터configuration metadata를 사용해 지정한다. 스프링 컨테이너는 애플리케이션의 설정 메타 데이터를 읽어서 애플리케이션 객체들과 그들의 의존 관계를 직접 DI 한다. 다음 예제는 FixedDepositController와 FixedDepositService 클래스로 구성된 MyBank 애플리케이션의 설정 메타데이터(XML 형식)를 보여준다.

예제 1-3 MyBank 애플리케이션의 설정 메타데이터

```
<beans .....>
  <bean id="fdController" class="sample.spring.controller.FixedDepositController">
    <constructor-arg ref="fdService" />
  </bean>

  <bean id="fdService" class="sample.spring.service.FixedDepositService"/>
</beans>
```

이 예제에서 각 <bean> 엘리먼트는 스프링 컨테이너가 관리하는 애플리케이션 객체를 정의하고, <constructor-arg> 엘리먼트는 FixedDepositService의 인스턴스를 FixedDepositController의 생성자 인수로 전달한다. <bean> 엘리먼트는 이번 장의 뒷부분에서 다루고, <constructor-arg> 엘리먼트는 2장에서 자세히 설명한다.

스프링 컨테이너는 애플리케이션의 설정 메타데이터(예제 1-3에서 본 것과 같은)를 읽어서 <bean> 엘리먼트로 정의된 애플리케이션 객체를 생성하며 의존 관계를 주입한다. 스프링 컨테이너는 자바 리플렉션reflection API(docs.oracle.com/javase/tutorial/reflect/index.html)를 사용해 객체를 만들고 의존 관계를 주입한다. 다음 그림은 스프링 컨테이너의 동작을 설명한다.

스프링 컨테이너에 설정 메타데이터를 제공할 때는 XML(예제 1-3), 자바 애너테이션(6장), 자바 코드(7장) 등의 방식을 사용할 수 있다.

스프링 컨테이너가 애플리케이션 객체를 생성하고 관리하므로 스프링 컨테이너를 통해 엔터프라이즈 서비스(트랜잭션 관리, 보안, 원격 접근 등)를 투명하게 객체에 적용할 수 있다. 이런 식으로 스프링 컨테이너가 애플리케이션 객체에 추가 기능을 부여하고 애플리케이션 객체를 평범한 자바 객체(이를 **기존 자바 객체**Plain Old Java Object[3]의 약자를 딴 POJO 라고 한다)로 모델

---

3 옮긴이_ POJO가 무엇에 대비해 '기존' 자바 객체일까? 그 답은 자바 엔터프라이즈 개발 역사에서 찾을 수 있다. Java EE가 대두할 때

링할 수 있다. POJO에 해당하는 자바 클래스를 POJO 클래스라고 부른다. POJO 클래스는 프레임워크가 지정하는 인터페이스나 클래스를 구현 및 확장하지 않는 보통 자바 클래스에 지나지 않는다. 애플리케이션에 필요한 엔터프라이즈 서비스는 스프링 컨테이너로 투명성 있게 POJO에 제공된다.

그림 1-2 스프링 컨테이너는 애플리케이션의 설정 메타데이터를 읽어 완전히 설정된 애플리케이션을 만든다

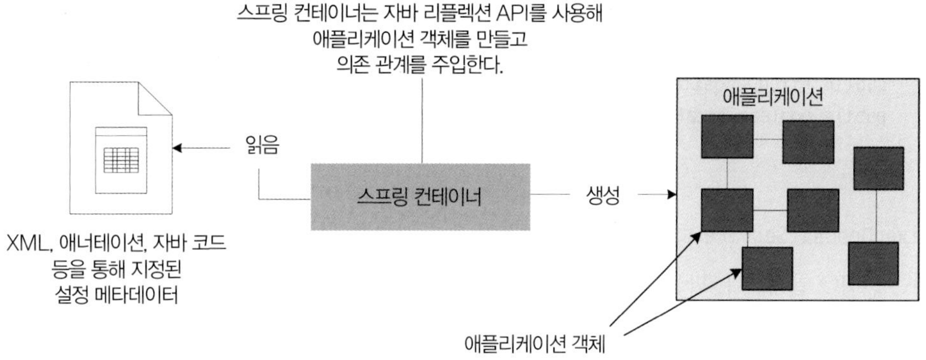

1.4 스프링의 장점

앞 절에서 설명한 스프링의 장점을 정리하면 다음과 같다.

- 스프링은 객체 생성과 의존 관계 주입을 처리함으로써 자바 애플리케이션 조합을 쉽게 만들어준다.
- 스프링은 POJO로 애플리케이션을 개발하는 것을 권장한다.

이 외에도 스프링은 번거로운 준비 코드를 알아서 처리해주는 추상화 계층을 제공하는 방식으로 JMS 공급자, JNDI, MBean 서버, 전자우편 서버, 데이터베이스 등과의 상호 작용을 쉽게 만들어준다.

대부분의 명세는 객체의 생애주기나 동작 방식 등에 맞춰 프레임워크가 제공하는 클래스나 인터페이스에 정의된 여러 가지 메서드를 구현하도록 요구했다. 그에 따라 아주 단순한 작업을 할 때도 복잡한 클래스를 정의해야 했고 이는 엔터프라이즈 개발에 걸림돌이었다. 이에 대한 반동으로 자바 언어가 기본 제공하는 단순한 자바 객체를 활용하는 가벼운(경량) 프레임워크들이 나왔고 거기서 사용하는 보통 자바 객체에 대해 뭔가 멋진 명칭을 부여하기 위해 마틴 파울러(Martin Fowler) 등이 만든 용어가 POJO다.

1.4.1 지역과 전역 트랜잭션을 일관성 있게 섞어서 사용하기

트랜잭션을 사용하는 애플리케이션 개발에 스프링을 사용한다면 **선언적 트랜잭션 관리**declarative transaction management를 사용해 트랜잭션을 관리할 수 있다.

다음 예제는 MyBank 애플리케이션의 FixedDepositService 클래스를 보여준다.

예제 1-4 FixedDepositService

```
public class FixedDepositService {
  public FixedDepositDetails getFixedDepositDetails( ..... ) { ..... }
  public boolean createFixedDeposit(FixedDepositDetails fixedDepositDetails) { ..... }
}
```

FixedDepositService 클래스는 정기 예금의 세부 사항을 생성해서 가져오는 메서드를 정의하는 POJO 클래스다. 다음 그림은 새로운 정기 예금을 만드는 폼이다.

그림 1-3 새로운 정기 예금을 만드는 HTML 폼

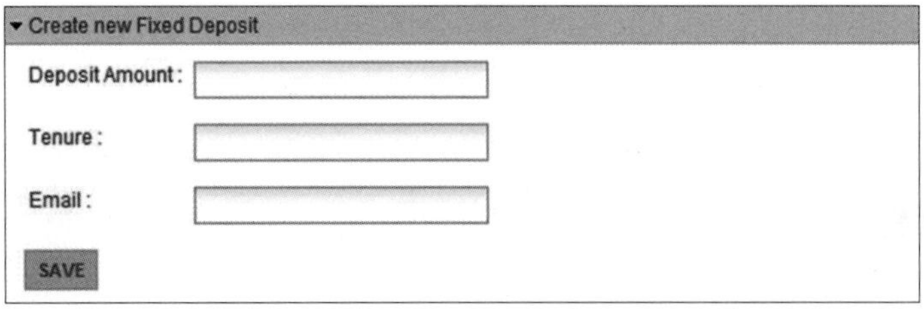

▾ Create new Fixed Deposit

Deposit Amount :

Tenure :

Email :

SAVE

고객은 예금액(Deposit Amount), 만기 기간(Tenure), 전자우편 ID(Email)를 양식에 입력하고 'SAVE' 버튼을 클릭해서 새 정기 예금을 만든다. 정기 예금을 만들기 위해 FixedDepositService의 createFixedDeposit 메서드(예제 1-4 참조)를 호출한다. createFixedDeposit 메서드는 고객이 입력한 예금액을 고객의 기존 은행 계좌에서 인출해 정기 예금을 만든다.

고객의 잔액은 BANK_ACCOUNT_DETAILS 데이터베이스 테이블에 저장되고, 정기 예금 정보는 FIXED_DEPOSIT_DETAILS 데이터베이스 테이블에 들어 있다고 하자. 고객이 x 금액의 정기 예금을 만들면, BANK_ACCOUNT_DETAILS 테이블에서 x만큼 금액이 감소하고, FIXED_DEPOSIT_DETAILS 테이블에는 새로 만든 정기 예금을 반영하는 새 레코드가 삽입된다. 만약 BANK_

ACCOUNT_DETAILS 테이블이 갱신되지 않거나 새 레코드가 FIXED_DEPOSIT_DETAILS에 삽입되지 않으면 시스템의 일관성이 깨진다. 따라서 createFixedDeposit 메서드는 반드시 트랜잭션 안에서 실행되야 한다.

MyBank 애플리케이션이 사용하는 데이터베이스는 **트랜잭션 자원**transactional resource을 표현한다. 전통적인 접근 방식에서 여러 데이터베이스 변경을 하나의 작업 단위로 수행하려면 먼저 JDBC 연결의 자동 커밋auto commit 모드를 끈 다음 SQL 명령을 실행하고, 마지막으로 트랜잭션을 커밋(또는 롤백rollback)한다. 다음 예제는 데이터베이스 트랜잭션 관리를 위해 전통적인 방법을 사용하는 createFixedDeposit을 보여준다.

예제 1-5 JDBC Connection 객체를 사용해 프로그램에서 데이터베이스 트랜잭션 직접 관리하기

```
import java.sql.Connection;
import java.sql.SQLException;

public class FixedDepositService {
  public FixedDepositDetails getFixedDepositDetails( ..... ) { ..... }

  public boolean createFixedDeposit(FixedDepositDetails fixedDepositDetails) {
    Connection con = ..... ;
    try {
      con.setAutoCommit(false);
      //-- 데이터베이스 테이블을 변경하는 SQL 문을 여럿 실행한다
      con.commit();
    } catch(SQLException sqle) {
      if(con != null) {
        con.rollback();
      }
    }
    .....
  }
}
```

이 예제에서는 createFixedDeposit 메서드가 JDBC Connection 객체를 사용해 데이터베이스 트랜잭션을 직접 관리한다. JDBC Connection과 같은 자원에 따라 정해지는 트랜잭션을 **지역 트랜잭션**이라고 부른다.

JDBC Connection을 사용한 트랜잭션 관리 방식은 데이터베이스를 하나만 사용하는 경우

(즉, 트랜잭션 자원이 하나인 경우)에 유효하다. 사용하는 트랜잭션 자원이 둘 이상이면 JTA[Java Transaction] API(자바 트랜잭션 API)를 사용해 트랜잭션을 관리한다. 예를 들어 JMS 메시지를 (트랜잭션 자원인) 메시징 미들웨어에 보내고, 같은 트랜잭션 안에서 데이터베이스를 갱신(또 다른 트랜잭션 자원)한다면, JTA 트랜잭션 매니저를 사용해 트랜잭션을 관리해야 한다. JTA 트랜잭션을 **전역**[global] **트랜잭션**(또는 분산[distributed] 트랜잭션)이라고도 한다. JTA를 사용하려면 JNDI (JTA API의 일부분)를 사용해 UserTransaction 객체를 가져와서 프로그램이 직접 트랜잭션을 시작하고 커밋(또는 롤백)해야 한다.

프로그램에서 트랜잭션을 직접 관리하려면 JDBC Connection(지역 트랜잭션)이나 UserTransaction(전역 트랜잭션)을 사용한다. 하지만 지역 트랜잭션은 전역 트랜잭션 안에서 실행할 수 없다는 사실을 명심하자. 이로 인해 (예제 1-5 참조) createFixedDeposit 메서드를 JTA 트랜잭션 안에서 실행할 경우에는 createFixedDeposit 메서드가 UserTransaction 객체를 사용해 트랜잭션을 관리하도록 변경할 필요가 있다.

스프링은 지역과 전역 트랜잭션을 똑같이 취급할 수 있게 추상화 계층을 제공함으로써 발생할 문제를 단순화해준다. 따라서 스프링의 트랜잭션 추상화 안에서(예제 1-5 참조) createFixedDeposit 메서드를 작성했다면 지역 트랜잭션을 전역 트랜잭션으로 변경하거나 반대로 트랜잭션 처리 방식을 바꾸기 위해 메서드를 변경할 필요가 없다. 스프링 트랜잭션 추상화는 8장에서 설명한다.

1.4.2 선언적 트랜잭션 관리

스프링을 사용하면 트랜잭션을 **선언적**[declarative]으로 관리할 수 있다. 메서드에 @Transactional 애너테이션을 설정하면 스프링이 트랜잭션을 관리한다. 다음 예제를 보자.

예제 1-6 @Transactional 애너테이션 사용 예

```
import org.springframework.transaction.annotation.Transactional;

public class FixedDepositService {
  public FixedDepositDetails getFixedDepositDetails( ..... ) { ..... }

  @Transactional
  public boolean createFixedDeposit(FixedDepositDetails fixedDepositDetails) { ..... }
}
```

이 예제에서 FixedDepositService 클래스는 스프링의 트랜잭션 관리 기능을 사용하기 위해 스프링에 어떤 인터페이스나 클래스도 구현하거나 확장하지 않았다. 스프링은 @Transactional이 설정된 createFixedDeposit 메서드에 대한 트랜잭션을 투명하게 관리한다. 스프링의 기능을 활용하기 위해 애플리케이션에서 스프링의 클래스나 인터페이스에 의존하지 않아도 된다는 사실을 보여주므로 이 예제는 스프링이 **비-침입적**non-invasive이라는 사실을 나타낸다. 스프링이 트랜잭션 관리를 알아서 하므로 트랜잭션 관리 API를 직접 다룰 필요가 없다.

1.4.3 보안

어떤 자바 애플리케이션이든 보안이 중요하다. 스프링 시큐리티Spring Security는 스프링 위에 만들어진 프로젝트다(https://spring.io/projects/spring-security). 스프링 시큐리티는 자바 애플리케이션을 안전하게 만들기 위해 필요한 사용자 인증authentication과 권한 부여authorization 기능을 제공한다.

MyBank에서 LOAN_CUSTOMER, SAVINGS_ACCOUNT_CUSTOMER, APPLICATION_ADMIN이라는 세 가지 사용자 권한role이 필요한 경우를 생각해보자. FixedDepositService 클래스에 createFixedDeposit 메서드(예제 1-6 참조)를 실행하기 위해서는 반드시 SAVINGS_ACCOUNT_CUSTOMER나 APPLICATION_ADMIN 권한을 가져야 한다. 스프링 시큐리티를 사용하면 createFixedDeposit 메서드에 @Secured 애너테이션을 설정해서 다음 예제처럼 권한 요구 사항을 쉽게 해결할 수 있다.

예제 1-7 보안을 추가한 createFixedDeposit 메서드

```
import org.springframework.transaction.annotation.Transactional;
import org.springframework.security.access.annotation.Secured;

public class FixedDepositService {
  public FixedDepositDetails getFixedDepositDetails( ..... ) { ..... }
  @Transactional
  @Secured({ "SAVINGS_ACCOUNT_CUSTOMER", "APPLICATION_ADMIN" })
  public boolean createFixedDeposit(FixedDepositDetails fixedDepositDetails) { ..... }
}
```

createFixedDeposit 메서드에 @Secured를 설정하면 스프링 시큐리티로 보안 기능을 투명

성 있게 추가할 수 있다. [예제 1-7]은 메서드 수준의 보안을 구현하기 위해 스프링의 클래스나 인터페이스를 확장 및 구현할 필요가 없음을 보여준다. 따라서 비즈니스 메서드에 보안 관련 코드를 작성할 필요가 없다.

스프링 시큐리티 프레임워크는 16장에서 자세히 설명한다.

1.4.4 JMX

스프링의 JMX[Java Management Extension](자바 관리 확장) 지원을 사용하면 애플리케이션에 쉽게 JMX 기술을 덧붙일 수 있다.

MyBank 애플리케이션은 정기 예금 관련 기능을 매일 오전 9:00부터 오후 6:00 사이에만 사용할 수 있다고 가정하자. 이 요구 사항을 처리하기 위해 정기 예금 서비스가 활성화 상태인지 표현하는 플래그를 FixedDepositService에 추가한다. 다음 예제는 플래그를 추가한 FixedDepositService를 보여준다.

예제 1-8 active 플래그를 추가한 FixedDepositService 클래스

```
public class FixedDepositService {
  private boolean active;

  public FixedDepositDetails getFixedDepositDetails( ..... ) {
    if(active) { ..... }
  }
  public boolean createFixedDeposit(FixedDepositDetails fixedDepositDetails) {
    if(active) { ..... }
  }
  public void activateService() {
    active = true;
  }
  public void deactivateService() {
    active = false;
  }
}
```

[예제 1-8]에서는 FixedDepositService 클래스에 active 변수를 추가했다. active 값이 true면 getFixedDepositDetails와 createFixedDeposit 메서드는 제대로 작동

한다. active값이 false면 getFixedDepositDetails와 createFixedDeposit 메서드는 현재 정기 예금 서비스를 사용할 수 없음을 알리는 예외를 던진다. activateService와 deactivateService 메서드는 active 변수를 각각 true와 false로 변경한다.

누가 activateService와 deactivateService를 호출해야 할까? 별도의 스케줄러 애플리케이션인 **은행 앱 스케줄러**가 오전 9:00에는 activeService를 실행하고 오후 6:00에는 deactivate Service를 실행한다. 은행 앱 스케줄러 애플리케이션은 JMS API를 사용해 원격에서 FixedDepositService 인스턴스와 상호 작용한다.

NOTE_ JMX를 배우고 싶은 독자는 다음 글을 참조하자.
(https://docs.oracle.com/javase/tutorial/jmx/index.html)

은행 앱 스케줄러가 JMX를 사용해 FixedDepositService의 active 변숫값을 변경하므로, MBean[Managed Bean](관리되는 빈)으로 FixedDepositService 인스턴스를 MBean 서버에 등록하고, FixedDepositService의 activateService와 deactivateService 메서드를 JMX 연산으로 노출시킨다. 클래스에 @ManagedResource를 설정하면 클래스의 인스턴스를 MBean 서버에 등록할 수 있고, 메서드에 @ManagedOperation을 설정하면 @ManagedResource가 설정한 클래스의 메서드를 JMX 연산으로 노출시킬 수 있다.

다음 예제는 @ManagedResource와 @ManagedOperation을 사용해 FixedDepositService 클래스의 인스턴스를 MBean 서버에 등록하고, 그 내부의 activateService와 deactivate Service 메서드를 JMX 연산으로 노출시킨다.

예제 1-9 스프링 JMX 지원을 사용하는 FixedDepositService 클래스

```
import org.springframework.jmx.export.annotation.ManagedOperation;
import org.springframework.jmx.export.annotation.ManagedResource;

@ManagedResource(objectName = "fixed_deposit_service:name=FixedDepositService")
public class FixedDepositService {
  private boolean active;
  public FixedDepositDetails getFixedDepositDetails( ..... ) {
    if(active) { ..... }
  }
  public boolean createFixedDeposit(FixedDepositDetails fixedDepositDetails) {
```

```
    if(active) { ..... }
  }

  @ManagedOperation
  public void activateService() {
    active = true;
  }

  @ManagedOperation
  public void deactivateService() {
    active = false;
  }
}
```

[예제 1-9]에서는 FixedDepositService 클래스가 자신의 인스턴스를 MBean 서버에 등록한다. JMX API를 직접 사용하지 않고도 자신의 메서드를 JMX 연산으로 노출시킬 수 있다는 사실을 알 수 있다.

1.4.5 JMS

JMS 스프링의 JMSJava Message Service (자바 메시지 서비스)를 사용하면 JMS 제공자provider에게 메시지를 받거나 보낼 수 있다.

MyBank 애플리케이션에서 고객이 자신의 정기 예금 상세 정보를 전자우편으로 받고 싶다는 요청을 보내면 FixedDepositService는 요청의 상세 정보를 JMS 메시징 미들웨어(액티브MQ 등)에 보낸다. 이렇게 보내진 요청은 나중에 메시지 리스너listener로 처리한다. 스프링은 추상화 계층을 제공해서 JMS 제공자와의 상호 작용을 간단하게 만들어준다. 다음 예제는 스프링의 JmsTemplate을 사용해 FixedDepositService 클래스가 JMS 제공자에게 요청 상세 정보를 보내는 방법을 보여준다.

예제 1-10 JMS 메시지를 보내는 FixedDepositService

```
import org.springframework.beans.factory.annotation.Autowired;
import org.springframework.jms.core.JmsTemplate;

public class FixedDepositService {
  @Autowired
```

```
  private transient JmsTemplate jmsTemplate;
    .....
    public boolean submitRequest(Request request) {
      jmsTemplate.convertAndSend(request);
    }
  }
```

이 예제에서는 FixedDepositService 클래스가 JmsTemplate 타입의 변수를 정의하고 @Autowired 애너테이션을 설정한다. 지금은 @Autowired가 JmsTemplate 인스턴스를 공급한다고 가정한다. JmsTemplate 인스턴스는 JMS 메시지를 보낼 JMS 목적지를 알고 있다.

FixedDepositService의 submitRequest 메서드는 JmsTemplate의 convertAndSend 메서드를 호출해서 자세한 요청 사항(submitRequest 메서드가 Request 타입의 인수로 받음)을 JMS 공급자에게 JMS 메시지로 전달한다. JmsTemplate은 10장에서 자세히 다룬다.

[예제 1-10]은 스프링을 사용해 JMS 공급자에게 메시지를 보낼 경우 직접 JMS API를 다룰 필요가 없다는 사실을 보여준다.

1.4.6 캐싱

스프링의 캐시 추상화를 사용하면 애플리케이션에서 일관성 있게 캐시를 사용할 수 있다.

애플리케이션 성능을 향상시키기 위해 캐시 솔루션을 사용하는 경우가 많다. MyBank 애플리케이션은 상용 캐시 솔루션을 사용해 정기 예금 상세 정보에 대한 읽기 연산 성능을 향상시킨다. 스프링을 사용하면 캐시 관련 로직을 추상화함으로써 여러 다른 캐시 솔루션과 더 단순하게 상호 작용할 수 있다.

[예제 1-11]은 FixedDepositService의 getFixedDepositDetails 메서드가 스프링의 캐시 추상화 기능을 사용해 정기 예금의 상세 정보를 캐시하는 모습을 보여준다.

예제 1-11 정기 예금의 상세 정보를 캐시하는 FixedDepositService

```
  import org.springframework.cache.annotation.Cacheable;

  public class FixedDepositService {
    @Cacheable("fixedDeposits")
```

```
    public FixedDepositDetails getFixedDepositDetails( ..... ) { ..... }
    public boolean createFixedDeposit(FixedDepositDetails fixedDepositDetails) { ..... }
}
```

[예제 1-11]에서 `@Cachable` 애너테이션은 `getFixedDepositDetails` 메서드가 반환하는 정기 예금 정보를 캐시에 저장한다. 다시 같은 인수값을 사용해 사용해 `getFixedDepositDetails` 메서드를 호출하면 `getFixedDepositDetails` 메서드는 실행되지 않고, 캐시로부터 정기 예금 정보가 반환된다. 이 예제는 스프링을 사용하면 캐시 관련 로직을 클래스에 작성할 필요가 없음을 보여준다. 스프링의 캐시 추상화는 10장에서 자세히 설명한다.

이번 절에서는 스프링을 사용하면 POJO에 투명하게 각종 서비스를 공급할 수 있고 그에 따라 개발자가 저수준 API를 자세히 알 필요가 없기 때문에 엔터프라이즈 애플리케이션 개발이 편해진다는 사실을 알 수 있었다. 스프링은 하이버네이트Hibernate, 쿼츠Quarts, JSF, 스트럿츠Struts, EJB 등의 표준 프레임워크와도 쉽게 상호 작용한다. 이런 이유로 스프링은 엔터프라이즈 애플리케이션 개발 시 이상적인 선택이라 할 수 있다.

1.5 간단한 스프링 애플리케이션

이번 절에서는 스프링 DI 기능을 사용하는 간단한 스프링 애플리케이션을 살펴본다. 애플리케이션에서 스프링 DI 기능을 사용하려면 다음 단계를 밟아야 한다.

1. 애플리케이션에 쓰이는 여러 객체와 객체 간 의존 관계를 파악한다.
2. 1단계에서 파악한 각 애플리케이션 객체에 상응하는 POJO 클래스를 만든다.
3. 애플리케이션 객체 간 의존 관계를 표현하는 설정 메타데이터를 만든다.
4. 스프링 IoC 컨테이너의 인스턴스를 만들고 설정 메타데이터를 인스턴스에 전달한다.
5. 스프링 IoC 컨테이너 인스턴스로 애플리케이션 객체에 접근한다.

이제 `MyBank` 애플리케이션의 맥락에서 앞에 나온 각 단계를 살펴보자.

1.5.1 애플리케이션 객체와 객체 간 의존 관계 파악하기

앞에서 MyBank 애플리케이션이 정기 예금을 만들기 위한 폼(그림 1-3)에 대해 설명했다. 다음 [그림 1-4]의 시퀀스 다이어그램sequence diagram은 사용자가 HTML 폼을 제출할 때 사용되는 애플리케이션 객체(그리고 그들의 상호 작용)를 보여준다.

그림 1-4 MyBank 애플리케이션 객체 간 의존 관계

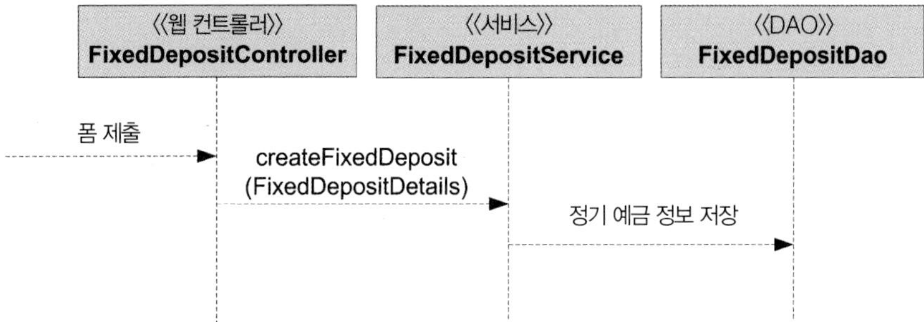

이 시퀀스 다이어그램은 FixedDepositController는 제출한 폼을 전달받는 웹 컨트롤러web controller를 나타낸다. FixedDepositDetails 객체에는 정기 예금 정보가 들어 있다. FixedDepositController는 FixedDepositService(서비스 계층 객체)에 createFixedDeposit 메서드를 호출한다. 그러면 FixedDepositService는 FixedDepositDao 객체(데이터 접근 객체)를 호출해서 정기 예금 정보를 애플리케이션의 데이터 저장소에 저장한다. 따라서 [그림 1-4]를 해석하면 FixedDepositController가 FixedDepositService 객체에 의존하며, FixedDepositService 객체가 FixedDepositDao 객체에 의존한다고 결론지을 수 있다.

IMPORT chapter 1/ch01-bankapp-xml

이 프로젝트는 스프링 DI 기능을 사용하는 간단한 스프링 애플리케이션이다. 애플리케이션을 실행하려면 프로젝트에서 main 메서드(BankApp 클래스)를 실행한다.

1.5.2 파악한 애플리케이션 객체에 상응하는 POJO 클래스 만들기

애플리케이션 객체를 파악한 후에 첫 번째로 할 일은 각 애플리케이션 객체에 대한 POJO 클래스를 만드는 것이다. FixedDepositController, FixedDepositService, FixedDepositDao 애플리케이션 객체에 해당하는 POJO 클래스는 ch01-bankapp-xml 프로젝트에 들어 있

다. 이 프로젝트는 스프링 DI 기능을 사용하는 단순화된 MyBank 애플리케이션이다. 앞으로 살펴볼 파일은 ch01-bankapp-xml 프로젝트에 들어 있으므로 IDE에서 ch01-bankapp-xml 프로젝트를 임포트해야 한다.

1.3절에서 의존 관계가 있는 객체를 애플리케이션 객체의 생성자나 세터 메서드에 인수로 넘긴다고 설명했다. 다음 예제에서는 FixedDepositService(FixedDepositController가 의존함)를 FixedDepositController 객체의 세터 메서드에 인수로 넘긴다.

예제 1-12 FixedDepositController 클래스

```
#프로젝트 - ch01-bankapp-xml
#src/main/java/sample/spring/chapter01/bankapp

package sample.spring.chapter01.bankapp;
.....
public class FixedDepositController {
  .....
  private FixedDepositService fixedDepositService;
  .....
  public void setFixedDepositService(FixedDepositService fixedDepositService) {
    logger.info("Setting fixedDepositService property");
    this.fixedDepositService = fixedDepositService;
  }
  .....
  public void submit() {
    fixedDepositService.createFixedDeposit(new FixedDepositDetails
      ( 1, 10000, 365,"someemail@something.com"));
  }
  .....
}
```

이 예제에서 FixedDepositService의 의존 관계는 setFixedDepositService 메서드를 통해 FixedDepositController에 전달된다. 스프링이 setFixedDepositService 세터 메서드를 호출하는 모습을 곧 보게 된다.

> **NOTE_** FixedDepositController, FixedDepositService, FixedDepositDao 클래스를 살펴보면, 이 클래스 중 어떤 것도 스프링 인터페이스를 구현하거나 스프링 클래스를 확장하지 않았음을 알 수 있다.

이제 애플리케이션 객체와 의존 관계를 설정 메타데이터에서 어떻게 지정하는지 살펴보자.

1.5.3 설정 메타데이터 만들기

1.3절에서는 설정 메타데이터가 애플리케이션 객체와 그 사이의 의존 관계를 지정한다는 내용을 살펴봤다. 스프링 컨테이너는 설정 메타데이터를 읽어서 애플리케이션 객체를 인스턴스화하고 의존 관계를 주입한다. 이번 절에서는 우선 설정 메타데이터에 어떤 정보가 있는지 살펴보고, 다음으로 XML 형식으로 설정 메타데이터를 지정하는 방법을 자세히 알아본다.

설정 메타데이터는 애플리케이션에 필요한 엔터프라이즈 서비스(트랜잭션 관리, 보안, 원격 접근 등) 정보를 지정한다. 예를 들어 스프링에서 트랜잭션을 관리한다면 설정 메타데이터에서 `PlatformTransactionManager` 인터페이스를 구현하고 설정해야 한다. `PlatformTransactionManager` 구현은 트랜잭션 관리를 책임진다(스프링 트랜잭션 관리 기능은 8장에서 더 자세히 살펴본다).

애플리케이션이 미들웨어(액티브MQ)나 데이터베이스(MySQL), 전자우편 서버 등과 상호 작용한다면, 외부 시스템과 더 쉽게 상호 작용할 수 있는 스프링 객체를 설정 메타데이터 안에서 정의해야 한다. 예를 들어 애플리케이션이 액티브MQ를 이용해 JMS 메시지를 주고받으려면 `JmsTemplate` 클래스를 설정 메타데이터 안에서 설정하여 액티브MQ와 쉽게 상호 작용할 수 있다. JMS 제공자에게 메시지를 보내기 위한 `JmsTemplate`을 사용하면 저수준의 JMS API를 쓰지 않아도 된다는 사실을 이미 [예제 1-10]에서 알아보았다(스프링의 JMS 제공자 상호 작용 지원에 대한 자세한 정보는 10장 참고).

설정 메타데이터를 스프링 컨테이너에 전달하는 방법은 XML 파일을 사용하는 방법과 POJO 클래스에 애너테이션을 설정하는 방법이 있다. 추가로 스프링 3.0부터는 스프링 `@Configuration` 애너테이션을 설정한 자바 클래스를 사용해 스프링 컨테이너에 설정 메타데이터를 제공할 수 있다. 이번 절에서는 XML 형식으로 설정 메타데이터를 지정하는 방법에 대해 살펴본다. 6장에서는 POJO 클래스에 애너테이션을 붙여 설정 메타데이터를 정의하는 방법을 살펴보고, 7장에서는 자바 클래스에 `@Configuration`을 붙여서 설정 메타데이터를 정의하는 방법을 살펴본다.

애플리케이션 설정 메타데이터를 XML 형식으로 제공하려면 애플리케이션 객체와 객체 간 의존 관계가 들어 있는 **애플리케이션 컨텍스트 XML** 파일(이하 MXL 파일)을 만들어야 한다. [예제 1-3]에서 이미 XML 파일의 모양을 본 적이 있다. 다음은 `FixedDepositController`, `FixedDepositService`, `FixedDepositDao`가 들어 있는 MyBank 애플리케이션의 XML 파일이다(각 객체의 상호 작용은 그림 1-4 참조).

예제 1-13 applicationContext.xml–MyBank 애플리케이션의 XML 파일

```
#프로젝트 - ch01-bankapp-xml
#src/main/resources/META-INF/spring

<?xml version="1.0" encoding="UTF-8" standalone="no"?>
<beans xmlns = "http://www.springframework.org/schema/beans"
  xmlns:xsi = "http://www.w3.org/2001/XMLSchema-instance"
  xsi:schemaLocation = "http://www.springframework.org/schema/beans
           http://www.springframework.org/schema/beans/spring-beans.xsd">

  <bean id="controller" class="sample.spring.chapter01.bankapp.FixedDepositController">
    <property name="fixedDepositService" ref="service" />
  </bean>

  <bean id="service" class="sample.spring.chapter01.bankapp.FixedDepositService">
    <property name="fixedDepositDao" ref="dao" />
  </bean>

  <bean id="dao" class="sample.spring.chapter01.bankapp.FixedDepositDao"/>
</beans>
```

다음은 [예제 1-13]에 나타난 XML 파일의 요점이다.

- <beans> 엘리먼트는 XML 파일의 루트root 엘리먼트다. 이 엘리먼트는 beans.xsd 스키마에서 정의한다(이 파일을 스프링의 beans 스키마라고 부른다). spring-beans.xsd 스키마는 스프링 5.0.1 배포판에 포함된 spring-beans-5.0.1.RELEASE.jar 파일에 들어 있다.
- 각 <bean> 엘리먼트는 스프링 컨테이너가 관리할 애플리케이션 객체를 설정한다. 스프링 용어로 <bean> 엘리먼트를 빈 정의(bean definition)라고 부르고, 스프링 컨테이너가 빈 정의에 따라 만들어내는 객체를 빈이라고 부른다. id 속성은 빈의 유일한 이름을 지정하며, class 속성은 빈 클래스의 전체 이름(fully-qualified class name)을 지정한다. 추가로 <bean> 엘리먼트에 name 속성을 넣어서 빈에 별명(alias)을 지정할 수도 있다. MyBank 애플리케이션에는 FixedDepositController, FixedDepositService, FixedDepositDao 총 3개의 애플리케이션 객체가 있다. 따라서 <bean> 엘리먼트는 객체당 하나씩 총 3개가 존재한다.

- 〈bean〉 엘리먼트로 설정되는 애플리케이션 객체는 스프링 컨테이너가 관리하므로, 이들을 생성하고 의존 관계를 주입할 책임도 스프링 컨테이너에 있다. 〈bean〉 엘리먼트로 정의된 객체를 사용하려면 직접 생성하지 말고 스프링 컨테이너로부터 빈을 얻어서 사용해야 한다. 이번 절의 뒷부분에서는 스프링 컨테이너가 관리하는 애플리케이션 객체를 얻는 방법에 대해 살펴본다.
- MyBank 애플리케이션의 FixedDepositDetails 도메인 객체에는 〈bean〉 엘리먼트 정의가 없다. 일반적으로 스프링 컨테이너는 도메인 객체를 관리하지 않는다. 도메인 객체는 애플리케이션이 사용하는 ORM 프레임워크(하이버네이트 등)가 생성하거나 직접 new 연산자를 사용해 생성한다.
- 〈property〉 엘리먼트는 〈bean〉 엘리먼트가 설정하는 빈의 의존 관계(또는 설정 프로퍼티)를 지정한다. 〈property〉 엘리먼트는 스프링 컨테이너가 의존 관계(또는 설정 프로퍼티)를 설정하기 위해 호출할 자바빈 스타일 세터 메서드와 대응된다.

이제 세터 메서드를 통해 의존 관계가 설정되는 방식을 살펴보자.

1.5.4 세터 메서드를 이용한 의존 관계 주입

빈 클래스의 세터 메서드를 이용해 의존 관계가 주입되는 과정을 이해하기 위해 `MyBank` 애플리케이션의 `FixedDepositController` 클래스를 다시 한번 살펴보자.

예제 1-14 FixedDepositController 클래스

```
#프로젝트 - ch01-bankapp-xml
#src/main/java/sample/spring/chapter01/bankapp

package sample.spring.chapter01.bankapp;
import org.apache.logging.log4j.LogManager;
import org.apache.logging.log4j.Logger;

public class FixedDepositController {
  private static Logger logger = LogManager.getLogger(FixedDepositController.class);

  private FixedDepositService fixedDepositService;
  public FixedDepositController() {
    logger.info("initializing");
  }

  public void setFixedDepositService(FixedDepositService fixedDepositService) {
    logger.info("Setting fixedDepositService property");
```

```
        this.fixedDepositService = fixedDepositService;
    }
    .....
}
```

[예제 1-14]의 경우 FixedDepositController 클래스 안에서 FixedDepositService 타입의 fixedDepositService 인스턴스 변수 정의를 볼 수 있다. fixedDepositService 변수는 setFixedDepositService 메서드(fixedDepositService 변수의 자바빈 스타일 세터 메서드)로 설정한다. 이 예제는 세터 기반 DI 예제다. 세터 기반 DI에서는 세터 메서드를 통해 의존 관계를 만족시킨다.

[그림 1-5]는 applicationContext.xml 파일(예제 1-13)에 FixedDepositController 클래스의 빈 정의를 설명한다.

그림 1-5 〈property〉 엘리먼트를 이용한 의존 관계 정의하기

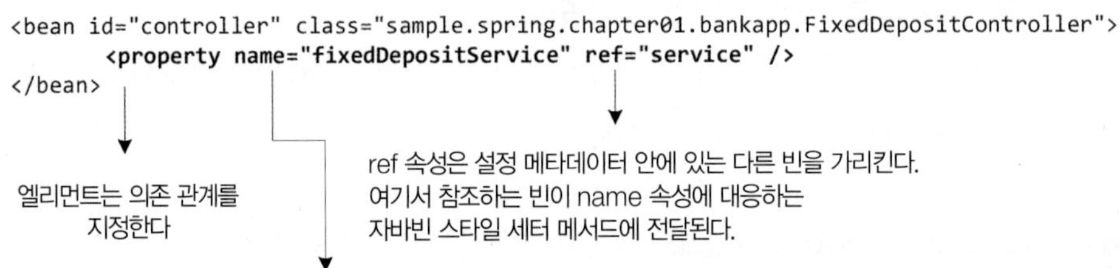

이 그림의 빈 정의는 FixedDepositController 빈이 <property> 엘리먼트를 통해 FixedDepositService 빈에 의존 관계를 정의하는 모습을 보여준다. <property> 엘리먼트의 name 속성의 경우 빈 클래스에는 자바빈 스타일 세터 메서드 이름과 대응하며, 스프링 컨테이너는 빈 생성 시 이 세터 메서드를 호출한다. <property>의 ref 속성은 인스턴스를 생성한 다음 자바빈 스타일 세터 메서드에 전달할 빈을 가리킨다. 이 ref 속성값은 설정 메타데이터에 있는 <bean> 엘리먼트 중 하나의 id 속성값(또는 name에 지정된 이름 중 하나)과 일치해야 한다.

[그림 1-5]에서 <property> 엘리먼트의 name 속성은 fixedDepositService다. 이는 <property> 엘리먼트가 FixedDepositController 클래스의 setFixedDepositService 세터 메서드와 대응한다는 뜻이다(예제 1-14). <property> 엘리먼트의 ref 속성이 service

이므로, 이 <property> 엘리먼트는 <bean> 중에서 id 속성이 service인 빈을 가리킨다. <bean> 중 id 속성이 service인 빈은 FixedDepositService 빈이다(예제 1-13). 스프링 컨테이너는 FixedDepositService 클래스의 인스턴스를 만들고(의존 대상), FixedDeposit Controller(의존 중인 객체)의 setFixedDepositService 메서드(fixedDepositService 변수에 대한 자바빈 스타일 세터)를 호출하면서 FixedDepositService 인스턴스를 전달한다.

[그림 1-6]은 FixedDepositController 애플리케이션 객체의 컨텍스트에서 <property> 엘리먼트의 name과 ref 속성을 요약한 것이다.

그림 1-6 〈property〉 엘리먼트의 name 속성은 빈 의존 관계를 만족하는 자바빈 스타일의 세터 메서드와 대응한다. ref 속성은 다른 빈을 가리킨다.

```
<bean id="controller"
        class="sample.spring.chapter01.bankapp.FixedDepositController">
    <property name="fixedDepositService" ref="service" />
</bean>

        <bean id="service"
                class="sample.spring.chapter01.bankapp.FixedDepositService">
            <property name="fixedDepositDao" ref="dao" />
        </bean>

            public class FixedDepositController {
                ...
                private FixedDepositService fixedDepositService;
                ...
                public void setFixedDepositService(FixedDepositService
                                fixedDepositService) {
                        logger.info("Setting fixedDepositService property");
                        this.fixedDepositService = fixedDepositService;
                }
                ...
            }
```

[그림 1-6]은 name 속성의 fixedDepositService값이 FixedDepositController 클래스의 setFixedDepositService 메서드와 대응한다는 사실과, ref 속성의 값이 id가 service인 빈을 가리킨다는 사실을 보여준다.

[그림 1-7]은 MyBank 애플리케이션에서 스프링 컨테이너가 빈을 만들고, 만든 빈의 의존 관계를 applicationContext.xml 파일로 생성된 설정 메타데이터를 바탕으로 주입하는 과정을 표현한 것이다. 또한 [그림 1-7]은 스프링 IoC 컨테이너가 FixedDepositController, FixedDepositService, FixedDepositDao 빈을 생성하고 각각의 의존 관계를 주입하는 단계

를 보여준다. 빈을 만들기 전에 스프링 컨테이너는 applicationContext.xml 파일에서 제공하는 설정 메타데이터를 읽고 검증한다.

스프링 컨테이너가 빈을 생성하는 순서는 applicationContext.xml 파일에 빈이 정의된 순서에 따라 결정된다. 스프링 컨테이너는 세터 메서드를 호출하기 전에 빈이 의존하는 다른 빈들이 완전히 설정되도록 보장한다. 예를 들어 FixedDepositController 빈은 FixedDepositService 빈에 의존한다. 따라서 스프링 컨테이너는 FixedDepositController의 setFixedDepositService 메서드를 호출하기 전에 FixedDepositService 빈을 설정한다.

그림 1-7 스프링 IoC 컨테이너가 빈을 생성하고 의존 관계를 설정하는 순서

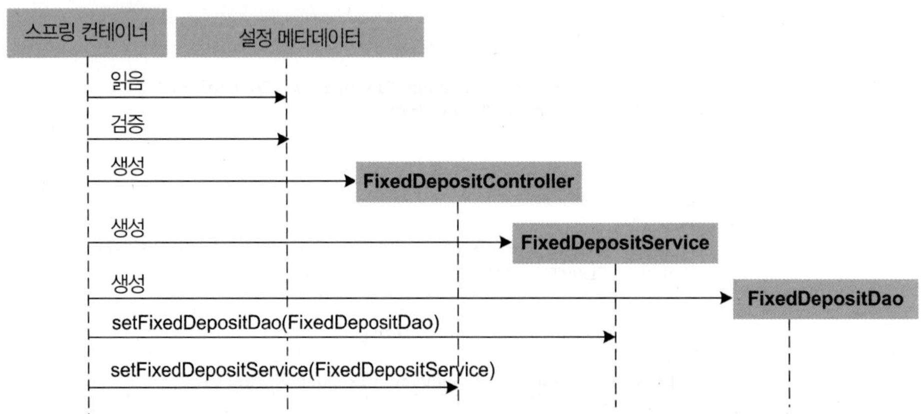

NOTE_ 빈 정의를 이름(id 속성값)이나 타입(class 속성값) 또는 빈 클래스가 구현하는 인터페이스 이름으로 부르는 경우가 흔하다. 예를 들어 'FixedDepositController 빈'이나 'controller 빈'은 같은 빈이다. 그리고 FixedDepositController 클래스가 FixedDepositControllerIntf 인터페이스를 구현한다면 이 빈을 'FixedDepositController 빈'이나 'FixedDepositControllerIntf 빈'이라고 부른다.

지금까지 살펴본 빈 정의는 스프링 컨테이너가 빈을 생성할 때 **인수가 없는**no-argument 생성자를 사용하고 세터 기반 DI를 사용해 의존 관계를 주입했다. 2장에서는 스프링 컨테이너가 클래스에 정의된 **팩토리 메서드**factory method를 사용해 빈 인스턴스를 생성하는 빈 정의를 살펴본다. 그리고 생성자 인수로 의존 관계를 주입하는 방식(**생성자 기반**constructor-based DI라고 함)에 대해서도 알아본다.

이제는 스프링 컨테이너의 인스턴스를 만들고 설정 메타데이터를 그 인스턴스에 넘기는 방법을 살펴보자.

1.5.5 스프링 컨테이너 인스턴스 만들기

스프링 ApplicationContext 객체는 스프링 컨테이너 인스턴스를 표현한다. 스프링은 ClassPathXmlApplicationContext, FileSystemXmlApplicationContext, XmlWebApplicationContext 등 몇 가지 ApplicationContext 인터페이스 구현을 제공한다. 어떤 ApplicationContext를 선택하느냐는 설정 메타데이터의 정의 방법(XML, 애너테이션, 자바 코드 등)과 애플리케이션의 유형(웹 또는 독립 실행)에 따라 달라진다.

예를 들어 ClassPathXmlApplicationContext와 FileSystemXmlApplicationContext 클래스는 설정 메타데이터를 XML 형태로 정의한 독립 실행 애플리케이션에 적합하고, XmlWebApplicationContext는 설정 메타데이터를 XML 형태로 정의한 웹 애플리케이션에 적합하며, AnnotationConfigWebApplicationContext는 자바 코드를 통해 설정 메타데이터를 정의하는 웹 애플리케이션에 적합하다.

MyBank는 독립 실행 애플리케이션이기 때문에 스프링 컨테이너를 만들기 위해 ClassPathXmlApplicationContext나 FileSystemXmlApplicationContext 중 하나를 쓸 수 있다. 여기서 ClassPathXmlApplicationContext는 **클래스파일 경로**classpath가 지정한 위치에서 XML 파일을 읽어오고, FileSystemXmlApplicationContext는 **파일시스템**filesystem이 지정한 위치에서 XML 파일을 읽어온다는 점에 유의한다.

다음 [예제 1-15]에 BankApp 클래스는 ClassPathXmlApplicationContext 클래스를 사용해 정의한 스프링 컨테이너 인스턴스를 보여준다.

예제 1-15 BankApp 클래스

```
#프로젝트 - ch01-bankapp-xml
#src/main/java/sample/spring/chapter01/bankapp

package sample.spring.chapter01.bankapp;
import org.springframework.context.ApplicationContext;
import org.springframework.context.support.ClassPathXmlApplicationContext;
```

```
public class BankApp {
  .....
  public static void main(String args[]) {
    ApplicationContext context = new ClassPathXmlApplicationContext(
      "classpath:META-INF/spring/applicationContext.xml");
    .....
  }
}
```

[예제 1-15]는 BankApp의 main 메서드를 보여준다. 이 메서드는 스프링 컨테이너를 부트스트랩Bootstrap 한다. XML 파일의 클래스파일 경로가 ClassPathXmlApplicationContext에 전달된다. ClassPathXmlApplicationContext 인스턴스가 생성되는 과정에서 XML 파일에 **싱글턴 스코프**singleton scoped로 정의된 빈들이 생성되며, **사전-인스턴스화**pre-instantiated 상태로 설정된다.

2장에서는 **빈 영역**을 설명하고 사전-인스턴스화와 **지연-인스턴스화**lazily-instantiated가 스프링 컨테이너에서 어떤 의미인지 알아본다. MyBank 애플리케이션의 applicationContext.xml 파일에 정의된 빈은 싱글턴 스코프이며 사전-인스턴스화로 설정되었다. 이 말은 applicationContext.xml에 정의된 빈이 ClassPathXmlApplicationContext가 인스턴스화될 때 생성된다는 뜻이다.

이제 스프링 컨테이너 인스턴스 생성을 살펴봤으므로 스프링 컨테이너에서 빈을 얻어내는 방법을 살펴볼 차례다.

1.5.6 스프링 컨테이너에 있는 빈에 접근하기

<bean> 엘리먼트를 통해 정의된 애플리케이션 객체는 스프링 컨테이너로 생성, 관리한다. 애플리케이션 객체 인스턴스는 ApplicationContext 인터페이스의 getBean 메서드 중 하나를 호출해서 접근할 수 있다.

다음 예제에서는 BankApp 클래스의 main 메서드가 스프링 컨테이너로부터 FixedDepositController 빈을 가져와서 빈에 있는 메서드를 호출한다.

예제 1-16 BankApp 클래스

```
#프로젝트 - ch01-bankapp-xml
#src/main/java/sample/spring/chapter01/bankapp
```

```
package sample.spring.chapter01.bankapp;
import org.apache.logging.log4j.LogManager;
import org.apache.logging.log4j.Logger;
import org.springframework.context.ApplicationContext;
import org.springframework.context.support.ClassPathXmlApplicationContext;

public class BankApp {
  private static Logger logger = LogManager.getLogger(BankApp.class);

  public static void main(String args[]) {
    ApplicationContext context = new ClassPathXmlApplicationContext(
      "classpath:META-INF/spring/applicationContext.xml");

    FixedDepositController fixedDepositController =
       (FixedDepositController) context.getBean("controller");
    logger.info("Submission status of fixed deposit : "
           + fixedDepositController.submit());
    logger.info("Returned fixed deposit info : " + fixedDepositController.get());
  }
}
```

처음에는 ApplicationContext의 getBean 메서드를 호출해 스프링 컨테이너에서 FixedDepositController 빈의 인스턴스를 가져온다. 그 후 FixedDepositController 빈의 submit과 get 메서드를 호출한다. getBean에 넘기는 인수는 스프링 컨테이너에서 가져오려는 빈의 이름이다. getBean 메서드에 전달하는 빈 이름은 반드시 가져오려는 빈의 id나 name 속성과 같아야 한다. 스프링 컨테이너에 등록된 이름과 지정한 이름이 일치하는 빈을 찾을 수 없으면 getBean 메서드가 예외를 발생시킨다.

[예제 1-16]에서는 FixedDepositController 인스턴스를 설정하기 위해 FixedDepositService 인스턴스를 프로그램으로 직접 생성해서 FixedDepositController 인스턴스에 설정할 필요가 없었다. 그리고 FixedDepositDao 인스턴스를 생성해서 FixedDepositService 인스턴스에 설정할 필요도 없었다. 이는 스프링 컨테이너가 의존 대상 객체(FixedDepositDao)를 생성하는 과정과 의존 중인 객체(FixedDepositService)에 의존 대상 객체를 설정해주는 과정을 처리하기 때문이다.

ch01-bankapp-xml 프로젝트에 들어가서 BankApp 클래스의 main 메서드를 실행하면 콘솔에서 다음과 같은 출력을 볼 수 있다.

```
INFO sample.spring.chapter01.bankapp.FixedDepositController - initializing
INFO sample.spring.chapter01.bankapp.FixedDepositService - initializing
INFO sample.spring.chapter01.bankapp.FixedDepositDao - initializing
INFO sample.spring.chapter01.bankapp.FixedDepositService - Setting fixedDepositDao
property
INFO sample.spring.chapter01.bankapp.FixedDepositController - Setting fixedDepositService
property
INFO sample.spring.chapter01.bankapp.BankApp - Submission status of fixed deposit :
true
INFO sample.spring.chapter01.bankapp.BankApp - Returned fixed deposit info : id :1,
deposit amount : 10000.0, tenure : 365, email : someemail@something.com
```

이 출력은 스프링 컨테이너가 MyBank 애플리케이션의 applicationContext.xml에 정의된 각 빈의 인스턴스를 생성한다는 사실을 보여준다. 그리고 스프링 컨테이너가 세터 기반 DI를 사용해 FixedDepositService 인스턴스를 FixedDepositController 인스턴스에 주입하고, FixedDepositDao 인스턴스를 FixedDepositService 인스턴스에 주입한다는 사실도 알 수 있다.

1.6 스프링 5의 새로운 내용

다음은 스프링 5에서 알아둘 변경 사항이다.

- 자바 9와 호환된다. 따라서 자바 9의 특징을 사용해 애플리케이션을 개발하고 자바 9로 배포(deploy) 할 수 있다.[4]
- 스프링 JAR를 자바 9의 모듈 경로나 클래스경로에 추가할 수 있다. 스프링 JAR를 모듈 경로에 추가하면 자동으로 자동 모듈이 되어 JAR 내부의 모든 패키지를 외부에 노출시킨다.
- 비동기(asynchronous)와 넌블로킹(non-blocking) 애플리케이션 개발에 사용하는 반응형 프로그래밍 패러다임을 포함한다. 스프링은 리액터 3.1과 RxJava 1.3이나 2.1 라이브러리에 정의된 반응형 타입을 지원한다. 18장과 19장에서는 RxJava 2와 리액터 3.1을 사용한 반응형 애플리케이션 개발에 대해 설명한다.
- 스프링 5의 소스 코드는 이제 자바 8로 되어 있다.
- 스프링 5에서는 포틀릿, 벨로시티 템플릿, 자스퍼레포트 지원이 중단됐다.

---

4 옮긴이_ 자바가 배포 주기를 6개월로 짧게 줄였고 그에 맞춰 스프링도 지원하는 자바 버전을 빠르게 갱신하고 있다. 현재(2020년 4월) 스프링 5.2.5는 최소 자바 8(업데이트 60)부터 자바 11 LTS까지 지원하며 빌드 설정을 바꾸면 자바 14까지 사용할 수 있다.

- @Nullable, @NonNull, @NonNullApi, @NonNullFields 애너테이션을 사용해 스프링 애플리케이션에 null 안전성(null-safety)을 도입할 수 있다. @Nullable은 필드, 메서드, 메서드 인수 또는 메서드 반환 값이 null일 수 있다는 뜻이다. @NonNull은 필드, 메서드, 메서드 인수 또는 메서드 반환값이 null일 수 없다는 뜻이다. @NonNullApi는 패키지 수준의 애너테이션으로 메서드와 메서드 파라미터가 null일 수 없다는 뜻이다. @NonNullFields는 패키지 수준의 애너테이션으로 필드가 null일 수 없다는 뜻이다. 이런 애너테이션들을 (FindBugs와 같은) 정적 코드 분석 도구와 사용하면 프로그램에서 실행 시점에 java.lang.NullPointerException을 발생시킬 수 있는 잠재적인 문제를 찾아낼 수 있다.
- AnnotationConfigApplicationContext 클래스에 새로 도입된 메서드를 통해 함수형으로 빈 등록과 커스텀화가 가능하다(7장에서 더 자세한 정보를 볼 수 있다).
- 애플리케이션을 더 빠르게 시작하기 위해 (클래스경로를 스캔하는 대신) 파일에서 스프링 컴포넌트의 인덱스를 만들거나 읽을 수 있다(7장에서 더 자세한 정보를 볼 수 있다).
- 서블릿 4.0에 javax.servlet.http.PushBuilder를 스프링 웹 MVC 애플리케이션에서 컨트롤러 메서드 인수로 사용할 수 있다. PushBuilder를 사용하면 HTTP/2 프로토콜을 사용해 웹 클라이언트로 자원을 푸시할 수 있다.
- 새 웹 모듈인 spring-webflux를 도입했다. 이를 사용하면 RxJava나 리액터 라이브러리를 통해 반응형 웹 애플리케이션과 반응형 RESTful 웹 서비스를 개발할 수 있다(18장과 19장에서 다룬다).
- AsyncRestTemplate 지원은 사용을 금지하고, 그 대신 반응형 WebClient를 사용한다(WebClient를 사용해 RESTful 웹 서비스를 함수형이면서 반응형인 스타일로 개발하는 방법이 19장에 나온다).

이제 스프링을 기반으로 만들어진 여러 가지 프레임워크를 살펴보자.

1.7 스프링에 기반한 프레임워크들

스프링을 토대로 만들어진 프레임워크가 많지만, 그중 가장 널리 쓰이는 것을 살펴볼 것이다. 더 광범위한 프레임워크 목록이 필요하거나 각각의 프레임워크에 대해 자세한 설명이 필요하다면 스프링 프로젝트 페이지(https://spring.io/projects)에 방문해보자.

> **NOTE_** 스프링 5가 반응형 프로그래밍 패러다임을 포함함에 따라 스프링을 토대로 만들어진 프레임워크들도 반응형 애플리케이션 개발을 지원하는 방향으로 바뀌고 있다.

다음 표는 스프링을 토대로 만들어진 프레임워크들을 간략히 보여준다.

프레임워크	설명
스프링 시큐리티	엔터프라이즈 애플리케이션을 위한 인증과 권한 부여 프레임워크다. XML 파일에 빈을 몇 개 설정하는 것만으로 애플리케이션에 인증과 권한의 특징을 부여할 수 있다.
스프링 데이터	여러 유형의 데이터베이스를 일관성 있는 프로그래밍 모델로 사용할 수 있게 해준다. 예를 들어 Neo4j나 MongoDB와 같은 비-관계형 데이터베이스와 상호 작용할 때나, JPA를 통해 관계형 데이터베이스를 사용할 때도 스프링 데이터를 사용할 수 있다.
스프링 배치	애플리케이션이 뭉텅이로 작업을 처리하는 경우 이 프레임워크를 사용하자.
스프링 통합	애플리케이션에 EAI(기업 애플리케이션 통합)를 제공한다.
스프링 소셜	페이스북이나 트위터와 같은 소셜 미디어 사이트와 상호 작용해야 하는 경우 이 프레임워크가 유용할 것이다.

이 표에서 언급한 프레임워크는 스프링을 토대로 만들어졌다. 이를 사용할 때는 사용 중인 스프링 버전과 호환되는 버전인지 먼저 확인해야 한다.

1.8 요약

이번 장에서는 스프링의 장점에 대해 알아봤다. 그리고 간단한 스프링 애플리케이션을 살펴보면서 설정 메타데이터를 XML 파일 형식으로 지정하는 방법과 스프링 컨테이너 인스턴스를 만드는 방법, 스프링 컨테이너 인스턴스로부터 빈을 얻는 방법을 살펴봤다. 다음 장에서는 스프링의 기본 개념을 몇 가지 살펴본다.

CHAPTER 2

스프링 프레임워크 기초

2.1 소개

1장에서는 스프링 컨테이너가 빈 클래스의 인수가 없는 생성자를 호출해서 빈 인스턴스를 만들고 세터 기반 DI로 빈 의존 관계를 설정하는 과정을 살펴봤다. 이번 장에서는 몇 단계 더 깊이 들어가서 다음 내용을 살펴본다.

- 스프링이 지원하는 '인터페이스를 사용하는 프로그래밍' 설계 원칙
- 정적 팩토리 메서드와 인스턴스 팩토리 메서드로 빈을 생성하는 방법
- 의존 관계를 생성자에게 인수로 넘기는 생성자 기반 DI
- 생성자나 세터 메서드에 간단한 String값을 인수로 넘기는 방법
- 빈 스코프

우선 스프링이 지원하는 '인터페이스를 사용하는 프로그래밍'을 사용하면 얼마나 더 애플리케이션 테스트가 쉬워지는지 살펴보자.

2.2 '인터페이스를 사용하는 프로그래밍' 설계 원칙

1.5절에서 의존 관계로 구체적인 클래스를 참조하는 POJO 클래스를 살펴봤다. 예를 들어

FixedDepositController 클래스에는 FixedDepositService 클래스의 참조가 있고, FixedDepositService 클래스에는 FixedDepositDao클래스의 참조가 있다. 의존 중인 클래스가 의존 관계의 구체적인 클래스를 직접 참조한다면, 두 클래스 사이에 긴밀한 결합coupling이 생긴다. '결합이 긴밀하다'는 말은 '의존 관계의 구현을 변경하려면 의존 중인 클래스도 변경해야 한다'는 뜻이다.

자바 인터페이스는 구현 클래스가 준수해야 하는 계약을 정의한다. 따라서 클래스가 의존 관계를 구현하는 인터페이스에 의존한다면, 해당 의존 관계의 구현을 변경하더라도 의존 중인 클래스를 변경할 필요가 없다. 이런 식으로 의존 중인 클래스가 의존 관계가 구현하는 인스턴스로 의존성을 만드는 설계 원칙을 '인터페이스를 사용하는 프로그래밍programming to interface'이라고 한다. 이 접근 방법은 의존 중인 클래스와 의존 관계 사이에 느슨한 결합을 만든다. 의존 관계 클래스가 구현하는 인터페이스를 의존 관계 인터페이스dependency interface라고 부른다.

'인터페이스를 사용하는 프로그래밍'은 '클래스를 사용하는 프로그래밍'보다 좋은 설계 습관이다. 다음 클래스 다이어그램은 ABean이 BBean 인터페이스에 의존하고, BBeanImpl 클래스(BBean을 구현함)에 의존하지 않는 것이 왜 좋은 설계인지 보여준다.

그림 2-1 '인터페이스를 사용하는 프로그래밍'은 '클래스를 사용하는 프로그래밍'보다 좋은 설계 습관이다

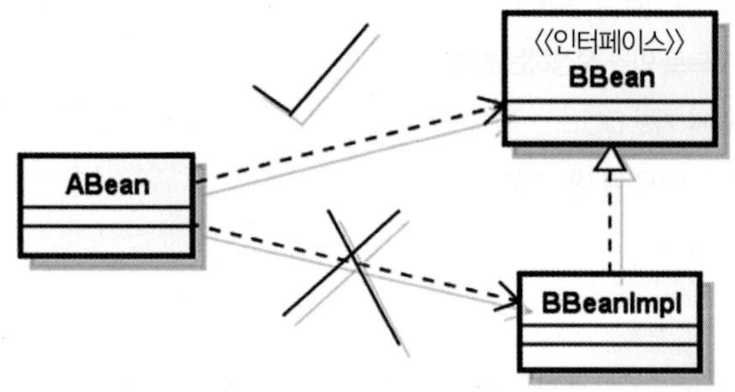

[그림 2-2]는 FixedDepositService 클래스를 '인터페이스를 사용하는 프로그래밍'으로 설계하는 방법을 나타낸다. 이와 같이 설계하면 데이터베이스와 상호 작용하는 전략을 쉽게 바꿀 수 있다.

그림 2-2 FixedDepositService는 FixedDepositDao 인터페이스에 의존한다. FixedDepositJdbcDao와 FixedDepositHibernateDao는 FixedDepositDao 인터페이스를 구현한다.

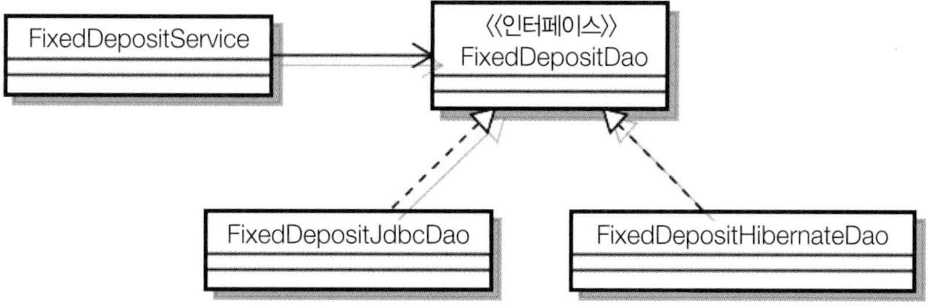

[그림 2-2]에서 FixedDepositJdbcDao는 일반 JDBC를 사용하고 FixedDepositHibernateDao는 하이버네이트Hibernate ORM을 사용해 데이터베이스와 상호 작용한다. 여기서 FixedDepositService가 직접적으로 FixedDepositJdbcDao나 FixedDepositHibernateDao에 의존한다면, 데이터베이스와 상호 작용하는 전략을 바꾸기 위해 FixedDepositService 클래스를 바꿔야 한다.

[그림 2-2]는 FixedDepositService가 FixedDepositDao 인터페이스(의존 관계 인터페이스)에 의존하고, FixedDepositJdbcDao와 FixedDepositHibernateDao 클래스는 FixedDepositDao 인터페이스를 구현한다. FixedDepositDao 인터페이스는 일반 JDBC와 하이버네이트 ORM 중 어느 쪽을 쓰고 싶은가에 따라 FixedDepositJdbcDao나 FixedDepositHibernateDao 클래스 중 하나를 FixedDepositService 인스턴스에 공급한다.

FixedDepositService는 FixedDepositDao 인터페이스에 의존하기 때문에 다른 데이터베이스와 상호 작용 전략을 선택할 수도 있다. 아이바티스iBATIS(현재는 마이바티스MyBatis로 이름을 바꿈) 프레임워크를 데이터베이스와 상호 작용한다면 FixedDepositDao 인터페이스를 구현하는 새로운 FixedDepositIbatisDao 클래스를 만들고 FixedDepositIbatisDao의 인스턴스를 FixedDepositService에 공급해야 한다.

의존 중인 클래스의 테스트성 향상

[그림 2-2]에서는 FixedDepositService 클래스가 FixedDepositDao 인터페이스의 참조를 가지고 있다. FixedDepositJdbcDao와 FixedDepositHibernateDao는 FixedDepositDao인

터페이스의 구체적인 구현 클래스다. 이제 FixedDepositService 클래스에 단위 테스트를 단순화하기 위해, 데이터베이스를 쓰지 않는 FixedDepositDao 인터페이스에 목[mock] 구현으로 구체적 클래스를 대신할 수 있다.

FixedDepositService 클래스가 FixedDepositJdbcDao나 FixedDepositHibernateDao 클래스의 참조를 직접 갖는다면 FixedDepositService 클래스를 테스트하기 위해 테스트용 데이터베이스를 설치해야 한다. 이는 의존 관계 인터페이스에 목 구현을 사용함으로써 의존 중인 클래스를 단위 테스트하기 위해 인프라를 설치하는 노력을 줄일 수 있다.

이제 스프링이 '인터페이스를 사용하는 프로그래밍'이라는 설계 방식을 애플리케이션에서 어떻게 지원하는지 살펴보자.

2.2.1 '인터페이스를 사용하는 프로그래밍' 설계 방식 지원

스프링 애플리케이션에서 '인터페이스를 사용하는 프로그래밍' 설계 방식을 사용하려면 다음과 같은 일을 할 수 있어야 한다.

- 의존 관계에 구체적인 구현 클래스가 아닌 의존 관계 인터페이스를 참조하는 빈 클래스를 만든다
- 의존 중인 빈에 주입하고 싶은 구체적인 구현을 지정할 수 있는 <bean> 엘리먼트를 정의한다.

이제 '인터페이스를 사용하는 프로그래밍' 원칙에 따라 변경한 MyBank 애플리케이션을 살펴보자.

IMPORT chapter 2/ch02-bankapp-interfaces

이 프로젝트는 스프링 애플리케이션을 생성할 때 '인터페이스를 사용하는 프로그래밍' 설계 접근 방식을 적용하는 방법을 보여준다. 애플리케이션을 실행하려면 BankApp 클래스의 main 메서드를 실행한다.

'인터페이스를 사용하는 프로그래밍' 설계 접근 방식을 사용하는 MyBank 애플리케이션

다음 클래스 다이어그램은 '인터페이스를 사용하는 프로그래밍' 설계 접근 방식을 사용하는 MyBank 애플리케이션을 보여준다.

그림 2-3 '인터페이스를 사용하는 프로그래밍' 설계 접근 방식을 사용하는 MyBank 애플리케이션

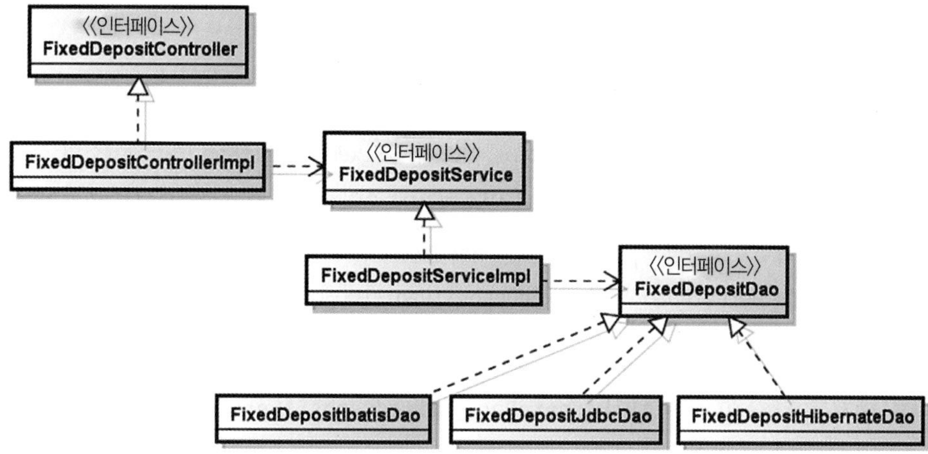

[그림 2-3]은 의존 관계의 구체적인 구현 클래스가 아닌, 의존 관계가 구현하는 인터페이스에 의존하는 클래스를 보여준다. 예를 들어 `FixedDepositControllerImpl` 클래스는 `FixedDepositService` 인터페이스에 의존하며, `FixedDepositServiceImpl` 클래스는 `FixedDepositDao` 인터페이스에 의존한다.

다음 예제는 [그림 2-3]을 바탕으로 한 `FixedDepositServiceImpl` 클래스다.

예제 2-1 `FixedDepositServiceImpl` 클래스

```
#프로젝트 - ch02-bankapp-interfaces
#src/main/java/sample/spring/chapter02/bankapp

package sample.spring.chapter02.bankapp;

public class FixedDepositServiceImpl implements FixedDepositService {
  private FixedDepositDao fixedDepositDao;
  .....
  public void setFixedDepositDao(FixedDepositDao fixedDepositDao) {
    this.fixedDepositDao = fixedDepositDao;
  }

  public FixedDepositDetails getFixedDepositDetails(long id) {
    return fixedDepositDao.getFixedDepositDetails(id);
  }
```

```
public boolean createFixedDeposit(FixedDepositDetails fdd) {
    return fixedDepositDao.createFixedDeposit(fdd);
  }
}
```

[예제 2-1]의 FixedDepositServiceImpl 클래스에는 FixedDepositDao 인터페이스의 참조가 들어 있다. FixedDepositServiceImpl 인스턴스에 주입하려는 FixedDepositDao 구현은 XML 파일로 지정한다. [그림 2-3]처럼 FixedDepositIbatisDao, FixedDepositJdbcDao, FixedDepositHibernateDao 등의 FixedDepositDao 인터페이스 구현 중 어떤 것이든 주입 가능하다.

다음 예제는 FixedDepositHibernateDao를 FixedDepositServiceImpl에 주입하는 applicationContext.xml 파일이다.

예제 2-2 applicationContext.xml – MyBank 애플리케이션의 XML 파일

```
#프로젝트 - ch02-bankapp-interfaces
#src/main/resources/META-INF/spring

<?xml version="1.0" encoding="UTF-8" standalone="no"?>
<beans .....>

  <bean id="controller"
    class="sample.spring.chapter02.bankapp.controller.FixedDepositControllerImpl">
    <property name="fixedDepositService" ref="service" />
  </bean>

  <bean id="service"
    class="sample.spring.chapter02.bankapp.service.FixedDepositServiceImpl">
    <property name="fixedDepositDao" ref="dao" />
  </bean>

<bean id="dao" class="sample.spring.chapter02.bankapp.dao.FixedDepositHibernateDao"/>
</beans>
```

이 예제에서 applicationContext.xml 파일은 FixedDepositHibernateDao의 인스턴스(FixedDepositDao 인터페이스를 구현함)를 FixedDepositServiceImpl에 주입한다. 이제 영속성을 위해 하이버네이트 대신 아이바티스를 사용한다면 dao 빈 정의의 class 속성을 FixedDepositIbatisDao 클래스의 전체 이름으로 지정한다.

지금까지 스프링 컨테이너가 인수가 없는 생성자no-argument를 호출해서 빈을 만드는 빈 정의 예제를 살펴봤다. 이제는 스프링 컨테이너가 정적 팩토리 메서드나 인스턴스 팩토리 메서드를 사용해 빈 인스턴스를 어떻게 만드는지 살펴보자.

2.3 정적 팩토리 메서드나 인스턴스 팩토리 메서드를 사용해 빈 만들기

스프링 컨테이너는 인수가 없는 생성자 지원 여부에 상관없이 클래스의 인스턴스를 만들고 관리할 수 있다. 2.4절에서는 인수를 하나 이상 받는 생성자로 빈을 만드는 빈 정의를 살펴볼 것이다. 팩토리 클래스를 사용해 객체 인스턴스를 만드는 기존 자바 애플리케이션이 있다면, 스프링 컨테이너를 사용해 팩토리가 만든 객체를 관리할 수 있다.

이제 스프링 컨테이너가 관리할 객체를 반환받기 위해 정적 팩토리 메서드나 인스턴스 팩토리 메서드를 어떻게 호출하는지 살펴보자.

2.3.1 정적 팩토리 메서드로 빈 초기화하기

[그림 2-3]에서는 FixedDepositDao 인터페이스를 FixedDepositHibernateDao, FixedDepositIbatisDao, FixedDepositJdbcDao 클래스로 구현하는 것을 살펴봤다. 다음 예제는 정적 메서드에 전달된 인수를 기반으로 FixedDepositDao의 인스턴스를 만들어 반환하고, 정적 팩토리 메서드를 정의하는 FixedDepositDaoFactory 클래스를 보여준다.

예제 2-3 FixedDepositDaoFactory 클래스

```
public class FixedDepositDaoFactory {
  private FixedDepositDaoFactory() { }

  public static FixedDepositDao getFixedDepositDao(String daoType, ...) {
    FixedDepositDao fixedDepositDao = null;

    if("jdbc".equalsIgnoreCase(daoType)) {
      fixedDepositDao = new FixedDepositJdbcDao();
```

```
    }
    if("hibernate".equalsIgnoreCase(daoType)) {
      fixedDepositDao = new FixedDepositHibernateDao();
    }
    .....
    return fixedDepositDao;
  }
}
```

이 예제에서 FixedDepositDaoFactory 클래스는 daoType의 인수값에 따라 FixedDeposit HibernateDao, FixedDepositIbatisDao, FixedDepositJdbcDao 클래스의 인스턴스 중 하나를 만들어내는 getFixedDepositDao 정적 메서드를 정의한다.

FixedDepositDaoFactory에 대한 다음 빈 정의는 스프링 컨테이너에 FixedDepositDao Factory의 getFixedDepositDao 메서드를 호출해서 FixedDepositJdbcDao 클래스의 인스턴스를 얻는다.

예제 2-4 FixedDepositDaoFactory 클래스를 사용하는 빈 정의

```
<bean id="dao" class="sample.spring.FixedDepositDaoFactory"
  factory-method="getFixedDepositDao">
  <constructor-arg index="0" value="jdbc"/>
  .....
</bean>
```

[예제 2-4]의 빈 정의에서 class 속성은 정적 팩토리 메서드를 정의하는 클래스의 전체 이름으로 지정한다. factory-method 속성은 스프링 컨테이너가 FixedDepositDao 인스턴스인 객체를 얻기 위해 호출하는 정적 팩토리 메서드의 이름을 지정한다. <constructor-arg> 엘리먼트는 스프링의 beans 스키마에서 정의하며, 생성자에게 인수를 넘기거나 정적 팩토리 메서드 또는 인스턴스 팩토리 메서드에 인수를 넘길 때 사용한다. 위 빈 정의와 같이 index 속성값이 0이면 <constructor-arg> 엘리먼트가 getFixedDepositDao 팩토리 메서드의 첫 번째 인수(타입은 daoType)를 정의한다. value 속성은 인수값을 지정한다. 팩토리 메서드가 둘 이상의 인수를 받는다면 인수마다 <constructor-arg> 엘리먼트를 정의해야 한다.

dao 빈을 얻기 위해 ApplicationContext의 getBean 메서드를 호출하면(예제 2-4 참조) FixedDepositDaoFactory의 getFixedDepositDao 팩토리 메서드를 호출한다는 사실을 기

억하자. getBean("dao")를 호출하면 FixedDepositDaoFactory 클래스의 인스턴스가 아닌 getFixedDepositDao 팩토리 메서드가 생성한 FixedDepositDao 인스턴스를 반환한다.

방금 FixedDepositDao의 인스턴스를 만들어내는 팩토리 클래스 설정을 살펴봤다. 다음 예제는 FixedDepositDao의 인스턴스를 FixedDepositServiceImpl 클래스에 주입하는 방법이다.

예제 2-5 정적 팩토리 메서드가 만든 객체 주입하기

```
<bean id="service" class="sample.spring.chapter02.bankapp.FixedDepositServiceImpl">
  <property name="fixedDepositDao" ref="dao" />
</bean>

<bean id="dao" class="sample.spring.chapter02.basicapp.FixedDepositDaoFactory"
  factory-method="getFixedDepositDao">
  <constructor-arg index="0" value="jdbc"/>
</bean>
```

이 예제에서 <property> 엘리먼트는 FixedDepositDaoFactory의 getFixedDepositDao 팩토리 메서드가 반환하는 FixedDepositDao 인스턴스를 FixedDepositServiceImpl 인스턴스에 주입한다. 위에서 정의한 FixedDepositServiceImpl 클래스의 빈 정의를 [예제 2-2]에서 정의한 것과 비교해보면, 둘이 똑같다는 사실을 확인할 수 있다. 이를 통해 빈 의존 관계는 스프링 컨테이너가 빈 인스턴스를 생성하는 방법(인수가 없는 생성자를 사용하든, 정적 팩토리 메서드를 사용하든)과 관계 없이 항상 같다는 것을 알 수 있다.

이제 스프링 컨테이너가 인스턴스 팩토리 메서드를 호출해 빈을 어떻게 초기화하는지 살펴보자.

2.3.2 인스턴스 팩토리 메서드를 호출해 빈 초기화하기

[예제 2-6]의 FixedDepositDaoFactory 클래스는 FixedDepositDao 인스턴스를 만들어서 반환하는 인스턴스 팩토리 메서드를 정의한다.

예제 2-6 FixedDepositDaoFactory 클래스

```
public class FixedDepositDaoFactory {
  public FixedDepositDaoFactory() {
  }
  public FixedDepositDao getFixedDepositDao(String daoType, ...) {
    FixedDepositDao fixedDepositDao = null;

    if("jdbc".equalsIgnoreCase(daoType)) {
      fixedDepositDao = new FixedDepositJdbcDao();
    }
    if("hibernate".equalsIgnoreCase(daoType)) {
      fixedDepositDao = new FixedDepositHibernateDao();
    }
    .....
     return fixedDepositDao;
  }
}
```

클래스가 인스턴스 팩토리 메서드를 정의한다면, 클래스에는 public 생성자가 정의돼야 한다. 그래야 스프링 컨테이너가 해당 클래스의 인스턴스를 생성할 수 있기 때문이다. [예제 2-6]의 FixedDepositDaoFactory 클래스에는 인수가 없는 public 생성자가 정의되었다. FixedDepositDaoFactory의 getFixedDepositDao 메서드는 FixedDepositDao 인스턴스를 만들어서 반환하는 인스턴스 팩토리 메서드다.

다음 예제는 스프링 컨테이너에서 FixedDepositDao 인스턴스를 가져오기 위해 FixedDepositDaoFactory의 getFixedDepositDao 메서드를 호출하는 방법이다.

예제 2-7 FixedDepositDaoFactory의 getFixedDepositDao 메서드를 호출하는 설정

```
<bean id="daoFactory" class="sample.spring.chapter02.basicapp.FixedDepositDaoFactory" />

<bean id="dao" factory-bean="daoFactory" factory-method="getFixedDepositDao">
  <constructor-arg index="0" value="jdbc"/>
</bean>

<bean id="service" class="sample.spring.chapter02.bankapp.FixedDepositServiceImpl">
  <property name="fixedDepositDao" ref="dao" />
</bean>
```

[예제 2-7]의 빈 정의는 FixedDepositDaoFactory 클래스(인스턴스 팩토리 메서드가 들어 있는 클래스)를 일반 스프링 빈으로 정의하고, 인스턴스 팩토리 메서드에 자세한 내용을 사용하는 빈은 따로 정의한다. 인스턴스 팩토리 메서드의 자세한 사항을 정의하기 위해 <bean> 엘리먼트의 factory-bean과 factory-method 속성을 사용한다. factory-bean 속성은 인스턴스 팩토리 메서드가 들어 있는 빈의 이름을 지정하고, factory-method 속성은 인스턴스 팩토리 메서드의 이름을 지정한다. [예제 2-7]에서 <property> 엘리먼트는 FixedDepositDaoFactory의 getFixedDepositDao 팩토리 메서드가 반환하는 FixedDepositDao 인스턴스를 FixedDepositServiceImpl 인스턴스에 주입한다.

정적 팩토리 메서드와 마찬가지로 인스턴스 팩토리 메서드에도 <constructor-arg> 엘리먼트를 사용해 인수를 전달한다. 여기서 ApplicationContext의 getBean 메서드를 사용해 dao 빈을 얻으면, 결과적으로 FixedDepositDaoFactory에 getFixedDepositDao 팩토리 메서드가 호출된다는 사실이 중요하다.

이제 정적 팩토리 메서드와 인스턴스 팩토리 메서드로 만든 빈의 의존 관계를 설정하는 방법에 대해 살펴보자.

팩토리 메서드로 만들어진 빈의 의존 관계 주입하기

정적 팩토리 메서드나 인스턴스 팩토리 메서드로 생성된 빈의 의존 관계를 설정하기 위해서는 의존 관계를 팩토리 메서드에 인수로 넘기거나 세터 기반의 DI를 사용해 주입할 수 있다.

다음 예제에서 databaseInfo 프로퍼티를 정의하는 FixedDepositJdbcDao 클래스를 살펴보자.

예제 2-8 FixedDepositJdbcDao 클래스

```
public class FixedDepositJdbcDao {
  private DatabaseInfo databaseInfo;
  .....
  public FixedDepositJdbcDao() { }

  public void setDatabaseInfo(DatabaseInfo databaseInfo) {
    this. databaseInfo = databaseInfo;
  }
  .....
}
```

이 예제에서 databaseInfo 속성은 FixedDepositJdbcDao 클래스의 의존 관계를 표현하며, 이 의존 관계는 setDatabaseInfo 메서드에 의해 충족된다.

다음 FixedDepositDaoFactory 클래스는 FixedDepositJdbcDao 클래스를 만들어서 반환할 책임이 있는 팩토리 메서드를 정의한다.

예제 2-9 FixedDepositDaoFactory 클래스

```
public class FixedDepositDaoFactory {
  public FixedDepositDaoFactory() {
  }

  public FixedDepositDao getFixedDepositDao(String daoType) {
    FixedDepositDao fixedDepositDao = null;
    if("jdbc".equalsIgnoreCase(daoType)) {
       fixedDepositDao = new FixedDepositJdbcDao();
    }
    if("hibernate".equalsIgnoreCase(daoType)) {
      fixedDepositDao = new FixedDepositHibernateDao();
    }
    .....
    return fixedDepositDao;
  }
}
```

[예제 2-9]에서 getFixedDepositDao 메서드는 FixedDepositDao 인스턴스를 생성하는 인스턴스 팩토리 메서드다. getFixedDepositDao 메서드는 daoType의 인수 타입이 jdbc인 경우 FixedDepositJdbcDao의 인스턴스를 생성한다. 여기서 중요한 점은 getFixedDepositDao 메서드는 FixedDepositJdbcDao 인스턴스의 databaseInfo 프로퍼티를 설정하지 않는다는 것이다.

[예제 2-7]에서 본 것처럼, 다음 빈 정의는 스프링 컨테이너에 FixedDepositDaoFactory 클래스에 있는 getFixedDepositDao 인스턴스 팩토리 메서드를 호출해서 FixedDepositJdbcDao의 인스턴스를 만든다.

예제 2-10 FixedDepositDaoFactory의 getFixedDepositDao 메서드를 호출하는 설정

```
<bean id="daoFactory" class="FixedDepositDaoFactory" />

<bean id="dao" factory-bean="daoFactory" factory-method="getFixedDepositDao">
  <constructor-arg index="0" value="jdbc"/>
</bean>
```

빈 정의는 FixedDepositDaoFactory의 getFixedDepositDao 메서드를 호출하고, 이 호출은 FixedDepositJdbcDao 인스턴스를 만들어 반환한다. 하지만 FixedDepositJdbcDao의 databaseInfo 프로퍼티는 설정되지 않는다. databaseInfo 의존 관계를 설정하려면 getFixedDepositDao 메서드가 반환하는 FixedDepositJdbcDao 인스턴스에 대해 세터 기반 ID를 다음과 같이 수행한다.

예제 2-11 FixedDepositDaoFactory의 getFixedDepositDao 메서드를 호출하고, 호출이 반환하는 FixedDepositJdbcDao 인스턴스의 databaseInfo 프로퍼티를 설정하는 빈 설정

```
<bean id="daoFactory" class="FixedDepositDaoFactory" />

<bean id="dao" factory-bean="daoFactory" factory-method="getFixedDepositDao">
  <constructor-arg index="0" value="jdbc"/>
  <property name="databaseInfo" ref="databaseInfo"/>
</bean>

<bean id="databaseInfo" class="DatabaseInfo" />
```

위의 빈 정의에서는 <property> 엘리먼트를 사용해 FixedDepositDaoFactory의 getFixedDepositDao 인스턴스 팩토리 메서드가 반환한 FixedDepositJdbcDao 인스턴스의 databaseInfo 프로퍼티를 설정한다.

NOTE_ 인스턴스 팩토리 메서드와 마찬가지로 정적 팩토리 메서드가 반환하는 인스턴스의 의존 관계를 설정할 때도 〈property〉 엘리먼트를 사용한다.

2.4 생성자 기반 DI

스프링에서 의존 관계 주입은 빈의 생성자나 세터 메서드에 인수를 넘기는 방식으로 이뤄진다. 앞에서 세터 메서드로 의존 관계를 주입하는 DI 기법을 세터 기반 DI라고 부른다는 사실을 배웠다. 이번 절에서는 생성자 인수로 의존 관계를 전달하는 DI 기법을 배운다(이를 생성자 기반 DI라고 부른다).

세터와 생성자 기반 DI 기법에서 빈 의존 관계를 지정하는 방법을 비교하는 예제를 살펴보자.

2.4.1 세터 기반 DI 다시 보기

세터 기반 DI에서는 `<property>` 엘리먼트를 사용해 빈 의존 관계를 설정했다. `MyBank` 애플리케이션의 `PersonalBankService`에는 '은행 계좌 명세서 가져오기', '은행 계좌 상세 정보 살펴보기', '연락처 갱신하기', '암호 변경하기', '고객 센터 연락하기' 등의 서비스가 있다. `PersonalBankService` 클래스는 `JmsMessageSender`(JMS 메시지 전송), `EmailMessageSender`(전자우편 전송), `WebServiceInvoker`(외부 웹 서비스 호출) 객체를 사용해 고객에게 필요한 기능을 제공한다. 다음 예제는 `PersonalBankService` 클래스를 보여준다.

예제 2-12 PersonalBankService 클래스

```
public class PersonalBankingService {
  private JmsMessageSender jmsMessageSender;
  private EmailMessageSender emailMessageSender;
  private WebServiceInvoker webServiceInvoker;
  .....
  public void setJmsMessageSender(JmsMessageSender jmsMessageSender) {
    this.jmsMessageSender = jmsMessageSender;
  }

  public void setEmailMessageSender(EmailMessageSender emailMessageSender) {
    this.emailMessageSender = emailMessageSender;
  }

  public void setWebServiceInvoker(WebServiceInvoker webServiceInvoker) {
    this.webServiceInvoker = webServiceInvoker;
  }
  .....
}
```

이 예제는 PersonalBankService 클래스의 각 의존 관계(JmsMessageSender, EmailMessageSender, WebServiceInvoker)마다 세터 메서드를 정의한다. PersonalBankService가 의존 관계에 세터 메서드를 정의하므로 다음 예제처럼 세터 기반 DI를 사용할 수 있다.

예제 2-13 PersonalBankService 클래스와 의존 관계인 빈 정의

```
<bean id="personalBankingService" class="PersonalBankingService">
  <property name="emailMessageSender" ref="emailMessageSender" />
  <property name="jmsMessageSender"  ref="jmsMessageSender" />
  <property name="webServiceInvoker"  ref="webServiceInvoker" />
</bean>

<bean id="jmsMessageSender" class="JmsMessageSender">
  .....
</bean>
<bean id="webServiceInvoker" class="WebServiceInvoker" />
  .....
</bean>
<bean id="emailMessageSender" class="EmailMessageSender" />
  .....
</bean>
```

여기서 PersonalBankService 빈 정의는 PersonalBankService 클래스의 의존 관계를 <property> 엘리먼트로 설정하는 모습이다.

이제는 생성자 기반 DI를 사용하기 위한 PersonalBankService 클래스를 모델링한다.

2.4.2 생성자 기반 DI

생성자 기반 DI에서는 빈의 의존 관계를 빈 클래스 생성자의 인수로 전달한다. 다음 예제는 생성자가 JmsMessageSender, EmailMessageSender, WebServiceInvoker 객체를 인수로 받도록 변경된 PersonalBankService 클래스다.

예제 2-14 PersonalBankService 클래스

```
public class PersonalBankingService {
  private JmsMessageSender jmsMessageSender;
```

```
  private EmailMessageSender emailMessageSender;
  private WebServiceInvoker webServiceInvoker;
  .....
  public PersonalBankingService(JmsMessageSender jmsMessageSender,
                                EmailMessageSender emailMessageSender,
                                WebServiceInvoker webServiceInvoker) {

    this.jmsMessageSender = jmsMessageSender;
    this.emailMessageSender = emailMessageSender;
    this.webServiceInvoker = webServiceInvoker;
  }
  .....
}
```

PersonalBankingService의 생성자 인수는 PersonalBankingService 클래스의 의존 관계를 표현한다. 다음 예제는 <constructor-arg> 엘리먼트로 의존 관계를 어떻게 제공할 수 있는지 보여준다.

예제 2-15 PersonalBankingService 빈 정의

```
<bean id="personalBankingService" class="PersonalBankingService">
  <constructor-arg index="0" ref="jmsMessageSender" />
  <constructor-arg index="1" ref="emailMessageSender" />
  <constructor-arg index="2" ref="webServiceInvoker" />
</bean>
<bean id="jmsMessageSender" class="JmsMessageSender">
  .....
</bean>
<bean id="webServiceInvoker" class="WebServiceInvoker" />
  .....
</bean>
<bean id="emailMessageSender" class="EmailMessageSender" />
   .....
</bean>
```

이 예제에서 <constructor-arg> 엘리먼트는 personalBankingService 인스턴스의 생성자에 전달할 인수를 지정한다. index 속성은 생성자 인수의 순서다. index 속성값이 '0'이면 <constructor-arg>는 생성자의 첫 번째 인수에 해당하고, index 속성값이 '1'이면 <constructor-arg>는 생성자의 두 번째 인수에 해당한다. 생성자 인수 사이에 서로 상속 관

계가 없다면 index 속성을 지정하지 않는다. 예를 들어 JmsMessageSender, EmailMessageSender, WebServiceInvoker 클래스가 모두 (타입이 달라서) 구분 가능한 객체라면 index 속성을 설정할 필요가 없다. <property> 엘리먼트와 마찬가지로 <constructor-arg>의 ref 속성은 빈에 참조를 전달한다.

생성자 기반 DI와 세터 기반 DI를 함께 사용하기

빈 클래스에 생성자와 세터 기반 DI 메커니즘이 함께 필요하다면 <constructor-arg>와 <property> 엘리먼트를 조합해 의존 관계를 주입할 수 있다.

다음 예제는 의존 관계를 생성자 인수와 세터 메서드 인수로 주입하는 PersonalBankingService 클래스를 보여준다.

예제 2-16 PersonalBankingService 클래스

```
public class PersonalBankingService {
  private JmsMessageSender jmsMessageSender;
  private EmailMessageSender emailMessageSender;
  private WebServiceInvoker webServiceInvoker;
  .....
  public PersonalBankingService(JmsMessageSender jmsMessageSender,
                                EmailMessageSender emailMessageSender) {
    this.jmsMessageSender = jmsMessageSender;
    this.emailMessageSender = emailMessageSender;
  }

  public void setWebServiceInvoker(WebServiceInvoker webServiceInvoker) {
    this.webServiceInvoker = webServiceInvoker;
  }
  .....
}
```

PersonalBankingService 클래스에서 jmsMessageSender와 emailMessageSender는 생성자 인수로 주입되며 webServiceInvoker 의존 관계는 setWebServiceInvoker 세터 메서드로 주입한다. 다음 빈 정의는 <constructor-arg>와 <property>를 사용해 PersonalBankingService 클래스의 의존 관계를 주입하는 방법이다.

예제 2-17 생성자와 세터 기반 DI를 섞어서 사용하기

```
<bean id="dataSource" class="PersonalBankingService">
  <constructor-arg index="0" ref="jmsMessageSender" />
  <constructor-arg index="1" ref="emailMessageSender" />
  <property name="webServiceInvoker" ref="webServiceInvoker" />
</bean>
```

<constructor-arg>와 <property> 엘리먼트를 사용해 의존 관계(다른 빈 참조)를 세터 메서드와 생성자에게 전달하는 방법을 살펴봤다. 두 엘리먼트를 사용해 빈에 필요한 설정 정보(간단한 String값)를 전달할 수도 있다.

2.5 설정 정보를 빈에 전달하기

전자우편 인증에 필요한 서버 주소, 사용자 이름, 암호가 있는 EmailMessageSender 클래스를 생각해보자. 다음 예제는 <property> 엘리먼트를 사용해 EmailMessageSender 빈의 프로퍼티를 설정하는 과정이다.

예제 2-18 EmailMessageSender 클래스와 빈 정의

```
public class EmailMessageSender {
  private String host;
  private String username;
  private String password;
  .....
  public void setHost(String host) {
    this.host = host;
  }

  public void setUsername(String username) {
    this.username = username;
  }

  public void setPassword(String password) {
    this.password = password;
  }
  .....
```

```
}

<bean id="emailMessageSender" class="EmailMessageSender">
  <property name="host" value="smtp.gmail.com"/>
  <property name="username" value="myusername"/>
  <property name="password" value="mypassword"/>
</bean>
```

[예제 2-18]은 <property> 엘리먼트를 사용해 EmailMessageSender 빈의 host, username, password 프로퍼티를 설정한다. value 속성은 name 속성이 정한 이름에 맞는 빈 프로퍼티의 String값을 지정한다. host, username, password 프로퍼티는 EmailMessageSender 빈이 필요로 하는 설정 정보를 표현한다.

3장에서 원시 타입(primitive type, int, long 등)으로 프로퍼티를 설정하는 방법과 컬렉션 타입(java.util.List, java.util.Map 등) 또는 임의의 타입(Address 등)으로 프로퍼티를 설정하는 방법을 배운다.

다음 예제는 설정 정보(host, username, password)를 생성자 인수로 받는 EmailMessage Sender 클래스를 변경한 버전이다.

예제 2-19 EmailMessageSender 클래스와 빈 정의

```
public class EmailMessageSender {
  private String host;
  private String username;
  private String password;
  .....
  public EmailMessageSender(String host, String username, String password) {
    this.host = host;
    this.username = username;
    this.password = password;
  }
  .....
}

<bean id="emailMessageSender" class="EmailMessageSender">
  <constructor-arg index="0" value="smtp.gmail.com"/>
  <constructor-arg index="1" value="myusername"/>
  <constructor-arg index="2" value="mypassword"/>
</bean>
```

이 예제는 EmailMessageSender 빈에 필요한 자세한 설정 정보를 전달하기 위해 <construct-arg> 엘리먼트를 사용한다. value 속성은 index 속성이 가리키는 생성자 인수에 설정할 String 값이다.

지금까지 <constructor-arg> 엘리먼트를 사용해 의존 관계나 String 타입의 값을 생성자에 주입하는 것을 살펴봤다. 3장에서는 원시 타입(primitive type, int, long 등)의 값으로 생성자 인수를 설정하는 방법과 컬렉션 타입(java.util.List, java.util.Map 등), 또는 임의의 타입(Address 등)으로 생성자 인수를 설정하는 방법을 배운다.

지금까지 스프링 컨테이너에 빈을 만드는 방법과 DI를 수행하는 방법을 어떻게 지시하는지 배웠다. 이제는 빈에 지정할 수 있는 여러 가지 스코프scope를 살펴보자.

2.6 빈 스코프

빈을 공유하기 위한 인스턴스를 단 하나만 만들지(싱글턴singleton 스코프), 빈이 요청될 때마다 새로운 빈 인스턴스를 생성할지(프로토타입 스코프) 여부를 제어하기 위해 빈의 스코프를 지정하고 싶을 수도 있다. 빈의 스코프는 <bean> 엘리먼트의 scope 속성를 사용해 정의한다. scope를 지정하지 않으면 그 빈은 싱글턴 스코프로 지정된다.

웹 애플리케이션에서는 request, session, websocket, application과 같은 몇 가지 스코프를 사용한다. 스코프는 빈 인스턴스의 수명lifetime을 결정한다. 예를 들어 request 스코프의 빈의 수명은 단일 HTTP 요청에 한정된다. 이번 장에서는 싱글턴과 프로토타입 스코프에 대해서만 다룬다. request, session, application 스코프는 12장에서 다룰 것이다.

IMPORT chapter 2/ch02-bankapp-scopes

이 프로젝트는 싱글턴과 프로토타입 빈 스코프를 사용한다. 애플리케이션을 실행하려면 BankApp 클래스의 main 메서드를 실행한다. 프로젝트에서는 2개의 JUnit 테스트(PrototypeTest와 SingletonTest)를 실행할 수 있다.

2.6.1 싱글턴

싱글턴 스코프Singleton scope는 XML 파일에 정의된 모든 빈의 디폴트 스코프다. 싱글턴 스코프 빈의 인스턴스는 스프링 컨테이너가 생성될 때 함께 생성되고, 스프링 컨테이너가 파괴될 때 함께 파괴된다. 스프링 컨테이너는 싱글턴 스코프 빈의 인스턴스를 단 하나만 만들고, 그 빈에 의존하는 모든 빈에 유일한 인스턴스를 공유한다.

다음 예제는 ch02-bankapp-scopes 프로젝트의 applicationContext.xml 파일이다. 파일의 모든 빈은 싱글턴 스코프 빈이다.

예제 2-20 applicationContext.xml – 싱글턴 스코프 빈

```
#프로젝트 - ch02-bankapp-scopes
#src/main/resources/META-INF/spring

<beans ..... >
  <bean id="controller"
      class="sample.spring.chapter02.bankapp.controller.FixedDepositControllerImpl">
     <property name="fixedDepositService" ref="service" />
  </bean>

  <bean id="service"
      class="sample.spring.chapter02.bankapp.service.FixedDepositServiceImpl">
    <property name="fixedDepositDao" ref="dao" />
  </bean>

  <bean id="dao" class="sample.spring.chapter02.bankapp.dao.FixedDepositDaoImpl" />
  .....
</beans>
```

이 application.xml 파일에서 controller, service, dao 빈은 <bean> 엘리먼트 안에 scope 속성이 없으므로 싱글턴 스코프다. 싱글턴 스코프는 스프링 컨테이너가 FixedDeposit ControllerImpl, FixedDepositServiceImpl, FixedDepositDaoImpl 클래스의 인스턴스를 단 하나씩 만든다는 뜻이다. 빈이 싱글턴 스코프이기 때문에 ApplicationContext의 getBean 메서드로 세 가지 빈 중 하나를 요청하면 항상 같은 인스턴스가 반환된다.

> **NOTE_** scope 속성이 없거나 scope 속성값이 singleton이라면 해당 빈은 싱글턴 스코프다.

다음 예제는 ch02-bankapp-scopes 프로젝트의 SingletonTest(JUnit 테스트 클래스)에 들어 있는 testInstances 메서드를 보여준다. testInstances 메서드는 ApplicationContext의 getBean 메서드를 여러 번 호출할 때 반환되는 controller 빈 인스턴스가 모두 같은지 다른지를 검사한다.

예제 2-21 SingletonTest – JUnit 테스트 클래스

```
#프로젝트 - ch02-bankapp-scopes
#src/test/java/sample/spring/chapter02/bankapp

package sample.spring.chapter02.bankapp;
import static org.junit.Assert.assertSame;
import org.junit.BeforeClass;
import org.junit.Test;
import sample.spring.chapter02.bankapp.controller.FixedDepositController;

public class SingletonTest {
  private static ApplicationContext context;

  @BeforeClass
  public static void init() {
    context = new ClassPathXmlApplicationContext(
      "classpath:META-INF/spring/applicationContext.xml");
  }

  @Test
  public void testInstances() {
    FixedDepositController controller1 =
      (FixedDepositController) context.getBean("controller");
    FixedDepositController controller2 =
      (FixedDepositController) context.getBean("controller");
    assertSame("Different FixedDepositController instances", controller1, controller2);
  }
  .....
}
```

이 예제에서 JUnit의 @BeforeClass는 해당 테스트 클래스의 모든 테스트 메서드(JUnit에 @Test를 설정한 메서드)보다 먼저 init 메서드를 실행하도록 지정한다. @BeforeClass를 설정한 메서드는 단 한 번 실행된 후 @Test를 설정한 메서드가 실행된다. 여기서 init 메서드는

정적 메서드임에 유의하자. init 메서드는 설정 메타데이터(예제 2-20 참조)를 ClassPathXmlApplicationContext의 생성자에 전달해서 ApplicationContext 객체 인스턴스를 만든다. testInstances 메서드는 controller 빈의 인스턴스 2개를 얻은 후 JUnit의 assertSame 단언문을 활용해 두 인스턴스가 동일한지 검사한다. controller 빈이 싱글턴 스코프이므로 controller1과 controller2의 빈 인스턴스는 같다. 이로 인해 SingletonTest의 testInstances 테스트는 아무 단언문 오류 없이 실행이 끝난다.

다음 그림은 스프링 컨테이너가 ApplicationContext의 getBean 메서드를 여러 번 호출해도 똑같은 controller 빈을 반환하는 상황을 보여준다.

그림 2-4 스프링 컨테이너는 싱글턴 스코프 빈을 여러 번 요청해도 같은 빈을 반환한다

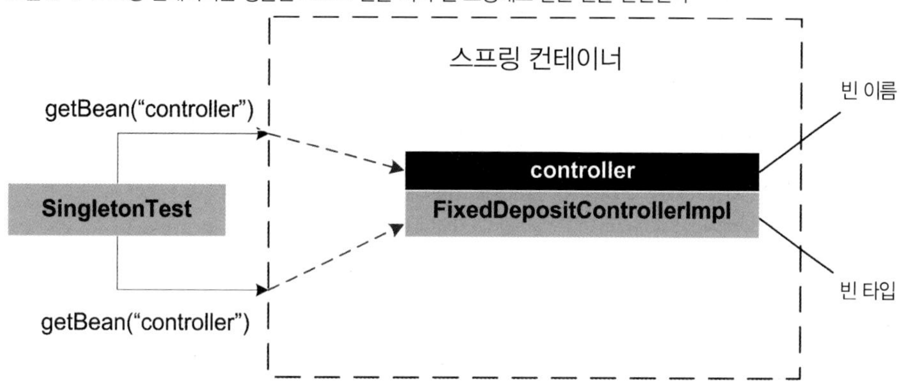

이 그림은 controller 빈을 얻기 위해 getBean을 여러 번 호출해도 똑같은 controller 빈 인스턴스를 반환한다는 사실을 보여준다.

> **NOTE_** [그림 2-4]에서 controller 빈 인스턴스를 2칸으로 나눈 직사각형으로 표현했다. 위 칸은 빈의 이름(즉 <bean> 엘리먼트의 id 속성값)을 뜻하고 아래 칸은 빈의 타입(즉 <bean> 엘리먼트의 class 속성값)을 뜻한다. 이 책에서는 스프링 컨테이너 내부의 빈 인스턴스를 표시할 때 이런 관례를 따를 것이다.

싱글턴 스코프 빈 인스턴스는 그 빈에 의존하는 모든 빈 사이에서 공유된다. [예제 2-22]는 SingletonTest의(JUnit 테스트 클래스) testReference 메서드를 보여준다. 이 메서드는 FixedDepositController 인스턴스에 의해 참조되는 FixedDepositDao 인스턴스가 ApplicationContext의 getBean 메서드를 호출해 직접 얻은 인스턴스와 같은지 검사한다.

예제 2-22 SingletonTest JUnit 테스트 클래스의 testReference 메서드

```
#프로젝트 - ch02-bankapp-scopes
#src/test/java/sample/spring/chapter02/bankapp

package sample.spring.chapter02.bankapp;
import static org.junit.Assert.assertSame;
import org.junit.Test;

public class SingletonTest {
  private static ApplicationContext context;
  .....
  @Test
  public void testReference() {
    FixedDepositController controller =
      (FixedDepositController) context.getBean("controller");

    FixedDepositDao fixedDepositDao1 =
       controller.getFixedDepositService().getFixedDepositDao();
    FixedDepositDao fixedDepositDao2 = (FixedDepositDao) context.getBean("dao");
     assertSame("Different FixedDepositDao instances",
            fixedDepositDao1, fixedDepositDao2);
  }
}
```

이 예제에서 testReference 메서드는 처음에 FixedDepositController 빈이 참조하는 FixedDepositDao 인스턴스를 읽는다(fixedDepositDao1). 그 후 ApplicationContext의 getBean 메서드를 사용해 FixedDepositDao 빈의 다른 인스턴스를 읽는다(fixedDepositDao2). testReference 테스트를 실행하면 fixedDepositDao1과 fixedDepositDao2가 똑같기 때문에 테스트가 성공하는 것을 볼 수 있다.

[그림 2-5]는 FixedDepositController 인스턴스가 가리키는 FixedDepositDao 인스턴스가 ApplicationContext의 getBean("dao") 호출이 반환하는 인스턴스와 같음을 보여준다.

그림 2-5 빈과 그 빈에 의존하는 빈들 사이에 싱글턴 스코프 빈이 공유된다

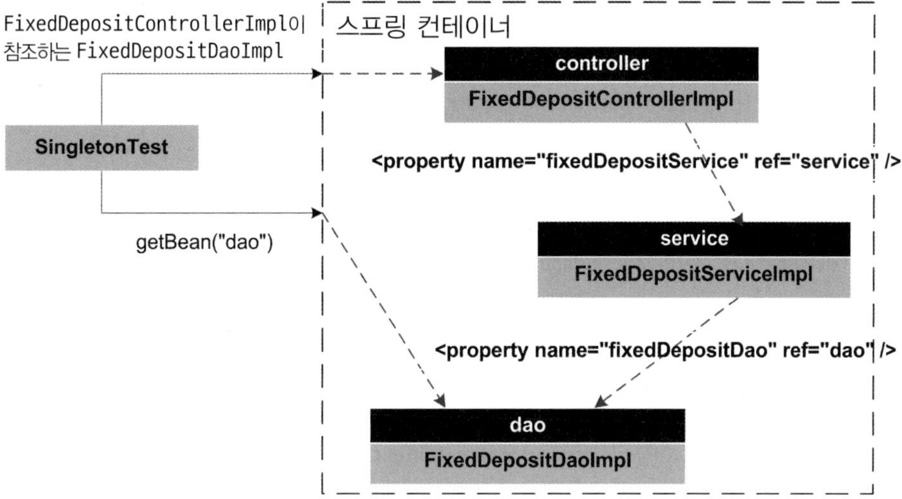

이 그림은 FixedDepositController 빈 인스턴스가 참조하는 FixedDepositDao 인스턴스가 ApplicationContext의 getBean 메서드를 호출해서 얻어오는 인스턴스와 같다는 사실을 보여준다. 싱글턴 스코프 빈에 의존하는 빈이 여럿 있다면 그 모든 빈이 똑같은 싱글턴 스코프 빈 인스턴스를 공유한다.

이제 여러 스프링 컨테이너 사이에서 똑같은 싱글턴 스코프 빈이 공유되는지 여부를 살펴보자.

여러 스프링 컨테이너에 있는 싱글턴 스코프 빈

싱글턴 스코프 빈 인스턴스의 존재 범위는 한 스프링 컨테이너 인스턴스 내부로 제한된다. 똑같은 설정 메타데이터로부터 2개의 스프링 컨테이너를 만들면 각 스프링 컨테이너마다 자신만의 싱글턴 빈 인스턴스를 갖게 된다. 다음 예제는 SingletonTest 클래스의 testSingletonScope 메서드를 보여준다. 이 메서드는 서로 다른 스프링 컨테이너 인스턴스로부터 FixedDepositController 빈 인스턴스를 얻어서 그 둘이 같은지 비교한다.

예제 2-23 SingletonTest JUnit 테스트 클래스의 testSingletonScope 메서드

```
#프로젝트 - ch02-bankapp-scopes
#src/test/java/sample/spring/chapter02/bankapp
```

```
package sample.spring.chapter02.bankapp;
import static org.junit.Assert.assertNotSame;

public class SingletonTest {
  private static ApplicationContext context;
  .....
  @BeforeClass
  public static void init() {
    context = new ClassPathXmlApplicationContext(
      "classpath:META-INF/spring/applicationContext.xml");
  }

  @Test
  public void testSingletonScope() {
    ApplicationContext anotherContext = new ClassPathXmlApplicationContext(
      "classpath:META-INF/spring/applicationContext.xml");

    FixedDepositController fixedDepositController1 =
      (FixedDepositController) anotherContext.getBean("controller");

    FixedDepositController fixedDepositController2 =
      (FixedDepositController) context.getBean("controller");

    assertNotSame("Same FixedDepositController instances",
      fixedDepositController1, fixedDepositController2);
  }
}
```

SingletonTest의 init 메서드(JUnit에 @BeforeClass를 사용한 메서드)는 @Test를 설정한 모든 메서드를 실행하기 전에 ApplicationContext의 인스턴스를 생성한다(context 변수는 컨테이너를 가리킨다). init 메서드는 applicationContext.xml 파일로 똑같은 스프링 컨테이너 인스턴스를 하나 더 만든다(anotherContext 변수는 컨테이너를 가리킨다). FixedDepositController 빈의 인스턴스를 두 스프링 컨테이너에서 얻은 후 그 둘이 같지 않음을 검사한다. testSingletonScope 테스트를 실행하면 context 인스턴스에서 읽어온 FixedDepositController 빈 인스턴스와 anotherContext 인스턴스에서 읽은 FixedDepositController 빈 인스턴스가 달라서 테스트가 성공하는 것을 볼 수 있다.

[그림 2-6]은 testSingletonScope의 동작을 보여준다.

그림 2-6 각 스프링 컨테이너는 자신만의 controller 빈 인스턴스를 만들어낸다

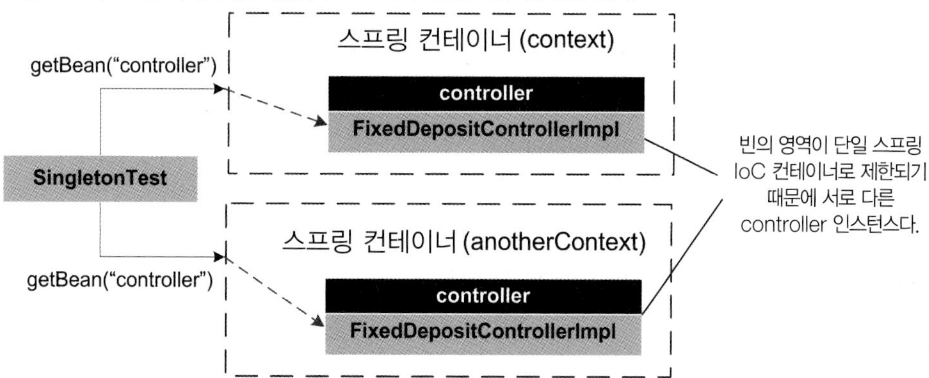

이 그림에서 각 스프링 컨테이너는 자신만의 `controller` 빈 인스턴스를 생성한다. 이로 인해 `getBean("controller")` 메서드로 `controller` 빈을 요청하면 `context`와 `anotherContext`가 서로 다른 인스턴스를 반환한다.

`testSingletonScope` 메서드는 각 스프링 컨테이너가 자신만의 싱글턴 스코프 빈을 만든다는 사실을 보여준다. 스프링 컨테이너가 빈 정의마다 하나의 인스턴스를 생성한다는 사실을 알아두는 것이 중요하다. 다음 예제는 `FixedDepositDaoImpl` 클래스의 여러 빈 인스턴스 정의를 보여준다.

예제 2-24 같은 클래스에 여러 빈 정의가 있는 `applicationContext.xml`

```
#프로젝트 - ch02-bankapp-scopes
#src/main/resources/META-INF/spring

<bean id="dao" class="sample.spring.chapter02.bankapp.dao.FixedDepositDaoImpl" />
<bean id="anotherDao"
   class="sample.spring.chapter02.bankapp.dao.FixedDepositDaoImpl" />
```

이 예제는 `FixedDepositDaoImpl`을 사용하는 빈을 정의한다. `scope` 속성을 지정하지 않았기 때문에 위의 빈 정의는 모두 싱글턴 스코프 빈이다. 스프링 컨테이너는 `dao`와 `anotherDao` 빈 정의를 별개로 처리하여 빈 정의마다 `FixedDepositDaoImpl` 인스턴스가 각각 하나씩 생긴다.

다음 예제는 `SingletonScope`의 `testSingletonScopePerBeanDef` 메서드를 보여준다. 이 메서드는 `dao`와 `anotherDao` 빈 정의에 대응하는 `FixedDepositDaoImpl` 인스턴스가 같은지 검사한다.

예제 2-25 SingletonScope JUnit 테스트 클래스의 testSingletonScopePerBeanDef 메서드

```
#프로젝트 - ch02-bankapp-scopes
#src/test/java/sample/spring/chapter02/bankapp

package sample.spring.chapter02.bankapp;
import static org.junit.Assert.assertNotSame;

public class SingletonTest {
  private static ApplicationContext context;
  .....
  @Test
  public void testSingletonScopePerBeanDef() {
    FixedDepositDao fixedDepositDao1 = (FixedDepositDao) context.getBean("dao");
    FixedDepositDao fixedDepositDao2 = (FixedDepositDao) context.getBean("anotherDao");
    assertNotSame("Same FixedDepositDao instances",
      fixedDepositDao1, fixedDepositDao2);
  }
}
```

이 예제에서 fixedDepositDao1과 fixedDepositDao2 변수는 스프링 컨테이너가 dao와 anotherDao 빈 정의로 생성한 인스턴스를 표현한다. FixedDepositDaoImpl 테스트를 실행하면 fixedDepositDao1 인스턴스(dao 변수)와 fixedDepositDao2 인스턴스(anotherDao 변수)가 서로 다르기 때문에 단언문 오류가 발생하지 않고 테스트가 실행된다.

다음 그림은 빈 정의마다 하나씩 싱글턴 스코프 빈이 생성된 모습을 보여준다.

그림 2-7 빈 정의마다 싱글턴 스코프 빈이 하나씩 생성된다

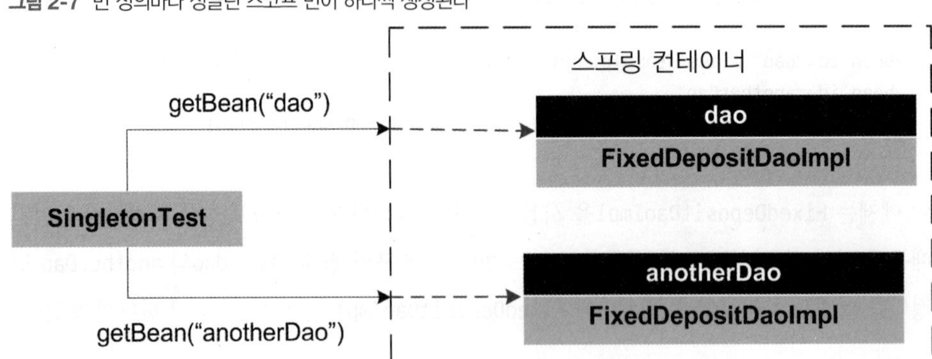

앞에서 싱글턴 스코프 빈은 기본적으로 사전-인스턴스화된다고 설명했다. 즉 스프링 컨테이너가 인스턴스를 생성할 때 싱글턴 스코프 빈의 인스턴스도 생성된다. 이제는 싱글턴 스코프 빈을 지연 초기화하는 방법에 대해 살펴보자.

싱글턴 스코프 빈을 지연 생성하기

스프링 컨테이너에 싱글턴 빈을 처음으로 요청받았을 때 인스턴스를 생성하라고 지시할 수도 있다. 다음 예제의 빈 정의는 스프링 컨테이너에 lazyBean 빈을 지연lazy 생성하도록 지시하는 방법이다.

예제 2-26 싱글턴 빈 지연 생성하기

```
<bean id="lazyBean" class="example.LazyBean" lazy-init="true"/>
```

이 <bean>의 lazy-init 속성은 빈 인스턴스를 지연 생성할지 미리 생성할지 지정한다. 값이 (예제 2-26의 빈 정의처럼) true라면 스프링 컨테이너는 빈을 처음 요청받은 즉시 인스턴스를 초기화한다.

다음 시퀀스 다이어그램은 lazy-init 속성이 싱글턴 빈 생성에 어떤 영향을 미치는지 보여준다.

그림 2-8 지연 초기화로 설정된 싱글턴 빈의 인스턴스는 애플리케이션이 그 빈을 처음 요청할 때 생성

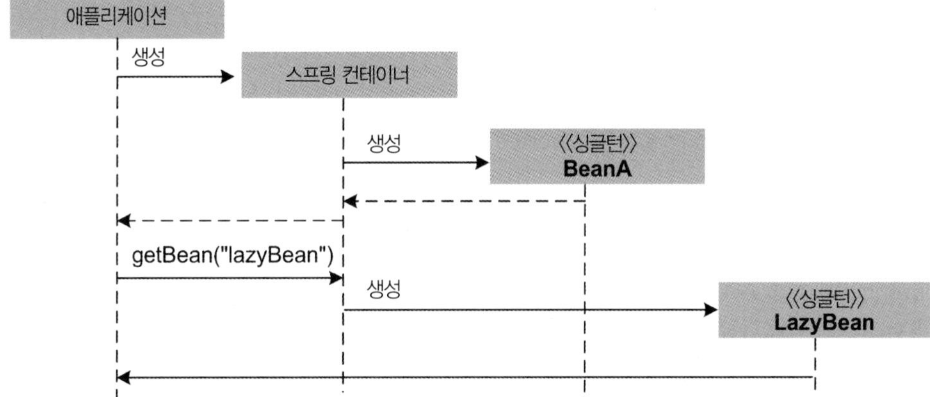

이 다이어그램에서 BeanA는 지연 초기화로 설정하지 않은 싱글턴 빈을 표현하며, LazyBean은 지연 초기화로 설정한 빈을 표현한다. BeanA는 지연 초기화로 설정하지 않았기 때문에 스프

링 컨테이너가 생성될 때 인스턴스화된다. 반대로 LazyBean은 해당 빈의 인스턴스를 요청하는 ApplicationContext의 getBean 메서드가 처음 호출된 시점에 인스턴스화된다.

> **NOTE_** 〈beans〉 엘리먼트의 default-lazy-init 속성을 지정하면 XML 파일에 빈 정의를 디폴트 초기화 전략으로 설정할 수 있다. 〈bean〉 엘리먼트의 lazy-init 속성이 〈beans〉 엘리먼트의 default-lazy-init와 다른 값을 가지면 lazy-init 속성에 지정한 값이 해당 빈에 적용된다.

스프링 컨테이너가 싱글턴 빈을 미리 초기화하거나 지연 초기화할 수 있기 때문에 싱글턴 빈을 모두 지연 초기화하거나 미리 초기화해야겠다고 생각할 수도 있다. 대부분의 애플리케이션 시나리오에서는 문제를 발견하기 위해 싱글턴 빈을 미리 초기화하는 편이 낫다. 다음 예제는 지연 초기화로 설정된 aBean 싱글턴 빈이 bBean이라는 다른 빈에 의존하는 모습을 보여준다.

예제 2-27 지연 초기화 싱글턴 빈

```
public class ABean {
  private BBean bBean;

  public void setBBean(BBean bBean) {
    this.bBean = bBean;
  }
  .....
}

<bean id="aBean" class="ABean" lazy-init="true">
  <property name="bBean" value="bBean" />
</bean>

<bean id="bBean" class="BBean" />
```

이 예제에서 ABean의 bBean 프로퍼티는 BBean 빈을 가리킨다. ABean의 bBean 프로퍼티를 설정하기 위해 ref 속성 대신 <property> 엘리먼트를 사용한다. 이 예제의 빈 정의를 포함하는 XML 파일로 ApplicationContext 인스턴스를 만들면 오류가 발생하지 않는다. 하지만 ApplicationContext의 getBean 메서드를 호출해서 aBean을 가져오려고 시도하면 다음과 같은 오류 메시지가 나타난다.

```
Caused by: java.lang.IllegalStateException: Cannot convert value of type [java.
lang.String] to required type [BBean] for property 'bBean: no matching editors or
conversion strategy found
```

이와 같이 오류가 발생한 이유는 스프링 컨테이너가 ABean의 bBean 프로퍼티에 들어 있는 String값을 BBean 타입으로 변환할 수 없기 때문이다. 이 메시지는 <bean> 엘리먼트의 ref 속성을 설정하는 대신 value 속성을 사용해 발생한 문제이다. 만약 aBean을 (지연 초기화가 아니라) 미리 초기화하도록 지정했다면 ApplicationContext에서 aBean 인스턴스를 가져오려는 시점이 아니라 ApplicationContext 인스턴스를 생성하는 시점에 문제를 발견했을 것이다.

2.6.2 프로토타입

프로토타입 스코프prototype scope 빈이 싱글턴 스코프 빈과 다른 점은 스프링 컨테이너가 항상 프로토타입 스코프 빈의 새로운 인스턴스를 반환한다는 점이다. 그리고 프로토타입 스코프 빈의 또 다른 특징은 프로토타입 빈이 항상 지연 초기화된다는 것이다.

다음 예제에서 ch02-bankapp-scopes 프로젝트의 applicationContext.xml 파일에 있는 FixedDepositDetails 빈은 프로토타입 스코프 빈을 표현한다.

예제 2-28 프로토타입 스코프 빈 예제 applicationContext.xml

```
#프로젝트 - ch02-bankapp-scopes
#src/main/resources/META-INF/spring

<bean id="fixedDepositDetails"
  class="sample.spring.chapter02.bankapp.domain.FixedDepositDetails"
scope="prototype" />
```

이 예제는 <bean> 엘리먼트의 scope 속성값을 prototype으로 설정한다. 이는 fixedDepositDetails 빈이 프로토타입 스코프 빈이라는 뜻이다.

다음 PrototypeTestJUnit 테스트 클래스의 testInstances 메서드는 스프링 컨테이너에서 얻은 두 가지 fixedDepositDetails 빈 인스턴스가 서로 다르다는 사실을 보여준다.

예제 2-29 PrototypeTest JUnit 테스트 클래스의 testInstances 메서드

```
#프로젝트 - ch02-bankapp-scopes
#src/test/java/sample/spring/chapter02/bankapp

package sample.spring.chapter02.bankapp;
import static org.junit.Assert.assertNotSame;

public class PrototypeTest {
  private static ApplicationContext context;
  .....
  @Test
  public void testInstances() {
    FixedDepositDetails fixedDepositDetails1 =
      (FixedDepositDetails)context.getBean("fixedDepositDetails");
    FixedDepositDetails fixedDepositDetails2 =
      (FixedDepositDetails)context.getBean("fixedDepositDetails");

    assertNotSame("Same FixedDepositDetails instances",
                 fixedDepositDetails1, fixedDepositDetails2);
  }
}
```

이 testInstances 테스트를 실행하면 AppicationContext에서 얻은 두 가지 FixedDepositDetails 인스턴스(fixedDepositDetails1과 fixedDepositDetails2)가 서로 다르기 때문에 아무런 오류 없이 테스트가 끝난다.

이제 빈에 맞는 스코프(싱글턴이나 프로토타입)를 고르는 방법을 살펴보자.

2.6.3 빈에 적합한 스코프 선택하기

빈이 어떤 대화적 상태도 유지하지 않는다면(즉 애초에 상태가 없는 stateless 빈이라면) 싱글턴 스코프 빈으로 정의해야 하고, 빈에 대화적 상태를 유지해야 한다면 프로토타입 스코프 빈으로 정의해야 한다. MyBank 애플리케이션의 FixedDepositServiceImpl, FixedDepositDaoImpl, FixedDepositControllerImpl은 천성적으로 상태가 없다. 따라서 이들을 싱글턴 스코프 빈으로 정의해야 한다. MyBank 애플리케이션의 FixedDepositDetails 빈(도메인 객체domain object)은 대화적 상태를 유지하므로, 프로토타입 스코프 빈으로 선언해야 한다.

NOTE_ 애플리케이션에서 ORM 프레임워크(하이버네이트, 아이바티스 등)를 사용한다면 ORM 프레임워크가 도메인 객체를 생성하거나 직접 애플리케이션 코드에서 new 등의 프로그램을 사용해 도메인 객체를 생성한다. 애플리케이션이 영속화를 위해 ORM을 사용하는 경우에는 XML 파일 안에 도메인 객체를 정의하지 않는다.

2.7 요약

이번 장에서는 스프링의 기본적인 내용을 살펴봤다. '인터페이스를 사용하는 프로그래밍' 설계에 대한 접근 방법을 비롯해 빈 인스턴스를 만드는 여러 접근 방법과 생성자 기반 DI, 빈 스코프에 대해서도 살펴봤다. 다음 장에서는 빈의 프로퍼티나 생성자 인수에 다른 타입(`int`, `long`, `Map`, `Set` 등)의 값을 설정할 수 있는지 살펴본다.

CHAPTER 3

빈 설정

3.1 소개

앞 장에서는 스프링의 기본 개념을 비롯해 XML 파일에서 스프링 빈과 빈의 의존 관계를 어떻게 설정하는지 살펴봤다. 또한 싱글턴과 프로토타입 스코프 빈에 대해 알아봤으며, 두 스코프를 빈에 할당하는 것이 의미하는 바를 논의했다.

이번 장에서는 다음 내용을 다룬다.

- 빈 정의 상속
- 빈 클래스의 생성자 인수를 찾는 방법
- 원시 타입(int, float 등)이나 컬렉션 타입(java.util.List, java.util.Map 등) 또는 사용자 정의 타입(Address 등)을 사용해 빈 프로퍼티나 생성자 인수를 설정하는 방법
- 빈 프로퍼티에 p-이름공간(namespace), 생성자 인수에 c-이름공간을 활용해서 XML 파일을 좀 더 간결하게 만드는 방법
- 빈 인스턴스를 생성하는 팩토리 클래스를 작성할 때 사용하는 스프링 FactoryBean 인터페이스
- 빈 설정 모듈화하기

3.2 빈 정의 상속

1장과 2장에서는 XML 파일의 빈 정의를 빈 클래스와 의존 관계의 전체 이름으로 지정했다. 이번에는 빈 정의를 더 간결화하기 위해 빈 정의가 다른 빈 정의의 설정을 **상속**inherit하는 경우를 살펴보자.

IMPORT chapter 3/ch03-bankapp-inheritance

이 프로젝트에는 **빈 정의 상속**을 사용하는 MyBank 애플리케이션이다. 애플리케이션을 실행하려면 BankApp 클래스의 main 메서드를 실행한다.

3.2.1 MyBank - 빈 정의 상속 예제

앞 장에서 `MyBank` 애플리케이션이 DAO를 통해 데이터베이스에 접근하는 것을 살펴봤다. `MyBank` 애플리케이션이 데이터베이스와의 상호 작용을 단순화하기 위해 `DatabaseOperations` 클래스를 정의한다고 가정하자. `MyBank` 애플리케이션의 모든 DAO는 다음 그림처럼 `DatabaseOperations`에 의존해 데이터베이스 연산을 수행한다.

그림 3-1 MyBank 애플리케이션의 DAO는 DatabaseOperations를 사용해 데이터베이스 연산을 수행한다

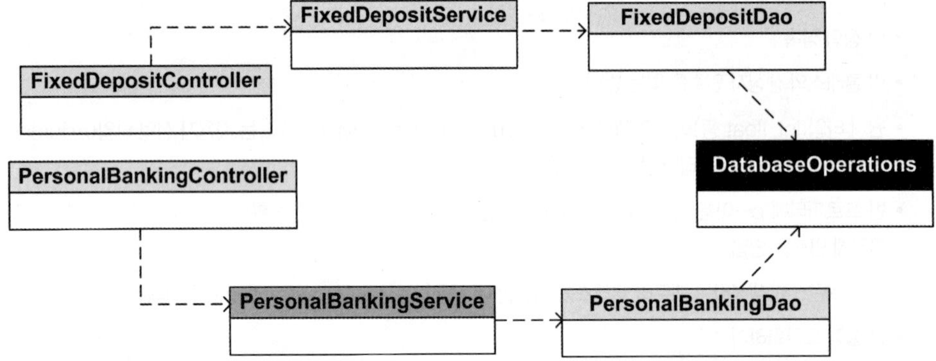

이 그림에서 `FixedDepositDao`와 `PersonalBankingDao` 클래스는 `DatabaseOperations` 클래스에 의존한다. 다음 XML은 클래스들에 대한 빈 정의를 보여준다.

예제 3-1 DatabaseOperations 빈에 의존하는 DAO 빈

```
<bean id="databaseOperations"
   class="sample.spring.chapter01.bankapp.utils.DatabaseOperations" />

<bean id="personalBankingDao"
   class="sample.spring.chapter01.bankapp.dao.PersonalBankingDaoImpl">
  <property name="databaseOperations" ref="databaseOperations" />
</bean>

<bean id="fixedDepositDao"
   class="sample.spring.chapter01.bankapp.dao.FixedDepositDaoImpl">
  <property name="databaseOperations" ref="databaseOperations" />
</bean>
```

이 예제에서는 personalBankingDao와 fixedDepositDao에 DatabaseOperations 인스턴스를 참조하는 databaseOperations 프로퍼티를 정의한다. 스프링 컨테이너는 PersonalBankingDaoImpl과 FixedDepositDao 클래스에 setDatabaseOperations 메서드로 DatabaseOperations 인스턴스를 주입할 수 있다.

애플리케이션의 여러 빈이 같은 설정 집합(프로퍼티, 생성자 인수 등)을 공유한다면, 다른 빈 정의의 부모 역할을 하는 빈 정의를 만들 수 있다. personalBankingDao와 fixedDepositDao 빈 정의의 경우 공통 설정은 databaseOperations 프로퍼티다. 다음 예제는 personalBankingDao와 fixedDepositDao 빈 정의가 부모 빈 정의의 databaseOperations 프로퍼티를 상속하는 것을 보여준다.

예제 3-2 applicationContext.xml – MyBank의 XML 파일

```
#프로젝트 - ch03-bankapp-inheritance
#src/main/resources/META-INF/spring

<bean id="databaseOperations"
  class="sample.spring.chapter03.bankapp.utils.DatabaseOperations" />

<bean id="daoTemplate" abstract="true">
  <property name="databaseOperations" ref="databaseOperations" />
</bean>

<bean id="fixedDepositDao" parent="daoTemplate"
```

```
      class="sample.spring.chapter03.bankapp.dao.FixedDepositDaoImpl" />

    <bean id="personalBankingDao" parent="daoTemplate"
      class="sample.spring.chapter03.bankapp.dao.PersonalBankingDaoImpl" />
```

[예제 3-2]에서 daoTemplate 빈 정의는 personalBankingDao와 fixedDepositDao 빈 정의가 공유하는 공통 설정을 정의한다. personalBankingDao와 fixedDepositDao 빈 정의에는 모두 databaseOperations 의존 관계가 필요하다(예제 3-1 참조). daoTemplate 빈 정의는 <property> 엘리먼트를 사용해 databaseOperations 의존 관계를 정의한다. <bean> 엘리먼트의 parent 속성은 설정을 상속할 빈 정의의 이름을 지정한다. fixedDepositDao와 personalBankingDao 빈 정의의 parent 속성이 daoTemplate이므로 daoTemplate의 databaseOperations 프로퍼티를 상속한다. [예제 3-1]과 [예제 3-2]는 같지만 [예제 3-2]가 빈 정의 상속을 사용한다는 점이 다르다.

<bean> 엘리먼트의 abstract 속성을 true로 만들면 그 빈이 **추상** 빈이라는 뜻이다. [예제 3-2]에서 daoTemplate 빈은 **추상** 빈이다. 스프링 컨테이너가 **추상** 빈 정의에 해당하는 빈을 생성하지 않는다는 점을 알아두자.

> **NOTE_** **추상** 빈에 의존하는 빈을 정의할 수 없다는 사실을 기억하자. 즉, 여러분은 **추상** 빈을 참조하는 <property>나 <constructor-arg> 엘리먼트를 사용할 수 없다.

여기서 daoTemplate 빈 정의는 class 속성을 지정하지 않았다. 부모 빈 정의가 class 속성을 지정하지 않으면, 자식 빈 정의(fixedDepositDao, personalBankingDao 같은)가 class 속성을 정의한다. class 속성을 지정하지 않는 빈은 꼭 **추상** 빈으로 만들어야 스프링 컨테이너가 그 빈 인스턴스를 생성하지 않는다.

fixedDepositDao와 personalBankingDao 정의가 daoTemplate 빈 정의의 databaseOperations 프로퍼티를 상속하는지 검증하기 위해, ch03-bankapp-inheritance 프로젝트에 있는 BankApp 클래스의 main 메서드를 실행한다. BankApp의 main 메서드는 fixedDepositDao와 personalBankingDao 빈에 있는 메서드를 호출하며, 각각은 다시 databaseOperations 인스턴스에 있는 메서드를 호출한다. BankApp의 main 메서드가 아무 예외도 발생하지 않고 성공적으로 실행되는 것을 볼 수 있다. databaseOperations 인스턴스가 fixedDepositDao나

personalBankingDao 빈에 주입되지 않으면 예제가 java.lang.NullPointerException을 던졌을 것이다.

[그림 3-2]는 빈 상속이 fixedDepositDao와 personalBankingDao 빈 정의에 대해 어떻게 작용하는지 보여준다.

그림 3-2 MyBank 애플리케이션의 빈 정의 상속

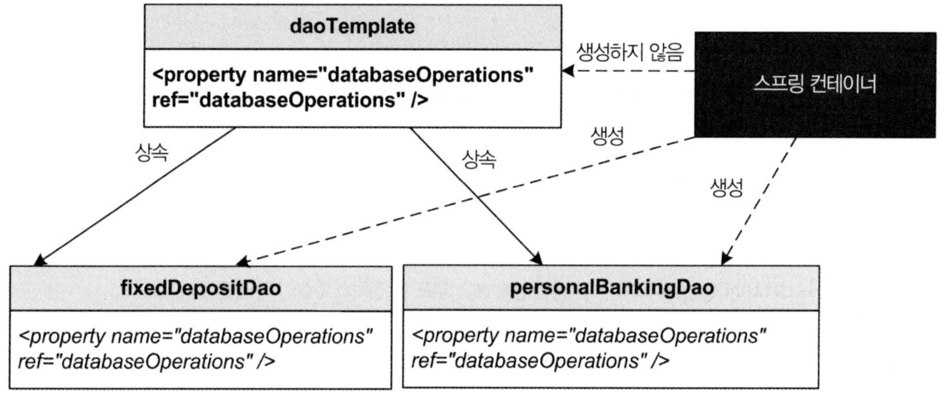

이 그림은 fixedDepositDao와 personalBankingDao 빈 정의가 databaseOperations 프로퍼티를 daoTemplate에서 상속했다는(fixedDepositDao와 personalBankingDao 박스에 **기울어진 글꼴**로 표시) 것을 보여준다. 또한 스프링 컨테이너는 **추상**이라고 표시된 daoTemplate 빈 정의에 해당하는 빈을 생성하지 않는다.

이제 부모 빈 정의에서 어떤 설정 정보들을 상속할 수 있는지 살펴보자.

3.2.2 상속할 수 있는 정보는?

부모 빈 정의는 다음 생성 정보를 자식 빈 정의로 상속할 수 있다.

- 프로퍼티 – 〈property〉 엘리먼트로 설정
- 생성자 인수 – 〈constructor-arg〉 엘리먼트로 설정
- 메서드 오버라이드(4.5절에서 다룸)
- 초기화와 정리 메서드(5장에서 다룸)
- 팩토리 메서드 – 〈bean〉 엘리먼트의 factory-method 속성으로 설정(2.3절에서 다뤘던 정적 팩토리 메

서드와 인스턴스 팩토리 메서드를 사용해 빈을 생성하는 방법 참조)

IMPORT chapter 3/ch03-bankapp-inheritance-examples

이 프로젝트는 **빈 정의 상속**을 사용하는 MyBank 애플리케이션이다. 이 프로젝트에서 빈 정의 상속을 사용하는 다양한 방법을 볼 수 있다. 애플리케이션을 실행하려면 BankApp 클래스의 main 메서드를 실행한다.

이제 빈 정의 상속의 예를 몇 가지 살펴보자.

빈 정의 상속 예 – 부모 빈 정의가 추상이 아닌 경우

다음 예제는 부모 빈 정의가 추상이 아니고, 자식 빈에서 추가 의존 관계를 정의하는 빈 상속 예제다.

예제 3-3 applicationContext.xml – 빈 정의 상속 예 – 부모 빈 정의가 추상이 아닌 경우

```
#프로젝트 - ch03-bankapp-inheritance-examples
#src/main/resources/META-INF/spring

<bean id="serviceTemplate"
    class="sample.spring.chapter03.bankapp.base.ServiceTemplate">
  <property name="jmsMessageSender" ref="jmsMessageSender" />
  <property name="emailMessageSender" ref="emailMessageSender" />
  <property name="webServiceInvoker" ref="webServiceInvoker" />
</bean>

<bean id="fixedDepositService" class=".....FixedDepositServiceImpl"
    parent="serviceTemplate">
  <property name="fixedDepositDao" ref="fixedDepositDao" />
</bean>

<bean id="personalBankingService" class=".....PersonalBankingServiceImpl"
    parent="serviceTemplate">
  <property name="personalBankingDao" ref="personalBankingDao" />
</bean>

<bean id="userRequestController" class=".....UserRequestControllerImpl">
  <property name="serviceTemplate" ref="serviceTemplate" />
</bean>
```

이 설정 예제를 자세히 살펴보기 전에 몇 가지 배경지식을 알아두자. MyBank 애플리케이션의 서비스는 JMS 메시지를 메시징 미들웨어messaging middleware에 보내거나 전자우편을 전자우편 서버에 보내고, 외부 웹 서비스를 호출할 수 있다. [예제 3-3]에서 jmsMessageSender, emailMessageSender, webServiceInvoker는 추상화 계층을 제공함으로써 작업을 단순화한다. serviceTemplate 빈은 jmsMessageSender, emailMessageSender, webServiceInvoker 빈에 대한 접근을 제공한다. 이것이 serviceTemplate 빈이 jmsMessageSender, emailMessageSender, webServiceInvoker 빈에 의존하는 이유다.

[예제 3-3]의 serviceTemplate 빈 정의는 fixedDepositService와 personalBankingService 빈 정의의 부모다. serviceTemplate 빈 정의가 추상이 아니라는 사실에 유의하자. 빈의 class 속성은 ServiceTemplate 클래스다. [예제 3-2]에서는 자식 빈에 아무 프로퍼티 정의도 없었다. [예제 3-3]에서는 fixedDepositService와 personalBankingService 자식 빈이 각각 fixedDepositDao와 personalBankingDao를 정의한다.

부모 빈 정의의 프로퍼티를 자식 빈 정의가 상속하기 때문에 FixedDepositServiceImpl과 PersonalBankingServiceImpl 클래스는 jmsMessageSender, emailMessageSender, webServiceInvoker 프로퍼티에 대한 세터 메서드를 반드시 정의해야 한다. 세터 메서드를 FixedDepositServiceImpl과 PersonalBankingServiceImpl 클래스에 정의할 수도 있고, FixedDepositServiceImpl과 PersonalBankingServiceImpl 클래스를 ServiceTemplate 클래스의 하위 클래스로 만들 수도 있다. ch03-bankapp-inheritance-examples **프로젝트**에서 FixedDepositServiceImpl과 PersonalBankingServiceImpl 클래스는 ServiceTemplate 클래스의 하위 클래스다.

다음 예제는 PersonalBankingServiceImpl 클래스를 보여준다.

예제 3-4 PersonalBankingServiceImpl 클래스

```
#프로젝트 - ch03-bankapp-inheritance-examples
#src/main/java/sample/spring/chapter03/bankapp/service

package sample.spring.chapter03.bankapp.service;

public class PersonalBankingServiceImpl extends ServiceTemplate implements
    PersonalBankingService {
```

```
  private PersonalBankingDao personalBankingDao;

  public void setPersonalBankingDao(PersonalBankingDao personalBankingDao) {
    this.personalBankingDao = personalBankingDao;
  }

  @Override
  public BankStatement getMiniStatement() {
    return personalBankingDao.getMiniStatement();
  }
}
```

[예제 3-3]에서 personalBankingService 빈 정의는 personalBankingDao를 의존 관계로 지정하고, [예제 3-4]에서 setPersonalBankingDao 세터 메서드는 personalBankingDao 의존 관계에 대응한다. 또한 PersonalBankingServiceImpl 클래스가 ServiceTemplate 클래스의 하위 클래스라는 사실을 확인한다.

[그림 3-3]은 (serviceTemplate과 같은) 부모 빈 정의가 **추상**이 아니어도 된다는 사실과, 자식 빈 정의(fixedDepositService나 personalBankingService)에서 프로퍼티를 추가 정의할 수 있음을 보여준다. 그리고 (ServiceTemplate과 같은) 부모 빈 정의가 참조하는 클래스와 (FixedDepositServiceImpl이나 PersonalBankingServiceImpl과 같이) 자식 빈 정의가 참조하는 클래스 사이에서 상속 관계가 존재할 수 있다는 사실도 보여준다.

또한 [그림 3-3]에서는 다음과 같은 사실을 알 수 있다.

- serviceTemplate 빈이 추상 빈으로 정의되지 않았기 때문에 스프링 컨테이너는 빈의 인스턴스를 생성한다.
- FixedDepositServiceImpl과 PersonalBankingServiceImpl 클래스(자식 빈 정의에 대응)는 ServiceTemplate 클래스(serviceTemplate 부모 빈 정의에 대응)의 자식 클래스다.
- fixedDepositService와 personalBankingService 빈 정의는 각각 fixedDepositDao와 personalBankingDao를 추가 프로퍼티로 설정한다. 자식 빈 정의가 생성자 인수를 추가로 정의하거나 **메서드 오버라이드**를 추가 정의할 수 있다(4.5절에서 논의한다).

그림 3-3 자식 빈 정의는 프로퍼티를 추가하고, 부모 빈 정의는 추상 빈 정의가 아니다. 그리고 클래스 간의 부모-자식 관계를 빈 정의 사이의 부모 자식 관계로 표현한다.

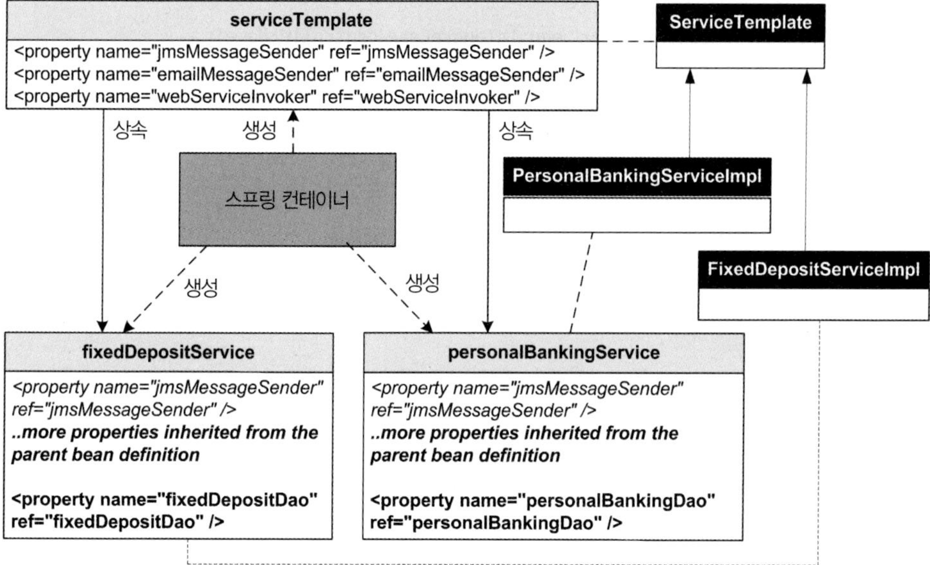

serviceTemplate 빈이 추상 빈 정의가 아니므로 다른 빈이 자신의 의존 관계에 serviceTemplate 빈을 지정할 수 있다. 예를 들어 [예제 3-3]에서 serviceTemplate 빈은 userRequestController 빈의 의존 관계다. 부모 빈 정의가 추상이 아닌 경우 그 부모 빈이 제공하는 기능을 자식 빈뿐 아니라 XML 파일에 있는 다른 빈도 사용할 수 있다.

빈 정의 상속 예제 – 팩토리 메서드 설정 상속하기

자식 빈 정의는 빈 상속을 활용해 팩토리 메서드 정의를 부모 빈 정의에서 상속할 수 있다. 부모 팩토리 메서드 정의를 자식 빈 정의에서 상속하는 예제를 살펴보자.

예제 3-5 ControllerFactory 클래스

```
#프로젝트 - ch03-bankapp-inheritance-examples
#src/main/java/sample/spring/chapter03/bankapp/controller

package sample.spring.chapter03.bankapp.controller;

public class ControllerFactory {
```

```
  public Object getController(String controllerName) {
    Object controller = null;
    if ("fixedDepositController".equalsIgnoreCase(controllerName)) {
      controller = new FixedDepositControllerImpl();
    }
    if ("personalBankingController".equalsIgnoreCase(controllerName)) {
      controller = new PersonalBankingControllerImpl();
    }
    return controller;
  }
}
```

[예제 3-5]에서 getController 팩토리 메서드는 자신에게 전달된 controllerName 인수값에 따라 FixedDepositControllerImpl이나 PersonalBankingControllerImpl 클래스를 생성한다. controllerName 인수값이 fixedDepositController면 getController 메서드는 FixedDepositControllerImpl 클래스의 인스턴스를 생성한다. controllerName 인수값이 personalBankingController면 getController 메서드는 PersonalBankingControllerImpl 클래스의 인스턴스를 생성한다.

다음 빈 정의는 자식 빈이 getController 인스턴스 팩토리 메서드 설정을 부모 빈 정의로부터 상속하는 것을 보여준다.

예제 3-6 applicationContext.xml – 빈 정의 상속 – 팩토리 메서드 설정 상속

```
#프로젝트 - ch03-bankapp-inheritance-examples
#src/main/resources/META-INF/spring

<bean id="controllerFactory"
    class="sample.spring.chapter03.bankapp.controller.ControllerFactory" />

<bean id="controllerTemplate" factory-bean="controllerFactory"
  factory-method="getController" abstract="true">
</bean>

<bean id="fixedDepositController" parent="controllerTemplate">
  <constructor-arg index="0" value="fixedDepositController" />
  <property name="fixedDepositService" ref="fixedDepositService" />
</bean>
```

```
<bean id="personalBankingController" parent="controllerTemplate">
  <constructor-arg index="0" value="personalBankingController" />
  <property name="personalBankingService" ref="personalBankingService" />
</bean>
```

[예제 3-6]에서 ControllerFactory 클래스는 getController 인스턴스 팩토리 메서드를 정의하는 팩토리 클래스를 표현한다. controllerTemplate 빈 정의는 ControllerFactory의 getController 팩토리 메서드를 사용해 빈 인스턴스를 생성하라고 지정한다. getController 메서드(예제 3-5 참조)는 전달된 인수에 따라 FixedDepositController Impl이나 PersonalBankingControllerImpl 빈 인스턴스를 생성한다.

controllerTemplate 빈 정의가 **추상** 빈이기 때문에 getController 팩토리 메서드 설정을 사용할지 여부를 결정하는 것은 fixedDepositController나 personalBankingController 자식 빈 정의다. 2.3절에서 <constructor-arg> 엘리먼트를 사용해 인수를 인스턴스 팩토리 메서드에 전달하는 방법을 살펴봤다. [예제 3-6]에서 fixedDepositController와 personalBankingController 자식 빈 정의는 <constructor-arg> 엘리먼트를 사용해 'fixedDepositController'값과 'personalBankingController'값을 각각 getController에 전달한다.

따라서 fixedDepositController 빈 정의에서 스프링 컨테이너는 getController 메서드에 'fixedDepositController'를 넘겨서 FixedDepositControllerImpl 인스턴스를 만든다. 그리고 personalBankingController 빈 정의에서 스프링 컨테이너는 getController 메서드에 'personalBankingController'를 넘겨서 PersonalBankingControllerImpl 인스턴스를 만든다.

이제 ch03-bankapp-inheritance-examples 프로젝트에 있는 BankApp 클래스의 main 메서드를 실행해 이번 장에서 논의한 빈 정의 상속 예제가 어떻게 작동하는지 확인해보자.

3.3 생성자 인수 매치하기

앞 장에서는 빈 정의에 <constructor-arg> 엘리먼트를 사용해 생성자 인수를 지정하는 방법을 살펴봤다. 이번 절에서는 스프링 컨테이너가 <constructor-arg> 엘리먼트에 지정한 생성자 인수를 어떻게 빈 클래스 생성자의 인수와 매치하는지 살펴본다.

생성자 인수 매치를 더 자세히 살펴보기 전에, 빈 클래스 생성자에 인수를 넘기는 방법을 다시 한번 살펴보자.

IMPORT chapter 3/ch03-bankapp-constructor-args-by-type

타입으로 빈 클래스 생성자 인수를 매치하는 MyBank 애플리케이션이다. 애플리케이션을 실행하려면 BankApp 클래스의 main 메서드를 실행한다.

3.3.1 <constructor-arg> 엘리먼트를 사용해 빈 참조나 단순한 값 전달하기

생성자 인수가 간단한 자바 타입(int, String 등)이라면 <constructor-arg> 엘리먼트의 value 속성을 사용해 생성자 인수값을 지정한다. 생성자 인수가 빈에 대한 참조라면 <constructor-arg>의 ref 속성을 사용해 빈 이름을 지정한다.

다음 예제는 유일한 인수로 ServiceTemplate 타입의 값을 받는 ch03-bankapp-constructor args-by-type 프로젝트의 UserRequestControllerImpl 클래스다.

예제 3-7 UserRequestControllerImpl 클래스

```
#프로젝트 - ch03-bankapp-constructor-args-by-type
#src/main/java/sample/spring/chapter03/bankapp/controller

package sample.spring.chapter03.bankapp.controller;

public class UserRequestControllerImpl implements UserRequestController {
  private ServiceTemplate serviceTemplate;

  public UserRequestControllerImpl(ServiceTemplate serviceTemplate) {
    this.serviceTemplate = serviceTemplate;
  }
```

```java
  @Override
  public void submitRequest(Request request) {
    //-- ServiceTemplate을 사용해 작업을 수행함
    serviceTemplate.getJmsMessageSender(); //-- 예: JMS 메시지 송신
    .....
  }
}
```

다음 예제는 <constructor-arg> 엘리먼트의 ref 속성을 사용해 ServiceTemplate 인스턴스 (serviceTemplate 빈 정의로 표현함)의 참조를 UserRequestControllerImpl의 생성자에 넘긴다.

예제 3-8 applicationContext.xml – 스프링 빈의 참조를 생성자 인수로 전달하기

```xml
#프로젝트 - ch03-bankapp-constructor-args-by-type
#src/main/resources/META-INF/spring

<bean id="serviceTemplate" class="sample.spring.chapter03.bankapp.base.ServiceTemplate">
  .....
</bean>

<bean id="userRequestController"
    class="sample.spring.chapter03.bankapp.controller.UserRequestControllerImpl">
  <constructor-arg index="0" ref="serviceTemplate" />
</bean>
```

단순한 값과 빈 참조를 생성자 인수로 보내는 방법을 살펴봤다. 이제 스프링 컨테이너가 생성자 인수의 **타입**을 사용해 어떤 생성자 인수를 호출할지 결정하는 방식을 알아보자.

3.3.2 타입으로 생성자 인수 매치시키기

<constructor-arg> 엘리먼트의 index 속성을 지정하지 않으면, 스프링 컨테이너는 <constructor-arg> 엘리먼트에 의해 참조되는 타입을 빈 클래스 생성자의 인수 타입과 매치시켜서 어떤 생성자 인수를 호출할지 결정한다.

먼저, 상속 관계가 없는 스프링 빈들이 생성자 인수일 때 스프링 컨테이너가 생성자 인수를 어떻게 매치하는지 살펴보자.

타입이 명확히 다른 스프링 빈을 생성자 인수로 사용하기

다음 예제는 JmsMessageSender, EmailMessageSender, WebServiceInvoker 빈에 대한 참조를 인수로 받는 생성자가 정의된 ServiceTemplate 클래스다.

예제 3-9 ServiceTemplate 클래스

```
#프로젝트 - ch03-bankapp-constructor-args-by-type
#src/main/java/sample/spring/chapter03/bankapp/base

package sample.spring.chapter03.bankapp.base;
public class ServiceTemplate {
  .....
  public ServiceTemplate(JmsMessageSender jmsMessageSender,
                         EmailMessageSender emailMessageSender,
                         WebServiceInvoker webServiceInvoker) {
    .....
  }
}
```

다음 예제는 ServiceTemplate 클래스의 빈 정의와 ServiceTemplate이 참조하는 빈 정의를 보여준다.

예제 3-10 applicationContext.xml – ServiceTemplate 클래스와 그 의존 관계의 빈 정의

```
#프로젝트 - ch03-bankapp-constructor-args-by-type
#src/main/resources/META-INF/spring

<bean id="serviceTemplate" class="sample.spring.chapter03.bankapp.base.
ServiceTemplate">
  <constructor-arg ref="emailMessageSender" />
  <constructor-arg ref="jmsMessageSender" />
  <constructor-arg ref="webServiceInvoker" />
</bean>

<bean id="jmsMessageSender"
    class="sample.spring.chapter03.bankapp.base.JmsMessageSender" />
<bean id="emailMessageSender"
    class="sample.spring.chapter03.bankapp.base.EmailMessageSender" />
<bean id="webServiceInvoker"
    class="sample.spring.chapter03.bankapp.base.WebServiceInvoker" />
```

이 예제에서 serviceTemplate의 <constructor-arg> 엘리먼트는 index 속성을 지정하지 않는다. <constructor-arg> 엘리먼트가 지정하는 생성자 인수의 순서는 EmailMessageSender, JmsMessageSender, WebServiceInvoker다. ServiceTemplate 클래스의 생성자에서 인수 순서는 JmsMessageSender, EmailMessageSender, WebServiceInvoker다. 여기서 <constructor-arg> 엘리먼트로 정의한 생성자 인수의 순서가 ServiceTemplate 클래스의 생성자에 지정된 순서와 다르다는 사실을 알 수 있다.

ch03-bankapp-constructor-args-by-type 프로젝트의 BankApp에 main 메서드를 실행하면 스프링 컨테이너가 성공적으로 ServiceTemplate 빈 인스턴스를 생성한다. 이는 JmsMessageSender, EmailMessageSender, WebServiceInvoker 타입이 근본적으로 서로 다르기(각 타입 간에 서로 상속 관계가 없기) 때문이다. 타입을 모두 구분할 수 있으므로 스프링 컨테이너는 ServiceTemplate의 생성자에 올바른 순서로 각 빈을 주입할 수 있다.

생성자 인수 타입이 서로 상속으로 연관되면 스프링 컨테이너가 생성자 인수를 결정하도록 명령을 추가해야 한다. 생성자 인수가 참조하는 빈들이 상속 관계인 경우에 대한 예를 살펴보자.

상속 관계인 스프링 빈들을 생성자 인수로 사용하기

서로 상속 관계인 값을 인수로 받는 생성자가 있는 SampleBean 빈 클래스를 생각해보자.

예제 3-11 SampleBean 클래스

```
public class SampleBean {
  public SampleBean(ABean aBean, BBean bBean) { ..... }
  .....
}
```

이 예제에서는 SampleBean 클래스의 생성자가 ABean과 BBean 타입의 값을 인수로 받는다. ABean과 BBean은 서로 상속 관계에 있는 스프링 빈을 표현한다. 여기서 BBean은 ABean의 하위 클래스다.

다음 XML은 SampleBean, ABean, BBean 클래스의 빈 정의를 보여준다.

예제 3-12 SampleBean, ABean, BBean 클래스의 빈 정의

```
<bean id="aBean" class="example.ABean"/>
<bean id="bBean" class="example.BBean"/>

<bean id="sampleBean" class="example.SampleBean">
  <constructor-arg ref="bBean"/>
  <constructor-arg ref="aBean"/>
</bean>
```

ABean과 BBean이 서로 상속 관계다. 스프링 컨테이너는 SampleBean 클래스의 빈 정의를 <constructor-arg> 엘리먼트의 순서대로 SampleBean 생성자에 인수를 적용한다. [예제 3-12]의 sampleBean 정의에서 첫 번째 <constructor-arg> 엘리먼트는 bBean 빈을, 두 번째 <constructor-arg> 엘리먼트는 aBean 빈을 가리킨다. 따라서 SampleBean의 생성자를 호출할 때 bBean이 첫 번째 인수로, aBean이 두 번째 인수로 전달된다. ABean(상위 클래스)의 인스턴스를 BBean(하위 클래스)의 인스턴스가 필요한 곳에 넘길 수는 없기 때문에 스프링 컨테이너는 sampleBean 빈 정의의 두 번째 <constructor-arg> 엘리먼트로 인해 예외를 발생시킨다. 이런 상황를 처리하려면 <constructor-arg> 엘리먼트의 index나 type 속성을 지정해서 어떤 <constructor-arg>를 어떤 생성자 인수로 적용할지 구별해야 한다. 예를 들어 다음 sampleBean 빈 정의는 type 속성을 사용해서 <constructor-arg> 엘리먼트를 적용할 생성자 인수 타입을 지정한다.

예제 3-13 <constructor-arg> 엘리먼트의 type 속성으로 생성자 인수 타입 지정하기

```
<bean id="sampleBean" class="example.SampleBean">
  <constructor-arg type="sample.spring.chapter03.bankapp.controller.BBean"
    ref="bBean"/>
  <constructor-arg type="sample.spring.chapter03.bankapp.controller.ABean"
    ref="aBean"/>
</bean>
```

<constructor-arg> 엘리먼트의 type 속성은 <constructor-arg> 엘리먼트를 적용할 타입의 전체 이름을 지정한다. 이 예제에서 첫 번째 <constructor-arg> 엘리먼트는 BBean 타입의 생성자 인수에, 두 번째 <constructor-arg> 엘리먼트는 ABean 타입의 생성자 인수에 적용된다. type 속성을 지정하면 상속과 관련된 모호성을 없앨 수 있다.

NOTE_ 둘 이상의 생성자 인수가 같은 타입이라면 <constructor-arg>를 어떤 생성자 인수에 적용할지 지정할 수 있는 유일한 방법은 index 속성을 사용하는 것뿐이다.

지금까지는 서로 상속 관계이거나 명확히 타입이 구분되는 빈 사이의 생성자 타입 매치 방법에 대해 살펴봤다. 이제는 표준 자바 타입(int, long, boolean, String, Date 등)과 사용자 지정(Address 등) 타입의 생성자 타입을 어떻게 매치하는지 알아본다.

표준 자바 타입과 사용자 지정 타입을 생성자 인수로 사용하기

생성자 인수가 원시 타입(int, long, boolean 등), String 타입, 사용자 지정 타입(Address 등)인 경우 <constructor-arg> 엘리먼트의 value 속성을 사용해 인수값을 지정할 수 있다. 만약 value 속성에 지정된 문자열을 가지고 변화할 수 있는 생성자 인수가 2개 이상이라면 스프링 컨테이너가 문자열을 변환할 생성자 인수 타입(예를 들어 value에 지정된 값이 int, long, String 중 어떤 타입을 표현하는지)을 알아낼 수 없다. 이런 상황에서는 type 속성을 사용해 생성자 인수 타입을 명확히 지정해야 한다.

다음 예제는 생성자가 String, boolean, long, int 타입의 인수를 받는 TransferFunds ServiceImpl 클래스를 보여준다.

예제 3-14 TransferFundsServiceImpl 클래스

```
#프로젝트 - ch03-bankapp-constructor-args-by-type
#src/main/java/sample/spring/chapter03/bankapp/service

package sample.spring.chapter03.bankapp.service;

public class TransferFundsServiceImpl implements TransferFundsService {
  public TransferFundsServiceImpl(String webServiceUrl, boolean active, long timeout,
               int numberOfRetrialAttempts) {.....}
  .....
}
```

TransferFundsServiceImpl 생성자는 webServiceUrl, active, timeout, numberOf RetrialAttempts를 인수로 받는다. 다음 예제에서 TransferFundsServiceImpl 클래스의 빈 정의는 생성자 인수값을 TransferFundsServiceImpl의 생성자에 전달하는 방법을 보여

준다.

예제 3-15 TransferFundsServiceImpl에 대한 빈 정의

```
<bean id="transferFundsService"
    class="sample.spring.chapter03.bankapp.service.TransferFundsServiceImpl">
  <constructor-arg value="http://someUrl.com/xyz" />
  <constructor-arg value="true" />
  <constructor-arg value="5" />
  <constructor-arg value="200" />
</bean>
```

이 예제에서 세 번째 <constructor-arg> 엘리먼트(value 속성값 '5')가 생성자의 numberOfRetrialAttempts 인수값을 제공하고, 네 번째 <constructor-arg> 엘리먼트(value 속성값 '200')가 생성자의 timeout 인수값을 제공하려고 한다. 하지만 스프링 컨테이너는 <constructor-arg>를 TransferFundsServiceImpl의 생성자에 전달할 때 transferFundsService 빈 정의에 있는 <constructor-arg> 순서대로 전달한다. 따라서 세 번째 <constructor-arg> 엘리먼트는 numberOfRetrialAttempts가 아닌 timeout 인수에 적용되고, 네 번째 <constructor-arg> 엘리먼트는 timeout이 아닌 numberOfRetrialAttempts에 전달된다. 이런 상황을 처리하기 위해 <constructor-arg> 엘리먼트의 type 속성에서 생성자 인수의 **타입**을 지정한다. 다음 예제를 보자.

예제 3-16 applicationContext.xml – <constructor-arg> 엘리먼트의 type 속성

```
#프로젝트 - ch03-bankapp-constructor-args-by-type
#src/main/resources/META-INF/spring

<bean id="transferFundsService"
    class="sample.spring.chapter03.bankapp.service.TransferFundsServiceImpl">
  <constructor-arg type="java.lang.String" value="http://someUrl.com/xyz" />
  <constructor-arg type="boolean" value="true" />
  <constructor-arg type="int" value="5" />
  <constructor-arg type="long" value="200" />
</bean>
```

[예제 3-16] TransferFundsServiceImpl 클래스의 빈 정의는 type 속성을 사용해서 생성자 인수의 타입을 지정한다. 스프링 컨테이너는 생성자 인수의 타입을 비교해서 Transfer

FundsServiceImpl의 생성자에 인수를 전달한다.

> **NOTE_** 생성자 인수의 타입이 같다면(둘 이상), index 속성을 사용해 각 <constructor-arg>를 어떤 생성자 인수로 적용할지 지정하는 수밖에 없다.

이번 절에서는 스프링이 생성자 인수를 정하기 위해 타입 매치를 어떻게 해결하는지 살펴봤다. 이제 스프링이 생성자 인수의 **이름**으로 생성자 인수를 매치하는 방법을 살펴보자.

IMPORT chapter 3/ch03-bankapp-constructor-args-by-name
빈 클래스의 생성자 인수를 **이름**으로 매치하는 MyBank 애플리케이션이다. 애플리케이션을 실행하려면 BankApp 클래스의 main 메서드를 실행한다.

3.3.3 이름으로 생성자 인수 매치시키기

<constructor-arg>의 name 속성을 사용하면 <constructor-arg> 엘리먼트를 적용할 생성자 인수의 이름을 지정할 수 있다. 다음 예제는 생성자가 여러 인수를 받는 TransferFunds ServiceImpl 클래스다.

예제 3-17 TransferFundsServiceImpl 클래스

```
#프로젝트 - ch03-bankapp-constructor-args-by-name
#src/main/java/sample/spring/chapter03/bankapp/service

package sample.spring.chapter03.bankapp.service;

public class TransferFundsServiceImpl implements TransferFundsService {
  .....
  public TransferFundsServiceImpl(String webServiceUrl, boolean active, long timeout,
                int numberOfRetrialAttempts) { ..... }
}
```

[예제 3-17]은 TransferFundsServiceImpl의 생성자가 정의하는 생성자 인수의 이름이 webServiceUrl, active, timeout, numberOfRetrialAttempts라는 사실을 나타낸다.

NOTE_ TransferFundsServiceImpl 클래스 생성자는 간단한 자바 타입(int, long, boolean, String 등)을 받는다. 하지만 이번 절에서 설명한 개념은 스프링 빈을 참조하는 생성자 인수를 사용하는 경우에도 적용할 수 있다.

[예제 3-18]에서 TransferFundsServiceImpl 클래스의 빈 정의는 <constructor-arg> 엘리먼트의 name 속성을 사용해 <constructor-arg> 엘리먼트를 적용할 생성자 인수의 이름을 지정한다.

예제 3-18 applicationContext.xml – <constructor-arg> 엘리먼트의 name 속성

```
#프로젝트 - ch03-bankapp-constructor-args-by-name
#src/main/resources/META-INF/spring

<bean id="transferFundsService"
    class="sample.spring.chapter03.bankapp.service.TransferFundsServiceImpl">
  <constructor-arg name="webServiceUrl" value="http://someUrl.com/xyz" />
  <constructor-arg name="active" value="true" />
  <constructor-arg name="numberOfRetrialAttempts" value="5" />
  <constructor-arg name="timeout" value="200" />
</bean>
```

이와 같은 설정은 TransferFundsServiceImpl 클래스를 컴파일할 때 **디버그 플래그**(javac의 -g 옵션 참조)나 '**파라미터 이름 발견**parameter name discovery' **플래그**(자바 8 이상에서 javac의 -parameters 옵션 참조)를 사용한 경우에만 쓸 수 있다. 디버그 플래그나 '파라미터 이름 발견' 플래그를 활성화하지 않으면 컴파일러가 생성한 .class 파일에 생성자 인수와 메서드 파라미터 이름이 저장되지 않는다. 그래서 디버그 플래그나 '파라미터 이름 발견' 플래그를 활성화하지 않으면 컴파일하는 동안 생성자의 인수 이름이 사라진다. 만들어진 .class 파일 안에 생성자 인수 이름이 없으면 스프링이 생성자 인수를 이름으로 찾을 수 없다.

클래스를 컴파일할 때 디버그나 '파라미터 이름 발견' 옵션을 활성화하고 싶지 않다면 다음 TransferFundsServiceImpl 예제처럼 @ConstructorProperties를 사용해 생성자 인수 이름을 명시한다.

예제 3-19 @ConstructorProperties 애너테이션

```
#프로젝트 - ch03-bankapp-constructor-args-by-name
#src/main/java/sample/spring/chapter03/bankapp/service

package sample.spring.chapter03.bankapp.service;
import java.beans.ConstructorProperties;

public class TransferFundsServiceImpl implements TransferFundsService {

  @ConstructorProperties({"webServiceUrl","active","timeout","numberOfRetrialAttempts"})
  public TransferFundsServiceImpl(String webServiceUrl, boolean active, long
timeout,
                int numberOfRetrialAttempts) { ..... }
}
```

이 예제에서 @ConstructorProperties는 빈 클래스의 생성자에 나타난 순서대로 생성자 인수 이름을 지정한다. <constructor-arg> 엘리먼트와 @ConstructorProperties에서 같은 이름을 사용해야 한다.

이제 @ConstructorProperties가 빈 정의 상속에 어떤 영향을 미치는지 살펴보자.

@ConstructorProperties와 빈 정의 상속

부모 빈 정의에 해당하는 클래스 생성자에 @ConstructorProperties가 있으면, **자식 빈**에 해당하는 빈 클래스 생성자에도 **반드시** @ConstructorProperties가 있어야 한다.

다음 예제는 serviceTemplate(부모 빈 정의)과 FixedDepositService(자식 빈 정의)를 보여준다.

예제 3-20 applicationContext.xml – 부모와 자식 빈 정의

```
#프로젝트 - ch03-bankapp-constructor-args-by-name
#src/main/resources/META-INF/spring

<bean id="serviceTemplate"
    class="sample.spring.chapter03.bankapp.base.ServiceTemplate">
  <constructor-arg name="emailMessageSender" ref="emailMessageSender" />
  <constructor-arg name="jmsMessageSender" ref="jmsMessageSender" />
  <constructor-arg name="webServiceInvoker" ref="webServiceInvoker" />
```

```
</bean>

<bean id="fixedDepositService"
   class="sample.spring.chapter03.bankapp.service.FixedDepositServiceImpl"
   parent="serviceTemplate">
  <property name="fixedDepositDao" ref="fixedDepositDao" />
</bean>
```

[예제 3-20]의 serviceTemplate 빈 정의는 추상 빈이 아니다. 따라서 스프링 컨테이너는 serviceTemplate 빈의 인스턴스를 만들어낸다. serviceTemplate 빈 정의에는 3개의 <constructor-arg> 엘리먼트가 있고, 이들은 ServiceTemplate 클래스에 정의된 3개의 인수에 대응한다(예제 3-21 참조).

serviceTemplate 빈 정의에서 생성자 인수를 **이름**으로 지정했으므로, 다음과 같이 ServiceTemplate 클래스 생성자에 @ConstructorProperties를 설정하면 스프링 컨테이너가 실행 시점에 생성자 인수의 이름을 알 수 있다.

예제 3-21 ServiceTemplate 클래스

```
#프로젝트 - ch03-bankapp-constructor-args-by-name
#src/main/java/sample/spring/chapter03/bankapp/base

package sample.spring.chapter03.bankapp.base;
import java.beans.ConstructorProperties;

public class ServiceTemplate {
  .....
@ConstructorProperties({"jmsMessageSender","emailMessageSender","webServiceInvoker"})
  public ServiceTemplate(JmsMessageSender jmsMessageSender,
                         EmailMessageSender emailMessageSender,
                         WebServiceInvoker webServiceInvoker)
  { ..... }
}
```

FixedDepositService가 serviceTemplate의 자식 빈 정의이므로, serviceTemplate의 <constructor-arg> 설정은 FixedDepositService 빈 설정에 상속된다. FixedDepositServiceImpl 클래스는 ServiceTemplate 클래스에 정의된 생성자 인수 집합과 똑같은 인수를 받는 생성자를 **반드시** 정의해야 한다. FixedDepositServiceImpl의 생성자에

@ConstructorProperties를 설정하지 않으면, 스프링 컨테이너가 FixedDepositService Impl 빈이 상속한 <constructor-arg> 엘리먼트를 FixedDepositServiceImpl의 생성자에 지정된 생성자 인수와 매치할 수 없다.

정적 팩토리 메서드나 인스턴스 팩토리 메서드에 인수를 이름으로 지정해서 넘기기 위해 @ConstructorProperties를 사용할 수는 없다. 다음 설명을 보자.

@ConstructorProperties와 팩토리 메서드

2.3절에서는 <constructor-arg> 엘리먼트를 사용해 정적 팩토리 메서드나 인스턴스 팩토리 메서드에 인수를 넘길 수 있었다. 그래서 정적 팩토리 메서드나 인스턴스 팩토리 메서드에 @ConstructorProperties를 사용하면 <constructor-arg> 엘리먼트의 name 속성을 사용해 인수를 전달할 수 있다고 생각할 수도 있다. 하지만 @ConstructorProperties는 생성자만을 위한 것이므로 메서드에 @ConstructorProperties를 설정할 수 없다. 따라서 정적 팩토리 메서드나 인스턴스 팩토리 메서드에 이름을 가지고 생성자 인수를 전달할 경우에는 클래스를 컴파일할 때 디버그나 '파라미터 이름 발견' 플래그를 활성화하는 수밖에 없다.

> **NOTE_** 디버그나 '파라미터 이름 발견' 플래그 옵션을 활성화해 클래스를 컴파일할 때 만들어지는 .class 파일의 크기는 (옵션을 활성화하지 않았을 때보다) 크기가 약간 더 크다. 하지만 애플리케이션의 실행 시점 성능에는 아무 영향이 없다. 다만 클래스를 메모리로 읽는 시간loading time은 약간 더 길어진다.

이제 이클립스 IDE에서 디버그 플래그를 활성화하거나 비활성화하는 방법을 알아보자.

이클립스 IDE에서 디버그 플래그나 '파라미터 이름 발견' 플래그 활성화하기

이클립스 IDE에서 다음 단계를 거쳐 디버그 플래그나 '파라미터 이름 발견' 플래그 활성화할 수 있다.

1. **Windows → Preference**로 가서 **Java → Compiler** 옵션을 선택한다.
2. 이제 "Classfile Generation"이라는 섹션이 보일 것이다.
   a. 이 섹션에서 **Add variable attributes to generated class files (used by the debugger)**라는 체크박스를 선택하면 디버그 플래그가 **활성화**된다. 체크박스를 해제하면 디버그 플래그는 **비활성화**된다.

b. 이 섹션에서 **Store information about method parameters (usable via reflection)**라는 이름의 체크박스를 선택하면 '파라미터 이름 발견' 플래그가 **활성화**된다. 체크박스를 해제하면 플래그는 **비활성화**된다.

지금까지는 빈 프로퍼티와 생성자 인수가 다른 빈을 참조하는 빈 정의를 대부분 살펴봤다. 이제는 빈 프로퍼티나 생성자 인수가 원시 타입, 컬렉션 타입, java.util.Date, java.util.Properties 등인 경우를 살펴보자.

3.4 다른 타입의 빈 프로퍼티와 생성자 인수 설정하기

실전 애플리케이션 개발에서는 스프링 빈의 프로퍼티나 생성자 인수가 String 타입, 다른 빈에 대한 참조, 다른 표준 타입(java.util.Date, java.util.Map 등), 사용자 정의 타입(Address 등)과 같이 다양한 타입을 가질 수 있다. 지금까지는 빈 프로퍼티에 문자열을 지정하는 방법(<property> 엘리먼트의 value 속성 사용)이나 생성자 인수로 문자열을 지정하는 방법(<constructor-arg> 엘리먼트의 value 속성 사용)을 살펴봤다. 그리고 빈의 의존 관계를 프로퍼티로 지정하거나(<property> 엘리먼트의 ref 속성 사용) 생성자 인수로 지정하는 방법(<constructor-arg> 엘리먼트의 ref 속성 사용)도 살펴봤다.

이번 절에서는 java.util.Date, java.util.Currency, 원시 타입 등의 다양한 타입을 빈 프로퍼티나 생성자 인수로 쉽게 넘길 수 있도록 지원해주는 스프링 PropertyEditor 구현에 대해 알아보자. 그리고 컬렉션 타입(java.util.List나 java.util.Map 등)의 값을 XML 파일에 지정하는 방법과 스프링에 사용자 지정 PropertyEditor 구현을 등록하는 방법도 살펴본다.

지금은 스프링 내장 PropertyEditor 구현의 사용을 보여주는 빈 정의 예제를 살펴보자.

IMPORT chapter 3/ch03-simple-types-examples

이 프로젝트는 빈 프로퍼티나 생성자 인수가 원시 타입이거나 java.util.Date, java.util.List, java.util.Map 등의 타입인 스프링 애플리케이션이다. 또 이 프로젝트는 사용자 지정 PropertyEditor 구현을 스프링 컨테이너에 등록하는 방법을 보여준다. 애플리케이션을 실행하려면 SampleApp 클래스의 main 메서드를 실행한다.

3.4.1 스프링 내장 프로퍼티 에디터

자바빈의 PropertyEditor는 자바 타입을 문자열값으로 바꾸거나 역방향으로 바꾸기 위해 필요한 로직을 제공한다. 스프링은 프로퍼티나 생성자의 실제 자바 타입과 빈 프로퍼티나 생성자 인수의 문자열값(<property>나 <constructor-arg> 엘리먼트의 value 속성에 지정)을 상호 변환해주는 몇 가지 내장 PropertyEditor를 제공한다.

내장 PropertyEditor와 관련된 예제를 살펴보기 전에 먼저 빈 프로퍼티나 생성자 인수를 지정할 때 PropertyEditor가 왜 중요한지 이해해두자.

다음 BankDetails 클래스는 미리 정해진 값을 속성으로 하여 싱글턴 스코프 빈을 설정한다.

예제 3-22 BankDetails 클래스

```
public class BankDetails {
  private String bankName;
  public void setBankName(String bankName) {
    this.bankName = bankName;
  }
}
```

이 예제에서 bankName은 BankDetails 클래스의 속성이고 타입은 String이다. 다음 BankDetails 클래스의 빈 정의는 bankName 속성값을 "My Personal Bank"로 설정하는 방법을 보여준다.

예제 3-23 BankDetails 클래스 빈 정의

```
<bean id= "bankDetails" class= "BankDetails">
  <property name= "bankName" value= "My Personal Bank"/>
</bean>
```

[예제 3-23]의 빈 정의에서 <property> 엘리먼트의 value 속성은 bankName 엘리먼트의 문자열값을 지정한다. 빈 프로퍼티의 타입이 String인 경우 <property> 엘리먼트의 value 속성을 사용하면 된다. 이와 비슷하게 생성자 인수 타입이 String이면 <construct-arg> 엘리먼트의 value 속성에서 설정할 수 있다.

이제 BankDetails 클래스에 byte[] 타입의 bankPrimaryBusiness 속성, char[] 타입

의 headOfficeAddress 속성, char 타입의 privateBank 속성, java.util.Currency 타입의 primaryCurrency 속성, java.util.Date 타입의 dateOfInception 속성, java.util.Properties 타입의 branchAddress 속성(그리고 각각에 대응하는 세터 메서드)을 추가해보자. 다음 예제는 각 타입의 속성을 적용한 BankDetails 클래스다.

예제 3-24 여러 타입의 프로퍼티를 가진 BankDetails 클래스

```
#프로젝트 - ch03-simple-types-examples
#src/main/java/sample/spring/chapter03/beans

package sample.spring.chapter03.beans;
.....
public class BankDetails {
  private String bankName;
  private byte[] bankPrimaryBusiness;
  private char[] headOfficeAddress;
  private char privateBank;
  private Currency primaryCurrency;
  private Date dateOfInception;
  private Properties branchAddresses;
  .....
  public void setBankName(String bankName) {
    this.bankName = bankName;
  }
  //-- 더 많은 세터 메서드들
}
```

각 프로퍼티에 문자열값을 설정하고 스프링 컨테이너가 등록된 자바빈의 PropertyEditor를 구현한다. 그리고 문자열값을 그에 상응하는 자바 타입으로 변환함으로써 BankDetails 클래스를 스프링 빈으로 설정할 수 있다.

다음 BankDetails 빈 정의는 여러 프로퍼티 타입에 대해 간단한 문자열을 값으로 지정할 수 있음을 보여준다.

예제 3-25 applicationContext.xml – BankDetails 클래스 빈 정의

```
#프로젝트 - ch03-simple-types-examples
#src/main/resources/META-INF/spring
```

```xml
<bean id="bankDetails" class="sample.spring.chapter03.beans.BankDetails">
  <property name="bankName" value="My Personal Bank" />
  <property name="bankPrimaryBusiness" value="Retail banking" />
  <property name="headOfficeAddress" value="Address of head office" />
  <property name="privateBank" value="Y" />
  <property name="primaryCurrency" value="INR" />
  <property name="dateOfInception" value="30-01-2012"></property>
  <property name="branchAddresses">
    <value>
      x = Branch X's address
      y = Branch Y's address
    </value>
  </property>
</bean>
```

이 예제에서는 java.util.Date, java.util.Currency, char[], byte[], char, java.util.Properties 타입의 문자열값을 지정한다. 스프링 컨테이너는 등록된 PropertyEditor를 사용해 프로퍼티나 생성자 인수의 문자열값을 그에 상응하는 자바 타입으로 변환한다. 예를 들어, 스프링 컨테이너는 dateOfInception 프로퍼티의 '30-01-2012'값을 CustomDateEditor(java.util.Date 타입을 처리하는 내장 PropertyEditor 구현)를 사용해 java.util.Date 타입으로 변환한다.

[예제 3-25]에서 branchAddress 프로퍼티를 설정한 방법을 살펴보면, <property> 엘리먼트의 value 속성 대신 <property> 엘리먼트의 <value> 하위 엘리먼트를 사용했음을 알 수 있다. 값이 하나인 프로퍼티라면 <property> 엘리먼트에서 <value> 하위 엘리먼트보다 value 속성을 사용하는 쪽을 더 선호한다. 하지만 값을 여러 줄에 나눠서 적는 방식으로 프로퍼티값을 지정한다면(branchAddresses 프로퍼티가 그렇다) value 속성보다 <value> 하위 엘리먼트를 더 선호한다. 다음 절에서는 java.util.Properties 타입의 프로퍼티(또는 생성자 인수)를 <property> 엘리먼트(또는 <constructor-arg> 엘리먼트)의 <props> 하위 엘리먼트를 통해 설정하는 방법에 대해 살펴본다.

스프링은 XML 파일에 지정한 문자열값을 빈 프로퍼티나 생성자 인수의 자바 타입으로 변환하기 위한 내장 PropertyEditor 구현을 제공한다. 다음 표는 일부 스프링 내장 PropertyEditor 구현을 나타낸 것이다.

내장 PropertyEditor 구현	설명
CustomBooleanEditor	문자열값을 Boolean이나 boolean 타입으로 변환한다.
CustomNumberEditor	문자열값을 수 타입(int, long 등)으로 변환한다.
CharacterEditor	문자열값을 char 타입으로 변환한다.
ByteArrayPropertyEditor	문자열값을 byte[] 타입으로 변환한다.
CustomDateEditor	문자열값을 java.util.Date 타입으로 변환한다.
PropertiesEditor	문자열값을 java.util.Properties 타입으로 변환한다.

이 표는 스프링에 내장된 PropertyEditor 구현 중 일부만 다룬다. 완전한 목록을 원한다면 스프링의 org.springframework.beans.propertyeditors 패키지를 참조한다. 스프링의 모든 내장 PropertyEditor가 스프링 컨테이너에 디폴트로 등록되지는 않는다. 예를 들어 문자열 값을 java.util.Date 타입으로 변환하고 싶다면 CustomDateEditor를 명시적으로 등록해야 한다.

이제 java.util.List, java.util.Set, java.util.Map 타입의 빈 프로퍼티(또는 생성자 인수) 값을 지정하는 방법을 살펴보자.

3.4.2 컬렉션 타입에 값 지정하기

java.util.List, java.util.Set, java.util.Map 타입의 프로퍼티나 생성자 인수를 설정하려면 <property>나 <constructor-arg> 엘리먼트의 <list>, <map>, <set> 하위 엘리먼트(이들은 스프링의 beans 스키마에 정의됨)를 각각 사용해야 한다.

> **NOTE_** 스프링의 util 스키마는 <list>, <map>, <set> 엘리먼트로 여러 컬렉션 타입의 프로퍼티와 생성자 인수를 쉽게 설정한다. 3.8절에서는 스프링의 util 스키마 엘리먼트를 자세히 살펴본다.

[예제 3-26]의 DataTypesExample 클래스에는 여러 타입의 값을 인수로 받는 생성자가 있다.

예제 3-26 DataTypesExample 클래스

```
#프로젝트 - ch03-simple-types-examples
#src/main/java/sample/spring/chapter03/beans
```

```
package sample.spring.chapter03.beans;
import java.beans.ConstructorProperties;
.....
public class DataTypesExample {
  private static Logger logger = LogManager.getLogger(DataTypesExample.class);

  @SuppressWarnings("rawtypes")
  @ConstructorProperties({ "byteArrayType", "charType", "charArray",
      "classType", "currencyType", "booleanType", "dateType", "longType",
      "doubleType", "propertiesType", "listType", "mapType", "setType",
      "anotherPropertiesType" })
  public DataTypesExample(byte[] byteArrayType, char charType,
      char[] charArray, Class classType, Currency currencyType,
      boolean booleanType, Date dateType, long longType,
      double doubleType, Properties propertiesType, List<Integer> listType,
      Map mapType, Set setType, Properties anotherPropertiesType) {
    .....
    logger.info("classType " + classType.getName());
    logger.info("listType " + listType);
    logger.info("mapType " + mapType);
    logger.info("setType " + setType);
    logger.info("anotherPropertiesType " + anotherPropertiesType);
  }
}
```

이 예제는 DataTypesExample 클래스 생성자가 java.util.List, java.util.Map, java.util.Set, java.util.Properties 타입 등의 인수를 받고 각 인수값을 로그에 기록한다.

다음 예제는 DataTypesExample 클래스의 빈 정의를 보여준다.

예제 3-27 applicationContext.xml – DataTypesExample 클래스 빈 정의

```
#프로젝트 - ch03-simple-types-examples
#src/main/resources/META-INF/spring

  <bean id="dataTypes" class="sample.spring.chapter03.beans.DataTypesExample">
    .....
    <constructor-arg name="anotherPropertiesType">
      <props>
        <prop key="book">Getting started with the Spring Framework</prop>
      </props>
    </constructor-arg>
```

```
    <constructor-arg name="listType">
      <list>
        <value>1</value>
        <value>2</value>
      </list>
    </constructor-arg>
    <constructor-arg name="mapType">
      <map>
        <entry>
          <key>
            <value>map key 1</value>
          </key>
          <value>map key 1's value</value>
        </entry>
      </map>
    </constructor-arg>
    <constructor-arg name="setType">
      <set>
        <value>Element 1</value>
        <value>Element 2</value>
      </set>
    </constructor-arg>
  </bean>
```

이 예제는 다음과 같은 내용을 나타낸다.

- anotherPropertiesType값(java.util.Properties 타입)은 <constructor-arg> 엘리먼트의 <props> 하위 엘리먼트로 설정한다. <props> 엘리먼트 안에서 각 <prop> 하위 엘리먼트는 키-값 쌍을 지정한다. key 속성은 **키**를 설정하고, <prop> 엘리먼트의 내용은 키에 해당하는 **값**을 설정한다. <props> 엘리먼트를 사용하는 대신에 <constructor-arg> 엘리먼트의 value 하위 엘리먼트를 사용해 anotherPropertiesType 인수값을 지정할 수도 있다(예제 3-25 참조).
- listType값(타입은 java.util.List<Integer>)은 <constructor-arg> 엘리먼트의 <list> 하위 엘리먼트로 설정한다. <list> 엘리먼트 안의 각 <value> 하위 엘리먼트는 리스트에 들어갈 원소를 지정한다. listType 생성자 인수의 타입이 List<Integer>이므로 스프링 컨테이너는 CustomNumberEditor(스프링 컨테이너가 자동으로 등록한 PropertyEditor)를 사용해서 value 엘리먼트에 지정된 문자열값을 java.lang.Integer로 변환한다.
- mapType값(타입은 java.util.Map)값은 <constructor-arg> 엘리먼트의 <map> 하위 엘리먼트로 설정한다. <map> 엘리먼트의 하위 엘리먼트인 <entry> 엘리먼트는 Map에 저장될 키-값 쌍을 지정한다. <key> 엘리먼트는 **키**를 설정하고, <value> 엘리먼트의 내용은 키에 해당하는 **값**을 설정한다. 생성자 인수가 파라미터화된 Map(예: Map<Integer, Integer>)이라면 스프링 컨테이너는 등록된 프로퍼티 에디터를 사용해 키와 값을 파라미터화된 Map의 키와 값으로 변환한다.

- setType값(타입은 java.util.Set)은 〈constructor-arg〉 엘리먼트의 〈set〉 하위 엘리먼트로 설정한다. 〈set〉 엘리먼트의 하위 엘리먼트인 〈value〉 엘리먼트는 Set에 들어갈 원소를 지정한다. 생성자 인수가 파라미터화된 Set(예: Set〈Integer〉)이라면 스프링 컨테이너는 등록된 프로퍼티 에디터를 사용해서 값을 파라미터화한 Set가 받아들일 수 있는 값으로 변환한다.

DataTypesExample 클래스(예제 3-26, 3-27 참조)에서 생성자 인수의 타입(List, Map, Set)에는 Sting이나 Integer를 원소로 사용한다. 애플리케이션에서는 컬렉션에 Map, Set, Class, Property나 다른 자바 타입의 원소가 사용될 수 있고, 컬렉션에 사용되는 원소가 빈 참조일 수도 있다. 이런 상황을 처리하기 위해 스프링에서는 <list>, <map>, <set> 원소의 하위 엘리먼트로 <map>, <set>, <list>, <props>, <ref> 등의 원소를 사용한다.

이제는 여러 타입의 원소를 Map, List, Set 타입의 생성자 인수나 빈 프로퍼티로 설정하는 방법을 살펴보자.

컬렉션 타입에 List, Map, Set, Properties 넣기

빈 프로퍼티나 생성자 인수의 타입이 List<List> 면 다음과 같이 <list> 엘리먼트를 내포시켜 설정할 수 있다.

예제 3-28 설정 예제: List안에 List 넣기

```
<constructor-arg name="nestedList">
  <list>
    <list>
      <value>A simple String value in the nested list</value>
      <value>Another simple String value in nested list</value>
    </list>
  </list>
</constructor-arg>
```

[예제 3-28]에서 <constructor-arg> 엘리먼트는 nestedList라는 List<List> 타입의 생성자 인수에 값을 제공한다. 내포된 <list> 엘리먼트는 List 타입의 원소를 표현한다. 마찬가지 방식으로 <list> 엘리먼트 안에 <map>, <set>, <props> 엘리먼트를 내포하는 방식으로 List<Map>, List<Set>, List<Properties> 타입의 프로퍼티나 생성자 인수값을 설정할 수 있다. <list> 엘리먼트와 마찬가지로 <set> 엘리먼트 안에 <set>, <list>, <map>, <prop>

엘리먼트를 넣을 수 있다. <map> 엘리먼트의 경우에도 원소의 키와 값을 설정할 때 <map>, <set>, <list>, <prop> 엘리먼트를 사용한다.

다음 예제는 Map<List, Set> 타입의 생성자 인수를 설정하는 방법이다.

예제 3-29 설정 예제: List 타입을 키로, Set 타입을 값으로 포함하는 Map

```
<constructor-arg name="nestedListAndSetMap">
  <map>
    <entry>
      <key>
        <list>
          <value>a List element</value>
        </list>
      </key>
      <set>
        <value>a Set element</value>
      </set>
    </entry>
  </map>
</constructor-arg>
```

이 예제는 List를 키, Set를 값으로 하는 Map 타입의 nestedListAndSetMap 생성자 인수를 보여준다. <key> 엘리먼트에는 하위 엘리먼트로 <map>, <set>, <list>, <prop> 중 아무것이나 포함할 수 있다. 키에 해당하는 값에도 <map>, <set>, <list>, <prop>가 들어갈 수 있다.

컬렉션 타입에 빈 참조 추가하기

스프링 빈의 참조를 List나 Set 타입의 프로퍼티나 생성자 인수에 넣을 수 있다. 이때 <list>나 <set> 엘리먼트 안에 <ref> 엘리먼트를 사용해 참조를 넣는다.

[예제 3-30]은 빈에 대한 참조를 List 타입의 생성자 인수에 추가한 예다.

예제 3-30 설정 예제: 빈에 대한 참조를 포함하는 List

```
<bean .....>
  <constructor-arg name="myList">
    <list>
      <ref bean="aBean" />
```

```
        <ref bean="bBean" />
      </list>
    </constructor-arg>
  </bean>

  <bean id="aBean" class="somepackage.ABean" />
  <bean id="bBean" class="somepackage.BBean" />
```

이 예제는 타입이 List인 myList 생성자 인수와 그 안에 두 가지 엘리먼트가 있는 모습을 보여준다. 두 가지 인수는 aBean과 bBean에 대한 참조다. <ref> 엘리먼트의 bean 속성은 <ref> 엘리먼트가 참조하는 빈의 이름을 지정한다.

<list> 엘리먼트의 경우와 마찬가지로 <ref> 엘리먼트를 <set> 엘리먼트 안에 사용해서 빈 참조를 Set 타입의 생성자 인수나 빈 프로퍼티에 추가할 수 있다. <map> 엘리먼트의 경우에도 <key> 엘리먼트 안에 <ref> 엘리먼트를 사용해서 빈 참조를 키-값으로 지정하거나, <ref> 엘리먼트를 사용해 키에 해당하는 값에 빈 참조를 지정할 수도 있다.

다음 예제는 키와 값이 모두 빈에 대한 참조인 경우다. 타입의 키-값 쌍이 1개인 Map 타입의 생성자 인수를 보여준다.

예제 3-31 설정 예제: 빈 참조를 키와 값으로 하는 Map

```
<bean .....>
  <constructor-arg name="myMapWithBeanRef">
    <map>
      <entry>
        <key>
          <ref bean="aBean" />
        </key>
        <ref bean="bBean" />
      </entry>
    </map>
  </constructor-arg>
</bean>
<bean id="aBean" class="somepackage.ABean" />
<bean id="bBean" class="somepackage.BBean" />
```

[예제 3-31]에서 <constructor-arg>는 Map 타입의 생성자 인수에 값을 제공한다. 키는 aBean에 대한 참조, 값은 bBean에 대한 참조인 키-값 쌍을 하나 넣었다.

컬렉션 타입에 빈 이름 추가하기

빈 이름(<bean> 엘리먼트의 id 속성으로 지정)을 List, Map, Set 타입의 생성자 인수나 빈 프로퍼티에 추가하려면 <idref> 엘리먼트를 <map>, <set>, <list> 엘리먼트 안에 사용해야 한다. 다음 예제에서 <constructor-arg> 엘리먼트는 Map 타입의 생성자 인수에 키-값 쌍을 하나 제공한다. 키-값 쌍의 키는 빈 이름이고 값은 빈 참조다.

예제 3-32 설정 예제: 빈 이름을 키, 빈 참조를 값으로 하는 Map

```
<constructor-arg name="myExample">
  <map>
    <entry>
      <key>
        <idref bean="sampleBean" />
      </key>
      <ref bean="sampleBean" />
    </entry>
  </map>
</constructor-arg>

<bean id="sampleBean" class="somepackage.SampleBean" />
```

이 예제에서 <constructor-arg>는 Map 타입의 생성자 인수에 키-값 쌍을 하나 제공한다. 키는 "sampleBean"이라는 문자열값이고 값은 sampleBean이다. 여기서 "sampleBean"이라는 문자열값을 키로 설정하기 위해 <value> 엘리먼트를 사용할 수도 있겠지만, <idref> 엘리먼트를 사용하면 애플리케이션이 실행될 때 스프링 컨테이너가 sampleBean이라는 이름의 빈이 있는지 검증할 수 있다.

> **NOTE_** 빈의 이름을 빈 프로퍼티나 생성자 인수로 사용할 경우, 〈property〉나 〈constructor-arg〉 엘리먼트 안에서 〈idref〉 엘리먼트를 사용할 수 있다.

컬렉션 타입에 null 값 추가하기

<null> 엘리먼트를 사용해 null 값을 Set나 List 타입의 컬렉션에 추가할 수 있다. 다음 예제는 <null> 엘리먼트를 사용해 null 값을 Set 타입의 생성자 인수에 추가하는 방법을 보여준다.

예제 3-33 설정 예제: null 엘리먼트를 포함하는 Set

```
<constructor-arg name="setWithNullElement">
  <set>
    <value>Element 1</value>
    <value>Element 2</value>
    <null />
  </set>
</constructor-arg>
```

이 예제에서 setWithNullElement 생성자 인수에는 Element 1, Element 2, null의 세 가지 값을 사용한다.

null 키를 Map 타입 생성자 인수나 프로퍼티에 추가할 때는 <key> 엘리먼트 안에 <null> 엘리먼트를 사용한다. 그리고 null 값을 추가하려면 <entry> 엘리먼트 안에서 <null> 엘리먼트를 사용한다. 다음 예제는 null 키와 null 값을 포함하는 Map 타입 생성자 인수를 보여준다.

예제 3-34 설정 예제: null 키와 null 값을 포함하는 Map

```
<constructor-arg name="mapType">
  <map>
    <entry>
      <key>
        <null />
      </key>
      <null />
    </entry>
  </map>
</constructor-arg>
```

[예제 3-34]에서는 <null> 엘리먼트를 사용해 mapType의 생성자 인수에 null 키와 null 값을 추가했다.

> **NOTE_** <property>와 <constructor-arg> 엘리먼트 내부에 <null> 엘리먼트를 사용하면 null 값을 프로퍼티나 생성자 인수로 지정할 수 있다.

이제 배열 타입의 프로퍼티나 생성자 인수값을 어떻게 지정하는지 살펴보자.

3.4.3 배열에 값 지정하기

<property>(또는 <constructor-arg>) 엘리먼트 내부에 <array> 하위 엘리먼트를 사용해 배열 타입의 프로퍼티(또는 생성자 인수) 값을 설정할 수 있다.

다음 예제는 int[] 타입의 빈 프로퍼티를 설정하는 방법을 보여준다.

예제 3-35 설정 예제: int[] 타입의 빈 프로퍼티 값 설정하기

```
<property name="numbersProperty">
  <array>
    <value>1</value>
    <value>2</value>
  </array>
</property>
```

이 예제에서 <array> 엘리먼트의 <value> 하위 엘리먼트는 numbersProperty 배열의 원소를 표현한다. 스프링 컨테이너는 CustomNumberEditor 프로퍼티 에디터를 사용해 각 <value> 엘리먼트에 문자열을 int 타입으로 변환한다. <list>, <set>, <map> 엘리먼트 안에 <array> 엘리먼트를 사용할 수 있다. 그리고 <array> 엘리먼트 안에 <list>, <set>, <map>, <props>, <ref> 엘리먼트를 사용하면 각각 List, Set, Map, Properties, 빈 참조가 원소인 배열을 만들 수 있다. 배열의 배열을 만들고 싶으면 <array> 엘리먼트 안에 <array> 엘리먼트를 사용한다.

<list>, <map>, <set> 엘리먼트를 사용해 각각 List, Map, Set 타입의 프로퍼티나 생성자 인수를 설정할 수 있다는 사실을 알았다. 이제 스프링이 엘리먼트의 컬렉션 구현을 디폴트로 어떻게 만드는지 살펴보자.

3.4.4 <list>, <set>, <map> 엘리먼트의 디폴트 구현

다음 표는 스프링이 <list>, <set>, <map>에 대해 사용하는 디폴트 컬렉션 구현을 보여준다.

컬렉션 엘리먼트	디폴트 컬렉션 구현
<list>	java.util.ArrayList
<set>	java.util.LinkedHashSet
<map>	java.util.LinkedHashMap

또한 이 표는 다음과 같은 내용을 알려준다.

- 프로퍼티(또는 생성자 인수)의 값을 〈list〉 엘리먼트로 지정하면 스프링은 ArrayList의 인스턴스를 만들어서 프로퍼티(또는 생성자 인수)에 대입한다.
- 프로퍼티(또는 생성자 인수)의 값을 〈set〉 엘리먼트로 지정하면 스프링은 LinkedHashSet의 인스턴스를 만들어서 프로퍼티(또는 생성자 인수)에 대입한다.
- 프로퍼티(또는 생성자 인수)의 값을 〈map〉 엘리먼트로 지정하면 스프링은 LinkedHashMap의 인스턴스를 만들어서 프로퍼티(또는 생성자 인수)에 대입한다.

프로퍼티나 생성자 인수로 쓰인 `List`, `Set`, `Map`에 앞에서 디폴트 구현이 아닌 다른 구현을 사용할 수도 있다. 예를 들어 List 타입의 빈 프로퍼티로 `java.util.ArrayList` 대신 `java.util.LinkedList`를 사용하는 경우다. 하지만 스프링에서는 `util` 스키마(3.8절에서 설명한다)에 `<list>`, `<map>`, `<set>` 엘리먼트를 사용할 것을 권장한다. 스프링 `util` 스키마에 `<list>`, `<map>`, `<set>` 엘리먼트는 빈의 생성자 인수나 프로퍼티에 대입하려는 구체적인 컬렉션 클래스의 완전한 이름을 지정하기 위한 옵션을 제공한다.

3.5 내장 프로퍼티 에디터

스프링은 빈 프로퍼티나 생성자 인수를 설정할 때 유용한 여러 가지 내장 프로퍼티 에디터를 제공한다. 이번 절에서는 내장 프로퍼티 에디터인 `CustomCollectionEditor`, `CustomMapEditor`, `CustomDateEditor`를 살펴본다.

`ch03-simple-types-examples` 프로젝트에서 빈으로 사용하는 내장 프로퍼티 에디터로는 다음과 같은 것이 있다.

- ByteArrayPropertyEditor – 문자열값을 byte[]로 변환(예제 3-24의 BankDetails 클래스의 bankPrimaryBusiness 속성)
- CurrencyEditor – 통화 코드를 java.util.Currency 객체로 변환(예제 3-24의 BankDetails 클래스의 primaryCurrency 속성)
- CharacterEditor – 문자열값을 char[]로 변환(예제 3-24의 BankDetails 클래스의 headOffice Address)

완전한 목록을 원하는 독자는 org.springframework.beans.propertyeditors 패키지를 살펴보자.

3.5.1 CustomCollectionEditor

CustomCollectionEditor는 원본 컬렉션(java.util.LinkedList 같은) 타입을 대상 컬렉션(java.util.ArrayList 같은) 타입으로 변환할 때 쓰인다. 기본적으로 CustomCollectionEditor는 Set, SortedSet, List 타입에 대해 등록되어 있다.

Set와 List 타입의 속성(그리고 그에 상응하는 세터 메서드)을 정의하는 CollectionTypesExample 클래스를 살펴보자.

예제 3-36 CollectionTypesExample 클래스

```
#프로젝트 - ch03-simple-types-examples
#src/main/java/sample/spring/chapter03/beans

package sample.spring.chapter03.beans;
import java.util.List;
import java.util.Set;

public class CollectionTypesExample {
  private Set setType;
  private List listType;
  .....
  //-- 속성에 대한 세터 메서드
  public void setSetType(Set setType) {
    this.setType = setType;
  }
  .....
}
```

CollectionTypesExample 클래스는 setType과 listType 속성을 정의한다. 이들은 순서대로 Set와 List 타입이다. 다음 예제는 CollectionTypesExample 클래스의 빈 정의이다.

예제 3-37 applicationContext.xml – CollectionTypesExample 클래스의 빈 정의

```
#프로젝트 - ch03-simple-types-examples
#src/main/resources/META-INF/spring

  <bean class="sample.spring.chapter03.beans.CollectionTypesExample">
    <property name="listType">
      <set>
        <value>set element 1</value>
        <value>set element 2</value>
      </set>
    </property>
    <property name="setType">
      <list>
        <value>list element 1</value>
        <value>list element 2</value>
      </list>
    </property>
    .....
  </bean>
```

이 예제에서 listType 프로퍼티(List 타입)를 <set> 엘리먼트로 지정하고, setType 프로퍼티(Set 타입)를 <list>로 지정한다고 잘못된 것이 아니다. 올바른 설정이며 스프링 컨테이너는 오류나 경고를 표시하지 않는다. 그 이유는 CustomCollectionEditor가 setType 프로퍼티를 설정하기 전에 ArrayList 인스턴스(<list> 엘리먼트가 만든 인스턴스)를 LinkedHashSet 타입(Set 타입의 구현)으로 변환하기 때문이다. 마찬가지로 CustomCollectionEditor는 listType 프로퍼티를 설정하기 전에 LinkedHashSet 인스턴스(<set> 엘리먼트가 만든 인스턴스)를 ArrayList 타입(List 타입의 구현)으로 변환한다.

[그림 3-4]는 CustomCollectionEditor가 CollectionTypesExample의 listType 프로퍼티를 설정하기 위해 LinkedHashSet 타입을 ArrayList 타입으로 변환하는 과정이다. 스프링이 listType 프로퍼티를 설정하기 위해 어떤 단계를 거치는지 보여준다.

그림 3-4 LinkedHashSet를 ArrayList 타입으로 변환하는 CustomCollectionEditor

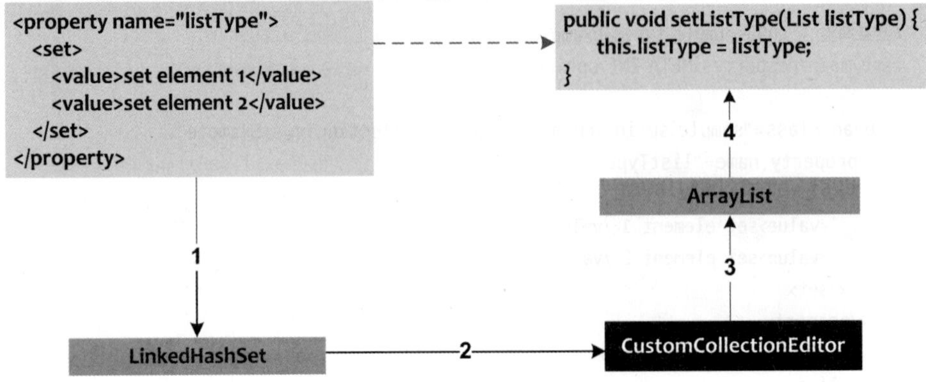

1. 스프링은 〈set〉 엘리먼트에 해당하는 LinkedHashSet 인스턴스를 만든다.
2. listType 프로퍼티의 타입이 List이기 때문에(예제 3-36 참조), CustomCollectionEditor가 관여해서 listType 프로퍼티값을 설정한다.
3. CustomCollectionEditor는 ArrayList 인스턴스를 만들고, LinkedHashSet의 원소들을 인스턴스 내부에 집어넣는다.
4. listType 변숫값을 CustomCollectionEditor가 만든 ArrayList 구현으로 설정한다.

여기서 중요한 점은 프로퍼티나 생성자 인수의 타입이 구체적인 컬렉션 클래스(`LinkedList` 같은)인 경우, `CustomCollectionEditor`는 단순히 구체적인 클래스의 인스턴스를 만들고 원본 컬렉션의 원소를 추가한다는 것이다. [그림 3-5]는 `java.util.Vector` 타입의(구체적인 컬렉션 클래스) 빈 프로퍼티를 설정하는 과정이다.

그림 3-5 ArrayList를 Vector 타입으로 변환하는 CustomCollectionEditor

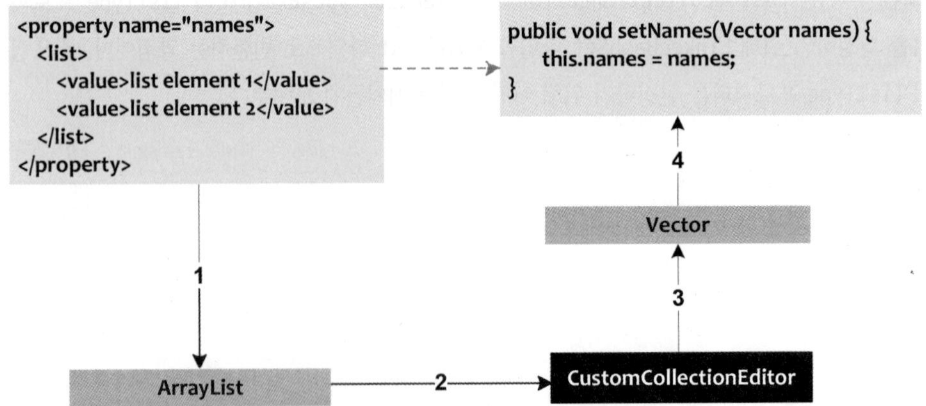

이 그림은 CustomCollectionEditor가 Vector 타입(구체적인 컬렉션 클래스)의 인스턴스를 만들고 원본 컬렉션인 ArrayList의 원소를 컬렉션에 추가하는 과정이다.

이제 CustomMapEditor를 살펴보자.

3.5.2 CustomMapEditor

CustomMapEditor는 원본 Map 타입(HashMap 같은)을 대상 Map 타입(TreeMap 같은)으로 변환한다. 기본적으로 CustomMapEditor는 SortedMap 타입에 대해서만 등록되어 있다.

[그림 3-6]은 CustomMapEditor가 LinkedHashMap을(원본 Map타입) TreeMap으로(SortedMap 타입을 구현한 클래스) 변환하는 과정이다. 이 그림은 스프링이 mapType 프로퍼티를 설정할 때 어떤 단계를 거치는지 보여준다.

그림 3-6 LinkedHashMap(소스 맵 타입)을 TreeMap(타깃 맵 타입)으로 변환하는 CustomMapEditor

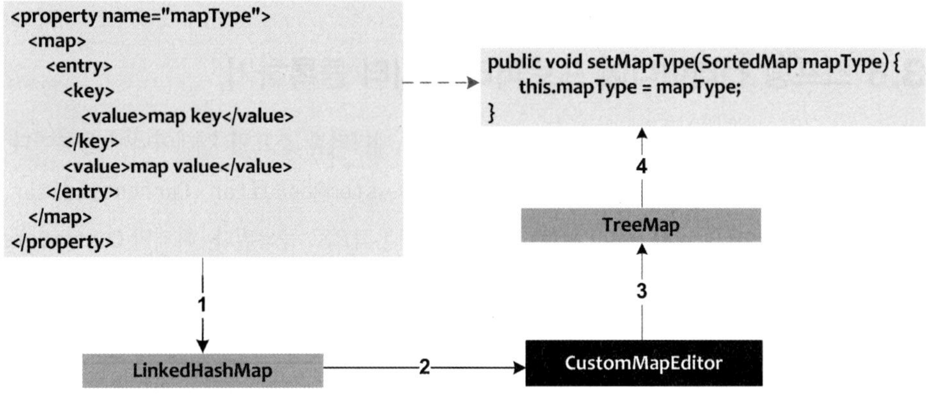

1. 처음에 스프링은 〈map〉 엘리먼트에 해당하는 LinkedHashMap 인스턴스를 만든다.
2. mapType 프로퍼티의 타입이 SortedMap이므로 CustomMapEditor가 관여해서 mapType 프로퍼티를 설정한다.
3. CustomMapEditor는 TreeMap(SortedSet 인스턴스를 구현하는 구체적인 클래스)을 만든다.
4. LinkedHashMap에 있던 키-값 쌍을 새로 만든 TreeMap에 넣은 후, mapType 프로퍼티에 TreeMap 인스턴스를 대입한다.

3.5.3 CustomDateEditor

CustomDateEditor는 java.util.Date 타입의 프로퍼티와 생성자 인수를 위한 프로퍼티 에디터다. CustomDateEditor는 java.util.Date 타입을 문자열로 형식화하거나 날짜/시간을 표현하는 문자열을 파싱parsing해서 java.util.Date 타입의 객체를 만들 때 쓰이는 사용자 지정 java.text.DateFormat을 지원한다.

다음 절에서는 CustomDateEditor를 사용해 java.util.Date 타입의 빈 프로퍼티와 생성자 인수를 지정하는 방법을 살펴본다. ch03-simple-types-examples 프로젝트에서 CustomDateEditor는 BankDetails의 dateOfInception 프로퍼티에 문자열값 (예제 3-24, 3-25 참조)을 변환하고, DateTypesExample의 dateType 생성자 인수(예제 3-26 참조)를 java.util.Date 타입으로 변환한다.

이제 스프링 컨테이너에 프로퍼티 에디터를 등록하는 방법을 살펴보자.

3.6 스프링 컨테이너에 프로퍼티 에디터 등록하기

BeanWrapperImpl 클래스는 몇 가지 내장 프로퍼티 에디터를 스프링 컨테이너에 등록한다. 스프링 컨테이너에는 CustomCollectionEditor, CustomMapEditor, CurrencyEditor, ByteArrayPropertyEditor, CharacterEditor가 기본적으로 등록된다. 하지만 CustomDateEditor는 스프링 컨테이너에 등록되지 않는다.

프로퍼티 에디터를 스프링 컨테이너에 등록하기 위해 스프링의 CustomEditorConfigurer 특별 빈을 사용할 수 있다. CustomEditorConfigurer 클래스는 스프링의 BeanFactoryPostProcessor 인터페이스를 구현하고(5.4절에서 자세히 설명), 스프링 컨테이너는 자동으로 CustomEditorConfigurer를 감지해 실행시킨다.

ch03-simple-types-examples 프로젝트에서 BankDetails 클래스(예제 3-24 참조)는 java.util.Date 타입의 dateOfInception 프로퍼티를 정의한다. dateOfInception 프로퍼티에 지정된 값은 30-01-2012다(예제 3-25). 30-01-2112값(문자열값)을 java.util.Date 타입으로 변환하려면 java.util.Date 타입의 프로퍼티 에디터를 반드시 등록해야 한다. 스프링이 java.util.Date 타입의 CustomDateEditor를 제공하므로 프로퍼티 에디터를

스프링에 등록해야 한다.

프로퍼티 에디터는 스프링 컨테이너에 다음과 같이 등록한다.

1. 스프링의 PropertyEditorRegistrar 인터페이스를 구현한 클래스를 만든다. 클래스는 스프링 컨테이너에 프로퍼티 에디터를 등록한다.
2. XML 파일에 PropertyEditorRegistrar 구현을 스프링 빈으로 등록한다.
3. XML 파일에 스프링의 CustomEditorConfigurer 특별 빈을 설정한다. 이때 1단계와 2단계에서 만든 PropertyEditorRegistrar 구현에 대한 참조를 지정한다.

이제 MyBank 프로젝트의 스프링 컨테이너에 CustomDateEditor를 등록하자.

3.6.1 PropertyEditorRegistrar 구현 만들기

[예제 3-38]은 PropertyEditorRegistrar 인터페이스를 구현하는 MyPropertyEditorRegistrar 클래스다.

예제 3-38 MyPropertyEditorRegistrar 클래스

```
#프로젝트 - ch03-simple-types-examples
#src/main/java/sample/spring/chapter03/beans

package sample.spring.chapter03.beans;
import java.text.SimpleDateFormat;
import java.util.Date;

import org.springframework.beans.PropertyEditorRegistrar;
import org.springframework.beans.PropertyEditorRegistry;
import org.springframework.beans.propertyeditors.CustomDateEditor;

public class MyPropertyEditorRegistrar implements PropertyEditorRegistrar {
  @Override
  public void registerCustomEditors(PropertyEditorRegistry registry) {
    registry.registerCustomEditor(Date.class,
        new CustomDateEditor(new SimpleDateFormat("dd-MM-yyyy"), false));
  }
}
```

이 예제에서 MyPropertyEditorRegistrar 클래스는 스프링의 PropertyEditorRegistrar 인터페이스를 구현하고, PropertyEditorRegistrar의 registerCustomEditors 메서드에 대한 구현을 제공한다. PropertyEditorRegistrar의 registerCustomEditors 메서드는 registerCustomEditor를 사용해 스프링 컨테이너에 빈 프로퍼티 에디터를 등록하는 PropertyEditorRegistry 인스턴스를 받는다. [예제 3-38]에서 예제에서 PropertyEditorRegistry의 registerCustomEditor는 스프링 컨테이너에 CustomDate Editor 프로퍼티 에디터를 등록한다.

3.6.2 CustomEditorConfigurer 클래스 설정하기

다음 예제는 XML 파일에 CustomEditorConfigurer 클래스를 설정한다.

예제 3-39 applicationContext.xml – CustomEditorConfigurer 설정

```
#프로젝트 - ch03-simple-types-examples
#src/main/resources/META-INF/spring

<bean id="myPropertyEditorRegistrar"
   class="sample.spring.chapter03.beans.MyPropertyEditorRegistrar" />
<bean id="editorConfigurer"
   class="org.springframework.beans.factory.config.CustomEditorConfigurer">
  <property name="propertyEditorRegistrars">
   <list>
     <ref bean="myPropertyEditorRegistrar"/>
   </list>
  </property>
</bean>
```

[예제 3-39]에서 myPropertyEditorRegistrar 빈 정의는 MyPropertyEditorRegistrar 클래스(예제 3-38)를 스프링 빈으로 정의한다. MyPropertyEditorRegistrar 클래스는 스프링의 PropertyEditorRegistrar 인터페이스를 정의하고, CustomDateEditor 프로퍼티를 스프링 컨테이너에 등록한다. CustomEditorConfigurer의 propertyEditorRegistrars 프로퍼티는 몇 가지 PropertyEditorRegistrar 구현 목록을 지정한다. [예제 3-39]는 myPropertyEditorRegistrar을 propertyEditorRegistrars 프로퍼티값으로 설정한

다. 스프링 컨테이너는 CustomEditorConfigurer 빈을 자동으로 감지해 실행한다. 그 결과 MyPropertyEditorRegistrar인스턴스에 의해 프로퍼티 에디터가 등록된다.

이제 XML 파일에서 빈 정의를 간결하게 작성하기 위해 (빈 프로퍼티를 위한) p-이름공간과 (생성자 인수를 위한) c-이름공간을 어떻게 사용하는지 살펴보자.

3.7 이름공간으로 빈 정의를 간결하게 만들기

XML 파일의 빈 정의를 덜 번잡하게 만들기 위해 스프링은 p와 c라는 이름공간으로 빈 프로퍼티와 생성자 인수값을 지정할 수 있다. p와 c 이름공간은 <property>와 <constructor-arg> 원소를 대신한다.

먼저 p-이름공간을 살펴보자.

IMPORT chapter 3/ch03-namespaces-example

이 프로젝트는 p와 c 이름공간을 사용해 빈 프로퍼티와 생성자 인수를 설정하는 스프링 애플리케이션이다. 애플리케이션을 실행하려면 SampleApp 클래스의 main 메서드를 실행한다.

3.7.1 p-이름공간

빈 프로퍼티를 p-이름공간으로 설정하려면 빈 프로퍼티를 <bean> 엘리먼트의 속성으로 설정하되 이름공간을 p-이름공간으로 지정한다.

다음 빈 정의는 p-이름공간을 사용해 빈 프로퍼티를 설정하는 방법을 보여준다.

예제 3-40 application.xml – p-이름공간 예제

```
#프로젝트 - ch03-namespaces-example
#src/main/resources/META-INF/spring

<beans xmlns="http://www.springframework.org/schema/beans"
  xmlns:p="http://www.springframework.org/schema/p" xsi:schemaLocation=".....">

  <bean id="bankDetails" class="sample.spring.chapter03.beans.BankDetails"
```

```
      p:bankName="My Personal Bank" p:bankPrimaryBusiness="Retail banking"
      p:headOfficeAddress="Address of head office" p:privateBank="Y"
      p:primaryCurrency="INR" p:dateOfInception="30-01-2012"
      p:branchAddresses-ref="branchAddresses"/>
  .....
</beans>
```

위의 XML은 xmlns 속성으로 p-이름공간을 설정한다. bankDetails 빈 정의는 p 접두사(p-이름공간을 표현)를 사용해 빈 프로퍼티를 설정한다.

[예제 3-40]과 [예제 3-25]를 비교해보면 [예제 3-40]이 덜 번잡스럽다는 사실을 알 수 있다. 프로퍼티 설정은 <property> 엘리먼트와 p-이름공간을 혼용할 수도 있지만, 한 가지로 선택해서 일관성 있게 사용하는 것을 권장한다.

> **NOTE_** p-이름공간은 스프링의 일부분으로 구현된다. 그래서 p-이름공간의 스키마가 없다. 이로 인해 [예제 3-40]에서 p-이름공간의 스키마 참조를 볼 수 없다. p-이름공간을 사용한 빈 프로퍼티 이름을 자동 완성하는 IDE가 필요한 사람은 인텔리J IDEA나 스프링 툴 스위트Spring Tool Suite(STS)를 사용한다.

빈 프로퍼티가 다른 빈을 참조하려면 다음 구문을 사용해 프로퍼티를 지정한다.

```
p:<property-name>="<property-value>"
```

여기서 <property-name>은 빈 프로퍼티의 이름이고, <property-value>는 빈 프로퍼티값이다.

빈 프로퍼티가 다른 빈의 참조라면 다음 구문을 사용해 빈을 지정한다.

```
p:<property-name>-ref="<bean-reference>"
```

여기서 <property-name>은 빈 프로퍼티의 이름이고 <bean-reference>는 참조할 빈의 id(또는 이름)다. 여기서 빈 프로퍼티 이름 뒤에 -ref가 붙는다는 사실에 유의하자. BankDetails 빈의 branchAddresses 프로퍼티가 branchAddresses 빈을 참조하므로 [예제 3-40]의 branchAddresses 프로퍼티는 p:branchAddresses-ref를 사용한다.

이제 c-이름공간을 사용해 생성자 인수값을 설정하는 방법에 대해 알아보자.

3.7.2 c-이름공간

생성자 인수를 c-이름공간에 설정하려면 <bean> 엘리먼트의 속성으로 생성자 인수를 지정하되 각각의 생성자 인수를 c-이름공간 안에 지정한다.

다음 예제는 c-이름공간을 사용해 스프링 빈을 설정할 BankStatement 클래스다.

예제 3-41 BankStatement 클래스

```
#프로젝트 - ch03-namespaces-example
#src/main/java/sample/spring/chapter03/beans

package sample.spring.chapter03.beans;
import java.beans.ConstructorProperties;

public class BankStatement {
  .....
  @ConstructorProperties({ "transactionDate", "amount",
              "transactionType", "referenceNumber" })
  public BankStatement(Date transactionDate, double amount, String transactionType,
      String referenceNumber) {
    this.transactionDate = transactionDate;
    this.amount = amount;
    .....
  }
  .....
}
```

BankStatement 클래스의 빈 정의는 c-이름공간을 사용해 생성자 인수를 설정한다.

예제 3-42 applicationContext.xml – c-이름공간 예제

```
#프로젝트 - ch03-namespaces-example
#src/main/resources/META-INF/spring

<beans xmlns="http://www.springframework.org/schema/beans"
  xmlns:c="http://www.springframework.org/schema/c"
    xsi:schemaLocation=".....">
  .....
  <bean id="bankStatement" class="sample.spring.chapter03.beans.BankStatement"
    c:transactionDate = "30-01-2012"
```

```
    c:amount = "1000"
    c:transactionType = "Credit"
    c:referenceNumber = "1110202" />
  .....
</beans>
```

이 예제는 xmlns 속성을 사용해 c-이름공간을 지정한다. bankStatement 빈 정의는 c라는 접두사(c-이름공간)를 사용해 생성자 인수를 지정한다. c-이름공간을 사용해 생성자 인수를 지정하는 구문은 p-이름공간을 사용해 프로퍼티를 설정하는 경우와 비슷하다.

> **NOTE_** c-이름공간은 스프링의 일부분이며 c-이름공간에 대응하는 스키마는 없다. 때문에 [예제 3-42]에서 c-이름공간과 관련된 스키마 참조를 전혀 찾아볼 수 없다. c-이름공간을 사용할 때 자동으로 생성자 인수 이름을 완성시켜주는 IDE가 필요하다면 인텔리J IDEA나 스프링 툴 스위트(STS)를 사용한다.

생성자 인수가 다른 빈을 참조하지 않으면, 다음과 같이 값을 지정할 수 있다.

```
c:<생성자-인수-이름>="<생성자-인수-값>"
```

여기서 〈생성자-인수-이름〉은 생성자 인수의 이름이고, 〈생성자-인수-값〉은 생성자 인수로 지정할 값이다.

생성자 인수가 다른 빈을 참조하면 다음과 같이 빈을 지정할 수 있다.

```
c:<생성자-인수-이름>-ref="<빈-참조>"
```

여기서 〈생성자-인수-이름〉은 생성자 인수의 이름이고, 〈빈-참조〉는 생성자 인수가 참조할 빈의 id(이름)다. 여기서 생성자 인수 이름 뒤에 -ref가 붙는다는 사실이 중요하다. myargument라는 이름의 생성자 인수가 x 빈을 참조한다면, myargument를 다음과 같이 지정할 수 있다.

```
c:myargument-ref = "x"
```

앞에서 설명한 것처럼 클래스를 컴파일할 때 디버깅 옵션이나 '파라미터 이름 발견'을 지정하면 생성된 .class 파일에 생성자 인수 이름이 저장된다. BankStatement 클래스를 디버깅 옵션이나 '파라미터 이름 발견'을 지정하지 않고 컴파일하면 [예제 3-42]의 설정이 작동하지 않는다. 이런 경우에는 다음과 같이 인덱스를 사용해 생성자 인수를 지정한다.

예제 3-43 인덱스를 사용해 생성자 인수값 지정하기

```
<beans xmlns="http://www.springframework.org/schema/beans"
    xmlns:c="http://www.springframework.org/schema/c"
      xsi:schemaLocation=".....">
      .....
  <bean id="bankStatement" class="sample.spring.chapter03.beans.BankStatement"
      c:_0 = "30-01-2012"
      c:_1 = "1000"
      c:_2 = "Credit"
      c:_3 = "1110202" />
  .....
</beans>
```

이 BankStatement 클래스 빈 정의(이름 대신)는 생성자 인수의 인덱스를 사용해 생성자 인수값을 지정한다. 숫자만으로 이뤄진 이름은 XML 속성으로 사용할 수 없기 때문에 생성자 인수 인덱스 앞에 밑줄을 붙인다. 예를 들어 0번 인덱스에 있는 생성자 인수가 다른 빈에 대한 참조를 표현한다면 c:_0-ref로 이를 지정할 수 있다. 생성자 인수를 지정하기 위해 c-이름공간과 <constructor-arg> 엘리먼트를 함께 사용할 수 있지만, 생성자 인수를 지정하는 스타일로 둘 중 하나를 선택해서 일관성 있게 사용하는 것을 권장한다.

앞에서 <list>, <map>, <set> 엘리먼트를 사용해 List, Map, Set 타입의 생성자 인수나 프로퍼티를 지정하는 방법을 살펴봤다. 이제 스프링의 util 스키마를 통해 컬렉션 타입, 프로퍼티 타입, 상수 등을 쉽게 정의하고 빈으로 노출시키는 방법에 대해 살펴보자.

3.8 util 스키마

스프링의 util 스키마를 사용하면 일반적인 설정 작업을 쉽게 수행할 수 있어서 빈 설정이 편해진다. 다음 표는 util 스키마가 제공하는 여러 엘리먼트를 나타낸 것이다.

엘리먼트	설명
⟨list⟩	java.util.List 타입의 객체를 만들어 빈으로 노출한다.
⟨map⟩	java.util.Map 타입의 객체를 만들어 빈으로 노출한다.
⟨set⟩	java.util.Set 타입의 객체를 만들어 빈으로 노출한다.
⟨constant⟩	지정한 자바 타입에 대해 정적 공개(public static) 필드를 만들어 노출한다.
⟨property-path⟩	빈 프로퍼티를 빈으로 노출한다.
⟨properties⟩	프로퍼티 파일로부터 java.util.Properties 타입의 객체를 만들어 빈으로 노출한다.

NOTE_ 스프링 util 스키마의 모든 엘리먼트는 노출할 빈의 스코프를 지정하는 scope 속성을 포함할 수 있다. 디폴트는 싱글턴 스코프다.

스프링은 빈 인스턴스를 생성하는 팩토리를 만들 때 구현할 수 있는 `FactoryBean` 인터페이스를 제공한다. 그리고 `util` 스키마 엘리먼트와 동일한 기능을 제공하기 위해 `util` 엘리먼트 대신 사용할 수 있는 여러 `FactoryBean` 구현을 제공한다. 하지만 `util` 스키마 엘리먼트가 내장 `FactoryBean`을 사용하는 것보다 훨씬 더 간단하기 때문에 이번 절에서 다루는 내용은 `util` 스키마 엘리먼트로 한정한다.

IMPORT chapter 3/ch03-util-schema-examples
이 프로젝트는 스프링 util 스키마 엘리먼트를 사용해 List, Set, Map 등의 공유 인스턴스를 만든다. 이 애플리케이션은 SampleApp 클래스의 main 메서드를 실행한다.

3.8.1 ⟨list⟩

첫 번째로 `<list>` 엘리먼트를 살펴보자. 스프링 `util` 스키마의 `<list>` 엘리먼트는 `java.util.List` 타입의 객체를 만든다.

예제 3-44 applicationContext.xml – util 스키마의 ⟨list⟩ 엘리먼트

```
#프로젝트 - ch03-util-schema-examples
#src/main/resources/META-INF/spring

<beans xmlns="http://www.springframework.org/schema/beans"
    xmlns:util="http://www.springframework.org/schema/util"
```

```
    xsi:schemaLocation="..... http://www.springframework.org/schema/util
      http://www.springframework.org/schema/util/spring-util.xsd">

  <bean id="dataTypes" class="sample.spring.chapter03.beans.DataTypesExample">
    .....
    <constructor-arg name="listType" ref="listType" />
    .....
  </bean>
  <util:list id="listType" list-class="java.util.ArrayList">
    <value>A simple String value in list</value>
    <value>Another simple String value in list</value>
  </util:list>
</beans>
```

먼저 원하는 엘리먼트에 접근하기 위해 스프링의 util 스키마를 포함시킨다. 위 예제에서 util 스키마의 <list> 엘리먼트는 java.util.ArrayList(list-class 속성에서 지정)의 인스턴스를 만들고 listType이라는 이름의 빈으로 노출한다(id 속성으로 이름을 지정한다). list-class 속성은 <list> 엘리먼트가 만드는 java.util.List 인터페이스의 구체적인 클래스를 지정한다. list-class를 지정하지 않으면 디폴트로 java.util.ArrayList가 생긴다. <list> 엘리먼트가 만드는 리스트에 원소를 추가하기 위해 스프링 beans 스키마에 정의된 <value> 엘리먼트를 사용했다는 사실에 유의하자.

util 스키마의 <list> 엘리먼트는 List 인터페이스를 빈으로 노출하기 때문에 List 인스턴스를 다른 빈의 의존 관계로 지정할 수 있다. 예를 들어 예제에서는 DataTypesExample의 listType 생성자 인수(타입은 java.util.List)를 지정하기 위해 <list> 엘리먼트가 생성한 ArrayList 인스턴스를 <constructor-arg> 엘리먼트에 넘긴다.

util 스키마의 <list> 엘리먼트 대신 스프링의 ListFactoryBean을 사용할 수도 있다. 팩토리는 java.util.List 인스턴스를 만들고 스프링 빈으로 사용할 수 있게 만들어준다. util 스키마의 <list> 엘리먼트를 사용하면 ListFactoryBean을 사용할 때보다 더 간결하게 List 인스턴스를 설정할 수 있다.

3.8.2 <map>

스프링 util 스키마의 <map> 엘리먼트는 java.util.Map 타입의 객체를 만든다.

예제 3-45 applicationContext.xml – util 스키마의 <map> 엘리먼트

```
#프로젝트 - ch03-util-schema-examples
#src/main/resources/META-INF/spring

<beans .....
    xmlns:util="http://www.springframework.org/schema/util"
    xsi:schemaLocation="..... http://www.springframework.org/schema/util
      http://www.springframework.org/schema/util/spring-util.xsd">
  <bean id="dataTypes" class="sample.spring.chapter03.beans.DataTypesExample">
    .....
    <constructor-arg name="mapType" ref="mapType" />
    .....
  </bean>
  <util:map id="mapType" map-class="java.util.TreeMap">
    <entry key="map key 1" value="map key 1's value"/>
  </util:map>
  .....
</beans>
```

이 예제에서 util 스키마의 <map> 엘리먼트는 java.util.TreeMap(map-class 속성에서 지정)의 인스턴스를 만들고 mapType이라는 이름의 빈으로 노출한다(id 속성으로 이름 지정). map-class 속성은 <map> 엘리먼트가 만드는 java.util.Map 인터페이스의 구체적인 클래스를 지정한다. map-class를 지정하지 않으면 디폴트로 java.util.LinkedHashMap이 생긴다. 여기서 <map> 엘리먼트가 만드는 맵에 원소를 추가하기 위해 스프링 beans 스키마에 정의된 <entry> 엘리먼트를 사용했다는 사실에 유의하자.

util 스키마의 <map> 엘리먼트는 Map 인터페이스를 빈으로 노출하기 때문에 Map 인스턴스를 다른 빈의 의존 관계로 지정할 수 있다. 예를 들어 [예제 3-45]에서는 DataTypesExample의 mapType 생성자 인수(타입은 java.util.Map)를 지정하기 위해 <map> 엘리먼트가 생성한 TreeMap 인스턴스를 <constructor-arg> 엘리먼트에 넘긴다.

util 스키마의 <map> 엘리먼트 대신 스프링의 MapFactoryBean을 사용할 수도 있다. 팩토리는 java.util.Map 인스턴스를 만들고 스프링 빈으로 사용 가능하게 만든다. util 스키마의 <map> 엘리먼트를 사용하면 MapFactoryBean을 사용할 때보다 더 간결하게 Map 인스턴스를 설정할 수 있다.

3.8.3 <set>

스프링 util 스키마의 <set> 엘리먼트는 java.util.Set 타입의 객체를 만든다.

예제 3-46 applicationContext.xml – util 스키마의 <set> 엘리먼트

```
#프로젝트 - ch03-util-schema-examples
#src/main/resources/META-INF/spring

<beans .....
    xmlns:util="http://www.springframework.org/schema/util"
    xsi:schemaLocation="..... http://www.springframework.org/schema/util
      http://www.springframework.org/schema/util/spring-util.xsd">

  <bean id="dataTypes" class="sample.spring.chapter03.beans.DataTypesExample">
    .....
    <constructor-arg name="setType" ref="setType" />
  </bean>
  <util:set id="setType" set-class="java.util.HashSet">
    <value>Element 1</value>
    <value>Element 2</value>
  </util:set>
  .....
</beans>
```

이 예제에서 util 스키마의 <set> 엘리먼트는 java.util.HashSet(map-class 속성에서 지정)의 인스턴스를 만들고 setType이라는 이름의 빈으로 노출한다(id 속성으로 이름 지정). set-class 속성은 <set> 엘리먼트가 만든 java.util.Set 인터페이스의 구체적인 클래스를 지정한다. Set 인스턴스에 원소를 추가하기 위해 스프링 beans 스키마에 정의된 <value> 엘리먼트를 사용했다는 사실에 유의하자.

이렇게 <set> 엘리먼트로 정의한 인스턴스를 다른 빈의 의존 관계로 지정할 수 있다. 예를 들어 [예제 3-46]에서는 DataTypesExample의 setType 생성자 인수(타입은 java.util.Set)를 지정하기 위해 <set> 엘리먼트가 생성한 HashSet 인스턴스를 <constructor-arg> 엘리먼트에 넘긴다.

util 스키마의 <set> 엘리먼트 대신 스프링의 SetFactoryBean을 사용할 수도 있다. 팩토리는 Set 인스턴스를 만들고 스프링 빈으로 사용 가능하게 한다. util 스키마의 <set> 엘리먼트

를 사용하면 SetFactoryBean을 사용할 때보다 더 간결하게 Set 인스턴스를 설정할 수 있다.

3.8.4 <properties>

스프링 util 스키마의 <properties> 엘리먼트는 java.util.Properties 타입의 객체를 만든다.

예제 3-47 applicationContext.xml – util 스키마의 <properties> 엘리먼트

```
#프로젝트 - ch03-util-schema-examples
#src/main/resources/META-INF/spring

<beans .....
    xmlns:util="http://www.springframework.org/schema/util"
    xsi:schemaLocation=".....http://www.springframework.org/schema/util
      http://www.springframework.org/schema/util/spring-util.xsd">
  <bean id="bankDetails" class="sample.spring.chapter03.beans.BankDetails">
    .....
    <property name="branchAddresses" ref="branchAddresses" />
  </bean>
  .....
  <util:properties id="branchAddresses"
      location="classpath:META-INF/addresses.properties" />
</beans>
```

[예제 3-47]에서 util 스키마의 <properties> 엘리먼트는 addresses.properties 파일(location 속성으로 지정한다)에 프로퍼티를 사용해 java.util.Properties의 인스턴스를 만들고 branchAddresses라는 이름의 빈으로 노출한다(id 속성으로 이름을 지정한다). <properties> 엘리먼트가 만들어내는 Properties 인스턴스를 다른 빈에 의존 관계로 주입할 수 있다. [예제 3-47]에서는 BankDetails의 branchAddresses 프로퍼티(타입은 java.util.Properties)를 지정하기 위해 util 스키마의 <properties> 엘리먼트가 생성한 Properties 인스턴스를 <constructor-arg> 엘리먼트에 넘긴다.

<properties> 엘리먼트 대신 스프링의 PropertiesFactoryBean을 사용할 수도 있다. 하지만 <properties>를 사용하는 것이 간결하기 때문에 PropertiesFactoryBean보다는 <properties> 사용을 권장한다.

3.8.5 〈constant〉

스프링 util 스키마의 <constant> 엘리먼트는 public static 필드를 만든다.

예제 3-48 applicationContext.xml – util 스키마의 〈constant〉 엘리먼트

```
#프로젝트 - ch03-util-schema-examples
#src/main/resources/META-INF/spring

<beans .....
    xmlns:util="http://www.springframework.org/schema/util"
    xsi:schemaLocation="..... http://www.springframework.org/schema/util
      http://www.springframework.org/schema/util/spring-util.xsd">
  <bean id="dataTypes" class="sample.spring.chapter03.beans.DataTypesExample">
    .....
    <constructor-arg name="booleanType" ref="booleanTrue" />
    .....
  </bean>

  <util:constant id="booleanTrue" static-field="java.lang.Boolean.TRUE" />
  .....
</beans>
```

[예제 3-48]에서 util 스키마의 <constant> 엘리먼트는 static-field 속성에 지정한 값을 빈으로 노출한다. 이 예제에서 <constant> 엘리먼트는 값이 java.lang.Boolean.TRUE고 id가 booleanTrue인 빈을 노출한다. 어떤 필드(public static)라도 <constant> 엘리먼트의 static-field 속성을 지정하면 스프링 컨테이너의 다른 빈이 참조할 수 있다. 예를 들어 [예제 3-48]에서는 DataTypesExample의 booleanType 생성자 인수(boolean 타입)를 지정하기 위해 booleanType 빈을 참조한다.

스프링 FieldRetrievingFactoryBean을 사용하면 public static 필드를 스프링 빈으로 노출할 수 있지만 (<constant> 엘리먼트를 사용하는 것보다는) 조금 덜 간결하다.

3.8.6 〈property-path〉

스프링 util 스키마의 <property-path> 엘리먼트는 빈의 프로퍼티를 빈으로 노출한다.

다음 예제는 <property-path> 엘리먼트를 사용하는 방법이다.

예제 3-49 applicationContext.xml – util 스키마의 <property-path> 엘리먼트

```
#프로젝트 - ch03-util-schema-examples
#src/main/resources/META-INF/spring

<beans .....
   xmlns:util="http://www.springframework.org/schema/util"
   xsi:schemaLocation="..... http://www.springframework.org/schema/util
     http://www.springframework.org/schema/util/spring-util.xsd">
  <bean id="bankDetails" class="sample.spring.chapter03.beans.BankDetails">
    .....
    <property name="dateOfInception" ref="dateType" />
    .....
  </bean>

  <util:property-path id="dateType" path="dataTypes.dateType" />

  <bean id="dataTypes" class="sample.spring.chapter03.beans.DataTypesExample">
    .....
    <property name="dateType" value="30-01-2012" />
    .....
  </bean>
</beans>
```

[예제 3-49]에서는 DataTypesExample의 dateType 프로퍼티(타입은 java.util.Date)의 값을 '30-01-2012'로 지정했다. <property-path> 엘리먼트는 DataTypesExample의 dateType 프로퍼티(path 속성으로 경로 지정)를 가져와서 dateType이라는 빈으로(name 속성으로 지정) 노출한다. <property-path> 엘리먼트의 path 속성은 다음과 같은 구문을 따른다.

```
<빈이름>.<빈프로퍼티>
```

여기서 <빈이름>은 빈의 이름(또는 id)이고, <빈 프로퍼티>는 노출하려는 프로퍼티의 이름이다.

<property-path> 엘리먼트가 빈을 노출하므로 빈을 스프링 컨테이너의 다른 빈에 주입할 수

있다. [예제 3-49]에서는 dateType 빈을 BankDetails 빈의 dateOfInception 프로퍼티가 참조한다. 스프링의 PropertyPathFactoryBean을 사용해도 스프링 빈의 프로퍼티를 빈으로 노출할 수 있지만, <property-path>를 사용할 때 보다는 더 복잡하다.

지금까지 util 스키마가 제공하는 엘리먼트를 자세히 살펴봤다 이제는 FactoryBean 메서드를 알아보자.

3.9 FactoryBean 인터페이스

빈 인스턴스 생성하는 클래스(팩토리 역할)는 스프링 FactoryBean 인터페이스로 구현한다. FactoryBean 인터페이스를 구현하는 클래스는 다른 빈과 마찬가지로 XML을 사용해 설정할 수 있다. FactoryBean은 어떤 타입의 빈을 만들지 결정하고 복잡한 검사를 수행하며, 복잡한 빈 초기화 로직을 실행하는 경우 특히 유용하다.

이제 FactoryBean을 사용해 빈 타입을 선택하고 타입의 빈을 생성하는 애플리케이션에 대해 살펴보자.

3.9.1 MyBank 애플리케이션 – 데이터베이스에 이벤트 저장하기

MyBank 애플리케이션은 중요한 이벤트(돈을 받거나 지불하는 트랜잭션, 정기 예금 계좌를 만들거나 해지하는 등)를 데이터베이스에 저장한다. MyBank는 이벤트를 직접 데이터베이스에 저장하거나 메시징 미들웨어 또는 웹 서비스에 보내서 간접적으로 데이터베이스에 저장할 수도 있다. 다음 표는 MyBank에서 직간접적으로 이벤트를 저장할 때 사용되는 클래스다.

클래스	설명
DatabaseEventSender	이벤트를 데이터베이스에 보낸다.
MessagingEventSender	이벤트를 메시징 미들웨어에 보낸다.
WebServiceEventSender	이벤트를 원격 웹 서비스에 보낸다.

이벤트를 데이터베이스에 직접 저장할지, 메시징 미들웨어로 보낼지, 웹 서비스로 보낼지 여부

는 설정에 의해 결정된다. 예를 들어 MyBank는 database.properties 파일의 설정 정보(데이터베이스 URL, 사용자 이름, 암호 등)를 읽어서 DatabaseEventSender 인스턴스를 만든다. MyBank는 이와 비슷하게 messaging.properties 파일로 MessagingEventSender 인스턴스를 만들고, webservice.properties 파일로 WebServiceEventSender 인스턴스를 만든다.

DatabaseEventSender, MessagingEventSender, WebServiceEventSender 인스턴스를 초기화하려면 복잡한 초기화 로직을 실행해야 한다. 예를 들어 javax.jms.ConnectionFactory와 javax.jms.Destination 인스턴스를 생성(또는 JNDI를 통해 인스턴스를 획득)하고 이들을 MessagingEventSender 인스턴스에 설정해야 JMS 메시지를 메시징 미들웨어에 보낼 수 있다.

그림 3-7 FixedDepositServiceImpl 클래스는 EventSender 인터페이스 구현 중 하나를 사용한다

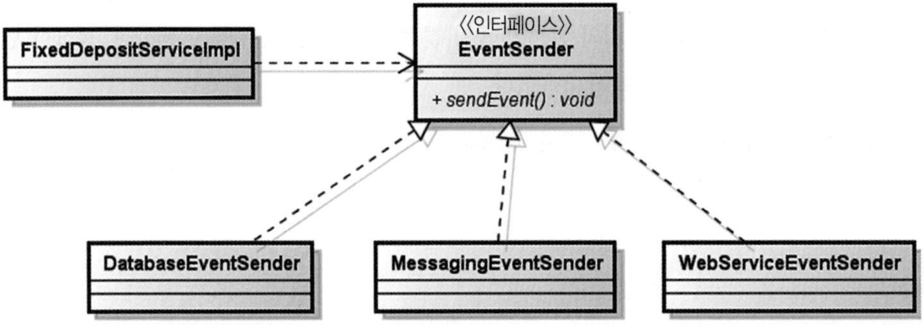

[그림 3-7]은 MyBank의 FixedDepositServiceImpl 클래스가 정기 예금과 관련된 이벤트를 데이터베이스에 직간접적으로 저장하기 위해 DatabaseEventSender, MessagingEventSender, WebServiceEventSender 인스턴스를 사용하는 모습이다. 클래스 다이어그램에서 EventSender 인터페이스의 sendEvent 메서드는 직간접적으로 데이터베이스에 이벤트를 저장할 때 사용할 계약을 정의한다. DatabaseEventSender, MessagingEventSender, WebServiceEventSender 클래스는 EventSender 인터페이스를 구현하고 sendEvent 메서드 구현을 제공한다.

이제 FactoryBean을 사용해 EventSender 구현 중 올바른 구현을 선택하고 초기화하는 과정이 얼마나 간단해지는지 살펴보자.

IMPORT chapter 3/ch03-bankapp-factorybean

이 프로젝트는 FactoryBean 구현을 사용해서 EventSender 타입의 객체를 만드는 애플리케이션이다. 이 애플리케이션을 실행하려면 BankApp 클래스에 main 메서드를 실행한다.

3.9.2 MyBank - FactoryBean 예제

MyBank에서 올바른 EventSender 구현을 선택하고 초기화하는 과정은 복잡하다. 따라서 이 과정은 FactoryBean 구현 사용법을 보여주는 좋은 예다. 여러분은 FactoryBean 인터페이스에서 다음 메서드를 구현해야 한다.

- getObjectType: FactoryBean 구현이 관리하는 객체의 타입을 반환한다. MyBank 애플리케이션에서 FactoryBean 구현은 EventSender 타입의 객체를 만들어서 반환한다.
- getObject: FactoryBean 구현이 관리하는 객체를 반환한다. getObject 메서드는 MyBank 애플리케이션에서 DatabaseEventSender, MessagingEventSender, WebServiceEventSender 인스턴스 중 하나를 반환한다.
- isSingleton: FactoryBean 구현이 싱글턴 스코프 객체를 만드는 팩토리라면 true를 반환한다. isSingleton 메서드가 true를 반환하면 스프링 컨테이너는 getObject가 반환하는 객체를 캐시에 넣고 그 이후 객체 요청이 들어오면 캐시에 저장한 객체를 반환한다. FactoryBean 구현이 프로토타입 스코프 객체를 만드는 팩토리라면 isSingleton 메서드가 false를 반환한다. isSingleton 메서드가 false를 반환하면 매번 객체를 요청할 때마다 getObject 메서드가 새로운 객체를 반환한다. MyBank 애플리케이션에서 FactoryBean 구현은 DatabaseEventSender, MessagingEventSender, WebServiceEventSender 클래스의 인스턴스 중 하나를 반환한다. 그리고 일단 인스턴스가 만들어지면 MyBank 애플리케이션의 생애주기가 끝날 때까지 항상 같은 인스턴스를 사용한다. 따라서 구현의 isSingleton 메서드는 반드시 true를 반환해야 한다.

다음 예제의 EventSenderFactoryBean 클래스는 EventSender 타입의 객체를 만들어서 반환하는 FactoryBean 구현이다.

예제 3-50 EventSenderFactoryBean 클래스

```
#프로젝트 - ch03-bankapp-factorybean
#src/main/java/sample/spring/chapter03/bankapp/event

package sample.spring.chapter03.bankapp.event;
import org.springframework.beans.factory.FactoryBean;
```

```
import org.springframework.beans.factory.FactoryBeanNotInitializedException;
import org.springframework.core.io.ClassPathResource;
.....
public class EventSenderFactoryBean implements FactoryBean<EventSender> {
  private String databasePropertiesFile;
  private String webServicePropertiesFile;
  private String messagingPropertiesFile;
  .....
  public EventSender getObject() throws Exception {
    EventSender eventSender = null;
    Properties properties = new Properties();
    ClassPathResource databaseProperties = null;
    if(databasePropertiesFile != null) {
      databaseProperties = new ClassPathResource(databasePropertiesFile);
    }
    .....
    if (databaseProperties != null && databaseProperties.exists()) {
      InputStream inStream = databaseProperties.getInputStream();
      properties.load(inStream);
      eventSender = new DatabaseEventSender(properties);
    }
    else if (webServiceProperties != null && webServiceProperties.exists()) {.....}
    else if (messagingProperties != null && messagingProperties.exists()) {.....}
    return eventSender;
  }

  public Class<?> getObjectType() {
    return EventSender.class;
  }
  public boolean isSingleton() {
    return true;
  }
}
```

[예제 3-50]의 EventSenderFactoryBean 클래스는 FactoryBean을 구현한다. FactoryBean <EventSender> 선언의 EventSender 타입 파라미터는 FactoryBean의 getObject 메서드 구현이 EventSender 타입의 객체를 반환한다는 사실을 나타낸다. databasePropertiesFile, webServicePropertiesFile, messagingPropertiesFile은 EventSenderFactoryBean 클래스의 프로퍼티로 각각 클래스경로상의 database.properties, webservice.properties, messaging.properties 파일의 위치를 표현한다.

여기서 getObject 메서드는 스프링의 ClassPathResource 클래스를 통해 정해진 프로퍼티 파일이 클래스경로상에 존재하는지 검사한다. 프로퍼티 파일이 있으면 프로퍼티 파일을 읽어서 EventSender 구현 클래스 생성자에게 넘긴다. 예를 들어 [예제 3-50]에서 database.properties 파일이 있다면(databasePropertiesFile 프로퍼티가 파일을 표현함), database.properties 파일에서 프로퍼티를 읽어온 후 DatabaseEventSender의 생성자에게 넘긴다. EventSenderFactoryBean의 getObject 메서드가 EventSender 타입의 객체를 반환하므로 getObjectType 메서드는 EventSender 타입을 반환한다. 예제의 isSingleton 메서드는 true를 반환한다. 스프링은 getObject 메서드가 반환하는 객체를 캐시에 넣고, EventSenderFactoryBean의 getObject 메서드가 호출될 때마다 캐시에 있는 값을 반환한다.

이와 같이 MyBank 애플리케이션의 EventSenderFactoryBean 클래스 구현을 살펴봤다. 여러분은 스프링에 내장된 FactoryBean 구현인 ListFactoryBean(List 타입 인스턴스 반환), MapFactoryBean(Map 타입 인스턴스 반환), SetFactoryBean(Set 타입 인스턴스 반환)이 어떤 식으로 구현됐는지 추측할 수 있다.

다음 예제는 XML 파일에서 EventSenderFactoryBean 클래스를 설정하는 방법이다.

예제 3-51 applicationContext.xml – EventSenderFactoryBean 설정

```
#프로젝트 - ch03-bankapp-factorybean
#src/main/resources/META-INF/spring

<beans .....>
  <bean id="service"
    class="sample.spring.chapter03.bankapp.service.FixedDepositServiceImpl">
    .....
    <property name="eventSender" ref="eventSenderFactory" />
  </bean>
  .....
  <bean id="eventSenderFactory"
      class="sample.spring.chapter03.bankapp.event.EventSenderFactoryBean">
    <property name="databasePropertiesFile"
          value="META-INF/config/database.properties"/>
  </bean>
</beans>
```

[예제 3-51]은 EventSenderFactoryBean을 다른 스프링 빈과 똑같은 방식으로 설정할 수 있음을 보여준다. 비록 FactoryBean 구현 설정은 다른 빈과 똑같지만, 스프링 컨테이너는 이를 다르게 처리한다. FactoryBean 구현에 의존하는 빈이 있는 경우 스프링 컨테이너가 FactoryBean 구현의 getObject 메서드를 호출해서 돌려받은 객체를 의존하는 빈에 주입한다는 것이 가장 큰 차이점이다.

> **NOTE_** isSingleton 메서드가 true를 반환하면 스프링 컨테이너가 FactoryBean의 getObject를 단 한 번만 호출한다는 사실을 기억하자.

[예제 3-51]에서 FixedDepositServiceImpl 클래스의 빈 정의는 빈이 EventSenderFactoryBean에 의존한다는 것을 보여준다. EventSenderFactoryBean이 FactoryBean을 구현한 클래스이므로, 스프링 컨테이너는 EventSenderFactoryBean의 getObject를 호출해서 돌려받은 EventSender 타입의 객체를 FixedDepositServiceImpl 인스턴스에 주입한다.

다음 예제는 EventSenderFactoryBean 빈이 만든 EventSender 인스턴스를 요구하는 FixedDepositServiceImpl 클래스다.

예제 3-52 FixedDepositServiceImpl 클래스

```
#프로젝트 - ch03-bankapp-factorybean
#src/main/java/sample/spring/chapter03/bankapp/service

package sample.spring.chapter03.bankapp.service;
import sample.spring.chapter03.bankapp.event.EventSender;

public class FixedDepositServiceImpl implements FixedDepositService {
  .....
  private EventSender eventSender;

  public void setEventSender(EventSender eventSender) {
    this.eventSender = eventSender;
  }
  .....
  public void createFixedDeposit(FixedDepositDetails fixedDepositDetails) {
    .....
    eventSender.sendEvent(event);
  }
}
```

[예제 3-52]는 FixedDepositServiceImpl 클래스가 EventSenderFactoryBean 인스턴스에 의존하지 않고 EventSender 인스턴스에 의존한다는 사실을 보여준다. 스프링 컨테이너는 EventSenderFactoryBean의 getObject 메서드를 호출해서 EventSender를 얻고, 이렇게 얻은 EventSender 인스턴스를 FixedDepositServiceImpl 인스턴스에 주입한다.

이제 getObject가 만들어낸 객체가 아닌 FactoryBean 자체에 접근하고 싶을 때 어떻게 해야 하는지 살펴보자.

3.9.3 FactoryBean 인스턴스에 접근하기

FactoryBean 자체를 스프링 컨테이너에서 얻으려면 팩토리 빈의 이름(또는 id) 앞에 &를 붙여야 한다.

다음 예제처럼 FixedDepositServiceImpl 클래스가 EventSenderFactoryBean 구현 자체에 접근한다고 가정하자.

예제 3-53 EventSenderFactoryBean 자체에 의존하는 FixedDepositServiceImpl 클래스

```
package sample.spring.chapter03.bankapp.service;
import sample.spring.chapter03.bankapp.event.EventSenderFactoryBean;
import sample.spring.chapter03.bankapp.event.EventSender;

public class FixedDepositServiceImpl implements FixedDepositService {
  .....
  private EventSenderFactoryBean eventSenderFactoryBean;

  public void setEventSenderFactoryBean (EventSenderFactoryBean eventSenderFactoryBean) {
    this. eventSenderFactoryBean = eventSenderFactoryBean;
  }
  .....
  public void createFixedDeposit(FixedDepositDetails fixedDepositDetails) {
    .....
    EventSender eventSender = eventSenderFactoryBean.getObject();
    evenSender.sendEvent(event);
  }
}
```

[예제 3-53]에서 FixedDepositServiceImpl 클래스는 EventSenderFactoryBean 자체에 의존한다. FixedDepositServiceImpl은 EventSenderFactoryBean의 getObject 메서드를 호출해서 EventSender 객체를 얻는다.

[예제 3-51]과 같이 FixedDepositServiceImpl 빈이 EventSenderFactoryBean 빈을 의존하도록 설정하면 스프링 컨테이너는 EventSenderFactoryBean의 getObject 메서드를 호출해서 반환받은 EventSender 객체를 FixedDepositServiceImpl 빈에 주입한다. 다음 예제에서는 스프링 컨테이너에 EventSenderFactoryBean 자체를 주입하기 위해 ref 속성이 가리키는 빈 이름(또는 id) 앞에 &를 접두사로 붙인다.

예제 3-54 FixedDepositServiceImpl 빈에 EventSenderFactoryBean 인스턴스 주입하기

```
<beans .....>
  <bean id="service"
      class="sample.spring.chapter03.bankapp.service.FixedDepositServiceImpl">
    .....
    <property name="eventSenderFactoryBean" ref="&amp;eventSenderFactory" />
  </bean>
  .....
  <bean id="eventSenderFactory"
      class="sample.spring.chapter03.bankapp.event.EventSenderFactoryBean">
    <property name="databasePropertiesFile"
      value="META-INF/config/database.properties"/>
  </bean>
</beans>
```

이 예제의 <property> 엘리먼트는 FixedDepositServiceImpl이 EventSenderFactoryBean에 의존하도록 지정한다.

```
<property name="eventSenderFactoryBean" ref="&amp;eventSenderFactory" />
```

여기서 ref 속성값이 &eventSenderFactory임에 유의하자. 접두사인 &는 스프링 컨테이너에 FixedDepositServiceImpl의 의존 관계로 EventSenderFactoryBean 자체를 주입하라고 알려준다.

ApplicationContext의 getBean 메서드를 통해 FactoryBean 타입의 빈을 얻을 때도 '&'를 사용한다. 다음 예제는 MyBank 애플리케이션의 BankApp 클래스가 (EventSender FactoryBean

이 만드는) EventSender 객체와 EventSenderFactoryBean 인스턴스 자체를 얻는 과정이다.

예제 3-55 BankApp 클래스

```
#프로젝트 - ch03-bankapp-factorybean
#src/main/java/sample/spring/chapter03/bankapp

package sample.spring.chapter03.bankapp;
.....
public class BankApp {
  private static Logger logger = LogManager.getLogger(BankApp.class);
  public static void main(String args[]) {
    ApplicationContext context = new ClassPathXmlApplicationContext(
    .....
    logger.info("Invoking getBean(\"eventFactory\") returns : " +
      context.getBean("eventSenderFactory"));
    logger.info("Invoking getBean(\"&eventFactory\") returns : " +
      context.getBean("&eventSenderFactory"));
  }
}
```

이 BankApp 클래스의 main 메서드를 실행하면 getBean("eventSenderFactory")가 DatabaseEventSender 클래스 인스턴스를 반환하고, getBean("&eventSenderFactory")가 EventSenderFactoryBean 인스턴스를 반환한다.

3.10 빈 설정 모듈화하기

애플리케이션 설정을 구조화하거나 모듈화하기 위해 여러 XML 파일에 빈 설정을 나눠야 할 경우가 생긴다. 예를 들어 myapp-dao.xml 파일은 데이터 접근 객체DAO를 정의하고, myapp-service.xml은 서비스를 정의하며, myapp-controller.xml은 애플리케이션 컨트롤러를 정의하게 만들 수 있다. 이런 상황에서 모든 설정 XML 파일을 ClassPathXmlApplicationContext의 생성자에 전달할 수도 있고, 모든 XML 파일을 한 XML 파일에 임포트하고 그 XML 파일을 ClassPathXmlApplicationContext 생성자에게 넘길 수도 있다.

IMPORT chapter 3/ch03-bankapp-modular

이 프로젝트는 여러 XML 파일로 빈을 설정하는 MyBank 애플리케이션이다. 빈 설정은 bankapp-controller.xml (컨트롤러 정의), bankapp-dao.xml (DAO 정의), bankapp-service.xml (서비스 정의)로 나뉜다. 애플리케이션을 실행하려면 BankApp 클래스에 main 메서드를 실행한다.

예제 3-56 bankapp-controller.xml

```
#프로젝트 - ch03-bankapp-modular
#src/main/resources/META-INF/spring

<beans .....">
  <import resource="bankapp-dao.xml" />
  <import resource="bankapp-service.xml" />

  <bean id="controller"
     class="sample.spring.chapter03.bankapp.controller.FixedDepositControllerImpl">
    <property name="fixedDepositService" ref="service" />
  </bean>
</beans>
```

<import> 엘리먼트는 resource 속성으로 지정된 XML 파일을 임포트한다. XML 파일 위치(resource 속성을 지정한)는 <import> 엘리먼트가 위치한 XML 파일로부터 시작하는 상대적인 위치다. 스프링 컨테이너는 애플리케이션이 시작될 때 여러 다른 XML 파일에 정의된 빈들의 상호 의존성을 해결한다. 예를 들어 [예제 3-56]에서 정의된 controller 빈은 bankapp-service.xml 파일에 정의된 service 빈에 의존한다. 스프링 컨테이너는 XML 파일에 정의된 빈을 생성하는 과정에서 의존 관계를 해결한다.

여기서 bankapp-dao.xml과 bankapp-service.xml을 bankapp-controller.xml에 임포트했으므로 ClassPathXmlApplicationContext 생성자에는 bankapp-controller.xml만 넘기면 된다. 임포트 기능을 사용하지 않는다면 ClassPathXmlApplicationContext 생성자에 모든 XML 파일을 넘겨야 한다.

3.11 요약

이번 장에서는 빈 정의 상속을 사용해 빈 정의를 더 간결하고 관리하기 쉽게 만드는 방법을 살펴봤다. 여러 타입의 빈 프로퍼티나 생성자 인수를 설정하는 방법과 스프링의 `util` 스키마를 사용하는 방법, 스프링 `FactoryBean` 인터페이스를 활용해 빈 팩토리를 만드는 방법에 대해 배웠다. 그리고 p-와 c-이름공간을 사용해 빈 정의를 간결하게 작성하는 방법도 알아보았다. 또, 스프링에 내장된 `PropertyEditor` 구현을 몇 가지 살펴보고 스프링 컨테이너에 프로퍼티 에디터를 추가 등록하는 방법도 알아보았다. 다음 장에서는 스프링의 의존 관계 주입 기능을 더 자세히 살펴본다.

CHAPTER 4

의존 관계 주입

4.1 소개

앞 장에서는 스프링 util 스키마, p-이름공간과 c-이름공간, FactoryBean 인터페이스 등을 살펴봤다. 이번 장에서는 실제로 애플리케이션을 개발할 때 부딪칠 수 있는 어려움을 알아보고, 스프링으로 이 어려움을 어떻게 해결하는지 살펴본다.

먼저 **내부 빈**inner bean을 살펴보자. <property>나 <constructor-arg> 엘리먼트의 ref 속성 대신 내부 빈을 사용할 수 있다. 그다음 <bean> 엘리먼트의 depends-on 속성을 살펴본다. 이번 장 후반부에서는 싱글턴과 프로토타입 스코프 빈을 사용해 애플리케이션 기능을 제공할 때 발생할 수 있는 문제를 살펴본다. 마지막으로 스프링의 **자동 연결**autowiring 기능을 자세히 살펴보면서 마무리한다.

IMPORT chapter 4/ch04-bankapp-dependencies

이 프로젝트는 내부 빈과 〈bean〉 엘리먼트의 depends-on 속성 사용법을 보여준다. 프로토타입 스코프 빈에 의존하는 싱글턴 스코프 빈을 정의하거나, 반대로 싱글턴 스코프 빈에 의존하는 프로토타입 스코프 빈 의존 관계를 정의하는 방법을 보여준다. 이 애플리케이션을 실행하려면 BankApp 클래스의 main 메서드를 실행한다.

4.2 내부 빈

빈 의존 관계를 여러 빈이 공유하지 않는다면 의존 관계를 **내부 빈**으로 만드는 것을 고려할 수 있다. 내부 빈은 스프링의 <beans> 스키마에 정의된 <bean>을 사용해 <property>나 <constructor-arg> 엘리먼트 내부에 정의한 빈을 뜻한다. 이렇게 정의한 내부 빈은 해당 내부 빈 정의를 둘러싸고 있는 빈 정의 안에서만 접근할 수 있다. 스프링 컨테이너에 등록된 다른 빈들은 내부 빈을 사용할 수 없다.

다음 예제는 일반적인 빈 의존 관계를 표현할 때 사용하는 방법을 나타낸다.

예제 4-1 ⟨property⟩ 엘리먼트의 ref 속성을 사용해 의존 관계 정의하기

```
<bean id="service"
    class="sample.spring.chapter04.bankapp.service.FixedDepositServiceImpl">
  <property name="fixedDepositDao" ref="dao" />
</bean>

<bean id="dao" class="sample.spring.chapter04.bankapp.dao.FixedDepositDaoImpl" />
```

이 예제에서 service 빈은 dao 빈에 의존한다. 만약 dao 빈에 의존하는 빈이 service 빈뿐이라면, dao 빈을 service 빈의 **내부 빈**으로 정의할 수 있다.

예제 4-2 applicationContext.xml – 내부 빈 예제

```
#프로젝트 - ch04-bankapp-dependencies
#src/main/resources/META-INF/spring

<bean id="service"
    class="sample.spring.chapter04.bankapp.service.FixedDepositServiceImpl">
  <property name="fixedDepositDao">
    <bean class="sample.spring.chapter04.bankapp.dao.FixedDepositDaoImpl" />
  </property>
</bean>
```

이 예제에서 FixedDepositDaoImpl 클래스에 대한 빈 정의는 service 빈의 <property> 엘리먼트 안에 있다. [예제 4-2]와 [예제 4-1]을 비교해보면, <property> 엘리먼트가 더 이상 ref 속성을 지정하지 않고, FixedDepositDaoImpl 클래스에 해당하는 <bean> 엘리먼트가 더

이상 id 속성을 포함하지 않음을 알 수 있다.

스프링 컨테이너가 내부 빈을 등록하지 않기 때문에 내부 빈 정의에 해당하는 <bean> 엘리먼트는 id 속성을 지정하지 않는다. 내부 빈 정의에 id 속성을 지정하면 스프링 컨테이너는 속성을 무시한다. 내부 빈은 항상 프로토타입 스코프 빈이기 때문에 내부 빈에 해당하는 <bean> 엘리먼트에 scope 속성이 들어 있어도 스프링 컨테이너는 이를 무시한다. 내부 빈은 본질적으로 **무명**이며 스프링 컨테이너에 들어 있는 다른 빈이 내부 빈에 접근할 수 없다(해당 내부 빈 정의를 둘러싼 빈 정의는 제외).

> **NOTE_** 일반 빈 정의와 마찬가지로 내부 빈을 정의하는 〈bean〉 엘리먼트에서도 〈property〉, 〈constructor-arg〉 등을 사용할 수 있다.

앞 장에서 스프링 util 스키마 엘리먼트를 사용해 List, Set, Map 등을 표현하는 빈 생성 방법을 살펴봤다. 스프링 util 스키마 엘리먼트를 사용해 생성한 빈을 다른 빈의 의존 관계로 사용할 수 있다는 사실도 살펴봤다. (일반적인 빈 정의를 그대로 쓰되 id를 지정하지 않고 다른 빈의 내부에서만 사용한다는) 내부 빈 개념상, 스프링 util 스키마 엘리먼트를 <property>, <constructor-arg> 엘리먼트 내에서 바로 사용하는 것도 가능하다. 다음 예제를 보자.

예제 4-3 내부 빈에서 util 스키마 〈list〉 엘리먼트 사용하기

```
<beans xmlns=http://www.springframework.org/schema/beans
       xmlns:util=http://www.springframework.org/schema/util
       xsi:schemaLocation="..... http://www.springframework.org/schema/util
          http://www.springframework.org/schema/util/spring-util.xsd">
  <bean id="someBean" class="com.sample.SomeBean">
    .....
    <constructor-arg name="listType">
      <util:list list-class="java.util.ArrayList">
        <value>A simple String value in list</value>
        <value>Another simple String value in list</value>
      </util:list>
    </constructor-arg>
  .....
  </bean>
</beans>
```

[예제 4-3]의 listType 생성자 인수의 타입은 java.util.List다. util 스키마의 <list> 엘리먼트로 listType 생성자 인수에 전달되는 값을 지정한다. 여기서 스프링이 내부 빈의 id를 무시하므로 굳이 <list> 엘리먼트의 id 속성을 지정하지 않았다는 점에 유의하자.

이제 <bean> 엘리먼트의 depends-on 속성을 살펴보자.

4.3 depends-on 속성을 통해 빈 초기화 순서 제어하기

1.5절에서 빈 생성 순서는 XML 파일에 빈이 정의된 순서를 따랐다. 빈이 만들어지는 순서는 빈 사이의 의존 관계에 의해서도 결정된다. 예를 들어 A 빈이 B 빈을 생성자 인수로 받는다면, 스프링 컨테이너는 A를 생성하기 전에 B를 생성한다. 이때 XML 파일에 두 빈이 정의된 순서는 무시된다. 스프링 컨테이너가 이런 식으로 작동하기 때문에 어떤 빈이 의존하는 모든 의존 관계가 주입 전에 미리 설정되도록 보장할 수 있다.

지금까지 살펴본 예에서는 <property>와 <constructor-arg>를 통해 명시적으로 빈 의존 관계를 설정했다. 빈 의존 관계가 암시적implicit인 경우에는 depends-on 속성을 활용해 스프링 컨테이너가 빈을 생성하는 순서를 제어할 수 있다. 스프링 컨테이너는 depends-on이 지정한 의존 관계에 들어 있는 빈이 depends-on 속성이 들어 있는 빈보다 더 먼저 초기화되도록 보장한다.

이제 depends-on 속성을 사용해 빈의 생성 순서를 제어하는 예제를 하나 살펴보자.

4.3.1 MyBank – 빈 사이의 암시적 의존 관계

3장에서 본 MyBank 애플리케이션의 FixedDepositServiceImpl 인스턴스가 데이터베이스에 이벤트를 직간접적으로 저장하기 위해 사용하는 EventSender 객체를 FactoryBean 구현으로 생성했다. EventSender 구현을 생성하기 위해 FactoryBean 구현을 사용하는 대신, 다음 그림과 같은 절차를 채택했다고 가정하자.

그림 4-1 EventSenderSelectorServiceImpl 클래스는 appConfig.properties 파일에 EventSender 구현 이름을 쓴다. FixedDepositServiceImpl 인스턴스는 나중에 appConfig.properties 파일에서 구현 이름을 읽는다.

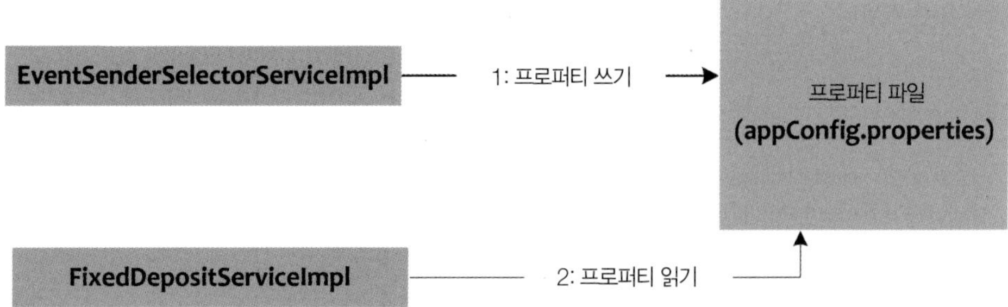

이 그림의 각 부분은 다음과 같이 작동한다.

- EventSenderSelectorServiceImpl 생성자는 FixedDepositServiceImpl이 사용할 EventSender 구현(DatabaseEventSender, WebServiceEventSender, MessagingEventSender 중 하나)을 결정한다.
- EventSenderSelectorServiceImpl 생성자는 EventSender 구현의 전체 이름(FQN)을 appConfig.properties 파일에 쓴다.
- FixedDepositServiceImpl 생성자는 EventSender 구현의 전체 이름을 appConfig.properties 파일에서 읽어온 후 데이터베이스에 이벤트를 저장하기 위해 사용할 EventSender 객체를 생성한다.

EventSenderSelectorServiceImpl이 EventSender 구현의 이름을 appConfig.properties에 쓰기 전에 FixedDepositServiceImpl이 appConfig.properties 파일을 읽으려고 시도하면 위와 같은 접근 방법이 실패한다. EventSenderSelectorServiceImpl과 FixedDepositServiceImpl의 생성자에서 appConfig.properties에 대한 읽기와 쓰기가 이뤄지기 때문에 FixedDepositServiceImpl 인스턴스는 반드시 EventSenderSelectorServiceImpl 인스턴스가 생성된 다음에 생성돼야 한다. 이는 FixedDepositServiceImpl이 암시적으로 EventSenderSelectorServiceImpl에 의존한다는 뜻이다.

이제 EventSenderSelectorServiceImpl에 대한 암시적 의존성을 FixedDepositServiceImpl에 정의하면 어떤 일이 벌어지는지 살펴보자.

4.3.2 암시적 의존 관계 문제

FixedDepositServiceImpl과 EventSenderSelectorServiceImpl 클래스에 대한 빈 정의가 들어 있는 XML을 살펴보자.

예제 4-4 applicationContext.xml – 암시적 의존 관계 예제

```
#프로젝트 - ch04-bankapp-dependencies
#src/main/resources/META-INF/spring

<beans .....>
  <bean id="service"
     class="sample.spring.chapter04.bankapp.service.FixedDepositServiceImpl">
    .....
    <constructor-arg index="0" value="META-INF/config/appConfig.properties" />
  </bean>

  <bean id="eventSenderSelectorService"
     class="sample.spring.chapter04.bankapp.service.EventSenderSelectorServiceImpl">
    <constructor-arg index="0" value="META-INF/config/appConfig.properties" />
  </bean>
</beans>
```

위의 XML 파일에 FixedDepositServiceImpl과 EventSenderSelectorServiceImpl 클래스 생성자는 appConfig.properties 경로를 인수로 받는다. EventSenderSelectorServiceImpl 인스턴스는 appConfig.properties 파일을 사용해 EventSender 구현 클래스의 전체 이름을 FixedDepositServiceImpl 인스턴스에 전달한다.

service와 eventSenderSelectorService 빈 사이에 명시적인 의존 관계가 없으므로 스프링 컨테이너는 XML 파일에 정의된 순서대로 두 인스턴스를 생성한다. service 빈이 eventSenderSelectorService 빈보다 앞에 정의되었기 때문에 FixedDepositServiceImpl 인스턴스는 EventSenderSelectorServiceImpl 인스턴스보다 먼저 생성된다. FixedDepositServiceImpl 인스턴스가 EventSenderSelectorServiceImpl 인스턴스보다 더 먼저 생성되면, FixedDepositServiceImpl 인스턴스는 appConfig.properties에 들어가는 EventSender 구현 클래스의 전체 이름을 읽을 수 없다.

이제 EventSenderSelectorServiceImpl과 FixedDepositServiceImpl 클래스 및

appConfig.properties 파일을 살펴보자.

EventSenderSelectorServiceImpl – 쓰는 클래스

예제 4-5 EventSenderSelectorServiceImpl 클래스

```
#프로젝트 - ch04-bankapp-dependencies
#src/main/java/sample/spring/chapter04/bankapp/service

package sample.spring.chapter04.bankapp.service;
import org.springframework.core.io.ClassPathResource;
import sample.spring.chapter04.bankapp.Constants;

public class EventSenderSelectorServiceImpl {
  public EventSenderSelectorServiceImpl(String configFile) throws Exception {
    ClassPathResource resource = new ClassPathResource(configFile);
    OutputStream os = new FileOutputStream(resource.getFile());
    Properties properties = new Properties();
    properties.setProperty(Constants.EVENT_SENDER_CLASS_PROPERTY,
        "sample.spring.chapter04.bankapp.event.DatabaseEventSender");
    properties.store(os, null);
    .....
  }
}
```

이 예제는 EventSenderSelectorServiceImpl 클래스 생성자에게 appConfig.properties 파일 경로를 전달한다. EventSenderSelectorServiceImpl 클래스 생성자는 이름이 eventSenderClass인 프로퍼티를 (Constants 클래스에 정의된 EVENT_SENDER_CLASS_PROPERTY 상숫값) appConfig.properties 파일에 쓴다. eventSenderClass 프로퍼티는 데이터베이스에 이벤트를 저장하기 위해 FixedDepositServiceImpl 인스턴스가 사용할 EventSender 구현의 전체 이름을 지정한다. 단순화를 위해 EventSenderSelectorServiceImpl 클래스 생성자는 eventSenderClass 프로퍼티값을 DatabaseEventSender 클래스의 전체 이름으로 지정한다.

appConfig.properties

EventSenderSelectorServiceImpl 클래스는 다음 항목을 appConfig.properties 파일에 추가한다.

```
eventSenderClass=sample.spring.chapter04.bankapp.event.DatabaseEventSender
```

FixedDepositServiceImpl – 읽는 클래스

FixedDepositServiceImpl 인스턴스는 EventSenderSelectorServiceImpl 인스턴스가 쓰는 eventSenderClass 프로퍼티를 읽는다.

예제 4-6 FixedDepositServiceImpl 클래스

```
#프로젝트 - ch04-bankapp-dependencies
#src/main/java/sample/spring/chapter04/bankapp/service

package sample.spring.chapter04.bankapp.service;
import org.springframework.core.io.ClassPathResource;
import sample.spring.chapter04.bankapp.Constants;

public class FixedDepositServiceImpl implements FixedDepositService {
  private FixedDepositDao fixedDepositDao;
  private EventSender eventSender;

  public FixedDepositServiceImpl(String configFile) throws Exception {
    ClassPathResource configProperties = new ClassPathResource(configFile);

    if (configProperties.exists()) {
      InputStream inStream = configProperties.getInputStream();
      Properties properties = new Properties();
      properties.load(inStream);

      String eventSenderClassString =
        properties.getProperty(Constants.EVENT_SENDER_CLASS_PROPERTY);
      if (eventSenderClassString != null) {
        Class<?> eventSenderClass = Class.forName(eventSenderClassString);
        eventSender = (EventSender) eventSenderClass.
                  getDeclaredConstructor().newInstance();
        logger.info("Created EventSender class");
```

```
      } else {
        logger.info("appConfig.properties file doesn't contain the information "
          + "about EventSender class");
      }
    }
  }

  public void createFixedDeposit(FixedDepositDetails fixedDepositDetails)
      throws Exception {
    .....
    eventSender.sendEvent(event);
  }
}
```

이 예제는 FixedDepositServiceImpl 클래스 생성자가 다음과 같은 동작을 수행한다는 것을 보여준다.

- appConfig.properties 파일에서 프로퍼티를 로드하고 거기서 eventSenderClass 프로퍼티(EVENT_SENDER_CLASS_PROPERTY 상수가 표현한 값)를 얻는다. configFile 생성자 인수는 appConfig.properties 파일 위치를 가리킨다. eventSenderClass 프로퍼티값은 FixedDepositServiceImpl이 사용해야 하는 EventSender 구현 클래스의 전체 이름이다. eventSenderClass 프로퍼티값을 eventSenderClassString 지역 변수에 저장한다.
- eventSenderClassString 변수의 값을 사용해 EventSender 구현 클래스의 인스턴스를 생성하고, 인스턴스를 eventSender 변수에 저장한다. FixedDepositServiceImpl의 createFixedDeposit 메서드(예제 4-6의 createFixedDeposit 참조)는 eventSender 변수를 사용해 이벤트를 데이터베이스에 저장한다.

appConfig.properties 파일에서 eventSenderClass 프로퍼티를 찾을 수 없으면, eventSenderClassString 변수가 설정되지 않는다. 이 경우 FixedDepositServiceImpl 생성자는 콘솔에 'appConfig.properties file doesn't contain the information about EventSenderClass' 메시지를 표시한다. 스프링 컨테이너가 FixedDepositServiceImpl 인스턴스를 EventSenderSelectorServiceImpl 인스턴스보다 먼저 생성하므로(예제 4-4 참조), FixedDepositServiceImpl 인스턴스는 appConfig.properties 파일에서 eventSenderClass 프로퍼티를 찾을 수 없다(예제 4-5, 4-6 참조). 이는 FixedDepositService Impl 빈이 EventSenderSelectorServiceImpl 빈에 암시적으로 의존한다는 뜻이다.

암시적 의존 관계 문제를 해결하는 방법은?

암시적 의존 관계 문제는 두 가지 방식으로 풀 수 있다.

- XML 파일에서 EventSenderSelectorServiceImpl과 FixedDepositServiceImpl 클래스 빈 정의 순서를 바꾼다. EventSenderSelectorServiceImpl 클래스 빈 정의보다 FixedDepositServiceImpl 빈 정의가 앞에 나오면, EventSenderSelectorServiceImpl 인스턴스가 FixedDepositServiceImpl 인스턴스보다 먼저 생성된다.
- <bean> 엘리먼트의 depends-on 속성을 사용해 service 빈(FixedDepositServiceImpl 클래스에 해당)이 eventSenderSelectorService 빈(EventSenderSelectorServiceImpl 클래스에 해당)에 의존한다고 명시한다.

다음 예제는 `<bean>` 엘리먼트의 `depends-on` 속성 사용법이다.

예제 4-7 <bean> 엘리먼트의 depends-on 속성

```
<beans .....>
  <bean id="service"
     class="sample.spring.chapter04.bankapp.service.FixedDepositServiceImpl"
     depends-on="eventSenderSelectorService">
   .....
  </bean>
  <bean id="eventSenderSelectorService"
     class="sample.spring.chapter04.bankapp.service.EventSenderSelectorServiceImpl">
   .....
  </bean>
</beans>
```

이 예제에서 `service` 빈은 `depends-on` 속성을 사용해 자신이 `eventSenderSelectorService` 빈에 의존한다는 사실을 명시한다. `depends-on` 속성은 빈이 의존하는 다른 빈의 이름이나 `id`를 지정한다. `service` 빈이 `eventSenderSelectorService`에 대한 의존 관계를 지정했기 때문에 스프링 컨테이너는 `service` 빈 인스턴스(`FixedDepositServiceImpl` 클래스)를 생성하기 전에 `eventSenderSelectorService` 빈 인스턴스(`EventSenderSelectorServiceImpl` 클래스)를 생성한다.

NOTE_ ch04-bankapp-dependencies 프로젝트에 main 메서드(BankApp 클래스)를 실행하면 FixedDepositServiceImpl 인스턴스가 EventSenderSelectServiceImpl보다 먼저 생성되는 것을 볼 수 있다. 이로 인해 콘솔에는 'appConfig.properties file doesn't contain the information about EventSender class' 메시지가 출력된다.

여러 암시적 의존 관계

빈에 암시적 의존 관계가 여럿 존재한다면 depends-on 속성값으로 모든 의존 관계의 이름이나 id를 지정할 수 있다. 다음 예제를 보자.

예제 4-8 depends-on 속성 예제 - 암시적 의존 관계가 여럿인 경우

```
<beans .....>
  <bean id="abean" ..... depends-on="bBean, cBean">
    .....
  </bean>
  .....
</beans>
```

depends-on 속성과 빈 정의 상속

자식 빈 정의는 depends-on 속성을 상속하지 않는다. 다음 예제는 baseService 빈에 대한 의존성을 depends-on 속성을 통해 정의한 추상 serviceTemplate 부모 빈 정의를 나타낸다.

예제 4-9 depends-on 속성 - 빈 정의 상속

```
<bean id="serviceTemplate" class=".....ServiceTemplate" depends-on="baseService"
    abstract="true"/>
<bean id="someService" class=".....SomeServiceImpl" parent="serviceTemplate"/>
<bean id="someOtherService" class=".....SomeOtherServiceImpl"
    parent="serviceTemplate"/>
<bean id="baseService" class=".....BaseServiceImpl" />
```

이 예제에서 serviceTemplate의 자식 빈 정의인 someService와 someOtherService는 serviceTemplate의 depends-on을 상속하지 않는다. 스프링 컨테이너가 XML 파일에 빈

이 정의된 순서대로 빈을 생성하기 때문에 baseService 빈은 someService와 someOtherService 빈 다음에 생성된다.

이제 스프링 컨테이너가 싱글턴과 프로토타입 스코프 빈의 의존 관계를 어떻게 관리하는지 살펴보자.

4.4 싱글턴과 프로토타입 스코프 빈의 의존 관계

싱글턴 빈(그리고 싱글턴 빈이 의존하는 싱글턴 의존 관계들)은 ApplicationContext 인스턴스가 생성될 때 생성된다. 프로토타입 빈(그리고 프로토타입 빈이 의존하는 프로토타입 의존 관계들)은 프로토타입 빈을 얻기 위해 ApplicationContext의 getBean 메서드가 호출될 때마다 생성된다.

애플리케이션에서 싱글턴 빈이 프로토타입 빈에 의존하거나, 반대로 프로토타입 빈이 싱글턴 빈에 의존한다면 일이 조금 더 복잡해진다. 이런 상황을 이해하기 위해 스프링 컨테이너가 싱글턴과 프로토타입 빈의 의존 관계를 어떻게 관리하는지 살펴보자.

4.4.1 싱글턴 빈의 의존 관계

다음 예제는 싱글턴 스코프인 customerRequestService 빈과 의존 관계를 보여준다.

예제 4-10 applicationContext.xml - customerRequestService 빈의 의존 관계

```
#프로젝트 - ch04-bankapp-dependencies
#src/main/resources/META-INF/spring

<bean id="customerRequestService"
    class="sample.spring.chapter04.bankapp.service.CustomerRequestServiceImpl">
  <constructor-arg name="customerRequestDetails" ref="customerRequestDetails" />
  <constructor-arg name="customerRequestDao" ref="customerRequestDao" />
</bean>
<bean id="customerRequestDetails"
    class="sample.spring.chapter04.bankapp.domain.CustomerRequestDetails"
    scope="prototype" />
```

```
<bean id="customerRequestDao"
   class="sample.spring.chapter04.bankapp.dao.CustomerRequestDaoImpl" />
```

이 예제는 싱글턴 스코프 빈인 customerRequestService가 프로토타입 스코프 빈 customerRequestDetails와 싱글턴 스코프 빈 customerRequestDao에 의존하는 관계를 보여준다.

CustomerRequestService 객체(customerRequestService 빈)는 은행 고객이 새로운 요청을 할 때 호출되는 서비스다. 체크북check book 요청 등을 예로 들 수 있다. CustomerRequestService는 고객 요청 상세 사항을 CustomerRequestDetails에 넣고(customerRequestDetails 빈), 정보를 CustomerRequestDao 객체(customerRequestDao 빈)를 통해 데이터 저장소에 저장한다.

다음 예제는 [예제 4-10]에 정의된 빈 정의를 로드하는 BankApp 클래스의 main 메서드를 보여준다.

예제 4-11 BankApp 클래스

```
#프로젝트 - ch04-bankapp-dependencies
#src/main/java/sample/spring/chapter04/bankapp

package sample.spring.chapter04.bankapp;
import org.springframework.context.ApplicationContext;
import org.springframework.context.support.ClassPathXmlApplicationContext;

public class BankApp {
  private static Logger logger = LogManager.getLogger(BankApp.class);

  public static void main(String args[]) throws Exception {
    ApplicationContext context = new ClassPathXmlApplicationContext(
      "classpath:META-INF/spring/applicationContext.xml");
    .....
    logger.info("Beginning with accessing CustomerRequestService");
    CustomerRequestService customerRequestService_1 =
        context.getBean(CustomerRequestService.class);
    .....
    CustomerRequestService customerRequestService_2 =
        context.getBean(CustomerRequestService.class);
    .....
    logger.info("Done with accessing CustomerRequestService");
  }
}
```

[예제 4-11]은 ApplicationContext 인스턴스가 생성된 다음 customerRequestService에 대한 참조를 얻기 위해 ApplicationContext의 getBean 메서드가 두 번 호출된다는 사실을 보여준다.

이 BankApp 클래스의 main 메서드를 실행하면 다음과 같은 출력을 볼 수 있다.

```
Created CustomerRequestDetails instance
Created CustomerRequestDaoImpl instance
Created CustomerRequestServiceImpl instance
.....
Beginning with accessing CustomerRequestService
Done with accessing CustomerRequestService
```

'Created.....' 메시지는 각각의 빈 클래스 생성자가 출력한다. 이 출력을 보면, 스프링 컨테이너가 생성될 때 싱글턴 스코프인 customerRequestService 빈이 의존하는 프로토타입 스코프 빈 customerRequestDetails와 싱글턴 스코프 빈 customerRequestDao가 생성되어 customerRequestService에 주입된다.

'Beginning .....'와 'Done.....' 사이에 아무 'Created .....' 메시지도 표시되지 않았으므로, customerRequestService 빈을 얻기 위해 ApplicationContext의 getBean 메서드를 호출해도 스프링 컨테이너는 빈 인스턴스를 만들지 않는다.

[그림 4-2]는 BankApp의 main 메서드가 실행될 때 벌어지는 이벤트 순서를 나타낸 것이다.

- 스프링 컨테이너가 생성될 때, 먼저 프로토타입 스코프 customerRequestDetails와 싱글턴 스코프 customerRequestDao가 생성된다. 이후에 싱글턴 스코프 customerRequestService가 생성된다.
- customerRequestDetails와 customerRequestDao 빈은 customerRequestService 빈의 생성자 인수로 전달된다.

스프링 컨테이너가 싱글턴 빈을 단 한 번 생성하기 때문에 스프링 컨테이너는 customerRequestService의 의존 관계를 주입할 기회가 단 한 번뿐이다. 이로 인해 스프링 컨테이너는 프로토타입 스코프 customerRequestDetails 빈 인스턴스를 customerRequestService 빈에 단 한 번만 주입한다. 이런 동작으로 인해, customerRequestService 빈은 생애주기 동안 동일한 customerRequestDetails 빈 인스턴스의 참조를 유지한다.

그림 4-2 스프링 컨테이너가 생성된 후 customerRequestService 빈을 가져오는 이벤트 순서

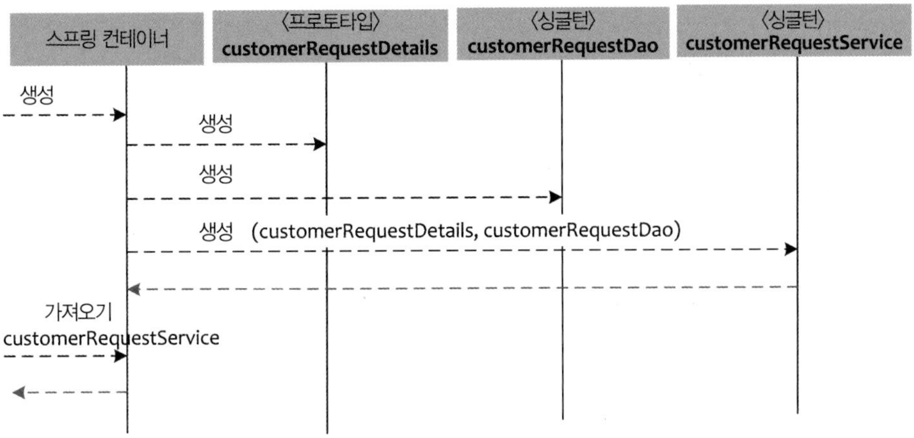

스프링 컨테이너
〈프로토타입〉 customerRequestDetails
〈싱글턴〉 customerRequestDao
〈싱글턴〉 customerRequestService
생성
생성
생성
생성 (customerRequestDetails, customerRequestDao)
가져오기 customerRequestService

여기서 `customerRequestService` 빈이 의존하는 프로토타입 스코프 빈인 `customerRequestDetails`를 주입하기 위해 세터 기반 DI를 사용해도 스프링 컨테이너는 `customerRequestService` 빈의 생애주기 동안 세터를 단 한 번만 호출한다는 점을 기억하자. 이는 DI 방식이 생성자 기반이든 세터 기반이든, 싱글턴 빈은 생애주기 동안 같은 프로토타입 빈 인스턴스에 대한 참조를 유지한다는 뜻이다.

일단 스프링 컨테이너가 생성되면, 싱글턴 스코프 `customerRequestService`에 대한 요청은 항상 캐시에 있는 `customerRequestService` 빈 인스턴스를 반환한다. 이로 인해 `BankApp`의 `main` 메서드가 실행될 때 '`Beginning .....`'와 '`Done.....`' 사이에는 '`Created .....`' 메시지가 전혀 표시되지 않는다(예제 4-11 참조).

`customerRequestService` 빈이 항상 프로토타입 스코프 빈 `customerRequestDetails`에 대해 동일한 참조를 유지할 경우 `MyBank` 애플리케이션의 동작 방식에 악영향을 끼칠 수도 있다. 예를 들어, 여러 고객이 동시에 `CustomerRequestServiceImpl` 인스턴스에 요청을 제출하면 `CustomerRequestService`에 `CustomerRequestDetails` 객체가 변경될 수도 있다.

이상적인 경우 `CustomerRequestServiceImpl`은 요청이 올 때마다 `CustomerRequestDetails` 객체의 인스턴스를 새로 생성한다. 4.5절에서는 싱글턴 빈의 메서드가 호출될 때마다 프로토타입 빈의 인스턴스를 새로 생성하기 위해 싱글턴 빈의 클래스를 어떻게 변경해야 하는지 살펴본다.

이제 프로토타입 빈이 싱글턴 빈에 의존하는 경우를 스프링 컨테이너가 어떻게 관리하는지 살펴보자.

4.4.2 프로토타입 빈의 의존 관계

MyBank 애플리케이션에 고객을 등록하기 위해서는 몇 가지 절차를 거쳐야 한다. 예를 들어 고객은 개인 정보와 계좌 상세 정보를 입력한다. MyBank 애플리케이션이 고객이 입력한 정보와 일치하는 기록을 찾아내면 고객에게 현금 카드 정보를 입력하라고 요청한다. MyBank 애플리케이션의 CustomerRegistrationServiceImpl 클래스에는 고객 등록에 필요한 비즈니스 로직이 들어 있다. 고객을 MyBank 애플리케이션에 등록하기 위해서는 일련의 절차를 거쳐야 하므로, CustomerRegistrationServiceImpl 객체는 메서드 호출 사이에 벌어지는 대화 상태를 유지해야 한다.

다음 예제는 MyBank 애플리케이션의 프로토타입 스코프 빈인 customerRegistrationService (CustomerRegistrationServiceImpl 클래스로 표현)와 의존 관계를 보여준다.

예제 4-12 applicationContext.xml – customerRegistrationService 빈과 의존 관계

```
#프로젝트 - ch04-bankapp-dependencies
#src/main/resources/META-INF/spring

<bean id="customerRegistrationService"
    class="sample.spring.chapter04.bankapp.service.CustomerRegistrationServiceImpl"
    scope="prototype">
  <constructor-arg
      name="customerRegistrationDetails" ref="customerRegistrationDetails" />
  <constructor-arg name="customerRegistrationDao" ref="customerRegistrationDao" />
</bean>

<bean id="customerRegistrationDetails"
    class="sample.spring.chapter04.bankapp.domain.CustomerRegistrationDetails"
    scope="prototype" />

<bean id="customerRegistrationDao"
    class="sample.spring.chapter04.bankapp.dao.CustomerRegistrationDaoImpl" />
```

[예제 4-12]는 프로토타입 스코프 customerRegistrationService 빈이 프로토타입 스코프 customerRegistrationDetails 빈과 싱글턴 스코프 customerRegistrationDao 빈에 의존하는 관계임을 보여준다.

CustomerRegistrationServiceImpl 인스턴스는 등록 과정 진행을 유지하며, 그 과정에서 고객이 입력한 정보를 CustomerRegistrationDetails 객체(customerRegistration Details 빈)에 저장한다. CustomerRegistrationServiceImpl과 Customer Registration Details 객체는 근본적으로 상태가 있는 객체이기 때문에 CustomerRegist rationService Impl과 CustomerRegistrationDetails 빈은 모두 프로토타입 스코프 빈으로 정의되어 있다.

다음 예제는 고객 등록과 관련된 빈(예제 4-12 참조)을 로드하고 고객 2명을 등록하는 BankApp 클래스의 main 메서드다.

예제 4-13 BankApp 클래스

```
#프로젝트 - ch04-bankapp-dependencies
#src/main/java/sample/spring/chapter04/bankapp

package sample.spring.chapter04.bankapp;
import org.springframework.context.ApplicationContext;
import org.springframework.context.support.ClassPathXmlApplicationContext;

public class BankApp {
  private static Logger logger = LogManager.getLogger(BankApp.class);

  public static void main(String args[]) throws Exception {
    ApplicationContext context = new ClassPathXmlApplicationContext(
        "classpath:META-INF/spring/applicationContext.xml");
    .....
    logger.info("Beginning with accessing CustomerRegistrationService");

    CustomerRegistrationService customerRegistrationService_1 = context
        .getBean(CustomerRegistrationService.class);
    customerRegistrationService_1.setAccountNumber("account_1");
    customerRegistrationService_1.setAddress("address_1");
    customerRegistrationService_1.setDebitCardNumber("debitCardNumber_1");
    customerRegistrationService_1.register();
    logger.info("registered customer with id account_1");
```

```
    CustomerRegistrationService customerRegistrationService_2 = context
        .getBean(CustomerRegistrationService.class);
    .....
    logger.info("registered customer with id account_2");
    logger.info("Done with accessing CustomerRegistrationService");
  }
}
```

[예제 4-13]은 BankApp의 main 메서드가 ApplicationContext의 getBean 메서드를 호출해서 customerRegistrationService 빈에 대한 참조를 얻는 과정을 보여준다. customerRegistrationService 빈 인스턴스를 가져온 후 인스턴스의 setAccountNumber, setAddress, setDebitCardNumber, register 메서드를 차례로 호출한다. BankApp의 main 메서드를 실행하면 콘솔에서 다음과 같은 출력을 볼 수 있다.

```
Created CustomerRegistrationDaoImpl instance
.....
Beginning with accessing CustomerRegistrationService
Created CustomerRegistrationDetails instance
Created CustomerRegistrationServiceImpl instance
registered customer with id account_1
Created CustomerRegistrationDetails instance
Created CustomerRegistrationServiceImpl instance
registered customer with id account_2
Done with accessing CustomerRegistrationService
```

위의 출력에서 'Created.....' 메시지는 각각의 빈 클래스 생성자가 출력한 것이다. 이 출력은 싱글턴 스코프 customerRegistrationDao 빈(CustomerRegistrationDaoImpl 클래스로 표현)이 ApplicationContext 인스턴스가 생성될 때 단 한 번 생성된다는 사실을 보여준다.

'Beginning.....'와 'Done.....' 메시지 사이에 있는 'Created.....' 메시지는 프로토타입 스코프 빈 customerRegistrationService를 얻기 위해 ApplicationContext의 getBean 메서드를 호출한 때마다 출력된다. 스프링 컨테이너는 customerRegistrationService 빈의 새 인스턴스와 인스턴스가 의존하는 프로토타입 스코프 빈 customer RegistrationDetails 인스턴스를 매번 새로 만든다.

[그림 4-3]은 BankApp의 main 메서드(예제 4-13 참조)가 실행될 때 벌어지는 이벤트 순서이며, 다음과 같은 내용을 나타낸다.

- 싱글턴 스코프 customerRegistrationDao 빈은 ApplicationContext 인스턴스가 생성될 때 단 한 번 생성된다.
- 스프링 컨테이너에 프로토타입 스코프 customerRegistrationService 빈을 요청하면 스프링 컨테이너는 먼저 customerRegistrationDetails 빈(이는 customerRegistrationService 빈이 의존하는 프로토타입 스코프 빈이다)의 인스턴스를 생성하고, 그 다음에 customerRegistrationService 빈을 생성한다.

이는 프로토타입 빈 X가 다른 프로토타입 빈 Y에 의존한다면, 스프링 컨테이너에 빈 X를 요청할 때마다 스프링 컨테이너는 X와 Y의 새 인스턴스를 생성한다는 것을 보여준다.

그림 4-3 스프링 컨테이너가 생성된 후 customerRegistrationService 빈을 가져오는 이벤트 순서

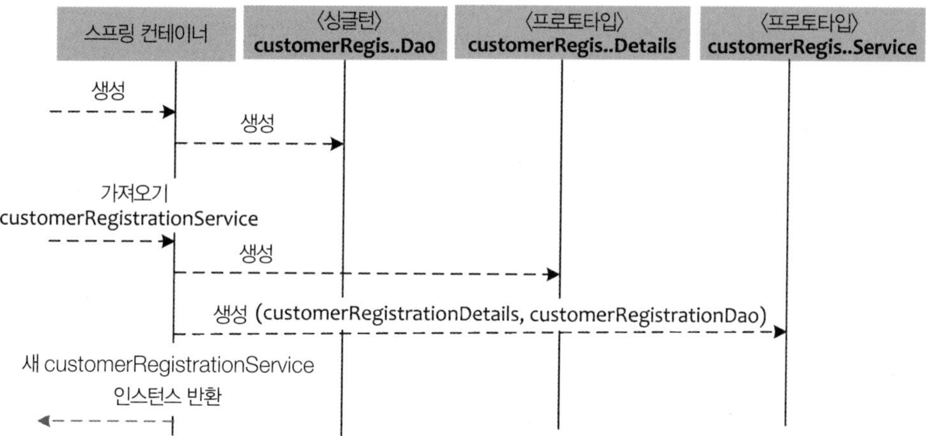

이번 절 앞부분에서 싱글턴 빈이 프로토타입 빈에 의존하는 경우, 싱글턴 빈의 생애주기 동안 항상 똑같은 프로토타입의 빈과 연결되어 있음을 살펴봤다. 이제 싱글턴 빈이 스프링 컨테이너로부터 새로운 프로토타입 빈 인스턴스를 얻어낼 수 있는 다양한 방법을 살펴보자.

4.5 싱글턴 빈 내부에서 새로운 프로토타입 빈 인스턴스 얻기

앞 절에서 싱글턴 빈이 의존하는 프로토타입 스코프 의존 관계는 싱글턴 빈이 생성되는 시점에 주입된다는 사실을 살펴봤다(그림 4-2). 스프링 컨테이너가 싱글턴 빈의 인스턴스를 단 한 번 생성하기 때문에 싱글턴 빈은 자신의 생애주기 동안 똑같은 프로토타입 빈 인스턴스에 대한 참조를 유지한다. 다음 접근 방법 중 하나를 택하면 싱글턴 빈의 메서드를 사용해서 프로토타입 스코프 의존 관계의 새 인스턴스를 얻을 수 있다.

- 싱글턴 빈 클래스가 ApplicationContextAware 인터페이스를 구현한다.
- 스프링 beans 스키마의 〈lookup-method〉 엘리먼트를 사용한다.
- 스프링 beans 스키마의 〈replace-method〉 엘리먼트를 사용한다.

NOTE_ 스프링 애플리케이션을 만들기 위해 애너테이션 기반의 접근을 택하면(6장에서 설명), @Lazy 애너테이션(6장 6.7절에서 설명)을 통해 싱글턴 빈 안에서 새로운 프로토타입 빈 인스턴스를 얻을 수 있다.

IMPORT chapter 4/ch04-bankapp-context-aware

이 프로젝트는 싱글턴 빈의 클래스가 ApplicationContextAware를 구현해서 스프링 컨테이너로부터 프로토타입 빈 인스턴스를 가져오는 것을 보여준다. 이 애플리케이션을 실행하려면 BankApp 클래스의 main 메서드를 실행한다. 먼저 ApplicationContextAware 인터페이스를 살펴보자.

4.5.1 ApplicationContextAware 인터페이스

내부 메서드가 실행되는 동안 `ApplicationContext` 인스턴스에 접근할 필요가 있는 빈은 스프링 `ApplicationContextAware` 인터페이스를 구현해야 한다. `ApplicationContextAware` 인터페이스에 있는 유일한 메서드 `setApplicationContext`는 메서드를 구현하는 빈에 `ApplicationContext` 객체를 제공한다. 스프링 컨테이너는 빈을 생성하면서 `setApplicationContext` 메서드를 호출한다.

`ApplicationContextAware` 인터페이스는 **생애주기 인터페이스**lifecycle interface다. 생애주기 인터페이스는 빈의 생애주기에 적절한 시점에 스프링 컨테이너가 호출할 수 있는 콜백 메서드를 하나 이상 정의하는 인터페이스다. 예를 들어 스프링 컨테이너는 빈 인스턴스를 생성한 다음 빈 인스턴스가 완전히 초기화되기 이전에 `ApplicationContextAware`의 `setApplicationContext`

메서드를 호출한다. 5장에서 더 많은 스프링 생애주기 인터페이스를 살펴본다.

> **NOTE_** 스프링 컨테이너에서 호출하는 빈 초기화 메서드initialization method 호출이(5.2절 참조) 끝나야 해당 빈의 초기화가 끝난 것으로 간주한다. 스프링 컨테이너는 초기화가 끝난 빈만 다른 빈의 의존 관계로 주입할 수 있다.

ApplicationContextAware 인터페이스를 구현한 빈은 ApplicationContext의 getBean 메서드를 호출해서 ApplicationContext에 등록된 빈에 접근할 수 있다. 이는 싱글턴 빈이 ApplicationContextAware 인터페이스를 구현한 경우 ApplicationContext의 getBean 메서드를 호출함으로써 자신이 의존하는 프로토타입 스코프 빈을 명시적으로 얻어올 수 있다는 뜻이다.

다음 예제는 CustomerRequestImpl의 submitRequest 메서드가 호출될 때마다 CustomerRequestDetails 객체(프로토타입 빈)를 새로 얻는 CustomerRequestServiceImpl 클래스(싱글턴 빈)다.

예제 4-14 스프링 ApplicationContextAware 인터페이스를 구현하는 CustomerRequestServiceImpl 클래스

```
#프로젝트 - ch04-bankapp-context-aware
#src/main/java/sample/spring/chapter04/bankapp/service

package sample.spring.chapter04.bankapp.service;
import org.springframework.context.ApplicationContext;
import org.springframework.context.ApplicationContextAware;

public class CustomerRequestServiceImpl implements
   CustomerRequestService, ApplicationContextAware {

  private CustomerRequestDao customerRequestDao;
  private ApplicationContext applicationContext;

  @ConstructorProperties({ "customerRequestDao" })
  public CustomerRequestServiceImpl(CustomerRequestDao customerRequestDao) {
    this.customerRequestDao = customerRequestDao;
  }

  public void setApplicationContext(ApplicationContext applicationContext)
      throws BeansException {
```

```
    this.applicationContext = applicationContext;
  }

  public void submitRequest(String requestType, String requestDescription) {
    CustomerRequestDetails customerRequestDetails = applicationContext
        .getBean(CustomerRequestDetails.class);
    customerRequestDetails.setType(requestType);
    customerRequestDetails.setDescription(requestDescription);
    customerRequestDao.submitRequest(customerRequestDetails);
  }
}
```

[예제 4-14]에서 setApplicationContext 메서드는 CustomerRequestServiceImpl 에 ApplicationContext 객체 인스턴스를 제공한다. 나중에 submitRequest 메서드에서 ApplicationContext 인스턴스를 사용해 스프링 컨테이너로부터 CustomerRequestDetails 객체 인스턴스를 얻는다.

ch04-bankapp-context-aware 프로젝트 BankApp의 main 메서드를 실행하면, submitRequest가 호출될 때마다 스프링 컨테이너로부터 매번 새로 CustomerRequest Details 객체를 얻어온다는 사실을 알 수 있다.

MyBank 애플리케이션이라는 맥락에서 빈이 다른 빈에 접근할 경우에 ApplicationContext Aware 인터페이스가 유용하다는 사실을 살펴봤다. Application ContextAware 인터페이스를 구현하는 방식의 단점은 이 방식이 여러분의 빈과 스프링 프레임워크를 결합시킨다는 데 있다. 빈 클래스와 스프링 프레임워크를 결합시키는 것을 피하고 싶지만, 여전히 스프링 컨테이너를 통해 다른 빈에 접근해야 한다면 스프링의 beans 스키마가 제공하는 <lookup-method> 나 <replaced-method> 엘리먼트를 통한 **메서드 주입** 기법을 사용한다.

먼저 <lookup-method> 엘리먼트부터 살펴보자.

IMPORT chapter 4/ch04-bankapp-lookup-method

이 프로젝트는 스프링 beans 스키마의 〈lookup-method〉 엘리먼트를 사용하는 MyBank 애플리케이션을 보여준다. 이 애플리케이션을 실행하려면 BankApp 클래스의 main 메서드를 실행한다.

4.5.2 <lookup-method> 엘리먼트

어떤 빈 클래스가 빈을 표현하는 타입을 반환하는 빈 검색 메서드bean lookup method를 정의한다면 `<lookup-method>` 엘리먼트를 사용해서 스프링에게 해당 메서드 구현을 제공하게 만들 수 있다. 스프링이 제공하는 메서드 구현은 스프링 컨테이너에서 빈 인스턴스를 가져와 반환한다.

`<lookup-method>`의 bean 속성은 검색할 빈의 이름을 지정하고, name 속성은 스프링이 구현을 제공할 메서드의 이름을 지정한다. 이때 빈 클래스는 **빈 검색 메서드**를 추상 메서드나 구체적인 메서드로 정의해야 한다는 점이 중요하다.

> **NOTE_** 빈 검색에 <lookup-method> 엘리먼트를 사용하는 방식을 '메서드 주입 기법'이라고 부른다. <lookup-method> 엘리먼트가 빈 클래스에 빈 검색 메서드를 주입해주기 때문이다.

[예제 4-14]에서는 `CustomerRequestServiceImpl`의 `submitRequest` 메서드가 호출될 때마다 새로운 `CustomerRequestDetails` 객체 인스턴스가 필요하다는 사실을 살펴봤다. 다음 예제는 **추상** 빈 검색 메서드인 `getCustomerRequestDetails`를 정의하는 `CustomerRequestServiceImpl` 클래스 변종을 보여준다. 이때 `getCustomerRequestDetails`의 반환 타입은 `CustomerRequestDetails`다. `submitRequest` 메서드는 `getCustomerRequestDetails` 메서드를 호출해서 새로운 `CustomerRequestDetails` 인스턴스를 얻는다.

예제 4-15 CustomerRequestServiceImpl 클래스 – 빈 검색 메서드 구현

```
#프로젝트 - ch04-bankapp-lookup-method
#src/main/java/sample/spring/chapter04/bankapp/service

package sample.spring.chapter04.bankapp.service;

public abstract class CustomerRequestServiceImpl implements CustomerRequestService {
  private CustomerRequestDao customerRequestDao;

  @ConstructorProperties({ "customerRequestDao" })
  public CustomerRequestServiceImpl(CustomerRequestDao customerRequestDao) {
    this.customerRequestDao = customerRequestDao;
  }
```

```
    public abstract CustomerRequestDetails getCustomerRequestDetails();

    @Override
    public void submitRequest(String requestType, String requestDescription) {
      // -- CustomerRequestDetails 객체에 내용을 넣고 저장한다
      CustomerRequestDetails customerRequestDetails = getCustomerRequestDetails();
      .....
    }
  }
```

여기서 getCustomerRequestDetails 메서드를 구체적인 메서드로 정의할 수도 있다는 사실을 알아두자. getCustomerRequestDetails 메서드를 스프링이 오버라이드하기 때문에 메서드 안에서 어떤 동작을 수행하든 아무 동작도 하지 않는 빈 메서드로 만들든 관계없다.

다음 예제는 CustomerRequestServiceImpl과 CustomerRequestDetails 클래스의 빈 정의를 보여준다.

예제 4-16 applicationContext.xml – 〈lookup-method〉 엘리먼트 사용

```
#프로젝트 - ch04-bankapp-lookup-method
#src/main/resources/META-INF/spring

<bean id="customerRequestService"
    class="sample.spring.chapter04.bankapp.service.CustomerRequestServiceImpl">
  <constructor-arg name="customerRequestDao" ref="customerRequestDao" />
  <lookup-method bean="customerRequestDetails" name="getCustomerRequestDetails"/>
</bean>
<bean id="customerRequestDetails"
    class="sample.spring.chapter04.bankapp.domain.CustomerRequestDetails"
    scope="prototype" />
```

이 예제에서 CustomerRequestServiceImpl 클래스에 대한 빈 정의에는 <lookup-method> 엘리먼트가 들어 있다. <lookup-method> 엘리먼트의 name 속성값은 getCustomerRequestDetails며, 이는 스프링이 getCustomerRequestDetails에 대한 검색 메서드 구현을 제공하도록 지시한다. <lookup-method> 엘리먼트의 bean 속성값은 customerRequestDetails이다. 이는 getCustomerRequestDetails 메서드 구현이 스프링 컨테이너에서 customerRequestDetails인 빈을 id(또는 name)로 받아서 반환한다는 뜻이다. customerRequest

Details 빈이 CustomerRequestDetails 객체를 표현하므로, getCustomerRequestDetails 메서드 구현은 CustomerRequestDetails 객체를 반환한다.

[예제 4-15]에서 CustomerRequestServiceImpl의 submitRequest 메서드는 getCustomerRequestDetails 빈 검색 메서드를 호출해서 CustomerRequestDetails 인스턴스를 얻는다. CustomerRequestDetails가 XML 파일(예제 4-16 참조)에서 프로토타입 빈으로 정의되어 있으므로, submitRequest 메서드를 호출할 때마다 새로운 CustomerRequestDetails 객체 인스턴스를 스프링 컨테이너로부터 얻어서 돌려준다.

<lookup-method> 엘리먼트가 CustomerRequestServiceImpl의 getCustomerRequestDetails 메서드 구현을 제대로 제공하는지 검사하기 위해, BankApp의 main 메서드는 CustomerRequestServiceImpl 인스턴스를 스프링 컨테이너로부터 얻어 인스턴스의 submitRequest 메서드를 여러 번 호출한다. submitRequest 메서드를 호출할 때마다 새로운 CustomerRequestDetails 인스턴스가 생긴다. 이는 <lookup-method> 엘리먼트가 getCustomerRequestDetails 메서드 구현을 제대로 제공한다는 뜻이다.

다음 예제는 CustomerRequestServiceImpl 인스턴스의 submitRequest 메서드를 여러 번 호출하는 BankApp 애플리케이션의 main 메서드를 보여준다.

예제 4-17 BankApp 클래스

```
#프로젝트 - ch04-bankapp-lookup-method
#src/main/java/sample/spring/chapter04/bankapp

package sample.spring.chapter04.bankapp;
.....
public class BankApp {
  private static Logger logger = LogManager.getLogger(BankApp.class);

  public static void main(String args[]) throws Exception {
    ApplicationContext context = new ClassPathXmlApplicationContext(
      "classpath:META-INF/spring/applicationContext.xml");
    .....
    logger.info("Beginning with accessing CustomerRequestService");
    CustomerRequestService customerRequestService_1 = context
        .getBean(CustomerRequestService.class);
    customerRequestService_1.submitRequest("checkBookRequest",
        "Request to send a 50-leaf check book");
```

```
        customerRequestService_1.submitRequest("checkBookRequest",
            "Request to send a 100-leaf check book");
        .....
        logger.info("Done with accessing CustomerRequestService");
    }
}
```

이 BankApp의 main 메서드를 호출하면 콘솔에서 다음과 같은 출력을 볼 수 있다.

```
Beginning with accessing CustomerRequestService
Created CustomerRequestDetails instance
Created CustomerRequestDetails instance
.....
Done with accessing CustomerRequestService
```

'Created.....' 메시지는 각각의 빈 클래스 생성자가 출력하는 메시지다. 이 출력을 보면 CustomerRequestServiceImpl의 submitRequest 메서드가 호출될 때마다 스프링 컨테이너가 새 CustomerRequestDetails 인스턴스를 생성한다는 사실을 알 수 있다.

스프링 컨테이너가 빈 검색 메서드 구현을 제공하기 때문에 빈 검색 메서드의 시그니처에 몇 가지 제약이 존재한다. 예를 들어 빈 검색 메서드는 반드시 public이나 protected로 정의하고 어떤 인수도 받으면 안 된다. 실행 시점에 스프링이 빈 검색 메서드 구현을 제공하려면 빈 검색 메서드가 정의된 클래스의 하위 클래스를 만들어야 한다. 따라서 빈 클래스와 빈 검색 메서드는 final이 아니어야 한다.

> **NOTE_** 실행 시점에 스프링이 빈 검색 메서드 구현을 제공하려면 빈 검색 메서드를 포함하는 빈 클래스의 하위 클래스를 만들어야 한다. 이를 위해 스프링은 CGLIB (http://cglib.sourceforge.net/) 라이브러리를 사용해 빈 클래스의 하위 클래스를 만든다. 스프링 3.2부터는 spring-core JAR 파일 내부에 CGLIB이 함께 패키징된다. 따라서 명시적으로 CGLIB JAR 파일에 대한 의존 관계를 프로젝트에 기술할 필요가 없다.

<lookup-method> 엘리먼트 대신 스프링 beans 스키마에 정의된 <replaced-method> 엘리먼트를 사용해서 스프링 컨테이너로부터 빈을 가져올 수도 있다.

IMPORT chapter 4/ch04-bankapp-replaced-method

이 프로젝트는 스프링 beans 스키마의 <replaced-method> 엘리먼트를 사용하는 MyBank 애플리케이션을 보여준다. 이 애플리케이션을 실행하려면 BankApp 클래스의 main 메서드를 실행한다.

<replaced-method> 엘리먼트

<replaced-method> 엘리먼트를 사용하면 빈 클래스에 있는 아무 메서드나 다른 구현으로 대체할 수 있다. 다음 예제는 <replaced-method> 엘리먼트의 사용 방법을 보여주는 CustomerRequestServiceImpl 변종 클래스다.

예제 4-18 CustomerRequestServiceImpl 클래스

```
#프로젝트 - ch04-bankapp-replaced-method
#src/main/java/sample/spring/chapter04/bankapp/service

package sample.spring.chapter04.bankapp.service;
.....
public class CustomerRequestServiceImpl implements CustomerRequestService {
  private CustomerRequestDao customerRequestDao;
  .....
  public Object getMyBean(String beanName) {
    return null;
  }

  @Override
  public void submitRequest(String requestType, String requestDescription) {
    // -- CustomerRequestDetails 객체에 내용을 넣고 저장한다
    CustomerRequestDetails customerRequestDetails =
        (CustomerRequestDetails) getMyBean("customerRequestDetails");
    customerRequestDetails.setType(requestType);
    customerRequestDetails.setDescription(requestDescription);
    customerRequestDao.submitRequest(customerRequestDetails);
  }
}
```

이 예제는 getMyBean 메서드를 정의하는 CustomerRequestServiceImpl 클래스를 보여준다. 여기서 getMyBean 메서드는 빈 이름을 인수로 받고 이름에 대응하는 빈 인스턴스를 반환하는 대신 null을 반환한다. submitRequest 메서드는 getMyBean 메서드에 빈 이

름(customerRequestDetails)을 인수로 넘기고, getMyBean 메서드가 customerRequestDetails 빈 인스턴스를 반환한다고 가정한다. <replaced-method> 엘리먼트를 사용하면 getMyBean을 오버라이드해서 인수로 받은 빈 이름에 해당하는 빈 인스턴스를 반환할 수 있다.

<replaced-method> 엘리먼트에는 오버라이드 대상 메서드의 정보(여기서는 CustomerRequestServiceImpl의 getMyBean 메서드)와 대상 메서드를 오버라이드할(대체할) 메서드의 정보가 필요하다. 오버라이드할 메서드는 스프링의 MethodReplacer 인터페이스를 구현하는 클래스가 제공한다. 다음 예제는 MethodReplacer 인터페이스를 구현하는 MyMethodReplacer 클래스다.

예제 4-19 MyMethodReplacer 클래스

```
#프로젝트 - ch04-bankapp-replaced-method
#src/main/java/sample/spring/chapter04/bankapp/service

package sample.spring.chapter04.bankapp.service;
import org.springframework.beans.factory.support.MethodReplacer;
import org.springframework.context.ApplicationContextAware;

public class MyMethodReplacer implements MethodReplacer, ApplicationContextAware {
  private ApplicationContext applicationContext;

  @Override
  public Object reimplement(Object obj, Method method, Object[] args) throws Throwable {
    return applicationContext.getBean((String) args[0]);
  }

  @Override
  public void setApplicationContext(ApplicationContext applicationContext)
      throws BeansException {
    this.applicationContext = applicationContext;
  }
}
```

스프링 MethodReplacer 인터페이스는 reimplement 메서드를 정의하고, 메서드에 대한 구현은 MyMethodReplacer 클래스가 제공한다. reimplement 메서드는 오버라이드할 메서드를 표현한다. MyMethodReplacer 클래스의 reimplement 메서드가 스프링 컨테이너로부터 인스턴스를 얻기 위해 스프링 ApplicationContext 객체를 사용하므로 MyMethodReplacer는 스프

링의 ApplicationContextAware도 구현한다.

reimplement 메서드가 인수로 받는 정보는 다음과 같다.

- Object obj – 메서드를 오버라이드할 대상 객체. 본 예제에서 obj 객체는 CustomerRequestService Impl 객체다.
- Method method – reimplement 메서드가 오버라이드할 빈 메서드. 본 예제에서는 Customer RequestServiceImpl의 getMyBean 메서드다.
- Object[] args – 오버라이드할 대상 메서드에 전달된 인수. 본 예제에서 args는 CustomerRequest ServiceImpl의 getMyBean 메서드에 전달된 인수를 표현한다. [예제 4-19]의 reimplement 안에서 args[0]은 CustomerRequestServiceImpl의 getMyBean 메서드에 전달된 빈 이름 인수를 가리킨다.

이제 [예제 4-19]에서 MyMethodReplacer의 reimplement를 보면 메서드가 args 인수를 사용해 CustomerRequestServiceImpl의 getMyBean에 전달된 빈 이름을 얻는다는 사실을 알 수 있다. 그 후 reimplement는 ApplicationContext의 getBean 메서드를 호출해 이름이 일치하는 빈 인스턴스를 얻는다. MyMethodReplacer의 reimplement가 Customer RequestServiceImpl의 getMyBean을 오버라이드하므로, 실행 시점에 getMyBean을 호출하면 getMyBean에 전달한 이름과 같은 이름의 빈 인스턴스를 반환받는다.

다음 예제를 보면 알 수 있듯이, <replaced-method> 엘리먼트는 스프링이 MyMethodReplacer의 reimplement 메서드를 사용해 CustomerRequestServiceImpl의 getMyBean 메서드를 오버라이드하도록 지시한다.

예제 4-20 applicationContext.xml – <replaced-method> 엘리먼트 사용

```
#프로젝트 - ch04-bankapp-replaced-method
#src/main/resources/META-INF/spring

<bean id="customerRequestService"
   class="sample.spring.chapter04.bankapp.service.CustomerRequestServiceImpl">
  <constructor-arg name="customerRequestDao" ref="customerRequestDao" />
  <replaced-method name="getMyBean" replacer="methodReplacer" />
</bean>

<bean id="methodReplacer"
   class="sample.spring.chapter04.bankapp.service.MyMethodReplacer" />
```

[예제 4-20]은 MyMethodReplacer와 CustomerRequestServiceImpl 클래스의 빈 정의를 보여준다. <replaced-method> 엘리먼트의 name 속성은 오버라이드하려는 메서드의 이름을 지정하고, replacer 속성은 MethodReplacer 인터페이스를 정의하는 빈에 대한 참조를 지정한다. name 속성이 지정하는 메서드는 replacer 속성이 참조하는 빈의 reimplement 메서드에 의해 오버라이드된다.

ch04-bankapp-replaced-method 프로젝트의 BankApp 클래스는 [예제 4-17]에서 본 ch04-bankapp-lookup-method 프로젝트의 BankApp 클래스와 같다. BankApp의 main 메서드를 실행하면 <replace-method>가 CustomerRequestServiceImpl의 getMyBean을 MyMethodReplacer의 reimplement 메서드로 오버라이드하는 모습을 볼 수 있다. 그로 인해 CustomerRequestServiceImpl의 submitRequest가(예제 4-17 참조) 호출될 때마다 스프링 컨테이너가 새로운 CustomerRequestDetails 인스턴스를 돌려주는 것을 알 수 있다.

여기서 <replace-method>를 사용해 빈 클래스의 추상abstract 메서드나 구체적인 메서드를 다른 메서드 구현으로 대체할 수 있다는 점을 잘 알아둬야 한다. 예를 들어 getMyBean 메서드를 abstract로 선언하고 <replace-method>를 이번 절에서 사용한 방식과 똑같이 써도 제대로 오버라이딩된다.

이제 <replace-method> 엘리먼트가 어떻게 오버라이드 대상 메서드를 유일하게 찾아내는지 알아보자.

4.5.3 빈 메서드의 유일성

<replace-method> 엘리먼트로 대치하고 싶은 빈 메서드를 이름만 가지고 유일하게 식별할 수 없는 상황도 있다. 예를 들어 다음 예제는 오버로드한 perform 메서드가 존재하는 빈 클래스다.

예제 4-21 빈 클래스에 오버로드한 메서드가 있는 경우

```
public class MyBean {
  public void perform(String task1, String task2) { ..... }
  public void perform(String task) { ..... }
  public void perform(MyTask task) { ..... }
}
```

이 예제에서 MyBean 클래스에는 perform 메서드가 여럿 존재한다. 오버라이드할 대상 메서드를 유일하게 식별하기 위해 <replaced-method> 안에 <arg-type> 하위 엘리먼트를 사용해서 메서드 인수 타입을 지정할 수 있다. 예를 들어 다음 예제는 <replaced-method> 엘리먼트를 사용해 MyBean 클래스의 perform(String, String)를 오버라이드해야 한다고 지정한다.

예제 4-22 〈replaced-method〉에서 〈arg-type〉 하위 엘리먼트 사용하기

```
<bean id="mybean" class="MyBean">
  <replaced-method name="perform" replacer=".....">
    <arg-type>java.lang.String</arg-type>
    <arg-type>java.lang.String</arg-type>
  </replaced-method>
</bean>
```

<arg-type>값으로 인수 타입의 전체 이름을 지정하는 대신 전체 이름의 부분 문자열을 지정해도 된다. 예를 들어 [예제 4-22]의 <arg-type> 엘리먼트 내부의 값으로 java.lang.String 대신 Str이나 String을 써도 된다.

이제는 XML 파일에 빈 의존 관계를 지정하는 노력을 줄여주는 스프링의 자동 연결 기능을 살펴보자.

4.6 의존 관계 자동 연결

스프링은 <property>나 <constructor-arg> 엘리먼트를 사용해 빈 의존 관계를 직접 지정할 수 있고, 자동으로 빈 의존 관계를 해결하게 만들 수도 있다. 의존 관계를 스프링이 자동으로 해결하는 과정을 '자동 연결'이라고 부른다.

IMPORT chapter 4/ch04-bankapp-autowiring

이 프로젝트는 의존 관계 주입을 위해 스프링 자동 연결 기능을 사용하는 MyBank 애플리케이션을 보여준다. 이 애플리케이션을 실행하려면 BankApp 클래스의 main 메서드를 실행한다. 〈bean〉 엘리먼트의 autowire 속성은 스프링이 빈의 의존 관계를 자동으로 해결하는 방법을 지정한다. 여러분은 default, byName, byType, constructor, no 중 하나를 autowire 속성값으로 지정할 수 있다. 각 속성값이 어떤 역할을 하는지 자세히 살펴보자.

NOTE_ 자식 빈 정의가 <bean> 엘리먼트의 autowire 속성을 상속하지 않는다는 점에 유의하자.

4.6.1 byType

autowire값을 byType으로 설정하면 스프링은 타입을 바탕으로 빈 프로퍼티를 자동 연결한다. 예를 들어 빈 A가 X 타입의 프로퍼티를 정의한다면 스프링은 ApplicationContext에서 X 타입의 빈을 찾아 A에 주입한다. MyBank 애플리케이션에서 byType 자동 연결을 사용하는 예를 살펴보자.

예제 4-23 CustomerRegistrationServiceImpl 클래스

```
#프로젝트 - ch04-bankapp-autowiring
#src/main/java/sample/spring/chapter04/bankapp/service

package sample.spring.chapter04.bankapp.service;

public class CustomerRegistrationServiceImpl implements CustomerRegistrationService {

  private CustomerRegistrationDetails customerRegistrationDetails;
  private CustomerRegistrationDao customerRegistrationDao;
  ....
  public void setCustomerRegistrationDetails(
      CustomerRegistrationDetails customerRegistrationDetails) {
    this.customerRegistrationDetails = customerRegistrationDetails;
  }
  public void setCustomerRegistrationDao(
      CustomerRegistrationDao customerRegistrationDao) {
    this.customerRegistrationDao = customerRegistrationDao;
  }
  .....
}
```

이 예제는 CustomerRegistrationServiceImpl 클래스가 CustomerRegistrationDetails와 CustomerRegistrationDao를 의존 관계로 정의한 모습이다.

다음 예제는 CustomerRegistrationServiceImpl, CustomerRegistrationDetails, Custo merRegistrationDaoImpl(CustomerRegistrationDao 인터페이스의 구현) 클래스의 빈 정의를 보여준다.

예제 4-24 applicationContext.xml - byType 자동 연결 설정

```
#프로젝트 - ch04-bankapp-autowiring
#src/main/resources/META-INF/spring

<bean id="customerRegistrationService"
    class="sample.spring.chapter04.bankapp.service.CustomerRegistrationServiceImpl"
    scope="prototype" autowire="byType" />
<bean id="customerRegistrationDetails"
    class="sample.spring.chapter04.bankapp.domain.CustomerRegistrationDetails"
    scope="prototype" />
<bean id="customerRegistrationDao"
    class="sample.spring.chapter04.bankapp.dao.CustomerRegistrationDaoImpl" />
```

이 예제의 customerRegistrationService 빈 정의에는 customerRegistrationDetails나 customerRegistrationDao 프로퍼티(예제 4-23 참조)를 설정하는 <property> 엘리먼트가 없다. 그 대신 <bean> 엘리먼트의 autowire 프로퍼티값을 byType으로 설정함으로써 타입을 바탕으로 하여 스프링이 customerRegistrationService 빈의 의존 관계를 자동으로 해결해야 한다고 지정한다. 스프링은 ApplicationContext에서 CustomerRegistrationDetails, CustomerRegistrationDaoImpl 타입의 빈을 찾아 customerRegistrationService 빈에 주입한다.

스프링이 ApplicationContext 안에서 프로퍼티 타입과 일치하는 타입의 빈을 찾지 못할 수도 있다. 이런 경우 예외가 발생하지 않으며 빈 프로퍼티는 설정되지 않는다. 예를 들어 어떤 빈에 Y 타입의 x 프로퍼티 정의가 들어 있는데 ApplicationContext에 Y 타입의 빈이 등록되어 있지 않다면 x 프로퍼티값은 설정되지 않는다.

스프링이 ApplicationContext 안에서 프로퍼티 타입과 일치하는 타입의 빈을 둘 이상 찾는 경우에는 예외가 발생한다. 이 경우 자동 연결 기능을 사용하기보다는 <property> 엘리먼트를 사용해 빈 의존 관계를 명시하거나, <bean> 엘리먼트의 primary 속성값을 true로 설정해서 해당 빈을 자동 연결 시 제1후보[primary candidate]로 만들어야 한다.

4.6.2 constructor

autowire값을 constructor로 설정하면 스프링은 타입을 바탕으로 빈의 생성자 인수를 자동 연결한다. 예를 들어 빈 A의 생성자가 X와 Y 타입의 인수를 받는다면 스프링은 ApplicationContext에서 X와 Y 타입의 빈을 찾아 A의 생성자에 주입한다. constructor 자동 연결을 사용하는 예를 살펴보자.

다음 예제는 MyBank의 CustomerRequestServiceImpl 클래스다.

예제 4-25 CustomerRequestServiceImpl 클래스

```
#프로젝트 - ch04-bankapp-autowiring
#src/main/java/sample/spring/chapter04/bankapp/service

package sample.spring.chapter04.bankapp.service;

public class CustomerRequestServiceImpl implements CustomerRequestService {
  private CustomerRequestDetails customerRequestDetails;
  private CustomerRequestDao customerRequestDao;

  @ConstructorProperties({ "customerRequestDetails", "customerRequestDao" })
  public CustomerRequestServiceImpl(CustomerRequestDetails customerRequestDetails,
                    CustomerRequestDao customerRequestDao) {
    this.customerRequestDetails = customerRequestDetails;
    this.customerRequestDao = customerRequestDao;
  }
  .....
}
```

CustomerRequestServiceImpl 클래스에는 CustomerRequestDetails와 CustomerRequestDao 타입의 인수를 받는 생성자가 있다.

다음 예제는 CustomerRequestServiceImpl, CustomerRequestDetails, CustomerRequestDaoImpl(CustomerRequestDao 인터페이스의 구현) 클래스의 빈 정의를 보여준다.

예제 4-26 applicationContext.xml – constructor 자동 연결 설정

```
#프로젝트 - ch04-bankapp-autowiring
#src/main/resources/META-INF/spring
```

```
<bean id="customerRequestService"
    class="sample.spring.chapter04.bankapp.service.CustomerRequestServiceImpl"
    autowire="constructor">
</bean>
<bean id="customerRequestDetails"
    class="sample.spring.chapter04.bankapp.domain.CustomerRequestDetails"
    scope="prototype" />
<bean id="customerRequestDao"
    class="sample.spring.chapter04.bankapp.dao.CustomerRequestDaoImpl" />
```

이 예제에서 customerRequestService 빈 정의는 autowire 속성값을 constructor로 지정해서, 스프링이 ApplicationContext에서 CustomerRequestDetails와 CustomerRequestDao 타입의 빈을 찾아내 CustomerRequestServiceImpl 클래스 생성자의 인수로 넘기도록 지정한다. customerRequestDetails와 customerRequestDao 빈의 타입이 CustomerRequestDetails와 CustomerRequestDao이므로, 스프링은 2개의 빈 인스턴스를 CustomerRequestServiceImpl 클래스의 생성자에게 자동으로 주입한다.

스프링이 ApplicationContext 안에서 생성자 인수 타입과 일치하는 타입의 빈을 찾지 못할 경우 생성자 인수가 설정되지 않는다. 그리고 스프링이 ApplicationContext 안에서 생성자 인수 타입과 일치하는 타입의 빈을 둘 이상 찾는 경우 예외가 발생한다. 이러한 때는 <constructor-arg> 엘리먼트를 사용하여 빈 의존 관계를 명시하거나, <bean> 엘리먼트의 primary 속성값을 true로 설정하여 해당 빈을 자동 연결 시 제1후보primary candidate로 만들어야 한다.

4.6.3 byName

autowire값을 byName으로 설정하면, 스프링은 이름을 가지고 빈의 프로퍼티를 자동 연결한다. 예를 들어 빈 A에 X 프로퍼티가 있다면, 스프링은 ApplicationContext에서 X라는 이름의 빈을 찾아 A의 'X' 프로퍼티에 주입한다. byName 자동 연결을 사용하는 예를 살펴보자.

다음 예제는 MyBank의 FixedDepositServiceImpl 클래스를 보여준다.

예제 4-27 FixedDepositServiceImpl 클래스

```
#프로젝트 - ch04-bankapp-autowiring
#src/main/java/sample/spring/chapter04/bankapp/service

package sample.spring.chapter04.bankapp.service;
import sample.spring.chapter04.bankapp.dao.FixedDepositDao;
import sample.spring.chapter04.bankapp.domain.FixedDepositDetails;

public class FixedDepositServiceImpl implements FixedDepositService {
  private FixedDepositDao myFixedDepositDao;

  public void setMyFixedDepositDao(FixedDepositDao myFixedDepositDao) {
    this.myFixedDepositDao = myFixedDepositDao;
  }
  .....
}
```

이 예제에서 FixedDepositServiceImpl 클래스에는 FixedDepositDao 타입의 myFixedDepositDao 프로퍼티가 있다.

다음 예제는 FixedDepositServiceImpl, FixedDepositDaoImpl(FixedDepositDao 인터페이스의 구현) 클래스의 빈 정의를 보여준다.

예제 4-28 applicationContext.xml – byName 자동 연결 설정

```
#프로젝트 - ch04-bankapp-autowiring
#src/main/resources/META-INF/spring

<bean id="fixedDepositService"
    class="sample.spring.chapter04.bankapp.service.FixedDepositServiceImpl"
    autowire="byName" />
<bean id="myFixedDepositDao"
    class="sample.spring.chapter04.bankapp.dao.FixedDepositDaoImpl" />
```

이 예제에서 fixedDepositService 빈 정의의 autowire 속성값은 byName이다. 이는 스프링이 fixedDepositService 빈의 프로퍼티 이름을 가지고 의존 관계를 자동으로 해결한다는 뜻이다. [예제 4-27]에 FixedDepositServiceImpl 클래스의 myFixedDepositDao 프로퍼티 정의가 들어 있었다. 따라서 스프링은 myFixedDepositDao 빈 인스턴스를 fixedDepositService 빈의 프로퍼티로 주입한다.

4.6.4 default/no

autowire값을 default나 no로 설정하면 해당 빈에 대한 자동 연결이 비활성화된다. 스프링의 디폴트 동작이 빈에 대한 자동 연결을 사용하지 않는 것이므로, autowire 속성값을 default로 설정하거나 no로 설정하는 것은 빈을 자동 연결하지 않겠다는 뜻이다.

<beans> 엘리먼트의 default-autowire 속성값을 바꾸면 디폴트 자동 연결 방식을 변경할 수 있다. 예를 들어 default-autowire 속성값을 byType으로 지정하면, 이는 XML 파일에서 <beans> 안에 들어 있는 모든 <bean>의 autowire 속성값을 byType으로 지정하는 것과 같다. 각 빈은 autowire 속성값을 정의함으로써 default-autowire값을 오버라이드할 수 있다. 예를 들어 <beans>의 default-autowire 속성값이 byType이라고 해도, 빈이 autowire값을 no로 설정하면 자신의 프로퍼티에 대한 자동 연결을 사용하지 않게 막을 수 있다.

지금까지 스프링에서 빈을 자동 연결하는 다양한 방법에 대해 살펴봤다. 이제 <bean> 엘리먼트의 autowire-candidate 속성을 이용해 빈을 자동 연결 목적에 사용하지 못하도록 막는 방법을 살펴보자.

4.6.5 빈을 자동 연결에 사용하지 못하게 막기

스프링 컨테이너의 기본 동작은 모든 빈을 자동 연결에 사용하는 것이다. <bean> 엘리먼트의 autowire-candidate 속성을 false로 설정하면 해당 빈은 다른 빈을 자동 연결할 때 사용하지 못하게 막을 수 있다.

MyBank 애플리케이션에서 AccountStatementServiceImpl 클래스에는 AccountStatementDao 타입의 프로퍼티 정의가 들어 있다. 다음 예제는 AccountStatementServiceImpl 클래스를 보여준다.

예제 4-29 AccountStatementServiceImpl 클래스

```
#프로젝트 - ch04-bankapp-autowiring
#src/main/java/sample/spring/chapter04/bankapp/service

package sample.spring.chapter04.bankapp.service;
import sample.spring.chapter04.bankapp.dao.AccountStatementDao;
import sample.spring.chapter04.bankapp.domain.AccountStatement;
```

```
public class AccountStatementServiceImpl implements AccountStatementService {
  private AccountStatementDao accountStatementDao;

  public void setAccountStatementDao(AccountStatementDao accountStatementDao) {
    this.accountStatementDao = accountStatementDao;
  }
  .....
}
```

다음 예제는 AccountStatementServiceImpl과 AccountStatementDaoImpl(AccountStatementDao 인터페이스를 구현) 클래스의 빈 정의를 보여준다.

예제 4-30 applicationContext.xml – autowire-candidate 속성

```
#프로젝트 - ch04-bankapp-autowiring
#src/main/resources/META-INF/spring

<bean id="accountStatementService"
    class="sample.spring.chapter04.bankapp.service.AccountStatementServiceImpl"
    autowire="byType" />

<bean id="accountStatementDao"
    class="sample.spring.chapter04.bankapp.dao.AccountStatementDaoImpl"
    autowire-candidate="false" />
```

이 예제에서 accountStatementService 빈 정의는 autowire 속성값을 byType으로 지정한다. 이는 accountStatementService 빈의 AccountStatementDao 프로퍼티를 스프링이 자동 연결한다는 뜻이다. 이때 accountStatementDao 빈의 타입이 AccountStatementDao이므로 여러분은 스프링이 accountStatementDao 빈 인스턴스를 accountStatementService 빈에 주입할 것이라고 예상할 수 있다. 하지만 accountStatementDao의 autowire-candidate 속성값이 false이므로 스프링은 자동 연결 시 accountStatementDao 빈을 고려하지 않는다.

> **NOTE_** 자기 자신을 다른 빈의 자동 연결 대상으로 제공하지 않는 빈이라 하더라도 스프링 자동 연결을 사용해 자신의 의존 관계를 자동으로 해결할 수 있다는 사실에 유의하자.

앞에서 언급했던 것처럼, 스프링의 디폴트 동작은 빈 자동 연결을 위해 사용한다. 어떤 그룹에 속하는 빈만 자동 연결에 사용하고 싶다면 <beans> 엘리먼트의 default-autowire-candidates 속성을 설정한다. default-autowire-candidates 속성에는 빈 이름 패턴을 지정할 수 있고, 이 패턴과 이름이 일치하는 빈을 자동 연결에 사용할 수 있도록 만든다. 다음 예제는 default-autowire-candidates 속성 사용법이다.

예제 4-31 default-autowire - candidates 속성 예제

```
<beans default-autowire-candidates="*Dao" >
.....
<bean id="customerRequestDetails"
   class="sample.spring.chapter04.bankapp.domain.CustomerRequestDetails"
   scope="prototype" autowire-candidate="true"/>

<bean id="customerRequestDao"
   class="sample.spring.chapter04.bankapp.dao.CustomerRequestDaoImpl" />

<bean id="customerRegistrationDao"
   class="sample.spring.chapter04.bankapp.dao.CustomerRegistrationDaoImpl" />
.....
</beans>
```

이 예제의 default-autowire-candidates 속성값은 *Dao다. 이는 이름이 Dao로 끝나는 빈(예를 들면 customerRequestDao나 customerRegistrationDao와 같은 빈)만 자동 연결에 사용된다는 뜻이다. 빈 이름이 default-autowire-candidates 속성에서 지정하는 패턴과 일치하지 않는 경우(예를 들어 customerRequestDetails 빈)라도 <bean>의 autowire-candidate 속성을 true로 설정하면 해당 빈을 자동 연결에 사용한다.

이제 애플리케이션에서 자동 연결의 한계를 살펴보자.

4.6.6 자동 연결의 한계

우리는 자동 연결이 <property>나 <constructor-arg> 엘리먼트를 사용해 빈 의존 관계를 명시하는 수고를 덜어준다는 사실을 살펴봤다. 자동 연결 기능의 한계는 다음과 같다.

- 생성자 인수나 프로퍼티의 타입이 단순한 자바 타입(int, long, boolean, String, Date 등)인 경우 자동 연결을 사용할 수 없다. autowire 속성값을 byType이나 constructor로 지정하면 배열이나 타입이 있는 컬렉션, 맵 등을 자동 연결할 수 있다.

* 빈 의존 관계를 스프링이 자동으로 해결하기 때문에 애플리케이션의 전체 구조가 감춰진다. 빈 사이의 의존 관계를 지정하기 위해 〈property〉나 〈constructor-arg〉를 사용하면 애플리케이션의 전체 구조를 명시적으로 문서화하는 효과가 있다. 빈 사이의 의존 관계가 명시적으로 문서화된 애플리케이션은 더 쉽게 이해하고 유지 보수할 수 있다. 이런 이유로 대규모 애플리케이션에서는 자동 연결을 권장하지 않는다.

4.7 요약

이번 장에서는 스프링이 다양한 의존 관계 주입을 어떻게 처리하는지 살펴봤다. `ApplicationContextAware` 인터페이스를 사용하는 방법과 `<bean>`의 하위 엘리먼트인 `<replaced-method>`나 `<lookup-method>`를 사용해 `ApplicationContext`에서 빈 인스턴스를 프로그램을 통해 가져오는 방법을 알아봤다. 그리고 스프링의 자동 연결 기능이 XML 파일에 명시적으로 의존 관계를 기술하기 위한 수고를 덜어줄 수 있다는 점도 살펴봤다. 다음 장에서는 빈이나 빈 정의를 원하는 대로 커스텀화하는 방법을 살펴본다.

CHAPTER 5

빈과 빈 정의 커스텀화하기

5.1 소개

지금까지 스프링 컨테이너가 XML 파일에 지정된 빈 정의로 빈 인스턴스를 만드는 예제를 살펴봤다. 이번 장에서는 한 단계 더 나아가보자.

- 빈에 커스텀 초기화와 정리(파괴) 로직을 넣는 방법
- 스프링 BeanPostProcessor 인터페이스를 구현해 새로 생성된 빈 인스턴스와 상호 작용하는 방법
- 스프링 BeanFactoryPostProcessor 인터페이스를 구현해 빈 정의를 변경하는 방법

5.2 빈의 초기화와 정리 로직 커스텀화하기

앞장에서 스프링 컨테이너는 빈 인스턴스 생성과 의존 관계 주입을 책임졌다. 스프링 컨테이너는 빈 클래스의 생성자를 호출해서 빈을 생성한다. 그 후 빈의 세터 메서드를 호출해서 빈 프로퍼티를 설정한다. 빈 프로퍼티가 설정된 후 스프링 컨테이너가 빈을 완전히 초기화하기 전에 커스텀 초기화 로직(파일을 열거나 데이터베이스 연결을 여는 등)을 실행하려면 초기화 메서드의 이름을 `<bean>` 엘리먼트의 `init-method` 속성값으로 지정한다. 또한 빈 인스턴스를 포함한 스프링 컨테이너가 제거되기 직전에 커스텀 정리 로직을 실행하려면 `<bean>` 엘리먼트의 `destroy-method` 속성값에 원하는 정리 메서드의 이름을 지정한다.

IMPORT chapter 5/ch05-bankapp-customization

이 프로젝트는 <bean> 엘리먼트의 init-method와 destroy-method 속성을 사용해 커스텀 초기화와 정리 메서드를 지정하는 MyBank 애플리케이션을 보여준다. 초기화 메서드가 실행되는지 테스트하려면 이 프로젝트의 main 메서드(BankApp 클래스)를 실행한다. 정리 메서드가 실행되는지 테스트하려면 이 프로젝트의 BankAppWithHook 클래스에 main 메서드를 실행한다.)

다음 예제인 FixedDepositDaoImpl 클래스에는 데이터베이스에 연결하기 위한 초기화 메서드 initializeDbConnection과 연결을 해제하는 releaseDbConnection 메서드가 있다.

예제 5-1 FixedDepositDaoImpl 클래스 - 커스텀 초기화와 정리 로직

```
#프로젝트 - ch05-bankapp-customization
#src/main/java/sample/spring/chapter05/bankapp/dao

package sample.spring.chapter05.bankapp.dao;

public class FixedDepositDaoImpl implements FixedDepositDao {
  private static Logger logger = LogManager.getLogger(FixedDepositDaoImpl.class);
  private DatabaseConnection connection;

  public FixedDepositDaoImpl() {
    logger.info("FixedDepositDaoImpl's constructor invoked");
  }

  public void initializeDbConnection() {
    logger.info("FixedDepositDaoImpl's initializeDbConnection method invoked");
    connection = DatabaseConnection.getInstance();
  }

  public boolean createFixedDeposit(FixedDepositDetails fixedDepositDetails) {
    logger.info("FixedDepositDaoImpl's createFixedDeposit method invoked");
    // -- 정기 예금을 저장하고 true를 반환한다
    return true;
  }

  public void releaseDbConnection() {
    logger.info("FixedDepositDaoImpl's releaseDbConnection method invoked");
    connection.releaseConnection();
  }
}
```

[예제 5-1]에서는 DatabaseConnection 객체를 사용해 MyBank의 데이터베이스와 상호 작용한다. FixedDepositDaoImpl 클래스에는 DatabaseConnection 객체를 초기화하는 initializeDbConnection 메서드가 있다 초기화된 DatabaseConnection 객체는 createFixedDeposit 메서드를 사용해 정기 예금의 상세 정보를 MyBank의 데이터베이스에 저장한다.

다음 예제에서 FixedDepositServiceImpl 클래스는 FixedDepositDaoImpl 인스턴스를 사용해 새로운 정기 예금을 만든다.

예제 5-2 FixedDepositServiceImpl 클래스 – 커스텀 초기화와 정리 로직

```
#프로젝트 - ch05-bankapp-customization
#src/main/java/sample/spring/chapter05/bankapp/service

package sample.spring.chapter05.bankapp.service;

public class FixedDepositServiceImpl implements FixedDepositService {
  private static Logger logger = LogManager.getLogger(FixedDepositServiceImpl.
class);
  private FixedDepositDao myFixedDepositDao;

  public void setMyFixedDepositDao(FixedDepositDao myFixedDepositDao) {
    logger.info("FixedDepositServiceImpl's setMyFixedDepositDao method invoked");
    this.myFixedDepositDao = myFixedDepositDao;
  }

  @Override
  public void createFixedDeposit(FixedDepositDetails fixedDepositDetails)
      throws Exception {
    // -- 정기 예금을 만든다
    myFixedDepositDao.createFixedDeposit(fixedDepositDetails);
  }
}
```

이 예제에서 FixedDepositServiceImpl은 FixedDepositDaoImpl에 의존한다. 의존 관계는 setMyFixedDepositDao 세터 메서드에 전달된다. 그리고 FixedDepositServiceImpl의 createFixedDeposit 메서드를 호출한 결과는 FixedDepositDaoImpl의 createFixedDeposit을 호출한 결과라는 사실을 알 수 있다.

다음 예제는 FixedDepositDaoImpl과 FixedDepositServiceImpl 클래스의 빈 정의를 보여준다.

예제 5-3 applicationContext.xml – init-method와 destroy-method 속성 사용법

```
#프로젝트 - ch05-bankapp-customization
#src/main/resources/META-INF/spring

<beans .....>
<bean id="fixedDepositService"
    class="sample.spring.chapter05.bankapp.service.FixedDepositServiceImpl">
  <property name="myFixedDepositDao" ref="myFixedDepositDao" />
</bean>
<bean id="myFixedDepositDao"
    class="sample.spring.chapter05.bankapp.dao.FixedDepositDaoImpl"
    init-method="initializeDbConnection" destroy-method="releaseDbConnection" />
</beans>
```

이 예제는 FixedDepositDaoImpl에 해당하는 <bean> 엘리먼트가 initializeDbConnection과 releaseDbConnection을 순서대로 init-method와 destroy-method 속성값으로 지정한다.

> **NOTE_** 〈bean〉 엘리먼트의 init-method와 destroy-method 속성으로 지정되는 초기화와 정리 메서드가 인수를 받으면 안 되지만, 예외를 던질 수는 있다는 사실을 꼭 기억하자.

다음 예제는 FixedDepositServiceImpl 인스턴스를 ApplicationContext에서 얻어와서 FixedDepositServiceImpl의 createFixedDeposit을 호출하는 BankApp 클래스다.

예제 5-4 BankApp 클래스

```
#프로젝트 - ch05-bankapp-customization
#src/main/java/sample/spring/chapter05/bankapp

package sample.spring.chapter05.bankapp;

public class BankApp {
  public static void main(String args[]) throws Exception {
    ApplicationContext context = new ClassPathXmlApplicationContext(
```

```
        "classpath:META-INF/spring/applicationContext.xml");

    FixedDepositService fixedDepositService =
        context.getBean(FixedDepositService.class);
    fixedDepositService.createFixedDeposit(new FixedDepositDetails(1, 1000, 12,
        "someemail@somedomain.com"));
  }
}
```

BankApp의 main 메서드를 실행하면 콘솔에서 다음과 같은 출력을 볼 수 있다.

```
FixedDepositDaoImpl's constructor invoked
FixedDepositDaoImpl's initializeDbConnection method invoked
FixedDepositServiceImpl's setMyFixedDepositDao method invoked
FixedDepositDaoImpl's createFixedDeposit method invoked
```

이 출력은 스프링 컨테이너가 FixedDepositDaoImpl의 인스턴스를 만들고 인스턴스의 initializeDbConnection 메서드를 호출한다는 사실을 보여준다. initializeDbConnection 메서드가 호출된 다음에 FixedDepositDaoImpl 인스턴스가 FixedDepositServiceImpl 인스턴스에 주입된다. 출력 순서는 스프링 컨테이너가 다른 빈이 의존하는 빈(여기서는 FixedDepositDaoImpl 빈)의 초기화 메서드를 호출한 후 그 빈에 의존하는 다른 의존적인 빈(여기서는 FixedDepositServiceImpl 인스턴스)에 의존 관계를 주입한다.

BankApp의 main 메서드를 실행한 출력에는 "FixedDepositDaoImpl's releaseDbConnection method invoked" 메시지가 들어 있지 않다(예제 5-1의 FixedDepositDaoImpl의 releaseDbConnection 참조). 이 말은 BankApp의 main 메서드가 종료할 때 스프링 컨테이너가 FixedDepositDaoImpl의 releaseDbConnection을 호출하지 않는다는 뜻이다.

이제 스프링이 <bean>의 destroy-method 속성에 지정한 정리 메서드를 호출하여 싱글턴 빈 인스턴스를 제거하도록 만드는 방법을 살펴보자.

5.2.1 destroy-method 속성에 지정한 정리 메서드 호출하기

ApplicationContext 구현의 웹 버전은 스프링의 WebApplicationContext 객체로 표현된다. WebApplicationContext 구현에는 웹 애플리케이션을 종료하기 전에 싱글턴 빈 인스턴스의 정리 메서드(destroy-method 속성으로 지정)를 호출하는 데 필요한 로직이 들어 있다.

NOTE_ 이번 절에서 설명한 스프링이 정리 메서드를 호출하면서 부드럽게 싱글턴 인스턴스를 제거하도록 만드는 방법은 독립적으로 실행되는 standalone 애플리케이션에만 적용할 수 있다.

다음 예제의 BankAppWithHook 클래스는 [예제 5-4]에서 살펴본 BankApp을 변경한 버전이다. 클래스의 main 메서드는 자신이 종료될 때 스프링 컨테이너에 등록된 모든 싱글턴 빈의 정리 메서드(<bean> 엘리먼트의 destroy-method 속성으로 지정)를 호출한다.

예제 5-5 BankAppWithHook 클래스 – JVM에 종료 훅(hook) 등록하기

```
#프로젝트 - ch05-bankapp-customization
#src/main/java/sample/spring/chapter05/bankapp

package sample.spring.chapter05.bankapp;

public class BankAppWithHook {
  public static void main(String args[]) throws Exception {
    ConfigurableApplicationContext context = new ClassPathXmlApplicationContext(
        "classpath:META-INF/spring/applicationContext.xml");
    context.registerShutdownHook();

    FixedDepositService fixedDepositService =
        context.getBean(FixedDepositService.class);
    fixedDepositService.createFixedDeposit(new FixedDepositDetails(1, 1000, 12,
        "someemail@somedomain.com"));
  }
}
```

스프링의 ConfigurableApplicationContext(ApplicationContext)의 하위 인터페이스에는 JVM에게 종료 훅을 등록할 수 있는 registerShutdownHook 메서드가 들어있다. 종료 훅은 JVM이 종료될 때 ApplicationContext를 닫는 책임을 갖는다. [예제 5-5]에서는 ClassPathXmlApplication Context 인스턴스를 ConfigurableApplicationContext 타입의 변수에 대입하고, Configurable ApplicationContext의 registerShutdownHook을 호출해서 JVM에 종료 훅을 등록한다. BankAppWithHook의 main 메서드 종료 시 종료 훅이 캐시에 모든 싱글턴 빈 인스턴스를 제거하고 ApplicationContext 인스턴스를 닫는다.

BankAppWithHook의 main 메서드(ch05-bankapp-customization 프로젝트)를 실행하면 콘솔에서 다음과 같은 출력을 볼 수 있다.

```
FixedDepositDaoImpl's constructor invoked
FixedDepositDaoImpl's initializeDbConnection method invoked
FixedDepositServiceImpl's setMyFixedDepositDao method invoked
FixedDepositDaoImpl's createFixedDeposit method invoked
FixedDepositDaoImpl's releaseDbConnection method invoked
```

"FixedDepositDaoImpl's releaseDbConnection method invoked" 메시지를 보면 FixedDepositDaoImpl의 releaseDbConnection(예제 5-1 참조)이 호출됐다는 사실을 확인할 수 있다. JVM에 종료 훅을 등록한 결과로 싱글턴 스코프 myFixedDepositDao 빈(FixedDepositDaoImpl 클래스에 대응)의 정리 메서드가 실행된다.

> **NOTE_** registerShutdownHook의 대안으로 ConfigurableApplicationContext의 close 메서드를 사용하는 방법도 있다. 이 방법을 사용하면 명시적으로 ApplicationContext를 닫을 수 있다.

이제 ApplicationContext가 닫힐 때 프로토타입 빈에 어떤 일이 벌어지는지 살펴보자.

5.2.2 정리 메서드와 프로토타입 빈

프로토타입 스코프 빈의 경우 스프링 컨테이너가 destroy-method 속성을 무시한다. 스프링 컨테이너가 destroy-method를 무시하는 이유는 ApplicationContext에서 프로토타입 빈을 얻어낸 객체가 자신이 사용한 프로토타입 스코프 빈의 해제 메서드를 명시적으로 호출할 책임을 지도록 스프링 컨테이너가 원하기 때문이다.

> **NOTE_** 프로토타입과 싱글턴 스코프 빈의 생애주기는 같다. 다만 스프링 컨테이너가 프로토타입 스코프 빈 인스턴스의 정리 메서드(destroy-method 속성으로 지정)를 호출하지 않는다는 점에서 차이가 있다.

이제 XML 파일에 모든 빈을 호출할 디폴트 초기화 메서드와 디폴트 정리 메서드를 지정하는 방법을 살펴보자.

5.2.3 모든 빈에 초기화 메서드와 메서드 정의하기

<beans> 엘리먼트의 default-init-method와 default-destroy-method 속성을 사용해 여러 빈의 초기화와 정리 메서드를 지정할 수 있다. 다음 예제를 보자.

예제 5-6 default-init-method와 default-destroy-method 속성

```
<beans ..... default-init-method="initialize" default-destroy-method="release">
  <bean id="A" class="....." init-method="initializeService" />
  <bean id="B" class="....." />
</beans>
```

여러 빈 정의에서 같은 이름의 초기화 메서드와 정리 메서드가 정의되었다면 default-init-method와 default-destroy-method 속성을 사용하는 편이 더 타당하다. init-method와 destroy-method 속성을 설정하면 <bean> 엘리먼트가 <beans> 엘리먼트에 정의된 default-init-method와 default-destroy-method 속성에 정의된 값을 오버라이드할 수 있다. 예를 들어 [예제 5-6]에서 빈 A의 init-method 속성값은 initializeService다. 이는 빈 A의 초기화 메서드가 (<beans> 메서드의 default-init-method 속성으로 정의한 initialize가 아니라) initializeService라는 뜻이다.

<bean> 엘리먼트의 init-method나 destroy-method를 사용해 커스텀 초기화와 정리 메서드를 지정하는 대신, 스프링의 InitializingBean과 DisposableBean 생애주기 인터페이스를 사용할 수도 있다.

5.2.4 InitializingBean과 DisposableBean 생애주기 인터페이스 초기화하기

스프링 컨테이너는 ApplicationContextAware(4.5절 참조), InitializingBean, DisposableBean과 같은 생애주기 인터페이스를 구현하는 빈에 대해 콜백을 호출한다. 이런 콜백은 해당 빈이 어떤 동작을 수행하거나, 빈 인스턴스에 필요한 정보를 제공하기 위한 목적으로 쓰인다. 예를 들어 빈이 ApplicationContextAware 인터페이스를 구현하면, 컨테이너는 그 빈 인터페이스의 setApplicationContext 메서드를 호출해서 배치된 빈에 ApplicationContext에 대한 참조를 제공한다.

InitializingBean 인터페이스에는 afterPropertiesSet 메서드가 들어 있다. 스프링 컨테이너는 빈 프로퍼티를 설정한 다음에 afterPropertiesSet를 호출한다. 빈은 afterPropertiesSet 메서드 안에서 데이터베이스 연결, 읽기 위한 파일 열기 등의 초기화를 수행할 수 있다. DisposableBean 인터페이스에는 destroy 메서드가 들어 있고, 스프링 컨테이너는 빈 인스턴스가 제거될 때 destroy를 호출한다.

> **NOTE_** ApplicationContextAware 생애주기 인터페이스와 마찬가지로, InitializingBean이나 DisposableBean을 구현하면 스프링과 밀접하게 연관되므로 가능하면 인터페이스 구현을 피해야 한다.

이제는 빈 초기화와 정리 메서드 지정을 위해 사용하는 JSR 250 @PostConstruct와 @PreDestroy 애너테이션을 살펴보자.

5.2.5 JSR 250 @PostConstruct와 @PreDestroy 애너테이션

JSR 250(자바 플랫폼 공통 애너테이션)에는 자바 기술에서 사용하는 표준 애너테이션 정의가 들어 있다. JSR 250의 @PostConstruct와 @PreDestroy 애너테이션은 객체 초기화와 정리 메서드를 지정한다. 스프링의 빈 클래스는 @PostConstruct 애너테이션을 메서드 앞에 붙여 해당 메서드를 초기화 메서드로 만든다. @PreDestroy 애너테이션은 메서드를 해제 메서드로 만든다.

> **NOTE_** 더 자세한 내용은 JSR 250 홈페이지(http://jcp.org/en/jsr/detail?id=250)를 참조한다.

IMPORT chapter 5/ch05-bankapp-jsr250

이 프로젝트는 JSR 250의 @PostConstruct와 @PreDestroy 애너테이션을 사용해 커스텀 초기화와 정리 메서드를 지정하는 MyBank 애플리케이션이다. 초기화 메서드가 실행되는지 테스트하려면 이 프로젝트 BankApp 클래스의 main 메서드를 실행한다. 정리 메서드가 실행되는지 테스트하려면 이 프로젝트 BankAppWithHook 클래스의 main 메서드를 실행한다. 다음 예제는 @PostConstruct와 @PreDestroy 애너테이션을 사용하는 ch05-bankapp-jsr250 프로젝트의 FixedDepositDaoImpl 클래스다.

예제 5-7 FixedDepositDaoImpl 클래스 – @PostConstruct와 @PreDestroy 애너테이션

```
#프로젝트 - ch05-bankapp-jsr250
#src/main/java/sample/spring/chapter05/bankapp/dao

package sample.spring.chapter05.bankapp.dao;
import javax.annotation.PostConstruct;
import javax.annotation.PreDestroy;

public class FixedDepositDaoImpl implements FixedDepositDao {
  private DatabaseConnection connection;
  .....
  @PostConstruct
  public void initializeDbConnection() {
    logger.info("FixedDepositDaoImpl's initializeDbConnection method invoked");
    connection = DatabaseConnection.getInstance();
  }
  .....
  @PreDestroy
  public void releaseDbConnection() {
    logger.info("FixedDepositDaoImpl's releaseDbConnection method invoked");
    connection.releaseConnection();
  }
}
```

이 예제의 FixedDepositDaoImpl 클래스는 @PostConstruct와 @PreDestroy 애너테이션을 사용해 초기화와 정리 메서드를 지정한다. 자바 9부터 @PostConstruct와 @PreDestroy는 더 이상 자바 SE에 포함되지 않는다. 이로 인해 ch05-bankapp-jsr250 프로젝트에는 jsr250-api JAR 파일에 대한 의존 관계가 정의되어 있다.

스프링 애플리케이션에서 @PostConstruct와 @PreDestroy를 사용하려면 XML 파일 안에서 스프링 CommonAnnotationBeanPostProcessor를 다음과 같이 설정한다.

예제 5-8 applicationContext.xml – CommonAnnotationBeanPostProcessor 설정하기

```
#프로젝트 - ch05-bankapp-jsr250
#src/main/resources/META-INF/spring

<beans .....>
  <bean id="fixedDepositService"
      class="sample.spring.chapter05.bankapp.service.FixedDepositServiceImpl">
```

```
        <property name="myFixedDepositDao" ref="myFixedDepositDao" />
    </bean>
    <bean id="myFixedDepositDao"
        class="sample.spring.chapter05.bankapp.dao.FixedDepositDaoImpl" />

    <bean class="org.springframework.context.annotation.CommonAnnotationBeanPostProcessor"/>
</beans>
```

CommonAnnotationBeanPostProcessor는 스프링의 BeanPostProcessor 인터페이스(다음 절에서 설명한다)를 구현하며 JSR 250 애너테이션 처리를 책임진다.

BankApp이나 BankAppWithHook의 main 메서드를 실행하면 @PostConstruct(인스턴스 생성)와 @PreDestroy(인스턴스 제거)를 설정한 FixedDepositDaoImpl 메서드가 FixedDepositDaoImpl 안에서 실행되는 모습을 볼 수 있다.

지금부터는 스프링 컨테이너에 의해 새로 만들어진 빈이 초기화되기 전과 후에 해당하는 빈 인스턴스와 상호 작용할 수 있게 해주는 BeanPostProcessor 인터페이스를 살펴본다.

5.3 BeanPostProcessor를 사용해 새로 생성된 빈 인스턴스와 상호 작용하기

BeanPostProcessor를 사용하면 새로 생성된 빈 인스턴스가 스프링 컨테이너에 의해 초기화되기 전과 후에 상호 작용할 수 있다. 또한 BeanPostProcessor를 사용해 스프링 컨테이너가 빈 초기화 메서드를 호출하기 전과 후에 커스텀 로직을 실행할 수도 있다.

> **NOTE_** BeanPostProcessor 인터페이스를 구현하는 빈은 특별한 유형의 빈이다. 스프링 컨테이너는 BeanPostProcessor 빈을 자동으로 감지해서 실행한다.

BeanPostProcessor 인터페이스에는 다음과 같은 메서드가 들어 있다.

- Object postProcessBeforeInitialization(Object bean, String beanName) – 이 메서드는 빈 인스턴스의 초기화 메서드가 호출되기 전에 호출된다.
- Object postProcessAfterInitialization(Object bean, String beanName) – 이 메서드는 빈 인스턴스의 초기화 메서드가 호출된 다음에 호출된다.

BeanPostProcessor의 메서드는 새로 생성된 빈 인스턴스와 이름을 인수로 받고, 인수로 받은 빈 인스턴스와 동일하거나 변경된 인스턴스를 반환한다. 예를 들어 FixedDepositDaoImpl 클래스를 id값이 myFixedDepositDao인 빈으로 설정할 경우(예제 5-8 참조), BeanPostProcessor의 메서드에는 FixedDepositDaoImpl 클래스의 인스턴스와 'myFixedDepositDao' 문자열이 인수로 전달된다. BeanPostProcessor의 메서드는 원래의 빈 인스턴스를 그대로 반환할 수 있고 빈 인스턴스를 변경해 반환할 수도 있으며, 원래의 빈 인스턴스를 감싼 객체를 반환할 수도 있다.

다른 스프링 빈과 마찬가지로 BeanPostProcessor 구현을 XML 파일에 설정할 수 있다. 스프링 컨테이너는 자동으로 BeanPostProcessor 인터페이스를 구현한 빈을 감지하고, 그런 빈의 인스턴스를 XML 파일에 정의된 다른 빈보다 먼저 생성한다. BeanPostProcessor 빈이 생성된 후, 스프링 컨테이너는 빈을 생성할 때마다 BeanPostProcessor의 postProcessBeforeInitialization과 postProcessAfterInitialization 메서드를 호출한다.

싱글턴 빈 ABean과 BeanPostProcessor 빈 MyBeanPostProcessor를 XML에서 정의했다고 가정하자. [그림 5-1]은 스프링 컨테이너가 MyBeanPostProcessor의 메서드를 호출하는 순서를 보여주는 시퀀스 다이어그램이다.

이 시퀀스 다이어그램에서 init 메서드 호출은 빈의 초기화 메서드 호출을 표현한다. 시퀀스 다이어그램의 MyBeanPostProcessor 인스턴스는 ABean 빈 인스턴스보다 먼저 생성된다. BeanPostProcessor 구현을 다른 빈과 마찬가지 방식으로 설정할 수 있기 때문에 MyBeanPostProcessor에 초기화 메서드가 정의되었으면, 컨테이너는 MyBeanPostProcessor 빈의 초기화 메서드를 호출한다. ABean의 인스턴스가 생성된 다음, 스프링 컨테이너는 ABean 인스턴스의 세터 메서드를 호출해서 의존 관계를 만족시키고 빈 인스턴스나 필요한 설정 정보를 전달한다. 프로퍼티를 설정한 후, 그러나 ABean의 초기화 메서드는 호출하기 전에 스프링 컨테이너는 MyBeanPostProcessor의 postProcessBeforeInitialization 메서드를 호출한다. ABean의 초기화 메서드를 호출하고 나면 스프링 컨테이너는 MyBeanPostProcessor의 postProcessAfterInitialization 메서드를 호출한다.

그림 5-1 스프링 컨테이너는 ABean의 초기화 메서드를 호출하기 전과 후에 MyBeanPostProcessor의 메서드를 호출한다

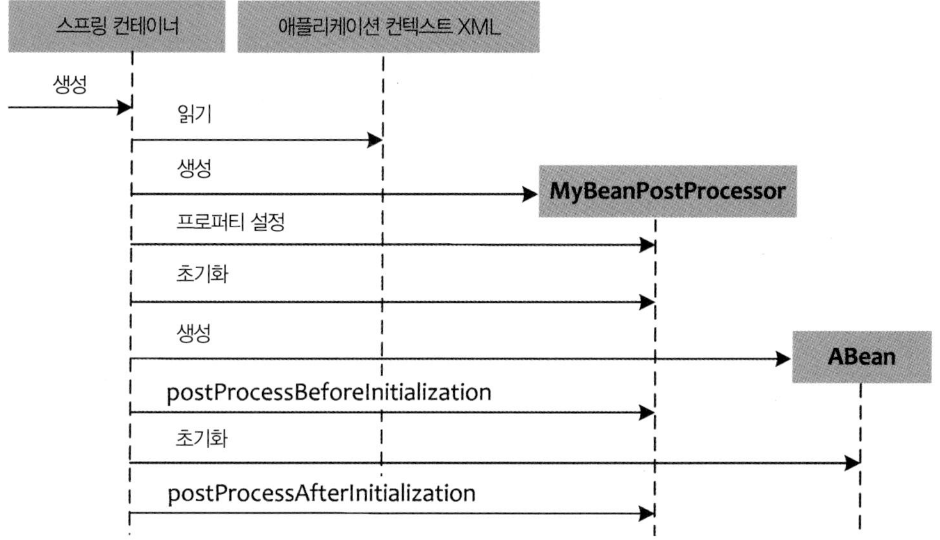

스프링 컨테이너가 빈이 완전히 초기화된 것으로 간주하는 시점은 `postProcessAfterInitialization` 메서드가 호출된 다음이다. 이로 인해 ABean 빈이 BBean에 의존한다면 컨테이너는 BBean 인스턴스를 MyBeanPostProcessor의 `postProcessAfterInitialization`에 넘겨서 호출한 다음에야 BBean 인스턴스를 ABean에 주입한다.

`BeanPostProcessor` 빈의 빈 정의에서 빈을 지연 생성하도록 설정하면(2.6절 <bean> 엘리먼트의 `lazy-init` 속성이나 <beans>의 `default-lazy-init` 속성 참조) 스프링 컨테이너가 지연 초기화 설정을 무시하고 XML 파일에 정의된 다른 모든 싱글턴 스코프 빈보다 먼저 `BeanPostProcessor` 빈을 생성한다는 사실에 유의하자. 또한 `BeanFactoryPostProcessor` 인터페이스(5.4절 참조)를 구현한 빈이 `BeanPostProcessor` 인터페이스를 구현한 빈보다 먼저 생성된다는 점도 유의하자.

이제 스프링 `BeanPostProcessor`를 사용하는 몇 가지 예제를 살펴보자.

IMPORT chapter 5/ch05-bankapp-beanpostprocessor

이 프로젝트는 BeanPostProcessor 구현을 빈 인스턴스 검증과 빈 의존 관계 해결에 사용하는 MyBank 애플리케이션이다. BeanPostProcessor 구현의 함수가 제대로 실행되는지 검증하려면 이 프로젝트 BankApp 클래스의 main 메서드를 실행한다.

5.3.1 BeanPostProcessor 예제 – 빈 인스턴스 검증하기

스프링 애플리케이션에서 어떤 빈 인스턴스가 다른 빈에 의존 관계로 주입되기 전에 제대로 설정됐는지 검증하고 싶을 때가 있다. BeanPostProcessor 구현을 사용해 어떤 빈을 다른 애플리케이션 객체나 자신에 의존하는 다른 빈이 사용하기 전에 제대로 설정됐는지 검증하는 기회를 만들어보자.

다음 예제는 MyBank의 InstanceValidator 인터페이스다. 이 인터페이스는 (MyBank 애플리케이션 안에서) BeanPostProcessor 구현을 사용해 설정 검증을 수행하는 모든 빈이 반드시 구현해야 하는 인터페이스다.

예제 5-9 InstanceValidator 인터페이스

```
#프로젝트 - ch05-bankapp-beanpostprocessor
#src/main/java/sample/spring/chapter05/bankapp/common

package sample.spring.chapter05.bankapp.common;

public interface InstanceValidator {
  void validateInstance();
}
```

validateInstance 메서드는 InstanceValidator 인터페이스에서 빈 인스턴스가 제대로 초기화됐는지 검증한다. 잠시 후 BeanPostProcessor 구현에 의해 validateInstance 메서드가 호출되는 모습을 볼 수 있다(예제 5-10, 5-11).

다음 예제는 InstanceValidator 인터페이스를 구현하는 FixedDepositDaoImpl 클래스다.

예제 5-10 FixedDepositDaoImpl 클래스

```
#프로젝트 - ch05-bankapp-beanpostprocessor
#src/main/java/sample/spring/chapter05/bankapp/dao

package sample.spring.chapter05.bankapp.dao;
import sample.spring.chapter05.bankapp.common.InstanceValidator;

public class FixedDepositDaoImpl implements FixedDepositDao, InstanceValidator {
  private static Logger logger = LogManager.getLogger(FixedDepositDaoImpl.class);
  private DatabaseConnection connection;
```

```
  public FixedDepositDaoImpl() {
    logger.info("FixedDepositDaoImpl's constructor invoked");
  }

  public void initializeDbConnection() {
    logger.info("FixedDepositDaoImpl's initializeDbConnection method invoked");
    connection = DatabaseConnection.getInstance();
  }

  @Override
  public void validateInstance() {
    logger.info("Validating FixedDepositDaoImpl instance");
    if(connection == null) {
      logger.error("Failed to obtain DatabaseConnection instance");
    }
  }
}
```

이 예제에서 initializeDbConnection 메서드는 DatabaseConnection 클래스의 정적static 메서드 getInstance를 호출해 DatabaseConnection 인스턴스를 얻어오는 초기화 메서드다. FixedDepositDaoImpl 인스턴스가 DatabaseConnection 인스턴스를 가져오는 데 실패하면 connection 속성은 null이 된다. connection 속성이 null이면 validateInstance 메서드는 FixedDepositDaoImpl 인스턴스가 제대로 초기화되지 않았음을 알려주는 오류 메시지를 로그에 남긴다. initializeDbConnection 초기화 메서드가 connection 속성값을 설정하기 때문에 validateInstance 메서드는 반드시 initializeDbConnection 메서드가 호출된 다음에 호출돼야 한다. 실제 애플리케이션 개발 상황에서 빈 인스턴스가 제대로 설정되지 않았다면 validateInstance 메서드가 이를 해결하기 위한 조치를 취하거나, 런타임 예외를 던져 애플리케이션이 시작하지 못하게 막아야 할 것이다. 단순화를 위해 validateInstance 메서드는 빈 인스턴스가 제대로 설정되지 않은 경우 로그에 오류 메시지를 남긴다.

다음 예제는 스프링의 BeanPostProcessor 인터페이스를 구현하는 InstanceValidationBeanPostProcessor 클래스다. 이 클래스는 새로 생성된 빈에 대해 validateInstance 메서드를 호출하는 역할을 담당한다.

예제 5-11 InstanceValidationBeanPostProcessor 클래스

```
#프로젝트 - ch05-bankapp-beanpostprocessor
#src/main/java/sample/spring/chapter05/bankapp/postprocessor

package sample.spring.chapter05.bankapp.postprocessor;
import org.springframework.beans.BeansException;
import org.springframework.beans.factory.config.BeanPostProcessor;
import org.springframework.core.Ordered;

public class InstanceValidationBeanPostProcessor implements BeanPostProcessor, Ordered {
  private static Logger logger =
      LogManager.getLogger(InstanceValidationBeanPostProcessor.class);
  private int order;

  public InstanceValidationBeanPostProcessor() {
    logger.info("Created InstanceValidationBeanPostProcessor instance");
  }

  @Override
  public Object postProcessBeforeInitialization(Object bean, String beanName)
      throws BeansException {
    logger.info("postProcessBeforeInitialization method invoked");
    return bean;
  }

  @Override
  public Object postProcessAfterInitialization(Object bean, String beanName)
      throws BeansException {
    logger.info("postProcessAfterInitialization method invoked");
    if (bean instanceof InstanceValidator) {
      ((InstanceValidator) bean).validateInstance();
    }
    return bean;
  }

  public void setOrder(int order) {
    this.order = order;
  }

  @Override
  public int getOrder() {
    return order;
  }
}
```

위 예제는 BeanPostProcessor 인터페이스와 Ordered 인터페이스를 구현하는 InstanceValidationBeanPostProcessor 클래스다. postProcessBeforeInitialization 메서드는 단지 전달받은 빈 인스턴스를 반환하기만 한다. postProcessAfterInitialization 메서드에서는 빈 인스턴스가 InstanceValidator 타입인 경우 해당 빈 인스턴스의 validateInstance 메서드를 호출한다. 이는 빈이 InstanceValidator를 구현한 경우, 스프링이 빈 인스턴스의 초기화 메서드를 호출한 다음에 InstanceValidationBeanPostProcessor가 validateInstance 메서드를 호출한다는 뜻이다.

Ordered 인터페이스에는 getOrder 메서드 정의가 들어 있다. 이 메서드는 정숫값을 반환한다. getOrder가 반환하는 정숫값은 XML 파일에 정의된 여러 BeanPostProcessor 사이에서 우선순위를 결정한다. BeanPostProcessor는 getOrder가 반환하는 값이 클수록 우선순위가 낮으므로, 반환하는 값이 작은 값을 가지는 BeanPostProcessor가 실행된 다음에 호출된다. getOrder 메서드가 반환하는 정숫값을 빈 프로퍼티로 설정하려면 InstanceValidationBeanPostProcessor 클래스에 order 인스턴스 변수와 setOrder 메서드를 정의한다.

다음 예제는 InstanceValidationBeanPostProcessor 클래스의 빈 정의를 보여준다.

예제 5-12 InstanceValidationBeanPostProcessor 빈 정의

```
#프로젝트 - ch05-bankapp-beanpostprocessor
#src/main/resources/META-INF/spring

<bean class="...bankapp.postprocessor.InstanceValidationBeanPostProcessor">
  <property name="order" value="1" />
</bean>
```

보통은 BeanPostProcessor 빈을 다른 빈이 의존하는 경우가 적기 때문에 [예제 5-12]의 빈 정의에서는 <bean> 엘리먼트의 id 속성을 지정하지 않았다. <property> 엘리먼트는 order 프로퍼티를 1로 설정한다.

이제 빈 의존 관계를 해결하기 위해 BeanPostProcessor 구현을 활용하는 방법을 살펴보자.

5.3.2 BeanPostProcessor 예제 – 빈 의존 관계 해결하기

스프링 ApplicationContextAware 인터페이스를 구현한 빈은 ApplicationContext의 getBean 메서드를 사용해 프로그램으로 빈 인스턴스를 얻을 수 있다는 사실을 4장에서 살펴봤다. ApplicationContextAware 인터페이스를 구현하면 애플리케이션 코드를 스프링과 결합시키므로 ApplicationContextAware 인터페이스를 구현하는 방식을 권장하지 않는다. 이번 절에서는 빈에 ApplicationContext를 감싼 객체를 제공하는 BeanPostProcessor 구현을 살펴본다. 이런 방식을 사용하면 애플리케이션이 직접 스프링의 ApplicationContextAware나 ApplicationContext에 의존하지 않는다.

다음 예제는 MyBank 프로젝트에서 ApplicationContext로부터 의존 관계를 얻어야 하는 빈이 구현하는 DependencyResolver 인터페이스를 보여준다.

예제 5-13 DependencyResolver 인터페이스

```
#프로젝트 - ch05-bankapp-beanpostprocessor
#src/main/java/sample/spring/chapter05/bankapp/common

package sample.spring.chapter05.bankapp.common;

public interface DependencyResolver {
  void resolveDependency(MyApplicationContext myApplicationContext);
}
```

DependencyResolver에는 MyApplicationContext 객체를 받는 resolveDependency 메서드가 들어 있다. 이 MyApplicationContext는 ApplicationContext 객체를 감싼다. 곧 BeanPostProcessor 구현이 resolveDependency 메서드를 호출하는 모습을 보게 될 것이다.

다음 예제는 DependencyResolver 인터페이스를 구현하는 FixedDepositServiceImpl 클래스다.

예제 5-14 FixedDepositServiceImpl 클래스

```
#프로젝트 - ch05-bankapp-beanpostprocessor
#src/main/java/sample/spring/chapter05/bankapp/service

package sample.spring.chapter05.bankapp.service;
```

```
import sample.spring.chapter05.bankapp.common.DependencyResolver;
import sample.spring.chapter05.bankapp.common.MyApplicationContext;

public class FixedDepositServiceImpl implements FixedDepositService, DependencyResolver {
  private FixedDepositDao fixedDepositDao;
  .....
  @Override
  public void resolveDependency(MyApplicationContext myApplicationContext) {
    fixedDepositDao = myApplicationContext.getBean(FixedDepositDao.class);
  }
}
```

FixedDepositServiceImpl은 FixedDepositDao 타입인 fixedDepositDao 속성을 정의한다. resolveDependency 메서드는 (스프링 ApplicationContext 객체를 감싼) MyApplication Context로부터 FixedDepositDao 인스턴스를 얻어 FixedDepositDao 속성에 저장한다.

다음 예제는 DependencyResolver 인터페이스를 구현하는 빈의 resolveDependency를 호출하는 DependencyResolutionBeanPostProcessor 클래스다.

예제 5-15 DependencyResolutionBeanPostProcessor 클래스

```
#프로젝트 - ch05-bankapp-beanpostprocessor
#src/main/java/sample/spring/chapter05/bankapp/postprocessor

package sample.spring.chapter05.bankapp.postprocessor;
import org.springframework.beans.factory.config.BeanPostProcessor;
import org.springframework.core.Ordered;
import sample.spring.chapter05.bankapp.common.MyApplicationContext;

public class DependencyResolutionBeanPostProcessor implements BeanPostProcessor, Ordered {
  private MyApplicationContext myApplicationContext;
  private int order;

  public void setMyApplicationContext(MyApplicationContext myApplicationContext) {
    this.myApplicationContext = myApplicationContext;
  }

  public void setOrder(int order) {
    this.order = order;
  }
```

```
  @Override
  public int getOrder() {
    return order;
  }

  @Override
  public Object postProcessBeforeInitialization(Object bean, String beanName)
      throws BeansException {
    if (bean instanceof DependencyResolver) {
      ((DependencyResolver) bean).resolveDependency(myApplicationContext);
    }
    return bean;
  }

  @Override
  public Object postProcessAfterInitialization(Object bean, String beanName)
      throws BeansException {
    return bean;
  }
}
```

DependencyResolutionBeanPostProcessor는 스프링 BeanPostProcessor와 Ordered 인터페이스를 구현한다. myApplicationContext 속성(MyApplicationContext 타입)은 DependencyResolutionBeanPostProcessor의 의존 관계를 표현한다. postProcessBeforeInitialization 메서드는 DependencyResolver 인터페이스를 구현하는 빈의 resolveDependency 메서드를 호출하는데, 이때 MyApplicationContext 객체를 인수로 전달한다. postProcessAfterInitialization 메서드는 단순히 받은 빈 인스턴스를 돌려준다.

다음 예제는 스프링 ApplicationContext 객체를 감싸는 MyApplicationContext 클래스다.

예제 5-16 MyApplicationContext 클래스

```
#프로젝트 - ch05-bankapp-beanpostprocessor
#src/main/java/sample/spring/chapter05/bankapp/common

package sample.spring.chapter05.bankapp.common;
import org.springframework.context.ApplicationContext;
import org.springframework.context.ApplicationContextAware;

public class MyApplicationContext implements ApplicationContextAware {
```

```
  private ApplicationContext applicationContext;

  @Override
  public void setApplicationContext(ApplicationContext applicationContext)
      throws BeansException {
    this.applicationContext = applicationContext;
  }

  public <T> T getBean(Class<T> klass) {
    return applicationContext.getBean(klass);
  }
}
```

이 MyApplicationContext 클래스는 스프링의 ApplicationContextAware 인터페이스를 구현해서 빈이 배포된 스프링 컨테이너의 ApplicationContext 객체의 참조를 얻는다. MyApplicationContext 클래스의 getBean 메서드는 ApplicationContext 인스턴스로부터 얻은 이름을 가지고 빈을 반환한다.

다음 예제는 DependencyResolutionBeanPostProcessor와 MyApplicationContext 클래스의 빈 정의다.

예제 5-17 applicationContext.xml

```
#프로젝트 - ch05-bankapp-beanpostprocessor
#src/main/resources/META-INF/spring

<bean class=".....postprocessor.DependencyResolutionBeanPostProcessor">
  <property name="myApplicationContext" ref="myApplicationContext" />
  <property name="order" value="0" />
</bean>

<bean id="myApplicationContext" class=".....bankapp.common.MyApplicationContext" />
```

DependencyResolutionBeanPostProcessor 클래스의 빈 정의에서 order 프로퍼티값은 0이다. [예제 5-12]에서 InstanceValidationBeanPostProcessor의 order 프로퍼티값은 1이었다. 낮은 order 프로퍼티값이 더 높은 우선순위를 뜻하므로, 스프링 컨테이너는 InstanceValidationBeanPostProcessor에 빈 인스턴스를 적용하기 전에 DependencyResolutionBeanPostProcessor를 적용한다.

다음 예제는 DependencyResolutionBeanPostProcessor와 InstanceValidationBeanPostProcessor 기능을 모두 사용하는 BankApp의 main 메서드다.

예제 5-18 BankApp 클래스

```
#프로젝트 - ch05-bankapp-beanpostprocessor
#src/main/java/sample/spring/chapter05/bankapp

package sample.spring.chapter05.bankapp;

public class BankApp {
  public static void main(String args[]) throws Exception {
    ConfigurableApplicationContext context = new ClassPathXmlApplicationContext(
        "classpath:META-INF/spring/applicationContext.xml");

    FixedDepositService fixedDepositService =
        context.getBean(FixedDepositService.class);
    fixedDepositService.createFixedDeposit(new FixedDepositDetails(1, 1000, 12,
        "someemail@somedomain.com"));
    .....
  }
}
```

BankApp의 main 메서드는 ApplicationContext에서 fixedDepositService 인스턴스를 얻고, FixedDepositService의 createFixedDeposit 메서드를 실행한다. BankApp의 main 메서드를 실행하면 스프링 컨테이너가 DependencyResolutionBeanPostProcessor와 InstanceValidationBeanPostProcessor 빈을 XML 파일에 정의된 다른 모든 빈보다 먼저 생성하는 것을 볼 수 있다. 그리고 InstanceValidationBeanPostProcessor(order값이 1)보다 더 먼저 DependencyResolutionBeanPostProcessor(order값이 0)가 새로 생성된 빈에 적용되는 것도 볼 수 있다.

여기서 스프링 컨테이너가 BeanPostProcessor 구현을 다른 BeanPostProcessor 구현에 적용하지 않는다는 사실을 알아두자. 예를 들어 MyBank 애플리케이션에서 스프링이 InstanceValidationBeanPostProcessor의 인스턴스를 만들 때 DependencyResolutionBeanPostProcessor의 postProcessBeforeInitialization과 postProcessAfterInitialization 메서드를 호출하지 않는다.

이제 BeanPostProcessor 구현이 FactoryBean 인터페이스를 구현하는 빈에 대해 어떻게 작동하는지 살펴보자.

5.3.3 FactoryBean에 대한 BeanPostProcessor의 동작 방식

3.9절에서는 빈 인스턴스를 생성하는 팩토리 역할을 하는 스프링 FactoryBean 인터페이스를 구현하는 빈에 대해 살펴봤다. 이번 절에서는 스프링 컨테이너가 FactoryBean 인스턴스를 생성할 때 BeanPostProcessor의 postProcessBeforeInitialization과 postProcessAfterInitialization이 호출되는 내용에 대해 알아본다. 그리고 FactoryBean이 만들어내는 빈 인스턴스에 대해 오직 postProcessAfterInitialization만 호출되는 부분도 살펴본다.

다음 예제는 MyBank 애플리케이션에서 EventSender 빈을 생성하는 EventSenderFactoryBean 클래스(FactoryBean 구현)다.

예제 5-19 EventSenderFactoryBean 클래스

```
#프로젝트 - ch05-bankapp-beanpostprocessor
#src/main/java/sample/spring/chapter05/bankapp/factory

package sample.spring.chapter05.bankapp.factory;
import org.springframework.beans.factory.FactoryBean;
import org.springframework.beans.factory.InitializingBean;

public class EventSenderFactoryBean implements FactoryBean<EventSender>, InitializingBean {
  .....
  @Override
  public EventSender getObject() throws Exception {
    logger.info("getObject method of EventSenderFactoryBean invoked");
    return new EventSender();
  }

  @Override
  public Class<?> getObjectType() {
    return EventSender.class;
  }

  @Override
  public boolean isSingleton() {
```

```
    return false;
  }

  @Override
  public void afterPropertiesSet() throws Exception {
    logger.info("afterPropertiesSet method of EventSenderFactoryBean invoked");
  }
}
```

EventSenderFactoryBean 클래스는 스프링의 InitializingBean과 FactoryBean 인터페이스를 구현한다. getObject 메서드는 EventSender 객체 인스턴스를 반환한다. isSingleton 메서드가 false를 반환하기 때문에 EventSenderFactoryBean이 EventSender 객체를 요청받을 때마다 EventSenderFactoryBean의 getObject 메서드가 호출된다.

다음 예제는 ch05-bankapp-beanpostprocessor의 EventSenderFactoryBean에서 EventSender 인스턴스를 얻어오는 BankApp의 main 메서드다.

예제 5-20 BankApp 클래스

```
#프로젝트 - ch05-bankapp-beanpostprocessor
#src/main/java/sample/spring/chapter05/bankapp

package sample.spring.chapter05.bankapp;

public class BankApp {
  public static void main(String args[]) throws Exception {
    ConfigurableApplicationContext context = new ClassPathXmlApplicationContext(
        "classpath:META-INF/spring/applicationContext.xml");
    .....
    context.getBean("eventSenderFactory");
    context.getBean("eventSenderFactory");
    context.close();
  }
}
```

이 예제에서 EventSenderFactoryBean으로부터 서로 다른 EventSender 인스턴스를 얻기 위해 ApplicationContext의 getBean 메서드를 두 번 호출한다. BankApp의 main 메서드를 실행하면 콘솔에서 다음과 같은 메시지를 볼 수 있다.

```
Created EventSenderFactoryBean
DependencyResolutionBeanPostProcessor's postProcessBeforeInitialization method
invoked for.....EventSenderFactoryBean
InstanceValidationBeanPostProcessor's postProcessBeforeInitialization method
invoked for .....EventSenderFactoryBean
afterPropertiesSet method of EventSenderFactoryBean invoked
DependencyResolutionBeanPostProcessor's postProcessAfterInitialization method
invoked for.....EventSenderFactoryBean
InstanceValidationBeanPostProcessor's postProcessAfterInitialization method invoked
for bean .....EventSenderFactoryBean
```

이 출력은 스프링 컨테이너에 의해 EventSenderFactoryBean 인스턴스가 생성될 때 BeanPostProcessor의 postProcessBeforeInitialization과 postProcessAfterInitialization 메서드도 호출된다는 사실을 보여준다.

BankApp의 main 메서드를 실행하면 다음과 같은 출력 메시지를 확인할 수 있다.

```
getObject method of EventSenderFactoryBean invoked
DependencyResolutionBeanPostProcessor's postProcessAfterInitialization method
invoked for.....EventSender
getObject method of EventSenderFactoryBean invoked
DependencyResolutionBeanPostProcessor's postProcessAfterInitialization method
invoked for.....EventSender
```

이 출력은 EventSenderFactoryBean이 만드는 EventSender 인스턴스에 대해 BeanPostProcessor의 postProcessAfterInitialization 메서드만 호출된다는 사실을 보여준다. 필요하다면 postProcessAfterInitialization 안에서 EventSender 인스턴스를 변경할 수도 있다.

이제 스프링에서 필요한(또는 필수) 빈 프로퍼티가 XML 안에 제대로 설정됐는지 확인할 수 있게 해주는 스프링 내장 RequiredAnnotationBeanPostProcessor를 살펴보자.

5.3.4 RequiredAnnotationBeanPostProcessor

빈 프로퍼티의 세터 메서드에 스프링 @Required를 설정하면, 스프링의 RequiredAnnotationBeanPostProcessor(이 클래스는 BeanPostProcessor를 구현한다)는 빈 프로퍼티가 XML에서 제대로 설정되었는지 검사한다.

NOTE_ RequiredAnnotationBeanPostProcessor는 스프링 컨테이너에 자동으로 등록되지 않으므로 XML 파일 안에서 명시적으로 등록해야 한다.

다음 예제는 @Required 애너테이션 사용법을 보여준다.

예제 5-21 @Required 애너테이션 사용법

```
import org.springframework.beans.factory.annotation.Required;

public class FixedDepositServiceImpl implements FixedDepositService {
  private FixedDepositDao fixedDepositDao;

  @Required
  public void setFixedDepositDao(FixedDepositDao fixedDepositDao) {
    this.fixedDepositDao = fixedDepositDao;
  }
  .....
}
```

이 예제에서는 fixedDepositDao 프로퍼티에 대한 setFixedDepositDao 세터 메서드에 @Required 애너테이션을 설정한다. XML 파일 안에 RequiredAnnotationBeanPostProcessor를 정의하면 RequiredAnnotationBeanPostProcessor가 fixedDepositDao 프로퍼티에 설정할 값을 <property> 엘리먼트(이때 p-이름공간 사용)를 통해 지정했는지 검사한다. XML 파일에서 fixedDepositDao 프로퍼티를 설정하지 않았다면 예외가 발생한다. 이는 XML 파일의 모든 빈이 제대로 설정됐는지 검사할 때 RequiredAnnotationBeanPostProcessor를 쓸 수 있다는 사실을 나타낸다.

RequiredAnnotationBeanPostProcessor는 빈 프로퍼티가 빈 정의에 설정되었는지만 검사한다. RequiredAnnotationBeanPostProcessor는 설정된 프로퍼티가 올바른지 확인하지 않는다. 예를 들면 프로퍼티값을 올바른 값이 아닌 null로 설정할 수도 있다. 이런 이유로 프로퍼티값이 제대로 설정됐는지 확인하려면 여전히 초기화 메서드를 구현할 필요가 있다.

이제 BeanPostProcessor 인터페이스의 하위 인터페이스 중 하나인 DestructionAwareBeanPostProcessor를 살펴보자.

5.3.5 DestructionAwareBeanPostProcessor

지금까지는 BeanPostProcessor 구현을 사용해 새로 생성한 빈 인스턴스와 상호 작용하는 모습을 살펴봤다. 경우에 따라 빈이 제거되기 전에 제거될 빈 인스턴스와 상호 작용하고 싶을 때가 있다. 제거 전에 빈 인스턴스와 상호 작용하기 위해서는 DestructionAwareBeanPostProcessor 인터페이스를 구현한 빈을 XML 파일에서 설정해야 한다. DestructionAwareBeanPostProcessor는 BeanPostProcessor의 하위 인터페이스로 다음 메서드를 정의한다.

```
void postProcessBeforeDestruction(Object bean, String beanName)
```

postProcessBeforeDestruction 메서드는 스프링 컨테이너가 제거하려는 대상 빈 인스턴스와 그 이름을 인수로 받는다. 스프링 컨테이너는 싱글턴 빈 인스턴스를 없애기 전에 postProcessBeforeDestruction 메서드를 호출한다. 일반적으로 postProcessBeforeDestruction 메서드는 빈 인스턴스에 정의된 커스텀 정리 메서드를 호출한다. 여기서 프로토타입 빈의 경우 postProcessBeforeDestruction이 호출되지 않는다는 사실에 유의하자.

이제부터는 빈 정의를 변경할 수 있는 스프링 BeanFactoryPostProcessor에 대해 살펴본다.

5.4 BeanFactoryPostProcessor를 사용해 빈 정의 변경하기

빈 정의를 변경하고 싶은 클래스는 스프링 BeanFactoryPostProcessor 인터페이스를 구현한다. BeanFactoryPostProcessor는 스프링 컨테이너가 빈 정의를 로드한 다음, 빈 인스턴스를 만들어내기 전에 실행된다. BeanFactoryPostProcessor는 XML 파일에 정의된 다른 모든 빈이 생성되기 전에 생성된다. 따라서 BeanFactoryPostProcessor에 다른 빈의 빈 정의를 변경할 기회가 주어진다. 다른 스프링 빈과 마찬가지로 XML에서 BeanFactoryPostProcessor를 정의하면 된다.

NOTE_ 빈 정의가 아니라 빈 인스턴스 자체와 상호 작용하려면 BeanFactoryPostProcessor가 아닌 BeanPostProcessor(5.3절 참조)를 사용한다.

BeanFactoryPostProcessor 인터페이스에는 postProcessBeanFactory 메서드만 들어 있다. 이 메서드는 ConfigurableListableBeanFactory 타입의 인수를 받는다. 이 인수를 사용해 스프링 컨테이너가 로드한 빈 정의를 얻어서 변경할 수 있다. postProcessBeanFactory 안에서 ConfigurableListableBeanFactory의 getBean 메서드를 호출해 빈 인스턴스를 만들 수도 있지만, postProcessBeanFactory 안에서 빈을 만드는 것은 권장하지 않는다. postProcessBeanFactory 메서드 안에서 생성된 빈 인스턴스에 대해서는 BeanPostProcessors(5.3절)의 메서드들이 호출되지 않는다는 사실을 기억하자.

ConfigurableListableBeanFactory는 ApplicationContext와 마찬가지로 스프링 컨테이너에 접근할 수 있게 해준다는 사실이 중요하다. ConfigurableListableBeanFactory는 추가로 스프링 컨테이너를 설정하고 모든 빈을 이터레이션하며, 빈 정의를 변경할 수 있게 해준다. 예를 들어 ConfigurableListableBeanFactory 객체를 사용하면 PropertyEditorRegistrars(3.6절 참조) 등록과 BeanPostProcessors 등록 등의 일을 할 수 있다. 이 절 후반부에 ConfigurableListableBeanFactory로 빈 정의를 변경하는 방법을 알아본다.

이제 빈 정의를 변경하는 BeanFactoryPostProcessor 사용법에 대해 살펴보자.

IMPORT chapter 5/ch05-bankapp-beanfactorypostprocessor
이 프로젝트는 BeanFactoryPostProcessor 구현을 사용해 애플리케이션 전체의 자동 연결을 비활성화한다. 프로토타입 빈에 의존하는 싱글턴 빈을 발견하면 로그에 오류 메시지를 표시하는 MyBank 애플리케이션을 보여준다. BeanFactoryPostProcessor를 구현한 기능이 제대로 실행되는지 검증하려면 이 프로젝트 BankApp 클래스의 main 메서드를 실행한다.

5.4.1 BeanFactoryPostProcessor 예제

앞 장에서 자동 연결이 애플리케이션 전체 구조를 감춘다는 사실을 살펴봤다(4.6절 참조). 그리고 싱글턴 빈이 프로토타입 빈에 의존하도록 지정하기 위해 <property> 엘리먼트를 사용하는 대신, 싱글턴 빈의 프로토타입 스코프 의존 관계를 프로그램에서 얻기 위해 <lookup-method>나 <replace-method> 엘리먼트를 사용한다는 사실도 살펴봤다(자세한 내용은 4.4절과 4.5절 참조). 이제는 빈을 자동 연결에 사용하지 못하게 막고(4.6절에서 다룬 <bean> 엘리먼트의 autowire-candidate 속성 참조) 싱글턴 빈이 프로토타입 빈에 의존하는 경우 오류 메시지를 로그에 남기는 BeanFactoryPostProcessor 구현을 살펴보자. 단순화를 위해 싱글턴 빈이 프로토타입 빈에 대한 의존 관계를 지정할 때는 <property> 엘리먼트를 사용한다고 가정한다.

NOTE_ 스프링 BeanFactoryPostProcessor 인터페이스를 구현하는 빈은 특별한 유형의 빈이다. 스프링 컨테이너는 BeanFactoryPostProcessor 빈을 자동으로 감지해서 실행한다.

다음 예제는 MyBank에서 BeanFactoryPostProcessor 인터페이스를 구현하는 ApplicationConfigurer를 보여준다.

예제 5-22 ApplicationConfigurer 클래스 – BeanFactoryPostProcessor 구현

```
#프로젝트 - ch05-bankapp-beanfactorypostprocessor
#src/main/java/sample/spring/chapter05/bankapp/postprocessor

package sample.spring.chapter05.bankapp.postprocessor;
import org.springframework.beans.factory.config.BeanDefinition;
import org.springframework.beans.factory.config.BeanFactoryPostProcessor;
import org.springframework.beans.factory.config.ConfigurableListableBeanFactory;

public class ApplicationConfigurer implements BeanFactoryPostProcessor {
  public ApplicationConfigurer() {
    logger.info("Created ApplicationConfigurer instance");
  }

  @Override
  public void postProcessBeanFactory(ConfigurableListableBeanFactory beanFactory)
      throws BeansException {
    String[] beanDefinitionNames = beanFactory.getBeanDefinitionNames();
    // -- 모든 빈 정의를 얻는다
    for (int i = 0; i < beanDefinitionNames.length; i++) {
      String beanName = beanDefinitionNames[i];
      BeanDefinition beanDefinition = beanFactory.getBeanDefinition(beanName);
      beanDefinition.setAutowireCandidate(false);
      // -- 빈의 의존 관계를 얻는다
      if (beanDefinition.isSingleton()) {
        if (hasPrototypeDependency(beanFactory, beanDefinition)) {
          logger.error("Singleton-scoped " + beanName
              + " bean is dependent on a prototype-scoped bean.");
        }
      }
```

```
    }
  }
  .....
}
```

postProcessBeanFactory 메서드는 다음과 같은 순서로 작동한다.

1. postProcessBeanFactory 메서드는 ConfigurableListableBeanFactory의 getBeanDefinitionNames 메서드를 호출해서 스프링 컨테이너가 로드한 모든 빈 정의의 이름을 얻는다. 여기서 빈 정의의 이름은 〈bean〉 엘리먼트의 id 속성이라는 점에 유의하자.
2. 모든 빈 정의의 이름을 가져오면 postProcessBeanFactory 메서드는 ConfigurableListableBeanFactory의 getBeanDefinition 메서드를 호출해서 각 빈 정의에 해당하는 BeanDefinition을 얻는다. getBeanDefinition 메서드는 (1에서 얻은) 빈 정의 이름을 인수로 받는다.
3. BeanDefinition 객체는 빈 정의를 표현하며, 이 객체를 변경하면 빈 설정을 변경할 수 있다. postProcessBeanFactory 메서드는 스프링 컨테이너가 로드한 모든 빈 정의에 대해 BeanDefinition의 setAutowireCandidate를 호출해서 모든 빈이 자동 연결 대상으로 되지 않게 한다.
4. BeanDefinition의 isSingleton 메서드는 해당 빈 정의가 싱글턴 빈의 빈 정의인 경우 true를 반환한다. 빈 정의가 싱글턴 빈 정의라면 postProcessBeanFactory 메서드는 hasPrototypeDependency 메서드를 호출해서 싱글턴 빈이 다른 프로토타입 빈에 의존하는지 검사한다. 싱글턴 빈이 프로토타입 빈에 의존하면 postProcessBeanFactory 메서드는 로그에 오류 메시지를 남긴다.

다음 예제는 ApplicationConfigurer 구현의 hasPrototypeDependency를 보여준다. 이 메서드는 빈이 프로토타입 빈에 의존하면 true를 반환한다.

예제 5-23 ApplicationConfigurer의 hasPrototypeDependency 메서드

```
#프로젝트 - ch05-bankapp-beanfactorypostprocessor
#src/main/java/sample/spring/chapter05/bankapp/postprocessor

import org.springframework.beans.MutablePropertyValues;
import org.springframework.beans.PropertyValue;
import org.springframework.beans.factory.config.RuntimeBeanReference;

public class ApplicationConfigurer implements BeanFactoryPostProcessor {
  .....
  private boolean hasPrototypeDependency(ConfigurableListableBeanFactory beanFactory,
      BeanDefinition beanDefinition) {
    boolean isPrototype = false;
    MutablePropertyValues mutablePropertyValues = beanDefinition.getPropertyValues();
```

```
    PropertyValue[] propertyValues = mutablePropertyValues.getPropertyValues();

    for (int j = 0; j < propertyValues.length; j++) {
      if (propertyValues[j].getValue() instanceof RuntimeBeanReference) {
        String dependencyBeanName = ((RuntimeBeanReference) propertyValues[j]
            .getValue()).getBeanName();
        BeanDefinition dependencyBeanDef =
            beanFactory.getBeanDefinition(dependencyBeanName);
        if (dependencyBeanDef.isPrototype()) {
          isPrototype = true;
          break;
        }
      }
    }
    return isPrototype;
  }
}
```

hasPrototypeDependency 메서드는 BeanDefinition 인수가 표현하는 빈이 프로토타입 빈에 의존하는지 검사한다. ConfigurableListableBeanFactory 인수는 스프링 컨테이너가 로드한 빈 정의에 접근할 수 있게 해준다. hasPrototypeDependency 메서드는 BeanDefinition 인수가 표현하는 빈이 프로토타입 빈에 의존하는지 검사하기 위해 다음과 같은 순서로 작동한다.

우선 hasPrototypeDependency 메서드는 BeanDefinition의 getPropertyValues 메서드를 호출해서 <property> 엘리먼트에 정의된 프로퍼티를 얻는다. BeanDefinition의 getPropertyValues는 MutablePropertyValues 타입의 객체를 반환하는데, 이 객체를 변경하면 빈 프로퍼티를 변경할 수 있다. 예를 들어 MutablePropertyValues의 addPropertyValue나 addPropertyValues를 사용하면 빈 정의에 프로퍼티를 추가할 수 있다.

모든 빈 프로퍼티에 대해 이터레이션하면서 프로토타입 빈을 참조하는 빈 프로퍼티가 있는지 찾고 싶기 때문에 MutablePropertyValues의 getPropertyValues 메서드를 호출해서 PropertyValue 객체로 이뤄진 배열을 얻는다. PropertyValue 객체에는 빈 프로퍼티 정보가 담겨 있다.

빈 프로퍼티가 스프링 빈을 가리키면 PropertyValue의 getValue 메서드를 호출해서 프로퍼티가 참조하는 빈의 이름이 들어 있는 RuntimeBeanReference 객체를 얻는다. 우리는 스프링 빈을 참조하는 빈 프로퍼티에만 관심이 있기 때문에 PropertyValue의 getValue 메서드가 반환하는 값을 검사해서 RuntimeBeanReference 타입의 인스턴스인지 살펴본다. 만약 타입이 맞다면 PropertyValue의 getValue가 반환한 객체를 RuntimeBeanReference 타입으로 타입 변환하고, RuntimeBeanReference의 getBeanName 메서드를 호출해서 참조 대상 빈의 이름을 얻는다.

이제 빈 프로퍼티가 참조하는 빈의 이름을 얻었으므로, ConfigurableListableBeanFactory의 getBeanDefinition을 호출하면 빈 참조에 해당하는 BeanDefinition 객체를 얻을 수 있다. 이제 BeanDefinition의 isPrototype을 호출하면 참조되는 빈이 프로토타입 빈인지를 알 수 있다.

다음 시퀀스 다이어그램은 hasPrototypeDependency 메서드 동작을 요약한 것이다.

그림 5-2 hasPrototypeDependency 메서드는 의존 관계의 빈 정의들을 이터레이션하면서 프로토타입 스코프 빈 의존 관계가 있으면 true를 반환한다

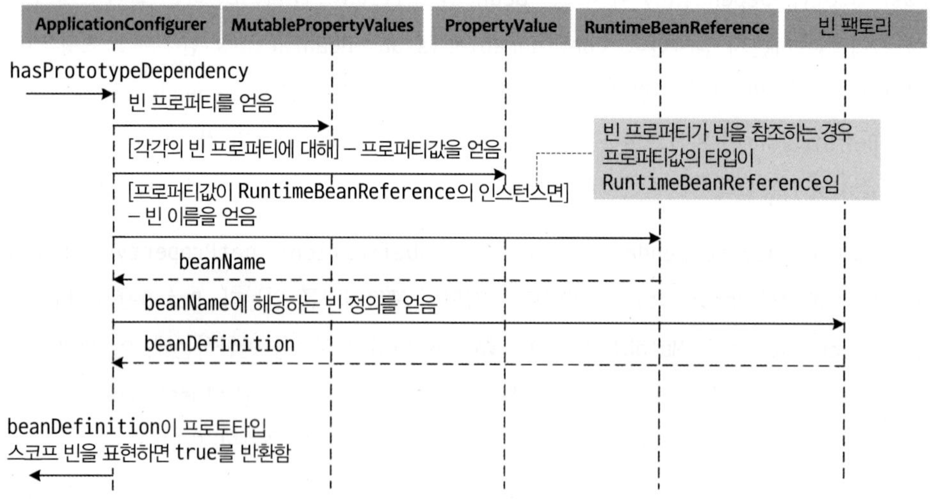

이 시퀀스 다이어그램에서 빈 팩토리는 ConfigurableListableBeanFactory 객체를 표현한다.

다음 예제는 ch05-bankapp-beanfactorypostprocessor 프로젝트의 XML 파일을 보여준다. 이 XML 파일 안에는 ApplicationConfigurer 클래스(BeanFactoryPostProcessor 구현)와 InstanceValidationBeanPostProcessor 클래스(BeanPostProcessor 구현)의 빈 정의

및 애플리케이션에 필요한 다른 빈 정의가 들어 있다.

예제 5-24 applicationContext.xml – BeanFactoryPostProcessor 빈 정의

```
#프로젝트 - ch05-bankapp-beanfactorypostprocessor
#src/main/resources/META-INF/spring
<beans .....>
  .....
  <bean id="fixedDepositDao"
      class="sample.spring.chapter05.bankapp.dao.FixedDepositDaoImpl"..... >
    <property name="fixedDepositDetails" ref="fixedDepositDetails" />
  </bean>

  <bean id="fixedDepositDetails"
      class="sample.spring.chapter05.bankapp.domain.FixedDepositDetails"
      scope="prototype" />
  <bean class=".....postprocessor.InstanceValidationBeanPostProcessor">
    <property name="order" value="1" />
  </bean>

  <bean class="sample.spring.chapter05.bankapp.postprocessor.ApplicationConfigurer" />
</beans>
```

[예제 5-24]의 빈 정의에서 fixedDepositDao 싱글턴 빈은 fixedDepositDetails 프로토타입 빈에 의존한다.

BankApp 클래스의 main 메서드(ch05-bankapp-beanfactorypostprocessor)를 실행하면 콘솔에서 다음 출력을 볼 수 있다.

```
Created ApplicationConfigurer instance
Singleton-scoped fixedDepositDao bean is dependent on a prototype-scoped bean.
Created InstanceValidationBeanPostProcessor instance
```

이 출력을 보면 스프링 컨테이너가 ApplicationConfigurer(BeanFactoryPostProcessor 구현)를 만들고, InstanceValidationBeanPostProcessor(BeanPostProcessor 구현) 인스턴스를 생성하기 전에 ApplicationConfigurer의 postProcessBeanFactory 메서드를 실행하는 것을 볼 수 있다. BeanFactoryPostProcessor 인터페이스를 구현하는 빈이 BeanPostProcessor 인터페이스를 구현하는 빈보다 먼저 처리된다는 점에 유의하자. 이로 인

해 BeanPostProcessor를 사용해 BeanFactoryPostProcessor 인스턴스를 변경할 수 없다. BeanFactoryPostProcessor를 사용하면 스프링 컨테이너가 로드한 빈 정의를 변경할 수 있고, BeanPostProcessor를 사용하면 새로 생성된 빈 인스턴스를 변경할 수 있다.

이제 BeanPostProcessor와 BeanFactoryPostProcessor 사이의 유사점을 살펴보자.

- XML 파일에서 여러 BeanFactoryPostProcessor를 설정할 수 있다. 스프링 컨테이너가 BeanFactoryPostProcessor 실행 순서를 제어하기 위해 스프링 Ordered 인터페이스를 구현한다(Ordered 인터페이스에 대한 정보가 더 필요하면 5.3절 참조).
- 스프링 컨테이너에 BeanFactoryPostProcessor를 지연 초기화하라고 지정해도, 스프링 인스턴스가 만들어질 때 BeanFactoryPostProcessors도 함께 만들어진다.

3장에서는 별도의 설정없이도 스프링이 커스텀 프로퍼티 에디터를 등록할 수 있도록 기본적으로 제공하는 BeanFactoryPostProcessor 구현 CustomEditorConfigurer를 살펴봤다. 스프링이 제공하는 BeanFactoryPostProcessor 구현을 몇 가지 더 살펴보자.

5.4.2 PropertySourcesPlaceholderConfigurer

지금까지는 빈 정의 예제에서 <property>나 <constructor-arg> 엘리먼트값을 사용해 빈 프로퍼티나 생성자 인수에 들어갈 실제 문자열값을 지정하는 예제를 살펴봤다. PropertySourcesPlaceholderConfigurer(BeanFactoryPostProcessor를 구현함)를 사용하면 빈 프로퍼티나 생성자 인수값을 (.properties로 끝나는) 프로퍼티 파일에 지정할 수 있다. 빈 정의에서는 <property>나 <constructor-arg>의 value 속성에 프로퍼티 위치 지정자property placeholder만 사용하면 된다(이때 형태는 ${<프로퍼티_파일에_있는_프로퍼티_이름>}이다). 스프링 컨테이너가 빈 정의를 로드할 때, PropertySourcesPlaceholderConfigurer가 실제값을 프로퍼티 파일에서 가져와 빈 정의의 프로퍼티 위치 지정자를 실제값으로 바꿔준다.

IMPORT chapter 5/ch05-propertySourcesPlaceholderConfigurer-example
이 프로젝트는 스프링 PropertySourcesPlaceholderConfigurer를 사용해 외부 프로퍼티 파일에 지정한 프로퍼티값을 빈 프로퍼티에 설정하는 스프링 애플리케이션을 보여준다. PropertySourcesPlaceholderConfigurer가 제대로 작동하는지 테스트하려면 이 프로젝트 SampleApp 클래스의 main 메서드를 실행한다.

다음 예제는 프로퍼티 위치 지정자를 사용하는 DataSource와 WebServiceConfiguration 클래스의 빈 정의를 보여준다.

예제 5-25 applicationContext.xml – 프로퍼티 위치 지정자를 사용하는 빈 정의

```
#프로젝트 - ch05-propertySourcesPlaceholderConfigurer-example
#src/main/resources/META-INF/spring

<bean id="datasource" class="sample.spring.chapter05.domain.DataSource">
  <property name="url" value="${database.url}" />
  <property name="username" value="${database.username}" />
  <property name="password" value="${database.password}" />
  <property name="driverClass" value="${database.driverClass}" />
</bean>

<bean id="webServiceConfiguration"
    class="sample.spring.chapter05.domain.WebServiceConfiguration">
  <property name="webServiceUrl" value="${webservice.url}" />
</bean>
```

이 예제는 각 <property>의 value 속성을 프로퍼티 위치 지정자로 설정하는 모습을 보여준다. 빈 정의를 스프링 컨테이너가 로드하면 PropertySourcesPlaceholderConfigurer가 프로퍼티 위치 지정자를 프로퍼티 파일의 프로퍼티값으로 바꿔준다. 예를 들어 프로퍼티 파일에 database.username 프로퍼티가 정의되었다면 dataSrouce 빈의 ${database.username} 프로퍼티 위치 지정자는 database.username 프로퍼티값으로 대치된다.

PropertySourcesPlaceholderConfigurer의 빈 정의는 프로퍼티 위치 지정자를 대치하기 위한 프로퍼티값을 찾을 프로퍼티 파일들을 지정한다. 다음 예제를 살펴보자.

예제 5-26 applicationContext.xml – PropertySourcesPlaceholderConfigurer 빈 정의

```
#프로젝트 - ch05-propertySourcesPlaceholderConfigurer-example
#src/main/resources/META-INF/spring

<bean class="org.springframework.context.support.PropertySourcesPlaceholderConfigurer">
  <property name="locations">
    <list>
      <value>classpath:database.properties</value>
      <value>classpath:webservice.properties</value>
```

```
    </list>
  </property>
  <property name="ignoreUnresolvablePlaceholders" value="false" />
</bean>
```

PropertySourcesPlaceholderConfigurer의 location 프로퍼티는 프로퍼티 위치 지정자의 값을 찾기 위해 검색하는 프로퍼티 파일 경로를 지정한다. 이 예제에서 PropertySourcesPlaceholderConfigurer는 database.properties와 webservice.properties 파일에서 프로퍼티 위치 지정자의 값을 찾는다. ignoreUnresolvablePlaceholders 프로퍼티는 PropertySourcesPlaceholderConfigurer가 locations에 지정한 프로퍼티 파일에서 프로퍼티 위치 지정자의 값을 찾지 못했을 때 조용히 이를 무시할지, 예외를 발생시킬지 지정한다. 이 프로퍼티값이 false면, database.properties와 webservice.properties에서 프로퍼티 위치 지정자의 값을 찾아내지 못할 경우 PropertySourcesPlaceholderConfigurer가 예외를 발생시킨다.

다음 예제는 database.properties와 webservice.properties에 정의된 프로퍼티들이다.

예제 5-27 database.properties와 webservice.properties 파일에 정의된 프로퍼티들

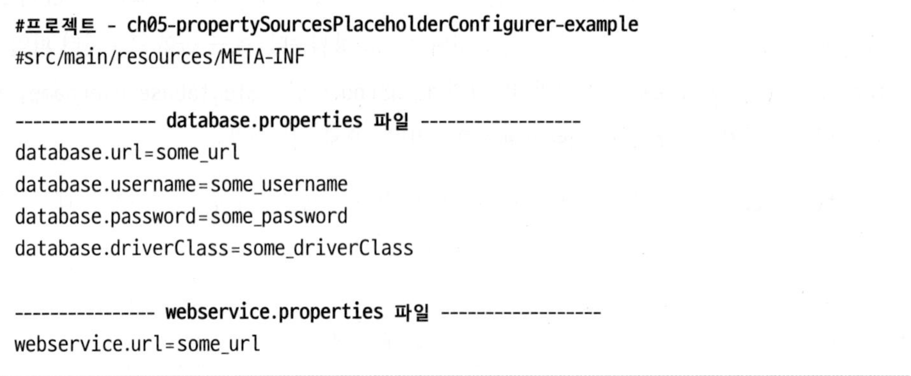

```
#프로젝트 - ch05-propertySourcesPlaceholderConfigurer-example
#src/main/resources/META-INF

---------------- database.properties 파일 ------------------
database.url=some_url
database.username=some_username
database.password=some_password
database.driverClass=some_driverClass

---------------- webservice.properties 파일 ------------------
webservice.url=some_url
```

database.properties와 webservice.properties 파일에 정의된 프로퍼티를 datasource와 webServiceConfiguration 빈 정의에 지정된 프로퍼티 위치 지정자(예제 5-25)와 비교해보면, 각 프로퍼티 위치 지정자가 두 파일 중 어느 한쪽에 정의되었음을 알 수 있다.

ch05-propertySourcesPlaceholderConfigurer-example에서 SampleApp의 main 메서드를 실행하면 ApplicationContext에서 WebServiceConfiguration과 DataSource 빈을 얻

어와 각 빈의 프로퍼티를 콘솔에 출력한다. SampleApp의 main 메서드를 실행하면 다음과 같은 콘솔 출력을 볼 수 있다.

```
DataSource [url=some_url, username=some_username, password=some_password,
driverClass=some_driverClass]
WebServiceConfiguration [webServiceUrl=some_url]
```

이 출력은 다음과 같은 사실을 나타낸다.

- DataSource의 url 프로퍼티는 some_url, username은 some_username, password는 some_password, driverClass는 some_driverClass로 설정된다.
- WebServiceConfiguration의 webServiceUrl 프로퍼티는 some_url로 설정된다.

database.properties나 webservice.properties에서 프로퍼티를 하나 없애고 SampleApp의 main 메서드를 실행하면 예외가 발생한다.

이제 PropertySourcesPlaceholderConfigurer의 localOverride 프로퍼티를 살펴보자.

localOverride 프로퍼티

프로퍼티 파일에서 읽은 프로퍼티를 지역 프로퍼티(<props> 엘리먼트로 설정)를 사용해 대체하려면 PropertySourcesPlaceholderConfigurer의 localOverride 프로퍼티를 true로 해야 한다.

IMPORT chapter 5/ch05-localoverride-example
이 프로젝트는 스프링 PropertySourcesPlaceholderConfigurer의 localOverride를 사용하는 스프링 애플리케이션을 보여준다. 애플리케이션을 실행하려면 SampleApp 클래스의 main 메서드를 실행한다.

다음 예제는 DataSource와 WebServiceConfiguration 클래스의 빈 정의다.

예제 5-28 applicationContext.xml – 프로퍼티 위치 지정자를 사용하는 빈 정의

```
#프로젝트 - ch05-localOverride-example
#src/main/resources/META-INF/spring
```

```
<bean id="datasource" class="sample.spring.chapter05.domain.DataSource">
  <property name="url" value="${database.url}" />
  <property name="username" value="${database.username}" />
  <property name="password" value="${database.password}" />
  <property name="driverClass" value="${database.driverClass}" />
</bean>

<bean id="webServiceConfiguration"
    class="sample.spring.chapter05.domain.WebServiceConfiguration">
  <property name="webServiceUrl" value="${webservice.url}" />
</bean>
```

DataSource와 WebServiceConfiguration 클래스의 빈 정의는 [예제 5-25]와 같다.

다음 예제는 database.properties와 webservice.properties에 정의된 프로퍼티다.

예제 5-29 database.properties와 webservice.properties 파일에 정의된 프로퍼티

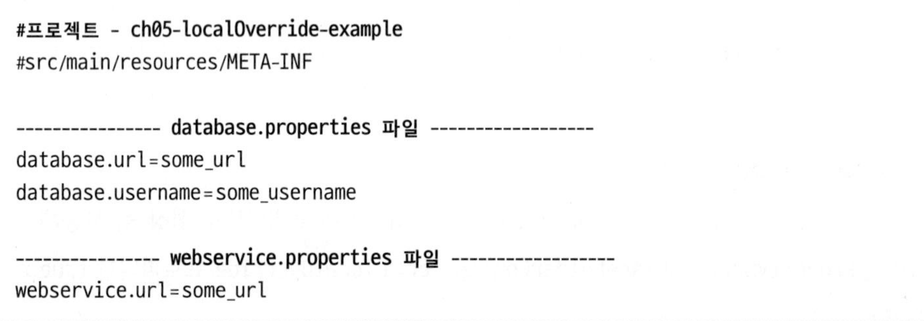

```
#프로젝트 - ch05-localOverride-example
#src/main/resources/META-INF

---------------- database.properties 파일 ------------------
database.url=some_url
database.username=some_username

---------------- webservice.properties 파일 ------------------
webservice.url=some_url
```

database.properties와 webservice.properties 파일에 정의된 프로퍼티와 datasource 및 webServiceConfiguration 빈 정의의 프로퍼티 위치 지정자를 비교해보면(예제 5-28 참조) ${database.password}와 ${database.driverClass} 위치 지정자에 대응하는 값이 database.properties 파일에 없음을 알 수 있다.

다음 예제는 PropertySourcesPlaceholderConfigurer의 빈 정의다.

예제 5-30 applicationContext.xml – PropertySourcesPlaceholderConfigurer 빈 정의

```
#프로젝트 - ch05-localOverride-example
#src/main/resources/META-INF/spring
```

```
<bean
    class="org.springframework.context.support.PropertySourcesPlaceholderConfigurer">
  <property name="locations">
    <list>
      <value>classpath:database.properties</value>
      <value>classpath:webservice.properties</value>
    </list>
  </property>
  <property name="properties">
    <props>
      <prop key="database.password">locally-set-password</prop>
      <prop key="database.driverClass">locally-set-driverClass</prop>
      <prop key="webservice.url">locally-set-webServiceUrl</prop>
    </props>
  </property>
  <property name="ignoreUnresolvablePlaceholders" value="false" />
  <property name="localOverride" value="true" />
</bean>
```

PropertySourcesPlaceholderConfigurer의 properties 프로퍼티는 지역local 프로퍼티를 정의한다. database.password, database.driverClass, webservice.url 프로퍼티는 지역 프로퍼티다. localOverride는 외부 프로퍼티 파일에서 읽은 프로퍼티보다 지역 프로퍼티를 더 우선시할지 지정한다. localOverride가 true면 지역 프로퍼티를 더 우선적으로 사용한다.

> **NOTE_** PropertySourcesPlaceholderConfigurer의 properties 프로퍼티를 사용하는 대신 지역 프로퍼티를 정의하기 위해 스프링 util 스키마(3.8절 참조)의 <properties> 엘리먼트를 사용할 수도 있다.

ch05-localOverride-example 프로젝트 SampleApp 클래스의 main 메서드는 ApplicationContext에서 WebServiceConfiguration과 DataSource 빈을 얻어서 콘솔에 프로퍼티를 출력한다. SampleApp의 main 메서드를 실행하면 콘솔에서 다음과 같은 출력을 볼 수 있다.

```
DataSource [url=some_url, username=some_username, password=locally-set-password,
driverClass=locally-set-driverClass]
WebServiceConfiguration [webServiceUrl=locally-set-webServiceUrl]
```

이 출력은 DataSource의 password와 driverClass 프로퍼티가 각각 locally-setpassword와 locally-set-driverClass임을 나타낸다. 이는 DataSource의 password와 driverClass 프로퍼티가 PropertySourcesPlaceholderConfigurer 빈(예제 5-30 참조)에 정의된 지역 프로퍼티로부터 왔음을 보여준다. PropertySourcesPlaceholderConfigurer가 외부 프로퍼티 파일에서 위치 지정자에 해당하는 프로퍼티값을 찾을 수 없으면 PropertySourcesPlaceholderConfigurer 빈에 정의된 지역 프로퍼티에서 프로퍼티를 검색한다. 이 출력은 또한 WebServiceConfiguration의 webServiceUrl도 PropertySourcesPlaceholderConfigurer 빈(예제 5-30 참조)에 정의된 지역 프로퍼티에서 왔음을 보여준다. PropertySourcesPlaceholderConfigurer의 localOverride가 true이므로, 지역 프로퍼티인 webservice.url이 webservice.properties 파일에서 읽어온 프로퍼티보다 더 높은 우선순위로 처리된다.

XML 파일에서 직접 PropertySourcesPlaceholderConfigurer 빈을 설정하는 대신, 스프링 context 스키마의 <property-placeholder> 엘리먼트를 사용할 수도 있다. <property-placeholder> 엘리먼트는 PropertySourcesPlaceholderConfigurer 인스턴스를 설정한다. 이제 <property-placeholder> 엘리먼트를 자세히 살펴보자.

IMPORT chapter 5/ch05-property-placeholder-element-example
이 프로젝트는 〈property-placeholder〉를 사용하는 스프링 애플리케이션을 보여준다. 애플리케이션을 실행하려면 SampleApp 클래스의 main 메서드를 실행한다.

〈property-placeholder〉 엘리먼트

다음 예제는 <property-placeholder>를 사용해 [예제 5-30]에서 실행한 것과 똑같이 PropertySourcesPlaceholderConfigurer 인스턴스를 설정하는 방법을 보여준다.

예제 5-31 applicationContext.xml – 〈property-placeholder〉 엘리먼트

```
#프로젝트 - ch05-property-placeholder-element-example
#src/main/resources/META-INF/spring

<beans xmlns="http://www.springframework.org/schema/beans"
   xmlns:context="http://www.springframework.org/schema/context"
   xmlns:util="http://www.springframework.org/schema/util" .....>
  ....
  <context:property-placeholder ignore-unresolvable="false"
```

```
        location="classpath:database.properties, classpath:webservice.properties"
        local-override="true" order="1" properties-ref="localProps" />

    <util:properties id="localProps">
      <prop key="database.password">locally-set-password</prop>
      <prop key="database.driverClass">locally-set-driverClass</prop>
      <prop key="webservice.url">locally-set-webServiceUrl</prop>
    </util:properties>
</beans>
```

이 예제에서는 스프링 context 스키마에 대한 참조를 포함시켜 스키마 내부의 엘리먼트를 사용할 수 있게 했다. 이 예제는 <property-placeholder> 엘리먼트가 PropertySourcesPlaceholderConfigurer보다 덜 번잡한 설정을 만들어낸다는 점을 보여준다. ignore-unresolvable, location, local-override 속성은 PropertySourcesPlaceholderConfigurer의 ignoreUnresolvablePlaceholders, locations, localOverride 프로퍼티에 해당한다. PropertySourcesPlaceholderConfigurer가 스프링 Ordered 인터페이스를 구현하므로, order 속성값을 사용해서 PropertySourcesPlaceholderConfigurer의 order 프로퍼티값을 설정한다. properties-ref 속성은 지역 프로퍼티를 표현하는 java.util.Properties 객체를 참조한다. [예제 5-31]에서 스프링 <util> 스키마(3.8절 참조)의 <properties> 엘리먼트는 java.util.Properties 객체 인스턴스를 만들고, <property-placeholder>의 properties-ref 속성은 이 객체를 참조한다.

이제는 외부 프로퍼티 파일에 빈 프로퍼티값을 지정할 수 있게 해주는 스프링 PropertyOverrideConfigurer를 살펴보자(이 클래스는 BeanFactoryPostProcessor를 구현한다).

5.4.3 PropertyOverrideConfigurer

PropertyOverrideConfigurer는 외부 프로퍼티 파일에 빈 프로퍼티를 지정할 수 있다는 점에서 PropertySourcesPlaceholderConfigurer와 비슷하다. PropertyOverrideConfigurer를 사용할 때는 다음과 같은 형식으로 빈 프로퍼티값을 외부 프로퍼티 파일에 지정한다.

```
<빈-이름>.<빈-프로퍼티-이름>=<값>
```

여기서 **<빈-이름>**은 빈의 이름, **<빈-프로퍼티-이름>**은 빈 프로퍼티의 이름, **<값>**은 프로퍼티에 지정하려는 값이다.

PropertyOverrideConfigurer와 PropertySourcesPlaceholderConfigurer에서 눈에 띄는 차이는 다음과 같다.

- 빈 프로퍼티값을 외부로 빼내고 싶을 때만 PropertyOverrideConfigurer를 사용할 수 있다. 즉, PropertyOverrideConfigurer를 사용해 생성자 인수값을 외부 파일에 넣을 수는 없다.
- PropertySourcesPlaceholderConfigurer를 사용하면 프로퍼티 디폴트값을 지정할 수 없다. 하지만 PropertyOverrideConfigurer를 사용하면 빈 프로퍼티의 디폴트값을 지정할 수 있다.

이제 PropertyOverrideConfigurer의 사용 예를 살펴보자.

IMPORT chapter 5/ch05-propertyOverrideConfigurer-example
이 프로젝트는 스프링 PropertyOverrideConfigurer를 사용하는 스프링 애플리케이션을 보여준다. 애플리케이션을 실행하려면 SampleApp 클래스의 main 메서드를 실행한다.

PropertyOverrideConfigurer 예제

다음 예제는 앞으로 PropertyOverrideConfigurer를 사용해 설정을 지정할 DataSource와 WebServiceConfiguration 클래스의 빈 정의다.

예제 5-32 applicationContext.xml – DataSource와 WebServiceConfiguration 클래스 빈 정의

```
#프로젝트 - ch05-propertyOverrideConfigurer-example
#src/main/resources/META-INF/spring

<bean id="datasource" class="sample.spring.chapter05.domain.DataSource">
  <property name="url" value="test url value" />
  <property name="username" value="test username value" />
  <property name="password" value="test password value" />
  <property name="driverClass" value="test driverClass value" />
</bean>

<bean id="webServiceConfiguration"
    class="sample.spring.chapter05.domain.WebServiceConfiguration">
  <property name="webServiceUrl" value="this webservice url needs to be replaced" />
</bean>
```

이 예제에서 <property> 엘리먼트의 value 속성은 빈 프로퍼티의 디폴트값을 지정한다.

다음 예제는 디폴트 빈 프로퍼티값(예제 5-32에서 지정)을 database.properties와 webservice.properties 파일에서 읽은 값으로 변경하는 PropertyOverrideConfigurer 클래스의 빈 정의를 보여준다.

예제 5-33 applicationContext.xml - PropertyOverrideConfigurer 설정

```
#프로젝트 - ch05-propertyOverrideConfigurer-example
#src/main/resources/META-INF/spring

<bean class="org.springframework.beans.factory.config.PropertyOverrideConfigurer">
  <property name="locations">
    <list>
      <value>classpath:database.properties</value>
      <value>classpath:webservice.properties</value>
    </list>
  </property>
</bean>
```

[예제 5-33]에서 PropertyOverrideConfigurer의 locations 프로퍼티는 빈 프로퍼티값을 가져올 프로퍼티 파일을 지정한다.

> **NOTE_** PropertyOverrideConfigurer를 직접 설정하는 대신, 스프링 context 스키마의 <property-override> 엘리먼트를 사용해 PropertyOverrideConfigurer 인스턴스를 설정할 수도 있다.

다음 예제는 빈 프로퍼티값이 들어 있는 database.properties와 webservice.properties 파일을 보여준다.

예제 5-34 database.properties와 webservice.properties 파일의 프로퍼티값

```
#프로젝트 - ch05-property OverrideConfigurer-example
#src/main/resources/META-INF

---------------- database.properties 파일 ------------------
datasource.url=some_url
datasource.username=some_username
datasource.password=some_password
```

```
---------------- webservice.properties 파일 ------------------
webServiceConfiguration.webServiceUrl=some_url
```

database.properties와 webservice.properties 파일의 각 항목에서 프로퍼티 이름은 <bean-name>.<property-name> 패턴을 따른다. 스프링 컨테이너가 빈 정의를 로드하면 PropertyOverrideConfigurer는 빈 프로퍼티의 디폴트값을 database.properties와 webservice.properties 파일에서 읽은 빈 프로퍼티값으로 바꾼다. 예를 들어 datasource 빈의 url 프로퍼티는 database.properties 파일의 datasource.url값으로 설정된다. 마찬가지로 webServiceConfiguration 빈의 webServiceUrl 프로퍼티는 webservice.properties 파일에 정의된 webServiceConfiguration.webServiceUrl 프로퍼티값으로 설정된다.

외부 프로퍼티 파일에서 빈 프로퍼티값을 찾을 수 없는 경우에는 빈 프로퍼티의 디폴트값이 유지된다. [예제 5-32]를 보면 datasource 빈의 driverClass 프로퍼티의 디폴트값이 'test driverClass value'다. [예제 5-34]의 database.properties와 webservice.properties 안에는 datasource.driverClass 프로퍼티 정의가 없음을 알 수 있다. 따라서 driverClass 프로퍼티는 디폴트값이 그대로 유지된다.

ch05-propertyOverrideConfigurer-example 프로젝트 SampleApp의 main 메서드는 ApplicationContext에서 WebServiceConfiguration과 DataSource를 얻어 두 빈의 프로퍼티를 콘솔에 출력한다. SampleApp의 main 메서드를 실행하면 콘솔에서 다음과 같은 결과를 볼 수 있다.

```
DataSource [url=some_url, username=some_username, password=some_password, driverClass=test driverClass value]
WebServiceConfiguration [webServiceUrl=some_url]
```

이 출력은 driverClass를 제외한 모든 빈 프로퍼티값이 외부 프로퍼티 파일에 지정된 값임을 나타낸다.

PropertyOverrideConfigurer와 PropertySourcesPlaceholderConfigurer는 스프링 PropertyResourceConfigurer를 상속하기 때문에 두 클래스가 비슷한 설정 옵션을 제공한다는 사실을 알 수 있다. 예를 들어 PropertyOverrideConfigurer의 localOverride 프로

퍼티를 설정하면 외부 프로퍼티 파일에서 읽은 프로퍼티보다 내부 프로퍼티를 더 우선시할 수 있고, PropertyOverrideConfigurer의 properties 프로퍼티를 설정하면 로컬 프로퍼티를 설정할 수 있는 등의 유사점이 있다.

5.5 요약

이번 장에서는 커스텀 초기화와 정리 로직을 빈 인스턴스에 추가하는 방법을 살펴봤다. 그리고 BeanPostProcessor 구현을 사용해 새로 생성된 빈 인스턴스를 변경하고, BeanFactoryPostProcessor를 사용해 빈 정의를 변경하는 방법도 살펴봤다. 스프링은 내부적으로 BeanPostProcessor와 BeanFactoryPostProcessor를 사용해 여러 프레임워크 기능을 제공한다. 다음 장에서는 스프링의 애너테이션 기반 개발 지원에 대해 살펴본다.

CHAPTER 6

애너테이션 기반 개발

6.1 소개

지금까지는 스프링 컨테이너가 XML 파일에 있는 빈 정의를 청사진으로 사용해 빈 인스턴스를 어떻게 만드는지 살펴봤다. 빈 정의는 빈의 의존 관계, 빈의 초기화와 정리 메서드, 빈 인스턴스의 지연 초기화와 즉시 초기화 전략, 빈 스코프 등을 지정한다. 이번 장에서는 똑같은 정보를 빈 클래스에 지정하는 애너테이션에 대해 살펴본다. 애너테이션을 사용하면 XML 파일에 명시적으로 빈을 설정하는 수고를 덜 수 있다. 그리고 SpEL[Spring Expressoin Language](**스프링 표현 언어**), 스프링 `Validator` 인터페이스, JSR 380 애너테이션을 사용해 메서드나 객체를 어떻게 검증하는지 알아보고, 빈 정의 프로파일을 살펴본다.

먼저 특정 클래스가 스프링 빈을 표현한다고 지정해주는 `@Component` 애너테이션부터 살펴보자.

6.2 @Component – 스프링 빈 식별하기

`@Component`는 타입 수준의 애너테이션이다. 이 애너테이션은 클래스가 스프링 빈(빈을 스프링 **컴포넌트**[component]라고 부르기도 한다)을 표현한다는 사실을 나타낸다. 애플리케이션에서는 컨트롤러, 서비스, 데이터 접근 객체[DAO]에 따라 특별한 `@Component`를 사용하도록 권

장한다. 예를 들어 컨트롤러에는 @Controller를, 서비스에는 @Service를, DAO에는 @Repository를 설정한다.

@Service, @Controller, @Repository 애너테이션이 @Component로 **메타**meta **애너테이션**되어 있다는 사실을 기억하자. 이는 각 애너테이션이 다시 @Component로 애너테이션되어 있다는 뜻이다. 예를 들어 다음 @Service 애너테이션 정의는 @Component로 메타 애너테이션되어 있음을 보여준다.

```
@Target({ElementType.TYPE})
@Retention(RetentionPolicy.RUNTIME)
@Documented
@Component
public @interface Service {
  String value() default "";
}
```

IMPORT chapter 6/ch06-bankapp-annotations

이 프로젝트는 스프링 컨테이너에 애너테이션을 사용해 빈을 등록하고 자동 연결하는 MyBank 애플리케이션이다. 애플리케이션을 실행하려면 BankApp 클래스의 main 메서드를 실행한다.

다음 예제는 MyBank에서 @Service를 사용하는 FixedDepositServiceImpl 클래스다.

예제 6-1 FixedDepositServiceImpl 클래스 – @Service 애너테이션 사용법

```
#프로젝트 - ch06-bankapp-annotations
#src/main/java/sample/spring/chapter06/bankapp/service

package sample.spring.chapter06.bankapp.service;
import org.springframework.stereotype.Service;

@Service(value="fixedDepositService")
public class FixedDepositServiceImpl implements FixedDepositService { ..... }
```

@Service를 설정한 FixedDepositServiceImpl 클래스는 스프링 빈을 표현한다. @Service는 스프링 컨테이너에 빈을 어떤 이름으로 등록할지 지정하는 value 속성을 받는다. value 속성은 <bean> 엘리먼트의 id 속성과 같은 역할을 한다. [예제 6-1]에서 FixedDepositService

Impl 클래스는 fixedDepositService 빈으로 스프링 컨테이너에 등록된다.

@Service와 마찬가지로 @Component, @Repository, @Controller 애너테이션도 value 속성으로 빈 이름을 지정한다. value 속성을 명시하지 않고도 빈 이름을 지정할 수 있다. 즉, @Service(value="fixedDepositService")는 @Service("fixedDepositService")와 같다. 빈 이름을 지정하지 않으면 스프링은 클래스 이름에서 첫 번째 글자를 소문자로 바꾼 이름을 빈 이름으로 사용한다. '빈 이름으로' 자동 연결을 수행할 때 도움이 되기에 빈 이름을 직접 지정해야 한다.

스프링의 **클래스경로 스캐닝**classpath scanning을 활성화하면 스프링 컨테이너는 @Component, @Controller, @Service, @Repository를 설정한 빈 클래스를 자동으로 등록한다. 스프링의 클래스경로 스캐닝을 활성화하려면 스프링 context 스키마에 <component-scan> 엘리먼트를 사용한다. 다음 예제는 <component-scan> 엘리먼트 사용법을 보여준다.

예제 6-2 applicationContext.xml

```
#프로젝트 - ch06-bankapp-annotations
#src/main/resources/META-INF/spring

<beans xmlns="http://www.springframework.org/schema/beans"
    xmlns:context="http://www.springframework.org/schema/context"
    xsi:schemaLocation=".....http://www.springframework.org/schema/context

        http://www.springframework.org/schema/context/spring-context.xsd">
  <context:component-scan base-package="sample.spring"/>
</beans>
```

이 예제에서 스프링 context 스키마에 대한 참조를 포함해 스키마 내부 엘리먼트를 사용할 수 있다. <component-scan> 엘리먼트의 base-package 속성은 스프링 빈을 검색할 패키지를 콤마(,)로 나눠서 나열한 목록이다. base-package 속성값이 sample.spring이므로 sample.spring과 그 하위 패키지에서 스프링 빈을 검색한다. [예제 6-1]의 FixedDepositServiceImpl 클래스에는 @Service 애너테이션이 설정되고, 패키지가 sample.spring.chapter06.bankapp.service이므로 [예제 6-2]의 <component-scan> 엘리먼트는 자동으로 FixedDepositServiceImpl 클래스를 스프링 컨테이너에 빈으로 등록한다. 이는 FixedDepositServiceImpl 클래스를 XML 파일 안에서 다음과 같이 빈으로 정의하는 것과 같다.

예제 6-3 FixedDepositServiceImpl 클래스의 빈 정의

```
<bean id="fixedDepositService"
    class="sample.spring.chapter06.bankapp.service.FixedDepositServiceImpl" />
```

스프링 컨테이너가 자동 등록 시 고려할 빈 클래스를 걸러내고 싶다면 <component-scan> 엘리먼트의 resource-pattern 속성을 사용한다. resource-pattern 속성의 디폴트값은 **/*.class다. 이는 base-package 속성으로 지정한 패키지 아래의 모든 클래스를 자동 등록 대상으로 한다는 뜻이다. <component-scan> 엘리먼트의 하위 엘리먼트로 <include-filter>와 <exclude-filter>를 사용하면 자동 등록 시 사용할 컴포넌트 클래스와 제외할 컴포넌트 클래스를 더 간결하게 지정할 수 있다. 다음 예제는 <include-filter>와 <exclude-filter> 엘리먼트 사용법을 보여준다.

예제 6-4 〈include-filter〉와 〈exclude-filter〉 엘리먼트

```
<beans .....>
  <context:component-scan base-package="sample.example">
    <context:include-filter type="annotation"
        expression="example.annotation.MyAnnotation"/>
    <context:exclude-filter type="regex" expression=".*Details"/>
  </context:component-scan>
</beans>
```

<include-filter>와 <exclude-filter> 엘리먼트에서 type 속성은 빈 클래스를 걸러낼 때 사용할 전략을 지정하고, expression 속성은 걸러낼 때 사용할 식을 지정한다. [예제 6-4]에서 <include-filter> 엘리먼트는 MyAnnotation이라는 타입 수준 애너테이션을 설정한 클래스를 자동으로 스프링 컨테이너에 등록하고, <exclude-filter> 엘리먼트는 이름이 Details로 끝나는 빈 클래스를 <component-scan> 엘리먼트가 무시하도록 지정한다.

다음 표는 <include-filter>와 <exclude-filter> 엘리먼트의 type 속성에 사용할 수 있는 값을 보여준다.

type 속성값	설명
annotation	type 속성값이 annotation이면 expression 속성은 빈 클래스에 설정한 애너테이션의 전체 클래스 이름을 지정한다. 예를 들어 expression 속성값이 example.annotation.MyAnnotation이면 MyAnnotation 애너테이션이 붙은 빈 클래스를 스캔에 포함시키거나(〈include-filter〉 엘리먼트의 경우), 제외시킨다(〈excludefilter〉 엘리먼트의 경우).
assignable	type 속성값이 assignable이면 expression 속성은 빈 클래스가 대입 가능한 클래스나 인터페이스의 전체 이름을 지정한다.
aspectj	type 속성값이 aspectj면 expression 속성은 빈 클래스를 걸러내기 위해 애스팩트J 식을 사용한다.
regex	type 속성값이 regex면 expression 속성은 빈 클래스 이름을 걸러낼 때 사용할 정규식(regular expressoin)을 지정한다.
custom	type 속성값이 custom이면 빈 클래스를 걸러내기 위해 org.springframework.core.type.TypeFilter 인터페이스에 대한 구현을 expression에 지정한다.

이번 절에서는 `@Service` 애너테이션 사용법을 예제로 살펴봤다. `@Component`, `@Controller`, `@Repository` 애너테이션도 `@Service`와 동일한 방식으로 지정할 수 있다. `ch06-bankapp-annotations` 프로젝트의 `CustomerRegistrationDetails`와 `CustomerRequestDetails` 클래스에서 `@Component` 애너테이션을 살펴보자. 그리고 `ch06-bankapp-annotations` 프로젝트에 들어 있는 DAO 클래스에서 `@Repository` 애너테이션을 알아보자.

XML 파일에서 애너테이션이 적용된 빈 클래스를 정의하지 않기 때문에 `<property>`나 `<constructor-arg>` 엘리먼트를 사용해 (애너테이션이 적용된 빈의) 의존 관계를 지정할 방법이 없다. 이로 인해 애너테이션을 설정한 빈 클래스에서는 `@Autowired`, `@Inject` 등의 애너테이션을 사용해 의존 관계를 기술한다.

이제 스프링 `@Autowired` 애너테이션을 살펴보자.

6.3 @Autowired – 객체의 타입으로 의존 관계 자동 연결하기

의존 관계를 '객체의 타입으로' 자동 연결하려면 `@Autowired` 애너테이션을 쓴다. 스프링 `@Autowired`는 4장에서 설명한 스프링 자동 연결 기능과 같은 기능을 제공하지만, `@Autowired`가 더 깔끔하고 유연하게 빈을 자동 연결한다. `@Autowired`를 생성자 수준, 메서드 수준, 필드 수준에서 사용할 수 있다.

다음 예제는 @Autowired를 필드 수준에서 사용하는 AccountStatementServiceImpl 클래스를 나타낸다.

예제 6-5 AccountStatementServiceImpl 클래스 – @Autowired 애너테이션을 필드 수준에서 사용하기

```
#프로젝트 - ch06-bankapp-annotations
#src/main/java/sample/spring/chapter06/bankapp/service

package sample.spring.chapter06.bankapp.service;
import org.springframework.beans.factory.annotation.Autowired;
import org.springframework.stereotype.Service;

@Service(value="accountStatementService")
public class AccountStatementServiceImpl implements AccountStatementService {

  @Autowired
  private AccountStatementDao accountStatementDao;

  @Override
  public AccountStatement getAccountStatement(Date from, Date to) {
    return accountStatementDao.getAccountStatement(from, to);
  }
}
```

이 예제는 @Autowired 애너테이션을 accountStatementDao 필드(AccountStatementDao 타입)에 설정한다. AccountStatementServiceImpl을 생성할 때 스프링의 AutowiredAnnotationBeanPostProcessor(BeanPostProcessor를 구현함)가 accountStatementDao 필드를 자동 연결한다. AutowiredAnnotationBeanPostProcessor는 스프링 컨테이너에서 AccountStatementDao 타입 빈을 얻어서 accountStatementDao 필드에 대입한다. @Autowired를 설정한 필드나 필드에 대응하는 세터 메서드가 꼭 public이어야 할 필요는 없다.

> **NOTE_** 스프링 AutowiredAnnotationBeanPostProcessor는 스프링 @Autowired나 JSR 330 @Inject 애너테이션(6.5절에서 설명함)을 설정한 필드, 메서드, 생성자에 대해 자동 연결을 수행한다.

다음 예제는 @Autowired를 메서드 수준에서 사용하는 CustomerRegistrationServiceImpl 클래스다.

예제 6-6 CustomerRegistrationServiceImpl 클래스 – @Autowired를 메서드 수준에서 사용하기

```
#프로젝트 - ch06-bankapp-annotations
#src/main/java/sample/spring/chapter06/bankapp/service

package sample.spring.chapter06.bankapp.service;

@Service("customerRegistrationService")
@Scope(value = ConfigurableBeanFactory.SCOPE_PROTOTYPE)
public class CustomerRegistrationServiceImpl implements CustomerRegistrationService {
  private CustomerRegistrationDetails customerRegistrationDetails;
  .....
  @Autowired
  public void obtainCustomerRegistrationDetails(
      CustomerRegistrationDetails customerRegistrationDetails) {
    this.customerRegistrationDetails = customerRegistrationDetails;
  }
  .....
  @Override
  public void setAccountNumber(String accountNumber) {
    customerRegistrationDetails.setAccountNumber(accountNumber);
  }
  .....
}
```

이 예제는 @Autowired를 obtainCustomerRegistrationDetails 메서드에 설정한다. 메서드에 @Autowired를 설정하면 메서드 인수가 자동 연결된다. obtainCustomerRegistrationDetails 메서드에 @Autowired가 있으므로 메서드의 CustomerRegistrationDetails는 타입을 사용해 자동 연결된다. 여기서 @Autowired를 설정한 메서드가 public일 필요는 없다는 점에 유의하자.

> **NOTE_** 빈 인스턴스가 생성된 다음에 @Autowired를 설정한 메서드가 **자동으로** 호출되고, @Autowired를 설정한 필드에는 일치하는 빈 인스턴스가 주입된다.

[예제 6-7]은 생성자에 @Autowired를 설정한 CustomerRequestServiceImpl 클래스다.

예제 6-7 CustomerRequestServiceImpl 클래스 – @Autowired를 생성자 수준에서 사용하기

```
#프로젝트 - ch06-bankapp-annotations
#src/main/java/sample/spring/chapter06/bankapp/service

package sample.spring.chapter06.bankapp.service;

@Service(value="customerRequestService")
public class CustomerRequestServiceImpl implements CustomerRequestService {
  private CustomerRequestDetails customerRequestDetails;
  private CustomerRequestDao customerRequestDao;

  @Autowired
  public CustomerRequestServiceImpl(CustomerRequestDetails customerRequestDetails,
      CustomerRequestDao customerRequestDao) {
    this.customerRequestDetails = customerRequestDetails;
    this.customerRequestDao = customerRequestDao;
  }
  .....
}
```

이 예제는 @Autowired를 CustomerRequestServiceImpl의 생성자에 설정한다. 생성자에 @Autowired를 설정하면 생성자 인수가 자동 연결된다. CustomerRequestServiceImpl의 생성자에 @Autowired를 설정하므로, 생성자의 CustomerRequestDetails와 CustomerRequestDao 인수가 객체의 타입으로 자동 연결된다. 여기서 @Autowired를 설정한 생성자가 public일 필요가 없다는 점에 유의하자.

> **NOTE_** 스프링 4.3부터 빈 클래스에 생성자가 단 하나만 있는 경우, 이 유일한 생성자에 @Autowired를 설정할 필요가 없다. 스프링 컨테이너는 디폴트로 이런 유일한 생성자에 대한 자동 연결을 수행한다.

@Autowired를 사용할 때 자동 연결에 필요한 타입과 일치하는 빈을 찾을 수 **없으면** 예외가 발생한다. [예제 6-7]에서 CustomerRequestDetails나 CustomerRequestDao 타입 빈을 스프링 컨테이너에 등록된 빈 중에서 찾을 수 없으면 CustomerRequestServiceImpl 인스턴스를 생성하는 도중에 예외가 발생한다.

@Autowired의 required 속성은 의존 관계가 필수적인지 여부를 지정한다. @Autowired의 required 필드값이 false면 의존 관계가 선택적인 것으로 간주된다. 이는 required 속성값

이 false인 경우, 필요한 타입을 스프링 컨테이너 안에서 찾을 수 없어도 예외가 발생하지 않는다는 뜻이다. required 속성의 디폴트값은 true다. 따라서 스프링 컨테이너는 의존 관계를 **반드시** 만족시켜야 한다.

빈 클래스의 생성자에 required 속성이 true인 @Autowired를 설정하면 다른 생성자에 @Autowired를 설정할 수 없다. 다음 예제에서는 두 생성자에 @Autowired 애너테이션을 설정한다.

예제 6-8 @Autowired를 설정한 생성자가 2개 있는 빈 클래스

```
@Service(value="customerRequestService")
public class CustomerRequestServiceImpl implements CustomerRequestService {
  .....
  @Autowired(required=false)
  public CustomerRequestServiceImpl(CustomerRequestDetails customerRequestDetails) {
    .....
  }

  @Autowired
  public CustomerRequestServiceImpl(CustomerRequestDetails customerRequestDetails,
    CustomerRequestDao customerRequestDao) { ..... }
}
```

이 예제에서 두 생성자 중 한쪽은 의존 관계 자동 연결이 필수(@Autowired의 required가 true로 설정)고, 다른 쪽은 의존 관계 자동 연결이 선택적이므로(@Autowired의 required가 false), 스프링은 예외를 발생시킨다.

빈 클래스에 required가 false인 @Autowired 애너테이션을 설정한 생성자가 여럿 있어도 된다. 이런 경우 스프링은 생성자 중 하나를 호출해 빈 클래스 인스턴스를 생성한다. [예제 6-9]는 @Autowired(required = false)를 설정한 생성자가 2개 있고, 디폴트 생성자가 있는 빈 클래스다.

예제 6-9 required가 false인 @Autowired 애너테이션을 설정한 생성자가 여럿 있는 빈 클래스

```
@Service(value="customerRequestService")
public class CustomerRequestServiceImpl implements CustomerRequestService {
  public CustomerRequestServiceImpl() { ..... }

  @Autowired(required=false)
  public CustomerRequestServiceImpl(CustomerRequestDetails customerRequestDetails) {
    .....
  }

  @Autowired(required=false)
  public CustomerRequestServiceImpl(CustomerRequestDetails customerRequestDetails,
      CustomerRequestDao customerRequestDao) {
    .....
  }
}
```

이 예제에서 스프링은 @Autowired 애너테이션을 설정한 두 생성자를 모두 CustomerRequestServiceImpl 인스턴스를 생성할 때 호출할 수 있는 후보로 간주한다. 이때 만족하는 의존 관계 개수가 가장 큰 생성자를 선택한다. CustomerRequestServiceImpl의 경우, 스프링 컨테이너에 CustomerRequestDetails와 CustomerRequestDao 타입 빈이 등록되면 스프링은 CustomerRequestServiceImpl(CustomerRequestDetails, CustomerRequestDao) 생성자를 호출한다. 스프링 컨테이너에 CustomerRequestDetails 타입 빈은 등록되었지만 CustomerRequestDao 타입 빈이 등록되지 않았다면, CustomerRequestServiceImpl(CustomerRequestDetails) 생성자를 호출한다. 두 의존 관계를 모두 찾을 수 없는 경우에는 CustomerRequestServiceImpl의 디폴트 생성자를 호출한다.

이제 스프링 @Qualifier를 @Autowired와 함께 사용해서 의존 관계를 **빈 이름으로** 자동 연결하는 방법을 살펴보자.

6.4 @Qualifier – 빈 이름으로 의존 관계 자동 연결하기

@Qualifier와 @Autowired를 함께 사용하면 의존 관계를 **빈 이름으로** 자동 연결할 수 있다. **빈 이름으로** 자동 연결하기 위해 @Qualifier를 필드 수준, 메서드 수준, 생성자 수준에서 사용한다.

다음 예제는 @Qualifier를 사용하는 FixedDepositServiceImpl 클래스다.

예제 6-10 FixedDepositServiceImpl 클래스 – @Qualifier 애너테이션 사용하기

```
#프로젝트 - ch06-bankapp-annotations
#src/main/java/sample/spring/chapter06/bankapp/service

package sample.spring.chapter06.bankapp.service;
import org.springframework.beans.factory.annotation.Autowired;
import org.springframework.beans.factory.annotation.Qualifier;

@Service(value="fixedDepositService")
.....
public class FixedDepositServiceImpl implements FixedDepositService {

  @Autowired
  @Qualifier(value="myFixedDepositDao")
  private FixedDepositDao myFixedDepositDao;
  .....
}
```

이 예제는 @Autowired와 @Qualifier를 myFixedDepositDao 필드에 설정한다. @Qualifier의 value 속성은 myFixedDepositDao 필드에 인스턴스를 대입할 빈의 이름을 지정한다.

스프링은 먼저 @Autowired를 설정한 필드, 생성자 인수, 메서드 인수의 객체의 타입으로 후보 빈을 찾는다. 그 후, 스프링은 @Qualifier를 사용해 자동 연결 후보 목록에서 **유일한** 빈을 구별한다. 예를 들어 [예제 6-10]에서 스프링은 myFixedDepositDao에 대해 먼저 FixedDepositDao 타입 빈을 찾은 다음, 발견한 자동 연결 대상 후보 빈 목록에서 이름이 myFixedDepositDao인 빈을 찾는다. 이름이 myFixedDepositDao인 빈을 찾으면 스프링은 그 빈을 myFixedDepositDao 필드에 대입한다.

NOTE_ @Qualifier(value="myFixedDepositDao")는 @Qualifier("myFixedDepositDao")와 같다. 즉, 자동 연결할 빈의 이름을 지정하기 위해 value 속성을 꼭 지정할 필요는 없다.

다음 예제는 @Qualifier 애너테이션을 메서드 수준과 생성자 인수 수준에서 사용하는 모습을 보여준다.

예제 6-11 메서드 수준과 생성자 인수 수준에서 @Qualifier 애너테이션 사용하기

```
public class Sample {

  @Autowired
  public Sample(@Qualifier("aBean") ABean bean) { .... }

  @Autowired
  public void doSomething(@Qualifier("bBean") BBean bean, CBean cBean) { ..... }
}
```

이 예제에서는 @Qualifier를 생성자 인수와 메서드 인수에 설정한다. Sample 클래스 인스턴스를 생성할 때 스프링은 ABean 타입과 aBean 빈을 찾아서 Sample 클래스 생성자에게 넘겨준다. Sample의 doSomething 메서드를 호출할 때 스프링은 BBean 타입(이름은 bBean)의 빈과 CBean 타입 빈을 찾아서 메서드 인수로 넘긴다. BBean 의존 관계가 **빈 이름으로** 자동 연결되지만 CBean 의존 관계는 객체의 타입으로 자동 연결된다는 점을 구별하는 것이 중요하다.

빈 이름을 사용하는 대신 빈 의존 관계를 자동 연결하기 위한 **지정자**qualifier를 사용할 수도 있다. 지금부터 자동 연결 후보를 찾기 위해 지정자를 어떻게 사용하는지 살펴보자.

6.4.1 지정자를 사용해 빈 자동 연결하기

지정자란 @Qualifier를 사용해 빈을 연결할 때 사용하는 문자열을 뜻한다. 지정자가 스프링 컨테이너에 등록된 빈 사이에서 유일할 필요는 없다. 다음 예제는 @Qualifier를 사용해 빈에 지정자를 연관시키는 방법이다.

예제 6-12 TxDaoImpl 클래스 – 빈과 지정자 연관시키기

```
#프로젝트 - ch06-bankapp-annotations
#src/main/java/sample/spring/chapter06/bankapp/dao

package sample.spring.chapter06.bankapp.dao;
.....
@Repository(value = "txDao")
@Qualifier("myTx")
public class TxDaoImpl implements TxDao {
.....
}
```

이 예제의 myTx(@Qualifier로 지정)는 txDao의 지정자이고, txDao(@Repository로 지정)는 빈 이름이다. 다음 예제는 지정자 값을 사용해 txDao 빈을 자동 연결하는 방법이다.

예제 6-13 TxServiceImpl 클래스 – 지정자로 자동 연결하기

```
#프로젝트 - ch06-bankapp-annotations
#src/main/java/sample/spring/chapter06/bankapp/service

package sample.spring.chapter06.bankapp.service;
.....
@Service("txService")
public class TxServiceImpl implements TxService {
  @Autowired
  @Qualifier("myTx")
  private TxDao txDao;
  .....
}
```

이 예제에서 @Qualifier는 txDao를 txDao 빈에 연결하는 대신, 지정자 값이 myTx인 빈에 연결하라고 지정한다. **타입 지정 컬렉션**typed collection으로 지정자와 연관된 모든 빈을 자동 연결할 수 있다. 다음 예제를 보자.

예제 6-14 Services 클래스 – service 지정자와 연관된 모든 빈 얻기

```
#프로젝트 - ch06-bankapp-annotations
#src/main/java/sample/spring/chapter06/bankapp/service
```

```
package sample.spring.chapter06.bankapp.service;
.....
@Component
public class Services {
  @Autowired
  @Qualifier("service")
  private Set<MyService> services;
  .....
}
```

이 예제에서 Set<MyService> 컬렉션은 MyService 인터페이스를 구현하는 모든 서비스를 표현한다. @Qualifier는 지정자값(service)과 연관된 모든 빈을 Set<MyService> 컬렉션에 넣어준다. ch06-bankapp-annotations 프로젝트에서 MyService 마커 인터페이스marker interface를 구현하는 모든 서비스에는 @Qualifier("service") 애너테이션을 설정한다. 따라서 ch06-bankapp-annotations 프로젝트에 정의된 모든 서비스는 Set<MyService>에 자동 연결된다.

간단한 지정자 값과 빈 이름 대신, 자동 연결 후보를 걸러낼 수 있는 속성을 정의하는 커스텀 지정자 애너테이션을 만들 수도 있다. 이런 커스텀 애너테이션을 만드는 방법을 살펴보자.

IMPORT chapter 6/ch06-custom-qualifier

이 프로젝트는 커스텀 지정자 애너테이션을 사용하는 MyBank 애플리케이션이다. 애플리케이션을 실행하려면 이 프로젝트 BankApp 클래스의 main 메서드를 실행한다.

6.4.2 커스텀 지정자 애너테이션 만들기

MyBank에서는 고객이 한 계좌에서 다른 계좌로 자금을 이체할 수 있다. 다음 클래스 다이어그램은 MyBank 애플리케이션에서 이체 과정에 참여하는 클래스다.

그림 6-1 FundTransferProcessor는 FundTransferService를 사용해 자금을 이체한다

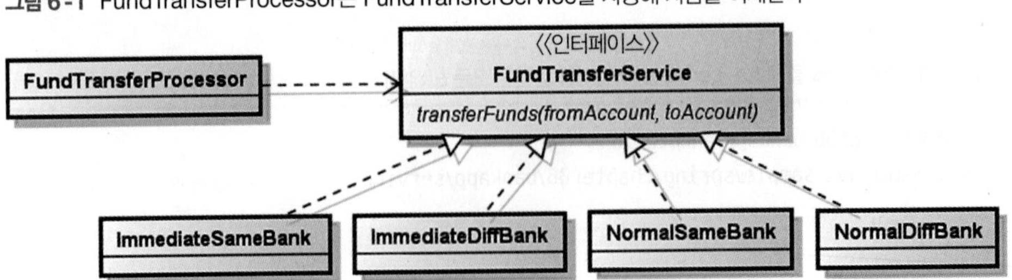

[그림 6-1]에서 FundTransferProcessor는 이체 요청을 처리한다. 수신 계좌가 같은 은행에 있는지, 자금 이체가 즉시 시행되어야 하는지에 따라[1] 적절한 FundTransferService 구현을 사용한다. 예를 들어 수신 계좌가 같은 은행(즉, MyBank)이고 즉시 이체 옵션을 선택했다면, ImmediateSameBank 구현을 사용해 자금을 이체한다.

다음 예제는 transferSpeed와 bankType 속성을 정의하는 @FundTransfer 커스텀 지정자 애너테이션이다. 나중에 커스텀 지정자 애너테이션을 사용해서 적당한 FundTransferService 구현을 FundTransferProcessor 인스턴스에 자동 연결할 것이다.

예제 6-15 @FundTransfer – 커스텀 지정자 애너테이션

```
#프로젝트 - ch06-custom-qualifier
#src/main/java/sample/spring/chapter06/bankapp/service

package sample.spring.chapter06.bankapp.annotation;
.....
import org.springframework.beans.factory.annotation.Qualifier;

@Target({ElementType.FIELD,ElementType.PARAMETER,ElementType.TYPE,
   ElementType.ANNOTATION_TYPE })
@Retention(RetentionPolicy.RUNTIME)
@Qualifier
public @interface FundTransfer {
  TransferMode transferSpeed();
  BankType bankType();
}
```

@FundTransfer 애너테이션에는 메타 애너테이션으로 스프링 @Qualifier가 지정되어 있다. 이는 @FunTransfer 애너테이션이 커스텀 지정자 애너테이션이라는 뜻이다. @FundTransfer의 메타 애너테이션으로 스프링 @Qualifier를 지정하지 않으면, 스프링 CustomAutowireConfigurer빈(BeanFactoryProcessor 타입)을 사용해 명시적으로 @FundTransfer를 등록해야 한다. @FundTransfer의 사용 목적은 스프링 @Qualifier의 목적과 같다. transferSpeed와 bankType 속성에 따라 빈을 자동연결할 때 @FundTransfer가 쓰인다.

1 옮긴이_ 한국에서는 공동망을 통해 계좌 이체가 실시간에 끝나지만, 미국 등 외국에서는 실시간 이체가 불가능하거나 별도의 기관을 거쳐야 해서 수수료가 더 많이 드는 경우가 흔히 있다.

다음 예제는 FundTransferService 인터페이스를 구현하는 ImmediateSameBank 빈 클래스를 보여준다.

예제 6-16 ImmediateSameBank – @FundTransfer 애너테이션

```
#프로젝트 - ch06-custom-qualifier
#src/main/java/sample/spring/chapter06/bankapp/service

package sample.spring.chapter06.bankapp.service;
import sample.spring.chapter06.bankapp.annotation.BankType;
import sample.spring.chapter06.bankapp.annotation.FundTransfer;
import sample.spring.chapter06.bankapp.annotation.TransferSpeed;
.....
@Service
@FundTransfer(transferSpeed = TransferSpeed.IMMEDIATE, bankType=BankType.SAME)
public class ImmediateSameBank implements FundTransferService {
  .....
}
```

ImmediateSameBank에는 transferSpeed가 TransferSpeed.IMMEDIATE이고 bankType이 BankType.SAME인 @FundTransfer 애너테이션이 붙어 있다. ImmediateDiffBank, NormalSameBank, NormalDiffBank 빈 클래스 구현도 비슷하다.

다음 예제처럼 FundTransferProcessor는 @FundTransfer 애너테이션을 사용해 여러 다른 FundTransferService 구현을 필드에 자동 연결한다.

예제 6-17 FundTransferProcessor

```
#프로젝트 - ch06-custom-qualifier
#src/main/java/sample/spring/chapter06/bankapp/service

package sample.spring.chapter06.bankapp.service;
import sample.spring.chapter06.bankapp.annotation.BankType;
import sample.spring.chapter06.bankapp.annotation.FundTransfer;
import sample.spring.chapter06.bankapp.annotation.TransferSpeed;
.....
@Component
public class FundTransferProcessor {
  @Autowired
  @FundTransfer(transferSpeed=TransferSpeed.IMMEDIATE, bankType=BankType.SAME)
```

```
    private FundTransferService sameBankImmediateFundTransferService;

    @Autowired
    @FundTransfer(transferSpeed=TransferSpeed.IMMEDIATE, bankType=BankType.DIFFERENT)
    private FundTransferService diffBankImmediateFundTransferService;
    .....
}
```

이 예제에서 `@FundTransfer`는 `ImmediateSameBank` 인스턴스를 `sameBankImmediateFundTransferService` 필드에, `ImmediateDiffBank` 인스턴스를 `diffBankImmediateFundTransferService` 필드에 자동 연결한다.

커스텀 지정자 애너테이션에 `@Qualifier` 메타 애너테이션이 설정되지 않았다면 다음 코드와 같이 직접 스프링 `CustomAutowireConfigurer`(`BeanFactoryPostProcessor` 구현)를 사용해 지정자 애너테이션을 등록해야 한다.

예제 6-18 CustomAutowireConfigurer를 사용해 커스텀 지정자 애너테이션 등록하기

```
<bean class="org.springframework.beans.factory.annotation.CustomAutowireConfigurer">
  <property name="customQualifierTypes">
    <set>
      <value>sample.MyCustomQualifier</value>
    </set>
  </property>
</bean>
```

`CustomAutowireConfigurer`의 `customQualifierTypes` 프로퍼티는 스프링 컨테이너에 등록할 커스텀 지정자 애너테이션을 받는다. 이 예제에서 `CustomAutowireConfigurer`는 `MyCustomQualifier`를 스프링 컨테이너에 등록한다.

이제 스프링 `@Autowired`와 `@Qualifier` 대신 사용할 수 있는 JSR 330 `@Inject`와 `@Named` 애너테이션에 대해 알아보자.

6.5 JSR 330 @Inject와 @Named 애너테이션

JSR 330(자바 의존 관계 주입)은 자바 플랫폼상의 의존 관계 주입 애너테이션을 표준화한다. JSR 330에는 스프링 @Autowired나 @Qualifier와 비슷한 @Inject와 @Named 애너테이션이 정의되어 있다. 스프링은 @Inject와 @Named를 지원한다.

IMPORT chapter 6/ch06-bankapp-jsr330

이 프로젝트는 스프링 컨테이너에 빈을 등록하고 애너테이션을 사용해 자동 연결하는 MyBank 애플리케이션이다. 애플리케이션을 실행하려면 BankApp 클래스의 main 메서드를 실행한다.

다음 예제는 JSR 330 @Inject와 @Named 애너테이션을 사용하는 FixedDepositServiceImpl 클래스다.

예제 6-19 FixedDepositServiceImpl 클래스

```
#프로젝트 - ch06-bankapp-jsr330
#src/main/java/sample/spring/chapter06/bankapp/service

package sample.spring.chapter06.bankapp.service;
import javax.inject.Inject;
import javax.inject.Named;

@Named(value="fixedDepositService")
public class FixedDepositServiceImpl implements FixedDepositService {

  @Inject
  @Named(value="myFixedDepositDao")
  private FixedDepositDao myFixedDepositDao;
  .....
}
```

이 예제의 FixedDepositServiceImpl 클래스를 [예제 6-10]의 FixedDepositServiceImpl과 비교해보면 @Service와 @Qualifier 대신 @Named를 사용했음을 알 수 있고, @Autowired 대신 @Inject를 사용했다는 것도 알 수 있다.

@Autowired와 @Inject 애너테이션은 뜻이 같다. 이들은 객체의 타입으로 의존 관계를 자동 연결한다. @Autowired처럼 @Inject도 메서드 수준, 생성자 수준, 필드 수준에서 사용할 수

있다. 생성자 의존 관계 주입이 가장 먼저 일어나고 필드 주입이 그 다음에 일어나며, 메서드 주입은 가장 나중에 일어난다.

`@Named`를 타입 수준에서 사용하면 스프링 `@Component` 애너테이션과 마찬가지로 작동한다. `@Named`를 메서드 파라미터 수준에서 사용하거나 생성자 인수 수준에서 사용하면 스프링 `@Qualifier` 애너테이션처럼 작동한다. 클래스에 `@Named` 애너테이션을 설정하면 스프링 `context` 스키마의 `<component-scan>` 엘리먼트가 클래스를 마치 `@Component` 애너테이션을 설정한 빈 클래스처럼 취급한다.

`@Named`나 `@Inject`를 사용하려면 JSR 330 JAR 파일을 프로젝트에 포함시켜야 한다. `ch06-bankapp-jsr330` 프로젝트는 다음과 같이 `pom.xml` 파일의 `<dependency>` 엘리먼트에 JSR 330 JAR 파일을 포함시켰다.

```
<dependency>
  <groupId>javax.inject</groupId>
  <artifactId>javax.inject</artifactId>
  <version>1</version>
</dependency>
```

예전에 `@Autowired`의 `required` 속성을 `false`로 설정하면 의존 관계가 **선택적**optional이 된다는 사실을 살펴봤다. 이런 경우 의존 관계를 찾지 못해도 스프링 컨테이너는 예외를 던지지 않는다. `@Inject`에는 `@Autowired`의 `required` 속성과 같은 역할을 하는 부분이 없다. 하지만 자바 8의 `Optional` 타입을 사용하면 똑같은 동작을 수행할 수 있다.

6.5.1 자바 8 Optional 타입

스프링은 `Optional` 타입인 필드, 생성자 인수, 메서드 파라미터를 자동 연결할 수 있다. 다음 예제는 `@Inject`를 사용해 의존 관계 자동 연결을 수행하는 경우 `Optional` 타입을 사용하는 방법을 보여준다.

예제 6-20 자바 8의 `Optional` 타입

```
import java.util.Optional;
.....
```

```
@Named(value="myService")
public class MyService {

  @Inject
  private Optional<ExternalService> externalServiceHolder;

  public void doSomething(Data data) {
    if(externalServiceHolder.isPresent()) {
      //-- 외부 서비스를 사용해 데이터를 저장한다
      externalServiceHolder.get().save(data);
    }
    else {
      //-- 데이터를 로컬에 저장한다
      saveLocally(data);
    }
  }

  private void saveLocally(Data data) { ..... }
}
```

이 예제에서 MyService는 ExternalService 빈을 사용해 데이터를 원격에 저장하는 빈을 표현한다. ExternalService 빈을 찾을 수 없으면 데이터를 로컬에 저장한다. ExternalService가 선택적인 의존 관계이므로 (즉, 어떤 설정 아래에서는 해당 의존 관계가 없을 수도 있다) MyService는 ExternalService의 의존 관계를 Optional<ExternalService> 타입의 externalServiceHolder 필드를 사용해 기술한다. Optional 타입은 null이 아닌 값을 담아야 한다. [예제 6-20]에서는 ExternalService가 빈 인스턴스에 대한 참조값이다.

스프링 컨테이너가 ExternalService 빈을 찾으면, 빈을 externalServiceHolder 필드에 저장한다. 내부에 null이 아닌 값이 담겨 있으면 Optional의 isPresent 메서드가 true를 반환하고, 값이 담겨 있지 않으면(값이 null이면) isPresent가 false를 반환한다. [예제 6-20]에서 isPresent 메서드가 true를 반환하면, Optional의 get 메서드를 사용해 안에 저장된 ExternalService 인스턴스를 가져온다. 그 후 ExternalService의 save 메서드를 호출해서 데이터를 원격에 저장한다. isPresent가 false를 반환하면, saveLocally 메서드를 사용해 데이터를 로컬에 저장한다.

5장에서는 빈의 초기화와 해제 메서드를 지정할 때 사용하는 JSR 250 @PostConstruct와 @PreDestroy 애너테이션을 살펴봤다. 이제는 이름으로 의존 관계를 자동 연결할 수 있는

JSR250 @Resource 애너테이션을 살펴보자.

6.6 JSR 250 @Resource 애너테이션

스프링은 JSR 250 @Resource로 필드와 세터 메서드를 '빈 이름으로' 자동 연결하도록 지원한다. CommonAnnotationBeanPostProcessor(BeanPostProcessor인터페이스를 구현함)가 @Resource 애너테이션을 처리한다. @Resource의 name 속성은 자동 연결할 빈의 이름을 지정한다. 다만 생성자 인수나 여러 인수를 받는 메서드 인수를 자동 연결하는 경우에는 @Resource 애너테이션을 사용할 수 없다.

다음 예제는 [예제 6-19]의 FixedDepositServiceImpl 클래스에 @Resource를 써서 다시 작성한 것이다.

예제 6-21 @Resource를 필드 수준에서 사용하기

```
import javax.annotation.Resource;

@Named(value="fixedDepositService")
public class FixedDepositServiceImpl implements FixedDepositService {

  @Resource(name="myFixedDepositDao")
  private FixedDepositDao myFixedDepositDao;
  .....
}
```

이 예제는 @Resource를 사용해 myFixedDepositDao 필드를 자동 연결한다. 이때 name 속성값은 myFixedDepositDao다. 스프링은 myFixedDepositDao 빈을 스프링 컨테이너에서 찾아 myFixedDepositDao 필드에 대입한다.

빈 이름으로 자동 연결해야 하는 경우 @Autowired와 @Qualifier 애너테이션을 사용하는 대신 @Resource를 사용해야 한다. 앞에서 말한 것처럼 @Autowired와 @Qualifier 조합을 통해 **빈 이름으로** 자동 연결을 시도하면, 스프링이 먼저 필드 타입(또는 메서드 인수 타입이나 생성자 인수 타입)과 일치하며 자동 연결할 수 있는 빈을 찾고, 그 후 @Qualifier로 지정한 이름을

사용해 후보 빈을 줄인다. 하지만 @Resource를 사용하면 스프링은 name 속성값에 지정한 이름을 사용해 단 하나의 빈을 찾아낸다. 스프링은 @Resource를 처리할 때는 자동 연결할 필드(또는 세터 메서드 인수) 타입을 고려하지 않는다.

빈 자체가 Map 타입인 경우 @Autowired 애너테이션은 제대로 작동하지 않는다. 예를 들어 빈을 util 스키마의 map 엘리먼트으로 정의한다면 @Autowired 애너테이션으로 자동 연결할 수 없다. 이런 경우에는 @Resource를 사용해 자동 연결해야 한다.

> **NOTE_** @Autowired, @Inject, @Resource 애너테이션은 BeanPostProcessors가 처리하기 때문에 BeanFactoryPostProcessor나 BeanPostProcessor 인터페이스를 구현하는 빈에는 적용할 수 없다.

@Resource의 name 속성값을 지정하지 않으면 필드나 프로퍼티 이름을 name 속성의 디폴트값으로 사용한다. 다음 예제는 @Resource의 name 속성값을 사용하지 않는 빈 클래스다.

예제 6-22 name 속성값을 지정하지 않고 @Resource 사용하기

```
@Named(value="mybean")
public class MyService {

  @Resource
  private MyDao myDao;
  private SomeService service;

  @Resource
  public void setOtherService(SomeService service) {
    this.service = service;
  }
}
```

이 예제에서 첫 번째 @Resource의 name 속성값은 myDao(필드 이름)이고, 두 번째 @Resource의 name 속성의 디폴트값은 otherService다(이 프로퍼티 이름은 setOtherService라는 세터 메서드 이름으로부터 파생된 것이다). @Resource가 이름이 myDao인 빈을 찾을 수 없으면 스프링 컨테이너는 타입이 MyDao(필드 타입과 같음)인 빈을 찾는다. 이와 비슷하게 otherService 빈이 없으면 스프링 컨테이너는 SomeService라는 타입(세터 메서드의 인수 타입)의 빈을 찾는다.

6.7 @Scope, @Lazy, @DependsOn, @Primary 애너테이션

다음 표는 @Scope, @Lazy, @DependsOn, @Primary 애너테이션의 역할을 나타낸 것이다.

애너테이션	설명
@Scope	빈 스코프를 지정한다(〈bean〉 엘리먼트의 scope 속성과 같다).
@Lazy	스프링 컨테이너가 빈을 지연해서 생성할지 지정한다(〈bean〉 엘리먼트의 lazy-init 속성과 같다).
@DependsOn	빈의 암시적 의존 관계를 설정한다(〈bean〉 엘리먼트의 depends-on 속성과 같다).
@Primary	빈을 자동 연결 제1후보로 지정한다(〈bean〉 엘리먼트의 primary 속성과 같다).

이제 이 표에서 언급한 각 애너테이션을 자세히 살펴보자.

6.7.1 @Scope

스프링 @Scope 애너테이션은 빈 스코프를 지정한다. 스프링 빈의 디폴트 스코프는 싱글턴 스코프다. 다른 스코프를 빈에 지정하고 싶다면 @Scope로 지정해야 한다. @Scope는 <bean> 엘리먼트의 scope 속성과 같은 역할을 한다(scope 속성에 대한 상세 내용은 2.6절 참조).

다음 예제는 @Scope를 사용하는 CustomerRequestDetails 클래스다.

예제 6-23 @scpoe 사용법

```
#프로젝트 - ch06-bankapp-jsr330
#src/main/java/sample/spring/chapter06/bankapp/domain

package sample.spring.chapter06.bankapp.domain;
import javax.inject.Named;
import org.springframework.beans.factory.config.ConfigurableBeanFactory;
import org.springframework.context.annotation.Scope;

@Named(value="customerRequestDetails")
@Scope(value=ConfigurableBeanFactory.SCOPE_PROTOTYPE)
public class CustomerRequestDetails { ..... }
```

@Scope는 빈 스코프를 지정하는 value 속성을 받는다. 예를 들어 value 속성을 prototype으로 하면 빈은 프로토타입의 스코프 빈으로 지정된다. ConfigurableBeanFactory(singl eton과 prototype 스코프에 대한 상수를 정의함)와 WebApplicationContext 인터페이스(application, session, request 스코프에 대한 상수를 정의함)에 정의된 SCOPE_* 상수를 사용해 value 속성값을 지정할 수도 있다.

스프링 4.2 이후 버전에서는 @Scope의 value 속성 대신 scopeName 속성을 사용해 빈 스코프를 지정할 수도 있다. 스프링 4.2에는 대부분의 애너테이션(@RequestMapping, @RequestParam 등)에 대해 value 속성을 더 의미 있는 이름으로 가리킬 수 있는 **속성 별명**attribute alias이 추가됐다. 예를 들어 @Scope에서는 scopeName이 value 속성을 대신하는 속성 별명이다.

6.7.2 @Lazy

기본적으로 싱글턴 스코프 스프링 빈은 **즉시** 초기화된다. 이는 스프링 컨테이너가 만들어지자마자 싱글턴 스코프 빈들이 초기화된다는 뜻이다. 싱글턴 빈을 나중에 생성하고 싶다면 싱글턴 빈 클래스에 @Lazy 애너테이션을 붙인다.

NOTE_ 빈 클래스에 설정한 @Lazy 애너테이션은 <bean> 엘리먼트의 lazy-init 속성과 같은 역할을 한다. 자세한 내용은 2.6절의 lazy-init 속성을 참고한다.

다음 예제는 @Lazy 애너테이션의 사용법을 보여준다.

예제 6-24 @Lazy 사용법

```
@Lazy(value=true)
@Component
public class Sample { ..... }
```

@Lazy 애너테이션의 value 속성은 빈을 나중에 초기화할지 바로 초기화할지 지정한다. value 속성값을 true로 하거나 지정하지 않으면 빈을 나중에 초기화하는 것으로 간주한다.

@Lazy 애너테이션을 **지연 자동 연결**lazy autowire 의존 관계에 사용할 수도 있다.

IMPORT chapter 6/ch06-lazy-dependencies

이 프로젝트는 @Lazy와 @Autowired 애너테이션을 사용해 의존 관계를 지연 자동 연결하는 애플리케이션이다. 애플리케이션을 실행하려면 SampleApp 클래스의 main 메서드를 실행한다.

6.7.3 의존 관계를 지연 자동 연결하기

@Lazy와 자동 연결 애너테이션(@Autowired, @Inject, @Resource 등)을 함께 사용하면 의존 관계의 자동 연결을 늦출 수 있다(이는 의존하는 빈이 의존 관계에 접근해야만 의존 관계를 자동 연결한다는 뜻이다). 의존 관계의 지연 자동 연결이 어떻게 작동하는지 보여주는 예제를 살펴보자.

다음 그림은 ch06-lazy-dependencies 프로젝트의 빈을 보여준다.

그림 6-2 StatelessService(싱글턴 빈)와 StatefulService(프로토타입 빈) 빈에 의존하는 MyServices

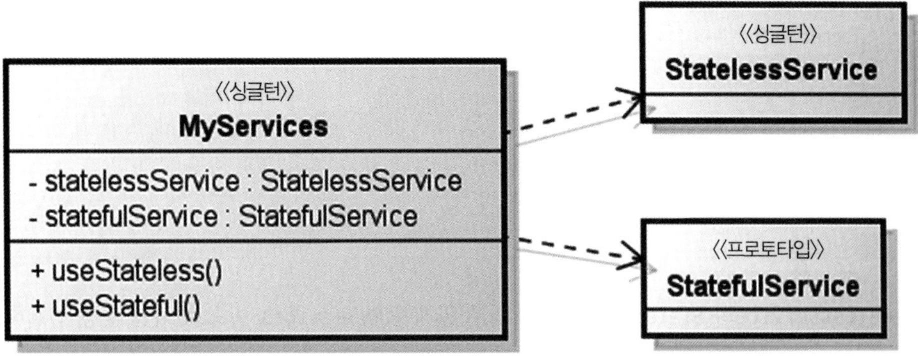

MyServices는 싱글턴 빈인 StatelessService와 프로토타입 빈인 StatefulService에 의존하는 싱글턴 빈이다. MyServices 클래스는 자동 연결할 필드로 statelessService(StatelessService 타입)와 statefulService(StatefulService 타입)를 정의한다. useStateless와 useStateful 메서드는 StatelessService와 StatefulService 빈에 각각 접근한다. 여기서 StatelessService와 StatefulService 빈은 MyServices가 useStateless와 useStateful 메서드를 통해 각 빈에 접근할 때만 자동 연결되어야 한다.

다음 예제는 MyServices 클래스다.

예제 6-25 MyServices 클래스

```
#프로젝트 - ch06-lazy-dependencies
#src/main/java/sample/spring

package sample.spring;
.....
```

```java
@Service
public class MyServices {
  private static Logger logger = LogManager.getLogger(MyServices.class);

  @Autowired
  @Lazy
  private StatelessService statelessService;

  @Autowired
  @Lazy
  private StatefulService statefulService;

  public void useStateless() {
    logger.info(" --> " + statelessService);
  }

  public void useStateful() {
    logger.info(" --> " + statefulService);
  }
}
```

StatelessService와 StatefulService 의존 관계를 MyServices 빈으로 지연 자동 연결하고 싶으므로, statelessService와 statefulService 필드에는 @Autowired와 @Lazy 애너테이션을 함께 사용한다. useStateless와 useStateful 메서드가 수행하는 작업에는 흥미로운 부분이 전혀 없다. 이들은 단지 StatelessService와 StatefulService 인스턴스를 콘솔에 표시하기만 한다.

StatefulService 빈(ch06-lazy-dependencies 프로젝트의 StatefulService 클래스 참조)은 프로토타입 스코프 빈이다. 따라서 스프링 컨테이너는 빈을 나중에 생성한다. StatelessService 빈(ch06-lazy-dependencies 프로젝트의 StatelessService 클래스 참조)은 싱글턴 스코프 빈이지만 스프링에게 빈을 지연 생성하라고 알려주는 @Lazy 애너테이션이 설정되어 있다.

StatelessService와 StatefulService 빈이 모두 **지연 생성**으로 정의되어 있어 스프링 컨테이너가 생성될 때는 오직 MyServices 싱글턴 빈만 생성된다. 그리고 StatelessService와 StatefulService 빈이 MyServices 안에서 모두 **지연 자동 연결**로 지정되어 있어 스프링 컨테이너는 MyServices 빈을 만들 때 자동 연결을 시도하지 않는다. 나중에 MyServices의

useStateless나 useStateful 메서드가 호출될 때만 스프링 컨테이너가 StatelessService와 StatefulService 빈 자동 연결을 수행하고, 그 결과 StatefulService와 StatelessService 빈이 생성된다.

다음 예제는 MyServices의 useStateless와 useStateful 메서드를 호출하는 main 함수가 있는 SampleApp 클래스다.

예제 6-26 SampleApp 클래스

```
#프로젝트 - ch06-lazy-dependencies
#src/main/java/sample/spring

package sample.spring;
.....
public class SampleApp {
  private static Logger logger = LogManager.getLogger(SampleApp.class);
  public static void main(String args[]) throws Exception {
    ConfigurableApplicationContext context = new ClassPathXmlApplicationContext(
        "classpath:META-INF/spring/applicationContext.xml");
    MyServices services = context.getBean(MyServices.class);

    logger.info("Calling --> useStateless");
    services.useStateless();

    logger.info("Calling again --> useStateless");
    services.useStateless();

    logger.info("Calling --> useStateful");
    services.useStateful();

    logger.info("Calling again --> useStateful");
    services.useStateful();

    context.close();
  }
}
```

SampleApp의 main 메서드는 useStateless와 useStateful 메서드를 두 번 호출해서 스프링이 MyServices의 의존 관계를 어떻게 지연 자동 연결하는지 보여준다. main 메서드를 실행하면 콘솔에서 다음과 같은 출력을 볼 수 있다.

```
INFO sample.spring.SampleApp - Calling --> useStateless
INFO sample.spring.StatelessService - Created StatelessService
INFO sample.spring.MyServices - --> sample.spring.StatelessService@4445629
INFO sample.spring.SampleApp - Calling again --> useStateless
INFO sample.spring.MyServices - --> sample.spring.StatelessService@4445629
INFO sample.spring.SampleApp - Calling --> useStateful
INFO sample.spring.StatefulService - Created StatefulService
INFO sample.spring.MyServices - --> sample.spring.StatefulService@4df50bcc
INFO sample.spring.SampleApp - Calling again --> useStateful
INFO sample.spring.StatefulService - Created StatefulService
INFO sample.spring.MyServices - --> sample.spring.StatefulService@63a65a25
```

이 출력은 useStateless를 최초로 호출할 때 StatelessService 빈이 생성된다는 사실을 보여준다(StatelessService 생성자가 출력한 "Created StatelessService" 메시지가 이 사실을 보여준다). StatelessService 빈이 싱글턴 빈이기 때문에 useStateless를 두 번째 호출하면 StatelessService 빈이 새로 생성되지 않는다. 반면 useStateful 호출은 두 번 모두 새로운 StatefulService 빈을 생성한다(StatefulService 생성자가 출력한 "Created StatefulService" 메시지가 이 사실을 보여준다). 또, 이 출력은 프로토타입 빈(이 예제에서는 StatefulService)에 의존하는 싱글턴 빈(이 예제에서는 MyService)에 지연 자동계산을 사용하도록 정의된 메서드가 있으면, 메서드를 통해 프로토타입 빈에 접근할 때마다 새로운 프로토타입 빈 인스턴스를 얻게 된다는 사실을 보여준다.

6.7.4 @DependsOn

@DependsOn 애너테이션은 암시적으로 빈 의존 관계를 지정할 수 있다. 다음 예제는 @DependsOn의 사용법을 보여준다.

예제 6-27 @DependsOn 애너테이션 사용법

```
@DependsOn(value = {"beanA", "beanB"})
@Component
public class Sample { ..... }
```

이 예제에서 @DependsOn은 Sample 클래스를 생성하기 전에 beanA와 beanB 빈을 생성하라고 스프링 컨테이너에 지시한다.

> **NOTE_** @DependsOn 애너테이션은 〈bean〉 엘리먼트의 depends-on 속성과 같은 역할을 한다. depends-on 속성의 자세한 내용은 4.3절을 참조하자.

6.7.5 @Primary

어떤 의존 관계에 대해 자동 연결할 수 있는 후보가 여럿 있다면, @Primary 애너테이션을 사용해 한 빈을 자동 연결의 제1후보로 지정할 수 있다. 다음 예제는 @Primary 애너테이션 사용법을 보여준다.

예제 6-28 @Primary 애너테이션 사용법

```
@Primary
@Component
public class Sample { ..... }
```

> **NOTE_** @Primary 애너테이션은 〈bean〉 엘리먼트의 primary 속성과 같은 역할을 한다. primary 속성에 대한 자세한 내용은 4.6절을 참조하자.

이제 애너테이션이 붙은 빈 클래스의 설정을 간편하게 해주는 스프링 @Value 애너테이션을 살펴보자.

6.8 @Value 애너테이션을 사용해 빈 클래스 설정하기

앞에서 <property>나 <constructor-arg> 엘리먼트의 value 속성을 사용해 빈에 필요한 설정 정보를 지정하는 예를 살펴봤다. 애너테이션을 설정한 스프링 빈은 XML 파일에 정의되지 않기 때문에 <property>나 <constructor-arg> 엘리먼트의 value와 같은 역할을 하는 스프링 @Value를 사용해야 한다. @Value는 필드 수준, 메서드 수준, 메서드 파라미터 수준, 생성자

인수 수준에서 사용할 수 있다는 점을 기억해야 한다. @Autowired와 @Inject 애너테이션을 처리하는 스프링 AutowiredAnnotationBeanPostProcessor가 @Value 애너테이션도 처리한다.

IMPORT chapter 6/ch06-value-annotation
이 프로젝트는 스프링 @Value 애너테이션을 사용해 스프링 컴포넌트를 설정하는 애플리케이션이다. 애플리케이션을 실행하려면 SampleApp 클래스의 main 메서드를 실행한다.

다음 예제는 @value 애너테이션을 필드 수준에서 사용하는 방법을 보여준다.

예제 6-29 SampleApp 클래스

```
#프로젝트 - ch06-value-annotation
#src/main/java/sample/spring/chapter06/beans

package sample.spring.chapter06.beans;
import org.springframework.beans.factory.annotation.Value;

@Component(value="sample")
public class Sample {
  @Value("Some currency")
  private String currency;
  .....
}
```

이 예제는 @Value 애너테이션을 currency 필드에 설정한다. @Value 애너테이션의 value 속성은 필드의 디폴트값으로 지정한다. 이때 value를 명시지 않아도 된다. 따라서 @Value (value="Some currency")는 @Value("Some currency")와 같다.

NOTE_ BeanPostProcessor가 @Value 애너테이션을 처리한다. 따라서 BeanFactoryPost Processor나 BeanPostProcessor 인터페이스를 구현하는 빈 클래스에 @Value를 사용해서는 안 된다.

@Value 애너테이션의 value 속성으로 문자열 값을 지정하는 대신 **SpEL** 식을 지정할 수도 있다.

6.8.1 @Value 애너테이션에 SpEL 사용하기

SpEL 식은 실행 시점에 객체에 대한 질의를 수행하고 객체를 조작할 때 사용하는 **표현 언어** expression language다. 다음 예제는 SpEL 식과 @Value 애너테이션을 사용하는 Sample 빈 클래스다.

예제 6-30 Sample 클래스 – SpEL 식과 @Value를 함께 사용하기

```
#프로젝트 - ch06-value-annotation
#src/main/java/sample/spring/chapter06/beans

package sample.spring.chapter06.beans;
import org.springframework.beans.factory.annotation.Value;

@Component(value="sample")
public class Sample {
  @Value("#{configuration.environment}")
  private String environment;
  .....
  @Value("#{configuration.getCountry()}")
  private String country;

  @Value("#{configuration.state}")
  private String state;
  .....
}
```

이 예제는 @Value의 value로 #{<spel식>} 형식의 구문을 지정한 것이다. AutowiredAnnotationBeanPostProcessor(BeanPostProcessor)가 @Value에 지정한 SpEL 식을 처리한다. SpEL 식은 **〈빈 이름〉.〈필드 또는 프로퍼티 또는 메서드〉** 형식을 사용해 값을 읽을 수 있다. 예를 들어 #{configuration.environment}는 configuration 빈에서 environment 프로퍼티값을 가져오고, #{configuration.getCountry()}는 configuration 빈에 있는 getCountry 메서드를 호출한다는 뜻이다.

다음 예제는 [예제 6-30]의 SpEL에서 참조하는 configuration 빈 클래스다.

예제 6-31 Configuration 빈 클래스

```
#프로젝트 - ch06-value-annotation
#src/main/java/sample/spring/chapter06/beans
```

```java
package sample.spring.chapter06.beans;
import org.springframework.stereotype.Component;

@Component("configuration")
public class Configuration {
  public static String environment = "DEV";

  public String getCountry() {
    return "Some country";
  }

  public String getState() {
    return "Some state";
  }

  public String[] splitName(String name) {
    return name.split(" ");
  }

  public String getCity() {
    return "Some city";
  }
}
```

Configuration 빈 클래스에는 필드와 메서드 정의가 들어 있다. [예제 6-30, 6-31]을 비교하면 #{configuration.environment} 식은 Configuration에 정의된 environment 정적 변수를 참조한다. #{configuration.getCountry()} 식은 Configuration에 정의된 getCountry 메서드를 참조하며, #{configuration.state} 식은 Configuration에 정의된 getState 메서드를 참조한다.

ch06-value-annotation 프로젝트 SampleApp의 main 메서드는 ApplicationContext에서 Sample 빈 인스턴스를 얻어와 Sample 빈 내부의 여러 속성을 출력한다. SampleApp의 main 메서드를 실행하면 다음 출력을 볼 수 있다.

```
environment --> DEV
country --> Some country
state --> Some state
```

이 출력은 다음과 같은 내용을 의미한다.

- #{configuration.environment} 식은 Sample의 environment 필드값을 'DEV'로 설정한다. 이는 Configuration 클래스에 정의된 environment 정적 변수의 값이다.
- #{configuration.getCountry()} 식은 Sample의 country 필드값을 'Some country'로 설정한다. 이는 Configuration 클래스의 getCountry 메서드를 호출해 반환받은 값이다.
- #{configuration.state} 식은 Sample의 state 필드값을 'Some state'로 설정한다. 이는 Configuration의 getState 메서드를 호출해 반환받은 값이다.

6.8.2 @Value 애너테이션을 메서드 수준과 메서드 파라미터 수준에서 사용하기

다음 예제는 `@Value` 애너테이션을 메서드 수준과 메서드 파라미터 수준에서 사용하는 방법을 보여준다.

예제 6-32 Sample 클래스 – @Value를 메서드 수준과 메서드 파라미터 수준에서 사용하는 방법

```
#프로젝트 - ch06-value-annotation
#src/main/java/sample/spring/chapter06/beans

package sample.spring.chapter06.beans;
import org.springframework.beans.factory.annotation.Autowired;
import org.springframework.beans.factory.annotation.Value;

@Component(value="sample")
public class Sample {
  .....
  private String[] splitName;
  private String city;

  @Autowired
  public void splitName(@Value("#{configuration.splitName('FirstName LastName')}")
                String[] splitName) {
    this.splitName = splitName;
  }

  @Autowired
  @Value("#{configuration.getCity()}")
  public void city(String city) {
    this.city = city;
  }
```

```
    .....
  }
```

[예제 6-32]의 경우 @Autowired를 설정한 메서드가 메서드 수준과 메서드 파라미터 수준에서 @Value 애너테이션을 사용한다. @Value 애너테이션은 @Autowired, @Resource, @Inject 애너테이션이 설정된 메서드에 대해서만 사용할 수 있다.

SpEL 식 #{configuration.splitName('FirstName LastName')}은 Configuration의 splitName 메서드를 호출하면서 'FirstName LastName'을 인수로 전달한다. 이것은 인수를 받는 메서드를 호출하기 위해 SpEL을 사용할 수 있다는 사실을 나타낸다.

SampleApp의 main 메서드를 실행하면 다음과 같이 city와 splitName 속성값을 볼 수 있다.

```
city --> Some city
splitName --> FirstName LastName
```

6.8.3 SpEL에서 수학, 관계, 논리 연산자 사용하기

다음 예제와 같이 SpEL에서 수학, 관계, 논리 연산자를 사용할 수 있다.

예제 6-33 Sample 클래스 – 여러 다른 연산자 사용

```
#프로젝트 - ch06-value-annotation
#src/main/java/sample/spring/chapter06/beans

package sample.spring.chapter06.beans;
.....
@Component(value = "sample")
public class Sample {
  .....
  @Value("#{101 > 100}")
  private boolean isGreaterThan;

  @Value("#{3 > 2 && 4 > 3}")
  private boolean isConditionTrue;

  @Value("#{100 + 200 - 300*1 + 4/2}")
```

```
  private int totalAmount;
  .....
}
```

SampleApp의 main 메서드를 실행하면 다음과 같이 isGreaterThan, isConditionTrue, totalAmount 속성값을 볼 수 있다.

```
isGreaterThan --> true
isConditionTrue --> true
totalAmount --> 2
```

6.8.4 SpEL을 사용해 빈 참조 얻기

다음 예제처럼 @Value 애너테이션에 빈 이름만 사용하면 빈에 대한 참조를 얻을 수 있다.

예제 6-34 Sample 클래스 – 빈 참조 얻기

```
#프로젝트 - ch06-value-annotation
#src/main/java/sample/spring/chapter06/beans

package sample.spring.chapter06.beans;
.....
@Component(value = "sample")
public class Sample {
  .....
  @Value("#{configuration}")
  private Configuration myConfiguration;
  .....
}
```

이 예제에서는 configuration 빈에 대한 참조가 myConfiguration 속성에 저장된다.

6.8.5 SpEL 안에서 정규식 사용하기

SpEL에서 matches 연산자를 통해 정규식을 쓸 수 있다. 다음 예제를 살펴보자.

예제 6-35 Sample 클래스 – 정규식 사용하기

```
#프로젝트 - ch06-value-annotation
#src/main/java/sample/spring/chapter06/beans

package sample.spring.chapter06.beans;
.....
@Component(value = "sample")
public class Sample {
  .....
  @Value("#{('abcd@xyz.com' matches '^[A-Za-z0-9+_.-]+@(.+)$') == true ? true : false}")
  private boolean isEmailId;
  .....
}
```

이 예제에서 abcd@xyz.com이라는 전자우편 ID와 정규식 ^[A-Za-z0-9+_.-]+@(.+)$를 matches 연산자로 매치시킨다. [예제 6-35]는 **(조건 ? 조건이 참인 경우 계산할 식 : 조건이 거짓인 경우 계산할 식)**으로 쓸 수 있는 삼항 연산자ternary operator 사용법을 보여주는 예이기도 하다.

6.8.6 SpEL에서 맵과 리스트 다루기

SpEL에서 맵과 리스트를 다룰 수도 있다. 다음 예제의 경우 XML 파일의 util 스키마를 사용해 mapType(Map 타입) 빈과 listType(List 타입) 빈을 설정한다.

예제 6-36 applicationContext.xml

```
#프로젝트 - ch06-value-annotation
#src/main/resources/META-INF/spring

<util:list id="listType" list-class="java.util.ArrayList">
  <value>A simple String value in list</value>
  <value>Another simple String value in list</value>
</util:list>

<util:map id="mapType" map-class="java.util.TreeMap">
  <entry key="map key 1" value="map key 1's value" />
</util:map>
```

SpEL을 사용해 listType과 mapType에 들어 있는 원소에 접근할 수 있다. 다음 예제를 보자.

예제 6-37 Sample 클래스 – 맵과 리스트 다루기

```
#프로젝트 - ch06-value-annotation
#src/main/java/sample/spring/chapter06/beans

package sample.spring.chapter06.beans;
.....
@Component(value = "sample")
public class Sample {
  .....
  @Value("#{listType[0]}")
  private String listItem;

  @Value("#{mapType['map key 1']}")
  private String mapItem;
  .....
}
```

이 예제에서 #{listType[0]} 식은 listType에서 첫 번째 원소를 읽고 #{mapType['map key 1']} 식은 mapType에서 map key 1 키에 해당하는 값을 가져온다.

SampleApp의 main 메서드를 실행하면 다음과 같이 listItem, mapItem 속성값을 볼 수 있다.

```
listItem --> A simple String value in list
mapItem --> map key 1's value
```

6.8.7 XML 기반 빈 정의에서 SpEL 사용하기

SpEL을 @Value 애너테이션에서만 쓸 수 있는 것은 **아니다**. XML 파일에 들어 있는 빈 정의에서도 SpEL을 쓸 수 있다.

IMPORT chapter 6/ch06-spel-example

이 프로젝트는 XML 파일에 있는 빈 정의에서 SpEL을 사용하는 애플리케이션이다. 애플리케이션을 실행하려면 SampleApp 클래스의 main 메서드를 실행한다.

다음 예제는 XML 기반 빈 정의에서 SpEL 식을 사용하는 모습이다.

예제 6-38 applicationContext.xml – 빈 정의에서 SpEL 사용하기

```
#프로젝트 - ch06-spel-example
#src/main/resources/META-INF/spring

<beans ..... >
  <bean id="sample" class="sample.spring.chapter06.beans.Sample">
    <property name="environment" value="#{configuration.environment}" />
    <property name="currency" value="Some currency" />
    <property name="country" value="#{configuration.getCountry()}" />
    <property name="state" value="#{configuration.state}" />
  </bean>

  <bean id="configuration" class="sample.spring.chapter06.beans.Configuration" />
</beans>
```

이 예제는 `Sample` 클래스의 빈 정의가 (`Configuration` 빈을 참조하는) SpEL 식을 사용해 `environment`, `currency`, `country`, `state` 프로퍼티의 디폴트값을 설정하는 모습을 보여준다.

> **NOTE_** SpEL은 아주 강력한 표현 언어로, 이 책에서 설명한 내용보다 훨씬 더 많은 기능을 제공한다. SpEL을 더 알고 싶은 독자는 스프링 참조 문서(https://docs.spring.io/spring-integration/reference/html/spel.html)를 살펴본다.

이제 스프링 `Validator` 인터페이스를 사용해 객체 검증을 수행하는 방법을 살펴보자.

6.9 스프링 Validator 인터페이스를 사용해 객체 검증하기

스프링 `Validator` 인터페이스는 스프링 검증 API[Validation API]의 일부분이며, 인터페이스를 사용해 객체를 검증할 수 있다. `Validator`를 사용해 애플리케이션의 어느 레이어에서나 객체를 검증할 수 있다. 예를 들어 `Validator` 인터페이스를 사용해 웹 레이어뿐 아니라 영속성 레이어[persistence layer]에서도 객체를 검증할 수 있다.

NOTE_ Validator 인터페이스를 사용하는 방식의 대안으로 객체에 적용할 수 있는 JSR 380 애너테이션을 사용하는 방법도 있다. JSR 380 애너테이션에 대해서는 다음 절에서 설명한다.

IMPORT chapter 6/ch06-validator-interface

이 프로젝트는 스프링 Validator 인터페이스를 사용해 FixedDepositDetails 객체를 검증하는 MyBank 애플리케이션이다. 애플리케이션을 실행하려면 BankApp 클래스의 main 메서드를 실행한다.

MyBank 애플리케이션의 `FixedDepositDetails` 객체는 정기 예금의 상세 정보를 표현한다. 다음 예제는 `FixedDepositDetails` 클래스다.

예제 6-39 FixedDepositDetails 클래스

```
#프로젝트 - ch06-validator-interface
#src/main/java/sample/spring/chapter06/bankapp/domain

package sample.spring.chapter06.bankapp.domain;

public class FixedDepositDetails {
  private long id;
  private float depositAmount;
  private int tenure;
  private String email;

  public FixedDepositDetails(long id, float depositAmount, int tenure,
      String email) {
    this.id = id;
    this.depositAmount = depositAmount;
    this.tenure = tenure;
    this.email = email;
  }
  .....
  //-- 필드 게터와 세터
  public float getDepositAmount() {
    return depositAmount;
  }
  .....
}
```

[예제 6-39]는 FixedDepositDetails 클래스 안에 id, depositAmount, tenure, email 필드가 정의된 것을 보여준다. 정기 예금 정보를 시스템에 저장하기 전에 정기 예금의 잔액(depositAmount 필드로 표현됨)가 0이 아님을 검증해야 한다고 가정하자.

FixedDepositDetails 객체의 depositAmount 프로퍼티를 검증하려면 스프링 Validator 인터페이스에 대한 구현을 만들어야 한다. 다음 예제는 FixedDepositDetails에 대한 검증기 validator 객체를 보여준다.

예제 6-40 FixedDepositValidator 클래스 – 스프링 Validator 인터페이스 구현

```
#프로젝트 - ch06-validator-interface
#src/main/java/sample/spring/chapter06/bankapp/validator

package sample.spring.chapter06.bankapp.validator;
import org.springframework.validation.Errors;
import org.springframework.validation.Validator;

public class FixedDepositValidator implements Validator {
  @Override
  public boolean supports(Class<?> clazz) {
    return FixedDepositDetails.class.isAssignableFrom(clazz);
  }

  @Override
  public void validate(Object target, Errors errors) {
    FixedDepositDetails fixedDepositDetails = (FixedDepositDetails) target;
    if (fixedDepositDetails.getDepositAmount() == 0) {
      errors.reject("zeroDepositAmount");
    }
  }
}
```

Validator 인터페이스에는 supports와 validate 메서드가 들어 있다. supports 메서드는 제공받은 타입(clazz 속성으로 표현)의 객체 인스턴스를 검증할 수 있는지 검사한다. supports가 true를 반환하면 validate 객체를 사용해 객체를 검증한다. 이 예제에서 FixedDepositValidator의 supports는 제공받은 객체 인스턴스 타입이 FixedDepositDetails인지 검사한다. support 메서드가 true를 반환하면 FixedDepositValidator의 validate 메서드가 객체를 검증한다. validate 메서드는 검증할 객체 인스턴스와 Errors

인스턴스를 인수로 받는다. 검증하는 동안 발견한 오류를 저장하기 위해 Errors 인스턴스의 reject 메서드를 사용한다. 나중에 Errors 인스턴스를 살펴보면 검증 중에 발견한 오류를 자세히 알 수 있다.

다음 예제는 FixedDepositValidator(예제 6-40 참조)를 사용해 FixedDepositDetails 객체를 검증하는 FixedDepositServiceImpl 클래스의 createFixedDeposit 메서드를 보여준다.

예제 6-41 FixedDepositServiceImpl 클래스 – FixedDepositDetails 객체 검증하기

```
#프로젝트 - ch06-validator-interface
#src/main/java/sample/spring/chapter06/bankapp/service

package sample.spring.chapter06.bankapp.service;
import org.springframework.validation.BeanPropertyBindingResult;
import sample.spring.chapter06.bankapp.validator.FixedDepositValidator;

@Service(value="fixedDepositService")
public class FixedDepositServiceImpl implements FixedDepositService {
  @Autowired
  @Qualifier(value="myFixedDepositDao")
  private FixedDepositDao myFixedDepositDao;

  @Override
  public void createFixedDeposit(FixedDepositDetails fixedDepositDetails)
      throws Exception {
    BeanPropertyBindingResult bindingResult =
        new BeanPropertyBindingResult(fixedDepositDetails, "Errors");
    FixedDepositValidator validator = new FixedDepositValidator();
    validator.validate(fixedDepositDetails, bindingResult);
    if(bindingResult.getErrorCount() > 0) {
      logger.error("Errors were found while
      validating FixedDepositDetails instance");
    } else {
      myFixedDepositDao.createFixedDeposit(fixedDepositDetails);
      logger.info("Created fixed deposit");
    }
  }
}
```

FixedDepositServiceImpl의 createFixedDeposit 메서드는 FixedDepositDetails 객체(fixedDepositDetails 인수로 표현)를 검증한 다음에 검증을 통과하면 FixedDepositDao에 이 FixedDepositDetails 객체를 저장한다. [예제 6-41]의 createFixedDeposit 메서드는 다음과 같은 작업을 수행한다.

- FixedDepositValidator와 BeanPropertyBindingResult의 인스턴스(스프링에서 바로 쓸 수 있는 Errors 디폴트 구현)를 만든다.
- FixedDepositValidator의 validate 메서드를 호출하면서 FixedDepositDetails와 BeanProperty BindingResult 인스턴스를 인수로 넘긴다.
- BeanPropertyBindingResult의 getErrorCount 메서드를 호출해서 보고된 검증 오류가 있는지 살펴본다. 검증 오류가 없으면 FixedDepositDao의 createFixedDeposit 메서드를 호출해서 정기 예금 정보를 데이터 저장소에 저장한다.

다음 예제는 FixedDepositValidator의 validate 메서드가 제대로 검증을 수행하는지 검사하기 위해 FixedDepositServiceImpl의 createFixedDeposit 메서드(예제 6-41 참조)를 호출하는 BankApp의 main 메서드를 보여준다.

예제 6-42 BankApp 클래스

```
#프로젝트 - ch06-validator-interface
#src/main/java/sample/spring/chapter06/bankapp

package sample.spring.chapter06.bankapp;

public class BankApp {
  public static void main(String args[]) throws Exception {
    ApplicationContext context = new ClassPathXmlApplicationContext(
        "classpath:META-INF/spring/applicationContext.xml");

    FixedDepositService fixedDepositService =
        context.getBean(FixedDepositService.class);

    fixedDepositService.createFixedDeposit(new FixedDepositDetails(1, 0,
        12, "someemail@somedomain.com"));
    fixedDepositService.createFixedDeposit(new FixedDepositDetails(1, 1000,
        12, "someemail@somedomain.com"));
  }
}
```

먼저 FixedDepositService의 createFixedDeposit 메서드에 depositAmount가 0인 FixedDepositDetails 객체를 넘긴다. 그 후 createFixedDeposit 메서드에 depositAmount가 1000인 FixedDepositDetails 객체를 넘긴다.

BankApp의 main 메서드를 실행하면 콘솔에서 다음과 같은 출력을 볼 수 있다.

```
Errors were found while validating FixedDepositDetails instance
Created fixed deposit
```

여기서 "Errors were found while validating FixedDepositDetails instance" 출력은 depositAmount값을 검증하면서 depositAmount값이 0인 FixedDepositDetails 인스턴스에 대해 FixedDepositValidator가 오류를 보고했다는 사실을 알려준다. "Created fixed deposit"이라는 출력은 depositAmount값이 1000인 FixedDepositDetails에 대해 검증기가 아무 오류도 보고하지 않았음을 나타낸다.

NOTE_ 스프링 MVC 기반 웹 애플리케이션에서 사용자가 HTML 폼으로 입력한 정보를 그 폼에 대응하는 객체에 저장할 때 스프링 Validator 인터페이스를 사용하는 것이 Validator의 전형적인 용례다.

이제 JSR 380 애너테이션을 통해 빈에 대한 제약 사항constraint을 지정하고 스프링이 이를 검증하게 만드는 방법을 살펴볼 것이다.

6.10 JSR 380(빈 검증 2.0) 애너테이션을 사용해 제약 사항 지정하기

JSR 380(빈 검증 2.0)을 사용하면 자바빈즈JavaBeans 컴포넌트에 대해 제약 사항을 애너테이션으로 기술할 수 있다. JSR 380과 스프링을 함께 사용할 때는 빈 프로퍼티, 메서드, (컬렉션이나 맵과 같은) 컨테이너 엘리먼트에 JSR 380 애너테이션을 설정하고, 스프링은 애너테이션을 설정한 빈에 대한 검증을 수행하여 결과를 제공한다.

NOTE_ 스프링 5는 JSR 349(빈 검증 1.1)와 JSR 380(빈 검증 2.0)을 지원한다. 스프링 4.x는 JSR303(빈 검증 1.0)과 JSR 349(빈 검증 1.1)를 지원한다.

IMPORT chapter 6/ch06-jsr380-validation

이 프로젝트는 JSR 380 애너테이션을 사용하는 MyBank 애플리케이션이다. 애플리케이션을 실행하려면 BankApp 클래스의 main 메서드를 실행한다.

다음 예제는 JSR 380 애너테이션을 사용하는 FixedDepositDetails 클래스다.

예제 6-43 FixedDepositDetails 클래스 – JSR 380 애너테이션

```
#프로젝트 - ch06-jsr380-validation
#src/main/java/sample/spring/chapter06/bankapp/domain

package sample.spring.chapter06.bankapp.domain;
import javax.validation.constraints.*;
import javax.validation.constraints.NotBlank;

public class FixedDepositDetails {
  @NotNull
  private long id;

  @Min(1000)
  @Max(500000)
  private float depositAmount;

  @Min(6)
  private int tenure;

  @NotBlank
  @Size(min=5, max=100)
  private String email;

  public FixedDepositDetails(long id, float depositAmount, int tenure, String email) {
    this.id = id;
    this.depositAmount = depositAmount;
    this.tenure = tenure;
    this.email = email;
  }
  .....
}
```

@NotNull, @Min, @Max, @NotBlank, @Size는 JSR 380 빈 검증 API에 정의된 애너테이션 중 일부다. 이 예제는 FixedDepositDetails에서 JSR 380 애너테이션을 사용해 필드에 적용할 수 있는 제약 사항을 깔끔하게 지정할 수 있음을 보여준다. 반면 스프링 검증 API를 사용해 객체를 검증하면 제약 사항 정보가 Validator 안에 들어간다(예제 6-40 참조).

다음 표는 [예제 6-43]에서 FixedDepositDetails에 쓰인 JSR 380 애너테이션을 설명한다.

JSR 380 애너테이션	제약 사항 설명
@NotNull	@NotNull 애너테이션의 필드값은 null이 아니어야 한다. 예를 들어 FixedDepositDetails의 id 필드값은 null이 될 수 없다.
@Min	@Min 애너테이션이 지정한 필드값은 최솟값보다 크거나 같아야 한다. 예를 들어 FixedDepositDetails의 depositAmount 필드는 @Min(1000)이므로 depositAmount값이 1000 이상이어야 한다.
@Max	@Max 애너테이션이 지정한 필드값은 최댓값보다 작거나 같아야 한다. 예를 들어 FixedDepositDetails의 depositAmount 필드는 @Max(500000)이므로 depositAmount값이 500000 이하여야 한다.
@NotBlank	@NotBlank 애너테이션을 설정한 필드는 null이나 빈 값이 아니어야 한다. 예를 들어 FixedDepositDetails의 email 필드는 null이거나 빈 문자열이어서는 안 된다.
@Size	@Size 애너테이션이 붙은 필드의 크기(길이)는 지정한 min과 max 사이여야 한다. 예를 들어 FixedDepositDetails의 email 필드는 @Size(min=5, max=100)이므로 email 필드의 길이가 5문자 이상 100문자 이하여야 한다.

NOTE_ JSR 380 애너테이션을 사용하기 위해 ch06-jsr380-validation 프로젝트에는 JSR 380 API JAR 파일(validation-api-2.0.0.FINAL)과 하이버네이트 검증기 프레임워크(hibernate-validation-6.0.4.Final)에 대한 의존 관계가 설정되어 있다. 하이버네이트 검증기 프레임워크는 JSR 380의 참조 구현을 제공한다. 하이버네이트 검증기에는 JSR 341 통합 표현 언어Unified Expresssion Language가 필요하다. 그래서 ch06-jsr380-validation 프로젝트는 javax.el-api(통합 표현 언어 API)와 javax.el(통합 표현 언어 참조 구현)을 의존 관계로 정의한다.

앞의 표에 정리된 애너테이션들은 JSR 380에 정의되어 있다. 하이버네이트 검증기 프레임워크Hibernate Validator Framework는 JSR 380 애너테이션과 함께 사용할 수 있는 다른 제약 사항 애너테이션을 추가 제공한다(@Currency, @CreditCardNumber 등).

이제 JSR 380 제약 사항을 FixedDepositDetails 클래스에 지정했으므로 스프링을 사용해 FixedDepositDetails 객체를 검증해보자.

6.10.1 스프링의 JSR 380 지원

스프링은 JSR 380 제약 사항을 사용하는 객체를 검증해줄 수 있다. 스프링의 LocalValidatorFactoryBean 클래스는 애플리케이션 클래스경로에 JSR 380 프로바이더(하이버네이트 검증기 등)가 존재하는지 인식해서 초기화한다. LocalValidatorFactoryBean이 JSR 380의 Validator와 ValidatorFactory 인터페이스를 구현하는 동시에 스프링 Validator 인터페이스도 구현한다는 사실을 알아두자.

다음 예제는 XML 파일에서 LocalValidatorFactoryBean 클래스를 설정한 것이다.

예제 6-44 applicationContext.xml – 스프링 LocalValidatorFactoryBean 설정

```
#프로젝트 - ch06-jsr380-validation
#src/main/resources/META-INF/spring

<bean id="validator"
   class="org.springframework.validation.beanvalidation.LocalValidatorFactoryBean" />
```

예제를 보면 알 수 있는 것처럼, LocalValidatorFactoryBean은 다른 스프링 빈과 같은 방식으로 설정된다. 이제 LocalValidatorFactoryBean을 설정했으므로 이를 사용해 검증을 수행하는 방법을 살펴보자.

다음 예제는 데이터 저장소에 정기 예금 정보를 저장하기 전에 FixedDepositDetails 검증을 수행하는 FixedDepositServiceImpl의 createFixedDeposit 메서드를 보여준다.

예제 6-45 FixedDepositServiceImpl 클래스 – FixedDepositDetails 객체 검증

```
#프로젝트 - ch06-jsr380-validation
#src/main/java/sample/spring/chapter06/bankapp/service

package sample.spring.chapter06.bankapp.service;
import org.springframework.validation.BeanPropertyBindingResult;
import org.springframework.validation.Validator;
.....
@Service(value="fixedDepositService")
public class FixedDepositServiceImpl implements FixedDepositService {

  @Autowired
```

```java
    private Validator validator;

    @Autowired
    @Qualifier(value="myFixedDepositDao")
    private FixedDepositDao myFixedDepositDao;

    @Override
    public void createFixedDeposit(FixedDepositDetails fixedDepositDetails)
        throws Exception {

      BeanPropertyBindingResult bindingResult =
          new BeanPropertyBindingResult(fixedDepositDetails, "Errors");
      validator.validate(fixedDepositDetails, bindingResult);

      if(bindingResult.getErrorCount() > 0) {
        logger.error("Errors were found while validating FixedDepositDetails instance");
      } else {
        myFixedDepositDao.createFixedDeposit(fixedDepositDetails);
        logger.info("Created fixed deposit");
      }
    }
  }
```

[예제 6-45]는 validator 필드가 스프링 Validator 구현을 참조하는 모습을 보여준다. LocalValidatorFactoryBean이 스프링 Validator 인터페이스를 구현하므로 validator 필드에 LocalValidatorFactoryBean 인스턴스가 대입된다. FixedDepositServiceImpl의 createFixedDeposit 메서드는 Validator의 validate 메서드를 호출해서 FixedDepositDetails 객체를 검증한다.

[예제 6-45]에서 FixedDepositDetails를 검증하기 위해 JSR 380 API를 사용하지 않는다는 점이 흥미롭다. JSR 380 API를 사용하는 대신 스프링 검증 API를 사용해 검증을 수행한다. LocalValidatorFactoryBean은 JSR 380 API를 사용해 객체를 검증하기 위한 스프링 Validator 인터페이스의 validate 메서드를 구현한다. LocalValidatorFactoryBean은 개발자가 JSR 380에 한정된 API를 사용하지 않아도 되도록 중간에서 방패 역할을 한다.

다음 예제는 FixedDepositServiceImpl의 createFixedDeposit 메서드(예제 6-45 참조)를 사용해 검증이 제대로 이뤄지는지 검사하는 BankApp의 main 메서드를 보여준다.

예제 6-46 BankApp 클래스

```
#프로젝트 - ch06-jsr380-validation
#src/main/java/sample/spring/chapter06/bankapp

package sample.spring.chapter06.bankapp;
.....
public class BankApp {
  private static Logger logger = LogManager.getLogger(BankApp.class);
  public static void main(String args[]) throws Exception {
    ConfigurableApplicationContext context = new ClassPathXmlApplicationContext(
        "classpath:META-INF/spring/applicationContext.xml");
    logger.info("Validating FixedDepositDetails object using Spring Validation API");

    FixedDepositService fixedDepositService =
        (FixedDepositService)context.getBean("fixedDepositService");
    fixedDepositService.createFixedDeposit(new FixedDepositDetails(1, 0, 12,
        "someemail@somedomain.com"));
    fixedDepositService.createFixedDeposit(new FixedDepositDetails(1, 1000, 12,
        "someemail@somedomain.com"));
    .....
  }
}
```

먼저 FixedDepositService의 createFixedDeposit 메서드에 depositAmount가 0인 FixedDepositDetails 객체를 넘긴다. 그 후 createFixedDeposit 메서드에 depositAmount가 1000인 FixedDepositDetails 객체를 넘긴다.

BankApp의 main 메서드를 실행하면 콘솔에서 다음 출력을 볼 수 있다.

```
Validating FixedDepositDetails object using Spring Validation API
Errors were found while validating FixedDepositDetails instance
Created fixed deposit
```

여기서 'Errors were found while validating FixedDepositDetails instance' 출력은 depositAmount값을 검증하면서 depositAmount값이 0인 FixedDepositDetails 인스턴스에 대해 FixedDepositValidator가 오류를 보고했다는 사실을 보여준다. 'Created fixed deposit' 출력은 depositAmount값이 1000인 FixedDepositDetails에 대해 검증기가 아무

오류도 보고하지 않았음을 보여준다.

LocalValidatorFactoryBean은 JSR 380의 Validator와 ValidatorFactory 인터페이스도 구현하기 때문에 JSR 380 API를 사용해 FixedDepositDetails 객체를 검증할 수도 있다. 다음 예제는 JSR 380 Validator를 사용해 검증을 수행하는 FixedDepositServiceImpl 구현을 보여준다.

예제 6-47 FixedDepositServiceJsr380Impl 클래스 – FixedDepositDetails 객체 검증

```
#프로젝트 - ch06-jsr380-validation
#src/main/java/sample/spring/chapter06/bankapp/service

package sample.spring.chapter06.bankapp.service;
import javax.validation.ConstraintViolation;
import javax.validation.Validator;

@Service(value = "fixedDepositServiceJsr380")
public class FixedDepositServiceJsr380Impl implements FixedDepositService {
  .....
  @Autowired
  private Validator validator;

  @Autowired
  @Qualifier(value = "myFixedDepositDao")
  private FixedDepositDao myFixedDepositDao;

  @Override
  public void createFixedDeposit(FixedDepositDetails fixedDepositDetails)
      throws Exception {
    Set<ConstraintViolation<FixedDepositDetails>> violations =
        validator.validate(fixedDepositDetails);

    Iterator<ConstraintViolation<FixedDepositDetails>> itr = violations.iterator();

    if (itr.hasNext()) {
      logger.error("Errors were found while validating FixedDepositDetails instance");
    } else {
      myFixedDepositDao.createFixedDeposit(fixedDepositDetails);
      logger.info("Created fixed deposit");
    }
  }
}
```

[예제 6-47]은 JSR 380 Validator 구현을 validator 필드가 참조하는 모습을 보여준다. LocalValidatorFactoryBean이 JSR 380의 Validator 인터페이스를 구현하므로 LocalValidatorFactoryBean 인스턴스가 validator에 대입된다. createFixedDeposit 메서드는 Validator의 validate 메서드를 호출해서 FixedDepositDetails 객체를 검증한다. validate 메서드는 JSR 380 프로바이더가 보고한 제약 사항 위배 내용이 들어 있는 java.util.Set 객체를 반환한다. validate 메서드가 반환하는 java.util.Set<Constraint Violation> 객체를 검사하면 제약조건 위반 내용이 보고됐는지 알 수 있다. 각각의 제약조건 위반은 java.util.Set 객체에 들어 있는 ConstraintViolation 객체에 의해 표현된다. [예제 6-47]에서 createFixedDeposit 메서드는 java.util.Set 안에 아무런 위반 사항이 들어 있지 않을 때만 FixedDepositDao의 createFixedDeposit 메서드를 호출한다.

이제 JSR 380을 사용해 메서드를 검증하는 방법을 살펴보자.

6.10.2 메서드 검증

JSR 380은 메서드 검증을 지원한다. 메서드 검증이란 메서드의 인수와 반환값을 검증하는 것을 뜻한다. 메서드 검증을 활성화하려면 스프링 MethodValidationPostProcessor를 설정해야 한다. MethodValidationPostProcessor는 BeanPostProcessor 인터페이스를 구현하며 메서드 검증을 JSR 380 프로바이더에게 위임한다. 다음 예제는 applicationContext.xml에서 MethodValidationPostProcessor를 설정한 것이다.

예제 6-48 applicationContext.xml – MethodValidationPostProcessor 설정

```
#프로젝트 - ch06-jsr380-validation
#src/main/resources/META-INF/spring

<bean
   class="org.springframework.validation.beanvalidation.MethodValidationPostProcessor" />
```

기본적으로 MethodValidationPostProcessor는 @Validated가 설정된 빈 클래스를 검색해 JSR 380 제약 사항 애너테이션을 사용하는 메서드의 검증 지원을 추가한다.

다음 예제는 submitRequest 메서드를 정의하는 CustomerRequestService 인터페이스다.

예제 6-49 CustomerRequestService 인터페이스 – 메서드 인수와 반환값 검증하기

```
#프로젝트 - ch06-jsr380-validation
#src/main/java/sample/spring/chapter06/bankapp/service

package sample.spring.chapter06.bankapp.service;
import javax.validation.constraints.*;
import org.springframework.validation.annotation.Validated;

@Validated
public interface CustomerRequestService {
  @Future
  Calendar submitRequest(@NotBlank String type, @Size(min=20, max=100)
  String description, @Past Calendar accountOpeningDate);
}
```

[예제 6-49]에서 submitRequest 메서드의 인수와 반환값에 대해 JRS 380 제약 사항이 지정되어 있다. @Past는 accountOpeningDate에 전달된 날짜값이 과거여야 한다는 뜻이고, submitRequest 메서드에 설정한 @Future는 submitRequest가 반환하는 날짜값이 미래여야 한다는 뜻이다. 그리고 CustomerRequestService 인터페이스에 설정한 @Validated는 인터페이스 내부에 JSR 380 제약 사항이 추가된 메서드가 들어 있다는 뜻이다.

CustomerRequestServiceImpl은 CustomerRequestService 인터페이스를 구현하고 submitRequest 메서드 구현을 제공한다. JSR 380 제약 사항이 상속되기 때문에 CustomerRequestServiceImpl에 있는 오버라이드한 submitRequest는 CustomerRequestService의 submitRequest에 붙은 제약 사항을 만족해야 한다. 다음 예제는 CustomerRequestServiceImpl에 있는 submitRequest 메서드를 보여준다.

예제 6-50 CustomerRequestServiceImpl

```
#프로젝트 - ch06-jsr380-validation
#src/main/java/sample/spring/chapter06/bankapp/service

package sample.spring.chapter06.bankapp.service;
.....
@Service("customerRequestService")
public class CustomerRequestServiceImpl implements CustomerRequestService {
  @Override
  public Calendar submitRequest(String type, String description,
```

```
        Calendar accountSinceDate) {
      .....
      customerRequestDao.submitRequest(details);
      Calendar cal = Calendar.getInstance();
      cal.add(Calendar.MONTH, -1);
      return cal;
    }
  }
```

이 예제에서 submitRequest 메서드는 요청을 저장하고 현재 날짜에서 한 달 이전 날짜를 반환한다.

다음 예제는 CustomerRequestServiceImpl의 submitRequest 메서드를 여러 다른 인수로 호출하는 BankApp의 main 메서드를 보여준다.

예제 6-51 BankApp 클래스

```
#프로젝트 - ch06-jsr380-validation
#src/main/java/sample/spring/chapter06/bankapp

package sample.spring.chapter06.bankapp;
import javax.validation.ConstraintViolation;
import javax.validation.ConstraintViolationException;
.....
public class BankApp {
  private static Logger logger = LogManager.getLogger(BankApp.class);

  public static void main(String args[]) throws Exception {
    .....
    logger.info("Validating CustomerRequestDetails object using JSR 380 Validator");

    CustomerRequestService customerRequestService =
        context.getBean(CustomerRequestService.class);

    try {
      customerRequestService.submitRequest("request type", "description < 20",
                          Calendar.getInstance());
    } catch (ConstraintViolationException ex) {
      printValidationErrors(ex);
    }
    .....
    Calendar futureDate = Calendar.getInstance();
```

```
        futureDate.add(Calendar.MONTH, 1);
        customerRequestService.submitRequest("request type", "description size > 20",
                    futureDate);
        .....
        Calendar pastDate = Calendar.getInstance();
        pastDate.add(Calendar.MONTH, -1);
        customerRequestService.submitRequest("request type", "description size > 20",
                    pastDate);
        .....
    }
    .....
}
```

이 예제에서는 CustomerRequestServiceImpl의 submitRequest 메서드를 세 번 호출한다. 첫 번째 호출에서 description의 길이는 20보다 작다. 이는 @Size(min=20, max=100) 제약 사항에 위배된다. 두 번째 호출에서는 accountOpeningDate에 전달한 날짜가 미래이므로 인수값이 @Past 제약 사항에 위배된다. 세 번째 호출에서는 모든 인수가 제약 사항을 만족하지만 submitRequest가 반환하는 값은 과거다(예제 6-50 참조). 이는 submitRequest 메서드의 반환값에 설정된 @Future에 위배된다. JSR 380 제약 사항을 만족하지 못한 경우, ConstraintViolationException 예외가 발생한다. [예제 6-51]에서는 ConstraintViolationException 예외를 잡아서 printValidationErrors 메서드를 사용해 세부 사항을 콘솔에 출력한다.

BankApp의 main 메서드를 실행하면 콘솔에서 다음과 같은 출력을 볼 수 있다.

```
Validating CustomerRequestDetails object using JSR 380 Validator
ConstraintViolationImpl{interpolatedMessage='size must be between 20 and 100',
.....}
ConstraintViolationImpl{interpolatedMessage='must be a past date' .....}
ConstraintViolationImpl{interpolatedMessage='must be a future date'.....}
```

이 출력에서는 CustomerRequestServiceImpl의 submitRequest를 호출한 시점에 맞는 제약 사항 위반 오류 메시지를 보여준다.

6.10.3 JSR 380에서 바뀐 부분

스프링 5가 JSR 349와 JSR 380을 모두 지원하지만, 여러분이 애플리케이션을 개발할 때는 JSR 380 사용을 고려해야 한다. JSR 380은 다음과 같이 JSR 349에서 사용할 수 없는 기능을 제공한다.

- 컨테이너 엘리먼트(컬렉션, 맵 등)에 있는 원소의 제약 사항을 지정할 수 있다.
- java.util.Optional 타입 변수의 제약 사항을 지정할 수 있다.
- @NotBlank, @Email, @Positive, @PositiveOrZero 등 새로운 제약 사항이 추가됐다.

> **NOTE_** JSR 380의 변경 사항을 모두 알고 싶은 독자는 JSR 380 명세 문서(https://jcp.org/en/jsr/detail?id=380)를 살펴보자.

IMPORT chapter 6/ch06-jsr380-newfeatures
이 프로젝트는 JSR 380에 새로 추가된 기능을 사용하는 애플리케이션이다. 애플리케이션을 실행하려면 SampleApp 클래스의 main 메서드를 실행한다.

다음 예제는 JSR 380이 제공하는 새로운 기능 몇 가지를 사용하는 `Profile` 클래스다.

예제 6-52 Profile 클래스 – JSR 380의 새 기능

```
#프로젝트 - ch06-jsr380-newfeatures
#src/main/java/sample/spring/chapter06/newfeatures/domain

package sample.spring.chapter06.newfeatures.domain;
import java.util.List;
import java.util.Optional;
import javax.validation.constraints.*;
import org.hibernate.validator.constraints.Length;
.....
public class Profile {
  private List<@Size(min = 5) String> friendNames;
  private Optional<@Length(min = 10, max = 10) String> phoneNumber;

  @PositiveOrZero
  private Integer income;

  @Positive
  private Integer age;
```

```
    ..... 게터/세터와 생성자 .....
}
```

이 예제는 다음과 같은 내용을 나타낸다.

- List〈@Size(min = 5) String〉 friendNames – @Size는 friendNames 리스트에 들어 있는 모든 문자열이 최소한 5글자보다 더 길어야 한다고 지정한다.
- Optional〈@Length(min = 10, max = 10) String〉 phoneNumber – 하이버네이트 검증기의 '@Length' 애너테이션은(JSR 380 @Size 애너테이션과 같은 역할을 함) phoneNumber 필드 길이가 정확히 10글자여야 한다고 지정한다.
- @PositiveOrZero는 income 필드값이 0 이상이어야 한다고 지정한다.
- @Positive는 age 필드값이 0 초과여야 한다고 지정한다.

다음 예제는 Profile 인스턴스를 만들고, Profile 인스턴스를 Validator의 validate 메서드로 검증한 다음, 검증 오류 메시지를 출력하는 SampleApp의 main 메서드를 보여준다.

예제 6-53 SampleApp 클래스 – Profile 객체 검증하기

```
#프로젝트 - ch06-jsr380-newfeatures
#src/main/java/sample/spring/chapter06/newfeatures/domain

package sample.spring.chapter06.newfeatures;
import javax.validation.*;
import sample.spring.chapter06.newfeatures.domain.Profile;
.....
public class SampleApp {
  .....
  public static void main(String args[]) throws Exception {
    .....
    List<String> friends = new ArrayList<String>();
    friends.add("Johnson");
    friends.add("John");
    Profile profile = new Profile(friends, Optional.of("123456789"), -1, 0);

    Validator validator = context.getBean(Validator.class);
    Set<ConstraintViolation<Profile>> violations = validator.validate(profile);
    .....
  }
}
```

SampleApp의 main 메서드를 실행하면 다음 출력을 볼 수 있다.

```
ConstraintViolationImpl{interpolatedMessage='must be greater than 0', propertyPath=age,.....}
ConstraintViolationImpl{interpolatedMessage='length must be between 10 and 10',
propertyPath=phoneNumber.....}
ConstraintViolationImpl{interpolatedMessage='size must be between 5 and 2147483647',
propertyPath=friendNames[1].<list element>.....}
ConstraintViolationImpl{interpolatedMessage='must be greater than or equal to 0',
propertyPath=income.....}
```

ConstraintViolationImpl(ConstraintViolation 인터페이스 구현)의 propertyPath는 검증에 실패한 필드를 알려준다. 이 출력은 friendNames[1](즉, friendNames의 두 번째 원소)이 검증에 실패했음을 알려준다. 그 이유는 friendNames의 두 번째 원소인 "John"의 길이가 @Size(min = 5)라는 제약 사항을 만족하지 못하기 때문이다(예제 6-52 참조).

이번 절에서는 스프링의 JSR 380 지원을 활용해 객체와 메서드를 검증하는 방법을 살펴봤다. JSR 380을 사용하면 애플리케이션에서 커스텀 제약조건을 만들어 사용할 수 있다는 점을 알아두자. 예를 들어 @MyConstraint라는 커스텀 제약조건을 만들고 그 제약조건에 대응하는 검증기를 만들면 제약조건을 객체에 강제로 적용할 수 있다.

이제 빈 정의 프로파일에 대해 살펴보자.

6.11 빈 정의 프로파일

스프링의 빈 정의 프로파일bean definition profile 기능을 사용하면 빈 집합과 **프로파일**profile을 연결시킬 수 있다. 프로파일은 빈으로 이뤄진 집합에 부여한 이름에 지나지 않는다. 어떤 프로파일이 활성화되면 스프링 컨테이너는 그 프로파일과 연관된 빈을 생성한다. 프로파일을 활성화하려면 spring.profiles.active 프로퍼티값으로 프로파일 이름을 지정해야 한다. spring.profiles.active 프로퍼티를 시스템 프로퍼티, 환경 변수, JVM 시스템 프로퍼티, (웹 애플리케이션의 경우) 서블릿 컨텍스트 파라미터, JNDI 항목 등으로 정의할 수 있다.

보통 환경에 따라 서로 다른 빈을 사용하고 싶을 때 프로파일과 빈을 연관시킨다. 예를 들면 개발 환경에서는 내장 데이터베이스를 사용하고 프로덕션 환경에서는 독립 실행 데이터베이스를 사용하고 싶을 것이다.

IMPORT chapter 6/ch06-bean-profiles

이 프로젝트는 빈 정의 프로파일을 사용하는 MyBank 애플리케이션이다. 애플리케이션을 실행하려면 BankAppWithProfile 클래스의 main 메서드를 실행하거나 BankAppWithoutProfile의 main 메서드를 실행한다.

빈 정의 프로파일을 사용하는 예제 시나리오를 살펴보자.

6.11.1 빈 정의 프로파일 예제

`ch06-bean-profiles` 프로젝트의 `Mybank` 애플리케이션은 빈 정의 프로파일을 사용해서 다음 요구 사항을 처리한다.

- 애플리케이션은 개발 환경에서 내장 데이터베이스를 사용하고, 프로덕션 환경에서 독립 실행 데이터베이스를 사용해야 한다.
- 애플리케이션은 데이터베이스와 상호 작용하기 위해 하이버네이트나 마이바티스 ORM 프레임워크를 모두 지원해야 한다. 개발 시점의 애플리케이션은 데이터베이스 처리를 위해 하이버네이트나 마이바티스 중 어느 쪽을 사용할지 지정해야 한다. 아무 것도 지정하지 않은 경우 디폴트로 하이버네이트를 사용한다.

이제 빈 정의 프로파일을 사용해서 요구 사항을 만족시키는 방법을 살펴보자.

6.11.2 개발과 프로덕션 환경에서 다른 데이터베이스 사용하기

`ch06-bean-profiles` 프로젝트의 `DataSource` 클래스에는 데이터베이스 설정 정보(드라이버 클래스, 사용자 이름 등)가 들어 있다. DAO는 클래스를 사용해 데이터베이스에 연결하고 SQL을 실행한다. 다음 예제는 `DataSource` 클래스다.

예제 6-54 DataSource 클래스

```
#프로젝트 - ch06-bean-profiles
#src/main/java/sample/spring/chapter06/bankapp/domain
```

```java
package sample.spring.chapter06.bankapp.domain;
.....
@Component
public class DataSource {
  @Value("#{dbProps.driverClassName}")
  private String driverClass;

  @Value("#{dbProps.url}")
  private String url;
  .....
}
```

[예제 6-54]는 DataSource 빈이 dbProps 빈에서 데이터베이스 설정을 가져온다는 사실을 보여준다. dbProps 빈은 다음과 같이 XML 파일에 설정돼 있다.

예제 6-55 applicationContext.xml

```xml
#프로젝트 - ch06-bean-profiles
#src/main/resources/META-INF/spring

<beans .....
    xmlns:util="http://www.springframework.org/schema/util".....>
  .....
  <beans profile="dev, default">
    <util:properties id="dbProps" location="classpath:META-INF/devDB.properties" />
  </beans>

  <beans profile="production">
    <util:properties id="dbProps"
        location="classpath:META-INF/productiondDB.properties" />
  </beans>
</beans>
```

이 예제에 내포된 <beans> 태그는 하나 이상의 프로파일과 연관된 빈들을 정의한다. profile 속성은 빈들이 속한 프로파일을 하나 이상 지정한다. 예를 들어 첫 번째 <properties> 엘리먼트(util 스키마에 정의됨)에 의해 만들어진 dbProps빈은 dev, default 프로파일과 연관되어 있다. 두 번째 <properties> 엘리먼트에 의해 만들어진 dbProps 빈은 production 프로파일과 연관되어 있다. devDB.properties 파일에는 개발 환경의 데이터베이스 설정이 들어가 있다. 따라서 첫 번째 <properties> 엘리먼트가 만든 dbProps 빈에는 개발 환경에서 적용할 수 있는 데이터베이스 설정이 들어간다. 이와 비슷하게 두 번째 <properties> 엘리먼트가 만든 빈에는 프로덕션 환경에 적용할 수 있는 데이터베이스 설정(productionDB.properties 파일에 들어 있음)이 들어간다.

NOTE_ 내포된 <beans> 태그는 XML 파일의 맨 뒤에 위치해야 한다는 점을 반드시 기억한다.

이는 dev와 default 프로파일이 활성화되면 DataSource 빈이 devDB.properties에 정의된 데이터베이스 설정을 제공하고, production 프로파일이 활성화되면 DataSource 빈이 productionDB.properties에 정의된 데이터베이스 설정을 제공한다는 뜻이다.

6.11.3 하이버네이트와 마이바티스 모두 지원하기

하이버네이트와 마이바티스를 사용한 데이터베이스 연결을 모두 지원하기 위해 하이버네이트와 마이바티스에 대한 DAO를 각각(FixedDepositHibernateDao와 FixedDepositMyBatisDao) 만든다.

다음 예제는 하이버네이트를 사용해 데이터베이스와 상호 작용하는 FixedDepositHibernateDao 클래스(FixedDepositDao 구현)다.

예제 6-56 FixedDepositHibernateDao – 하이버네이트용 DAO 구현

```
#프로젝트 - ch06-bean-profiles
#src/main/java/sample/spring/chapter06/bankapp/dao

package sample.spring.chapter06.bankapp.dao;

@Profile({ "hibernate", "default" })
@Repository
public class FixedDepositHibernateDao implements FixedDepositDao {
  private DataSource dataSource;
  .....
  @Autowired
  public FixedDepositHibernateDao(DataSource dataSource) {
    this.dataSource = dataSource;
  }
  .....
}
```

이 예제에서 @Profile 애너테이션은 활성화된 프로파일이 hibernate나 default일 때만 스프링 컨테이너에 FixedDepositHibernateDao 빈을 등록한다. 이는 활성화된 프로파일이 hibernate나 default가 아니면 스프링 컨테이너가 FixedDepositHibernateDao 빈 인스턴스를 만들지 않는다는 뜻이다. FixedDepositHibernateDao 생성자가 하이버네이트를 사용해 데이터베이스에 연결하고 SQL을 실행하는 DataSource를 인수로 받는다는 점을 확인한다.

다음 예제는 마이바티스를 사용해 데이터베이스와 상호 작용하는 FixedDepositMyBatisDao 클래스(FixedDepositDao를 구현한 다른 클래스)다.

예제 6-57 FixedDepositMyBatisDao – 마이바티스용 DAO 구현

```
#프로젝트 - ch06-bean-profiles
#src/main/java/sample/spring/chapter06/bankapp/dao

package sample.spring.chapter06.bankapp.dao;
import org.springframework.context.annotation.Profile;
.....
@Profile("mybatis")
@Repository
public class FixedDepositMyBatisDao implements FixedDepositDao {
  private DataSource dataSource;
  .....
  @Autowired
  public FixedDepositMyBatisDao(DataSource dataSource) {
    this.dataSource = dataSource;
  }
  .....
}
```

이 예제에서 @Profile 애너테이션은 활성화된 프로파일이 mybatis일 때만 스프링 컨테이너에 FixedDepositMyBatisDao 빈을 등록한다. FixedDepositMyBatisDao 생성자는 마이바티스를 사용해 데이터베이스에 연결하고 SQL을 실행하는 DataSource를 인수로 받는다.

6.11.4 프로파일 활성화하기

다음 예제는 mybatis와 production 프로파일을 활성화하는 BankAppWithProfile의 main 메서드를 보여준다.

예제 6-58 BankAppWithProfile – mybatis와 production 활성화

```
#프로젝트 - ch06-bean-profiles
#src/main/java/sample/spring/chapter06/bankapp

package sample.spring.chapter06.bankapp;

public class BankAppWithProfile {
  public static void main(String args[]) {
    System.setProperty("spring.profiles.active", "mybatis, production");
    ConfigurableApplicationContext context = new ClassPathXmlApplicationContext(
       "classpath:META-INF/spring/applicationContext.xml");
    .....
  }
}
```

이 예제에서 System의 setProperty는 spring.profiles.active라는 시스템 프로퍼티값을 'mybatis, production'으로 설정한다. 그 결과 mybatis와 production 프로파일이 활성화된다. FixedDepositMyBatisDao 빈(예제 6-57 참조)과 productionDB.properties 파일에서 읽은 데이터베이스 설정이 담긴 dbProps 빈(예제 6-55 참조)이 mybatis, production 프로파일과 연관되므로 스프링 컨테이너는 두 빈을 모두 생성한다.

BankAppWithProfile의 main 메서드를 실행하면 다음 메시지를 볼 수 있다.

```
INFO .....FixedDepositMyBatisDao - initializing
INFO ..... dbProps bean -> {password=root, driverClassName=com.mysql.jdbc.Driver,
url=jdbc:mysql://production:3306/spring_bank_app_db, username=root}
```

이 출력은 스프링 컨테이너가 FixedDepositMyBatisDao 빈을 만들었다는 사실을 나타낸다. 그리고 스프링 컨테이너가 productionDB.properties 파일에 있는 데이터베이스 설정 정보가 담긴 dbProps를 만들었다는 것도 나타낸다.

프로파일을 지정하지 않으면 스프링 컨테이너는 default 프로파일을 활성화된 프로파일로 간주한다. BankAppWithoutProfile의 main 메서드는 아무 프로파일도 활성화하지 않는다. BankAppWithoutProfile의 main 메서드를 실행하면 콘솔에서 다음 출력을 볼 수 있다.

```
INFO .....FixedDepositHibernateDao - initializing
INFO ..... dbProps bean -> {password=devDBPassword, driverClassName=devDBDriver,
url=devDBURL, username=devDBUsername}
```

앞에서 devDB.properties 파일에 들어 있는 데이터베이스 설정 정보가 포함된 dbProps 빈(예제 6-55)과 FixedDepositHibernateDao 빈(예제 6-56)이 default 프로파일과 연관된다는 것을 살펴봤다. 이로 인해 스프링 컨테이너는 FixedDepositHibernateDao 빈과 devDB.properties 파일에서 읽은 설정 정보가 들어 있는 dbProps 빈을 생성한다.

> **NOTE_** spring.profiles.default 프로퍼티를 설정하면 디폴트 프로파일 이름을 default에서 다른 이름으로 바꿀 수 있다.

앞에서 본 <beans> 엘리먼트의 profile 속성은 해당 <beans> 내부에 들어 있는 빈이 속할 프로파일을 지정했다. XML 파일에 정의된 모든 빈이 똑같은 프로파일(또는 똑같은 여러 프로파일)에 속하면 최상위 <beans> 엘리먼트의 profile 속성을 사용해 모든 빈이 속하는 프로파일을 하나 이상 지정할 수 있다. 다음 예제는 XML 파일에 정의된 모든 빈이 dev 프로파일에 속하는 시나리오를 보여준다.

예제 6-59 모든 빈에 똑같은 프로파일 지정하기

```
<beans profile="dev" .....>
  <bean id="aBean" class="A"/>
  <bean id="bBean" class="B" />
</beans>
```

이 예제에서 aBean과 bBean은 dev 프로파일과 연관된다.

프로파일을 연관시키지 않은 빈은 현재 활성화된 프로파일과 관계없이 항상 스프링 컨테이너에 등록된다. 다음 예제에서 aBean은 아무 프로파일과도 연관되지 않는다.

예제 6-60 연관된 프로파일이 없는 빈은 모든 프로파일에서 사용 가능하다

```
<beans .....>
  .....
```

```
  <bean id="aBean" class="A"/>

  <beans profile="dev">
    <bean id="bBean" class="B"/>
  </beans>

  <beans profile="prod">
    <bean id="cBean" class="C"/>
  </beans>
</beans>
```

이 예제에서 aBean은 dev나 prod 프로파일 중 어느 쪽이 활성화되든 관계없이 항상 사용 가능(스프링 컨테이너에 등록됨)하다.

프로파일 이름에 ! 연산자를 붙이면 해당 프로파일이 활성화되지 않아야 빈이 스프링 컨테이너에 등록된다는 뜻이다. 다음 예제에서 aBean은 dev가 활성화되지 않은 경우에만 사용 가능하다.

예제 6-61 프로파일 이름에 ! 연산자 사용하기

```
<beans .....>
  .....
  <beans profile="!dev">
    <bean id="aBean" class="A"/>
  </beans>

  <beans profile="prod, default">
    <bean id="bBean" class="B"/>
  </beans>
</beans>
```

prod 프로파일(또는 dev가 아닌 다른 프로파일)이 활성화되거나 아무 프로파일도 활성화되지 않은 경우에만 스프링 컨테이너가 aBean을 등록 대상으로 간주한다.

> **NOTE_** 애너테이션을 사용해 프로파일이 활성화되지 않은 경우에 빈을 사용하게 만들려면 @Profile 애너테이션에 ! 연산자를 사용한다. 예를 들어 @Profile("!dev") 애너테이션은 dev 프로파일이 활성화되지 않은 경우에만 빈을 사용할 수 있다.

6.12 요약

이번 장에서는 애너테이션(`@Component`, `@Inject`, `@Lazy`, `@Autowired` 등)을 사용해 스프링 빈을 설정하는 방법을 살펴봤다. 그리고 빈 설정을 더 편하게 해주는 SpEL 식과 빈 정의 프로파일, 스프링 검증 API, JSR 380에 대해서도 살펴봤다. 다음 장에서는 프로그램 코드를 통해 스프링 컨테이너를 설정하고 컨테이너에 빈을 등록하는 방법을 알아본다.

CHAPTER 7

자바 기반의 컨테이너 설정

7.1 소개

지금까지 본 예제에서는 XML 파일이나 자바 애너테이션을 사용해 스프링 컨테이너를 설정했다. 이번 장에서는 프로그램으로 스프링 컨테이너를 설정해본다. 프로그램으로 빈과 스프링 컨테이너를 설정하는 접근 방법을 **'자바 기반 컨테이너 설정'**이라고도 부른다. 취향에 따라 애플리케이션 개발에서 XML이나 자바 애너테이션, 자바 기반 컨테이너 설정 중 원하는 방법을 선택한다. 또한 스프링에서는 접근 방법을 조합해 사용할 수도 있다. 하지만 한 프로젝트 안에서는 한 접근 방법만 사용하는 것을 권장한다.

이제 자바 기반 설정의 중심인 `@Configuration`과 `@Bean` 애너테이션을 살펴보자.

7.2 @Configuration과 @Bean 애너테이션으로 빈 설정하기

프로그램으로 스프링 빈을 설정하려면 `@Configuration`과 `@Bean` 애너테이션을 사용한다. 클래스에 `@Configuration`을 설정하면 클래스 안에는 `@Bean`을 설정한 메서드가 1개 이상이 있고, 메서드는 빈 인스턴스를 생성해 반환한다. 스프링 컨테이너는 `@Bean`을 설정한 메서드가 반환하는 빈 인스턴스를 관리한다.

IMPORT chapter 7/ch07-bankapp-configuration

이 프로젝트는 @Configuration과 @Bean 애너테이션을 사용해 프로그램으로 빈을 설정하는 MyBank 애플리케이션이다. 애플리케이션을 실행하려면 BankApp 클래스 main 메서드를 실행한다.

다음 예제는 @Configuration을 설정한 BankAppConfiguration 클래스다.

예제 7-1 BankAppConfiguration 클래스 – @Configuration과 @Bean 애너테이션

```
#프로젝트 - ch07-bankapp-configuration
#src/main/java/sample/spring/chapter07/bankapp

package sample.spring.chapter07.bankapp;
import org.springframework.context.annotation.Bean;
import org.springframework.context.annotation.Configuration;
.....
@Configuration
public class BankAppConfiguration {
  .....
  @Bean(name = "fixedDepositService")
  public FixedDepositService fixedDepositService() {
    return new FixedDepositServiceImpl();
  }
  .....
}
```

BankAppConfiguration 클래스에는 빈 인스턴스를 생성해 반환하는 @Bean을 설정한 메서드 정의가 들어 있다. @Bean의 name 속성은 반환하는 빈 인스턴스를 스프링 컨테이너에 등록할 때 사용하는 빈 이름이다. 이 예제에서 fixedDepositService 메서드는 FixedDepositServiceImpl 빈 인스턴스를 생성해 반환하면서 fixedDepositService 이름으로 스프링 컨테이너에 등록한다. fixedDepositService 메서드는 XML 파일에 다음 빈 정의와 같은 효과를 낸다.

```
<bean id="fixedDepositService"
   class="sample.spring.chapter07.bankapp.service.FixedDepositServiceImpl" />
```

NOTE_ @Bean의 name 속성은 해당 빈의 **별명**이 되는 이름의 배열을 받을 수도 있다. 별명은 같인 빈을 다른 이름으로 참조하고 싶을 때 사용할 수 있다.

@Configuration을 설정한 클래스를 사용하려면 CGLIB가 필요하다. CGLIB 라이브러리는 @Configuration을 설정한 클래스를 확장해서 @Bean을 설정한 메서드에 행동behavior을 추가한다. 스프링 3.2부터 CGLIB 클래스는 spring-core JAR 파일에 함께 패키징되기 시작했다. 따라서 프로젝트에서 CGLIB JAR의 의존 관계를 따로 명시할 필요는 없다. GCLIB가 하위 클래스를 만들어야 하기 때문에 @Configuration을 설정한 클래스를 final로 정의해서는 **안 되며**, 해당 클래스 안에는 반드시 인수가 없는 생성자를 제공해야 한다.

name 속성 외에도 메서드가 반환하는 빈 인스턴스를 설정하기 위해 @Bean 애너테이션에 사용할 수 있는 속성으로는 다음과 같은 것이 있다.

속성	설명
autowire	〈bean〉 엘리먼트의 autowire 속성과 같은 역할을 한다(autowire 속성을 자세히 알고 싶은 독자는 4.6절을 참고하자). @Bean 애너테이션을 설정한 메서드가 반환하는 빈이 다른 빈에 의존한다면, autowire 속성을 추가해서 스프링이 이름이나 타입을 바탕으로 빈 의존 관계를 자동 연결하도록 만들 수 있다. 메서드가 반환하는 빈 자동 연결은 디폴트로 비활성화된다.
initMethod	〈bean〉 엘리먼트의 init-method 속성과 같은 역할을 한다(init-method 속성은 5.2절 참고).
destroyMethod	〈bean〉 엘리먼트의 destroy-method 속성과 같은 역할을 한다(destroy-method 속성은 5.2절 참고).

@Bean의 name 속성을 지정하지 않으면 메서드 이름을 빈 이름으로 간주한다. 다음 예제에서 FixedDepositDao 인스턴스는 fixedDepositDao 이름으로 등록된다.

예제 7-2 BankAppConfiguration 클래스 – name 속성이 없는 @Bean 애너테이션

```
#프로젝트 - ch07-bankapp-configuration
#src/main/java/sample/spring/chapter07/bankapp

@Bean
public FixedDepositDao fixedDepositDao() {
  return new FixedDepositDaoImpl();
}
```

@Bean을 설정한 메서드에 @Lazy, @DependsOn, @Primary, @Scope 애너테이션을 덧붙여 설정할 수도 있다. 이렇게 설정하면 @Bean을 설정한 메서드가 반환하는 빈 인스턴스에 각 애너테이션이 적용된다. 예를 들어 @DependsOn은 @Bean을 설정한 메서드가 반환하는 빈 인스턴스의

암시적 의존 관계를 지정한다. 다음 예제는 @DependsOn 애너테이션을 사용하는 방법을 보여준다.

예제 7-3 SomeConfig 클래스 – @DependsOn 애너테이션

```
import org.springframework.context.annotation.DependsOn;
.....
@Configuration
public class SomeConfig {
  .....
  @Bean(name = "someBean")
  @DependsOn({"aBean", "bBean"})
  public SomeBean someBean() {
    return new SomeBean();
  }
  .....
}
```

이 예제에서 @DependsOn 애너테이션은 aBean과 bBean이 someBean의 암시적 의존 관계임을 보여준다. 따라서 스프링 컨테이너는 someBean을 생성하기 전에 aBean과 bBean을 생성한다.

@Bean을 설정한 메서드가 반환하는 빈은 디폴트로 싱글턴 스코프다. @Scope 애너테이션을 사용해 다른 스코프를 지정할 수도 있다. 다음 예제를 보자.

예제 7-4 BankAppConfiguration 클래스 – @Scope 애너테이션

```
#프로젝트 - ch07-bankapp-configuration
#src/main/java/sample/spring/chapter07/bankapp

package sample.spring.chapter07.bankapp;
import org.springframework.context.annotation.Scope;
.....
@Configuration
public class BankAppConfiguration {
  .....
  @Bean(name = "customerRegistrationService")
  @Scope(scopeName = ConfigurableBeanFactory.SCOPE_PROTOTYPE)
  public CustomerRegistrationService customerRegistrationService() {
    return new CustomerRegistrationServiceImpl();
  }
```

```
  .....
}
```

이 예제에서 @Scope 애너테이션은 customerRegistrationService 빈을 프로토타입 빈으로 지정한다.

@Component나 JSR 330 @Named를 설정한 클래스 안에서 @Bean 정의하기

@Component나 JSR 330 @Named를 설정한 클래스 안에서도 @Bean을 설정한 메서드를 정의할 수 있다. 다음 예제는 @Service를 설정한 빈 클래스 안에서 @Bean을 설정한 메서드를 정의하는 모습이다.

예제 7-5 TransactionServiceImpl 클래스 –@Service 클래스 안에서 @Bean 메서드 정의하기

```
#프로젝트 - ch07-bankapp-configuration
#src/main/java/sample/spring/chapter07/bankapp/service

package sample.spring.chapter07.bankapp.service;
.....
@Service
public class TransactionServiceImpl implements TransactionService {
  @Autowired
  private TransactionDao transactionDao;

  @Override
  public void getTransactions(String customerId) {
    transactionDao.getTransactions(customerId);
  }

  @Bean
  public TransactionDao transactionDao() {
    return new TransactionDaoImpl();
  }
}
```

이 예제에서 TransactionServiceImpl 안에는 TransactionDaoImpl 인스턴스(TransactionDao 인터페이스 구현)를 반환하는 @Bean을 설정한 transactionDao 메서드가 있다. TransactionServiceImpl은 @Autowired를 설정해 TransactionDaoImpl 인스턴스를 자

동 연결한다. 빈 클래스 안에서 너무 많은 일이 벌어져 조금 혼란스러울 수도 있다. 빈 클래스 안에서 @Bean을 설정한 메서드를 정의할 때는 빈 클래스에 있는 다른 일반 메서드처럼 @Bean을 설정한 메서드를 우연히 호출할 수도 있다는 문제점이 있다. 이런 문제로 인해 @Bean을 설정한 메서드를 정의하고 싶을 때는 @Configuration 클래스 사용을 권장한다.

NOTE_ @Configuration 애너테이션은 @Component 메타 어노테이션이 붙어 있다. 그래서 @Configuration 클래스와 @Component 클래스에는 비슷한 점이 많다. 예를 들어 두 가지 종류의 클래스 안에서 모두 @Bean을 설정한 메서드를 정의하거나, '자동 연결'을 사용할 수 있고, 스프링 컨테이너는 @Configuration 클래스와 @Component 클래스 인스턴스를 모두 빈으로 등록하는 등의 공통점이 있다.

@ComponentScan을 통해 빈 검색하고 등록하기

@ComponentScan 애너테이션은 6장에서 본 <component-scan> 엘리먼트와 같은 역할을 한다. @Configuration 애너테이션을 설정한 클래스는 @ComponentScan 애너테이션을 사용해 @Component 클래스를 검색하고 등록한다.

다음 예제에서는 @Configuration을 설정한 클래스에서 @ComponentScan 애너테이션을 사용한다.

```
@Configuration
@ComponentScan(basePackages = "com.sample")
public class ABean {
  .....
}
```

basePackages 속성은 @Component를 설정한 클래스를 찾기 위해 검색해야 하는 패키지(또는 여러 패키지)를 지정한다. 클래스를 찾으면 스프링 컨테이너에 클래스를 등록한다.

<component-scan> 엘리먼트와 마찬가지로 @ComponentScan에도 excludeFilters와 includeFilters 속성이 있다. 이들은 각각 <component-scan> 엘리먼트의 <exclude-filter>와 <include-filter> 하위 엘리먼트 역할을 한다.

IMPORT chapter 7/ch07-indexed-annotation

이 프로젝트는 컴파일 시점에 스프링 컴포넌트 인덱스를 만드는 애플리케이션이다. 인덱스를 만들려면 프로젝트 디렉터리에서 mvn clean compile을 실행한다. 애플리케이션을 실행하려면 SampleApp 클래스의 main 메서드를 실행한다.

클래스경로 스캔 대신 컴포넌트 인덱스 사용하기

스프링 5에서 새로 생긴 spring-context-indexer 모듈을 사용하면 **컴파일** 시점에 스프링 컴포넌트 **인덱스**를 생성하는 기능을 프로젝트에 추가할 수 있다. 애플리케이션을 시작할 때는 (클래스경로 검색 대신) 생성된 인덱스를 사용해 스프링 컴포넌트를 로드한다.

컴포넌트 인덱스 생성을 활성화하려면 프로젝트 설정에 spring-contextindexer의 의존 관계를 추가하고, CandidateComponentsIndexer 애너테이션 프로세서(spring-context-indexer 모듈에 정의됨)를 **메이븐 컴파일러 플러그인**(https://maven.apache.org/plugins/maven-compiler-plugin/)과 함께 설정해야 한다. 다음 예제는 **메이븐 컴파일러 플러그인**에서 CandidateComponentsIndexer를 설정하는 방법이다.

예제 7-6 pom.xml – CandidateComponentsIndexer 애너테이션 프로세서 설정하기

```
#프로젝트 - ch07-indexed-annotation

<plugin>
  <groupId>org.apache.maven.plugins</groupId>
  <artifactId>maven-compiler-plugin</artifactId>
  <version>3.7.0</version>
  <configuration>
    .....
    <annotationProcessors>
      <annotationProcessor>
        org.springframework.context.index.CandidateComponentsIndexer
      </annotationProcessor>
    </annotationProcessors>
  </configuration>
</plugin>
```

<annotationProcessors> 엘리먼트는 <annotationProcessor> 하위 엘리먼트를 사용해 컴파일하는 동안 사용할 애너테이션 프로세서를 지정한다. [예제 7-6]에서는 컴파일하는 동안

실행할 애너테이션 프로세서로 CandidateComponentsIndexer를 지정한다.

ch07-indexed-annotation 폴더 안에 들어가 명령줄에서 mvn clean compile 명령을 실행하면(또는 이클립스에서 pom.xml을 오른쪽 클릭하고 Run AS > Maven build를 선택하면), 컴파일하면서 ch07-indexed-annotation/target/classes/META-INF 폴더 안에 spring.components 파일이 생성된다. spring.components 파일에는 다음과 같이 스프링 컴포넌트의 인덱스가 들어 있다.

```
com.sample.functionalstyle.domain.MyConfiguration=org.springframework.stereotype.
Component
com.sample.functionalstyle.domain.BeanB=org.springframework.stereotype.Component
com.sample.functionalstyle.domain.BeanA=org.springframework.stereotype.Component
```

CandidateComponentsIndexer는 스프링 @Indexed를 설정한 클래스를 모두 인덱스에 넣는다. 스프링 5에서 @Configuration과 @Component에는 @Indexed를 메타 애너테이션으로 설정한다. 따라서 ch07-indexed-annotation 프로젝트를 컴파일하면 MyConfiguration(@Configuration과 @ComponentScan이 설정)과 BeanA, BeanB(둘 다 @Component가 설정) 클래스가 모두 인덱스에 들어간다.

SampleApp의 main 메서드를 실행하면 MyConfiguration의 @ComponentScan(이 애너테이션에는 런타임 의미semantics가 설정된다) 애너테이션은 무시된다. 그 대신 스프링 프레임워크는 spring.components 파일에 들어 있는 컴포넌트를 로드한다. spring.components 파일로부터 스프링 컴포넌트를 로드하므로 클래스경로 스캔은 필요 없다. 이로 인해 애플리케이션이 커지면 시작 시간이 상당히 줄어드는 것을 알 수 있다.

7.3 빈 의존 관계 주입하기

자바 기반 설정을 사용할 때는 @Bean을 설정한 메서드를 사용해 빈을 만든다. 이때 다음 방법을 사용해 @Bean 메서드가 생성하는 빈의 의존 관계를 만족시킬 수 있다.

- 명시적으로 의존 관계를 생성해 반환하는 @Bean 메서드를 호출해서 의존 관계를 얻어온다.
- @Bean 메서드 인수로 의존 관계를 지정한다. 스프링 컨테이너는 @Bean 메서드를 호출할 때 의존 관계에

대해 책임을 지며, 메서드 인수로 의존 관계를 공급한다.

- 빈 클래스에서 @Autowired, @Inject, @Resource 등을 사용해 의존 관계를 자동 연결한다.

다음 예제는 의존 관계에 대응하는 **@Bean** 메서드를 호출해 빈 의존 관계를 얻어오는 방법이다.

예제 7-7 BankAppConfiguration 클래스 –@Bean 메서드를 호출해서 의존 관계 가져오기

```
#프로젝트 - ch07-bankapp-configuration
#src/main/java/sample/spring/chapter07/bankapp

package sample.spring.chapter07.bankapp;
.....
@Configuration
public class BankAppConfiguration {
  @Bean(name = "accountStatementService")
  public AccountStatementService accountStatementService() {
    AccountStatementServiceImpl accountStatementServiceImpl =
        new AccountStatementServiceImpl();
    accountStatementServiceImpl.setAccountStatementDao(accountStatementDao());
    return accountStatementServiceImpl;
  }

  @Bean(name = "accountStatementDao")
  public AccountStatementDao accountStatementDao() {
    return new AccountStatementDaoImpl();
  }
  .....
}
```

이 예제에서 accountStatementService 메서드는 AccountStatementServiceImpl 빈을 생성하고, accountStatementDao 메서드는 AccountStatementDaoImpl 빈을 생성한다. AccountStatementServiceImpl이 AccountStatementDaoImpl에 의존하기 때문에 여기서는 accountStatementDao 메서드를 호출해서 AccountStatementDaoImpl 빈 인스턴스를 얻어 AccountStatementServiceImpl 인스턴스에 설정한다.

@Bean 메서드의 동작이 그에 대응하는 빈 설정을 준수한다는 점을 알아둬야 한다. 예를 들어 accountStatementService 메서드를 여러 번 호출한다고 해도 AccountStatementServiceImpl 인스턴스 빈이 여러 개 생기지는 **않는다**. AccountStatementServiceImpl 빈이 싱글턴 스코프이므로 accountStatementService 메서드는 항상 같은 AccountStatementServiceImpl

빈 인스턴스를 내놓는다. 이런 동작이 가능한 이유는 @Configuration 클래스의 하위 클래스를 만들면서 @Bean을 설정한 메서드를 오버라이드하기 때문이다. 예를 들어 CGLIB를 통해 BankAppConfiguration 클래스의 하위 클래스를 만들고 accountStatementService 메서드를 오버라이드할 때, 오버라이드한 accountStatementService가 부모 클래스의 accountStatementService 메서드를 호출해서 새로운 AccountStatementServiceImpl 빈을 생성하기 전에 가장 먼저 하는 일은 스프링 컨테이너에서 AccountStatementServiceImpl 빈을 찾는 것이다.

명시적으로 @Bean 메서드를 호출해서 의존 관계를 가져오는 대신, @Bean 메서드의 인수로 의존 관계를 지정할 수도 있다. 다음 예제는 AccountStatementServiceImpl 빈의 의존 관계를 메서드 인수로 지정하는 accountStatementService 변종을 보여준다.

예제 7-8 @Bean 메서드의 인수로 의존 관계 지정하기

```
@Configuration
public class BankAppConfiguration {
  @Bean(name = "accountStatementService")
  public AccountStatementService accountStatementService(
      AccountStatementDao accountStatementDao) {
    AccountStatementServiceImpl accountStatementServiceImpl =
        new AccountStatementServiceImpl();
    accountStatementServiceImpl.setAccountStatementDao(accountStatementDao);
    return accountStatementServiceImpl;
  }

  @Bean(name = "accountStatementDao")
  public AccountStatementDao accountStatementDao() {
    return new AccountStatementDaoImpl();
  }
  .....
}
```

이 예제에서 AccountStatementDao 빈(AccountStatementServiceImpl 빈의 의존 관계)이 accountStatementService 메서드의 인수로 정의되어 있다. 스프링 컨테이너는 내부에서 accountStatementDao를 호출하면서 accountStatementService 메서드로 AccountStatementDao 빈 인스턴스를 넘긴다.

빈 의존 관계를 명시적으로 설정하는 대신 @Autowired, @Inject, @Resource 등의 애너테이션을 사용해 의존 관계를 자동 연결할 수도 있다. 다음 예제는 FixedDepositService와 FixedDepositDao 빈을 생성하는 @Bean 메서드를 보여준다.

예제 7-9 BankAppConfiguration 클래스

```
#프로젝트 - ch07-bankapp-configuration
#src/main/java/sample/spring/chapter07/bankapp

package sample.spring.chapter07.bankapp;
.....
@Configuration
public class BankAppConfiguration {
  .....
  @Bean(name = "fixedDepositService")
  public FixedDepositService fixedDepositService(FixedDepositDao fixedDepositDao) {
    return new FixedDepositServiceImpl();
  }

  @Bean
  public FixedDepositDao fixedDepositDao() {
    return new FixedDepositDaoImpl();
  }
  .....
}
```

이 예제에서 fixedDepositService 메서드는 FixedDepositServiceImpl 인스턴스를 생성하고 fixedDepositDao 메서드는 FixedDepositDaoImpl 인스턴스를 생성한다. FixedDepositServiceImpl이 FixedDepositDaoImpl에 의존하기는 하지만 FixedDepositDaoImpl을 FixedDepositServiceImpl에 설정하지는 않는다. 그 대신 FixedDepositDaoImpl에 대한 FixedDepositServiceImpl의 의존 관계를 @Autowired 애너테이션으로 [예제 7-10]과 같이 지정한다.

예제 7-10 FixedDepositServiceImpl 클래스

```
#프로젝트 - ch07-bankapp-configuration
#src/main/java/sample/spring/chapter07/bankapp/service
```

```
package sample.spring.chapter07.bankapp.service;
.....
public class FixedDepositServiceImpl implements FixedDepositService {
  @Autowired
  private FixedDepositDao fixedDepositDao;

  @Override
  public void createFixedDeposit(FixedDepositDetails fdd) throws Exception {
    fixedDepositDao.createFixedDeposit(fdd);
  }
}
```

이 예제에서 @Autowired 애너테이션은 BankAppConfiguration 클래스의 fixedDepositDao 메서드(예제 7-8 참조)가 생성한 FixedDepositDao 빈을 자동 연결한다.

이제까지 @Bean 메서드가 생성한 빈에 의존 관계를 어떻게 주입하는지 살펴봤으므로, 자바 기반 설정을 사용해서 스프링 컨테이너를 설정하는 방법을 살펴보자.

7.4 스프링 컨테이너 설정하기

지금까지 본 예제에서는 스프링 컨테이너를 표현하기 위해 ClassPathXmlApplicationContext 클래스(ApplicationContext 인터페이스를 구현하는 클래스)의 인스턴스를 만들었다. 빈의 소스로 @Configuration을 설정한 클래스를 사용하려면 AnnotationConfigApplicationContext 클래스(ApplicationContext 인터페이스를 구현하는 다른 클래스)의 인스턴스를 만들어서 스프링 컨테이너를 표현해야 한다.

다음 예제는 AnnotationConfigApplicationContext 클래스의 인스턴스를 만들고 그 인스턴스로부터 빈을 얻는 BankApp 클래스다.

예제 7-11 BankApp 클래스 – AnnotationConfigApplicationContext 사용법

```
#프로젝트 - ch07-bankapp-configuration
#src/main/java/sample/spring/chapter07/bankapp

package sample.spring.chapter07.bankapp;
```

```
import org.springframework.context.annotation.AnnotationConfigApplicationContext;

public class BankApp {
  public static void main(String args[]) throws Exception {
    AnnotationConfigApplicationContext context =
        new AnnotationConfigApplicationContext(BankAppConfiguration.class);
    .....
    FixedDepositService fixedDepositService =
        context.getBean(FixedDepositService.class);
    fixedDepositService.createFixedDeposit(new FixedDepositDetails(1, 1000,
        12, "someemail@somedomain.com"));
    .....
  }
}
```

이 예제에서 AnnotationConfigApplicationContext의 생성자 인수로 BankAppConfiguration 클래스를 넘겼다. AnnotationConfigApplicationContext는 ApplicationContext 인터페이스를 구현하므로 ClassPathXmlApplicationContext를 사용했을 때와 똑같은 방식으로 컨테이너에 등록된 빈에 접근한다. 여러 @Configuration에 @Bean 메서드를 나눠 정의한다면 AnnotationConfigApplicationContext의 생성자에 모든 @Configuration 클래스를 전달한다.

> **NOTE_** @Configuration 클래스도 스프링 빈으로 등록된다. 따라서 AnnotationConfigApplicationContext 인스턴스에 대해 getBean(BankAppConfiguration.class)을 호출하면 BankAppConfiguration 클래스의 인스턴스를 얻을 수 있다.

@Component나 JSR 330 @Named를 설정한 클래스나 @Bean 메서드를 통해 정의한 빈 클래스를 AnnotationConfigApplicationContext의 생성자에 넘길 수도 있다.

예제 7-12 BankAppMixed 클래스

```
#프로젝트 - ch07-bankapp-configuration
#src/main/java/sample/spring/chapter07/bankapp

package sample.spring.chapter07.bankapp;
import org.springframework.context.annotation.AnnotationConfigApplicationContext;
.....
```

```
public class BankAppMixed {
  public static void main(String args[]) throws Exception {
    AnnotationConfigApplicationContext context =
        new AnnotationConfigApplicationContext(BankAppConfiguration.class,
            TransactionServiceImpl.class);
    .....
  }
}
```

이 예제에서는 BankAppConfiguration 클래스(@Configuration을 설정)와 TransactionServiceImpl 클래스(@Service를 설정)를 AnnotationConfigApplicationContext 생성자에 전달했다.

프로그램을 통해 AnnotationConfigApplicationContext 인스턴스를 설정하고 싶으면 인수가 없는 AnnotationConfigApplicationContext 생성자를 호출한다. AnnotationConfigApplicationContext의 register 메서드를 사용해 @Configuration 클래스(또는 @Component나 @Named 클래스)를 등록한다. 다음 예제는 configClass JVM 프로퍼티값을 사용해서 AnnotationConfigApplicationContext 인스턴스에 어떤 @Configuration 클래스를 등록할지 결정하는 방법을 보여준다.

예제 7-13 프로그램을 통해 AnnotationConfigApplicationContext 설정하기

```
public class MyApp {
  public static void main(String args[]) throws Exception {
    AnnotationConfigApplicationContext context =
        new AnnotationConfigApplicationContext();
    if(context.getEnvironment().getProperty("configClass")
        .equalsIgnoreCase("myConfig")) {
      context.register(MyConfig.class);
      context.register(MyOtherConfig.class);
    } else {
      context.register(YourConfig.class);
    }
    context.refresh();
    .....
  }
}
```

AnnotationConfigApplicationContext의 getEnvironment 메서드는 JVM 프로퍼티가 어 Environment 인스턴스를 반환한다. 이 예제에서 configClass JVM 프로퍼티값이 myConfig 면 AnnotationConfigApplicationContext에 MyConfig와 MyOtherConfig 클래스가 추가되고, 그렇지 않으면 YourConfig 클래스가 추가된다. @Configuration 클래스를 추가한 다음에는 반드시 refresh를 호출해서 AnnotationConfigApplicationContext 인스턴스가 등록된 클래스의 소유권을 확보하도록 만들어야 한다는 점을 기억하자.

AnnotationConfigApplicationContext에 @Configuration 클래스를 명시적으로 추가하는 대신, AnnotationConfigApplicationContext의 scan 메서드를 통해 패키지를 지정하여 컴포넌트를 스캔한다. scan 메서드는 스프링 context 스키마 <component-scan> 엘리먼트와 같은 역할을 한다. 메서드는 @Component(또는 @Named)를 설정한 클래스를 찾아서 스프링 컨테이너에 등록한다. @Configuration에 @Component 메타 애너테이션을 설정했기 때문에 scan 메서드는 찾아낸 모든 @Configuration 클래스를 AnnotationConfigApplicationContext에 등록한다.

다음 예제는 scan 메서드 사용법을 보여준다.

예제 7-14 AnnotationConfigApplicationContext의 scan 메서드

```
public class MyApp {
  public static void main(String args[]) throws Exception {
    AnnotationConfigApplicationContext context =
        new AnnotationConfigApplicationContext();
    context.scan("sample.spring", "com.sample");
    context.refresh();
    .....
  }
}
```

AnnotationConfigApplicationContext의 scan 메서드는 @Component 클래스를 검색할 패키지 리스트를 지정한다. [예제 7-14]는 sample.spring과 com.sample 패키지 및 그 모든 하위 패키지에 있는 @Component 클래스를 검색한다. @Component 클래스를 찾으면 AnnotationConfigApplicationContext 인스턴스에 클래스를 추가한다.

이제 @Bean 메서드에 의해 생성된 빈이 스프링 컨테이너로부터 어떤 생명주기 콜백을 받는지 살펴보자.

7.5 생명주기 콜백

앞에서 JSR 250 @PostConstruct와 @PreDestroy 애너테이션을 통해 빈 초기화 메서드와 정리 메서드를 지정하는 방법을 살펴봤다. @Bean 메서드에 의해 생성되는 빈에 @PostConstruct와 @PreDestroy 메서드가 정의되어 있으면 스프링 컨테이너가 이들을 호출한다.

그리고 @Bean 메서드에 의해 생성되는 빈이 생명주기 인터페이스(InitializingBean, DisposableBean 등)나 스프링 *Aware 인터페이스(ApplicationContextAware, BeanNameAware 등)를 구현한다면, 스프링 컨테이너는 이런 구현에 들어 있는 함수도 호출한다.

앞에서 언급한 것처럼 @Bean에는 커스텀 초기화와 커스텀 정리 메서드를 지정하는 initMethod와 destroyMethod 속성이 있다. 다음 예제는 initMethod와 destroyMethod 속성 사용법을 보여준다.

예제 7-15 SomeConfig 클래스 – @Bean의 initMethod와 destroyMethod 속성

```
@Configuration
public class SomeConfig {
  .....
  @Bean(initMethod = "initialize", destroyMethod = "close")
  public SomeBean someBean() {
    return new SomeBean();
  }
  .....
}
```

[예제 7-15]에서 스프링 컨테이너는 초기화를 위해 SomeBean의 initialize를 호출하고, 정리를 위해 close를 호출한다.

스프링 컨테이너가 SomeBean의 initialize를 호출하도록 설정하는 대신 빈을 생성하는 동안 명시적으로 호출할 수도 있다.

예제 7-16 SomeConfig 클래스 – 명시적으로 initialize 메서드 호출하기

```
@Configuration
public class SomeConfig {
  .....
  @Bean(initMethod = "initialize", destroyMethod = "close")
```

```
  public SomeBean someBean() {
    SomeBean bean = new SomeBean();
    bean.initialize();
    return bean;
  }
  .....
}
```

이 예제는 빈 인스턴스를 초기화하기 위해 SomeBean의 initialize를 명시적으로 호출한다.

destroyMethod 속성을 지정하지는 않았지만 @Bean 메서드에 의해 반환되는 빈에 공개된 close나 shutdown 메서드가 있으면, 스프링 컨테이너가 close나 shutdown 메서드를 빈의 디폴트 정리 메서드로 간주한다. 이런 동작 방식을 오버라이드하려면 다음 코드와 같이 destroyMethod 속성값을 빈 문자열로 설정해야 한다.

```
@Bean(destroyMethod = "")
public SomeBean someBean() {
  return new SomeBean();
}
```

이와 같은 @Bean 메서드에서는 destroyMethod 속성값을 " "로 설정했다. 따라서 SomeBean 안에 공개 close나 shutdown 메서드가 있어도 스프링 컨테이너는 종료 시 메서드를 호출하지 않는다. 애플리케이션이 스프링 컨테이너가 생명주기를 관리하지 않는 자원(예: JNDI를 통해 얻는 javax.sql.DataSource)을 빈으로 사용하는 경우 이런 기능이 유용하다.

7.6 자바 기반 설정 임포트하기

애플리케이션을 모듈화하기 위해 여러 @Configuration 파일에서 빈을 정의해야 할 수도 있다. 하나 이상의 @Configure 파일을 합치려면 @Import 애너테이션을 사용한다. @Import 애너테이션은 beans 스키마의 <import> 엘리먼트(3.10절 참조)와 같은 역할을 한다.

IMPORT chapter 7/ch07-bankapp-import-configs

이 프로젝트는 여러 @Configuration 파일을 사용해 빈을 정의하는 MyBank 애플리케이션을 보여준다. 애플리케이션을 실행하려면 이 프로젝트 BankApp 클래스의 main 메서드를 실행한다.

ch07-bankapp-import-configs 프로젝트에서는 BankServicesConfig(서비스 정의), BankDaosConfig(DAO 정의), BankOtherObjects(도메인 객체 정의)라는 세 가지 다른 @Configuration 파일에 각각의 빈을 정의한다. 다음 예제처럼, BankServicesConfig는 BankDaosConfig와 BankOtherObjects 파일을 임포트한다.

예제 7-17 BankServicesConfig 클래스 – @Import 애너테이션 사용법

```
#프로젝트 - ch07-bankapp-import-configs
#src/main/java/sample/spring/chapter07/bankapp

package sample.spring.chapter07.bankapp;
import org.springframework.context.annotation.Import;
.....
@Configuration
@Import({BankDaosConfig.class, BankOtherObjects.class})
public class BankServicesConfig {
  .....
}
```

애플리케이션에 @Component 로 정의한 클래스가 있으면, @Import를 통해 이런 컴포넌트 클래스를 @Configuration 클래스 안으로 임포트할 수 있다. 다음 예제를 살펴보자.

예제 7-18 BankOtherObjects 클래스 – @Import를 사용해 @Component 클래스 임포트하기

```
#프로젝트 - ch07-bankapp-import-configs
#src/main/java/sample/spring/chapter07/bankapp
package sample.spring.chapter07.bankapp;
.....
@Import({ TransactionServiceImpl.class, TransactionDaoImpl.class })
public class BankOtherObjects {
  .....
}
```

이 예제에서 TransactionServiceImpl과 TransactionDaoImpl은 @Component를 설정한 클래스다. [예제 7-17]에서 BankServicesConfig가 BankOtherObjects 파일을 임포트했기 때문에 BankOtherObjects는 BankServicesConfig의 @Configuration 클래스 역할을 나눠서 담당한다.

의존 관계 해결하기

여러 @Configuration에 정의한 빈 사이의 상호 의존 관계는 다음 접근 방법을 사용해 풀 수 있다.

- @Bean 메서드의 인수로 빈 의존 관계를 지정한다.
- 임포트한 @Configuration 클래스를 자동 연결하고, 그 안에 @Bean 메서드를 호출해서 의존 관계를 가져온다.

다음 예제는 BankServicesConfig 클래스에서 두 접근 방법을 모두 사용하는 모습이다.

예제 7-19 BankServicesConfig 클래스 – 의존 관계 주입하기

```
#프로젝트 - ch07-bankapp-import-configs
#src/main/java/sample/spring/chapter07/bankapp

package sample.spring.chapter07.bankapp;
.....
@Configuration
@Import({BankDaosConfig.class, BankOtherObjects.class})
public class BankServicesConfig {
  @Autowired
  private BankDaosConfig bankAppDao;

  @Bean(name = "accountStatementService")
  public AccountStatementService accountStatementService(
      AccountStatementDao accountStatementDao) {
    AccountStatementServiceImpl accountStatementServiceImpl =
        new AccountStatementServiceImpl();
    accountStatementServiceImpl.setAccountStatementDao(accountStatementDao);
    return accountStatementServiceImpl;
  }
  .....
  @Bean(name = "fixedDepositService")
  public FixedDepositService fixedDepositService() {
    return new FixedDepositServiceImpl(bankAppDao.fixedDepositDao());
  }
}
```

[예제 7-19]에서 accountStatementService 메서드는 BankDaosConfig의 accountStatementDao 메서드가 생성하는 AccountStatementDao 빈에 의존하는 Account StatementServiceImpl

빈 인스턴스를 생성한다. AccountStatementServiceImpl이 AccountStatementDao에 의존하므로 accountStatementService 메서드는 AccountStatementDao를 인수로 받도록 정의한다. 스프링 컨테이너는 accountStatementService 메서드에 AccountStatementDao를 제공하는 것에 대해 책임진다. 이런 방식의 단점은 AccountStatementDao 빈을 만들어내는 @Configuration 클래스가 어디에 있는지 쉽게 찾기 어렵다는 점이다.

fixedDepositService 메서드는 BankDaosConfig의 fixedDepositDao가 만들어내는 FixedDepositDao에 의존하는 FixedDepositServiceImpl 인스턴스를 생성한다. @Configuration 클래스를 다른 빈 클래스와 마찬가지로 취급하기 때문에 BankDaosConfig 빈도 자동 연결할 수 있다. BankDaosConfig의 fixedDepositDao를 명시적으로 호출해서 FixedDepositDao 빈 인스턴스를 얻는다. 이렇게 명시적으로 @Configuration 클래스에 정의된 @Bean 메서드를 호출해서 빈 의존 관계를 가져오는 방식에는 의존 관계를 제공하는 @Configuration 클래스가 무엇인지 명확히 식별한다는 장점이 있다.

이제 자바 기반 설정을 사용하는 애플리케이션에서 생길 수 있는 요구 사항 중 몇 가지를 어떻게 만족시킬 수 있는지 살펴보자.

7.7 다른 주제들

이번 절에서는 다음과 같은 내용을 살펴본다.

- @Bean 메서드를 오버라이드하는 방법
- BeanPostProcessors와 BeanFactoryPostProcessors를 설정하는 방법
- @Configuration에 애플리케이션 XML 파일을 임포트하는 방법
- @Configuration과 @Bean 메서드를 조건에 따라 선택적으로 임포트하는 방법
- 함수형 스타일로 빈을 등록하는 방법

각각의 요구 사항을 어떻게 만족시킬 수 있는지 살펴보자.

@Bean 메서드 오버라이드하기

오버라이드하고 싶은 @Bean메서드를 새로운 @Configuration 클래스 안에서 정의하고, 그 새 클래스를 AnnotationConfigApplicationContext의 생성자에게 넘기면 @Bean 메서드를 오버라이드할 수 있다. 이때 생성자 인수 목록에서 여러분이 만든 새로운 @Configuration 클래스가 오버라이드 대상인 원래 @Bean 메서드가 정의된 @Configuration 클래스보다 더 나중에 만들어져야 한다. AnnotationConfigApplicationContext의 register를 사용해 @Configuration 클래스를 추가하는 경우라면, 여러분이 오버라이드하려는 원래의 @Bean 메서드가 정의된 @Configuration 클래스를 register로 등록한 후 새로운 @Configuration 클래스를 등록하면 된다.

IMPORT chapter 7/ch07-bankapp-more

이 프로젝트는 @Bean 메서드를 오버라이드하는 방법을 보여주는 MyBank 애플리케이션을 나타낸다. *HibernateDaoImpl 클래스에 정의된 @Bean 메서드를 *MyBatisDaoImpl 클래스에 정의된 메서드로 오버라이드한다. 애플리케이션을 실행하려면 이 프로젝트 BankApp 클래스의 main 메서드를 실행한다.

ch07-bankapp-more 프로젝트에서 빈 정의는 다음과 같은 @Configuration 클래스에 나뉘어 있다.

- BankServicesConfig – 서비스를 생성하는 @Bean 메서드를 포함한다.
- BankHibernateDaosConfig – 데이터베이스 연결에 하이버네이트 ORM을 사용하는 DAO를 생성하는 @Bean 메서드를 포함한다.
- BankMyBatisDaosConfig – BankHibernateDaosConfig에 정의된 @Bean 메서드와 똑같은 메서드를 포함한다. 클래스의 메서드는 데이터베이스 연결에 마이바티스 ORM을 사용하는 DAO를 생성한다.
- BankOtherObjects – 도메인 객체, BeanPostProcessor, BeanFactoryPostProcessor를 생성하는 @Bean 메서드를 포함한다.

그림 7-1 BankHibernateDaosConfig는 하이버네이트용 DAO를 만들고, BankMyBatisDaosConfig는 마이바티스용 DAO를 만든다.

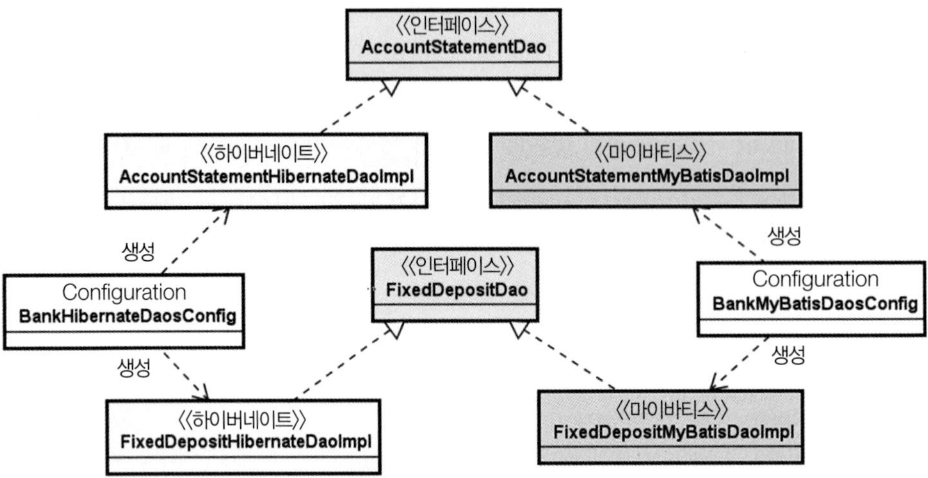

[그림 7-1]은 `@Configuration`을 설정한 `BankHibernateDaosConfig`와 `BankMyBatisDaosConfig` 클래스가 생성하는 빈을 보여준다.

다음 예제는 `BankHibernateDaosConfig` 클래스에 정의된 `@Bean` 메서드를 나타낸다.

예제 7-20 BankHibernateDaosConfig 클래스

```
#프로젝트 - ch07-bankapp-more
#src/main/java/sample/spring/chapter07/bankapp

package sample.spring.chapter07.bankapp;
.....
@Configuration
public class BankHibernateDaosConfig {
  @Bean
  public AccountStatementDao accountStatementDao() {
    return new AccountStatementHibernateDaoImpl(.....);
  }
  .....
  @Bean
  public FixedDepositDao fixedDepositDao() {
    return new FixedDepositHibernateDaoImpl(.....);
  }
}
```

이 예제에서 accountStatementDao와 fixedDepositDao 메서드는 각각 AccountStatementHibernateDaoImpl과 FixedDepositHibernateDaoImpl 빈 인스턴스를 생성해 반환한다. AccountStatementHibernateDaoImpl과 FixedDepositHibernateDaoImpl은 데이터 접근을 위해 하이버네이트 ORM을 사용하는 DAO 구현이다.

BankMyBatisDaosConfig 클래스에도 똑같은 accountStatementDao와 fixedDepositDao 메서드가 들어 있지만, 메서드는 데이터 접근에 마이바티스 ORM을 사용하는 DAO 구현을 생성해 반환한다. 다음 예제는 BankMyBatisDaosConfig 클래스의 accountStatementDao와 fixedDepositDao 메서드를 보여준다.

예제 7-21 BankMyBatisDaosConfig 클래스

```
#프로젝트 - ch07-bankapp-more
#src/main/java/sample/spring/chapter07/bankapp

package sample.spring.chapter07.bankapp;
.....
@Configuration
public class BankMyBatisDaosConfig {
  @Bean
  public AccountStatementDao accountStatementDao() {
    return new AccountStatementMyBatisDaoImpl(.....);
  }
  .....
  @Bean
  public FixedDepositDao fixedDepositDao() {
    return new FixedDepositMyBatisDaoImpl(.....);
  }
}
```

BankMyBatisDaosConfig의 accountStatementDao와 fixedDepositDao 메서드는 각각 AccountStatementMyBatisDaoImpl과 FixedDepositMyBatisDaoImpl 빈 인스턴스를 생성해 반환한다.

우리가 AnnotationConfigApplicationContext의 생성자에 BankHibernateDaosConfig와 BankMyBatisDaosConfig를 넘긴다면, 생성자 인수 목록의 더 뒤에 들어간 클래스가 앞에 들어간 클래스의 @Bean 메서드를 오버라이드한다. AnnotationConfigApplicationContext

의 register 메서드를 사용해 @Configuration 클래스를 추가하는 경우, **나중에** 등록한 클래스에 있는 @Bean 메서드가 이전에 등록한 클래스에 있는 동일한 @Bean 메서드를 오버라이드한다.

다음 예제는 ch07-bankapp-more 프로젝트에 있는 BankApp 클래스의 main 메서드에서 AnnotationConfigApplicationContext 인스턴스를 만들고 인스턴스에 @Configuration 클래스를 추가하는 모습이다.

예제 7-22 BankApp 클래스

```
#프로젝트 - ch07-bankapp-more
#src/main/java/sample/spring/chapter07/bankapp

package sample.spring.chapter07.bankapp;
.....
public class BankApp {
  public static void main(String args[]) throws Exception {
    AnnotationConfigApplicationContext context =
        new AnnotationConfigApplicationContext();
    context.register(BankServicesConfig.class);
    context.register(BankHibernateDaosConfig.class);
    context.register(BankOtherObjects.class);
    context.register(BankMyBatisDaosConfig.class);
    context.refresh();
    .....
    FixedDepositService fixedDepositService =
        context.getBean(FixedDepositService.class);
    fixedDepositService.createFixedDeposit(new FixedDepositDetails(1, 1000, 12,
        "someemail@somedomain.com"));
    .....
    context.close();
  }
}
```

이 예제에서는 BankMyBatisDaosConfig를 BankHibernateDaosConfig 클래스 **다음에** 추가했다. 따라서 BankMyBatisDaosConfig에 정의된 @Bean 메서드가 BankHibernateDaosConfig에 정의된 @Bean 메서드를 오버라이드한다. BankApp의 main 메서드를 실행하면 콘솔에서 다음과 같은 출력을 볼 수 있다.

```
INFO .....CustomerRegistrationMyBatisDaoImpl - Registering customer
INFO .....FixedDepositMyBatisDaoImpl - Saving fixed deposit details
INFO .....AccountStatementMyBatisDaoImpl - Getting account statement
```

이 출력은 애플리케이션이 데이터 접근에 마이바티스를 사용하는 DAO를 사용한다는 사실을 보여준다.

BankApp의 main 메서드에서 AnnotationConfigApplicationContext에 추가할 때는 BankHibernateDaosConfig 클래스 앞에 BankMyBatisDaosConfig를 쓴다. 이후 BankApp의 main 메서드를 실행하면 콘솔에서 다음과 같은 출력을 볼 수 있다.

```
INFO .....CustomerRegistrationHibernateDaoImpl - Registering customer
INFO .....FixedDepositHibernateDaoImpl - Saving fixed deposit details
INFO .....AccountStatementHibernateDaoImpl - Getting account statement
```

이 출력은 애플리케이션이 데이터 접근에 하이버네이트를 사용하는 DAO를 사용한다는 사실을 보여준다.

BeanPostProcessor와 BeanFactoryPostProcessor 설정하기

@Bean 메서드를 사용해 BeanPostProcessor와 BeanFactoryPostProcessor를 설정할 수 있다. [예제 7-23]과 같이 BeanPostProcessor와 BeanFactoryPostProcessor를 설정하는 @Bean 메서드를 **반드시** static으로 정의해야 한다.

예제 7-23 BankOtherObjects 클래스

```
#프로젝트 - ch07-bankapp-more
#src/main/java/sample/spring/chapter07/bankapp

package sample.spring.chapter07.bankapp;
.....
public class BankOtherObjects {
  .....
  @Bean
```

```
  public static BeanNamePrinter beanNamePrinter() {
    return new BeanNamePrinter();
  }

  @Bean
  public static MyBeanPostProcessor myBeanPostProcessor() {
    return new MyBeanPostProcessor();
  }
}
```

이 예제에서 beanNamePrinter 메서드는 BeanNamePrinter(BeanFactoryPostProcessor 구현)의 인스턴스를 만들고, myBeanPostProcessor 메서드는 MyBeanPostProcessor(BeanPostProcessor 구현)의 인스턴스를 만든다. BeanNamePrinter의 postProcessBeanFactory 메서드는 빈 이름을 콘솔에 출력하고, MyBeanPostProcessor의 postProcessBeforeInitialization 메서드와 postProcessAfterInitialization 메서드는 단순히 처리 중인 빈 인스턴스의 이름과 클래스를 출력한다. 여기서 beanNamePrinter와 myBeanPostProcessor 메서드가 모두 static으로 정의되었음에 유의하자.

beanNamePrinter와 myBeanPostProcessor 메서드를 static으로 정의하지 않으면 스프링 컨테이너가 BeanNamePrinter와 MyBeanPostProcessor 빈 인스턴스를 생성하기 전에 BankOtherObjects 인스턴스를 생성할 것이다. 이는 BankOtherObjects 빈이 BeanNamePrinter와 MyBeanPostProcessor 빈에 의해 처리되지 못한다는 뜻이다.

ch07-bankapp-more 프로젝트 BankApp 클래스의 main 메서드를 실행하면 다음과 같은 출력을 볼 수 있다.

```
INFO .....BeanNamePrinter - Created BeanNamePrinter instance
INFO .....BeanNamePrinter - Found bean named: bankServicesConfig
INFO .....BeanNamePrinter - Found bean named: bankHibernateDaosConfig
INFO .....BeanNamePrinter - Found bean named: customerRegistrationService
INFO .....BeanNamePrinter - Found bean named: myBeanPostProcessor
.....
INFO .....MyBeanPostProcessor - Created MyBeanPostProcessor
INFO .....MyBeanPostProcessor - postProcessBeforeInitialization method invoked for bean
bankOtherObjects of type class sample.spring.chapter07.bankapp.BankOtherObjects
INFO .....MyBeanPostProcessor - postProcessBeforeInitialization method invoked for bean
fixedDepositDao of type class sample.spring.chapter07.bankapp.mybatis.dao.
FixedDepositMyBatisDaoImpl
```

이 출력은 BeanNamePrinter가 @Configuration이나 @Bean을 설정한 메서드에 해당하는 빈 정의를 제대로 처리한다는 사실을 보여준다. 또, MyBeanPostProcessor는 @Bean 메서드가 생성한 빈 인스턴스나 스프링 컨테이너가 생성한 @Configuration 클래스에 해당하는 빈 인스턴스와 상호 작용한다는 사실도 보여준다.

XML 파일 임포트하기

자바 기반 설정을 사용하는 접근을 택하더라도 일부 설정 정보가 XML 파일에 들어 있는 경우가 있다. 이런 경우 XML 파일을 @Configuration 클래스에 임포트하기 위해 @ImportResource 애너테이션을 쓸 수 있다. 스프링 컨테이너는 임포트한 XML 파일에 정의된 빈을 등록한다.

ch07-bankapp-more 프로젝트의 DAO는 모두 데이터베이스 프로퍼티(드라이버 클래스, 사용자 이름 등)에 접근할 수 있어야 한다. 데이터베이스 프로퍼티는 외부 db.properties 파일에 있다. 스프링 util 스키마를 사용하면 이런 프로퍼티를 쉽게 로드할 수 있다. 다음 예제는 스프링 util 스키마를 사용해 db.properties 파일을 로드하는 XML 파일을 보여준다.

예제 7-24 applicationContext.xm – db.properties에서 데이터베이스 프로퍼티 로드하기

```
#프로젝트 - ch07-bankapp-more
#src/main/java/sample/spring/chapter07/bankapp

<beans ..... xmlns:util="http://www.springframework.org/schema/util"....>
  <util:properties id="dbProps" location="classpath:META-INF/db.properties" />
</beans>
```

<properties> 엘리먼트는 db.properties 파일에서 프로퍼티를 로드해 dbProps 빈으로 노출시켜준다. db.properties 파일 내용은 다음과 같다.

```
driverClassName=com.mysql.jdbc.Driver
url=jdbc\:mysql\://localhost\:3306/spring_bank_app_db
username=root
password=root
```

BankHibernateDaosConfig와 BankMyBatisDaosConfig 클래스가 DAO를 생성하기 때문에 두 클래스는 모두 dbProps 빈에 접근해야 한다. 이로 인해 둘 다 @ImportResource 애너테이션을 사용해 applicationContext.xml 파일을 임포트한다. 다음 예제는 BankHibernateDaosConfig가 dbProps 빈을 사용해 데이터베이스 프로퍼티를 가져와 DAO를 만드는 모습이다.

예제 7-25 BankHibernateDaosConfig 클래스 – @ImportResource 사용법

```
#프로젝트 - ch07-bankapp-more
#src/main/java/sample/spring/chapter07/bankapp

package sample.spring.chapter07.bankapp;
import org.springframework.context.annotation.ImportResource;
import sample.spring.chapter07.bankapp.domain.DataSource;
.....
@Configuration
@ImportResource(locations = "classpath:META-INF/spring/applicationContext.xml")
public class BankHibernateDaosConfig {
  @Value("#{dbProps.driverClassName}")
  private String driverClass;

  @Value("#{dbProps.url}")
  private String url;
  .....
  @Bean
  public AccountStatementDao accountStatementDao() {
    return new AccountStatementHibernateDaoImpl(
        new DataSource(driverClass, url,username, password)
    );
  }
  .....
}
```

이 예제에서 @ImportResource는 dbProps 빈 정의가 들어 있는 applicationContext.xml 파일(예제 7-24 참조)을 임포트한다. locations 속성은 임포트할 XML 파일의 위치를 지정한다. locations 속성값에 여러 경로를 지정하면 여러 XML 파일을 임포트할 수 있다. dbProps 빈에서 데이터베이스 프로퍼티를 가져올 때는 @Value 애너테이션을 사용한다. 나중에 이 데이터베이스 프로퍼티를 사용해 DataSource 객체를 생성하고, 객체를 AccountStatementHibernateDaoImpl 생성자에게 넘긴다.

@Bean과 @Configuration 클래스를 조건에 따라 포함시키기

`@Bean`과 `@Configuration` 클래스를 조건에 따라 스프링 컨테이너에 포함시키고 싶으면 `@Profile` 애너테이션을 사용한다.

IMPORT chapter 7/ch07-bankapp-profiles

이 프로젝트는 ch06-bean-profiles 프로젝트를 변형한 버전으로 MyBank 애플리케이션 개발에 자바 기반 설정을 사용한다. 애플리케이션을 실행하려면 BankAppWithProfile 클래스의 main 메서드를 실행하거나 BankAppWithoutProfile 클래스의 main 메서드를 실행한다.

`ch07-bankapp-profiles` 프로젝트에서 `@Profile` 애너테이션을 사용해 조건에 따라 `@Bean`과 `@Configuration` 클래스를 스프링 컨테이너에 등록하는 `MyBank` 애플리케이션에 대해 살펴보자.

`ch07-bankapp-profiles` 프로젝트에서 `MyBank` 애플리케이션이 해결해야 하는 요구 사항은 다음과 같다.

- 개발 환경에서는 애플리케이션이 내장 데이터베이스를 사용하고, 프로덕션 환경에서는 독립 실행 데이터베이스를 사용해야 한다.
- 애플리케이션이 데이터베이스와 상호 작용하려면 하이버네이트(Hibernate)나 마이바티스(MyBatis) ORM 프레임워크를 모두 지원해야 한다. 개발 시점의 애플리케이션은 데이터베이스 처리를 위해 하이버네이트나 마이바티스 중 어느 쪽을 사용할지 지정해야 한다. 아무 것도 지정하지 않은 경우 디폴트로 하이버네이트를 사용한다.

이제 요구 사항을 `MyBank` 애플리케이션에서 각각 어떻게 해결하는지 살펴보자.

@Bean과 @Configuration 클래스를 조건에 따라 포함시키기

`ch07-bankapp-profiles` 프로젝트의 `DataSource` 클래스에는 데이터베이스 설정(드라이버 클래스, 사용자 이름 등)이 들어 있고, DAO는 클래스의 인스턴스를 사용해 데이터베이스에 접속하며 SQL을 실행한다. 다음 예제는 `DataSrouce` 클래스다.

예제 7-26 DataSrouce 클래스

```
#프로젝트 - ch07-bankapp-profiles
#src/main/java/sample/spring/chapter07/bankapp/domain
```

```
package sample.spring.chapter07.bankapp.domain;

public class DataSource {
  private String driverClass;
  private String url;
  .....
  public DataSource(String driverClass, String url, .....) {
    this.driverClass = driverClass;
    this.url = url;
    .....
  }
  .....
}
```

DataSource 생성자는 데이터베이스 설정(드라이버 클래스, URL 등)을 인수로 받는다. 데이터베이스 설정의 개발 환경과 프로덕션 환경은 각각 devDB.properties와 productionDB.properties 파일에 들어 있다. MyBank 애플리케이션이 배포되는 환경에 따라 데이터베이스 설정을 다른 프로퍼티 파일에서 로드해야 하기 때문에 DevDBConfiguration과 ProdDBConfiguration이라는 두 가지 다른 @Configuration 클래스를 통해 DataSrouce 빈을 만든다.

다음 예제는 devDB.properties 프로퍼티 파일에 정의된 프로퍼티를 가지고 DataSource 빈을 만드는 DevDBConfiguration 클래스다.

예제 7-27 DevDBConfiguration 클래스

```
#프로젝트 - ch07-bankapp-profiles
#src/main/java/sample/spring/chapter07/bankapp

package sample.spring.chapter07.bankapp;
.....
import org.springframework.context.annotation.PropertySource;
import org.springframework.context.support.PropertySourcesPlaceholderConfigurer;

@Configuration
@Profile({ "dev", "default" })
@PropertySource("classpath:/META-INF/devDB.properties")
public class DevDBConfiguration {
  private static Logger logger = LogManager.getLogger(DevDBConfiguration.class);
```

```
    @Value("${driverClassName}")
    private String driverClass;

    @Value("${url}")
    private String url;
    .....
    @Bean
    public DataSource dataSource() {
      return new DataSource(driverClass, url, username, password);
    }

    @Bean
    public static PropertySourcesPlaceholderConfigurer
        propertySourcesPlaceholderConfigurer() {
      return new PropertySourcesPlaceholderConfigurer();
    }
  }
```

이 예제에서 @Profile 애너테이션은 dev나 default 프로파일이 활성화됐을 때만 스프링이 DevDBConfiguration을 처리하라고 지정한다. @PropertySource 애너테이션은 데이터베이스 설정을 devDB.properties에서 읽어 스프링 Environment 객체에 추가한다. 예를 들면 devDB.properties 파일에 정의된 driverClassName, url, username, password 프로퍼티가 Environment 환경에 추가된다. propertySourcesPlaceholderConfigurer 메서드는 @Value 애너테이션에 설정된 ${.....} 위치지정자를 Envorionment 객체로 처리하는 PropertySourcesPlaceholderConfigurer(BeanFactoryPostProcessor 구현)를 설정한다. 예를 들어 driverClass 필드에 설정한 @Value("${driverClassName}") 애너테이션은 driverClass 필드값을 Environment 객체에 있는 driverClassName 프로퍼티값으로 설정한다. dataSrouce 메서드는 devDB.properties 파일에서 읽은 데이터베이스 설정을 포함한 DataSource 인스턴스를 생성한다.

다음 예제는 productionDB.properties 프로퍼티 파일에 정의된 프로퍼티를 가지고 DataSource 빈을 만드는 ProdDBConfiguration 클래스다.

예제 7-28 ProdDBConfiguration 클래스

```
#프로젝트 - ch07-bankapp-profiles
#src/main/java/sample/spring/chapter07/bankapp
```

```
package sample.spring.chapter07.bankapp;
.....
@Configuration
@Profile("production")
@PropertySource("classpath:/META-INF/productionDB.properties")
public class ProdDBConfiguration {
  @Autowired
  private Environment env;
  .....
  @Bean
  public DataSource dataSource() {
    return new DataSource(env.getProperty("driverClass"),
    env.getProperty("url"), env.getProperty("username"),
    env.getProperty("password"));
  }
}
```

이 예제에서 @Profile 애너테이션은 production 프로파일이 활성화됐을 때만 스프링이 ProdDBConfiguration을 처리하라고 지정한다. @PropertySource 애너테이션은 데이터베이스 설정을 productionDB.properties에서 읽어 스프링 Environment 객체에 추가한다. @Value 애너테이션 대신 여기서는 Environment의 getProperty 메서드를 사용해 Environment에 들어 있는 데이터베이스 설정을 얻는다. Environment의 프로퍼티를 얻는 데 @Value 애너테이션을 사용하지 않으므로 ProdDBConfiguration은 PropertySourcesPlaceholderConfigurer를 설정하지 않는다. dataSrouce 메서드는 @PropertySource를 사용해 productionDB.properties 파일에서 읽은 데이터베이스 설정을 포함한 DataSource 인스턴스를 생성한다.

하이버네이트와 마이바티스 함께 지원하기

데이터베이스 상호 작용에 하이버네이트와 마이바티스를 함께 지원하기 위해, 하이버네이트와 마이바티스에 대해 별도의 DAO(FixedDepositHibernateDao와 FixedDepositMyBatisDao)를 만든다.

다음 예제는 데이터베이스 상호 작용에 하이버네이트를 사용하는 FixedDepositHibernateDao 클래스(FixedDepositDao 구현)다.

예제 7-29 FixedDepositHibernateDao 클래스

```
#프로젝트 - ch07-bankapp-profiles
#src/main/java/sample/spring/chapter07/bankapp/dao

package sample.spring.chapter07.bankapp.dao;
.....
public class FixedDepositHibernateDao implements FixedDepositDao {
  private DataSource dataSource;
  .....
  public FixedDepositHibernateDao(DataSource dataSource) {
    this.dataSource = dataSource;
  }
  .....
}
```

FixedDepositHibernateDao 생성자는 데이터베이스 연결과 SQL 실행을 위해 하이버네이트를 사용하는 DataSource를 인수로 받는다. FixedDepositMyBatisDao(다른 FixedDepositDao 구현)도 데이터베이스 상호 작용에 마이바티스를 쓴다는 점을 제외하면 FixedDepositHibernateDao와 비슷하다.

다음 예제는 두 DAO 빈을 한데 모은 MyBank 애플리케이션 객체인 BankAppConfiguration 클래스다.

예제 7-30 BankAppConfiguration 클래스

```
#프로젝트 - ch07-bankapp-profiles
#src/main/java/sample/spring/chapter07/bankapp

package sample.spring.chapter07.bankapp;
.....
@Configuration
public class BankAppConfiguration {
  private static Logger logger = LogManager.getLogger(BankAppConfiguration.class);

  @Bean
  public FixedDepositController fixedDepositController(
    FixedDepositService fixedDepositService) {
    .....
  }
```

```
  @Bean
  @Profile({ "hibernate", "default" })
  public FixedDepositDao fixedDepositHibernateDao(DataSource dataSource) {
    logger.info("creating FixedDepositHibernateDao. Database URL is - "
        + dataSource.getUrl());
    return new FixedDepositHibernateDao(dataSource);
  }

  @Bean
  @Profile({ "mybatis" })
  public FixedDepositDao fixedDepositMyBatisDao(DataSource dataSource) {
    logger.info("creating FixedDepositMyBatisDao. Database URL is - "
          + dataSource.getUrl());
    return new FixedDepositMyBatisDao(dataSource);
  }

  @Bean
  public FixedDepositService fixedDepositService(FixedDepositDao fixedDepositDao) {
    .....
  }
}
```

이 예제에서 fixedDepositHibernateDao 메서드에 설정한 @Profile 애너테이션은 hibernate나 default 프로파일이 활성화됐을 때만 스프링이 메서드를 호출 대상으로 지정한다. 이와 비슷하게 fixedDepositMyBatisDao 메서드에 설정한 @Profile 애너테이션은 mybatis 프로파일이 활성화됐을 때만 스프링이 fixedDepositMyBatisDao 메서드를 호출 대상으로 지정한다. 여기서 fixedDepositService 메서드가 FixedDepositDao 타입(FixedDepositHibernateDao와 FixedDepositMyBatisDao가 공통으로 구현한 인터페이스)의 인수를 받는다는 사실에 유의하자. 스프링 컨테이너가 fixedDepositHibernateDao와 fixedDepositMyBatisDao를 둘 다 호출하면 2개의 FixedDepositDao 타입 객체가 생긴다. 따라서 모호성을 없애기 위해 mybatis, hibernate, default 중 반드시 한 프로파일만 활성화해야 한다.

다음 예제는 mybatis와 production 프로파일을 활성화하는 BankAppWithProfile의 main 메서드를 보여준다.

예제 7-31 BankAppWithProfile – mybatis와 production 프로파일 활성화

```
#프로젝트 - ch07-bankapp-profiles
#src/main/java/sample/spring/chapter07/bankapp

package sample.spring.chapter07.bankapp;
.....
public class BankAppWithProfile {
  public static void main(String args[]) {
    AnnotationConfigApplicationContext context =
        new AnnotationConfigApplicationContext();
    context.getEnvironment().setActiveProfiles("mybatis", "production");
    context.register(BankAppConfiguration.class, DevDBConfiguration.class,
    ProdDBConfiguration.class);
    context.refresh();
    .....
  }
}
```

이 예제에서 AnnotationConfigApplicationContext의 getEnvironment 메서드는 스프링의 Environment 객체를 반환한다. 객체의 setActiveProfiles를 사용해 프로파일을 활성화할 수 있다. BankAppWithProfile의 main 메서드를 실행하면 콘솔에서 다음 출력을 볼 수 있다.

```
INFO .....ProdDBConfiguration - initializing
INFO .....BankAppConfiguration - creating FixedDepositMyBatisDao. Database URL is -
jdbc:mysql://production:3306/spring_bank_app_db
INFO .....FixedDepositMyBatisDao - initializing
INFO .....FixedDepositServiceImpl - initializing
```

mybatis와 production 프로파일이 활성화되어 있으므로 스프링 컨테이너가 ProdDBConfiguration 인스턴스(예제 7-28 참조)를 만들고 BankAppConfiguration의 fixedDepositMyBatisDao(예제 7-30 참조) 메서드를 호출한다.

ch07-bankapp-profiles 프로젝트에는 어떤 프로파일도 활성화하지 않는 main 메서드가 정의된 BankAppWithoutProfile 클래스도 들어 있다. BankAppWithoutProfile의 main 메서드를 실행하면 콘솔에서 다음과 같은 출력을 볼 수 있다.

```
INFO .....DevDBConfiguration - initializing
INFO .....BankAppConfiguration - creating FixedDepositHibernateDao. Database URL is -
jdbc:mysql://localhost:3306/spring_bank_app_db
INFO .....FixedDepositHibernateDao - initializing
INFO .....FixedDepositServiceImpl - initializing
```

활성화된 프로파일이 없으므로 스프링은 `default` 프로파일이 활성화된 것으로 간주한다. 이 출력은 이로 인해 스프링 컨테이너가 `DevDBConfiguration` (예제 7-27) 인스턴스를 만들고 `BankAppConfiguration`의 `fixedDepositHibernateDao`(예제 7-30) 메서드를 호출한다는 사실을 보여준다.

이번 절에서는 `@Profile`을 사용해 스프링 컨테이너가 처리할 `@Configuration` 클래스와 `@Bean` 메서드를 선택적으로 지정할 수 있다는 사실을 살펴봤다. `@Profile`에는 `@Conditional` 메타 애너테이션을 설정한다. `@Conditional`은 `@Profile` 애너테이션이 지정하는 프로파일과 활성화할 프로파일을 매치시키는 `Condition` 객체를 지정한다. 매치되는 프로파일을 찾으면 스프링 컨테이너는 그 프로파일에 해당하는 `@Configuration` 클래스나 `@Bean` 메서드를 처리한다.

어떤 `@Configuration` 클래스와 `@Bean` 메서드를 포함시킬지 결정하는 커스텀 조건(예를 들어 특정 빈이 스프링 컨테이너에 등록되었거나, 인터넷 연결을 사용할 수 있는 경우 등)을 설정하고 싶으면 `@Conditional` 애너테이션을 메타 애너테이션으로 설정한 커스텀 애너테이션을 만들거나, 직접 `@Conditional` 애너테이션을 사용한다.

함수형 스타일로 빈 등록하기

스프링 컨테이너에 빈을 등록할 때 `AnnotationConfigApplicationContext`의 `register` 메서드(예제 7-13, 7-22 참조)를 사용한다. 스프링 5의 `AnnotationConfigApplicationContext`와 `GenericApplicationContext` 클래스에는 함수형 스타일로 빈을 등록하게 해주는 `registerBean` 메서드가 추가됐다.

IMPORT chapter 7/ch07-functional-style

이 프로젝트는 함수형 스타일로 빈을 등록하는 방법을 보여준다. 애플리케이션을 실행하려면 SampleApp 클래스의 main 메서드를 실행한다.

예제 7-32 SampleApp – 함수형 스타일로 빈 등록

```
#프로젝트 - ch07-functional-style
#src/main/java/sample/spring/chapter07/bankapp

package com.sample.functionalstyle;
.....
import org.springframework.beans.factory.config.BeanDefinition;
import org.springframework.context.annotation.AnnotationConfigApplicationContext;
.....
public class SampleApp {
  .....
  public static void main(String... args) {
    AnnotationConfigApplicationContext context =
        new AnnotationConfigApplicationContext();

    context.registerBean("primaryProfile", Profile.class,
        beanDefinition -> beanDefinition.setScope(BeanDefinition.SCOPE_PROTOTYPE),
        beanDefinition -> beanDefinition.setPrimary(true));
    context.registerBean("secondaryProfile", Profile.class,
        () -> new Profile("secondaryProfileName", "00"),
        beanDefinition -> beanDefinition.setScope(BeanDefinition.SCOPE_PROTOTYPE),
        beanDefinition -> beanDefinition.setPrimary(false));

    context.registerBean("personPrimary", Person.class);
    context.refresh();

    Profile profile = context.getBean(Person.class).getProfile();
    logger.info("Profile -> name: " + profile.getName()
                                  + ", age: " + profile.getAge());
    .....
  }
}
```

[예제 7-32]는 AnnotationConfigApplicationContext의 registerBean을 사용해서 primaryProfile(Profile 타입), secondaryProfile(Profile 타입), personPrimary(Person) 이름의 빈을 등록한다. Profile 클래스는 인수가 없는 생성자를 정의하고, name과 age를 인수로 받는 생성자도 정의한다. Profile 클래스의 인수가 없는 생성자가 호출되면 name은 "defaultName"이고 age는 99로 설정된다.

primaryProfile을 등록하는 registerBean 시그니처는 다음과 같다.

```
void registerBean(@Nullable String beanName, Class<T> beanClass, BeanDefinition
Customizer... customizers)
```

여기서 beanName은 빈 이름, beanClass는 빈 클래스, BeanDefinitionCustomizer(스프링 5에 새로 생김)는 BeanDefinition을 인수로 받는 함수형 인터페이스[1]다. BeanDefinition 객체의 메서드를 호출하면 빈 정의를 원하는 대로 바꿀 수 있다. 여기서 registerBean 메서드에게 BeanDefinitionCustomizer를 몇 개든 넘길 수 있다는 점에 유의하자. 또, beanName에 설정한 @Nullable이 뜻하는 대로 null을 빈 이름으로 넘길 수 있다는 점도 기억하자.

[예제 7-32]에서 registerBean 메서드는 Profile 클래스의 인수가 없는 생성자를 사용해 Profile 빈을 생성하고, primaryProfile 이름으로 빈을 등록한다. 빈 정의를 변경하기 위해 람다식을 사용했다. 예를 들어 setScope 메서드는 빈의 스코프를 **프로토타입으로 설정하고**, setPrimary 메서드는 빈을 자동 연결의 제1후보로 지정한다.

secondaryProfile을 등록하는 registerBean 메서드의 시그니처는 다음과 같다.

```
void registerBean(@Nullable String beanName, Class<T> beanClass, @Nullable
Supplier<T> supplier, BeanDefinitionCustomizer... customizers)
```

여기서 beanName은 빈 이름, beanClass는 빈 클래스, Supplier는 빈 인스턴스를 만드는 팩토리의 함수형 인터페이스, BeanDefinitionCustomizer는 BeanDefinition을 인수로 받는 함수형 인터페이스다. 여기서 supplier 인수에 @Nullable이 설정되어 null을 supplier로 넘겨도 된다.

[예제 7-32]에서 registerBean 메서드는 () -> new Profile("secondaryProfileName", "00")람다식을 사용해 새 Profile 빈을 생성하고 인스턴스를 secondaryProfile 이름으로 등록한다. 빈 정의를 BeanDefintion의 setScope와 setPrimary 메서드를 사용해 변경한다.

Person 클래스 생성자가 Profile 타입의 인수를 받기 때문에 primaryProfile 빈(자동 연결

---

1 옮긴이_ 함수형 인터페이스는 추상 메서드가 단 하나만 정의된 인터페이스를 뜻한다. 이런 인터페이스를 SAM(Single Abstract Method) 인터페이스라고도 부른다. 인터페이스를 implement하는 클래스를 사용하거나 무명 클래스를 사용하는 전통적인 방식으로 함수형 인터페이스 구현을 제공할 수도 있지만, 자바 8에 도입된 람다를 사용하면 간편하게 함수형 인터페이스의 구현을 제공할 수 있다. 람다를 사용할 경우, 구현할 인터페이스 타입과 구현하는 메서드 이름을 표기하지 않아도 컴파일러가 알아서 타입을 추론해 주기 때문에 훨씬 간결하게 코드를 작성할 수 있다.

1차 후보)이 Person 객체에 주입된다. 이로 인해 SampleApp의 main 메서드를 실행하면 다음 출력을 볼 수 있다.

```
Profile -> name: defaultName, age: 99
```

7.8 요약

이번 장에서는 스프링 빈을 설정할 때 자바 기반 설정 방식을 사용하는 법에 대해 배웠다. 그리고 빈을 설정할 때 사용하는 여러 애너테이션(@Configuration, @Bean, @Profile 등)을 살펴봤다. 또, 빈에 의존 관계를 주입하는 다양한 접근 방법을 살펴봤으며, 스프링 애플리케이션을 개발할 때 자바 기반 설정과 XML 파일을 함께 사용하는 방법도 알아봤다. 다음 장에서는 스프링을 활용하면 데이터베이스 접근이 얼마나 쉬워지는지 살펴본다.

CHAPTER 8

스프링을 사용해 데이터베이스와 상호 작용하기

8.1 소개

스프링은 JDBC 위에 추상 계층을 추가해 데이터베이스와 상호 작용을 편리하게 만든다. 또 스프링은 하이버네이트(`http://www.hibernate.org/`)나 마이바티스(`http://www.mybatis.org`) 등의 ORM Object Relational Mapping 프레임워크로 데이터베이스 상호 작용도 단순화시킨다. 이번 장에서는 스프링을 사용하면 데이터베이스와 상호 작용하는 애플리케이션 개발이 얼마나 쉬워지는지 살펴본다.

> **NOTE_** 스프링 5부터는 하이버네이트 4 지원이 중단됐다. 하이버네이트 4를 사용하고 싶은 독자는 스프링 4.x를 계속 사용하자.

먼저 스프링 JDBC 추상화를 통해 MySQL 데이터베이스와 상호 작용하는 예제 애플리케이션을 살펴보자. 그 후 스프링의 하이버네이트 지원을 활용해 동일한 애플리케이션을 다시 개발한다. 마지막으로 스프링이 프로그램 코드를 통한 선언적인 트랜잭션 관리를 어떻게 지원하는지 살펴보면서 이번 장을 마무리한다.

먼저 `MyBank` 애플리케이션의 요구 사항부터 살펴보자.

8.2 MyBank 애플리케이션 요구 사항

MyBank 애플리케이션은 고객이 자신의 잔액 세부 정보를 살펴보고 금융 거래 명세서(bank statement)를 생성하며, 정기 예금을 개설하고 체크북[1]을 요청할 수 있게 해주는 인터넷 뱅킹 애플리케이션이다. 다음 그림은 MyBank 애플리케이션의 데이터를 저장할 BANK_ACCOUNT_DETAILS와 FIXED_DEPOSIT_DETAILS 테이블table이다.

그림 8-1 MyBank 애플리케이션이 사용하는 데이터베이스 테이블

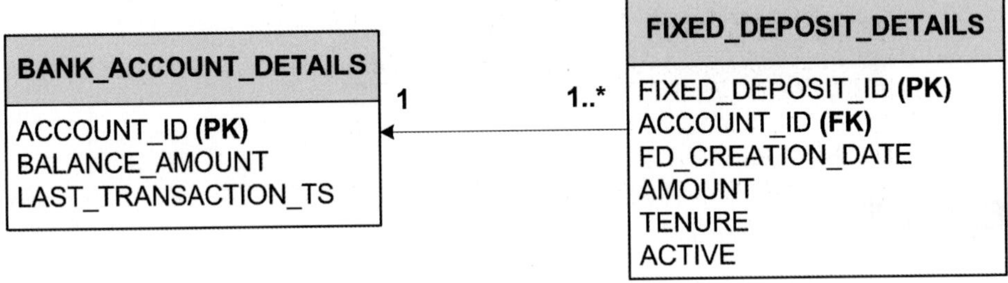

은행 계좌 정보는 BANK_ACCOUNT_DETAILS 테이블에 있고, 정기 예금 정보는 FIXED_DEPOSIT_DETAILS 테이블에 있다. [그림 8-1]은 BANK_ACCOUNT_DETAIL과 FIXED_DEPOSIT_DETAILS 사이에 일대다 관계가 있음을 나타낸다. 은행 고객이 새 정기 예금을 개설하면 BANK_ACCOUNT_DETAILS의 BALANCE_AMOUNT에서 개설할 정기 예금 금액에 해당하는 잔액을 차감하고, FIXED_DEPOSIT_DETAILS 테이블에 새 정기 예금 정보를 저장한다.

BANK_ACCOUNT_DETAILS 테이블의 컬럼은 다음과 같다.

- ACCOUNT_ID – 고객 은행 계좌를 유일하게 식별하는 계좌 식별자다.
- BALANCE_AMOUNT – 은행 계좌의 현재 잔액을 저장한다. 고객이 정기 예금을 개설하면 정기 예금액에 해당하는 금액을 컬럼에서 차감한다.
- LAST_TRANSACTION_TS – 계좌에서 마지막으로 거래가 일어난 날짜와 시간을 저장한다.

FIXED_DEPOSIT_DETAILS 테이블의 컬럼은 다음과 같다.

- FIXED_DEPOSIT_ID – 정기 예금을 유일하게 식별하는 정기 예금 식별자다. 고객이 정기 예금을 개설

1 옮긴이_ 체크북(check book)은 당좌수표책에 해당한다. 체크북에는 일련번호가 적힌 수표가 붙어 있다. 고객은 금액과 수취인을 적고 서명한 후 수표를 발행하면 다른 사람에게 돈을 지불할 수 있다. 한국에서는 자주 보기 어렵지만 외국에서는 아직도 널리 쓰인다.

하면, MyBank 애플리케이션은 나중에 사용할 수 있도록 유일한 정기 예금 식별자를 생성한다. FIXED_DEPOSIT_ID값은 MySQL 데이터베이스에 의해 자동으로 생성된다.

- ACCOUNT_ID – 정기 예금과 연관된 은행 계좌에 대한 외래키foreign key다. 매 분기마다 정기 예금에서 발생한 이자가 컬럼에 의해 정해지는 은행 계좌에 추가된다.
- FD_CREATION_DATE – 정기 예금이 만들어진 날짜다.
- AMOUNT – 정기 예금 금액이다.
- TENURE – 정기 예금 만기를 저장한다(단위: 개월). 정기 예금 만기는 12개월 이상 60개월 이하다.
- ACTIVE – 정기 예금이 현재 유효한지 유효하지 않은지를 표시한다. 정기 예금이 유효하면 정해진 정기 예금액에 대해 이자를 지급해야 한다.

이제 스프링의 JDBC 모듈을 사용해서 MyBank 애플리케이션이 요구 사항을 어떻게 만족시키는지 살펴보자.

8.3 스프링 JDBC 모듈로 MyBank 애플리케이션 개발하기

스프링 JDBC 모듈을 사용하면 연결을 열고 닫기, 트랜잭션 관리, 예외 처리 등의 저수준 세부 사항을 스프링이 처리해주기 때문에 데이터 소스와의 상호 작용이 단순해진다. 이번 절에서는 스프링 JDBC 모듈을 사용해 개발한 MyBank 애플리케이션을 살펴본다. 단순화를 위해 여기서는 MyBank 애플리케이션의 일부분인 DOA와 서비스 부분만 살펴본다.

IMPORT chapter 8/ch08-bankapp-jdbc

이 프로젝트는 스프링 JDBC 모듈을 사용해 데이터베이스와 상호 작용하는 MyBank 애플리케이션이다. 애플리케이션을 실행하려면 BankApp 클래스의 main 메서드를 실행한다.

NOTE_ 이번 장에서 각 프로젝트를 제대로 실행하려면 MySQL 데이터베이스를 설치하고 프로젝트 sql 디렉터리 안에 있는 spring_bank_app_db.sql을 실행해야 한다. spring_bank_app_db.sql 스크립트는 실행 시 SPRING_BANK_APP_DB 데이터베이스를 생성하고 데이터베이스에 BANK_ACCOUNT_DETAILS와 FIXED_DEPOSIT_DETAILS 테이블을 추가한다. 그리고 각 프로젝트의 src/main/resources/META-INF/spring/database.properties 파일은 설치한 MySQL을 가리키도록 프로퍼티를 수정해야 한다.

스프링 JDBC 모듈을 사용해 데이터베이스와 상호 작용하는 애플리케이션을 개발하려면 다음과 같이 해야 한다.

- 데이터 소스를 식별하는 javax.sql.DataSource 객체를 설정한다.
- 데이터베이스와 상호 작용하기 위해 스프링 JDBC 모듈 클래스를 사용하는 DAO를 구현한다.

8.3.1 데이터 소스 설정하기

스프링으로 독립 실행 애플리케이션을 개발할 때는 XML 파일에 빈으로 데이터 소스를 설정한다. 엔터프라이즈 애플리케이션을 개발한다면 애플리케이션 서버의 JNDI에 바인드된 데이터 소스를 정의할 수 있다. 이때 스프링의 jee 스키마를 사용해 JNDI에 바인드된 데이터 소스를 얻고, 이를 빈으로 등록할 수 있다. ch08-bankapp-jdbc 프로젝트에서는 데이터 소스를 애플리케이션 컨텍스트 XML 파일에 설정했다.

다음 예제는 MyBank의 데이터 소스를 XML 파일에 설정하는 방법이다.

예제 8-1 applicationContext.xml – 데이터 소스 설정

```
#프로젝트 - ch08-bankapp-jdbc
#src/main/resources/META-INF/spring

<context:property-placeholder location="classpath*:META-INF/spring/database.properties" />

<bean id="dataSource" class="org.apache.commons.dbcp2.BasicDataSource"
    destroy-method="close" >
  <property name="driverClassName" value="${database.driverClassName}" />
  <property name="url" value="${database.url}" />
  <property name="username" value="${database.username}" />
  <property name="password" value="${database.password}" />
</bean>
```

이 예제에서 스프링 context 스키마의 <property-placeholder> 엘리먼트(자세한 내용은 5.4절 참조)는 META-INF/spring/database.properties 파일에서 프로퍼티를 로드하여 XML 파일의 빈 정의에 사용할 수 있도록 한다. dataSource 빈은 javax.sql.DataSource 객체이며, 데이터 소스로의 연결을 생성하는 팩토리 역할을 한다. BasicDataSource 클래스는 javax.sql.DataSource 인터페이스를 구현한 클래스로 연결 풀링connection pooling 기능을 지

원한다. BasicDataSource 클래스는 아파치 커먼즈Apache Commons DBCP 프로젝트(http://commons.apache.org/dbcp/)의 일부분이다. BasicDataSource의 driverClassName, url, username, password 프로퍼티값은 모두 database.properties 파일에 정의된 프로퍼티에서 왔다. BasicDataSource 클래스의 close 메서드는 풀에 있는 모든 유휴 연결을 닫는다. BasicDataSource 클래스의 빈 정의에서 destroy-method 속성이 close로 지정되어 있기 때문에 스프링 컨테이너가 dataSource 빈 인스턴스를 제거할 때 풀에 있는 유휴 연결도 모두 닫힌다.

자바 EE 환경에서 데이터 소스 설정하기

애플리케이션 서버에 배포하는 엔터프라이즈 애플리케이션을 개발한다면, 전형적인 경우 javax.sql.DataSource 객체를 애플리케이션 서버의 JNDI에 등록할 것이다. 이런 경우에는 스프링 jee 스키마의 <jndi-lookup> 엘리먼트를 사용해 JNDI에 바인드된 데이터 소스를 스프링 빈으로 사용할 수 있다.

```
<jee:jndi-lookup jndi-name="java:comp/env/jdbc/bankAppDb" id="dataSource" />
```

여기서 jndi-name 속성은 javax.sql.DataSource 객체를 JNDI에 바인딩할 때 사용한 이름이고, id 속성은 ApplicationContext에 빈을 등록할 때 사용할 이름을 지정한다.

자바 기반 설정을 사용하면 스프링 JndiTemplate이나 JndiLocatorDelegate를 사용해 JNDI에서 javax.sql.DataSource 객체를 얻을 수 있다. 다음 예제는 JndiLocatorDelegate를 사용하는 방법이다.

예제 8-2 스프링 JndiLocatorDelegate를 사용해 JNDI에 바인드된 데이터 소스 얻기

```
@Bean(destroyMethod="")
public DataSource dataSource() throws NamingException {
  JndiLocatorDelegate delegate =
      JndiLocatorDelegate.createDefaultResourceRefLocator();
  return delegate.lookup("jdbc/bankAppDb", DataSource.class);
}
```

이 예제에서 JndiLocatorDelegate의 createDefaultResourceRefLocator 메서드는 모

든 JNDI 이름 검색에 자동으로 java:comp/env/라는 접두사prefix를 붙이라고 지정한다. JndiLocatorDelegate의 lookup 메서드는 실제 JNDI 검색을 수행해 주어진 이름을 찾는다. lookup 메서드의 두번째 인수는 JNDI 검색에서 얻어올 객체의 타입을 지정한다. 여기서 destroyMethod 속성값을 ""로 설정했다. JNDI에 바인드된 DataSource 객체의 생애주기는 애플리케이션 서버가 관리하므로, 스프링 컨테이너는 자신이 종료될 때 DataSource 객체의 정리 메서드를 호출하면 안된다.

이제 DAO가 데이터베이스와 상호 작용하게 만드는 스프링 JDBC 모듈 클래스 몇 가지를 살펴보자.

8.3.2 스프링 JDBC 모듈 클래스를 사용하는 DAO 만들기

스프링 JDBC 모듈은 데이터베이스와의 상호 작용을 쉽게 만들어주는 여러 클래스를 제공한다. 먼저 스프링 JDBC 모듈의 심장부에 존재하는 JdbcTemplate을 살펴보자. 그 후 NamedParameterJdbcTemplate과 SimpleJdbcInsert도 살펴본다. 다른 스프링 JDBC 모듈 클래스를 배우고 싶은 독자는 스프링 참조 문서(https://spring.io/projects/spring-data-jdbc)를 살펴보자.

JdbcTemplate

JdbcTemplate 클래스는 Connection, Statement, ResultSet 객체를 관리하고, JDBC 예외를 잡아서 더 이해하기 좋은 예외(예: IncorrectResultSetColumnCountException이나 CannotGetJdbcConnectionException)로 변환하며, 배치 연산을 수행하는 등의 일을 한다. 애플리케이션 개발자는 JdbcTemplate에 SQL을 제공하고, SQL이 실행된 후 결과를 뽑아가기만 하면 된다.

JdbcTemplate은 javax.sql.DataSource를 둘러싼 래퍼 역할을 한다. JdbcTemplate 인스턴스는 보통 데이터베이스 연결을 얻을 때 사용할 javax.sql.DataSource 객체로 초기화된다. 다음 예제를 보자.

예제 8-3 applicationContext.xml – JdbcTemplate 설정

```
#프로젝트 - ch08-bankapp-jdbc
#src/main/resources/META-INF/spring
<bean id="jdbcTemplate" class="org.springframework.jdbc.core.JdbcTemplate">
  <property name="dataSource" ref="dataSource" />
</bean>

<bean id="dataSource" class="org.apache.commons.dbcp2.BasicDataSource".....>
.....
</bean>
```

[예제 8-3]은 JdbcTemplate 클래스가 javax.sql.DataSource 객체를 참조하는 dataSource 프로퍼티를 정의한 것이다.

애플리케이션에서 JNDI에 바인드된 데이터 소스를 사용하면 jee 스키마의 <jndi-lookup> 엘리먼트를 사용해 JNDI에 바인드된 데이터 소스를 가져와서 스프링 컨테이너에 빈으로 등록할 수 있다. 다음 예제와 같이 이 방식을 사용하면 JNDI에 바인드된 데이터 소스를 JdbcTemplate에서 빈으로 읽을 수 있다.

예제 8-4 JNDI에 바인드된 데이터 소스를 사용하기 위한 JdbcTemplate 설정

```
<beans .....
    xmlns:jee="http://www.springframework.org/schema/jee"
    xsi:schemaLocation=".....
      http://www.springframework.org/schema/jee
      http://www.springframework.org/schema/jee/spring-jee.xsd">

  <bean id="jdbcTemplate" class="org.springframework.jdbc.core.JdbcTemplate">
    <property name="dataSource" ref="dataSource" />
  </bean>

  <jee:jndi-lookup jndi-name="java:comp/env/jdbc/bankAppDb" id="dataSource" />
  .....
</beans>
```

이 예제에서는 스프링 jee 스키마에 대한 참조를 XML 파일에 포함시켰다. <jndi-lookup> 엘리먼트는 JNDI에서 javax.sql.DataSource 객체를 얻어 dataSource라는 빈으로 등록하고, JdbcTemplate 클래스는 dataSource 빈을 사용한다.

JdbcTemplate 인스턴스는 스레드-안전thread-safe하다. 이 말은 애플리케이션의 여러 DAO가 같은 JdbcTemplate 클래스 인스턴스를 통해 데이터베이스와 상호 작용해도 된다는 뜻이다. 다음 예제는 FixedDepositDaoImpl의 createFixedDeposit 메서드가 JdbcTemplate을 통해 데이터베이스에 정기 예금 정보를 저장하는 것을 보여준다.

예제 8-5 FixedDepositDaoImpl 클래스 – JdbcTemplate을 사용해 데이터 저장하기

```
#프로젝트 - ch08-bankapp-jdbc
#src/main/java/sample/spring/chapter08/bankapp/dao

package sample.spring.chapter08.bankapp.dao;
import java.sql.*;
import org.springframework.jdbc.core.JdbcTemplate;
import org.springframework.jdbc.core.PreparedStatementCreator;
import org.springframework.jdbc.support.GeneratedKeyHolder;
import org.springframework.jdbc.support.KeyHolder;
import org.springframework.stereotype.Repository;

@Repository(value = "fixedDepositDao")
public class FixedDepositDaoImpl implements FixedDepositDao {

  @Autowired
  private JdbcTemplate jdbcTemplate;
  .....
  public int createFixedDeposit(final FixedDepositDetails fixedDepositDetails) {
    final String sql =
        "insert into fixed_deposit_details(account_id, fixedDeposit_creation_date,
            amount, tenure, active) values(?, ?, ?, ?, ?)";

    KeyHolder keyHolder = new GeneratedKeyHolder();

    jdbcTemplate.update(new PreparedStatementCreator() {
      @Override
      public PreparedStatement createPreparedStatement(Connection con)
          throws SQLException {
        PreparedStatement ps = con.prepareStatement(sql, new String[] {
            "fixed_deposit_id" });
        ps.setInt(1, fixedDepositDetails.getBankAccountId());
        ps.setDate(2, new java.sql.Date(
            fixedDepositDetails.getFixedDepositCreationDate()
                .getTime())
        );
```

```
        .....
        return ps;
      }
    }, keyHolder);

    return keyHolder.getKey().intValue();
  }
  .....
}
```

이 예제는 @Repository를 FixedDepositDaoImpl 클래스에 설정한다. 그 이유는 FixedDepositDaoImpl 클래스가 DAO를 표현하기 때문이다. XML 파일에 설정(예제 8-3)한 JdbcTemplate 인스턴스가 FixedDepositDaoImpl 인스턴스에 자동 연결된다. JdbcTemplate의 update 메서드를 사용해 데이터베이스에 삽입insert, 갱신update, 삭제delete 연산을 수행한다. JdbcTemplate의 update 메서드는 PreparedStatementCreator 인스턴스와 KeyHolder 인스턴스를 인수로 받는다. Connection 객체가 주어지면 PreparedStatementCreator는 java.sql.PreparedStatement를 생성한다. 스프링 KeyHolder는 SQL 삽입문에 실행될 때 자동으로 생성되는 키를 담고 있는 인터페이스다. GeneratedKeyHolder 클래스는 KeyHolder 인터페이스에 대한 디폴트 구현이다.

INSERT SQL 문이 성공적으로 실행되면 자동 생성된 키가 GeneratedKeyHolder 인스턴스에 추가된다. GeneratedKeyHolder에서 키를 추출하려면 getKey 메서드를 사용한다. [예제 8-5]에서 createFixedDeposit 메서드는 FIXED_DEPOSIT_DETAILS 테이블에 정기 예금 상세 정보를 추가하고 자동 생성된 키를 반환한다.

[예제 8-5]를 보면 PreparedStatement를 실행할 때 발생할 수 있는 SQLException에 대해 걱정할 필요가 없다는 사실을 알 수 있다. 이유는 JdbcTemplate이 SQLExceptions 예외 처리를 알아서 해주기 때문이다.

이제 NamedParameterJdbcTemplate 클래스를 살펴보자.

NamedParameterJdbcTemplate

JdbcTemplate에서는 ? 위치지정자를 사용해 SQL 문 안에 파라미터를 지정한다(예제 8-5 참조). 스프링 NamedParameterJdbcTemplate은 JdbcTemplate 인스턴스를 감싸는 래퍼로, 이를 사용하면 SQL 문 안에서 ? 대신 파라미터 이름을 사용할 수 있다.

다음 예제는 NamedParameterJdbcTemplate을 XML 파일에서 사용하는 방법을 보여준다.

예제 8-6 applicationContext.xml – NamedParameterJdbcTemplate 설정

```
#프로젝트 - ch08-bankapp-jdbc
#src/main/resources/META-INF/spring

<bean id="namedJdbcTemplate"
    class="org.springframework.jdbc.core.namedparam.NamedParameterJdbcTemplate">
  <constructor-arg ref="dataSource" />
</bean>

<bean id="dataSource" class="org.apache.commons.dbcp2.BasicDataSource".....>
.....
</bean>
```

이 예제에서는 NamedParameterJdbcTemplate 클래스가 javax.sql.DataSource를 생성자 인수로 받는다.

다음 예제는 NamedParameterJdbcTemplate을 사용해 정기 예금 세부 사항을 FIXED_DEPOSIT_DETAILS 테이블에 저장하는 FixedDepositDaoImpl 클래스다.

예제 8-7 FixedDepositDaoImpl 클래스 – NamedParameterJdbcTemplate 사용법

```
#프로젝트 - ch08-bankapp-jdbc
#src/main/java/sample/spring/chapter08/bankapp/dao

package sample.spring.chapter08.bankapp.dao;
import java.sql.ResultSet;
import org.springframework.jdbc.core.RowMapper;
import org.springframework.jdbc.core.namedparam.MapSqlParameterSource;
import org.springframework.jdbc.core.namedparam.NamedParameterJdbcTemplate;
import org.springframework.jdbc.core.namedparam.SqlParameterSource;
.....
@Repository(value = "fixedDepositDao")
public class FixedDepositDaoImpl implements FixedDepositDao {
  .....
  @Autowired
  private NamedParameterJdbcTemplate namedParameterJdbcTemplate;
```

```
  .....
  public FixedDepositDetails getFixedDeposit(final int fixedDepositId) {
    final String sql = "select * from fixed_deposit_details where fixed_deposit_id
              = :fixedDepositId";
    SqlParameterSource namedParameters = new MapSqlParameterSource(
      "fixedDepositId", fixedDepositId);

    return namedParameterJdbcTemplate.queryForObject(sql, namedParameters,
       new RowMapper<FixedDepositDetails>() {
         public FixedDepositDetails mapRow(ResultSet rs, int rowNum)
             throws SQLException {
           FixedDepositDetails fixedDepositDetails =
              new FixedDepositDetails();
           fixedDepositDetails.setActive(rs.getString("active"));
           .....
           return fixedDepositDetails;
         }
       });
  }
}
```

XLM 파일(예제 8-6)에 설정한 NamedParameterJdbcTemplate 인스턴스는 FixedDepositDaoImpl 안의 필드로 자동 연결된다. [예제 8-7]에서 NamedParameterJdbcTemplate의 queryForObject 메서드에 전달된 SQL 문에는 fixedDepositId라는 이름의 파라미터가 있다. 이름이 붙은 파라미터값은 스프링 SqlParameterSource 인터페이스에 의해 구현된다. MapSqlParameterSource 클래스는 SqlParameterSource에 대한 구현으로 이름이 붙은 파라미터(이름에 대응하는 값)를 java.util.Map에 저장한다. 이 예제에서 MapSqlParameterSource 인스턴스에는 이름이 fixedDepositId인 파라미터값이 저장된다. NamedParameterJdbcTemplate의 queryForObject는 전달받은 SQL 문을 실행해 객체를 하나 반환한다. 이때 스프링 RowMapper 객체를 사용해 반환받은 로우[row]를 객체로 반환한다. 이 예제에서 RowMapper는 ResultSet에 있는 로우를 FixedDepositDetails 객체로 반환한다.

이제 SimpleJdbcInsert 클래스를 살펴보자.

SimpleJdbcInsert

SimpleJdbcInsert 클래스는 데이터베이스 메타데이터를 활용해 테이블에 로우를 삽입하는 기본 SQL 삽입문을 쉽게 쓸 수 있다.

다음 예제는 SimpleJdbcInsert를 사용해 BANK_ACCOUNT_DETAILS 테이블에 은행 계좌 정보를 삽입하는 BankAccountDaoImpl 클래스다.

예제 8-8 BankAccountDaoImpl 클래스 – SimpleJdbcInsert 사용법

```
#프로젝트 - ch08-bankapp-jdbc
#src/main/java/sample/spring/chapter08/bankapp/dao

package sample.spring.chapter08.bankapp.dao;
import javax.sql.DataSource;
import org.springframework.jdbc.core.simple.SimpleJdbcInsert;
.....
@Repository(value = "bankAccountDao")
public class BankAccountDaoImpl implements BankAccountDao {
  private SimpleJdbcInsert insertBankAccountDetail;

  @Autowired
  private void setDataSource(DataSource dataSource) {
    this.insertBankAccountDetail = new SimpleJdbcInsert(dataSource)
        .withTableName("bank_account_details")
        .usingGeneratedKeyColumns("account_id");
  }

  @Override
  public int createBankAccount(final BankAccountDetails bankAccountDetails) {
    Map<String, Object> parameters = new HashMap<String, Object>(2);
    parameters.put("balance_amount", bankAccountDetails.getBalanceAmount());
    parameters.put("last_transaction_ts", new java.sql.Date(
        bankAccountDetails.getLastTransactionTimestamp().getTime()));

    Number key = insertBankAccountDetail.executeAndReturnKey(parameters);
    return key.intValue();
  }
  .....
}
```

setDataSource 메서드에 @Autowired를 설정하므로 javax.sql.DataSourc 객체가 setDataSource 메서드 인수로 전달된다. setDataSource 메서드 안에서는 javax.sql.DataSource 객체를 SimpleJdbcInsert 생성자에 전달해 SimpleJdbcInsert 인스턴스를 생성한다.

SimpleJdbcInsert의 withTableName 메서드는 레코드를 삽입하려는 테이블의 이름을 설

정한다. BANK_ACCOUNT_DETAILS에 계좌 정보를 삽입하고 싶기 때문에 'bank_account_details'라는 문자열값을 withTableName에 인수로 넘긴다. SimpleJdbcInsert의 usingGeneratedKeyColumns 메서드는 자동 생성 키를 포함한 테이블 컬럼의 이름을 설정한다. BANK_ACCOUNT_DETAILS 테이블의 ACCOUNT_ID 컬럼에는 자동 생성한 키가 들어 있다. 따라서 'account_id'라는 문자열값을 usingGeneratedKeyColumns에 전달한다. 실제 삽입 연산은 SimpleJdbcInsert의 executeAndReturnKey 메서드를 호출해야 이뤄진다. executeAndReturnKey 메서드는 테이블 컬럼 이름과 컬럼에 들어갈 값이 연관되어 들어 있는 java.util.Map 타입 인수를 받아서 (레코드를 삽입한 다음) 생성된 키를 반환한다. 여기서 SimpleJdbcInsert 클래스가 내부적으로 JdbcTemplate을 사용해 실제 SQL 삽입 연산을 수행한다는 사실을 기억해야 한다.

ch08-bankapp-jdbc 프로젝트의 BankAccountDaoImpl 클래스를 보면, 데이터베이스와 상호 작용하기 위해 SimpleJdbcInsert를 사용하는 방식과 JdbcTemplate을 사용하는 방식을 함께 볼 수 있다. 이와 비슷하게 ch08-bankapp-jdbc 프로젝트의 FixedDepositDaoImpl 클래스도 데이터베이스 상호 작용에 JdbcTemplate과 NamedParameterJdbcTemplate을 동시에 사용한다. 이는 여러분이 데이터베이스와 상호 작용하기 위해 스프링 JDBC 모듈 클래스를 여럿 조합해서 사용할 수 있음을 보여준다.

NOTE_ ch08-bankapp-jdbc프로젝트가 스프링 JDBC 모듈과 스프링 트랜잭션 관리(Transaction Management) 기능(8.5절에서 설명)을 사용하기 때문에 ch08-bankapp-jdbc 프로젝트의 pom.xml에는 spring-jdbc와 spring-tx JAR 파일에 대한 의존 관계가 정의되어 있다.

이제 먼저 은행 계좌를 만들고 은행 계좌에 대응하는 정기 예금을 만드는 ch08-bankapp-jdbc 프로젝트의 BankApp를 살펴보자.

BankApp 클래스

ch08-bankapp-jdbc 프로젝트의 BankApp 클래스는 독립 실행 애플리케이션으로 MyBank를 실행한다. BankApp의 main 메서드는 은행 계좌 정보를 만들어 BANK_ACCOUNT_DETAILS 테이블에 넣고, 그 은행 계좌 정보에 해당하는 정기 예금 정보를 만들어 FIXED_DEPOSIT_DETAILS 테이블에 넣는다.

예제 8-9 BankApp 클래스

```
#프로젝트 - ch08-bankapp-jdbc
#src/main/java/sample/spring/chapter08/bankapp/

package sample.spring.chapter08.bankapp;
.....
public class BankApp {
  private static Logger logger = LogManager.getLogger(BankApp.class);

  public static void main(String args[]) throws Exception {
    ConfigurableApplicationContext context = new ClassPathXmlApplicationContext(
       "classpath:META-INF/spring/applicationContext.xml");

    BankAccountService bankAccountService = context.getBean(BankAccountService.class);
    BankAccountDetails bankAccountDetails = new BankAccountDetails();
    .....
    int bankAccountId = bankAccountService.createBankAccount(bankAccountDetails);
    .....
    FixedDepositService fixedDepositService =
       context.getBean(FixedDepositService.class);
    FixedDepositDetails fixedDepositDetails = new FixedDepositDetails();
    .....
    int fixedDepositId = fixedDepositService.createFixedDeposit(fixedDepositDetails);
    .....
  }
}
```

이 예제에서 BankAccountService는 BankAccountDaoImpl을(예제 8-8 참조) 사용해 은행 계좌를 만들고, FixedDepositService는 FixedDepositDaoImpl을(예제 8-5, 8-7 참조) 사용해 새로 만든 은행 계좌에 대한 정기 예금 계좌를 만든다. BankApp의 main 메서드를 실행하면 BANK_ACCOUNT_DETAILS와 FIXED_DEPOSIT_DETAILS 테이블에 모두 새로운 레코드가 삽입되는 것을 볼 수 있다.

이번 절에서는 스프링 JDBC 모듈을 사용했을 때 데이터베이스를 읽고 갱신하는 작업이 얼마나 편해지는지 살펴봤다. 스프링 JDBC 모듈은 다음과 같은 목적에도 사용할 수 있다.

- 저장 프로시저(stored procedure)나 함수 실행. 예를 들면 SimpleJdbcCall 클래스를 사용해 저장 프로시저나 함수를 실행할 수 있다.
- 일괄 갱신(batch update) 실행 – 예를 들어 JdbcTemplate의 batchUpdate 메서드를 사용하면 같은 PreparedStatement를 통해 여러 데이터베이스 갱신 호출을 일괄 실행할 수 있다.

- 객체지향적인 방식으로 관계형 데이터베이스 접근하기 – 예를 들어 스프링 MappingSqlQuery를 사용하면 ResultSet가 반환한 각 로우를 객체에 매핑할 수 있다.
- 내장 데이터베이스(embedded database) 인스턴스 설정하기 – 예를 들어 스프링 jdbc 스키마를 사용해 HSQL, H2, 더비(Derby) 등의 데이터베이스 인스턴스를 만들고, 데이터베이스 인스턴스를 javax.sql.DataSource 타입의 빈으로 스프링 컨테이너에 등록할 수 있다.

이제는 스프링이 데이터베이스와 상호 작용하기 위해 하이버네이트 ORM 프레임워크를 어떻게 지원하는지 살펴보자.

8.4 하이버네이트로 MyBank 애플리케이션 개발하기

스프링 ORM 모듈은 하이버네이트, 자바 영속성Java Persistence API(JPA), 자바 데이터 오브젝트Java Data Objects와 통합할 수 있게 한다. 이번 절에서는 스프링을 했을 때 하이버네이트를 사용한 데이터베이스 상호 작용이 얼마나 쉬워지는지 살펴본다. 하이버네이트는 JPA 공급자이므로 여기서는 JPA 애너테이션을 사용해 엔티티entity 클래스를 데이터베이스 테이블에 매핑한다.

IMPORT chapter 8/ch08-bankapp-hibernate

이 프로젝트는 하이버네이트를 사용해 데이터베이스와 상호 작용하는 MyBank 애플리케이션으로, 프로젝트에 사용한 하이버네이트 버전은 5.2.12.Final이다. 애플리케이션을 실행하려면 BankApp 클래스의 main 메서드를 실행한다. 먼저 하이버네이트 SessionFactory 인스턴스를 설정하는 방법부터 살펴보자.

8.4.1 SessionFactory 인스턴스 설정하기

`SessionFactory`는 하이버네이트 `Session` 객체를 생성하는 팩토리다. 영속적인 엔티티에 대한 생성, 읽기, 삭제, 갱신 연산을 수행하기 위해 DAO가 사용하는 객체가 `Session` 객체다. 스프링 `org.springframework.orm.hibernate5.LocalSessionFactoryBean`(`FactoryBean` 구현)은 DAO 클래스가 `Session` 인스턴스를 얻을 때 사용하는 `SessionFactory` 인스턴스를 만든다.

NOTE_ 데이터베이스 상호 작용을 위해 애플리케이션 DAO가 JPA의 EntityManager를 사용한다면 org.springframework.orm.hibernate5.LocalSessionFactoryBean 대신 LocalContainerEntityManagerFactoryBean을 설정한다. 스프링과 JPA를 사용하는 방법은 9장에서 다룬다.

다음 예제는 XML 파일에서 LocalSessionFactoryBean 클래스를 생성하는 방법이다.

예제 8-10 applicationContext.xml – LocalSessionFactoryBean 생성

```
#프로젝트 - ch08-bankapp-hibernate
#src/main/java/sample/spring/chapter08/bankapp/

<bean id="sessionFactory"
    class=" org.springframework.orm.hibernate5.LocalSessionFactoryBean">
  <property name="dataSource" ref="dataSource" />
  <property name="packagesToScan" value="sample.spring" />
</bean>
```

dataSource 프로퍼티는 javax.sql.DataSource 타입 빈에 대한 참조를 지정한다. packagesToScan 프로퍼티는 스프링이 영속적 클래스를 찾는 대상 패키지(또는 패키지들)을 지정한다. 예를 들어, [예제 8-10]에서는 JPA의 @Entity를 설정한 영속적인 클래스가 있는지 sample.spring 패키지(또는 그 하위 패키지)에서 찾아보되 org.springframework.orm.hibernate5.LocalSessionFactoryBean을 사용해 자동으로 @Entity 애너테이션을 감지하도록 설정한다. packagesToScan 프로퍼티 대신, 다음 예제처럼 annotatedClasses를 사용해서 모든 영속적인 클래스를 직접 지정할 수도 있다.

예제 8-11 LocalSessionFactoryBean의 annotatedClasses 프로퍼티 사용하기

```
<bean id="sessionFactory"
    class="org.springframework.orm.hibernate5.LocalSessionFactoryBean">
  <property name="dataSource" ref="dataSource" />
  <property name="annotatedClasses">
    <list>
      <value>sample.spring.chapter08.bankapp.domain.BankAccountDetails</value>
      <value>sample.spring.chapter08.bankapp.domain.FixedDepositDetails</value>
    </list>
  </property>
</bean>
```

이 예제에서 annotatedClasses 프로퍼티(java.util.List 타입)는 애플리케이션에서 사용하는 모든 영속적인 클래스의 목록을 유지한다.

LocalSessionFactoryBean이 생성하는 SessionFactory는 DAO를 사용해 데이터베이스 연산을 수행한다. 이제 DAO가 SessionFactory를 어떻게 사용하는지 살펴보자.

8.4.2 하이버네이트 API를 사용하는 DAO 만들기

데이터베이스와 상호 작용하기 위해, DAO는 하이버네이트의 Session 객체에 접근할 필요가 있다. 하이버네이트 Session 객체에 접근하려면 LocalSessionFactoryBean 빈(예제 8-10 참조)이 만드는 SessionFactory 인스턴스를 DAO에 주입하고, 이렇게 주입된 SessionFactory 인스턴스를 사용해 Session 객체를 얻어야 한다.

다음 예제는 하이버네이트 API를 사용해 영속적인 엔티티 FixedDepositDetails를 저장하고 읽어오는 FixedDepositDaoImpl 클래스다.

예제 8-12 FixedDepositDaoImpl 클래스 – 하이버네이트 API 사용법

```
#프로젝트 - ch08-bankapp-hibernate
#src/main/java/sample/spring/chapter08/bankapp/dao

package sample.spring.chapter08.bankapp.dao;
import org.hibernate.SessionFactory;
.....
@Repository(value = "fixedDepositDao")
public class FixedDepositDaoImpl implements FixedDepositDao {

  @Autowired
  private SessionFactory sessionFactory;

  public int createFixedDeposit(final FixedDepositDetails fixedDepositDetails) {
    sessionFactory.getCurrentSession().save(fixedDepositDetails);
    return fixedDepositDetails.getFixedDepositId();
  }

  public FixedDepositDetails getFixedDeposit(final int fixedDepositId) {
    String hql = "from FixedDepositDetails as fixedDepositDetails where "
        + "fixedDepositDetails.fixedDepositId ="
```

```
        + fixedDepositId;
    return (FixedDepositDetails) sessionFactory.getCurrentSession()
        .createQuery(hql).uniqueResult();
  }
}
```

이 예제는 SessionFactory 인스턴스가 FixedDepositDaoImpl 인스턴스에 자동 연결되는 모습을 보여준다. createFixedDeposit과 getFixedDeposit 메서드는 나중에 SessionFactory를 사용해 영속적인 엔티티인 FixedDepositDetails를 저장하고 읽는다.

앞에서 언급한 것처럼, FactoryBean 구현인 LocalSessionFactoryBean이 SessionFactory를 만든다. SessionFactory 인스턴스를 자동 주입하는 것은 FactoryBean에 의해 생성된 객체 타입 정의, @Autowired 설정만으로 가능하다(스프링 FactoryBean 인터페이스는 3.9절 참조).

createFixedDeposit과 getFixedDeposit 메서드는 SessionFactory의 getCurrentSession 메서드를 호출해서 Session 인스턴스를 얻는다. 여기서 getCurrentSession 메서드 호출이 현재 트랜잭션이나 현재 스레드와 연관된 Session 객체를 반환한다는 점을 기억해야 한다. 특히 MyBank 애플리케이션처럼 스프링에게 트랜잭션 관리를 맡기고 싶을 때는 getCurrentSession 메서드를 호출하는 것이 유용하다.

이제 스프링이 제공하는 프로그램을 통한 트랜잭션 관리와 선언적인 트랜잭션 관리 기능을 살펴보자.

8.5 스프링을 통한 트랜잭션 관리

스프링 프레임워크는 프로그램을 통한 트랜잭션 관리와 선언적인 트랜잭션 관리 기능을 모두 제공한다. 프로그램을 통해 트랜잭션을 관리할 때는 스프링의 트랜잭션 관리 추상화를 사용해 명시적으로 트랜잭션을 시작, 종료, 커밋commit한다. 선언적인 트랜잭션 관리를 사용할 때는 스프링 @Transactional을 사용해 트랜잭션 안에서 실행하는 메서드를 지정한다.

8.5.1 MyBank의 트랜잭션 관리 요구 사항

[그림 8-2]는 고객이 새로운 정기 예금 계좌를 개설하면 정기 예금액에 해당하는 금액을 BANK_ACCOUNT_DETAILS 테이블의 BALANCE_AMOUNT에서 차감하고, FIXED_DEPOSIT_DETAILS 테이블에 정기 예금 상세 정보가 저장된다는 점을 보여준다.

그림 8-2 고객이 새로운 정기 예금 계좌를 개설할 때 MyBank 애플리케이션이 수행하는 동작 시퀀스

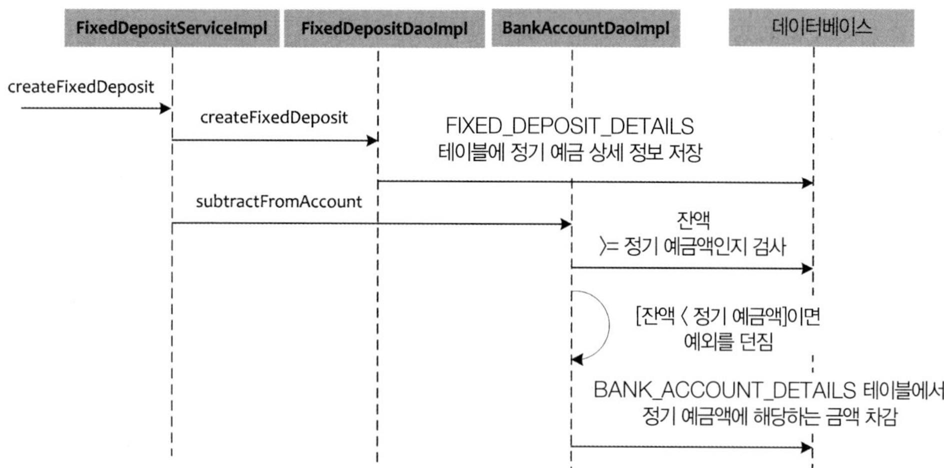

이 시퀀스 다이어그램은 FixedDepositServiceImpl의 createFixedDeposit 메서드가 FIXED_DEPOSIT_DETAILS 테이블에 정기 예금 정보를 저장하고, BANK_ACCOUNT_DETAILS 테이블 의 은행 계좌 잔액에서 정기 예금액을 차감하는 과정을 보여준다.

FixedDepositServiceImpl의 createFixedDeposit 메서드는 FixedDepositDaoImpl의 createFixedDeposit 메서드와 BankAccountDaoImpl의 subtractFromAccount 메서드를 호출한다. FixedDepositDaoImpl의 createFixedDeposit 메서드는 FIXED_DEPOSIT_DETAILS 테이블에 정기 예금 정보를 저장한다. BankAccountDaoImpl의 subtractFromAccount 메서드는 먼저 계좌 잔액이 정기 예금을 만들기에 충분한지 살펴본다. 계좌 잔액이 충분하다면, subtractFromAccount 메서드는 은행 계좌에서 정기 예금액을 차감한다. 계좌 잔액이 충분하지 않다면 BankAccountDaoImpl의 subtractFromAccount 메서드는 예외를 던진다. 어떤 이유로든 FixedDepositDaoImpl의 createFixedDeposit 메서드나 BankAccountDaoImpl의 subtractFromAccount 메서드가 실패하면 시스템은 일관성이 없는 상태가 된다. 따라서 두 메서드는 한 트랜잭션transaction 안에서 실행되어야 한다.

이제 스프링을 사용해 MyBank 애플리케이션 내부의 트랜잭션을 프로그램으로 어떻게 관리하는지 살펴보자.

8.5.2 프로그램을 사용한 트랜잭션 관리

TransactionTemplate 클래스를 사용하거나 PlatformTransactionManager 인터페이스 구현을 사용하면 프로그램으로 트랜잭션을 관리할 수 있다. TransactionTemplate 클래스는 트랜잭션 시작과 커밋을 처리함으로써 트랜잭션 관리를 단순하게 해준다. 여러분은 스프링 TransactionCallback 인터페이스만 구현하면 된다. TransactionCallback에는 트랜잭션 안에서 수행되는 코드가 들어간다.

IMPORT chapter 8/ch08-bankapp-tx-jdbc

이 프로젝트는 스프링 TransactionTemplate 클래스를 사용해 트랜잭션을 프로그램으로 제어하는 MyBank 애플리케이션이다. 애플리케이션을 실행하려면 BankApp 클래스의 main 메서드를 실행한다. ch08-bankapp-jdbc 프로젝트에서 설명했던 것처럼 SPRING_BANK_APP_DB 데이터베이스를 만들고, BANK_ACCOUNT_DETAILS와 FIXED_DEPOSIT_DETAILS 테이블을 생성한다.

다음 예제는 TransactionTemplate 클래스를 XML 파일에 설정하는 법을 보여준다.

예제 8-13 applicationContext.xml – TransactionTemplate 설정

```
#프로젝트 - ch08-bankapp-tx-jdbc
#src/main/resources/META-INF/spring

<bean id="dataSource" class="org.apache.commons.dbcp2.BasicDataSource".....>
  .....
</bean>

<bean id="txManager"
    class="org.springframework.jdbc.datasource.DataSourceTransactionManager">
  <property name="dataSource" ref="dataSource" />
</bean>

<bean id="transactionTemplate"
    class="org.springframework.transaction.support.TransactionTemplate">
  <property name="transactionManager" ref="txManager"/>
```

```
    <property name="isolationLevelName" value="ISOLATION_READ_UNCOMMITTED" />
    <property name="propagationBehaviorName" value="PROPAGATION_REQUIRED" />
  </bean>
```

TransactionTemplate의 transactionManager 프로퍼티는 트랜잭션 관리를 책임질 스프링 PlatformTransactionManager 구현을 참조한다. TransactionTemplate의 isolationLevelName 프로퍼티는 트랜잭션 매니저가 관리할 트랜잭션의 격리 수준isolation level을 결정한다. isolationLevelName 프로퍼티값은 TransactionDefinition 인터페이스에 정의된 상수를 참조한다. 예를 들어 TransactionDefinition에 정의된 상수인 ISOLATION_READ_UNCOMMITTED는 트랜잭션이 커밋하지 않은 변경 사항을 다른 트랜잭션이 읽을 수 있다는 뜻이다.

TransactionTemplate의 propagationBehaviorName 프로퍼티는 트랜잭션 전파 방식을 설정한다. propagationBehaviorName 프로퍼티값은 스프링 TransactionDefinition 인터페이스에 정의된 상수를 참조한다. 예를 들어 TransactionDefinition 인터페이스에 정의된 상수인 PROPAGATION_REQUIRED는 다음과 같은 내용을 나타낸다.

- 메서드가 트랜잭션 내부에서 실행되지 않았다면, 트랜잭션 매니저는 새로운 트랜잭션을 시작하고 트랜잭션 안에서 메서드를 실행한다.
- 메서드가 트랜잭션 내부에서 실행됐다면, 트랜잭션 매니저는 같은 트랜잭션 안에서 메서드를 실행한다.

스프링은 애플리케이션에서 사용할 데이터 접근 기술에 맞춰 선택할 수 있도록 몇 가지 내장 PlatformTransactionManager 구현을 제공한다. 예를 들어 DataSourceTransactionManager는 데이터베이스와 상호 작용하기 위해 단순 JDBC를 사용하는 애플리케이션에 적합하다. HibernateTransactionManager는 데이터베이스와 상호 작용하기 위해 하이버네이트 Session을 사용하는 경우, JpaTransactionManager는 데이터 접근에 JPA의 EntityManager를 사용하는 경우에 활용된다. HibernateTransactionManager와 JpaTransactionManager는 데이터베이스 상호 작용에 단순 JDBC를 사용하는 경우도 지원한다.

[예제 8-13]에서 TransactionTemplate의 transactionManager 프로퍼티는 DataSourceTransactionManager 인스턴스를 참조한다. ch08-bankapp-tx-jdbc 프로젝트 MyBank 애플리케이션은 단순 JDBC를 데이터 접근에 사용하기 때문이다. [예제 8-13]은 DataSourceTransactionManager의 dataSource 프로퍼티가 가리키는 javax.sql.

DataSource 객체의 트랜잭션을 DataSourceTransactionManager가 관리한다는 사실을 나타낸다.

[예제 8-14]는 TransactionTemplate 인스턴스를 트랜잭션 관리에 사용하는 FixedDepositServiceImpl 클래스다.

예제 8-14 TransactionTemplate을 사용하는 FixedDepositServiceImpl 클래스

```
#프로젝트 - ch08-bankapp-tx-jdbc
#src/main/java/sample/spring/chapter08/bankapp/service

package sample.spring.chapter08.bankapp.service;
import org.springframework.transaction.TransactionStatus;
import org.springframework.transaction.support.TransactionCallback;
import org.springframework.transaction.support.TransactionTemplate;
.....
@Service(value = "fixedDepositService")
public class FixedDepositServiceImpl implements FixedDepositService {

  @Autowired
  private TransactionTemplate transactionTemplate;
  .....
  @Override
  public int createFixedDeposit(final FixedDepositDetails fixedDepositDetails)
      throws Exception {
    transactionTemplate.execute(new TransactionCallback<FixedDepositDetails>() {
      public FixedDepositDetails doInTransaction(TransactionStatus status) {
        try {
          myFixedDepositDao.createFixedDeposit(fixedDepositDetails);
          bankAccountDao.subtractFromAccount(
              fixedDepositDetails.getBankAccountId(),
              fixedDepositDetails.getFixedDepositAmount()
          );
        } catch (Exception e) {
          status.setRollbackOnly();
        }
        return fixedDepositDetails;
      }
    });
    return fixedDepositDetails.getFixedDepositId();
  }
  .....
}
```

이 예제는 정기 예금 정보를 FIXED_DEPOSIT_DETAILS 테이블에 저장하고, BANK_ACCOUNT_DETAILS 테이블에서 정기 예금이 속한 계좌의 잔액으로부터 정기 예금액을 차감하는 FixedDepositServiceImpl의 createFixedDeposit 메서드를 보여준다(더 자세한 내용은 그림 8-2 참조).

TransactionCallback 인터페이스에는 doInTransaction이라는 메서드가 있다. 이 메서드로 트랜잭션안에서 실행할 동작을 구현해야 한다. TransactionCallback의 doInTransaction 메서드는 TransactionTemplate의 execute 메서드에 의해 트랜잭션 안에서 실행된다. doInTransaction 메서드는 트랜잭션의 결과를 제어할 때 사용할 수 있는 TransactionStatus 객체를 인수로 받는다.

[예제 8-14]에서 TransactionCallback의 doInTransaction 메서드는 한 트랜잭션 안에서 실행될 수 있도록 FixedDepositDaoImpl의 createFixedDeposit 메서드와 BankAccountDaoImpl의 subtractFromAccount 메서드를 호출한다. 두 메서드 중 어느 하나라도 실패 시 전체 트랜잭션을 롤백하고 싶으므로 예외가 발생하면 TransactionStatus의 setRollbackOnly 메서드를 호출한다. TransactionStatus의 setRollbackOnly 메서드를 호출하면 TransactionTemplate 인스턴스는 트랜잭션을 롤백한다. doInTransaction 메서드에서 java.lang.RuntimeException 예외가 발생하면 자동으로 트랜잭션이 롤백된다.

TransactionCallback 인스턴스는 doInTransaction 메서드가 반환하는 객체 타입을 가리키는 제네릭 타입(generic type) 인수를 받는다. [예제 8-14]에서 doInTransaction 메서드는 FixedDepositDetails 객체를 반환한다. doInTransaction 메서드가 아무 객체도 반환하지 않는다면 TransactionCallback 인터페이스를 구현하는 추상 클래스인 TransactionCallbackWithoutResult를 사용한다. TransactionCallbackWithoutResult 클래스를 사용하면 값을 반환하지 않는 doInTransaction 메서드가 들어 있는 TransactionCallback 구현을 생성할 수 있다.

다음 예제는 BankApp의 main 메서드가 BankAccountServiceImpl의 createBankAccount 메서드를 호출해 은행 계좌를 만들고, 새로 만든 계좌에 속한 정기 예금을 만들기 위해 FixedDepositServiceImpl의 createFixedDeposit 메서드를 호출하는 과정이다.

예제 8-15 BankApp class

```
#프로젝트 - ch08-bankapp-tx-jdbc
#src/main/java/sample/spring/chapter08/bankapp

package sample.spring.chapter08.bankapp;

public class BankApp {
  .....
  public static void main(String args[]) throws Exception {
    ConfigurableApplicationContext context = new ClassPathXmlApplicationContext(
       "classpath:META-INF/spring/applicationContext.xml");
    BankAccountService bankAccountService = context.getBean(BankAccountService.class);
    FixedDepositService fixedDepositService =
       context.getBean(FixedDepositService.class);
    BankAccountDetails bankAccountDetails = new BankAccountDetails();
    bankAccountDetails.setBalanceAmount(1000);
    .....
    int bankAccountId = bankAccountService.createBankAccount(bankAccountDetails);
    FixedDepositDetails fixedDepositDetails = new FixedDepositDetails();
    fixedDepositDetails.setFixedDepositAmount(1500);
    fixedDepositDetails.setBankAccountId(bankAccountId);
    .....
    int fixedDepositId = fixedDepositService.createFixedDeposit(fixedDepositDetails);
    .....
  }
}
```

[예제 8-15]는 처음에 잔액이 1000인 은행 계좌를 만든다. 그 후, 예금액이 1500인 정기 예금을 만든다. 정기 예금액이 계좌 잔액보다 크기 때문에 BankAccountDaoImpl의 subtractFromAccount 메서드는 예외를 던진다(그림 8-2나 BankAccountDaoImpl의 subtractFromAccount 참조). BankAccountDaoImpl의 subtractFromAccount 메서드가 던진 예외는 FixedDepositServiceImpl의 createFixedDeposit에 의해 잡히고(예제 8-14 참조), TransactionStatus의 setRollbackOnly를 호출해서 트랜잭션이 롤백되도록 설정된다.

BankApp의 main 메서드를 실행하면 정기 예금이 FIXED_DEPOSIT_DETAILS 테이블에 추가되지 않음을 알 수 있고, 1500이 BANK_ACCOUNT_DETAILS 테이블의 계좌 정보에서 차감되지 않음을 확인할 수 있다. 이는 FixedDepositDaoImpl의 createFixedDeposit과 BankAccountDaoImpl의 subtractFromAccount가 모두 한 트랜잭션 안에서 실행된다는 것을

의미한다.

TransactionTemplate 클래스를 사용하는 대신 직접 PlatformTransactionManager 구현을 사용해 트랜잭션을 프로그램으로 관리할 수도 있다. PlatformTransactionManager 구현을 사용할 경우에는 명시적으로 트랜잭션을 시작하고 커밋(또는 롤백)해야 한다. 이런 이유로 PlatformTransactionManager 구현을 직접 사용하기보다는 TransactionTemplate을 사용하는 쪽을 권장한다.

이제 스프링이 제공하는 선언적인 트랜잭션 관리에 대해 살펴보자.

8.5.3 선언적인 트랜잭션 관리

프로그램을 사용해 트랜잭션을 관리하면 여러분의 애플리케이션 코드와 스프링에만 있는 클래스가 밀접하게 결합couple된다. 반대로 선언적인 트랜잭션 관리를 사용하려면 메서드나 클래스에 스프링의 @Transactional을 설정한다. 트랜잭션 안에서 메서드를 실행하려면 메서드에 @Transactional을 설정하고, 클래스 안의 모든 메서드를 트랜잭션 안에서 실행하고 싶으면 해당 클래스에 @Transactional 애너테이션을 설정한다.

NOTE_ @Transactional 애너테이션을 사용해 선언적으로 트랜잭션을 관리하는 대신, 스프링 tx 스키마 엘리먼트를 사용해 트랜잭션을 적용할 메서드를 지정할 수도 있다. 스프링 tx 스키마를 사용하면 XML 파일이 너무 장황해지므로 이 책에서는 선언적인 트랜잭션 관리에 대해 @Transactional 애너테이션을 사용하는 경우만 살펴본다.

IMPORT chapter 8/ch08-bankapp-jdbc와 ch08-bankapp-hibernate

ch08-bankapp-jdbc 프로젝트는 데이터베이스 상호 작용에 스프링 JDBC 모듈을 사용하는 MyBank 애플리케이션이다(ch08-bankapp-jdbc에 대한 상세 내용은 8.3절 참조). ch08-bankapp-hibernate 프로젝트는 하이버네이트를 사용해 데이터베이스와 상호 작용하는 MyBank 애플리케이션이다(ch08-bankapp-hibernate에 대한 상세 내용은 8.4절 참조).

선언적 트랜잭션 관리를 활성화하려면 스프링 tx 스키마의 <annotation-driven> 엘리먼트를 사용한다. 다음 예제는 ch08-bankapp-jdbc 프로젝트에서 <annotation-driven>이 어떻게 쓰였는지 보여준다.

예제 8-16 applicationContext.xml – 〈annotation-driven〉 엘리먼트

```
#프로젝트 - ch08-bankapp-jdbc
#src/main/resources/META-INF/spring

<beans ..... xmlns:tx="http://www.springframework.org/schema/tx"
   xsi:schemaLocation=".....http://www.springframework.org/schema/tx
      http://www.springframework.org/schema/tx/spring-tx.xsd">
  .....
  <tx:annotation-driven transaction-manager="txManager" />

  <bean id="txManager"
     class="org.springframework.jdbc.datasource.DataSourceTransactionManager">
    <property name="dataSource" ref="dataSource" />
  </bean>
  .....
</beans>
```

[예제 8-16]에서는 XML 파일에 스프링 tx 스키마를 포함시켜 스키마 내부의 엘리먼트를 사용할 수 있게 했다. <annotation-driven> 엘리먼트는 선언적 트랜잭션 관리를 활성화한다. <annotation-driven> 엘리먼트의 transaction-manager 속성은 트랜잭션 관리에 사용하기 위해 PlatformTransactionManager 구현에 대한 참조를 지정한다. [예제 8-16]은 ch08-bankapp-jdbc 프로젝트에서 DataSourceTransactionManager를 트랜잭션 매니저로 사용한다는 사실을 보여준다.

다음 예제는 하이버네이트 ORM을 데이터 접근에 사용하는 ch08-bankapp-hibernate 프로젝트에서 선언적 트랜잭션 관리를 사용하는 방법이다.

예제 8-17 applicationContext.xml – 〈annotation-driven〉 엘리먼트

```
#프로젝트 - ch08-bankapp-hibernate
#src/main/resources/META-INF/spring

<beans ..... xmlns:tx="http://www.springframework.org/schema/tx"
   xsi:schemaLocation=".....http://www.springframework.org/schema/tx
      http://www.springframework.org/schema/tx/spring-tx.xsd">
  .....
  <tx:annotation-driven transaction-manager="txManager" />

  <bean id="txManager"
```

```
      class="org.springframework.orm.hibernate5.HibernateTransactionManager">
    <property name="sessionFactory" ref="sessionFactory"/>
  </bean>
  .....
</beans>
```

[예제 8-16]과 [예제 8-17]을 비교해보면, 유일한 차이는 <annotation-driven> 엘리먼트의 transaction-manager 속성이 가리키는 PlatformTransactionManager 구현뿐임을 알 수 있다. [예제 8-17]은 데이터베이스 상호 작용에 하이버네이트 ORM을 사용하는 경우 PlatformTransactionManager를 구현하는 org.springframework.orm.hibernate5.HibernateTransactionManager를 트랜잭션 관리에 사용한다는 사실을 보여준다.

다음 예제는 선언적 트랜잭션 관리를 사용하는 FixedDepositServiceImpl 클래스다.

예제 8-18 FixedDepositServiceImpl 클래스 – @Transactional 애너테이션 사용법

```
#프로젝트 - ch08-bankapp-jdbc
#src/main/java/sample/spring/chapter08/bankapp/service

package sample.spring.chapter08.bankapp.service;
import org.springframework.transaction.annotation.Transactional;
.....
@Service(value = "fixedDepositService")
public class FixedDepositServiceImpl implements FixedDepositService {
  .....
  @Transactional
  public int createFixedDeposit(FixedDepositDetails fixedDepositDetails)
      throws Exception {
    bankAccountDao.subtractFromAccount(
        fixedDepositDetails.getBankAccountId(),
        fixedDepositDetails.getFixedDepositAmount()
    );
    return myFixedDepositDao.createFixedDeposit(fixedDepositDetails);
  }
  .....
}
```

이 예제에서는 @Transactional을 createFixedDeposit 메서드에 설정한다. 이는 createFixedDeposit을 트랜잭션 안에서 실행한다는 뜻이다. <annotation-driven> 엘리먼트(예

제 8-16, 8-17 참조)의 transaction-manager 속성을 통해 지정한 트랜잭션 매니저를 사용해 트랜잭션을 관리한다. createFixedDeposit 메서드를 실행하는 동안 java.lang.RuntimeException 예외가 발생하면 트랜잭션이 자동으로 롤백된다.

@Transactional 애너테이션에는 트랜잭션 매니저의 동작을 설정하는 속성들이 정의되어 있다. 예를 들어 rollbackFor 속성은 트랜잭션을 롤백시키는 예외 클래스를 지정한다. rollbackFor 속성에 지정할 예외 클래스는 반드시 java.lang.Throwable의 하위 클래스여야 한다[2]. 이와 비슷하게 isolation 속성을 사용해 트랜잭션 격리 수준을 지정할 수 있다.

애플리케이션에 여러 트랜잭션 매니저가 정의된 경우, @Transactional 애너테이션의 transactionManager 속성을 통해 여러분이 사용하려는 PlatformTransactionManager 구현의 빈 이름을 지정할 수 있다. 다음 예제는 tx1과 tx2라는 두 트랜잭션 매니저를 XML 파일에 정의한 것이다. SomeServiceImpl의 methodA는 tx1 트랜잭션 매니저를, SomeServiceImpl의 methodB는 tx2 트랜잭션 매니저를 사용한다.

예제 8-19 @Transactional – transactionManager 속성 사용법

```
------------------------- SomeServiceImpl 클래스 -------------------------
@Service
public class SomeServiceImpl implements SomeService {
  .....
  @Transactional(transactionManager = "tx1")
  public int methodA() {.....}

  @Transactional(transactionManager = "tx2")
  public int methodB() {.....}
}
------------------------- 애플리케이션 컨텍스트 XML -------------------------

<tx:annotation-driven />
<bean id="tx1"
    class="org.springframework.orm.hibernate5.HibernateTransactionManager">
  <property name="sessionFactory1" ref="sessionFactory1"/>
</bean>

<bean id="tx2"
```

2 옮긴이_ 자바의 모든 예외나 오류는 Throwable을 구현한다. 따라서 rollbackFor 속성을 사용하면 검사예외(checked exception)가 발생해도 트랜잭션을 롤백할 수 있게 지정할 수 있다.

```
    class="org.springframework.jdbc.datasource.DataSourceTransactionManager">
  <property name="dataSource" ref="dataSource" />
</bean>
```

[예제 8-19]에서는 @Transactional 애너테이션 자체에서 트랜잭션 관리에 사용할 매니저를 지정하기 때문에 스프링 tx 스키마의 <annotation-driven> 엘리먼트에서는 transaction-manager 속성을 지정하지 않는다. 이 예제에서는 @Transactional 애너테이션의 transactionManager 속성이 트랜잭션을 관리할 트랜잭션 매니저를 지정한다. 이는 SomeServiceImpl의 methodA가 tx1 트랜잭션 매니저의 관리하에 실행되고 SomeServiceImpl의 methodB가 tx2 트랜잭션 매니저의 관리하에 실행된다는 뜻이다.

이제 스프링이 JTA(자바 트랜잭션 API) 트랜잭션을 어떻게 지원하는지 살펴보자.

8.5.4 스프링의 JTA 지원

1장에서 트랜잭션 내부에 트랜잭션이 필요한 자원이 여럿 존재하는 경우 JTA를 활용해 트랜잭션을 관리한다고 설명했다. 애플리케이션에서 JTA 트랜잭션을 관리할 때 사용할 수 있도록 스프링은 제네릭 JtaTransactionManager 클래스(PlatformTransactionManager 구현)를 제공한다.

그림 8-3 JTA 트랜잭션 매니저와 자원별 트랜잭션 매니저가 PlatformTransactionManager 인터페이스 구현

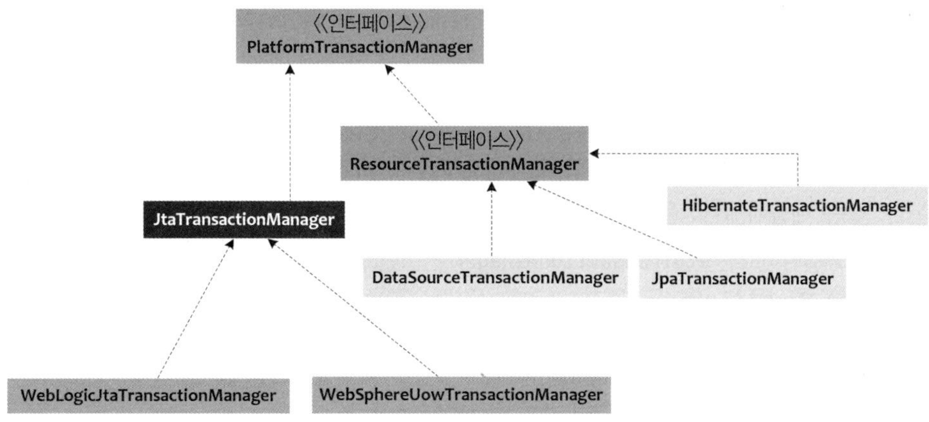

대부분의 애플리케이션 서버 환경에서는 여러분의 요구에 JtaTransactionManager가 적합할 것이다. 하지만 스프링은 서버의 개별적인 특성을 활용해 JTA 트랜잭션을 관리할 수 있도록 벤더별vender-specific JtaTransactionManager 구현도 제공한다. 스프링이 제공하는 벤더별 JTA 트랜잭션 매니저로는 WebLogicJtaTransactionManager(웹 로직 애플리케이션 서버용)와 WebSphereUowTransactionManager(웹 스피어 애플리케이션 서버용)가 있다.

[그림 8-3]은 JTA 트랜잭션 매니저와 자원별 트랜잭션 매니저(DataSourceTransactionManager, HibernateTransactionManager, JmsTransactionManager 등)가 PlatformTransaction Manager 인터페이스와 어떤 관계인지 보여준다. 자원별 트랜잭션 매니저는 (Platform TransactionManager의 하위 인터페이스인) ResourceTransactionManager 인터페이스를 구현하며, 한 가지 대상 자원과 연관된 트랜잭션만 관리한다. 예를 들어 DataSource TransactionManager, HibernateTransactionManager, JmsTransactionManager는 순서대로 DataSource, SessionFactory, EntityManagerFactory와 관련된 트랜잭션을 관리한다.

이제 스프링을 사용했을 때 XML 파일에서 JTA 트랜잭션 매니저 설정을 얼마나 간단하게 할 수 있는지 살펴보자.

<jta-transaction-manager> 엘리먼트를 사용해 JTA 트랜잭션 매니저 설정하기

스프링 tx 스키마는 애플리케이션이 배포된 애플리케이션 서버를 자동 감지해서 적당한 JTA 트랜잭션 매니저를 설정해주는 <jta-transaction-manager> 엘리먼트를 제공한다. 이 기능을 활용하면 XML 파일에서 명시적으로 서버에 따른 JTA 트랜잭션 매니저를 설정해야 하는 수고를 덜 수 있다. 여러분이 웹 스피어 애플리케이션 서버에 애플리케이션을 배포한다면 <jta-transaction-manager> 엘리먼트는 WebSphereUowTransactionManager 인스턴스로 설정된다. 같은 애플리케이션을 웹 로직 애플리케이션 서버에 배포한다면 <jta-transaction-manager> 엘리먼트는 JtaTransactionManager 인스턴스로 설정된다.

이제 자바 기반 설정을 사용하는 MyBank 애플리케이션을 어떻게 개발하는지 살펴보자.

8.6 자바 기반 설정을 사용하는 MyBank 애플리케이션 개발하기

지금까지 살펴본 예제에서는 javax.sql.DataSource, 트랜잭션, 하이버네이트 등에 대한 설정을 모두 XML 파일에 지정했다. 이번 절에서는 자바 기반 설정 방식을 사용해 이런 내용을 설정하는 방법을 살펴본다.

IMPORT chapter 8/ch08-javaconfig-hibernate

이 프로젝트는 자바 기반 설정을 사용해 애플리케이션 객체, javax.sql.DataSource, 하이버네이트 SessionFactory, 선언적 트랜잭션 관리를 설정하도록 ch08-bankapp-hibernate를 변경한 버전이다. 이 애플리케이션을 실행하려면 BankApp 클래스의 main 메서드를 실행한다.

ch08-javaconfig-hibernate 프로젝트에는 다음과 같은 @Configuration 클래스가 들어 있다.

- DatabaseConfig: javax.sql.DataSource, 하이버네이트 SessionFactory, 선언적인 트랜잭션 관리를 설정한다.
- DaosConfig: 애플리케이션에 속한 DAO를 설정한다.
- ServicesConfig: 애플리케이션에 속한 서비스를 설정한다.

먼저 javax.sql.DataSource와 하이버네이트 SessionFactory를 설정하고 @Transactional 애너테이션 지원 기능을 추가하는 등의 복잡한 일을 수행하는 DatabaseConfig에 대해 살펴보자.

8.6.1 javax.sql.DataSource 설정하기

다음 예제는 자바 기반 설정을 사용해 javax.sql.DataSource 객체를 설정하는 방법이다.

예제 8-20 DatabaseConfig 클래스 – javax.sql.DataSource 설정

```
#프로젝트 - ch08-javaconfig-hibernate
#src/main/java/sample/spring/chapter08/bankapp

package sample.spring.chapter08.bankapp;
import javax.sql.DataSource;
import org.apache.commons.dbcp2.BasicDataSource;
```

```
import org.springframework.core.env.Environment;
.....
@Configuration
@PropertySource("classpath:/META-INF/database.properties")
.....
public class DatabaseConfig {
  @Autowired
  private Environment env;

  @Bean(destroyMethod = "close")
  public DataSource dataSource() {
    BasicDataSource dataSource = new BasicDataSource();
    dataSource.setDriverClassName(env.getProperty("database.driverClassName"));
    .....
    return dataSource;
  }
  .....
}
```

[예제 8-20]에서 @PropertySource는 database.properties 파일에 정의된 프로퍼티를 스프링 Environment 객체로 읽어온다(7.7절 참조). database.properties 파일에는 데이터베이스 연결에 필요한 프로퍼티(드라이버 클래스, 데이터베이스 URL 등)가 정의되어 있다. dataSource 메서드는 database.properties 파일에서 읽은 프로퍼티를 사용해 BasicDataSource의 인스턴스(아파치 커먼스 DBCP 프로젝트가 제공하는 javax.sql.DataSource 구현)를 만든다.

8.6.2 하이버네이트 SessionFactory 설정하기

다음 예제는 스프링 LocalSessionFactoryBuilder를 사용해 프로그램에서 하이버네이트 SessionFactory를 설정하는 방법이다.

예제 8-21 DatabaseConfig – 하이버네이트 SessionFactory 설정

```
#프로젝트 - ch08-javaconfig-hibernate
#src/main/java/sample/spring/chapter08/bankapp

package sample.spring.chapter08.bankapp;
```

```
.....
import org.hibernate.SessionFactory;
import org.springframework.orm.hibernate5.LocalSessionFactoryBuilder;

@Configuration
.....
public class DatabaseConfig {
  .....
  @Bean
  public SessionFactory sessionFactory(DataSource dataSource) {
    LocalSessionFactoryBuilder builder = new LocalSessionFactoryBuilder(dataSource);
    builder.scanPackages("sample.spring");
    builder.setProperty("hibernate.show_sql", "true");
    builder.setProperty("hibernate.id.new_generator_mappings", "false");
    return builder.buildSessionFactory();
  }
  .....
}
```

이 예제에서는 스프링 LocalSessionFactoryBuilder를 사용해 하이버네이트 SessionFactory를 편하게 생성한다. LocalSessionFactoryBuilder는 하이버네이트를 설정해주는 Configuration 클래스를 확장한다. scanPackages 메서드는 지정한 패키지(그리고 그 하위 패키지)에서 엔티티 클래스를 검색해서 발견한 엔티티 클래스를 하이버네이트에 등록한다. setProperty 메서드는 하이버네이트 프로퍼티를 설정한다. 예를 들어 hibernate.id.new_generator_mappings를 false로 설정(디폴트값은 true)했다. buildSessionFactory 메서드는 지정받은 설정을 바탕으로 SessionFactory 인스턴스를 만든다.

hibernate.id.new_generator_mappings 프로퍼티가 true인 경우 하이버네이트가 AUTO, TABLE, SEQUENCE 전략을 사용하는 컬럼값을 생성할 때 새로운 식별자 생성기[generator]를 사용한다는 점을 기억해야 한다. ch08-javaconfig-hibernate 프로젝트에서 hibernate.id.new_generator_mappings 프로퍼티를 true로 설정하면, 하이버네이트는 MySQL에서 next_val이라는 컬럼(컬럼 타입은 BIGINT)이 들어 있는 hibernate_sequence 라는 테이블을 찾는다. 테이블을 찾는 이유는 FixedDepositDetails와 BankAccountDetails 엔티티에서 기본키를 생성하기 위해 AUTO 전략을 사용하기 때문이다.

8.6.3 @Transactional 지원 활성화하기

다음 예제는 @Transactional 지원을 자바 기반 설정에서 어떻게 활성화하는지 보여준다.

예제 8-22 DatabaseConfig 클래스 – @Transactional 지원 활성화

```
#프로젝트 - ch08-javaconfig-hibernte
#src/main/java/sample/spring/chapter08/bankapp

package sample.spring.chapter08.bankapp;
import org.springframework.orm.hibernate5.HibernateTransactionManager;
import org.springframework.transaction.PlatformTransactionManager;
import org.springframework.transaction.annotation.EnableTransactionManagement;

@Configuration
@EnableTransactionManagement
.....
public class DatabaseConfig {
  .....
  @Bean
  public PlatformTransactionManager platformTransactionManager(
      SessionFactory sessionFactory) {
    return new HibernateTransactionManager(sessionFactory);
  }
}
```

이 예제에서 @EnableTransactionManagement 애너테이션은 스프링 tx 스키마의 <annotation-driven> 엘리먼트(예제 8-16 참조)와 같은 역할을 한다. @EnableTransaction Management 애너테이션은 @Transactional 애너테이션 지원을 활성화한다. @Bean을 설정한 platformTransactionManager 메서드는 스프링이 트랜잭션 관리에 사용할 Hibernate TransactionManager 인스턴스를 반환한다.

ch08-javaconfig-hibernte 프로젝트에서 BankApp의 main 메서드를 실행하면 애플리케이션이 ch08-bankapp-hibernte 프로젝트 BankApp의 main 메서드를 실행한 경우와 똑같이 작동한다는 사실을 알 수 있다.

8.7 요약

이번 장에서는 스프링에서 단순 JDBC와 하이버네이트를 사용해 데이터베이스와 상호 작용하는 방법을 살펴봤다. 또한 스프링을 사용해 트랜잭션을 선언적으로 관리하거나 프로그램을 통해 관리할 수 있다는 사실도 살펴봤다. 다음 장에서는 스프링 데이터Spring Data를 통해 관계형 데이터베이스나 NoSQL 데이터베이스와 얼마나 쉽게 상호 작용할 수 있는지 살펴본다.

CHAPTER 9

스프링 데이터

9.1 소개

데이터는 관계형 데이터 스토어(MySQL, 오라클 등)나 NoSQL 데이터 스토어(몽고DB, Neo4j, 레디스 등), 빅데이터 데이터 스토어(HDFS, 스플렁크 등) 중 어디든 저장할 수 있다. 이런 영속성 스토어에 데이터 접근 레이어를 구현하려면 상당히 많은 준비 코드가 필요하다. 예를 들어 관계형 데이터 스토어에 접근하기 위해 JPA를 사용한다면 엔티티에 접근에 사용할 질의를 작성하고, 질의 결과를 페이지로 나누거나 정렬하는 등의 일을 해야 한다. 스프링 데이터는 앞에서 언급한 여러 데이터 스토어를 바탕으로 더 높은 차원의 추상화를 제공함으로써 데이터 접근 레이어 구현에 필요한 준비 코드의 양을 줄여준다.

스프링 데이터는 여러 프로젝트로 이뤄지며, 각 프로젝트는 특정 데이터 스토어에 초점을 맞춘다. 다음 표는 스프링 데이터 프로젝트 중 일부다.

프로젝트	설명
스프링 데이터 JPA	데이터 접근에 JPA를 사용하는 애플리케이션 개발을 편리하게 만든다.
스프링 데이터 아파치 솔라	데이터 접근에 아파치 솔라를 사용하는 애플리케이션 개발을 편리하게 만든다.
스프링 데이터 몽고DB	데이터 접근에 몽고DB를 사용하는 애플리케이션 개발을 편리하게 만든다.
스프링 데이터 레디스	데이터 접근에 레디스를 사용하는 애플리케이션 개발을 편리하게 만든다.
스프링 데이터 일래스틱서치	데이터 접근에 일래스틱서치를 사용하는 애플리케이션 개발을 편리하게 만든다.

스프링 데이터가 지원하는 모든 데이터 스토어에 대한 목록은 스프링 데이터 프로젝트 홈페이지(`https://spring.io/projects/spring-data`)에서 볼 수 있다. 이번 장에서는 스프링 데이터 JPA와 스프링 데이터 몽고DB 프로젝트가 관계형 데이터베이스나 몽고DB와 상호 작용하는 애플리케이션의 데이터 접근 레이어 개발을 얼마나 편하게 해주는지 살펴본다.

IMPORT chapter 9/ch09-javaconfig-jpa와 ch09-springdata-jpa
ch09-javaconfig-jpa는 ch08-javaconfig-hibernate 프로젝트를 변경해서 데이터베이스 상호 작용에 (하이버네이트 SessionFactory 대신) JPA EntityManager를 사용하도록 만든 프로젝트다. ch09-springdata-jpa는 (단순한 JPA 대신) 스프링 데이터 JPA를 사용해 데이터베이스와 상호 작용한다. 각 프로젝트를 실행하려면 BankApp 클래스의 main 메서드를 실행한다.

9.2 핵심 개념과 인터페이스

스프링 데이터를 사용할 때는 각각의 애플리케이션 도메인 엔티티domain entity에 리포지터리repository 인터페이스를 하나씩 만든다. 리포지터리에는 엔티티의 `CRUD` 연산과 엔티티 페이지 처리, 정렬을 수행하는 메서드가 들어 있다. `Repository`나 `CrudRepository` 또는 `PagingAndSortingRepository` 인터페이스를 확장해 도메인 엔티티에 해당하는 리포지터리를 만들 수 있다. `Repository`는 마크 인터페이스mark interface이기 때문에 아무 메서드도 정의하지 않는다. `CrudRepository`는 엔티티에 수행할 수 있는 표준 `CRUD` 연산을 선언하고, `PagingAndSortingRepository`는 페이지 처리나 엔티티를 정렬하는 메서드를 선언한다.

다음 [그림 9-1]의 클래스 다이어그램은 `Repository`, `CrudRepository`, `PagingAndSortingRepository` 인터페이스의 상속 관계와 스프링 데이터가 **반응형**reactive **애플리케이션**(18장 참고)을 지원하기 위해 정의한 인터페이스를 보여준다. `CrudRepository`는 `Repository`를 상속하고, `PagingAndSortingRepository`는 `CrudRepository`를 상속한다. 반응형 애플리케이션 개발을 지원하는 인터페이스도 비슷한 상속 관계를 따른다. 예를 들어 리액터Reactor(19장 참고)를 사용한 반응형 애플리케이션 개발을 위해 `ReactiveCrudRepository`와 `ReactiveSortingRepository` 인터페이스를 사용하며, `RxJava2`(18장 참고)를 사용하는 반응형 애플리케이션을 개발하기 위해 `RxJava2CrudRepository`와 `RxJava2SortingRepository` 인터페이스를 사용한다. 19장에서는 인터페이스를 사용해 반응형 애플리케이션을 개발하는 방법을 살펴본다.

그림 9-1 Repository, CrudRepository, PagingAndSortingRepository 인터페이스의 상속 관계

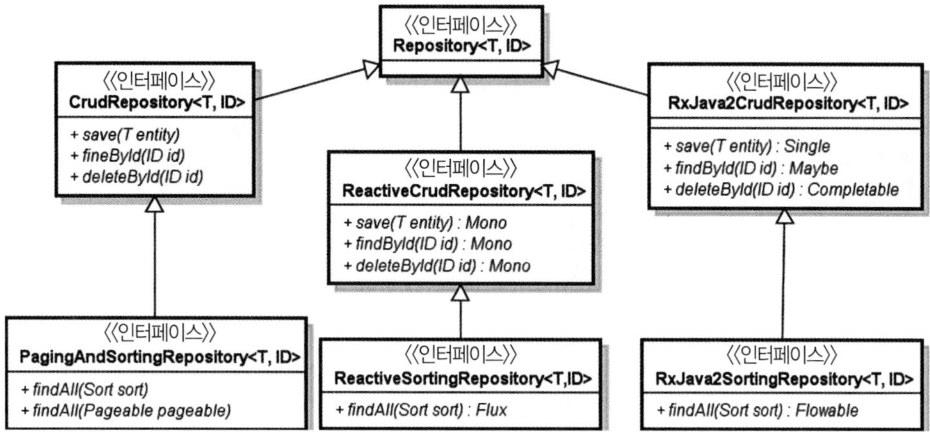

스프링 데이터는 Repository 인터페이스(마커 인터페이스)를 사용해 애플리케이션에 정의된 리포지터리를 발견한다. Repository 인터페이스는 엔티티 클래스(T 타입)와 엔티티 클래스의 기본키 타입(ID 타입)을 타입 인수로 받는다. CrudRepository는 Repository를 확장하고 엔티티에 대한 CRUD 연산을 수행하는 메서드를 선언한다. 예를 들어 save 메서드를 사용해 엔티티 인스턴스를 데이터 스토어에 저장하거나, findById 메서드를 사용해 기본키를 가지고 엔티티를 찾는 등의 연산을 할 수 있다. PagingAndSortingRepository는 CrudRepository를 확장하고 페이지 처리나 정렬 기능을 추가한다. 예를 들어 스프링 데이터는 findAll 메서드가 전달받은 페이지 처리 인터페이스(Pageable 인터페이스)를 통해 페이지 단위로 엔티티에 접근할 수 있다.

다음 예제는 CrudRepository에 선언된 메서드 중 일부다.

예제 9-1 CrudRepository 인터페이스

```
package org.springframework.data.repository;
.....
public interface CrudRepository<T, ID extends Serializable> extends Repository<T, ID> {
  <S extends T> S save(S entity);
  T findById(ID id);
  Iterable<T> findAll();
  void deleteById(ID id);
  void delete(T entity);
  long count();
  .....
}
```

[예제 9-1]은 CrudRepository 인터페이스가 save, findById, findAll, deleteById, delete, count 등을 선언한 모습을 보여준다. 경우에 따라 리포지터리가 호출하는 쪽에 노출할 메서드를 제한하고 싶을 때도 있다. 예를 들어 호출하는 쪽에서 엔티티를 지우는 deleteById에 접근하지 못하게 하고 싶을 수 있다. 다음에 설명하는 방법 중 한가지로 커스텀 리포지터리를 만들면 이런 요구 사항을 충족할 수 있다.

- CrudRepository인터페이스를 확장하는 리포지터리 인터페이스를 만들면서 호출하는 쪽에 노출하고 싶은 메서드만 그 리포지터리 인터페이스에 정의한다.
- Repository를 확장하는 리포지터리 인터페이스를 만들면서 호출하는 쪽에 노출하고 싶은 CrudRepository 메서드만 정의한다.

다음 예제는 Repository 인터페이스를 확장하는 FixedDepositRepository 인터페이스다.

예제 9-2 FixedDepositRepository 인터페이스

```
#프로젝트 - ch09-springdata-jpa
#src/main/java/sample/spring/chapter09/bankapp/repository

package sample.spring.chapter09.bankapp.repository;
import org.springframework.data.repository.Repository;
import sample.spring.chapter09.bankapp.domain.FixedDepositDetails;

public interface FixedDepositRepository extends Repository<FixedDepositDetails, Integer> ..
{
  FixedDepositDetails save(FixedDepositDetails entity);
  FixedDepositDetails findById(Integer id);
  .....
}
```

FixedDepositRepository는 기본키가 Integer 타입인 FixedDepositDetails 엔티티를 관리하므로, Repository 인터페이스의 타입 인수로 FixedDepositDetails와 Integer 타입을 넘긴다. FixedDepositRepository는 호출하는 쪽에 save와 findById만 제공한다. 여기서 선언한 save와 findById 메서드의 시그니처가 CrudRepository 인터페이스(예제 9-1)에 있는 save와 findById 메서드의 시그니처와 같다는 점에 유의하자. save 메서드는 FixedDepositDetails 엔티티 인스턴스를 데이터 스토어에 저장하고, findById 메서드는 주어진 기본키에 해당하는 FixedDepositDetails 엔티티 인스턴스를 반환한다. 스프링 데이터

가 이런 메서드에 대한 구현을 제공하므로 직접 메서드를 구현할 필요는 없다.

Repository, CrudRepository, PagingAndSortingRepository 인터페이스를 확장하는 대신, 인터페이스에 @RepositoryDefinition을 설정해서 해당 인터페이스가 리포지터리를 표현하는 인터페이스임을 표시할 수 있다. 다음 예제는 @RepositoryDefinition을 사용해 FixedDepositRepository(예제 9-2 참조)를 구현하는 방법이다.

예제 9-3 FixedDepositRepository 인터페이스 – @RepositoryDefinition 사용법

```
package sample.spring.chapter09.bankapp.repository;

import org.springframework.data.repository.RepositoryDefinition;
.....
@RepositoryDefinition(domainClass=FixedDepositDetails.class, idClass=Integer.class)
public interface FixedDepositRepository {
  FixedDepositDetails save(FixedDepositDetails entity);
  FixedDepositDetails findById(Integer id);
  .....
}
```

이 예제에서 @RepositoryDefinition의 domainClass는 리포지터리가 관리할 도메인 엔티티의 타입을 지정하고, idClass는 도메인 엔티티의 기본키 타입을 지정한다.

CrudRepository의 count 메서드는 데이터 스토어에 있는 엔티티의 개수를 반환하고, CrudRepository의 delete 메서드는 주어진 엔티티를 삭제한다. 엔티티에 정의된 필드에 기반해서 count와 delete 변종을 선언할 수도 있다. 예를 들어 FixedDepositRepository에 countByTenure(int tenure)를 정의하면 주어진 만기에 해당하는 FixedDepositDetails 엔티티의 개수를 얻을 수 있다. 이런 count와 delete 변종 메서드의 이름은 다음 규칙을 따른다.

```
countBy<field-name> 또는 deleteBy<field-name>
```

여기서 <field-name>은 엔티티에 정의된 필드의 이름이다.

delete 메서드의 변종을 정의하면(예: deleteByTenure), 메서드는 삭제된 엔티티의 개수를 돌려준다. 삭제한 엔티티에 접근하고 싶다면 커스텀 리포지터리에 'deleteBy...' 대신 'removeBy...' 메서드를 정의해야 한다.

다음 예제에서 FixedDepositRepository는 count, countByTenure, removeByTenure 메서드를 정의한다.

예제 9-4 FixedDepositRepository 인터페이스 – count와 delete의 변종 메서드 정의하기

```
#프로젝트 - ch09-springdata-jpa
#src/main/java/sample/spring/chapter09/bankapp/repository

package sample.spring.chapter09.bankapp.repository;
.....
public interface FixedDepositRepository extends Repository<FixedDepositDetails, Integer>
.....
{
  .....
  long count();
  long countByTenure(int tenure);
  List<FixedDepositDetails> removeByTenure(int tenure);
}
```

이 예제에서 countByTenure는 지정한 만기에 해당하는 정기 예금의 개수를 돌려주며, removeByTenure는 주어진 만기에 해당하는 정기 예금을 (스토어에서) 삭제하고 돌려준다. count 메서드는 데이터 스토어에 있는 모든 정기 예금의 개수를 돌려준다.

커스텀 리포지터리 인터페이스에서 데이터 스토어에 대한 질의를 수행하는 질의 메서드query method를 정의할 수도 있다. 질의 메서드 이름은 find...By, read...By, query...By, count...By, get...By와 같은 형식을 따른다. 스프링 데이터에는 리포지터리에 선언된 질의 메서드에 대해 구체적인 데이터 스토어에 따른 질의를 생성하는 복잡한 질의 빌더query builder가 있다. 다음 예제는 FixedDepositRepository 인터페이스에 정의된 질의 메서드를 보여준다.

예제 9-5 FixedDepositRepository – 질의 메서드 정의하기

```
#프로젝트 - ch09-springdata-jpa
#src/main/java/sample/spring/chapter09/bankapp/repository

package sample.spring.chapter09.bankapp.repository;
.....
public interface FixedDepositRepository extends Repository<FixedDepositDetails, Integer>
.....
{
```

```
    .....
    List<FixedDepositDetails> findByTenure(int tenure);
    List<FixedDepositDetails> findByTenureLessThan(int tenure);
    List<FixedDepositDetails> findByFdAmountGreaterThan(int fdAmount);
}
```

[예제 9-5]에서 findByTenure, findByTenureLessThan, findByFdAmountGreaterThan 메서드는 스프링 데이터가 구현을 제공하는 **질의 메서드**를 보여준다. 스프링 데이터의 질의 빌더는 LessThan이나 GreaterThan 같은 키워드를 사용해 질의 메서드에 적합한 질의를 생성한다. 예를 들어 findByTenureLessThan 메서드는 주어진 만기일 미만인 FixedDepositDetails 인스턴스를 반환하는 질의를 만들어낸다.

이번 절에서는 스프링 데이터를 활용하면 애플리케이션의 데이터 접근 레이어를 더 쉽게 개발할 수 있다는 사실을 살펴봤다. 하지만 실제 사용 중인 애플리케이션의 요구 사항은 이번 절에서 본 것보다 훨씬 더 복잡하다. 다음 절에서는 스프링 데이터 JPA 프로젝트라는 맥락에서 스프링 데이터가 추가 제공하는 기능을 살펴본다.

9.3 스프링 데이터 JPA

Repository, CrudRepository, PagingAndSortingRepository는 앞으로 설명할 데이터 스토어와는 무관했다. 이 말은 이런 리포지터리를 사용하면 구체적인 데이터 스토어의 특성을 활용할 수 없다는 뜻이다. 이로 인해 각각의 스프링 데이터 프로젝트는 기반 데이터 스토어가 제공하는 구체적인 기능을 활용하기 위해 각 데이터 저장소에 맞춘 리포지터리 인터페이스를 정의한다. 예를 들어 스프링 데이터 JPA에는 JpaRepository 인터페이스(JPA에 특화된 리포지터리 인터페이스) 정의가 있고, 스프링 데이터 몽고DB에는 MongoRepository 인터페이스(몽고DB에 특화된 리포지터리 인터페이스) 정의가 있다. 두 메서드는 모두 PagingAndSortingRepository와 QueryByExampleExecutor 인터페이스를 확장하며, 데이터 스토어에 따른 기능을 추가한다. 이번 장 뒷부분에서 QueryByExampleExecutor를 통해 주어진 엔티티 인스턴스를 검색 조건으로 활용하여 데이터 저장소에 질의하는 방법을 살펴본다.

NOTE_ 스프링 데이터 JPA를 사용하기 위해 ch09-springdata-jpa 프로젝트의 pom.xml에는 spring-data-commons와 spring-data-jpa JAR의 버전 2.0.1.RELEASE에 대한 의존 관계가 들어 있다.

그렇다면 스프링 데이터는 어떻게 동작할까? 다음 그림은 FixedDepositRepository를 사용하는 경우 스프링 데이터가 어떻게 동작하는지 보여준다.

그림 9-2 스프링 데이터의 동작 과정

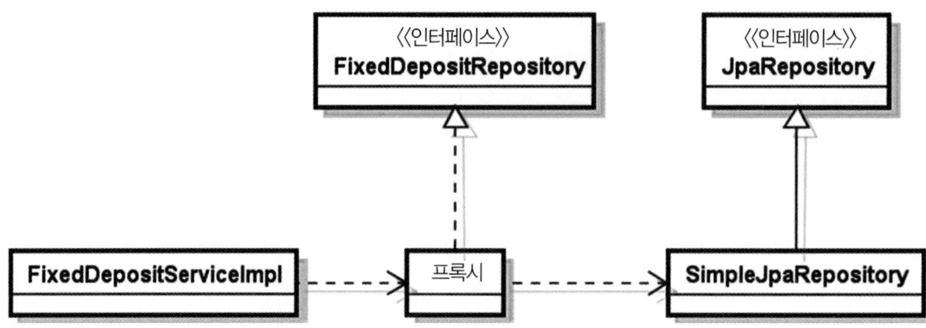

스프링 데이터는 애플리케이션에 정의한 리포지터리 인터페이스마다 각각 프록시proxy를 생성한다. 예를 들어 FixedDepositRepository 인터페이스에 대응하는 프록시가 하나 생성된다. 프록시는 스프링 데이터에 기본적으로 들어 있는 **디폴트** 리포지터리 구현에 대한 참조를 저장한다. 스프링 데이터 JPA를 사용하는 경우 디폴트 리포지터리 구현은 SimpleJpaRepository 클래스(JpaRepository 인터페이스를 구현함)이며, 이 클래스는 JPA를 통해 관계형 데이터 스토어에 접근한다. 프록시는 FixedDepositRepository 인터페이스 메서드 호출을 가로채서 SimpleJpaRepository 인스턴스에 위임한다. 예를 들어 FixedDepositRepository의 save 메서드를 호출하면 프록시가 SimpleJpaRepository의 save 메서드에 호출을 위임한다.

이제 리포지터리 메서드의 기본 구현을 어떻게 **커스텀** 구현으로 바꿀 수 있는지 살펴보자.

9.3.1 리포지터리 메서드를 커스텀 구현으로 대신하기

스프링 데이터에서 <your-repository-interface>Impl이라는 이름으로 클래스를 정의하면 리포지터리 메서드 구현을 커스텀 구현으로 대신할 수 있다. 여기서 <your-repository-interface>는 메서드를 커스텀화하고 싶은 커스텀 리포지터리의 이름이다. 이 클래스를 반드시 커스텀 리포지터리 인터페이스 정의가 있는 패키지(또는 그 하위 패키지)에 정의해야 한다.

FixedDepositRepository의 findByTenure 메서드를 오버라이드해서 주어진 만기에 해당하는 정기 예금이 없으면 NoFixedDepositFoundException을 던지게 만든다고 하자. 단순히 findByTenure 메서드에 대한 커스텀 구현이 들어 있는 FixedDepositRepositoryImpl 클래스(명명규약이 Impl이라는 사실에 유의하자)를 정의하면 요구 사항을 달성할 수 있다.

예제 9-6 FixedDepositRepositoryImpl – findByTenure 메서드 오버라이드하기

```
#프로젝트 - ch09-springdata-jpa
#src/main/java/sample/spring/chapter09/bankapp/repository

package sample.spring.chapter09.bankapp.repository;
.....
import javax.persistence.EntityManager;
import javax.persistence.PersistenceContext;
import sample.spring.chapter09.bankapp.exceptions.NoFixedDepositFoundException;
.....
public class FixedDepositRepositoryImpl {

  @PersistenceContext
  private EntityManager entityManager;

  public List<FixedDepositDetails> findByTenure(int tenure) {
    List<FixedDepositDetails> fds = entityManager
        .createQuery("SELECT details from FixedDepositDetails
           details where details.tenure = :tenure",
        FixedDepositDetails.class).setParameter("tenure", tenure).getResultList();
    if (fds.isEmpty()) {
      throw new NoFixedDepositFoundException("No fixed deposits found");
    }
    return fds;
  }
}
```

이 예제에서는 findByTenure가 JPAEntityManager를 사용해서 데이터 스토어에 정기 예금에 대한 질의를 보낸다. 스프링 데이터가 FixedDepositRepositoryImpl을 자동으로 선택하며 FixedDepositRepositoryImpl을 다른 일반 스프링 빈과 마찬가지로 다루

기 때문에 `@PersistenceContext`를 사용해서 `EntityManager` 인스턴스와 자동 연결할 수 있다. 실행 시점에 `FixedDepositRepository`의 `findByTenure` 메서드를 호출하면 `FixedDepositRepositoryImpl`의 `findByTenure` 메서드가 호출을 처리한다. [예제 9-6]은 스프링 데이터 JPA를 사용할 때 직접 JPA를 애플리케이션에 사용할 수도 있는 유연성을 보여준다.

이제 리포지터리에 커스텀 메서드를 추가하는 방법을 살펴보자.

9.3.2 리포지터리에 커스텀 메서드 추가하기

다음 클래스 다이어그램은 `ch09-springdata-jpa` 프로젝트에서 `BankAccountRepository`에 `subtractFromAccount` 커스텀 메서드를 추가하는 방법을 보여준다.

그림 9-3 BankAccountRepository에 subtractFromAccount 커스텀 메서드를 추가하는 방법

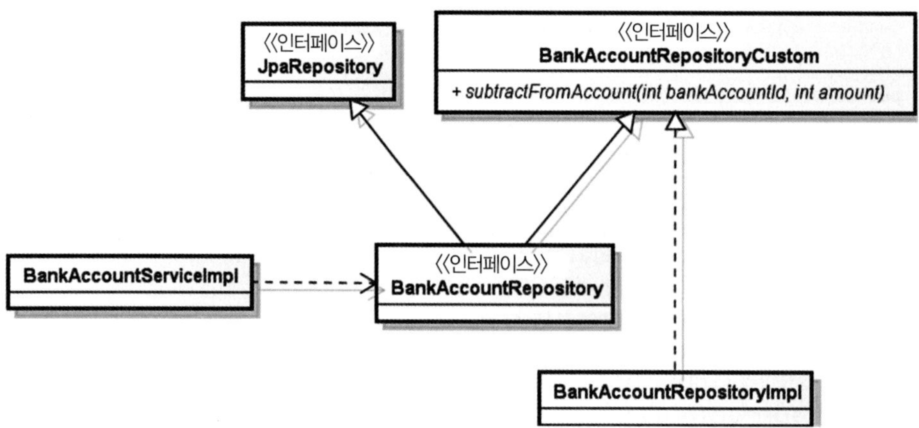

이 예제에서 `BankAccountRepository`는 `BankAccountDetails` 엔티티를 관리하는 리포지터리를 표현한다. `BankAccountRepository`는 `JpaRepository` 인터페이스(스프링 데이터 JPA 프로젝트가 제공하는 JPA에 특화된 리포지터리 인터페이스)를 확장한다. `BankAccountRepository`에 `subtractFromAccount` 메서드를 추가하는 방법은 다음과 같다.

- subtractFromAccount 메서드를 정의하는 BankAccountRepositoryCustom 인터페이스를 만든다.
- BankAccountRepository를 BankAccountRepositoryCustom의 하위 인터페이스로 만듦으로써 BankAccountRepository에 subtractFromAccount 메서드를 추가한다.

- BankAccountRepositoryCustom 인터페이스를 구현하는 BankAccountRepositoryImpl을 만든다. BankAccountRepositoryImpl이 Impl이라는 명명규약을 따르므로 스프링 데이터는 클래스를 자동으로 선택해 사용한다.

실행 시점에 BankAccountRepository의 subtractFromAccount 메서드가 호출되면, BankAccountRepository에 해당하는 프록시가 BankAccountRepositoryImpl의 subtractFromAccount 메서드에 호출을 전달한다.

다음 예제는 커스텀 메서드로 subtractFromAccount를 정의하는 BankAccountRepositoryCustom 인터페이스를 보여준다.

예제 9-7 BankAccountRepositoryCustom 인터페이스

```
#프로젝트 - ch09-springdata-jpa
#src/main/java/sample/spring/chapter09/bankapp/repository

package sample.spring.chapter09.bankapp.repository;

interface BankAccountRepositoryCustom {
  void subtractFromAccount(int bankAccountId, int amount);
}
```

다음 예제는 BankAccountRepositoryCustom 인터페이스를 구현한 BankAccountRepositoryImpl 클래스다.

예제 9-8 BankAccountRepositoryImpl 클래스

```
#프로젝트 - ch09-springdata-jpa
#src/main/java/sample/spring/chapter09/bankapp/repository

package sample.spring.chapter09.bankapp.repository;
.....
public class BankAccountRepositoryImpl implements BankAccountRepositoryCustom {
  @PersistenceContext
  private EntityManager entityManager;
  @Override
  public void subtractFromAccount(int bankAccountId, int amount) {
    BankAccountDetails bankAccountDetails =
        entityManager.find(BankAccountDetails.class, bankAccountId);
```

```
    if (bankAccountDetails.getBalanceAmount() < amount) {
      throw new RuntimeException("Insufficient balance amount in bank account");
    }
    bankAccountDetails.setBalanceAmount(bankAccountDetails.getBalanceAmount()-amount);
    entityManager.merge(bankAccountDetails);
  }
}
```

BankAccountRepositoryImpl 클래스는 JPA EntityManager를 사용해 subtractFromAccount 메서드를 구현한다.

BankAccountRepository 인터페이스는 BankAccountRepositoryCustom을 확장함으로써 subtractFromAccount 메서드를 추가한다.

예제 9-9 BankAccountRepositoryImpl 클래스

```
#프로젝트 - ch09-springdata-jpa
#src/main/java/sample/spring/chapter09/bankapp/repository

package sample.spring.chapter09.bankapp.repository;
import org.springframework.data.jpa.repository.JpaRepository;
.....
public interface BankAccountRepository extends JpaRepository<BankAccountDetails, Integer>,
BankAccountRepositoryCustom { }
```

BankAccountRepository는 deleteInBatch나 saveAndFlush와 같은 JPA용 메서드를 사용하는 JpaRepository 인터페이스를 확장한다.

이제 프로젝트에서 스프링 JPA를 설정하는 방법을 살펴보자.

9.3.3 스프링 데이터 JPA 설정하기 – 자바 기반 설정 방식

스프링 데이터 JPA를 설정하는 방법은 스프링 애플리케이션에서 JPA를 설정하는 방법과 상당히 비슷하다. 다음 예제는 javax.sql.DataSource, LocalContainerEntityManagerFactoryBean, PlatformTransactionManager를 설정하는 DatabaseConfig 클래스(@Configuration을 설정한 클래스)다.

예제 9-10 DatabaseConfig 클래스

```
#프로젝트 - ch09-springdata-jpa
#src/main/java/sample/spring/chapter09/bankapp

package sample.spring.chapter09.bankapp;
import org.springframework.data.jpa.repository.config.EnableJpaRepositories;
.....
@Configuration
@PropertySource("classpath:/META-INF/database.properties")
@EnableTransactionManagement
@EnableJpaRepositories(basePackages = "sample.spring")
public class DatabaseConfig {
  @Bean(destroyMethod = "close")
  public DataSource dataSource() { ..... }

  @Bean
  public LocalContainerEntityManagerFactoryBean
      entityManagerFactory(DataSource dataSource) {

    LocalContainerEntityManagerFactoryBean entityManagerFactory
        = new LocalContainerEntityManagerFactoryBean();
    entityManagerFactory.setDataSource(dataSource);
    entityManagerFactory.setPackagesToScan("sample.spring");
    entityManagerFactory.setJpaVendorAdapter(new HibernateJpaVendorAdapter());

    Properties props = new Properties();
    props.put("hibernate.show_sql", "true");
    props.put("hibernate.id.new_generator_mappings", "false");

    entityManagerFactory.setJpaProperties(props);
    return entityManagerFactory;
  }

  @Bean(name = "transactionManager")
  public PlatformTransactionManager platformTransactionManager(
      EntityManagerFactory entityManagerFactory) {
    return new JpaTransactionManager(entityManagerFactory);
  }

  @Bean(name = "transactionTemplate")
  public TransactionTemplate transactionTemplate(
      PlatformTransactionManager platformTransactionManager) {
    return new TransactionTemplate(platformTransactionManager);
  }
}
```

스프링 LocalContainerEntityManagerFactoryBean은 JPA EntityManagerFactory를 설정하는 FactoryBean 구현이다. setDataSource 메서드는 javax.sql.DataSource 객체를 설정한다. setPackagesToScan 메서드는 스프링이 JPA 엔티티를 찾기 위해 스캔할 패키지를 지정한다. JPA 엔티티를 찾을 때 지정한 패키지의 모든 하위 패키지도 스캔한다. setJpaVendorAdapter 메서드는 HibernateJpaVendorAdapter 인터페이스(JpaVendorAdapter 구현)를 설정한다. LocalContainerEntityManagerFactoryBean은 JpaVendorAdapter를 사용해 EntityManagerFactory 인스턴스를 생성할 때 사용할 JPA의 javax.persistence.spi.PersistenceProvider 구현을 결정한다. setJpaProperties 메서드는 EntityManagerFactory를 생성하면서 사용할 하이버네이트 전용 프로퍼티를 설정한다.

platformTransactionManager 메서드는 스프링이 데이터베이스 트랜잭션을 관리할 때 사용하는 JpaTransactionManager 인스턴스(스프링 PlatformTransactionManager 인터페이스 구현)를 반환한다. platformTransactionManager 메서드가 반환하는 JpaTransactionManager 인스턴스는 transactionManager 빈으로 등록된다. 이 이름으로 빈을 등록하는 이유는 스프링 데이터 JPA가 스프링 컨테이너에 transactionManager 이름으로 등록된 PlatformTransactionManager를 요구하기 때문이다.

transactionTemplate 메서드는 프로그램으로 트랜잭션을 관리할 때 사용하는 TransactionTemplate 인스턴스를 반환한다. 이번 장 뒷부분에서 Stream 타입을 반환하는 리포지터리 메서드를 살펴볼 것이다. 그 경우, Stream에서 나오는 데이터는 반드시 트랜잭션에 의해 소비되어야 한다. 이때 Stream에서 나오는 데이터를 소비하는 코드를 트랜잭션 안에서 실행하기 위해 TransactionTemplate을 사용한다.

ch09-springdata-jpa 프로젝트(스프링 데이터 JPA를 사용하는 프로젝트)의 DatabaseConfig 클래스와 ch09-javaconfig-jpa 프로젝트(기본 JPA를 사용하는 프로젝트)의 DatabaseConfig 클래스를 비교하면 다음과 같은 차이가 있다.

- ch09-springdata-jpa에서는 DatabaseConfig의 platformTransactionManager 메서드가 반환하는 JpaTransactionManager 인스턴스의 이름을 transactionManager에 설정한다.
- ch09-springdata-jpa에서는 스프링 데이터 JPA의 @EnableJpaRepositories를 DatabaseConfig 클래스에 설정한다.

`@EnableJpaRepositories` 애너테이션은 애플리케이션에서 스프링 데이터 JPA를 활성화한다. `basePackages` 속성은 스프링 데이터 리포지터리(즉 `Repository` 인터페이스를 확장한 인터페이스)를 찾기 위해 스캔할 패키지를 지정한다. 그리고 스프링 데이터는 이런 패키지에서 찾은 리포지터리에 대응하는 프록시를 생성한다. `@EnableJpaRepositories`에 정의된 속성 중 언급할만한 속성은 다음과 같다.

- repositoryImplementationPostfix – 스프링 데이터가 커스텀 리포지터리 구현을 찾을 때 사용할 접미사 postfix다. 디폴트는 Impl이다. 앞에서 커스텀 메서드를 리포지터리에 추가하거나 리포지터리 메서드를 커스텀화하고 싶을 때 Impl이라는 명명규약을 따르는 리포지터리 구현 클래스를 선언하는 것을 살펴봤다.
- transactionManagerRef – 트랜잭션 관리에 사용할 PlatformTransactionManager 빈의 이름을 지정한다. 디폴트값은 transactionManager다. [예제 9-10]에서 platformTransactionManager 메서드가 반환하는 JpaTransactionManager 인스턴스를 transactionManager 빈으로 등록한 이유가 바로 이 때문이다.
- queryLookupStrategy – 질의를 처리하는 전략을 지정한다. 질의 메서드 이름에서 질의를 파생시키는 방법은 앞에서 살펴봤다. 예를 들어 스프링 데이터는 질의 빌더를 사용해 FixedDepositRepository의 findByTenureLessThan 메서드에 해당하는 질의를 만들었다. 질의가 아주 복잡하면 명시적으로 @Query를 사용해 질의를 선언한다.

9.3.4 스프링 데이터 JPA 설정하기 – XML 기반 설정 방식

`ch09-springdata-jpa` 프로젝트에는 `DatabaseConfig` 클래스 대신 애플리케이션 설정에 사용할 수 있는 XML 파일이 들어 있다. XML 파일에서 스프링 데이터 JPA 지원을 활성화하고 `LocalContainerEntityManagerFactoryBean`을 설정하는 방법을 알아보자.

스프링 데이터 JPA 활성화하기

스프링 데이터 JPA는 스프링 데이터 JPA 지원을 활성화하는 `<repositories>` 엘리먼트가 들어 있는 `spring-jpa` 스키마를 포함한다. 다음 예제는 `<repositories>` 엘리먼트를 사용하는 방법을 보여준다.

예제 9-11 〈repositories〉 엘리먼트

```
#프로젝트 - ch09-springdata-jpa
#META-INF/spring/applicationContext.xml
```

```
<beans .....
    xmlns:jpa="http://www.springframework.org/schema/data/jpa"
    xsi:schemaLocation=".....http://www.springframework.org/schema/data/jpa
        http://www.springframework.org/schema/data/jpa/spring-jpa.xsd">

  <jpa:repositories base-package="sample.spring" />
  .....
</beans>
```

jpa 이름공간의 <repositories> 엘리먼트는 @EnableJpaRepositories와 같은 역할을 한다. base-package 속성은 sample.spring 패키지와 그 하위 패키지를 스프링 데이터 JPA 리포지터리를 찾기 위해 스캔하도록 지정한다.

LocalContainerEntityManagerFactoryBean 설정하기

예제 9-12 LocalContainerEntityManagerFactoryBean 설정

```
#프로젝트 - ch09-springdata-jpa
#META-INF/spring/applicationContext.xml

<beans .....>
  <bean id="entityManagerFactory"
      class="org.springframework.orm.jpa.LocalContainerEntityManagerFactoryBean">
    <property name="dataSource" ref="dataSource" />
    <property name="packagesToScan" value="sample.spring" />
    <property name="jpaVendorAdapter" ref="hibernateVendorAdapter" />
    <property name="jpaProperties" ref="props" />
  </bean>
  <bean class="org.apache.commons.dbcp2.BasicDataSource" destroy-method="close"
      id="dataSource">
    .....
  </bean>

  <bean id="hibernateVendorAdapter"
      class="org.springframework.orm.jpa.vendor.HibernateJpaVendorAdapter" />

  <util:properties id="props">
    <prop key="hibernate.show_sql">true</prop>
    <prop key="hibernate.id.new_generator_mappings">false</prop>
  </util:properties>
```

```
    ....
  </beans>
```

이 예제는 LocalContainerEntityManagerFactoryBean의 dataSource, packagesToScan, jpaProperties, jpaVendorAdapter 프로퍼티를 설정하는 방법을 보여준다. jpaProperties는 스프링 util 스키마의 <properties> 엘리먼트로 만들어진 java.util.Properties 인스턴스를 참조한다. jpaVendorAdapter는 HibernateJpaVendorAdapter의 인스턴스를 참조한다.

PlatformTransactionManager 설정하기

예제 9-13 PlatformTransactionManager 설정

```
#프로젝트 - ch09-springdata-jpa
#META-INF/spring/applicationContext.xml

<beans .....>
  .....
  <tx:annotation-driven transaction-manager="transactionManager" />

  <bean id="transactionManager"
      class="org.springframework.orm.jpa.JpaTransactionManager">
    <constructor-arg ref="entityManagerFactory" />
  </bean>
  .....
</beans>
```

스프링 tx 스키마에 정의된 <annotation-driven> 엘리먼트는 선언적 트랜잭션 관리를 활성화한다.

이제 리포지터리에 정의할 수 있는 다양한 질의 메서드 유형을 자세히 살펴보자.

9.3.5 질의 메서드

앞에서 스프링 데이터가 질의 메서드 이름을 사용해 적절히 질의를 생성한다고 설명했다. 또, 질의 메서드에 대한 간단한 예도 몇 가지 살펴봤다. 이번 절에서는 더 복잡한 질의 메서드를 정

의하는 방법을 살펴본다.

질의 결과 개수 제한하기

top이나 first 키워드를 사용해 질의 메서드가 반환하는 결과의 개수를 제한할 수 있다. 다음 질의 메서드는 FixedDepositDetails 객체를 2개만 반환한다.

```
List<FixedDepositDetails> findTop2ByTenure(int tenure);
```

이 메서드에서 Top2는 메서드가 결과를 2개만 반환하라고 지정한다.

엔티티 인스턴스를 하나만 반환하고 싶다면 자바 8의 Optional<T>를 질의 메서드 반환 타입으로 지정할 수 있다. 예를 들어 다음 질의 메서드는 FixedDepositDetails 인스턴스를 단 하나만 반환한다.

```
Optional<FixedDepositDetails> findTopByTenure(int tenure);
```

Optional 반환 타입은 findTopByTenure 메서드가 FixedDepositDetails 인스턴스를 하나도 반환하지 못할 수도 있음을 표현한다.

결과 순서 지정하기

OrderBy 뒤에 프로퍼티 이름과 정렬 방향(오름차순 또는 내림차순)을 붙여서 질의 메서드로부터 결과를 정렬해 받을 수 있다. 예를 들어 다음 메서드는 fdCreationDate 프로퍼티를 기준으로 내림차순으로 FixedDepositDetails를 정렬해 반환한다.

```
List<FixedDepositDetails> findTop2ByOrderByFdCreationDateDesc();
```

이 메서드에서 Desc는 내림차순 정렬을 뜻한다. 오름차순 정렬을 원한다면 Asc를 사용하자.

여러 속성을 기준으로 질의하기

And와 Or 키워드를 사용해 여러 속성에 대한 질의 결과를 얻을 수 있다. 예를 들어 다음 메서드는 주어진 만기와 예금액에 해당하는 FixedDepositDetails 엔티티를 반환한다.

```
List<FixedDepositDetails> findByTenureAndFdAmount(int tenure, int fdAmount);
```

질의에 페이지 처리 추가하기

질의 메서드에 Pageable 인수를 추가하면 엔티티를 페이지 단위로 가져올 수 있다. 다음 findByTenure 메서드는 FixedDepositDetails 엔티티를 페이지 단위로 가져온다.

```
List<FixedDepositDetails> findByTenure(int tenure, Pageable pageable);
```

Pageable에는 페이지 번호, 페이지 크기 등 페이지 처리에 필요한 상세 정보가 들어 있다. 요청할 페이지의 정보가 담겨 있는 PageRequest 객체 인스턴스(Pageable 구현)를 생성하고 객체를 질의 메서드에 전달한다. 예를 들어 findByTenure 메서드를 다음처럼 호출할 수 있다.

```
findByTenure(6, PageRequest.of(1, 10))
```

PageRequest의 of 메서드는 PageRequest 객체를 만든다. 이 코드에서는 페이지 번호가 1이고 페이지 크기가 10인 PageRequest를 만들었다. 페이지 번호는 0부터 시작한다. 따라서 이 메서드 호출은 두 번째 페이지를 반환하며, 페이지 크기는 10이다.

질의에 정렬 추가하기

질의 메서드에 Sort 인수를 추가해서 질의를 정렬할 수도 있다. 다음 findByTenure 메서드는 정렬된 결과를 반환한다.

```
List<FixedDepositDetails> findByTenure(int tenure, Sort sort)
```

Sort 인수는 정렬 방식을 지정한다. 인수 내부의 프로퍼티를 통해 정렬 순서와 정렬 기준이 정해진다. 다음은 findByTenure 메서드를 호출하는 방법을 보여준다.

```
findByTenure(6, new Sort(Sort.Direction.ASC, “fdCreationDate”))
```

Sort 생성자는 질의 결과를 정렬할 때 사용할 정렬 순서(Sort.Direction.ASC 상수로 지정)

와 정렬 기준이 될 프로퍼티(fdCreationDate)를 인수로 받는다.

큰 결과 집합을 페이지 처리하기

큰 결과 집합을 페이지 단위로 읽어야 하는 경우, 질의 메서드의 반환 타입을 Slice<T>나 Page<T>로 지정한다. 두 방식 모두 엔티티들을 페이지 단위로 읽어 온다. 다음 메서드는 반환 타입에 Slice<T>나 Page<T>를 사용하는 방법을 보여준다.

```
Page<FixedDepositDetails> findByFdAmountGreatherThan(int amount, Pageable pageable);
Slice<FixedDepositDetails> findByFdAmount(int amount, Pageable pageable);
```

Page에는 질의가 반환한 결과와 데이터 스토어에 있는 엔티티의 전체 개수가 들어 있다. Page<T>를 사용할 경우 단점은 데이터 스토어에 있는 엔티티의 개수를 파악하기 위해 질의를 추가로 실행해야 한다는 것이다. 이런 질의에는 시간이 오래 걸릴 수 있기 때문에 다음 페이지가 존재하는지 알고 싶은 경우가 있다. Slice<T>를 반환 타입으로 지정하면 이런 목적을 달성할 수 있다. Slice<T>에는 질의가 반환한 결과와 함께 데이터 스토어에 아직 엔티티가 더 남아 있는지 알려주는 플래그가 들어 있다.

다음 예제는 Slice를 사용해 엔티티를 페이지 단위로 읽는 방법이다.

예제 9-14 BankApp – Slice 사용법

```
#프로젝트 - ch09-springdata-jpa
#src/main/java/sample/spring/chapter09/bankapp

package sample.spring.chapter09.bankapp;
import org.springframework.data.domain.Pageable;
import org.springframework.data.domain.Slice;
.....
public class BankApp {
  public static void main(String args[]) throws Exception {
    .....
    Slice<FixedDepositDetails> slice =
        fixedDepositService.findByFdAmount(500, PageRequest.of(0, 2));

    if (slice.hasContent()) {
      logger.info("Slice has content");
```

```
      List<FixedDepositDetails> list = slice.getContent();
      for (FixedDepositDetails details : list) {
        logger.info("Fixed Deposit ID --> " + details.getFixedDepositId());
      }
    }
    if (slice.hasNext()) {
      Pageable pageable = slice.nextPageable();
      slice = fixedDepositService.findByFdAmount(500, pageable);
    }
    .....
  }
}
```

이 예제는 findByFdAmount 메서드를 먼저 호출해서 첫 번째 결과 페이지를 가져온다. Slice의 hasContent 메서드는 질의가 반환한 결과가 있는지 알려준다. Slice의 getContent 메서드는 질의가 반환한 결과를 반환한다. Slice의 hasNext 메서드는 더 가져올 결과가 있는지 알려준다. 결과가 남아 있다면 Slice의 nextPageable 메서드를 사용해 다음 Pageable 객체를 얻어서 질의 메서드를 다시 호출할 수 있다.

Slice<T>를 반환 타입으로 쓰면 스프링이 항상 요청한 개수보다 하나 더 많은 결과를 반환한다는 점에 유의해야 한다. 예를 들어 findByFdAmount(500, PageRequest.of(0, 2)) 메서드는 데이터 스토어에서 2개의 FixedDepositDetails 엔티티가 아니라 3개를 가져온다. 하나 더 많은 결과가 반환된 경우 hasNext 메서드는 true를 반환한다.

질의 결과 스트리밍하기

앞에서 결과 집합이 큰 경우 페이지 처리를 통해 이를 처리할 수 있음을 살펴봤다. 큰 결과 집합을 처리하고 싶을 때는 질의 메서드의 결과로 Stream<T>를 사용할 수도 있다. 다음 findAllByTenure는 Stream<T>를 결과 타입으로 사용한다.

```
Stream<FixedDepositDetails> findAllByTenure(int tenure);
```

Stream<T> 결과 타입을 사용하면 질의 메서드는 모든 결과 집합을 메모리로 읽을 때까지 블록되지 않는다. 질의 메서드는 데이터 스토어에서 처음 데이터를 읽자마자 즉시 제어를 반환한다. JPA가 java.util.List로만 질의 결과를 제공하기 때문에 스프링 데이터 JPA는 내부에서 영속성 프로바이더 API를 사용해 질의 결과를 스트림화한다.

다음 예제는 Stream에서 데이터를 소비하는 방법을 보여준다.

예제 9-15 BankApp 클래스 – Stream 데이터 소비하기

```
#프로젝트 - ch09-springdata-jpa
#src/main/java/sample/spring/chapter09/bankapp

package sample.spring.chapter09.bankapp;
import java.util.stream.Stream;
import org.springframework.transaction.support.TransactionCallbackWithoutResult;
import org.springframework.transaction.support.TransactionTemplate;
.....
public class BankApp {
  .....
  public static void main(String args[]) throws Exception {
    AnnotationConfigApplicationContext context = new AnnotationConfigApplicationContext();
    .....
    logger.info("findAllByTenure : ");
    TransactionTemplate txTemplate = context.getBean(TransactionTemplate.class);
     txTemplate.execute(new TransactionCallbackWithoutResult() {
      @Override
      protected void doInTransactionWithoutResult(TransactionStatus status) {
        try (Stream<FixedDepositDetails> stream = fixedDepositService.findAllByTenure(6)) {
          logger.info("count from stream --> "
          + stream.filter(t -> t.getActive().equals("Y")).count());
        }
      }
    });
    .....
  }
}
```

이 예제는 스프링 컨테이너에서 TransactionTemplate 인스턴스를 얻고, 이를 사용해 트랜잭션 안에서 다음 코드를 실행한다.

```
try (Stream<FixedDepositDetails> stream = fixedDepositService.findAllByTenure(6)) {
   logger.info("count from stream --> "
          + stream.filter(t -> t.getActive().equals("Y")).count());
}
```

이는 Stream에서 결과를 소비하는 코드를 트랜잭션 내부에서 실행해야 한다는 뜻이다. 트랜잭션은 Stream의 데이터를 모두 소비할 때까지 닫히지 않도록 보장한다. 이 코드를 트랜잭션 안에서 실행하지 않으면 org.springframework.dao.InvalidDataAccessApiUsageException 예외가 발생한다.

질의 메서드를 비동기적으로 실행하기

질의 메서드에 스프링 @Async를 설정해 질의 메서드를 비동기적으로 실행할 수도 있다. 다음 예제를 보자.

예제 9-16 FixedDepositRepository – @Async 질의 메서드

```
#프로젝트 - ch09-springdata-jpa
#src/main/java/sample/spring/chapter09/bankapp/repository

package sample.spring.chapter09.bankapp.repository;
import java.util.concurrent.CompletableFuture;
import org.springframework.scheduling.annotation.Async;
.....
public interface FixedDepositRepository extends Repository<FixedDepositDetails, Integer>
.....
{
  .....
  @Async
  CompletableFuture<List<FixedDepositDetails>> findAllByFdAmount(int fdAmount);
}
```

@Async를 설정한 질의 메서드에 사용 가능한 반환 타입은 Future<T>나 ListenableFuture<T>, 또는 자바 8에 추가된 CompletableFuture<T>다. @Async 지원을 활성화하려면 @EnableAsync를 @Configuration 클래스에 설정한다. @Async와 @EnableAsync 애너테이션은 10장에서 자세히 다룬다.

다음 예제는 ch09-springdata-jpa 프로젝트의 @EnableAsync 사용법을 보여준다.

예제 9-17 BankApp 클래스 – @EnableAsync 애너테이션 사용법

```
#프로젝트 - ch09-springdata-jpa
#src/main/java/sample/spring/chapter09/bankapp
```

```
package sample.spring.chapter09.bankapp;
import org.springframework.scheduling.annotation.EnableAsync;
.....
@EnableAsync
public class DatabaseConfig { ..... }
```

다음 예제에서 FixedDepositSerivce의 findAllByFdAmount 메서드는 @Async를 설정한 FixedDepositRepository의 findAllByFdAmount 질의 메서드(예제 9-16 참조)를 호출한다.

예제 9-18 BankApp 클래스 – CompletableFuture 사용법

```
#프로젝트 - ch09-springdata-jpa
#src/main/java/sample/spring/chapter09/bankapp

package sample.spring.chapter09.bankapp;
import java.util.concurrent.CompletableFuture;
.....
public class BankApp {
  private static Logger logger = LogManager.getLogger(BankApp.class);
  public static void main(String args[]) throws Exception {
    AnnotationConfigApplicationContext context =
        new AnnotationConfigApplicationContext();
    .....
    FixedDepositService fixedDepositService =
        context.getBean(FixedDepositService.class);
    .....
    //-- 비동기 질의 메서드 실행
    CompletableFuture<List<FixedDepositDetails>> future =
        fixedDepositService.findAllByFdAmount(500);
    while(!future.isDone()) {
      logger.info("Waiting for findAllByFdAmount method to complete .....");
    }
    logger.info(future.get());
    .....
  }
}
```

FixedDepositRepository의 findAllByFdAmount 질의 메서드가 비동기적으로 실행되므로 FixedDepositRepository의 findAllByFdAmount 메서드 호출은 즉시 반환된다.

CompletableFuture의 isDone 메서드는 FixedDepositRepository의 findAllByFdAmount가 반환한 future의 실행이 완료된 경우에만 true를 반환한다. 질의 실행이 완료되면(즉, isDone이 true를 반환하면) CompletableFuture의 get을 호출해서 결과를 얻을 수 있다.

@Query 애너테이션을 사용해 명시적으로 질의 지정하기

질의가 복잡하면 @Query를 통해 질의를 명시적으로 지정할 수 있다. 다음 질의 메서드는 명시적으로 @Query를 사용해 질의를 지정한다.

```
@Query("select fd from FixedDepositDetails fd where fd.tenure = ?1 and fd.fdAmount <= ?2
      and fd.active = ?3")
List<FixedDepositDetails> findByCustomQuery(int tenure, int fdAmount, String active);
```

이 예제에서 @Query는 실행할 JPQL 질의(플랫폼 독립적인 질의 언어)를 지정한다. ?1, ?2, ?3은 findByCustomQuery가 받는 인수를 가리킨다.

@EnableJpaRepositories의 queryLookupStrategy 속성은 스프링 데이터 JPA가 질의를 질의 메서드 이름에서 만들어낼지 @Query가 지정한 질의를 직접 사용할지 설정한다. 기본적으로 스프링 데이터 JPA는 메서드에 @Query를 설정하지 않은 경우에만 메서드 이름으로 질의를 만든다.

스프링 데이터는 Querydsl도 지원한다. Querydsl은 질의를 쉽게 만들 수 있는 오픈소스 프로젝트다.

9.4 Querydsl을 사용해 질의 만들기

JPQL 질의 대신 JPA Criteria API나 Querydsl을 사용해 프로그램으로 질의를 만들 수도 있다. JPQL 질의와 달리 Criteria API나 Querydsl을 사용해 만드는 질의는 **타입-안전**type-safe하다. 두 경우 모두 **메타 모델 생성기**metamodel generator를 사용해 도메인 엔티티의 특성을 기술하는 **메타 모델 클래스**를 만든다. 그리고 메타 모델 클래스를 사용해 질의를 생성한다. Querydsl이 JPA Criteria API 보다 단순하기 때문에 이번 절에서는 Querydsl만 살펴본다.

> **NOTE_** Querydsl을 사용하기 위해 ch09-springdata-jpa 프로젝트의 pom.xml에는 querydsl-jpa와 querydsl-apt JAR 4.1.3 버전에 대한 의존 관계가 들어 있다.

querydsl-apt JAR에는 애너테이션 프로세서인 JPAAnnotationProcessor가 들어 있다. 이 프로세서는 애플리케이션의 도메인 엔티티에 해당하는 메타 모델 클래스를 생성한다. ch09-springdata-jpa 프로젝트에서 JPAAnnotationProcessor는 메이븐 컴파일러 플러그인Maven Compiler plugin (https://maven.apache.org/plugins/maven-compiler-plugin/)과 함께 설정되어 있다. 따라서 mvn clean compile 명령으로 프로젝트를 컴파일하면 메타 모델 클래스가 생성된다.

다음 예제는 ch09-springdata-jpa 프로젝트의 pom.xml 파일에서 메이븐 컴파일러 플러그인을 설정하는 방법을 보여준다.

예제 9-19 pom.xml – 메이븐 컴파일러 플러그인 설정

```
#프로젝트 - ch09-springdata-jpa

<plugin>
  <groupId>org.apache.maven.plugins</groupId>
  <artifactId>maven-compiler-plugin</artifactId>
  <version>3.7.0</version>
  <configuration>
    .....
    <annotationProcessors>
      <annotationProcessor>
        com.querydsl.apt.jpa.JPAAnnotationProcessor
      </annotationProcessor>
    </annotationProcessors>
  </configuration>
</plugin>
```

JPAAnnotationProcessor는 컴파일 시점에 메타 모델을 만드는 역할을 하는 클래스다. 프로젝트를 컴파일할 때 생성한 메타 모델 클래스는 target/generated-sources/annotation 디렉터리에 만들어진다. 생성된 메타 모델 클래스가 따르는 명명규약은 Q<domain-entity-name>이다. 여기서 domain-entity-name은 도메인 엔티티 클래스의 짧은 이름이다. 예를 들어 FixedDepositDetails 엔티티에서 생성한 메타 모델 클래스는 QFixedDepositDetails다.

> **NOTE_** 생성된 메타 모델 클래스에는 JSR 250 @Generated가 설정되고 ch09-springdata-jpa 프로젝트의 pom.xml 파일에는 jsr250-api JAR 파일에 대한 의존 관계가 들어 있다. 그리고 ch09-springdata-jpa 프로젝트가 이클립스 IDE에서 컴파일 오류를 표시하지 않게 하려면 target/generated-sources/annotations 디렉터리를 소스 폴더(source folder)로 지정한다.

이제 Querydsl과 스프링 데이터를 함께 사용하는 방법에 대해 살펴보자.

9.4.1 스프링 데이터와 Querydsl 통합하기

스프링 데이터는 QuerydslPredicateExecutor<T> 인터페이스를 통해 Querydsl과 통합된다. 직접 만든 커스텀 리포지터리 인터페이스가 QuerydslPredicateExecutor<T> 인터페이스를 확장하려면 Querydsl을 사용한다.

다음 예제는 QuerydslPredicateExecutor<T> 인터페이스에 선언된 메서드 중 일부다.

예제 9-20 QuerydslPredicateExecutor〈T〉 인터페이스

```
public interface QuerydslPredicateExecutor<T> {
  T findOne(Predicate predicate);
  Iterable<T> findAll(Predicate predicate);
  Iterable<T> findAll(Predicate predicate, Sort sort);
  Page<T> findAll(Predicate predicate, Pageable pageable);
  long count(Predicate predicate);
  .....
}
```

이 예제에서 타입 파라미터 T는 도메인 엔티티 타입이다. Predicate에는 엔티티가 만족시켜야 하는 조건이 저장된다. 따라서 Predicate는 SQL 질의의 WHERE 절을 표현한다. findOne 메서드는 Predicate 인수가 지정한 조건을 만족하는 엔티티를 반환한다. findAll 메서드는 Predicate 인수가 지정한 조건을 만족하는 모든 엔티티를 반환한다. findAll 메서드가 Pageable과 Sort 인수를 받을 수 있으므로, 질의 결과에 있는 엔티티들을 페이지 처리하거나 정렬할 수 있다. count 메서드는 주어진 Predicate를 만족하는 엔티티의 개수를 반환한다.

다음 예제는 QuerydslPredicateExecutor<T>를 확장한 FixedDepositRepository 인터페이스다.

예제 9-21 `FixedDepositRepository` 인터페이스

```
#프로젝트 - ch09-springdata-jpa
#src/main/java/sample/spring/chapter09/bankapp/repository

package sample.spring.chapter09.bankapp.repository;
import org.springframework.data.querydsl.QuerydslPredicateExecutor;
.....
public interface FixedDepositRepository extends Repository<FixedDepositDetails, Integer>,
    QuerydslPredicateExecutor<FixedDepositDetails> {
  .....
}
```

이제는 `FixedDepositRepository`에 대해 `findOne(Predicate predicate)`, `findAll(Predicate predicate)` 등의 메서드를 호출할 수 있다.

> **NOTE_** 커스텀 리포지터리 인터페이스가 QuerydslPredicateExecutor<T>를 확장하는 경우, 스프링 데이터 JPA가 생성하는 디폴트 구현은 QuerydslPredicateExecutor<T> 인터페이스를 구현하는 QuerydslJpaRepository(SimpleJpaRepository를 확장함)다.

9.4.2 Predicate 만들기

`Predicate`를 만들려면 `Querydsl`이 생성한 메타 모델 클래스의 구조를 이해해야 한다.

다음 예제는 `FixedDepositDetails` 엔티티로부터 생성된 `QFixedDepositDetails` 메타 모델 클래스다.

예제 9-22 `QFixedDepositDetails` 클래스

```
#프로젝트 - ch09-springdata-jpa
#target/generated-sources/annotations/sample/spring/chapter09/bankapp/domain

package sample.spring.chapter09.bankapp.domain;
.....
public class QFixedDepositDetails extends EntityPathBase<FixedDepositDetails> {
  .....
  public static final QFixedDepositDetails fixedDepositDetails =
```

```
    new QFixedDepositDetails("fixedDepositDetails");
  public final NumberPath<Integer> fixedDepositId =
    createNumber("fixedDepositId", Integer.class);
  public final StringPath active = createString("active");
  public final NumberPath<Integer> fdAmount = createNumber("fdAmount", Integer.class);
  .....
}
```

QFixedDepositDetails가 FixedDepositDetails 엔티티 클래스에 정의된 속성과 이름이 같은 속성을 정의한다(예: fixedDepositId, active, fdAmount 등)는 점을 확인하자. QFixedDepositDetails에는 QFixedDepositDetails 인스턴스 자체에 접근할 수 있는 정적인 fixedDepositDetails 필드도 정의돼 있다.

FixedDepositDetails 엔티티에 대해 질의하기 위한 Predicate를 만들려면, QFixedDepositDetails 인스턴스를 얻고, 얻은 QFixedDepositDetails 인스턴스의 속성을 사용해 FixedDepositDetails 엔티티가 만족해야 하는 질의를 기술한다. 다음 예제는 FixedDepositServiceImpl의 getHighValueFds 메서드에서 현재 유효하고(이는 active 필드가 'Y'라는 뜻) 정기 예금액이 1000을 초과하며, 만기가 6개월에서 12개월 사이인 정기 예금을 읽는 Predicate를 만든다.

예제 9-23 FixedDepositServiceImpl 클래스 – Predicate 만들기

```
#프로젝트 - ch09-springdata-jpa
#src/main/java/sample/spring/chapter09/bankapp/service

package sample.spring.chapter09.bankapp.service;
import com.querydsl.core.types.Predicate;
import sample.spring.chapter09.bankapp.domain.QFixedDepositDetails;
import sample.spring.chapter09.bankapp.repository.FixedDepositRepository;
.....
@Service
public class FixedDepositServiceImpl implements FixedDepositService {
  @Autowired
  private FixedDepositRepository fixedDepositRepository;
  .....
  @Override
  public Iterable<FixedDepositDetails> getHighValueFds() {
    Predicate whereClause = QFixedDepositDetails.fixedDepositDetails.active.eq("Y")
        .and(QFixedDepositDetails.fixedDepositDetails.fdAmount.gt(1000))
```

```
        .and(QFixedDepositDetails.fixedDepositDetails.tenure.between(6, 12));
    return fixedDepositRepository.findAll(whereClause);
  }
}
```

이 예제에서 getHighValueFds 메서드는 QFixedDepositDetails의 fixedDepositDetails 필드에 접근해 QFixedDepositDetails 인스턴스를 얻는다. 그리고 active, fdAmount, tenure 필드에 대한 조건을 설정한다. 예를 들어 QFixedDepositDetails.fixedDepositDetails.fdAmount.gt(1000)는 fdAmount 필드가 반드시 1000을 초과해야 한다고 지정한다. 각 조건은 BooleanExpression 타입으로 표현된다. 여러 조건을 조합할 때는 BooleanExpression의 and나 or 메서드를 사용한다. getHighValueFds 메서드에 정의된 Predicate에 대해 JPA가 만들어내는 WHERE 절은 다음과 같다.

```
select ..... from fixed_deposit_details fixeddepos0_ where fixeddepos0_.active='Y'
and fixeddepos0_.amount> 1000 and (fixeddepos0_.tenure between 6 and 12)
```

이는 Predicate에 들어 있는 조건이 SQL 질의의 WHERE 절로 번역된다는 것을 나타낸다.

이제 엔티티 질의를 위해 예제를 통한 질의Query by Example(QBE) 기법을 사용하는 방법을 살펴보자.

9.5 예제를 통한 질의

예제를 통한 질의(QBE)에서는 스프링 데이터가 데이터를 채워 넣은 엔티티 인스턴스를 사용해 엔티티를 가져오는 질의의 WHERE 절을 만들어낸다. 스프링 데이터 리포지터리가 QueryByExampleExecutor<T>를 확장하게 만들면 예제를 통한 질의를 사용할 수 있다.

다음 예제는 QueryByExampleExecutor<T> 인터페이스에 선언된 메서드 중 일부다.

예제 9-24 QueryByExampleExecutor〈T〉 인터페이스

```
import org.springframework.data.domain.Example;
.....
public interface QueryByExampleExecutor<T> {
```

```
  <S extends T> S findOne(Example<S> example);
  <S extends T> Iterable<S> findAll(Example<S> example);
  <S extends T> Iterable<S> findAll(Example<S> example, Sort sort);
  <S extends T> Page<S> findAll(Example<S> example, Pageable pageable);
  .....
}
```

이 예제에서 타입 파라미터 T는 도메인 엔티티 타입이며, Example<S>는 데이터를 채워 넣은 엔티티 인스턴스와 ExampleMatcher 객체로 구성된다. WHERE 절을 만들어낼 때는 데이터를 채워넣은 엔티티 인스턴스를 사용하고, WHERE 절을 세밀하게 조정하기 위해 ExampleMatcher를 사용한다.

다음 예제는 예제를 통한 질의 방식으로 현재 유효하며 정기 예금액이 500이고, 만기가 6개월인 FixedDepositDetails 엔티티에 대한 질의를 만든다.

예제 9-25 FixedDepositServiceImpl 클래스 – 예제를 통한 질의

```
#프로젝트 - ch09-springdata-jpa
#src/main/java/sample/spring/chapter09/bankapp/service

package sample.spring.chapter09.bankapp.service;
.....
import org.springframework.data.domain.Example;
import org.springframework.data.domain.ExampleMatcher;
.....
@Service
public class FixedDepositServiceImpl implements FixedDepositService {
  @Autowired
  private FixedDepositRepository fixedDepositRepository;
  .....
  //-- 예제를 통한 질의
  @Override
  public Iterable<FixedDepositDetails> getAllFds() {
    FixedDepositDetails fd = new FixedDepositDetails();
    fd.setActive("Y");
    fd.setFdAmount(500);
    fd.setTenure(6);
    ExampleMatcher matcher =
        ExampleMatcher.matching().withIgnorePaths("fixedDepositId");
    Example<FixedDepositDetails> fdExample = Example.of(fd, matcher);
    return fixedDepositRepository.findAll(fdExample);
  }
}
```

[예제 9-25]에서 FixedDepositServiceImpl의 getAllFds 메서드는 FixedDepositRepository의 findAll(Example<FixedDepositDetails> example) 메서드를 사용해 FixedDeposit Details에 대해 질의한다.

처음에 FixedDepositDetails 인스턴스를 만든 후, 찾고 싶은 엔티티값에 맞게 필드를 채워 넣는다. active, fdAmount, tenure 필드를 사용해 FixedDepositDetails를 찾을 것이므로 세 필드값을 지정한다. 이때 설정하지 않은 필드값은 디폴트값이거나 null이다. 즉, fixedDepositId 필드(int 타입)는 0으로, fdCreationDate 필드(java.util.Date 타입)는 null로, bankAccountId 필드(BankAccountDetails 타입)는 null로 설정된다.

예제를 통한 질의에서는 쿼리를 생성할 때 값이 null인 필드를 무시하므로 fdCreationDate나 bankAccountId 필드에 대해서는 걱정할 필요가 없다. fixedDepositId값은 0이기 때문에 자동으로 질의의 WHERE 부분에 포함된다. 하지만 fixedDepositId를 WHERE 절에 포함시키고 싶지 않기 때문에 ExampleMatcher 인스턴스를 사용해 질의를 만들 때는 fixedDepositId 필드를 무시하라고 지정한다. 데이터를 채워 넣은 FixedDepositDetails 인스턴스와 ExampleMatcher 인스턴스를 사용해 Example의 of 메서드를 호출해서 Example 인스턴스를 만든다. 스프링 데이터는 Example 인스턴스를 사용해 다음 질의를 만든다.

```
select ..... from fixed_deposit_details fixeddepos0_ where fixeddepos0_.active=? and
fixeddepos0_.amount=500 and fixeddepos0_.tenure=6
```

엔티티에 대한 질의를 만들 때 예제를 통한 질의 방식을 사용하면 쉽게 만들 수 있다. 하지만 예제를 통한 질의에는 한계가 있다. 한 가지 예를 들면, 생성되는 질의는 모두 필드를 AND로 조합해 걸러낸다. 이는 다음과 같은 질의를 생성할 수 없다는 뜻이다.

```
select ..... from fixed_deposit_details fixeddepos0_ where fixeddepos0_.active=? or
fixeddepos0_.amount=500 or fixeddepos0_.tenure=6
```

이번 장에서는 지금까지 스프링 데이터의 핵심 개념과 스프링 데이터 JPA를 사용해 관계형 데이터베이스와 상호 작용하는 애플리케이션을 개발하는 방법에 대해 살펴봤다. 이제는 몽고DB와 상호 작용하는 애플리케이션 개발을 쉽게 만들어주는 스프링 데이터 몽고DB 프로젝트를 살펴보자.

9.6 스프링 데이터 몽고DB

몽고DB[MongoDB]는 데이터를 도큐먼트[document]로 저장하는 NoSQL 데이터베이스다. 도큐먼트는 다음 예제와 같이 JSON(자바스크립트 객체 표기법) 문자열과 비슷하다.

예제 9-26 몽고DB 도큐먼트

```
{
  _id : 5747d49f16e329249803bf47,
  balance : 1000,
  lastTransactionTimestamp : 2016-05-27 10:31:19
}
```

몽고DB 도큐먼트는 필드-값 쌍으로 이뤄진다. 도큐먼트는 관계형 데이터베이스 테이블에 저장된 레코드로 비유된다. 각 도큐먼트에는 그 도큐먼트의 기본키인 _id 필드가 있다. 몽고DB는 _id 필드값을 자동으로 생성한다. 컬렉션[collection](관계형 데이터베이스의 테이블에 비유할 수 있음)을 만들고, 비슷한 도큐먼트를 컬렉션에 저장한다.

IMPORT chapter 9/ch09-springdata-mongo

ch09-springdata-mongo 프로젝트는 스프링 데이터 몽고DB를 데이터베이스 상호 작용에 사용한다. 프로젝트를 실행하려면 BankApp 클래스의 main 메서드를 실행한다. 부록 A에서 몽고DB 데이터베이스를 다운로드하고 설치하는 방법을 살펴보자.

NOTE_ ch09-springdata-mongo 프로젝트의 pom.xml에는 스프링 데이터 몽고DB를 사용하기 위해 spring-data-mongodb와 spring-data-commons 버전 2.0.1.RELEASE에 대한 의존 관계와 mongo-java-driver 버전 3.5.0에 대한 의존 관계가 들어 있다.

이제 ch09-springdata-mongo에서 도메인 엔티티를 어떻게 모델링했는지 살펴보자.

9.6.1 도메인 엔티티 모델링하기

ch09-springdata-mongo 프로젝트에는 몽고DB에 저장할 BankAccountDetails와 FixedDepositDetails 도메인 엔티티 정의가 들어 있다. 다음 예제는 BankAccountDetails 엔티티를 보여준다.

예제 9-27 BankAccountDetails 클래스

```
#프로젝트 - ch09-springdata-mongo
#src/main/java/sample/spring/chapter09/bankapp/domain

package sample.spring.chapter09.bankapp.domain;
import org.springframework.data.annotation.Id;
import org.springframework.data.mongodb.core.mapping.Document;
.....
@Document(collection = "bankaccounts")
public class BankAccountDetails {
  @Id
  private String accountId;
  private int balance;
  private Date lastTransactionTimestamp;
  private List<FixedDepositDetails> fixedDeposits;
  .....
}
```

@Document는 BankAccountDetails 객체를 몽고DB에 영속화시킨다는 뜻이다. 스프링 데이터 몽고DB가 도메인 객체를 몽고DB 도큐먼트로 변환하거나 반대로 변환하는 과정을 알아서 처리한다. collection 속성은 도큐먼트를 저장할 몽고DB 컬렉션 이름을 지정한다. 이는 BankAccountDetails 객체를 bankaccounts 컬렉션에 저장한다는 뜻이다. @Id는 기본 키로 사용할 필드를 지정한다. 몽고DB는 @Id를 설정할 필드값을 자동으로 생성하며, 도큐먼트에서는 필드에 _id 라는 이름을 사용한다. BankAccountDetails 객체가 0 또는 하나 이상의 FixedDepositDetails 객체와 연관될 수 있기 때문에 BankAccountDetails 객체 내부에 List<FixedDepositDetails> 타입의 속성으로 이를 정의한다.

BankAccountDetails와 FixedDepositDetails 엔티티 사이에는 부모-자식 관계가 존재한다. FixedDepositDetails 객체는 BankAccountDetails 도큐먼트 안에 내장 도큐먼트 embedded document로 저장된다. 다음 예제는 FixedDepositDetails 엔티티를 보여준다.

예제 9-28 FixedDepositDetails 클래스

```
#프로젝트 - ch09-springdata-mongo
#src/main/java/sample/spring/chapter09/bankapp/domain

package sample.spring.chapter09.bankapp.domain;
import org.bson.types.ObjectId;
```

```
import org.springframework.data.annotation.Id;
.....
public class FixedDepositDetails {
  @Id
  private ObjectId fixedDepositId;
  private int fdAmount;
  .....
  public FixedDepositDetails() {
    this.fixedDepositId = ObjectId.get();
  }
  .....
}
```

BankAccountDetails 도큐먼트 내부에 내장 도큐먼트로 저장할 것이기 때문에 FixedDepositDetails 도큐먼트에는 @Document를 설정하지 않는다. fixedDepositId에 @Id를 설정하지만, 내장 도큐먼트인 엔티티에는 _id 필드가 설정되지 않는다. _id값을 바탕으로 정기 예금을 유일하게 식별하고 싶기 때문에 ObjectId의 get 메서드를 호출함으로써 fixedDepositId 필드를 명시적으로 설정한다. ObjectId는 도큐먼트를 위해 전역 고유 식별자GUID를 제공한다.

다음 예제는 내장 FixedDepositDetails 도큐먼트를 포함한 BankAccountDetails 도큐먼트 하나를 보여준다.

예제 9-29 FixedDepositDetails를 내장한 BankAccountDetails 도큐먼트

```
{
  _id : 5747d5a316e32925ec26372c,
  _class : sample.spring.chapter09.bankapp.domain.BankAccountDetails,
  balance : 1000,
  lastTransactionTimestamp : 2016-05-27 05:05:39,
  fixedDeposits : [
    {
      _id : 5747d5a316e32925ec26372b,
      fdCreationDate : 2016-05-27 05:05:39,
      fdAmount : 500,
      tenure : 6,
      active : Y
    },
    {
      _id : 5747d5a316e32925ec26372d,
      fdCreationDate : 2016-05-27 05:05:39,
```

```
      fdAmount : 210000,
      tenure : 7,
      active : Y
    }
  ]
}
```

[예제 9-29]에서 최상위 도큐먼트는 BankAccountDetails 엔티티에 해당한다. 이 사실을 도메인 엔티티에 대해 전체 이름을 저장한 _class 필드가 나타낸다. fixedDeposits 필드에는 내장 FixedDepositDetails 도큐먼트 2개가 포함되어 있다.

이제 몽고DB 데이터베이스와 상호 작용하기 위해 스프링 데이터 몽고DB를 어떻게 설정하는지 알아보자.

9.6.2 스프링 데이터 몽고DB 설정하기 – 자바 기반 설정

다음 예제는 @Configuration을 설정한 DatabaseConfig 클래스다. 이 클래스는 ch09-springdata-mongo 프로젝트에서 스프링 데이터 몽고DB 지원을 활성화한다.

예제 9-30 DatabaseConfig 클래스

```
#프로젝트 - ch09-springdata-mongo
#src/main/java/sample/spring/chapter09/bankapp

package sample.spring.chapter09.bankapp;
import org.springframework.data.mongodb.MongoDbFactory;
import org.springframework.data.mongodb.core.MongoTemplate;
import org.springframework.data.mongodb.core.SimpleMongoDbFactory;
import org.springframework.data.mongodb.repository.config.EnableMongoRepositories;
import org.springframework.scheduling.annotation.EnableAsync;
import com.mongodb.MongoClient;

@Configuration
@EnableMongoRepositories(basePackages = “sample.spring")
@EnableAsync
public class DatabaseConfig {
  @Bean
  public MongoClient mongoClient() {
    return new MongoClient(“localhost");
```

```
    }

    public MongoDbFactory mongoDbFactory() {
      return new SimpleMongoDbFactory(mongoClient(), "test");
    }

    @Bean
    public MongoTemplate mongoTemplate() {
      return new MongoTemplate(mongoDbFactory());
    }
  }
```

@EnableMongoRepositories 애너테이션은 애플리케이션에서 스프링 데이터 몽고DB를 활성화한다. basePackages 속성은 스프링 데이터 리포지터리를 찾기 위해 스캔할 패키지를 지정하고, 스프링 데이터는 속성에 지정한 패키지에서 찾은 리포지터리에 해당하는 프록시를 생성한다. @EnableAsync 애너테이션은 스프링의 @Async 애너테이션 지원을 활성화한다.

@Bean을 설정한 mongoClient 메서드는 애플리케이션이 몽고DB 데이터베이스에 연결할 때 사용할 MongoClient 인스턴스를 만든다. MongoClient 생성자는 몽고DB 인스턴스가 실행 중인 서버 이름을 인수로 받는다. 여기서는 몽고DB 인스턴스를 로컬에서 실행하고 있으므로 localhost를 MongoClient 생성자 인수로 넘겼다. 기본적으로는 몽고DB 인스턴스가 27017번 포트에서 리슨하는 중이라고 가정한다. 몽고DB가 다른 포트를 사용한다면 mongoClient 생성자 인수로 포트 번호를 다음과 같이 추가한다.

```
new MongoClient("localhost", 27018);
```

@Bean을 설정한 mongoDbFactory 메서드는 SimpleMongoDbFactory 팩토리 인스턴스를 만든다. SimpleMongoDbFactory는 몽고DB에 저장된 데이터베이스에 대한 클라이언트 쪽 표현을 만들어준다. SimpleMongoDbFactory 생성자는 MongoClient 인스턴스와 클라이언트 쪽 표현을 만들려는 몽고DB 데이터베이스 이름(여기서는 test)을 인수로 받는다. SimpleMongoDbFactory는 MongoDbFactory 인터페이스를 구현한다.

@Bean을 설정한 mongoTemplate 메서드는 몽고DB에 있는 데이터베이스와 상호 작용하기 위한 연산을 제공하는 MongoTemplate 인스턴스를 반환한다. 예를 들어 MongoTemplate을 사용해 컬렉션에 저장된 도큐먼트에 대한 CRUD 연산을 수행할 수 있다. MongoTemplate 생

성자는 MongoTemplate이 상호 작용할 데이터베이스를 식별하는 MongoDbFactory 인스턴스를 인수로 받는다. MongoTemplate 클래스는 MongoOperations 인터페이스를 구현하며, MongoConverter 객체를 사용해서 도메인 객체를 몽고DB 도큐먼트로 변환하거나 역방향으로 변환한다.

9.6.3 스프링 데이터 몽고DB 설정하기 – XML 기반 설정

ch09-springdata-mongo 프로젝트에는 DatabaseConfig 클래스 대신 애플리케이션 설정에 사용하는 XML 파일도 들어 있다. 다음 XML 파일을 살펴보자.

예제 9-31 스프링 데이터 몽고DB 설정

```
#프로젝트 - ch09-springdata-mongo
#META-INF/spring/applicationContext.xml

<beans .....
    xmlns:mongo="http://www.springframework.org/schema/data/mongo"
    xsi:schemaLocation=".....http://www.springframework.org/schema/data/mongo
      http://www.springframework.org/schema/data/mongo/spring-mongo.xsd">

  <mongo:repositories base-package="sample.spring" />
  <mongo:mongo-client host="localhost" port="27017" />
  <mongo:db-factory dbname="test" mongo-ref="mongoClient" />
  <mongo:template db-factory-ref="mongoDbFactory"/>
  .....
</beans>
```

이 예제에서 <repositories> 엘리먼트는 스프링 데이터 몽고DB 리포지터리에 대한 지원을 활성화한다. <mongo-client> 엘리먼트는 MongoClient 인스턴스를 생성하고, 인스턴스를 mongoClient 빈으로 등록한다. <db-factory> 엘리먼트는 MongoDbFactory의 인스턴스를 만들고 mongoDbFactory 빈으로 등록한다. <template> 엘리먼트는 주어진 MongoDbFactory 인스턴스에 대한 MongoTemplate 인스턴스를 만든다.

이제 몽고DB 데이터베이스와 상호 작용하는 커스텀 스프링 데이터 리포지터리를 만드는 방법을 살펴보자.

9.6.4 커스텀 리포지터리 만들기

커스텀 리포지터리를 만들려면 데이터베이스에 중립적인 리포지터리 인터페이스(Repository, CrudRepository, PagingAndSortingRepository)를 사용하거나, 몽고DB용 MongoRepository 인터페이스(스프링 데이터 몽고DB가 제공)를 사용할 수 있다. JpaRepository 인터페이스와 마찬가지로 MongoRepository 인터페이스도 PagingAndSortingRepository와 QueryByExampleExecutor 인터페이스를 확장한다.

다음 예제는 스프링 데이터의 MongoRepository와 QuerydslPredicateExecutor 인터페이스, 커스텀 BankAccountRepositoryCustom 인터페이스를 확장한 BankAccountRepository 인터페이스를 보여준다.

예제 9-32 BankAccountRepository 클래스

```
#프로젝트 - ch09-springdata-mongo
#src/main/java/sample/spring/chapter09/bankapp/repository

package sample.spring.chapter09.bankapp.repository;
import org.springframework.data.mongodb.repository.MongoRepository;
import org.springframework.data.mongodb.repository.Query;
import org.springframework.data.querydsl.QuerydslPredicateExecutor;
import org.springframework.scheduling.annotation.Async;
.....
public interface BankAccountRepository
    extends MongoRepository<BankAccountDetails, String>,
      QuerydslPredicateExecutor<BankAccountDetails>, BankAccountRepositoryCustom {

  .....
  List<BankAccountDetails> findByFixedDepositsTenureAndFixedDepositsFdAmount
                              (int tenure, int fdAmount);

  @Async
  CompletableFuture<List<BankAccountDetails>> findAllByBalanceGreaterThan(int balance);

  @Query("{'balance' : {'$lte' : ?0} }")
  List<BankAccountDetails> findByCustomQuery(int balance);
}
```

BankAccountRepository는 BankAccountDetails 엔티티를 반환하는 검색 메서드를 선언한

다. 스프링 데이터 JPA와 스프링 데이터 몽고DB로 개발한 리포지터리 사이에는 공통점이 아주 많다.

* 질의 메서드에 @Async를 설정해 질의를 비동기적으로 실행할 수 있다. [예제 9-32]에서 findAllByBalanceGreatherThan 메서드는 비동기로 실행된다.
* 질의 메서드에 @Query를 사용해서 커스텀 질의를 지정할 수 있다. [예제 9-32]에서 findByCustomQuery 메서드를 호출하면 @Query를 사용해서 정의한 질의가 실행된다.
* 질의 결과를 스트림화하기 위해 질의 메서드가 Stream<T>를 반환하게 선언할 수 있다.
* 질의 메서드가 도큐먼트에 접근할 때 페이지 단위로 접근할 수 있도록 질의 메서드에 Pageable 인수를 넘길 수 있다.
* 질의 메서드가 질의에 정렬을 추가하게 하기 위해 Sort 인수를 넘길 수 있다.

BankAccountDetails에서 FixedDepositDetails 리스트가 들어 있는 fixedDeposits 필드를 정의하기 때문에 findByFixedDepositsTenureAndFixedDepositsFdAmount를 사용하면 BankAccountDetails 객체에 들어 있는 FixedDepositDetails의 tenure와 fdAmount 필드를 기준으로 BankAccountDetails를 찾을 수 있다. 이 메서드는 엔티티를 찾기 위해 내포된 프로퍼티를 활용하는 검색 메서드를 선언하는 방법을 보여준다.

이제 BankAccountRepository에 subtractFromAccount라는 커스텀 메서드를 추가하는 방법을 살펴보자.

9.6.5 리포지터리에 커스텀 메서드 추가하기

몽고DB 리포지터리에도 JPA 리포지터리에 커스텀 메서드를 더할 때(9.3절 참조)와 같은 과정을 거쳐서 커스텀 메서드를 추가할 수 있다. BankAccountRepository에 subtractFromAccount 메서드를 추가할 때 사용한 절차는 다음과 같다.

* subtractFromAccount 커스텀 메서드를 선언하는 BankAccountRepositoryCustom 인터페이스를 정의한다.
* BankAccountRepositoryCustom에 대한 구현을 제공한다.
* BankAccountRepository가 BankAccountRepositoryCustom 인터페이스를 확장하게 만든다.

다음 예제는 BankAccountRepositoryCustom 인터페이스를 구현하는 BankAccountRepositoryImpl 클래스다.

예제 9-33 BankAccountRepositoryImpl 클래스

```
#프로젝트 - ch09-springdata-mongo
#src/main/java/sample/spring/chapter09/bankapp/repository

package sample.spring.chapter09.bankapp.repository;
import org.springframework.data.mongodb.core.MongoOperations;
.....
public class BankAccountRepositoryImpl implements BankAccountRepositoryCustom {
  @Autowired
  private MongoOperations mongoOperations;

  @Override
  public void subtractFromAccount(String bankAccountId, int amount) {
    BankAccountDetails bankAccountDetails =
        mongoOperations.findById(bankAccountId, BankAccountDetails.class);
    if (bankAccountDetails.getBalance() < amount) {
      throw new RuntimeException("Insufficient balance amount in bank account");
    }
    bankAccountDetails.setBalance(bankAccountDetails.getBalance() - amount);
    mongoOperations.save(bankAccountDetails);
  }
}
```

스프링 데이터는 자동으로 BankAccountRepositoryImpl을 선택하며 BankAccountRepositoryImpl을 다른 스프링 빈과 마찬가지로 취급한다. 자동 연결된 MongoOperations는 이전에 설정한 내용이며(예제 9-30, 9-31 참조), 이를 사용해 BankAccountDetails의 balance 필드에서 정기 예금액을 차감한다. 이 예제는 스프링 데이터 몽고DB를 사용하는 경우에도 직접 MongoOperations를 사용해 몽고DB와 상호 작용할 수 있다는 유연성을 보여준다.

이제 Querydsl을 사용해 질의를 만드는 방법을 살펴보자.

9.6.6 Querydsl을 사용해 질의 만들기

스프링 데이터 JPA와 마찬가지로 Querydsl을 사용해 몽고DB에서 도큐먼트를 가져오는 질의

를 만들 수 있다.

> **NOTE_** Querydsl을 사용하기 위해 ch09-springdata-mongo의 pom.xml에는 querydsl-mongodb와 querydsl-apt JAR 버전 4.1.3에 대한 의존 관계가 들어 있다.

spring-data-mongodb JAR에는 애플리케이션의 @Document를 설정한 엔티티에 대한 메타 모델 클래스를 생성하는 MongoAnnotationProcessor 클래스(애너테이션 프로세서)가 들어 있다. 메이븐 컴파일러 플러그인이 컴파일 시점에 MongoAnnotationProcessor를 실행해서 메타 모델 클래스를 생성한다. ch09-springdata-mongo 프로젝트의 pom.xml을 보면 메이븐 컴파일러 플러그인을 설정하는 방법에 대해 알 수 있다.

> **NOTE_** 생성된 메타 모델 클래스에는 JSR 250 @Generated가 설정되고 ch09-springdata-mongodb 프로젝트의 pom.xml 파일에는 jsr250-api JAR 파일에 대한 의존 관계가 들어 있다. 그리고 ch09-springdata-mongodb 프로젝트가 이클립스 IDE에서 컴파일 오류를 표시하지 않게 하려면 target/generated-sources/annotations 디렉터리를 소스 폴더(source folder)로 지정한다.

다음 예제는 Querydsl을 사용해 현재 유효하며 예금액이 1000 이상이고 만기가 6개월에서 12개월 사이인 정기 예금을 읽어오는 BankAccountServiceImpl의 getHighValueFds 메서드를 보여준다.

예제 9-34 BankAccountServiceImpl의 getHighValueFds 메서드

```
#프로젝트 - ch09-springdata-mongo
#src/main/java/sample/spring/chapter09/bankapp/repository

public Iterable<BankAccountDetails> getHighValueFds() {
  Predicate whereClause =
      QBankAccountDetails.bankAccountDetails.fixedDeposits.any().active.eq("Y")
    .and(QBankAccountDetails.bankAccountDetails.fixedDeposits.any().fdAmount.gt(1000))
    .and(QBankAccountDetails.bankAccountDetails.fixedDeposits.any().tenure.between(6, 12));
  return bankAccountRepository.findAll(whereClause);
}
```

QBankAccountDetails 클래스는 BankAccountDetails에 해당하는 메타 모델 클래스다.

BankAccountDetails의 fixedDeposits 필드는 FixedDepositDetails 객체의 리스트를 가리킨다. 이 질의는 BankAccountDetails에 내포된 FixedDepositDetails 컬렉션에서 active, fdAmount, tenure 필드 중 하나라도 일치하는 BankAccountDetails를 찾는다. 이때 any() 메서드가 적용된 필드 중 하나 이상을 BankAccountDetails가 만족하면 된다.

9.6.7 예제를 통한 질의를 사용해 질의 만들기

MongoRepository가 QueryByExampleExecutor 인터페이스를 확장하므로 몽고DB 도큐먼트에 대해 질의하기 위해서 예제를 통한 질의를 사용할 수도 있다. 여기서는 예제를 통한 질의를 통해 어떻게 어떤 FixedDepositDetails와도 관련이 없는 BankAccountDetails를 가져올 수 있는지 살펴본다.

다음 예제는 BankAccountDetails 클래스다.

예제 9-35 BankAccountDetails 클래스

```
#프로젝트 - ch09-springdata-mongo
#src/main/java/sample/spring/chapter09/bankapp/domain

package sample.spring.chapter09.bankapp.domain;
.....
@Document(collection = "bankaccounts")
public class BankAccountDetails {
  .....
  private List<FixedDepositDetails> fixedDeposits;

  public BankAccountDetails() {
    fixedDeposits = new ArrayList<>();
  }
  .....
}
```

BankAccountDetails에는 FixedDepositDetails 객체의 리스트가 들어 있는 fixedDeposits 필드 정의가 있다. BankAccountDetails 생성자는 fixedDeposits 필드를 빈 ArrayList로 초기화한다.

다음 예제는 포함된 정기 예금이 하나도 없는 BankAccountDetails를 읽는 BankAccountServiceImpl의 getAllBankAccountsWithoutFds 메서드다.

예제 9-36 BankAccountServiceImpl의 getAllBankAccountsWithoutFds 메서드

```
#프로젝트 - ch09-springdata-mongo
#src/main/java/sample/spring/chapter09/bankapp/service

public Iterable<BankAccountDetails> getAllBankAccountsWithoutFds() {
  BankAccountDetails bankAccountDetails = new BankAccountDetails();
  ExampleMatcher matcher = ExampleMatcher.matching().withIgnorePaths("accountId",
     "balance", "lastTransactionTimestamp");
  Example<BankAccountDetails> example = Example.of(bankAccountDetails, matcher);
  return bankAccountRepository.findAll(example);
}
```

정기 예금이 하나도 없는 BankAccountDetails를 얻기 위해, 빈 fixedDeposits 리스트가 있는 BankAccountDetails 인스턴스를 만든다. BankAccountDetails에 대해 질의할 때 accountId, balance, lastTransctionTimestamp 필드를 고려하지 않을 것이므로 ExampleMatcher를 사용해서 세 필드를 무시하도록 지정한다.

9.7 요약

이번 장은 스프링 데이터 JPA와 스프링 데이터 몽고DB 프로젝트를 사용해 애플리케이션의 리포지터리 레이어를 만드는 방법을 살펴봤다. 이번 장에서 다룬 핵심 개념은 (전부는 아닐지 몰라도) 대부분의 스프링 데이터 프로젝트가 따르는 개념이다. 예를 들어 Neo4j 그래프 데이터베이스를 다룰 때도 스프링 데이터 Neo4j의 GraphRepository를 사용해 커스텀 리포지터리를 만들 수 있다. 스프링 데이터 JPA와 스프링 데이터 몽고DB 프로젝트를 더 자세히 알고 싶은 독자는 두 프로젝트의 참조 문서나 API를 살펴보자.

CHAPTER 10

스프링을 사용한 메시징, 전자우편, 비동기 메시지 실행, 캐싱

10.1 소개

실제 애플리케이션은 하나 이상의 데이터베이스와 상호 작용하면서 데이터를 저장하거나 읽는 것 외에도 훨씬 다양한 일을 처리한다. 이번 장은 실제 애플리케이션에 필요한 기능을 다룬다.

스프링이 다음 작업을 얼마나 단순하게 처리하는지 살펴보자.

- ActiveMQ 등의 JMS 프로바이더를 사용해 JMS 메시지 주고받기
- 전자우편 메시지 보내기
- 비동기적으로 메서드 실행하기
- 캐시에 데이터를 저장하고 가져오기

먼저 이번 장에서 구현할 MyBank 애플리케이션의 요구 사항을 살펴보자.

10.2 MyBank 애플리케이션의 요구 사항

MyBank 애플리케이션은 고객이 정기 예금을 개설하고 자신이 보유한 정기 예금의 상세 정보를 읽을 수 있다. [그림 10-1]은 고객이 새로운 정기 예금을 개설할 때 일어나는 이벤트 순서를 보여준다.

그림 10-1 새로운 정기 예금을 개설할 때 MyBank 애플리케이션의 동작 순서

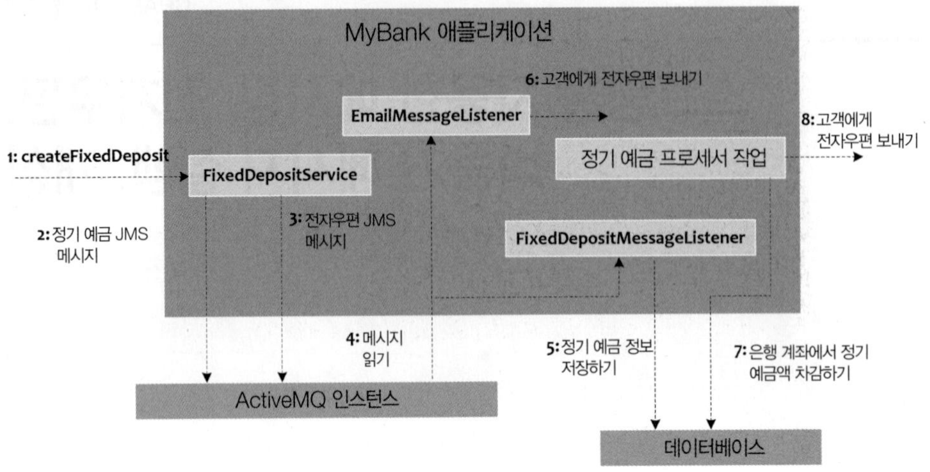

먼저 FixedDepositService의 createFixedDeposit 메서드가 호출되면 ActiveMQ 인스턴스로 2개의 JMS 메시지를 보낸다. 한 메시지에는 고객의 전자우편 ID가 담겨 있고, 다른 메시지에는 정기 우편 정보가 담겨 있다. EmailMessageListener는 고객의 전자우편 ID가 담겨 있는 JMS 메시지를 읽고 고객에게 정기 예금 개설 요청이 왔다는 사실을 알리는 전자우편을 보낸다.

FixedDepositMessageListener는 정기 예금 정보가 들어 있는 JMS 메시지를 읽고 데이터베이스에 정기 예금 정보를 저장한다.

스케줄된 작업은 매 5초마다 실행되면서 데이터베이스에 새로운 정기 예금이 생겼는지 검사한다. 작업 중에 새로운 정기 예금을 발견하면 정기 예금액을 고객의 은행 계좌 잔액에서 차감하고 고객에게 정기 예금 요청이 성공적으로 처리됐음을 알리는 전자우편을 보낸다.

다음 다이어그램은 FixedDepositService의 findFixedDepositsByBankAccount 메서드가 호출되어 은행 계좌에 속한 모든 정기 예금을 읽는 경우를 보여준다.

그림 10-2 정기 예금 정보를 요청한 경우 MyBank 애플리케이션의 동작 순서

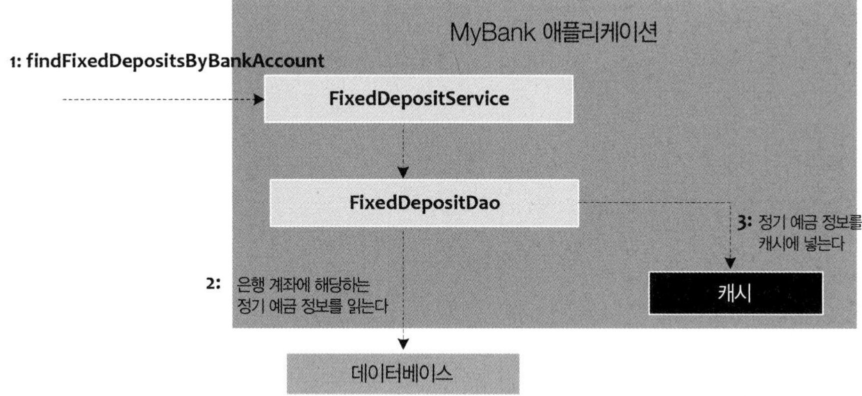

이 그림은 FixedDepositService의 findFixedDepositsByBankAccount 메서드가 호출됨에 따라 정기 예금 정보를 데이터베이스에서 가져와서 메모리에 캐싱하는 과정을 보여준다. 여러분이 FixedDepositService의 findFixedDepositsByBankAccount 메서드를 다시 호출하면 정기 예금 정보를 데이터베이스에서 가져오지 않고 캐시에서 가져온다.

이제 MyBank 애플리케이션이 스프링을 사용해 ActiveMQ에 설정한 JMS 목적지로 JMS 메시지를 어떻게 보내는지 살펴보자.

IMPORT chapter 10/ch10-bankapp과 ch10-bankapp-javaconfig

ch10-bankapp 프로젝트는 이번 장에서 설명한 MyBank 요구 사항을 구현한다. ch10-bankapp-javaconfig 프로젝트는 자바 기반 설정을 사용해 애플리케이션을 설정하도록 ch10-bankapp 프로젝트를 변경한 버전이다.

ch10-bankapp과 ch10-bankapp-javaconfig 프로젝트 설정 방법: 이번 장을 최대한 활용하려면 MySQL 데이터베이스를 설치하고 ch10-bankapp 프로젝트의 sql 폴더에 있는 spring_bank_app_db.sql SQL 스크립트를 실행한다. spring_bank_app_db.sql 스크립트는 실행 시 SPRING_BANK_APP_DB 데이터베이스를 생성하고, 데이터베이스에 BANK_ACCOUNT_DETAILS와 FIXED_DEPOSIT_DETAILS 테이블을 추가한다.

각 프로젝트의 프로퍼티(src/main/resources/META-INF/spring/database.properties)는 설치한 MySQL을 가리키도록 수정한다. 전자우편 관련 기능이 제대로 작동하기 위해서는 src/main/resources/MET-AINF/spring/email.properties 파일이 전자우편을 전송할 때 사용할 전자우편 서버와 전자우편 계정을 지정하도록 수정한다. 그리고 BankApp 클래스를 수

정해서 전자우편을 받을 고객의 전자우편 ID를 지정한다.

NOTE_ 전자우편을 보내기 위해 Gmail 계정을 사용하고 싶은 독자는 https://myaccount.google.com/lesssecureapps에서 'Allow less secure apps' 옵션을 ON해야 한다.

10.3 JMS 메시지 보내기

스프링은 JMS API 위에 추상화 레이어를 제공함으로써 JMS 프로바이더와의 상호 작용을 더 쉽게 만들어준다. MyBank 애플리케이션의 경우 이번 절은 스프링을 사용해 동기적으로나 비동기적으로 ActiveMQ 브로커에게 메시지를 어떻게 주고받는지 보여준다. 단순화를 위해 ch10-bankapp 프로젝트에서 ActiveMQ 브로커를 내장embedded 모드로 실행한다. ActiveMQ 브로커를 내장 모드로 실행하기 위해 ch10-bankapp의 pom.XML에는 ActiveMQ-broker.jar와 ActiveMQ-kahadbstore.jar 파일에 대한 의존 관계가 들어 있다. 스프링에서 JMS 지원 클래스는 spring-jms 모듈에 정의한다. 따라서 pom.XML 파일에는 스프링 JMS 지원을 위해 spring-jms.jar 파일에 대한 의존 관계도 들어 있다.

10.3.1 ActiveMQ 브로커를 내장 모드에서 실행하도록 설정하기

내장된 ActiveMQ 브로커는 애플리케이션과 같은 JVM에서 실행된다. ActiveMQ의 XML 스키마(ActiveMQ-spring.jar 파일에는 ActiveMQ-core.xsd가 들어 있다)를 사용해 ActiveMQ 브로커를 내장 모드로 스프링 애플리케이션에 설정할 수 있다. 다음 예제는 MyBank 애플리케이션에서 ActiveMQ의 XML 스키마를 사용해 내장 ActiveMQ 브로커를 어떻게 설정하는지 보여준다.

예제 10-1 applicationContext.xml – 내장 ActiveMQ 브로커 설정

```
#프로젝트 - ch10-bankapp
#src/main/resources/META-INF/spring

<beans .....
```

```
  xmlns:amq="http://activemq.apache.org/schema/core"
  xsi:schemaLocation=".....http://activemq.apache.org/schema/core
    http://activemq.apache.org/schema/core/activemq-core.xsd.....">

  <amq:broker>
    <amq:transportConnectors>
      <amq:transportConnector uri="tcp://localhost:61616" />
    </amq:transportConnectors>
  </amq:broker>
  .....
</beans>
```

이 예제에서 amq 이름공간은 내장 ActiveMQ 브로커를 설정할 때 사용할 수 있는 ActiveMQ의 XML 스키마를 가리킨다. <broker> 엘리먼트는 localhost라는 이름으로 내장 ActiveMQ 브로커를 설정한다. <transportConnectors> 엘리먼트는 내장 ActiveMQ 브로커가 클라이언트 연결을 허용할 전송 커넥터transport connector를 지정한다. 이 예제에서는 <transportConnectors>의 하위 엘리먼트인 <transportConnector>를 사용해 클라이언트가 TCP 소켓을 통해 61616번 포트로 내장 ActiveMQ 브로커에 접속할 수 있도록 지정한다.

> **NOTE_** 자바 기반 설정 방식에서는 ActiveMQ의 BrokerService를 사용해 내장 ActiveMQ 브로커를 설정할 수 있다. 예를 들어 ch10-bankapp-javaconfig 프로젝트의 JmsConfig 클래스에는 ActiveMQ의 BrokerService 클래스를 사용해 내장 ActiveMQ 브로커를 설정하는 brokerService 메서드 정의가 들어 있다.

이제 내장 ActiveMQ 인스턴스에 대한 연결을 생성하는 JMSConnectionFactory 설정 방법에 대해 살펴보자.

10.3.2 JMSConnectionFactory 설정하기

다음 예제는 XML 파일 안에서 JMSConnectionFactory를 설정하는 방법이다.

예제 10-2 applicationContext.xml – JMSConnectionFactory 설정

```
#프로젝트 - ch10-bankapp
#src/main/resources/META-INF/spring
```

```
<beans .....
  xmlns:amq="http://activemq.apache.org/schema/core"
  xsi:schemaLocation=".....http://activemq.apache.org/schema/core
    http://activemq.apache.org/schema/core/activemq-core.xsd.....">
  .....
  <amq:connectionFactory brokerURL="vm://localhost" id="jmsFactory">
    <amq:trustedPackages>
      <value>sample.spring.chapter10.bankapp.domain</value>
      <value>java.util</value>
    </amq:trustedPackages>
  </amq:connectionFactory>
  <bean class="org.springframework.jms.connection.CachingConnectionFactory"
      id="cachingConnectionFactory">
    <property name="targetConnectionFactory" ref="jmsFactory" />
  </bean>
.....
</beans>
```

[예제 10-2]에서 amq 스키마의 <ConnectionFactory> 엘리먼트는 내장 ActiveMQ 인스턴스에 대한 연결을 생성할 때 사용할 JMSConnectionFactory 인스턴스를 만든다(예제 10-1 참조). brokerURL 속성은 ActiveMQ 브로커에 연결할 때 사용할 URL을 지정한다. 여기서는 내장 ActiveMQ 브로커를 사용하기 때문에 brokerURL에는 ActiveMQ 브로커 인스턴스에 연결하기 위해 VM 프로토콜(vm://으로 표시함)을 사용해야 한다는 설정이 들어 있다.

> **NOTE_** 자바 기반 설정 방식에서는 ActiveMQConnectionFactory를 사용해 내장 ActiveMQ에 대한 ConnectionFactory를 설정할 수 있다. ch10-bankapp-javaconfig 프로젝트에서 JmsConfig의 connectionFactory 메서드가 ActiveMQConnectionFactory를 설정한다.

JMS에서는 ObjectMessage를 통해 직렬화한 객체를 주고받는다. trustedPackages로 신뢰할 수 있다고 명시한 패키지에 속하는 객체만 JMS ObjectMessage를 통해 교환할 수 있다. ch10-bankapp 프로젝트에서 sample.spring.chapter10.bankapp.domain 패키지에 속한 FixedDepositDetails 객체는 ObjectMessage를 통해 교환한다. 또, FixedDepositDetails 클래스에는 java.util.Date 타입의 필드 정의가 들어 있다. ActiveMQ가 sample.spring.chapter10.bankapp.domain과 java.util 패키지를 모두 신뢰하지 않으므로, <trustedPackages> 엘리먼트를 사용하여 ObjectMessage를 통해 교환할 객체가 들어 있는 신뢰할 수 있는 패키지로 두 패키지 모두 지정해야 한다.

스프링 CachingConnectionFactory는 JMSConnectionFactory(targetConnectionFactory 프로퍼티로 지정)에 대한 어댑터adapter이며, JMS Session, MessageProducer, MessageConsumer 인스턴스를 캐시하는 추가 기능을 제공한다.

이제 스프링 JmsTemplate 클래스를 사용해 JMS 메시지를 보내는 방법을 살펴보자.

10.3.3 JmsTemplate 클래스를 사용해 JMS 메시지 보내기

스프링 JmsTemplate 클래스는 JMS 메시지를 비동기적으로 편하게 주고받는다. TransactionTemplate(8.5절)이나 JdbcTemplate(8.3절) 클래스와 마찬가지로 JmsTemplate 클래스는 저수준 JMS API를 다루지 않아도 되도록 추상화 레이어를 제공한다.

다음 예제는 ch10-bankapp 프로젝트의 XML 파일에서 내장 ActiveMQ 인스턴스를 통해 메시지를 보내도록 JmsTemplate 클래스를 설정하는 방법이다.

예제 10-3 applicationContext.xml – JmsTemplate 설정

```
#프로젝트 - ch10-bankapp
#src/main/resources/META-INF/spring

<beans .....
  xmlns:amq="http://activemq.apache.org/schema/core"
  xsi:schemaLocation=".....http://activemq.apache.org/schema/core
    http://activemq.apache.org/schema/core/activemq-core.xsd.....">
  .....
  <bean class="org.springframework.jms.core.JmsTemplate" id="JmsTemplate">
    <property name="connectionFactory" ref="cachingConnectionFactory" />
    <property name="defaultDestination" ref="fixedDepositDestination" />
  </bean>

  <amq:queue id="fixedDepositDestination" physicalName="aQueueDestination" />
  <amq:queue id="emailQueueDestination" physicalName="emailQueueDestination" />
  .....
</beans>
```

JmsTemplate의 ConnectionFactory 프로퍼티는 JMS 프로바이더에 연결을 만들 때 사용할 JMSConnectionFactory를 지정한다. JmsTemplate의 defaultDestination 프로퍼티

는 JmsTemplate이 JMS 메시지를 보낼 디폴트 JMS 목적지를 지정한다. [예제 10-3]에서 ConnectionFactory 프로퍼티는 CachingConnectionFactory 인스턴스(예제 10-2 참조)를 가리키며, defaultDestination 프로퍼티는 amq 스키마의 <queue> 엘리먼트로 만든 JMS 대기열을 참조한다.

amq 스키마의 <queue> 엘리먼트는 JMS 대기열을 ActiveMQ에 만든다. [예제 10-3]에서 첫 번째 <queue> 엘리먼트는 aQueueDestination이라는 이름의 JMS 대기열을 만들고, 두번째 <queue> 엘리먼트는 emailQueueDestination이라는 이름의 대기열을 만든다. physicalName 속성은 ActiveMQ에 만들어질 JMS 대기열 이름을 가리키고, id 속성은 스프링 컨테이너에서 다른 빈들이 JMS 대기열에 접근할 때 사용할 이름을 가리킨다. [예제 10-3]에서 JmsTemplate의 defaultDestination 프로퍼티는 aQueueDestination이라는 JMS 목적지를 만들어낸 엘리먼트의 id 속성을 참조한다. 따라서 aQueueDestination은 이 JmsTemplate 인스턴스가 JMS 메시지를 보내는 디폴트 목적지다.

JmsTemplate이 사용하는 JMS Session은 자동 통지[auto-acknowledge]로 통지[acknowledgement] 모드가 설정되며, 근본적으로 트랜잭션적이지 않다. 여러 메시지를 트랜잭션 안에서 주고받으려면 트랜잭션적인 JMS Session 사용을 고려해야 한다. 트랜잭션이 커밋되면 만들어진 모든 메시지가 전송되고, 소비한 모든 메시지에 대해 통지를 보낸다. 트랜잭션 롤백이 일어나면 만들어진 메시지는 파괴되고, 소비한 메시지는 재배달된다. JmsTemplate이 트랜잭션적인 Session을 사용하려면 JmsTemplate의 transacted 프로퍼티를 true로 설정한다.

트랜잭션적인 Session을 얻기 위해 JmsTemplate의 transacted 프로퍼티를 true로 설정하는 대신, 스프링의 JmsTransactionManager와 JmsTemplate을 함께 사용할 수도 있다. JmsTransactionManager를 사용하면 항상 트랜잭션적인 JMS Session을 얻도록 보장받을 수 있다. JmsTransactionManager를 사용하면 스프링의 트랜잭션 관리 추상화를 활용할 수 있다는 이점이 있다.

이제 JmsTransactionManager를 설정하는 방법을 살펴보고, JmsTemplate을 사용해 트랜잭션 안에서 JMS 메시지를 보내는 방법에 대해서도 알아보자.

10.3.4 트랜잭션 안에서 JMS 메시지 보내기

8장에서 스프링이 자원에 맞춰 트랜잭션 관리를 제공하는 PlatformTransactionManager 구현을 몇 가지 제공한다고 설명했다. JMS 애플리케이션에서는 스프링 JmsTransactionManager (PlatformTransactionManager 구현) 클래스를 사용해 한 JMSConnectionFactory에 대한 트랜잭션을 관리할 수 있다. JmsTransactionManager가 PlatformTransactionManager를 구현하므로 TransactionTemplate을 사용해 프로그램으로 JMS 트랜잭션을 제어하거나, @Transactional 애너테이션을 사용해 선언적으로 JMS 트랜잭션을 관리할 수 있다.

다음 예제는 스프링 JmsTransactionManager를 XML 파일에 설정하는 방법이다.

예제 10-4 applicationContext.xml – JmsTransactionManager 설정

```
#프로젝트 - ch10-bankapp
#src/main/resources/META-INF/spring

<tx:annotation-driven />

<bean id="jmsTxManager"
    class="org.springframework.jms.connection.JmsTransactionManager">
  <property name="connectionFactory" ref="cachingConnectionFactory" />
</bean>
```

JmsTransactionManager의 ConnectionFactory 프로퍼티는 JmsTransactionManager가 트랜잭션을 관리해줄 대상 JMSConnectionFactory에 대한 참조를 지정한다. 이 예제에서 ConnectionFactory 프로퍼티는 CachingConnectionFactory 빈(예제 10-2)을 가리킨다. CachingConnectionFactory가 JMS Session을 캐시에 넣기 때문에, CachingConnectionFactory를 JmsTransactionManager와 함께 사용하면 자원 사용률을 낮출 수 있다. 스프링 tx 스키마의 <annotation-driven> 엘리먼트는 애플리케이션이 선언적인 트랜잭션 관리를 사용하도록 지정한다. 애플리케이션이 데이터베이스 트랜잭션을 관리하기 위해 DataSourceTransactionManager도 사용하므로, <annotation-driven> 엘리먼트는 JmsTransactionManager 빈을 참조하지 않는다.

[예제 10-5]는 JmsTemplate을 사용해 내장 ActiveMQ 브로커에게 메시지를 보내는 FixedDepositServiceImpl 클래스다.

예제 10-5 FixedDepositServiceImpl 클래스 – JmsTemplate을 사용해 JMS 메시지 보내기

```
#프로젝트 - ch10-bankapp
#src/main/java/sample/spring/chapter10/bankapp/service

package sample.spring.chapter10.bankapp.service;
import javax.jms.*;
import org.springframework.jms.core.JmsTemplate;
import org.springframework.jms.core.MessageCreator;

@Service(value = "fixedDepositService")
public class FixedDepositServiceImpl implements FixedDepositService {
  @Autowired
  private JmsTemplate JmsTemplate;
  .....
  @Override
  @Transactional("jmsTxManager")
  public void createFixedDeposit(final FixedDepositDetails fixedDepositDetails)
      throws Exception {

    JmsTemplate.send("emailQueueDestination", new MessageCreator() {
      public Message createMessage(Session session) throws JMSException {
        TextMessage textMessage = session.createTextMessage();
        textMessage.setText(fixedDepositDetails.getEmail());
        return textMessage;
      }
    });
    // --이 JMS 메시지가 JmsTemplate에 설정한 디폴트 목적지에 전달된다
    JmsTemplate.send(new MessageCreator() {
      public Message createMessage(Session session) throws JMSException {
        ObjectMessage objectMessage = session.createObjectMessage();
        objectMessage.setObject(fixedDepositDetails);
        return objectMessage;
      }
    });
  }
  .....
}
```

이 예제는 JmsTemplate의 send 메서드를 사용해 emailQueueDestination과 aQueue Destination JMS 목적지에 메시지를 보내는 모습을 보여준다. XML 파일에 두 JMS 목적지를 어떻게 설정하는지 보려면 [예제 10-3]을 보자. JmsTemplate의 send 메서드에 전달하는

JMS 목적지 이름은 스프링 DynamicDestinationResolver 인스턴스(스프링 DestinationResolver 인터페이스를 구현)에 의해 실제 JMS Destination 객체로 변환된다. amq 스키마의 <queue>(또는 <topic>) 엘리먼트를 사용해 XML 파일에 JMS 목적지를 설정했다면, JmsTemplate의 send 메서드에 전달할 JMS 목적지 이름은 <queue>(또는 <topic>) 엘리먼트의 id 속성값이다. 예를 들어 메시지를 aQueueDestination 목적지(예제 10-3 참조)로 보낸다면, send에 전달할 목적지 이름은 fixedDepositDestination이 된다.

[예제 10-5]에서 FixedDepositServiceImpl의 createFixedDeposit 메서드에는 @Transactional("jmsTxManager")가 설정되어 있다. 이는 createFixedDeposit 메서드를 트랜잭션 안에서 실행하며, 트랜잭션을 jmsTxManager 트랜잭션 매니저(jmsTxManager 설정은 예제 10-4 참조)로 관리한다는 뜻이다. JmsTemplate의 send 메시지는 JMS 목적지 이름과 MessageCreator 인스턴스를 인수로 받는다. 여러분이 JMS 목적지를 지정하지 않으면 send 메서드는 메시지를 보낼 때 defaultDestination 프로퍼티(예제 10-3 참조)를 통해 JmsTemplate에 설정해둔 디폴트 목적지를 사용한다.

MessageCreator의 createMessage 메서드에서는 보내려는 JMS 메시지를 만든다. JMS API가 던지는 예외를 명시적으로 처리할 필요는 없다. JmsTemplate이 예외를 알아서 처리한다. [예제 10-5]는 JmsTemplate을 사용하는 경우 ConnectionFactory에서 Connection을 명시적으로 가져오거나, Connection에서 Session을 만드는 등의 일을 하지 않아도 된다는 사실을 보여준다. 이는 JmsTemplate을 사용하면 저수준 JMS API의 세부 사항에 신경을 쓰지 않아도 된다는 뜻이다.

[예제 10-5]는 TextMessage와 ObjectMessage 인스턴스는 JMS 메시지를 나타낸다. TextMessage와 ObjectMessage 클래스는 모두 javax.jms.Message 인터페이스를 구현한다. ch10-bankapp 프로젝트에서는 정기 예금을 개설하려는 고객의 전자우편 ID(간단한 문자열값)를 보내기 위해 TextMessage 인터페이스를 사용하고, 정기 예금이 들어 있는 FixedDepositDetails 객체(Serializable 객체)를 보내기 위해 ObjectMessage 인스턴스를 사용한다. FixedDepositServiceImpl의 createFixedDeposit 메서드가 JMS 트랜잭션 안에서 실행되기 때문에 두 메시지가 모두 ActiveMQ 인스턴스에게 전달되거나, 아무 것도 전달되지 않는다.

@Transactional 애너테이션을 사용하는 대신, TransactionTemplate 클래스(8장 8.5절

참조)를 사용해 프로그램으로 JMS 트랜잭션을 관리할 수도 있다. 다음 예제는 TransactionTemplate이 트랜잭션 관리를 위해 JmsTransactionManager를 사용하도록 설정하는 방법을 보여준다.

예제 10-6 TransactionTemplate 설정

```
<bean id="jmsTxManager"
   class="org.springframework.jms.connection.JmsTransactionManager">
  <property name="connectionFactory" ref="cachingConnectionFactory" />
</bean>
<bean id="transactionTemplate"
   class="org.springframework.transaction.support.TransactionTemplate">
  <property name="transactionManager" ref="jmsTxManager" />
</bean>
```

이 예제에서 TransactionTemplate의 transactionManager 프로퍼티는 JMSTransaction Manager 빈을 가리킨다.

TransactionTemplate 클래스를 설정한 다음, 이를 JMS 트랜잭션 관리에 사용할 수 있다. 다음 예제는 TransactionTemplate을 사용해 JMS 트랜잭션을 관리하도록 변경한 Fixed DepositServiceImpl의 createFixedDeposit 메서드다.

예제 10-7 TransactionTemplate을 사용해 프로그램으로 JMS 트랜잭션 관리하기

```
package sample.spring.chapter10.bankapp.service;
import javax.jms.*;
import org.springframework.jms.core.JmsTemplate;
import org.springframework.jms.core.MessageCreator;

@Service(value = "fixedDepositService")
public class FixedDepositServiceImpl implements FixedDepositService {
  @Autowired
  private JmsTemplate JmsTemplate;

  @Autowired
  private TransactionTemplate transactionTemplate;
  .....
  public void createFixedDeposit(final FixedDepositDetails fixedDepositDetails)
     throws Exception {
```

```
      transactionTemplate.execute(new TransactionCallbackWithoutResult() {
        protected void doInTransactionWithoutResult(TransactionStatus status) {
          JmsTemplate.send("emailQueueDestination", new MessageCreator() { ..... });
          JmsTemplate.send(new MessageCreator() { ..... });
        }
      });
    }
    .....
  }
```

이 예제는 TransactionCallbackWithoutResult 클래스의 doInTransaction 메서드 안에서 두 JMS 메시지를 보내, 두 메시지가 모두 같은 트랜잭션 안에 있도록 한 것이다. 이 방식은 TransactionTemplate을 사용해 프로그램으로 JDBC 트랜잭션을 관리했던 방법(8.5절 참조)과 비슷하다.

지금까지는 JmsTemplate을 사용해 미리 설정된 JMS 목적지에 메시지를 보냈다. 이제 애플리케이션이 동적인 JMS 목적지를 사용할 때 JmsTemplate 클래스를 설정하는 방법을 살펴보자.

10.3.5 동적 JMS 목적지와 JmsTemplate 설정

애플리케이션이 동적 JMS 목적지(이는 JMS 목적지가 애플리케이션에 의해 실행 시점에 생성된다는 뜻이다)를 사용한다면, JmsTemplate의 pubSubDomain 프로퍼티를 사용해 JMS 목적지 유형(대기열이나 토픽)을 지정해야 한다. JmsTemplate이 JMS 메시지를 보낼 JMS 목적지 타입을 결정할 때 pubSubDomain 프로퍼티를 사용한다. pubSubDomain 프로퍼티를 설정하지 않으면 JMS 대기열을 목적지 유형으로 가정한다.

다음 예제는 동적으로 생성한 JMS 토픽에게 메시지를 보내는 JmsTemplate을 보여준다.

예제 10-8 JmsTemplate을 사용해 동적 JMS 토픽 목적지에 메시지 보내기

```
------------- applicationContext.xml --------------
<bean class="org.springframework.jms.core.JmsTemplate" id="JmsTemplate">
  <property name="connectionFactory" ref="cachingConnectionFactory" />
  <property name="defaultDestination" ref="fixedDepositDestination" />
  <property name="pubSubDomain" value="true" />
</bean>
```

```
----------------- 동적 토픽 생성 -----------------
JmsTemplate.send("dynamicTopic", new MessageCreator() {
    public Message createMessage(Session session) throws JMSException {
      session.createTopic("dynamicTopic");
      ObjectMessage objectMessage = session.createObjectMessage();
      objectMessage.setObject(someObject);
      return objectMessage;
    }
    });
```

[예제 10-8]에서는 JmsTemplate의 pubSubDomain 프로퍼티를 true로 설정했다. 이는 동적인 목적지를 사용할 때, 스프링이 동적 목적지 이름을 JMS 토픽으로 해석한다는 뜻이다. JmsTemplate의 send 메서드에 전달할 JMS 목적지 이름이 dynamicTopic이고, MessageCreator의 createMessage 메서드에서 같은 이름의 JMS 토픽을 생성했다는 점을 기억하자. XML 파일에 dynamicTopic 목적지를 하나도 설정하지 않았기 때문에 스프링은 dynamicTopic 목적지가 대기열인지 토픽인지 알지 못한다. JmsTemplate의 pubSubDomain 프로퍼티가 true이므로, 스프링 DynamicDestinationResolver는 dynamicTopic 목적지 이름을 MessageCreator의 createMessage 메서드에 의해 만들어진 dynamicTopic이라는 JMS 토픽으로 실행 시점에 변환한다. 만약 JmsTemplate의 pubSubDomain 프로퍼티를 설정하지 않는다면, 스프링 DynamicDestinationResolver가 dynamicTopic이라는 목적지 이름을 dynamicTopic이라는 이름의 JMS 대기열로 변환할 것이다.

이제 자바 객체를 JMS 메시지로 보낼 때 JmsTemplate을 사용하면 얼마나 쉽게 보낼 수 있는지 살펴보자.

10.3.6 JmsTemplate과 메시지 변환

JmsTemplate에는 자바 객체를 JMS 메시지로 변환해 전송하는 여러 convertAndSend 메서드 정의가 들어 있다. 기본적으로 JmsTemplate은 자바 객체를 JMS 메시지로 변환하거나 반대 방향으로 변환하는 SimpleMessageConverter 인스턴스(스프링 MessageConverter 인터페이스를 구현함)와 함께 설정된다.

MessageConverter 인터페이스에는 다음과 같은 메서드가 들어 있다.

- Object toMessage(Object object, Session session) – 전달받은 JMS Session(session 인수)을 사용해 자바 객체(object 인수)를 JMS Message로 변환한다.
- Object fromMessage(Message message) – Message 인수를 자바 객체로 변환한다.

스프링 SimpleMessageConverter 클래스는 String과 JMS TextMessage 사이, byte[]와 JMS BytesMessage 사이, Map과 JMSMapMessage 사이, Serializable 객체와 JMS ObjectMessage 사이의 변환을 제공한다. JmsTemplate의 convertAndSend 메서드가 생성한 JMS Message를 변경하려면 MessagePostProcessor 구현을 사용한다.

예제 10-9 JmsTemplate의 convertAndSend 메서드 사용법

```
JmsTemplate.convertAndSend("aDestination", "Hello, World !!",
    new MessagePostProcessor() {
      public Message postProcessMessage(Message message) throws JMSException {
        message.setBooleanProperty("printOnConsole", true);
        return message;
      }
    }
);
```

이 예제는 convertAndSend 메서드에 'Hello, World !!' 문자열을 넘겼다. convertAndSend 메서드는 JMS TextMessage 인스턴스를 만들고, 이 인스턴스를 MessagePostProcessor 구현에 넘겨서 처리한 후 송신한다. MessagePostProcessor의 postProcessMessage 메서드는 메시지를 aDestination에 보내기 전에 boolean 타입 프로퍼티인 printOnConsole을 설정한다.

지금까지는 JmsTemplate을 사용해 JMS 메시지를 JMS 목적지로 보내는 방법을 살펴봤다. 이제 JmsTemplate과 스프링 메시지 리스너message listener를 사용해 JMS 목적지에서 온 JMS 메시지를 어떻게 받을 수 있는지 살펴보자.

10.4 JMS 메시지 받기

JmsTemplate을 사용하면 JMS 메시지를 동기적으로 받을 수 있고, 스프링 메시지 리스너 컨테

이너를 사용하면 JMS 메시지를 비동기적으로 받을 수 있다.

10.4.1 JmsTemplate을 사용해 JMS 메시지를 동기적으로 받기

JmsTemplate에는 동기적으로 JMS 메시지를 받을 때 사용하기 위한 여러 receive 메서드가 들어 있다. JmsTemplate의 receive 메서드는 JMS 목적지로부터 JMS 메시지가 도착할 때까지 호출 스레드를 블록한다는 사실을 반드시 기억해야 한다. 호출 스레드가 무한정 블록되지 않도록 보장하려면 JmsTemplate의 receiveTimeout 프로퍼티에 적당한 값을 지정해야 한다. receiveTimeout 프로퍼티는 호출 스레드가 데이터 수신을 포기할 때까지 얼마나 오랜 시간(밀리초 단위)을 기다릴지 지정한다.

JmsTemplate에는 받은 JMS 메시지를 자바 객체로 자동 변환하는 여러 receiveAndConvert 메서드도 들어 있다. 기본적으로 JmsTemplate은 SimpleMessageConverter를 사용해 메시지를 객체로 변환한다.

10.4.2 메시지 리스너 컨테이너를 사용해 JMS 메시지를 비동기적으로 받기

스프링의 메시지 리스너 컨테이너를 사용해 JMS 메시지를 비동기적으로 받을 수 있다. 메시지 리스너 컨테이너가 트랜잭션과 자원 관리 측면을 알아서 처리하기 때문에, 여러분은 메시지 처리 로직을 작성하는 데만 집중할 수 있다.

메시지 리스너 컨테이너는 JMS 목적지로부터 메시지를 받고, 받은 메시지를 JMS MessageListener 구현이 처리하도록 전달한다. 다음 예제에서 스프링 JMS 스키마의 <listener-container> 엘리먼트는 JmsListenerContainerFactory 인스턴스를 만든다. JmsListenerContainerFactory 인스턴스에는 <listener> 하위 엘리먼트마다 하나씩 만들어지는 메시지 리스너에 대한 설정이 들어간다.

예제 10-10 applicationContext.xml – 메시지 리스너 컨테이너 설정

```
#프로젝트 - ch10-bankapp
#src/main/resources/META-INF/spring

<beans ..... xmlns:jms="http://www.springframework.org/schema/jms"
```

```
  xsi:schemaLocation=".....
    http://www.springframework.org/schema/jms
    http://www.springframework.org/schema/jms/spring-jms.xsd">
  .....
  <jms:listener-container connection-factory="cachingConnectionFactory"
      destination-type="queue" transaction-manager="jmsTxManager">

    <jms:listener destination="aQueueDestination" ref="fixedDepositMessageListener" />
    <jms:listener destination="emailQueueDestination" ref="emailMessageListener" />
  </jms:listener-container>

  <bean class="sample.spring.chapter10.bankapp.jms.EmailMessageListener"
      id="emailMessageListener" />
  <bean class="sample.spring.chapter10.bankapp.jms.FixedDepositMessageListener"
      id="fixedDepositMessageListener" />
  .....
</beans>
```

이 예제는 내부에 정의된 엘리먼트를 사용하기 위해 스프링 JMS 스키마를 포함시킨다. <listener-container> 엘리먼트는 <listener> 하위 엘리먼트로 정의되는 MessageListeners 각각에 대한 메시지 리스너 컨테이너를 설정한다.

Connection-factory 속성은 메시지 리스너 컨테이너가 JMS 프로바이더에 대한 연결을 얻을 때 사용할 JMSConnectionFactory 빈을 참조한다. MyBank 애플리케이션에서는 스프링 CachingConnectionFactory를 사용하기 때문에, Connection-factory 속성은 Caching ConnectionFactory 빈(예제 10-2 참조)을 참조한다.

Destination-type 속성은 메시지 리스너 컨테이너와 연관시킬 JMS 목적지 유형을 지정한다. Destination-type 속성에 설정 가능한 값은 queue, topic, durableTopic 중 하나다.

transaction-manager 속성은 트랜잭션 안에서 MessageListeners에 의해 JMS 메시지 수신과 메시지 처리가 발생하도록 만드는 PlatformTransactionManager 구현을 지정한다. [예제 10-10]에서 transaction-manager 속성은 JmsTransactionManager 빈(예제 10-4 참조)을 가리킨다. MessageListeners 구현이 다른 트랜잭션 자원과도 상호 작용한다면 JmsTransactionManager 대신 스프링 JtaTransactionManager를 고려해보자. 독립 실행 애플리케이션이라면 아토미코스Atomikos(http://www.atomikos.com)와 같은 내장 트랜잭션 매니저를 통해 애플리케이션에서 JTA 트랜잭션을 수행할 수도 있다.

NOTE_ 〈listener-container〉 엘리먼트는 〈listener〉 하위 엘리먼트로 지정된 각 JMS MessageListener에 해당하는 DefaultMessageListenerContainer 인스턴스를 만드는 스프링 DefaultJmsListenerContainerFactory 인스턴스(JmsListenerContainerFactory 인터페이스를 구현함)를 생성한다.

<listener> 엘리먼트는 메시지 리스너 컨테이너에 의해 비동기적으로 호출되는 JMS MessageListener를 지정한다. <listener> 엘리먼트의 Destination 속성은 MessageListener가 메시지를 받을 JMS 목적지 이름을 지정한다. <listener>의 ref 속성은 목적지에서 받은 JMS 메시지를 처리하는 MessageListener를 참조한다. [예제 10-10]은 aQueueDestination 목적지에서 받은 메시지를 FixedDepositMessageListener(MessageListener 구현)가 처리하고, emailQueueDestination 목적지에서 받은 메시지를 EmailMessageListener(MessageListener 구현)이 처리한다는 사실을 보여준다.

MessageListener 인터페이스에는 메시지 리스너 컨테이너가 비동기적으로 호출할 onMessage 메서드 정의가 들어 있다. 메시지 리스너 컨테이너는 JMS 목적지에서 받은 JMS Message를 onMessage 메서드에게 전달한다. onMessage 메서드는 받은 JMS 메시지를 처리하는 역할을 한다.

다음 예제는 FixedDepositMessageListener 클래스 구현을 보여준다. FixedDepositMessageListener 클래스의 onMessage 메서드는 JMS Message에서 FixedDepositDetails 객체를 꺼내 정기 예금 정보를 데이터베이스에 저장한다.

예제 10-11 FixedDepositMessageListener 클래스 – JMS 메시지 처리하기

```
#프로젝트 - ch10-bankapp
#src/main/java/sample/spring/chapter10/bankapp/jms

package sample.spring.chapter10.bankapp.jms;
import javax.jms.MessageListener;
import javax.jms.ObjectMessage;
import sample.spring.chapter10.bankapp.domain.FixedDepositDetails;
.....
public class FixedDepositMessageListener implements MessageListener {
  @Autowired
  @Qualifier(value = "fixedDepositDao")
  private FixedDepositDao myFixedDepositDao;

  @Autowired
```

```
    private BankAccountDao bankAccountDao;

    @Transactional("dbTxManager")
    public int createFixedDeposit(FixedDepositDetails fixedDepositDetails) {
      bankAccountDao.subtractFromAccount(fixedDepositDetails.getBankAccountId(),
      fixedDepositDetails.getFixedDepositAmount());
      return myFixedDepositDao.createFixedDeposit(fixedDepositDetails);
    }

    @Override
    public void onMessage(Message message) {
      ObjectMessage objectMessage = (ObjectMessage) message;
      FixedDepositDetails fixedDepositDetails = null;
      try {
        fixedDepositDetails = (FixedDepositDetails) objectMessage.getObject();
      } catch (JMSException e) {
        e.printStackTrace();
      }
      if (fixedDepositDetails != null) {
        createFixedDeposit(fixedDepositDetails);
      }
    }
  }
```

이 예제는 FixedDepositMessageListener의 createFixedDeposit이 정기 예금 정보를 데이터베이스에 저장하는 것을 보여준다. createFixedDeposit 메서드에 @Transactional("dbTxManager")를 설정하므로, 메서드는 dbTxManager(DataSourceTransactionManager)가 관리하는 트랜잭션에서 실행된다. 메시지 리스너 컨테이너는 JMS 메시지를 받아 FixedDepositMessageListener의 createFixedDeposit 메서드를 JmsTransactionManager(예제 10-10 참조)가 관리하는 트랜잭션 아래에서 실행한다.

onMessage와 createFixedDeposit 메서드가 서로 다른 트랜잭션 매니저 아래에서 실행되기 때문에, JMS 트랜잭션이 어떤 이유로 중단돼도 데이터베이스 갱신은 롤백되지 않고, 데이터베이스 갱신이 어떤 이유로 중단돼도 JMS 메시지는 MessageListener에게 재배달되지 않는다. JMS 메시지 수신(그리고 처리)과 데이터베이스 갱신이 같은 트랜잭션의 일부여야 한다면, JTA 트랜잭션을 사용해야 한다.

이제 @JmsListener 애너테이션을 사용해 JMS MessageListener들을 설정하는 방법에 대해 살펴보자.

10.4.3 @JmsListener를 사용해 JMS 리스너 종말점 등록하기

javax.jms.MessageListener 구현(ch10-bankapp의 EmailMessageListener나 FixedDepositMessageListener 같은)을 만드는 대신, @JmsListener 애너테이션을 사용해 스프링 빈 메서드를 메시지 리스너로 지정할 수 있다.

스프링 JMS 스키마의 <annotation-driven> 엘리먼트를 사용하면 다음과 같이 @JmsListener 애너테이션 지원을 활성화할 수 있다.

```
<jms:annotation-driven />
```

NOTE_ 자바 기반 설정을 사용하는 경우 @EnableJms 애너테이션(ch10-bankapp-javaconfig 프로젝트에서 @Configuration을 설정한 JmsConfig 클래스를 보자)을 사용해 @JmsListener 애너테이션 지원을 활성화할 수 있다.

ch10-bankapp 프로젝트에는 @JmsListener를 설정한 processEmailMessage와 processFixedDeposit 메서드를 정의한 MyAnnotatedJmsListener 클래스가 있다. processEmailMessage는 EmailMessageListener의 onMessage 메서드와 같은 역할을 하고, processFixedDeposit 메서드는 FixedDepositMessageListener의 onMessage 메서드와 같은 역할을 한다. 다음 예제는 MyAnnotatedJmsListener 클래스다.

예제 10-12 MyAnnotatedJmsListener 클래스 – @JmsListener 애너테이션 사용법

```
#프로젝트 - ch10-bankapp
#src/main/java/sample/spring/chapter10/bankapp/jms

package sample.spring.chapter10.bankapp.jms;
import org.springframework.jms.annotation.JmsListener;
import javax.jms.Message;
.....
@Component
public class MyAnnotatedJmsListener {
  @Autowired
  private transient MailSender mailSender;
  .....
  @JmsListener(destination = "emailQueueDestination")
```

```
    public void processEmailMessage(Message message) { ..... }

    @JmsListener(destination = "aQueueDestination")
    public void processFixedDeposit(Message message) { ..... }
    .....
}
```

이 예제에서 @JmsListener의 Destination 속성은 메서드가 JMS 메시지를 받을 JMS 목적지를 지정한다. 예를 들어 processEmailMessage 메서드는 emailQueueDestination로 보낸 메시지를 받아서 처리한다.

@JmsListener 애너테이션을 사용할 때는 javax.JMS.MessageListener 구현을 만들지 않으므로, JMS 메시지 리스너 컨테이너 설정을 그에 맞게 바꿔야 한다.

예제 10-13 @JmsListener를 사용하기 위해 메시지 리스너 컨테이너 설정하기

```
<jms:listener-container connection-factory="cachingConnectionFactory"
    destination-type="queue" transaction-manager="jmsTxManager"
      factory-id="JmsListenerContainerFactory" />
```

<listener-container> 엘리먼트의 factory-id 속성을 지정해서 메시지 컨테이너 리스너 설정을 JMSListenerContainerFactory 빈으로 노출시킨다. 기본적으로 스프링은 JMSListenerContainerFactory 빈을 찾아서 @JmsListener를 설정한 메서드에 대한 메시지 리스너 컨테이너를 생성한다.

이제 spring-messaging 모듈을 사용해 JMS 기반 애플리케이션을 만드는 방법을 살펴보자.

10.4.4 spring-messaging 모듈을 사용한 메시징

스프링은 메시징 애플리케이션을 개발할 때 필요한 핵심 개념을 추상화하는 spring-messaging 모듈을 제공한다. JMS 전용 객체를 사용하는 대신, 추상적으로 spring-messaging에 정의된 모듈을 사용해 JMS 애플리케이션을 만들 수 있다. spring-messaging 모듈이 제공하는 추상화를 사용해 JMS 애플리케이션을 만들려면 앞 절 예제를 다음같이 바꿔야 한다.

- JMS 메시지를 주고받을 때는 JmsTemplate 대신 JmsMessagingTemplate을 사용한다. JmsMessagingTemplate은 JmsTemplate 인스턴스를 둘러싸며 spring-messaging 모듈이 제공하는 메시징 추상화를 사용한다.
- JMS 메시지를 표현할 때는 javax.jms.Message 대신 org.springframework.messaging.Message를 사용한다. org.springframework.messaging.Message는 spring-messaging 모듈이 제공하는 javax.JMS.Message에 대한 추상화다.
- MessageCreator 대신 MessageBuilder를 사용한다. MessageBuilder는 spring-messaging모듈이 제공하는 MessageCreator에 대한 추상화다.
- MessageListener 인터페이스를 구현하는 대신 @JmsListener를 사용한다. @JmsListener 메서드에 더 유연한 시그니처를 지정할 수 있다. 예를 들어 @JmsListener를 설정한 메서드에는 JMS Session, 메시지 헤더 등을 전달할 수 있다.

ch10-bankapp-javaconfig 프로젝트는 JMS 메시지를 주고받기 위해 spring-messaging 모듈이 제공하는 추상화를 사용한다. 다음 예제는 메시지를 보낼 때 사용할 JMSMessagingTemplate 인스턴스를 설정하는 @Configuration을 설정한 클래스다.

예제 10-14 JmsConfig class – JmsMessagingTemplate 설정하기

```
#프로젝트 - ch10-bankapp-javaconfig
#src/main/java/sample/spring/chapter10/bankapp

package sample.spring.chapter10.bankapp;
import org.springframework.jms.annotation.EnableJms;
import org.springframework.jms.core.JmsMessagingTemplate;
.....
@ImportResource(locations = "classpath:META-INF/spring/applicationContext.xml")
@Configuration
@EnableJms
public class JmsConfig {
  .....
  @Bean
  public CachingConnectionFactory cachingConnectionFactory(
       ActiveMQConnectionFactory activeMQConnectionFactory) { ..... }
  .....
  @Bean
  public JmsMessagingTemplate jmsMessagingTemplate(
       CachingConnectionFactory cachingConnectionFactory) {
    JmsMessagingTemplate jmsMessagingTemplate =
      new JmsMessagingTemplate(cachingConnectionFactory);
```

```
        jmsMessagingTemplate.setDefaultDestinationName("fixedDepositDestination");
        return jmsMessagingTemplate;
    }
}
```

[예제 10-14]에서 @EnableJms 애너테이션은 JMS 리스너 종말점을 지정하기 위한 @JmsListener 애너테이션을 사용할 수 있다. JMSMessagingTemplate 메서드는 전달받은 CachingConnectionFactory를 사용하는 JmsMessagingTemplate을 만든다. JmsMessagingTemplete은 주어진 CachingConnectionFactory 인스턴스로부터 JmsTemplate 인스턴스를 생성한다. JmsTemplate 설정을 사용하려면(예: 디폴트 목적지 등), JmsTemplate 인스턴스를 JmsMessagingTemplate 생성자에게 넘긴다.

다음 예제는 JmsMessagingTemplate을 사용해 내장 ActiveMQ에 메시지를 보내는 FixedDepositServiceImpl 클래스다.

예제 10-15 FixedDepositServiceImpl 클래스 – JmsMessagingTemplate 사용법

```
#프로젝트 - ch10-bankapp-javaconfig
#src/main/java/sample/spring/chapter10/bankapp/service

package sample.spring.chapter10.bankapp.service;
import org.springframework.jms.core.JmsMessagingTemplate;
import org.springframework.messaging.support.MessageBuilder;
.....
@Service(value = "fixedDepositService")
public class FixedDepositServiceImpl implements FixedDepositService {
  @Autowired
  private JmsMessagingTemplate jmsMessagingTemplate;

  @Transactional(transactionManager = "jmsTxManager")
  public void createFixedDeposit(final FixedDepositDetails fdd) throws Exception {
    jmsMessagingTemplate.send("emailQueueDestination",
        MessageBuilder.withPayload(fdd.getEmail()).build());
    jmsMessagingTemplate.send(MessageBuilder.withPayload(fdd).build());
  }
  .....
}
```

이 예제에서 FixedDepositServiceImpl의 createFixedDeposit 메서드는 JmsMessaging

Templete의 send 메서드를 사용해 내장 ActiveMQ에게 메시지를 보낸다. send 메서드는 JMS 목적지 이름과 보낼 메시지(org.springframework.messaging.Message 인스턴스)를 받는다. MessageBuilder 클래스는 간단히 메시지를 생성할 수 있는 static 메서드를 몇 가지 제공하고, withPayload 메서드는 메시지 페이로드payload를 지정한다.

다음 예제는 @JmsListener를 설정한 메서드를 사용해 내장 ActiveMQ에서 비동기적으로 메시지를 받는 MyAnnotatedJmsListener 클래스다.

예제 10-16 MyAnnotatedJmsListener – JMS 메시지 처리하기

```
#프로젝트 - ch10-bankapp-javaconfig
#src/main/java/sample/spring/chapter10/bankapp/jms

package sample.spring.chapter10.bankapp.jms;
import org.springframework.mail.MailSender;
import org.springframework.messaging.Message;
.....
@Component
public class MyAnnotatedJmsListener {
  .....
  private transient SimpleMailMessage simpleMailMessage;

  @JmsListener(destination = "emailQueueDestination")
  public void processEmailMessage(Message<String> message) {
    simpleMailMessage.setTo(message.getPayload());
    .....
  }

  @JmsListener(destination = "fixedDepositDestination")
  public void processFixedDeposit(Message<FixedDepositDetails> message) {
    FixedDepositDetails fdd = message.getPayload();
    .....
  }
  .....
}
```

이 예제에서 processEmailMessage와 processFixedDeposit 메서드는 ActiveMQ에서 받은 JMS 메시지를 나타내는 org.springframework.messaging.Message 타입의 인수를 받는다. Message의 getPayload 메서드는 메시지 페이로드를 반환한다.

이번 절에서는 스프링을 사용해 JMS 메시지를 주고받는 방법에 대해 살펴봤다. 이제 스프링을 사용하면 전자우편을 얼마나 쉽게 보낼 수 있는지 살펴보자.

10.5 전자우편 보내기

스프링은 자바메일JavaMail 위에 추상화 레이어를 제공함으로써 전자우편을 더 쉽게 보낼 수 있다. 스프링이 자원 관리와 예외 처리를 알아서 처리하기 때문에, 여러분은 전자우편 메시지를 준비하는 로직에 집중할 수 있다.

스프링에서 전자우편을 보내려면, 먼저 XML 파일 안에 JavaMailSenderImpl 클래스를 설정해야 한다. JavaMailSenderImpl 클래스는 자바메일 API를 감싸는 래퍼 역할을 한다. 다음 예제는 MyBank 애플리케이션에서 JavaMailSenderImpl 클래스를 설정한 모습이다.

예제 10-17 applicationContext.xml – JavaMailSenderImpl 클래스 설정

```
#프로젝트 - ch10-bankapp
#src/main/resources/META-INF/spring

<bean id="mailSender" class="org.springframework.mail.javamail.JavaMailSenderImpl">
  <property name="host" value="${email.host}" />
  <property name="protocol" value="${email.protocol}" />
  .....
  <property name="javaMailProperties">
    <props>
      <prop key="mail.smtp.auth">true</prop>
      <prop key="mail.smtp.starttls.enable">true</prop>
    </props>
  </property>
</bean>
```

JavaMailSenderImpl 클래스에는 전자우편 서버에 대한 정보를 제공하는 host, port, protocol 등의 프로퍼티 정의가 들어 있다. javaMailProperties 프로퍼티는 JavaMailSenderImpl 인스턴스가 자바메일 Session 객체를 만들 때 사용할 설정 정보를 지정한다. mail.smtp.auth 프로퍼티값이 true면 SMTP(Simple Mail Transfer Protocol)를 사용해

전자우편 서버와 인증한다는 뜻이다. mail.smtp.starttls.enable 프로퍼티값이 true면 전자우편 서버와 인증할 때 TLS로 보호되는 연결을 사용한다는 뜻이다.

[예제 10-17]은 JavaMailSenderImpl 클래스의 프로퍼티값 중 일부를 프로퍼티 위치지정자를 사용해 지정한 모습을 보여준다. 예를 들어 host 프로퍼티값은 ${email.host}이고 protocol 프로퍼티값은 ${email.protocol}이다. 이런 프로퍼티 위치지정자의 값은 email.properties 파일(src/main/resources/META-INF/spring 디렉터리에 있음)에 들어 있다. 다음 예제는 email.properties 파일의 내용을 나타낸다.

예제 10-18 email.properties

```
#프로젝트 - ch10-bankapp
#src/main/resources/META-INF/spring

email.host=smtp.gmail.com
email.port=587
email.protocol=smtp
email.username=<enter-email-id>
email.password=<enter-email-password>
```

이 예제는 email.properties에 전자우편 서버 정보와 통신 프로토콜 정보, 전자우편 서버에 접속할 때 사용할 전자우편 계정 정보도 들어 있음을 나타낸다. email.properties 파일에 지정한 프로퍼티를 사용해 JavaMailSenderImpl 인스턴스를 설정한다(예제 10-17 참조).

NOTE_ 자바메일 API 위에 추상화를 제공하는 클래스들은 spring-context-support JAR 파일에 들어 있다. 따라서 전자우편에 대한 스프링 지원을 사용하려면 여러분의 애플리케이션이 spring-context-support JAR 파일에 의존하도록 설정해야 한다.

스프링 SimpleMailMessage 클래스는 간단한 전자우편 메시지를 표현한다. SimpleMailMessage는 to, cc, subject, text 등의 프로퍼티 정의를 포함한다. 프로퍼티를 설정해 애플리케이션에서 보내는 전자우편 메시지를 구성할 수 있다. 다음 예제는 MyBank XML 파일에서 애플리케이션이 전송할 두 가지 전자우편 메시지별로 각각 SimpleMailMessage 인스턴스를 생성한 것을 보여준다.

예제 10-19 applicationContext.xml – SimpleMailMessage 설정

```
#프로젝트 - ch10-bankapp
#src/main/resources/META-INF/spring

<bean class="org.springframework.mail.SimpleMailMessage" id="requestReceivedTemplate">
  <property name="subject" value="${email.subject.request.received}" />
  <property name="text" value="${email.text.request.received}" />
</bean>

<bean class="org.springframework.mail.SimpleMailMessage" id="requestProcessedTemplate">
  <property name="subject" value="${email.subject.request.processed}" />
  <property name="text" value="${email.text.request.processed}" />
</bean>
```

이 예제에서 requestReceivedTemplate 빈은 정기 예금 개설 요청을 받았다고 고객에게 안내하기 위한 전자우편 메시지를 표현하고, requestProcessedTemplate 빈은 정기 예금을 개설했다고 고객에게 안내하기 위한 전자우편 메시지를 표현한다. SimpleMailMessage의 subject 프로퍼티는 전자우편의 제목 줄을, text 프로퍼티는 전자우편의 본문을 나타낸다. 프로퍼티값은 다음과 같이 emailtemplate.properties 파일에 정의한다.

예제 10-20 emailtemplate.properties

```
#프로젝트 - ch10-bankapp
#src/main/resources/META-INF/spring

email.subject.request.received=Fixed deposit request received
email.text.request.received=Your request for creating the fixed deposit has been received

email.subject.request.processed=Fixed deposit request processed
email.text.request.processed=Your request for creating the fixed deposit has been processed
```

지금까지는 JavaMailSenderImpl과 SimpleMailMessage 클래스를 XML 파일에서 설정하는 방법을 살펴봤다. 이제 전자우편 메시지를 보내는 방법에 대해 살펴보자.

다음 예제는 JMS 메시지로부터 고객 전자우편 주소를 가져와서 고객에게 정기 예금 개설 요청을 받았다고 안내하는 전자우편을 보내는 MyBank 애플리케이션의 EmailMessageListener 클래스(JMS MessageListener 구현)다.

예제 10-21 EmailMessageListener 클래스 – MailSender를 사용해 전자우편 보내기

```
#프로젝트 - ch10-bankapp
#src/main/java/sample/spring/chapter10/bankapp/jms

package sample.spring.chapter10.bankapp.jms;
import org.springframework.mail.MailSender;
import org.springframework.mail.SimpleMailMessage;
.....
public class EmailMessageListener implements MessageListener {
  @Autowired
  private transient MailSender mailSender;

  @Autowired
  @Qualifier("requestReceivedTemplate")
  private transient SimpleMailMessage simpleMailMessage;

  public void sendEmail() {
    mailSender.send(simpleMailMessage);
  }

  public void onMessage(Message message) {
    TextMessage textMessage = (TextMessage) message;
    try {
      simpleMailMessage.setTo(textMessage.getText());
    } catch (Exception e) {
      e.printStackTrace();
    }
    sendEmail();
  }
}
```

JavaMailSenderImpl 클래스가 스프링 MailSender 인터페이스를 구현하므로, JavaMailSenderImpl 인스턴스(예제 10-17)가 자동 연결된다. requestReceivedTemplate이라는 이름(예제 10-19)의 SimpleMailMessage 인스턴스도 자동 연결된다. SimpleMailMessage의 to 프로퍼티가 전자우편 수신자를 지정하기 때문에 onMessage 메서드는 고객 전자우편 ID를 JMS 메시지에서 읽어 to 프로퍼티에 설정한다. onMessage 메서드는 MailSender의 send 메서드를 사용해서 SimpleMailMessage 인스턴스가 표현하는 전자우편 메시지를 보내는 sendEmail 메서드를 호출한다.

스프링 MailSender 인터페이스는 자바메일 API와 독립적인 제네릭 인터페이스를 제공하며, 간단한 전자우편 메시지를 보내는 데 적합하다. 스프링 JavaMailSender 인터페이스(MailSender의 하위 인터페이스)는 자바메일 API에 의존적이며, MIME 메시지를 보내는 기능을 정의한다. 인라인[inline]된 이미지나 첨부파일 등이 포함된 전자우편을 보내려면 MIME 메시지를 사용해야 한다. 자바메일 API의 MimeMessage 클래스가 MIME 메시지를 표현한다. 스프링은 MimeMessage 인스턴스를 만들고 내용을 채워 넣을 때 쓸 수 있도록 MimeMessageHelper 클래스와 MimeMessagePreparator를 제공한다.

10.5.1 MimeMessageHelper를 사용해 MIME 메시지 준비하기

다음 예제는 MyBank 애플리케이션의 FixedDepositProcessorJob 클래스다. 클래스는 고객의 은행 계좌에서 정기 예금액을 차감하고, 정기 예금 개설이 처리됐음을 알리는 전자우편을 고객에게 보낸다.

예제 10-22 FixedDepositProcessorJob 클래스 – JavaMailSender 사용법

```
#프로젝트 - ch10-bankapp
#src/main/java/sample/spring/chapter10/bankapp/job

package sample.spring.chapter10.bankapp.job;
import javax.mail.internet.MimeMessage;
import org.springframework.mail.javamail.JavaMailSender;

public class FixedDepositProcessorJob {
  .....
  @Autowired
  private transient JavaMailSender mailSender;

  @Autowired
  @Qualifier("requestProcessedTemplate")
  private transient SimpleMailMessage simpleMailMessage;

  private List<FixedDepositDetails> getInactiveFixedDeposits() {
    return myFixedDepositDao.getInactiveFixedDeposits();
  }

  public void sendEmail() throws AddressException, MessagingException {
```

```
      List<FixedDepositDetails> inactiveFixedDeposits = getInactiveFixedDeposits();
      for (FixedDepositDetails fixedDeposit : inactiveFixedDeposits) {
        MimeMessage mimeMessage = mailSender.createMimeMessage();
        MimeMessageHelper mimeMessageHelper = new MimeMessageHelper(mimeMessage);
        mimeMessageHelper.setTo(fixedDeposit.getEmail());
        mimeMessageHelper.setSubject(simpleMailMessage.getSubject());
        mimeMessageHelper.setText(simpleMailMessage.getText());
        mailSender.send(mimeMessage);
      }
      myFixedDepositDao.setFixedDepositsAsActive(inactiveFixedDeposits);
    }
  }
```

[예제 10-22]에서 JavvaMailSender의 send 메서드는 MIME 메시지를 보낸다. JavaMailSenderImpl과 requestProcessedTemplate 이름으로 불리는(예제 10-19 참조) SimpleMailMessage가 FixedDepositProcessorJob에 자동 연결된다. FixedDeposit ProcessorJob이 MIME 메시지를 만들어서 보내기 때문에 인스턴스 변수인 mailSender의 타입이 (MailSender가 아닌) JavaMailSender여야 한다. FixedDepositProcessorJob의 sendEmail 메서드는 JavaMailSender의 createMimeMessage 메서드를 사용해 MimeMessage 인스턴스를 만든다. 그 다음, 스프링 MimeMessageHelper를 사용해 MimeMessage 인스턴스에 to, subject, text 프로퍼티를 채워 넣는다.

10.5.2 MimeMessagePreparator를 사용해 MIME 메시지 준비하기

다음 예제는 MimeMessageHelper 대신 스프링 MimeMessagePreparator 콜백 인터페이스를 사용하도록 다시 작성한 FixedDepositProcessorJob의 sendEmail 메서드다.

예제 10-23 MimeMessagePreparator 사용법

```
import javax.mail.Message;
import javax.mail.internet.InternetAddress;
import org.springframework.mail.javamail.MimeMessagePreparator;

public class FixedDepositProcessorJob {
  .....
  public void sendEmail_() throws AddressException, MessagingException {
    List<FixedDepositDetails> inactiveFixedDeposits = getInactiveFixedDeposits();
```

```
        for (final FixedDepositDetails fixedDeposit : inactiveFixedDeposits) {
          mailSender.send(new MimeMessagePreparator() {
            @Override
            public void prepare(MimeMessage mimeMessage) throws Exception {
              mimeMessage.setRecipient(Message.RecipientType.TO,
                new InternetAddress(fixedDeposit.getEmail()));
              mimeMessage.setSubject(simpleMailMessage.getText());
              mimeMessage.setText(simpleMailMessage.getText());
            }
          });
        }
        myFixedDepositDao.setFixedDepositsAsActive(inactiveFixedDeposits);
    }
  }
```

이 예제에서 MimeMessagePreparator의 prepare 메서드는 내용을 채워 넣을 새로운 MimeMessage 인스턴스를 제공한다. [예제 10-23]에서 MimeMessage의 recipient 프로퍼티를 설정하려면 저수준 자바메일 API를 다뤄야 한다는 점을 확인하자. 반면 [예제 10-22]에서 MimeMessageHelper의 setTo 메서드는 단순히 전자우편 ID 문자를 받아서 MimeMessage의 recipient 프로퍼티를 설정한다. 따라서, MimeMessagePreparator의 prepare 메서드에 전달된 MimeMessage 인스턴스를 채워 넣을 때는 MimeMessageHelper 사용을 고려해보자.

이제 스프링을 사용해 작업을 비동기적으로 실행하는 방법을 살펴보고, 미래에 작업을 실행하도록 스케줄링하는 방법에 대해서도 알아보자.

10.6 작업 스케줄링과 비동기 실행

스프링 TaskExecutor는 java.lang.Runnable 작업을 비동기적으로 실행할 수 있고, 스프링 TaskScheduler는 java.lang.Runnable 작업 실행 스케줄을 지정할 수 있다. 직접 TaskExecutor나 TaskScheduler를 사용하는 대신 스프링 @Async 애너테이션을 사용해 메서드를 비동기적으로 실행하고, 스프링 @Scheduled 애너테이션을 사용해 메서드의 실행 스케줄을 지정할 수 있다.

먼저 TaskExecutor와 TaskScheduler 인터페이스를 살펴보자.

10.6.1 TaskExecutor 인터페이스

자바 5부터 java.lang.Runnable 작업을 실행하기 위한 실행기executor라는 개념이 도입됐다. 실행기는 java.util.concurrent.Executor 인터페이스를 구현하며 내부에 execute (Runnable runnable)라는 메서드만 들어 있다. 스프링 TaskExecutor는 java.util.concurrent.Executor 인터페이스를 확장한다. 스프링은 애플리케이션의 요구 사항에 따라 선택할 수 있는 몇 가지 TaskExecutor 구현을 제공한다. 예를 들어 ThreadPoolTaskExecutor는 스레드 풀에서 얻은 스레드를 사용해 비동기적으로 작업을 실행하고, SyncTaskExecutor는 작업을 동기적으로 실행하며, SimpleAsyncTaskExecutor는 각 작업을 새로운 스레드에서 실행하고, WorkManagerTaskExecutor는 커먼JCommonJ의 WorkManager를 사용해 작업을 실행한다.

ThreadPoolTaskExecutor는 가장 흔히 쓰이는 TaskExecutor 구현이며, 자바 5의 ThreadPoolExecutor를 사용해 작업을 실행한다. 다음 예제는 ThreadPoolTaskExecutor 인스턴스를 XML 파일에서 설정하는 방법이다.

예제 10-24 ThreadPoolTaskExecutor 설정

```
<bean id="myTaskExecutor"
   class="org.springframework.scheduling.concurrent.ThreadPoolTaskExecutor">
  <property name="corePoolSize" value="5" />
  <property name="maxPoolSize" value="10" />
  <property name="queueCapacity" value="15" />
  <property name="rejectedExecutionHandler" ref="abortPolicy"/>
</bean>

<bean id="abortPolicy" class="java.util.concurrent.ThreadPoolExecutor.AbortPolicy"/>
```

corePoolSize 프로퍼티는 스레드 풀의 최소 스레드 수를 지정한다. maxPoolSize 프로퍼티는 스레드 풀에 들어올 수 있는 스레드 개수의 최댓값을 지정한다. queueCapacity 프로퍼티는 스레드 풀의 모든 스레드가 작업을 실행하느라 바쁠 때 대기열에서 기다릴 수 있는 작업 개수의 최댓값을 지정하고, rejectedExecutionHandler 프로퍼티는 ThreadPoolTaskExecutor가 거부한 작업을 처리하는 핸들러를 지정한다. 큐가 꽉찼고 스레드 풀에 제출한 작업을 수행할 수 있는 가용 스레드가 없는 경우 ThreadPoolTaskExecutor가 작업을 거부한다. rejectedExecutionHandler 프로퍼티는 java.util.concurrent.Rejected

ExecutionHandler 객체의 인스턴스를 참조해야 한다.

[예제 10-24]에서 rejectedExecutionHandler 프로퍼티는 항상 RejectedExecutionException 예외를 던지는 java.util.concurrent.ThreadPoolExecutor.AbortPolicy 핸들러를 가리킨다. 사용할 수 있는 다른 핸들러로는 java.util.concurrent.ThreadPoolExecutor.CallerRunsPolicy(거부한 작업을 호출자 스레드에서 실행함), java.util.concurrent.ThreadPoolExecutor.DiscardOldestPolicy(핸들러가 대기열에서 가장 오래된 작업을 버리고 거부된 작업을 실행하기 위해 재시도함), java.util.concurrent.ThreadPoolExecutor.DiscardPolicy(핸들러가 거부된 작업을 버림)가 있다.

다음 예제처럼 스프링 task 스키마의 <executor> 엘리먼트를 사용해 ThreadPoolTaskExecutor 인스턴스를 쉽게 설정할 수 있다.

예제 10-25 스프링 task 스키마를 사용해 ThreadPoolTaskExecutor 설정하기

```
<beans ..... xmlns:task="http://www.springframework.org/schema/task"
   xsi:schemaLocation=".....http://www.springframework.org/schema/task
          http://www.springframework.org/schema/task/spring-task.xsd">
  <task:executor id=" myTaskExecutor" pool-size="5-10"
     queue-capacity="15" rejection-policy="ABORT" />
</beans>
```

이 예제에서 <executor> 엘리먼트는 ThreadPoolTaskExecutor 인스턴스를 설정한다. pool-size 속성은 핵심 풀 크기와 최대 풀 크기를 지정한다. 이 예제에서 5는 핵심 풀 크기, 10은 최대 풀 크기다. queue-capacity 속성은 queueCapacity 프로퍼티를 설정하고, rejection-policy 속성은 거부당한 작업을 처리할 핸들러를 지정한다. rejection-policy 속성값으로는 ABORT, CALLER_RUNS, DISCARD_OLDEST, DISCARD가 가능하다.

스프링 빈(예제 10-24)을 통하거나 스프링 task 스키마(예제 10-25)를 통해서 ThreadPoolTaskExecutor 인스턴스를 설정하면 다음 예제처럼 비동기적으로 java.lang.Runnable 작업을 실행하는 빈에 ThreadPoolTaskExecutor 인스턴스를 주입할 수 있다.

예제 10-26 ThreadPoolTaskExecutor로 작업 실행하기

```
import org.springframework.core.task.TaskExecutor;

@Component
public class Sample {
  @Autowired
  private TaskExecutor taskExecutor;

  public void executeTask(Runnable task) {
    taskExecutor.execute(task);
  }
}
```

[예제 10-26]은 ThreadPoolTaskExecutor 인스턴스를 Sample 클래스에 자동 연결한다. Sample의 executeTask 메서드는 나중에 인스턴스를 사용해 java.lang.Runnable 작업을 실행한다.

TaskExecutor는 제출받은 java.lang.Runnable 작업을 즉시 실행하며, 작업을 단 한 번만 실행한다. java.lang.Runnable 작업의 실행 스케줄을 지정하거나 주기적으로 작업을 실행하려면 TaskScheduler 구현을 사용해야 한다.

10.6.2 TaskScheduler 인터페이스

스프링 TaskScheduler 인터페이스는 java.lang.Runnable 작업 스케줄링을 추상화한다. 스프링 Trigger 인터페이스는 java.lang.Runnable 작업 실행 시간을 추상화한다. 여러분은 TaskScheduler 인스턴스와 Trigger 인스턴스를 연관시켜서 스케줄을 정한 후 java.lang.Runnable 작업을 실행할 수 있다. 작업을 주기적periodic으로 실행하려면 PeriodicTrigger(Trigger 인터페이스를 구현)를 사용한다. CronTrigger(이 또한 Trigger 인터페이스를 구현)는 작업을 실행할 날짜나 시간을 지정하는 크론식cron expression을 받을 수 있다.

ThreadPoolTaskScheduler는 TaskScheduler 구현 중 가장 널리 쓰인다. ThreadPoolTaskScheduler는 내부적으로 스프링 5의 ScheduledThreadPoolExecutor를 사용해 작업을 실행한다. ThreadPoolTaskScheduler 구현을 설정하고 Trigger 구현과 연관시켜 작업을 스케줄링할 수 있다. 다음 예제는 ThreadPoolTaskScheduler를 설정하고 사용하는 방법이다.

예제 10-27 ThreadPoolTaskExecutor 설정과 사용 방법

```
------------ ThreadPoolTaskScheduler 설정 ---------------------
<bean id="myScheduler"
    class="org.springframework.scheduling.concurrent.ThreadPoolTaskScheduler">
  <property name="poolSize" value="5"/>
</bean>
-------------- ThreadPoolTaskScheduler 사용 방법 ---------------------
import org.springframework.scheduling.TaskScheduler;
import org.springframework.scheduling.support.PeriodicTrigger;

@Component
public class Sample {

  @Autowired
  @Qualifier("myScheduler")
  private TaskScheduler taskScheduler;

  public void executeTask(Runnable task) {
    taskScheduler.schedule(task, new PeriodicTrigger(5000));
  }
}
```

이 예제에서 ThreadPoolTaskScheduler의 poolSize 프로퍼티는 스레드 풀의 스레드 수를 지정한다. 실행할 작업을 스케줄링하려면 ThreadPoolTaskScheduler의 schedule 메서드에 java.lang.Runnable 작업과 Trigger 인스턴스를 넘긴다. 이 예제에서는 ThreadPoolTaskScheduler의 schedule 메서드에 PeriodicTrigger 인스턴스를 넘겼다. PeriodicTrigger 생성자의 인수는 작업을 실행하는 사이의 시간 간격(밀리초 단위)이다.

ThreadPoolTaskScheduler 빈을 XML 파일에 직접 정의하는 대신, 다음 코드처럼 스프링 task 스키마의 <scheduler> 엘리먼트를 사용해 ThreadPoolTaskScheduler 인스턴스를 설정할 수도 있다.

```
<task:scheduler id="myScheduler" pool-size="5" />
```

이제 스프링 task 스키마의 <schedule-task> 엘리먼트를 사용해 빈 메서드의 실행을 스케줄링하는 방법을 살펴보자.

10.6.3 빈 메서드의 실행 스케줄링하기

<scheduler> 엘리먼트가 생성하는 ThreadPoolTaskScheduler 인스턴스를 스프링 task 스키마의 <scheduled-tasks> 엘리먼트가 사용해서 빈 메서드 실행을 스케줄링할 수 있다. 다음 예제는 <scheduler>와 <scheduled-tasks> 엘리먼트를 사용해 MyBank 애플리케이션이 FixedDepositProcessorJob의 sendEmail 메서드를 매 5초마다 실행하는 과정을 보여준다.

예제 10-28 〈scheduler〉와 〈scheduled-tasks〉 엘리먼트

```
#프로젝트 - ch10-bankapp
#src/main/java/sample/spring/chapter10/bankapp/job

<task:scheduler id="emailScheduler" pool-size="10" />

<task:scheduled-tasks scheduler="emailScheduler">
  <task:scheduled ref="fixedDepositProcessorJob" method="sendEmail" fixed-rate="5000" />
</task:scheduled-tasks>

<bean id="fixedDepositProcessorJob"
      class="sample.spring.chapter10.bankapp.job.FixedDepositProcessorJob" />
```

이 예제에서 <scheduler> 엘리먼트는 ThreadPoolTaskScheduler 인스턴스를 설정한다. <scheduler> 엘리먼트의 id 속성은 스프링 컨테이너의 다른 빈이 ThreadPoolTask Scheduler 인스턴스에 접근할 때 사용할 이름을 지정한다. <scheduled-tasks> 엘리먼트의 scheduled 속성은 빈 메서드를 스케줄링해 실행하는 ThreadPoolTaskScheduler 인스턴스를 가리킨다. 이 예제에서는 <scheduler> 인스턴스가 만드는 ThreadPoolTaskScheduler 인스턴스를 <scheduled-tasks> 엘리먼트의 scheduled 속성이 참조한다.

<scheduled-tasks> 엘리먼트에는 하나 이상의 <scheduler> 엘리먼트가 들어 있다. <scheduler> 엘리먼트에는 실행할 빈 메서드의 정보와 빈 메서드를 실행할 트리거 정보가 들어간다. ref 속성은 스프링 빈을 참조하며, method 속성은 빈의 메서드를 참조하고, fixed-rate 속성은(인터벌interval 트리거의 경우) 연속적인 실행 사이의 시간 간격을 지정한다. [예제 10-28]에서 <scheduled> 엘리먼트는 FixedDepositProcessorJob의 sendEmail 메서드를 매 5초마다 실행하도록 설정한다.

<scheduler> 엘리먼트의 fixed-rate 속성을 사용하는 대신, fixed-delay(인터벌 트리거)

나 cron(크론 기반 트리거), trigger(Trigger 구현을 가리킴) 속성을 사용해 빈 메서드 실행의 트리거를 지정할 수도 있다.

이제 스프링에서 빈 메서드를 실행하는 @Async와 @Scheduled 애너테이션을 살펴보자.

10.6.4 @Async와 @Scheduled 애너테이션

빈 메서드에 스프링 @Async를 설정하면 스프링이 메서드를 비동기로 실행한다. 빈 메서드에 @Scheduled를 설정하면 스프링은 메서드 실행을 스케줄링한다.

다음 예제에서는 @Async와 @Scheduled 애너테이션 사용을 활성화하기 위해 스프링 task 스키마의 <annotation-driven> 엘리먼트를 사용한다.

예제 10-29 @Async와 @Scheduled 애너테이션 활성화하기

```
<task:annotation-driven executor="anExecutor" scheduler="aScheduler"/>
<task:executor id="anExecutor"/>

<task:scheduled-tasks scheduler="aScheduler">
  <task:scheduled ref="sampleJob" method="doSomething" fixed-rate="5000" />
</task:scheduled-tasks>
```

<annotation-driven> 엘리먼트의 executor 속성은 비동기 @Async를 설정한 비동기 메서드를 실행할 때 사용할 스프링 TaskExecutor(또는 자바 5 Executor) 인스턴스를 참조한다. scheduler 속성은 @Scheduled를 설정한 메서드를 실행하기 위해 스프링 TaskScheduler 인스턴스에 대한 참조를 지정한다.

> **NOTE_** 자바 기반 설정을 사용하면 @EnableAsync를 사용해 @Async를 활성화할 수 있고, @EnableScheduling을 사용해 @Scheduled를 활성화할 수 있다. ch10-bankapp-javaconfig 프로젝트의 TaskConfig 클래스에서 @EnableScheduling 애너테이션 사용법을 볼 수 있다.

이제 @Async 애너테이션을 자세히 살펴보자.

@Async 애너테이션

다음 예제는 @Async를 사용할 때 알아야 할 중요한 사실을 알려준다.

예제 10-30 @Async 애너테이션 사용법

```
import java.util.concurrent.Future;
import org.springframework.scheduling.annotation.Async;
import org.springframework.scheduling.annotation.AsyncResult;
import org.springframework.stereotype.Component;

@Component
public class Sample {
  @Async
  public void doA() { ..... }

  @Async(value="someExecutor")
  public void doB(String str) { ..... }

  @Async
  public Future<String> doC() {
    return new AsyncResult<String>("Hello");
  }
}
```

@Async 애너테이션의 value 속성은 비동기적으로 메서드를 실행할 때 사용할 스프링 TaskExecutor(또는 자바 5 Executor) 인스턴스를 지정한다. doA 메서드에 설정한 @Async에는 사용할 실행기를 지정하지 않았기 때문에, doA 메서드를 비동기적으로 실행할 때는 스프링 SimpleAsyncTaskExecutor를 사용한다. doB에 설정한 @Async는 value 속성값을 someExecutor로 지정했다. 이는 someExecutor 빈(타입은 TaskExecutor이거나 자바 5의 Executor)을 사용해 doB 메서드를 비동기적으로 실행한다는 뜻이다.

[예제 10-30]의 doB 메서드처럼 @Async를 설정한 메서드는 인수를 받을 수 있다. @Async를 설정한 메서드는 void를 반환(doA나 doB의 경우)하거나 Future 인스턴스를 반환(doC의 경우)할 수 있다. Future 인스턴스를 반환하기 위해서는 반환하려는 값을 AsyncResult 객체로 감싸고 AsyncResult 객체를 반환해야 한다.

이제 @Scheduled 애너테이션을 자세히 살펴보자.

@Scheduled 애너테이션

다음 예제는 @Scheduled를 사용할 때 알아야 하는 중요한 사실 몇 가지를 알려준다.

예제 10-31 @Scheduled 애너테이션 사용법

```
import org.springframework.scheduling.annotation.Scheduled;

@Component
public class Sample {
  @Scheduled(cron="0 0 9-17 * * MON-FRI")
  public void doA() { ..... }

  @Scheduled(fixedRate = 5000)
  public void doB() { ..... }
}
```

@Scheduled를 설정한 메서드는 void를 반환해야 하며 그 어떠한 인수도 받으면 안 된다. 그리고 @Scheduled 애너테이션의 cron, fixedRate, fixedDelay 중 하나를 반드시 지정해야 한다.

> **NOTE_** 쿼츠(Quartz) 스케줄러(http://quartz-scheduler.org/)를 스프링 애플리케이션에서 사용한다면, 쿼츠 스케줄러를 쉽게 사용할 수 있도록 스프링에서 제공하는 통합 클래스를 사용한다.

스프링은 기존 캐싱 솔루션 위에 추상화 레이어를 제공함으로써 애플리케이션에서 캐시를 쉽게 쓸 수 있게 한다.

10.7 캐싱

애플리케이션에서 캐싱을 사용하려면 스프링의 캐시 추상화를 고려해보자. 스프링 캐시 추상화는 개발자가 하부 캐시 구현의 API를 직접 다루지 않도록 해준다. 스프링 5부터는 java.util.concurrent.ConcurrentMap, Ehcache, Caffeine, Guava, GemFire나 JSR 107(자바 임시 캐싱 API, JCACHE라고 부름)을 구현한 캐시 솔루션에 대한 캐시 추상화를 즉시 지원한다.

NOTE_ 여러분이 사용하는 캐시 솔루션이 아직 스프링 캐시 추상화를 지원하지 않는다면, 직접 캐시 솔루션이 제공하는 API를 사용하거나 스프링이 제공하는 캐시 추상화를 캐시 솔루션에 맞춰주는 어댑터를 만들어야 한다.

CacheManager와 Cache 인터페이스는 스프링 캐시 추상화에서 중심적인 역할을 한다. CacheManager 인스턴스는 하부 캐시 솔루션이 제공하는 캐시 매니저를 감싸는 래퍼 역할을 하며, Cache 인스턴스의 컬렉션을 관리한다. 예를 들어 EhCacheCacheManager는 이캐시 Ehcache의 net.sf.ehcache.CacheManager를 감싸고, JCacheCacheManager는 JSR 107 프로바이더의 javax.cache.CacheManager를 감싼다. Cache 인스턴스는 하부 캐시를 감싸며, 하부 캐시와 상호 작용하는 메서드를 제공한다. 예를 들어 EhCacheCache(Cache를 구현)는 net.sf.ehcache.Ehcache의 래퍼고 JCacheCache(Cache를 구현)는 JSR 107 프로바이더의 javax.cache.Cache 인스턴스의 래퍼다.

스프링은 java.util.concurrent.ConcurrentMap을 하부 캐시로 사용하는 ConcurrentMapCacheManager도 제공한다. ConcurrentMapCacheManager가 관리하는 Cache 인스턴스는 ConcurrentMapCache다. 다음 다이어그램은 스프링 캐시 추상화가 제공하는 CacheManager와 Cache 인터페이스의 관계를 보여준다.

NOTE_ 여러분이 사용하는 캐시 솔루션을 스프링 캐시 추상화가 지원하지 않는다고 해도, 해당 캐시 솔루션을 위한 CacheManager와 Cache만 직접 구현하면 스프링 캐시에서 해당 솔루션을 사용할 수 있다.

그림 10-3 CacheManager와 Cache 인터페이스의 관계

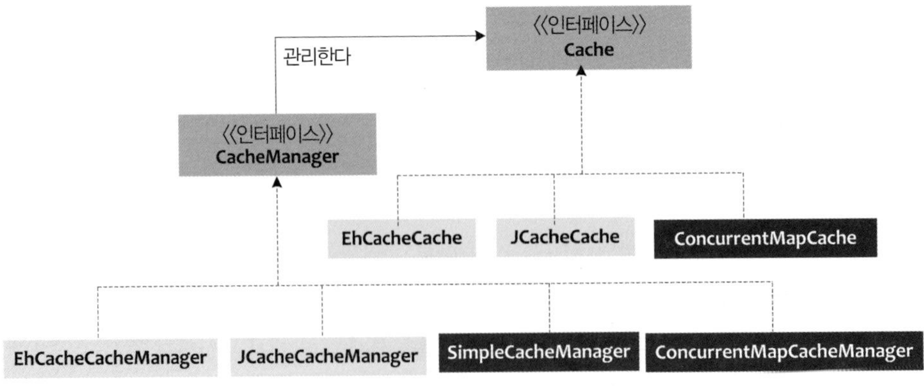

이 그림은 CacheManager가 Cache 인스턴스를 관리한다는 것을 보여준다. CacheManager 구현은 하부 캐시 솔루션의 캐시 매니저를 둘러싼 래퍼고, Cache 구현은 하부 캐시와 상호 작용할 수 있는 연산을 제공한다. EhCacheCacheManager는 EhCacheCache 인스턴스를 관리하고(하부 캐시 저장소는 이캐시), JCacheCacheManager는 JCacheCache 인스턴스를 관리하며(하부 캐시 저장소는 JSR 107을 구현하는 캐시 솔루션), ConcurrentMapCacheManager는 ConcurrentMapCache 인스턴스를 관리한다(하부 캐시 저장소는 java.util.concurrent.ConcurrentMap).

[그림 10-3]은 CacheManager 인터페이스를 구현하는 SimpleCacheManager 클래스다. SimpleCacheManager는 테스트하거나 간단한 캐싱 시나리오를 처리할 때 유용하다. 예를 들어 java.util.concurrent.ConcurrentMap을 하부 캐시 저장소로 사용하려면, ConcurrentMapCacheManager 대신 SimpleCacheManager를 사용해 캐시를 관리할 수 있다.

이제 CacheManager를 XML 파일에서 어떻게 설정하는지 살펴보자.

10.7.1 CacheManager 설정하기

MyBank 애플리케이션에서는 하부 캐시 저장소로 java.util.concurrent.ConcurrentMap 인스턴스 컬렉션을 사용한다. 따라서 SimpleCacheManager를 사용해 캐시를 관리한다.

다음 예제는 SimpleCacheManager 인스턴스를 MyBank 애플리케이션에서 설정하는 방법이다.

예제 10-32 SimpleCacheManager 설정

```
#프로젝트 - ch10-bankapp
#src/main/resources/META-INF/spring/

<bean id="myCacheManager"
    class="org.springframework.cache.support.SimpleCacheManager">
  <property name="caches">
    <set>
      <bean
        class="org.springframework.cache.concurrent.ConcurrentMapCacheFactoryBean">
         <property name="name" value="fixedDepositList" />
      </bean>
      <bean
```

```
            class="org.springframework.cache.concurrent.ConcurrentMapCacheFactoryBean">
            <property name="name" value="fixedDeposit" />
          </bean>
        </set>
      </property>
    </bean>
```

SimpleCacheManager의 caches 프로퍼티는 SimpleCacheManager 인스턴스가 관리할 캐시 컬렉션을 지정한다. ConcurrentMapCacheFactoryBean(FactoryBean 구현)을 사용해 ConcurrentMapCache 인스턴스(java.util.concurrent.ConcurrentHashMap 인스턴스를 사용하는 Cache 인스턴스)를 하부 캐시 저장소로 쉽게 설정할 수 있다. ConcurrentMapCacheFactoryBean의 name 프로퍼티는 캐시의 이름을 설정한다. [예제 10-32]에서는 SimpleCacheManager 인스턴스가 fixedDepositList와 fixedDeposit 캐시를 관리한다.

애플리케이션에 적합한 CacheManager를 설정한 후에 스프링 캐시 추상화를 어떻게 사용할지 결정해야 한다. 스프링 캐시 추상화를 캐시 애너테이션(@Cacheable, @CacheEvict, @CachePut 등)을 통해 사용할 수도 있고, 스프링의 cache 스키마를 통해 사용할 수도 있다.

이제 애플리케이션에서 스프링 캐시 애너테이션을 사용하는 방법에 대해 살펴보자.

10.7.2 캐시 애너테이션 – @Cacheable, @CacheEvict, @CachePut

캐시 애너테이션을 사용하려면 스프링 cache 스키마의 <annotation-driven> 엘리먼트를 설정할 필요가 있다. MyBank 애플리케이션에서는 다음 예제와 같이 엘리먼트를 설정한다.

예제 10-33 <annotation-driven>을 사용해 캐시 애너테이션 활성화하기

```
#프로젝트 - ch10-bankapp
#src/main/resources/META-INF/spring/

<beans .....xmlns:cache="http://www.springframework.org/schema/cache"
    xsi:schemaLocation=".....
            http://www.springframework.org/schema/cache
            http://www.springframework.org/schema/cache/spring-cache.xsd">

    <cache:annotation-driven cache-manager="myCacheManager"/>
  .....
</beans>
```

이 예제는 XML 파일에서 내부에 정의된 엘리먼트를 사용하기 위해 스프링 cache 스키마를 포함시켰다. <annotation-driven> 엘리먼트의 cache-manager 속성은 캐시를 관리할 Cache Manager 빈을 가리킨다. CacheManager 빈 이름이 cacheManager라면 cache-manager 속성을 지정하지 않아도 된다.

NOTE_ 자바 기반 설정을 사용한다면 @EnableCaching을 사용해 캐시 애너테이션을 활성화할 수 있다. ch10-bankapp-javaconfig 프로젝트의 CacheConfig 클래스에서 @EnableCaching 애너테이션 사용법을 볼 수 있다.

이제 캐시 애너테이션을 사용할 수 있게 됐으므로, 다른 캐시 애너테이션을 살펴보자.

@Cacheable

메서드에 @Cacheable을 설정하면 메서드의 반환값을 캐시에 넣는다는 뜻이다. @Cacheable의 key 속성은 반환한 값을 캐시에 저장할 때 사용할 키를 지정한다.

key 속성을 지정하지 않으면 디폴트로 스프링 SimpleKeyGenerator 클래스(KeyGenerator 인터페이스를 구현)를 사용해서 메서드가 반환하는 값을 캐시에 저장할 때 사용할 키를 생성한다. SimpleKeyGenerator는 메서드 시그니처와 인수를 사용해 키를 계산한다. <annotation-driven> 엘리먼트의 key-generator 속성을 사용하면 디폴트 키 생성기를 커스텀 Key Generator 구현으로 바꿀 수 있다.

다음 예제는 MyBank 애플리케이션에서 FixedDepositService의 findFixedDeposits ByBankAccount 메서드가 반환하는 값을 캐시하기 위해 @Cacheable 애너테이션을 사용한 것이다.

예제 10-34 @Cacheable 애너테이션

```
#프로젝트 - ch10-bankapp
#src/main/java/sample/spring/chapter10/bankapp/service

package sample.spring.chapter10.bankapp.service;
import org.springframework.cache.annotation.Cacheable;
.....
@Service(value = "fixedDepositService")
```

```
public class FixedDepositServiceImpl implements FixedDepositService {
  .....
  @Cacheable(cacheNames = { "fixedDepositList" } )
  public List<FixedDepositDetails> findFixedDepositsByBankAccount(int bankAccountId) {
    logger.info("findFixedDepositsByBankAccount method invoked");
    return myFixedDepositDao.findFixedDepositsByBankAccount(bankAccountId);
  }
}
```

@Cacheable 애너테이션의 cacheNames 속성은 반환한 값을 캐시할 캐시 영역region을 지정한다. [예제 10-32]에서는 MyBank 애플리케이션를 위해 fixedDepositList 캐시 영역을 만들었다. [예제 10-34]에서 @Cacheable은 findFixedDepositsByBankAccount 메서드가 반환하는 값을 fixedDepositList 캐시에 저장한다. key 속성을 지정하지 않았기 때문에 SimpleKeyGenerator는 메서드 인수인 bankAccountId값을 키로 사용한다.

@Cacheable을 설정한 메서드가 호출되면 설정된 KeyGenerator가 키를 계산한다. 키가 캐시에 이미 들어 있으면 @Cacheable 메서드가 호출되지 않는다. 키가 캐시에 들어 있지 않으면, @Cacheable 메서드가 호출되고 반환값을 계산한 키를 사용해 캐시에 넣는다. SimpleKeyGenerator를 키 생성기로 사용하는 경우, 메서드에 전달한 인수가 모두 같을 때는 @Cacheable을 설정한 메서드를 호출하지 않는다. 하지만 인수 중 단 하나라도 다른 값을 사용하면 @Cacheable을 설정한 메서드가 호출된다.

@CacheEvict

어떤 메서드가 호출되면 캐시에 있는 데이터를 모두 비울 때 @CacheEvict를 설정한다. MyBank 애플리케이션에서 새로운 정기 예금이 생성되면 FixedDepositServiceImpl의 findFixedDepositsByBankAccount 메서드에 의해 저장된 정기 예금 정보를 반드시 캐시에서 제거해야 한다. 그래야 다음에 findFixedDepositsByBankAccount 메서드가 호출될 때 새로 만든 정기 예금 정보를 데이터베이스에서 가져올 수 있다. 다음 예제는 @CacheEvict 애너테이션의 사용법을 보여준다.

예제 10-35 @CacheEvict 애너테이션

```
#프로젝트 - ch10-bankapp
```

```
#src/main/java/sample/spring/chapter10/bankapp/service

package sample.spring.chapter10.bankapp.service;
import org.springframework.cache.annotation.CacheEvict;
.....
@Service(value = "fixedDepositService")
public class FixedDepositServiceImpl implements FixedDepositService {
  .....
  @Transactional("jmsTxManager")
  @CacheEvict(cacheNames = { "fixedDepositList" }, allEntries=true,
      beforeInvocation = true)
  public void createFixedDeposit(final FixedDepositDetails fixedDepositDetails)
      throws Exception {
    .....
  }
  .....
}
```

이 예제의 createFixedDeposit 메서드에서 @CacheEvict는 스프링이 fixedDepositList 캐시 영역에서 모든 캐시 엔트리를 지우도록 지시한다. cacheNames 속성은 캐시 원소를 없앨 캐시 영역을 지정하며, allEntries 속성은 지정한 캐시 영역에서 모든 엔트리를 비울지, 일부만 비울지 지정한다.

특정 캐시 아이템을 캐시에서 비운다면 key 속성을 사용해 아이템을 저장할 때 사용한 키를 지정한다. 또한 condition 속성을 사용하면 조건에 따라 아이템을 비울 수도 있다. condition과 key 속성은 SpEL을 사용해 값을 지정하도록 허용한다. 따라서 복잡한 조건을 적용해서 캐시를 비울 수 있다.

beforeInvocation 속성은 캐시를 메서드 실행 이전이나 이후 중 언제 비울지 결정한다. beforeInvocation 속성값이 true이므로 여기서는 createFixedDeposit 메서드를 호출하기 전에 캐시를 비운다.

@CachePut

스프링은 추가로 항상 메서드를 호출해서 반환값을 캐시에 넣어야 한다는 의미의 @CachePut 애너테이션을 지원한다. @CachePut 애너테이션은 이런 면에서 스프링에게 캐시에 키가 이미 있는 경우 메서드를 호출하지 말라고 지시하는 @Cacheable 애너테이션과 다르다.

다음 예제는 MyBank 애플리케이션의 FixedDepositServiceImpl에서 @CachePut 애너테이션을 사용하는 것을 보여준다.

예제 10-36 @CachePut 애너테이션

```
#프로젝트 - ch10-bankapp
#src/main/java/sample/spring/chapter10/bankapp/service

package sample.spring.chapter10.bankapp.service;
import org.springframework.cache.annotation.CachePut;
import org.springframework.cache.annotation.Cacheable;
.....
@Service(value = "fixedDepositService")
public class FixedDepositServiceImpl implements FixedDepositService {
  .....
  @CachePut(cacheNames = {"fixedDeposit"}, key="#fixedDepositId")
  public FixedDepositDetails getFixedDeposit(int fixedDepositId) {
    logger.info("getFixedDeposit method invoked with fixedDepositId "
        + fixedDepositId);
    return myFixedDepositDao.getFixedDeposit(fixedDepositId);
  }

  @Cacheable(cacheNames = { "fixedDeposit" }, key="#fixedDepositId")
  public FixedDepositDetails getFixedDepositFromCache(int fixedDepositId) {
    logger.info("getFixedDepositFromCache method invoked with fixedDepositId "
        + fixedDepositId);
    throw new RuntimeException("This method throws exception because "
        + "FixedDepositDetails object must come from the cache");
  }
  .....
}
```

이 예제는 @CachePut을 getFixedDeposit 메서드에 설정한다. 이는 getFixedDeposit 메서드가 항상 호출되고, 메서드가 반환하는 FixedDepositDetails 객체가 fixedDeposit 캐시에 저장된다는 뜻이다. cacheNames 속성은 반환된 FixedDepositDetails를 저장할 캐시 이름을 지정한다. 또 key 속성은 반환된 FixedDepositDetails 객체를 저장할 때 사용할 키를 지정한다. Key 속성은 키를 지정하기 위해 SpEL을 사용한다. key 속성값인 #fixedDepositId는 getFixedDeposit 메서드에 전달된 fixedDepositId 인수를 가리킨다. 이는 getFixedDeposit 메서드가 반환하는 FixedDepositDetails 객체를 fixedDeposit 캐시에

저장할 때, 메서드 인수인 fixedDepositId값을 키로 쓴다는 뜻이다.

[예제 10-36]에서 FixedDepositServiceImpl의 getFixedDepositFromCache 메서드는 @Cacheable 애너테이션에 지정한 key 속성값에 따라 캐시에서 FixedDepositDetails 객체를 읽는다. 여기서 getFixedDepositFromCache 메서드의 본문은 단지 RuntimeException을 던지기만 한다는 사실에 유의하자. key 속성은 getFixedDepositFromCache 메서드에 전달된 fixedDepositId 인수를 가리킨다. FixedDepositDetails 객체를 캐시에서 찾지 못하면 getFixedDepositFromCache가 호출되고, 이때 RuntimeException이 발생한다.

10.7.3 스프링 cache 스키마를 사용해 캐시 설정하기

애너테이션을 사용하는 대신 스프링 cache 스키마를 사용해 애플리케이션의 캐시를 설정할 수 있다. 다음 예제는 cache 스키마의 <advice> 엘리먼트를 사용해 FixedDepositServiceImpl 클래스에 정의된 메서드에 대한 캐시 동작을 설정하는 방법이다.

예제 10-37 applicationContext.xml – cache 스키마로 캐시 설정하기

```
#프로젝트 - ch10-bankapp
#src/main/resources/spring/applicationContext.xml

<beans .....
   xmlns:cache="http://www.springframework.org/schema/cache"
   xsi:schemaLocation=".....
          http://www.springframework.org/schema/cache/spring-cache.xsd">

  <cache:advice id="cacheAdvice" cache-manager="myCacheManager">
    <cache:caching cache="fixedDepositList">
      <cache:cache-evict method="createFixedDeposit" all-entries="true"
         before-invocation="true" />
      <cache:cacheable method="findFixedDepositsByBankAccount" />
    </cache:caching>
    <cache:caching cache="fixedDeposit">
      <cache:cache-put method="getFixedDeposit" key="#fixedDepositId" />
      <cache:cacheable method="getFixedDepositFromCache" key="#fixedDepositId" />
    </cache:caching>
  </cache:advice>

  <bean id="myCacheManager" class="org.springframework.cache.support.SimpleCacheManager">
```

```
    .....
</beans>
```

<advice> 엘리먼트의 cache-manager 속성은 캐시를 관리할 때 사용할 CacheManager 빈을 지정한다. <caching> 엘리먼트는 cache 속성이 지정한 캐시 영역의 캐시 동작을 설명한다. <cache-evict>, <cache-put>, <cacheable> 엘리먼트는 순서대로 @CacheEvict, @CachePut, @Cacheable 애너테이션에 해당한다. <cache-evict>, <cache-put>, <cacheable>의 method 속성은 엘리먼트를 적용할 빈 메서드를 지정하고, key 속성은 메서드가 반환한 값을 캐시에 저장할 때 사용할 키를 지정한다.

다음 예제는 스프링 aop 스키마의 <config> 엘리먼트를 사용해 [예제 10-37]에 정의한 캐시 동작을 FixedDepositService 인터페이스가 정의한 메서드에 적용하는 모습을 보여준다.

예제 10-38 applicationContext.xml – 캐시 동작 적용

```
#프로젝트 - ch10-bankapp
#src/main/resources/spring/applicationContext.xml

<beans .....
  xmlns:aop="http://www.springframework.org/schema/aop"
  xsi:schemaLocation=".....http://www.springframework.org/schema/aop
              http://www.springframework.org/schema/aop/spring-aop.xsd">
  <aop:config>
    <aop:advisor advice-ref="cacheAdvice" pointcut=
     "execution(* sample.spring.chapter10.bankapp.service.FixedDepositService.*(..))" />
  </aop:config>
```

이 예제에서 <advisor> 엘리먼트의 advice-ref 속성은 캐시 동작(횡단 관심사cross cut concern)을 정의하는 <advisor> 엘리먼트를 참조하고, pointcut 속성은 캐시 동작을 적용할 메시지를 지정한다. <config> 엘리먼트와 AOP는 11장에서 다룬다.

이제 ch10-bankapp에서 MyBank 앱을 실행하면 어떤 일이 일어나는지 살펴보자.

10.8 MyBank 애플리케이션 실행하기

MyBank 애플리케이션의 BankApp 클래스에는 애플리케이션 시작점인 main 메서드가 들어 있다. main 메서드는 FixedDepositService와 BankAccountService 인스턴스가 제공하는 메서드를 사용해 이번 장에서 논의한 여러 기능을 보여준다.

다음 예제는 MyBank 애플리케이션의 BankApp 클래스다.

예제 10-39 BankApp 클래스

```
#프로젝트 - ch10-bankapp
#src/main/java/sample/spring/chapter10/bankapp

package sample.spring.chapter10.bankapp;
.....
public class BankApp {
  public static void main(String args[]) throws Exception {
    ConfigurableApplicationContext context = new ClassPathXmlApplicationContext(
       "classpath:META-INF/spring/applicationContext.xml");

    BankAccountService bankAccountService = context.getBean(BankAccountService.class);
    BankAccountDetails bankAccountDetails = new BankAccountDetails();
    .....
    int bankAccountId = bankAccountService.createBankAccount(bankAccountDetails);

    FixedDepositService fixedDepositService =
       context.getBean(FixedDepositService.class);
    FixedDepositDetails fixedDepositDetails = new FixedDepositDetails();
    .....
    fixedDepositDetails.setEmail("someUser@someDomain.com");
    fixedDepositService.createFixedDeposit(fixedDepositDetails);
    .....
    fixedDepositService.findFixedDepositsByBankAccount(bankAccountId);
    logger.info("Invoking FixedDepositService's findFixedDepositsByBankAccount again");
    fixedDepositService.findFixedDepositsByBankAccount(bankAccountId);

    fixedDepositService.createFixedDeposit(fixedDepositDetails);
    .....
    logger.info("Invoking FixedDepositService's findFixedDepositsByBankAccount after
       creating a new fixed deposit");
    List<FixedDepositDetails> fixedDepositDetailsList = fixedDepositService
       .findFixedDepositsByBankAccount(bankAccountId);
```

```
    for (FixedDepositDetails detail : fixedDepositDetailsList) {
      fixedDepositService.getFixedDeposit(detail.getFixedDepositId());
    }
    for (FixedDepositDetails detail : fixedDepositDetailsList) {
      fixedDepositService.getFixedDepositFromCache(detail.getFixedDepositId());
    }
    .....
  }
}
```

[예제 10-39]에서 main 메서드는 다음과 같은 순서로 동작한다.

1단계: BankAccountService의 createBankAccount 메서드를 호출해서 BANK_ACCOUNT_DETAILS 테이블에 은행 계좌를 만든다.

2단계: FixedDepositService의 createFixedDeposit을 호출해서 새로 만든 은행 계좌에 해당하는 정기 예금을 FIXED_DEPOSIT_DETAILS 테이블에 만든다.

FixedDepositDetails의 email 프로퍼티를 여러분이 받을 수 있는 전자우편 ID로 설정해야 한다. FixedDepositService의 createFixedDeposit 메서드는 2개의 JMS 메시지를 보낸다(예제 10-5 참조). 한 JMS 메시지에는 FixedDepositDetails의 email 속성에 저장된 전자우편 ID가 들어 있고, EmailMessageListener(예제 10-21)가 메시지를 받아 처리하면서 고객에게 전자우편을 보낸다. FixedDepositMessageListener(예제 10-11)는 다른 메시지를 처리하며, FIXED_DEPOSIT_DETAILS에 정기 예금 정보를 기록한다.

FixedDepositServiceImpl의 createFixedDeposit 메서드에 @CacheEvict를 설정했음을 확인하자(예제 10-35). 이 애너테이션은 fixedDepositList 캐시에 있는 모든 아이템을 제거한다.

3단계: FixedDepositService의 findFixedDepositsByBankAccount 메서드를 호출해 1단계에서 만든 은행 계좌에 해당하는 정기 예금 정보를 가져온다. findFixedDepositsByBankAccount 메서드에 @Cacheable을 설정했기 때문에(예제 10-34 참조), findFixedDepositsByBankAccount 메서드가 반환하는 정기 예금 정보가 fixedDeposit List 캐시에 저장된다.

[예제 10-34]를 보면 findFixedDepositsByBankAccount 메서드가 콘솔에 'findFixedDepositsByBankAccount method invoked' 메시지를 표시하는 것을 알 수 있다.

[예제 10-39]는 findFixedDepositsByBankAccount를 두 번 호출하지만, 콘솔에는 'findFixedDepositsByBankAccount method invoked' 메시지가 단 한 번만 표시된다. 이는 정기 예금 정보를 읽는 findFixedDepositsByBankAccount 메서드의 결과를 fixedDepositList에서 가져오고 findFixedDepositsByBankAccount 메서드를 실행하지 않기 때문이다.

4단계: FixedDepositService의 createFixedDeposit을 호출해 1단계에서 만든 은행 계좌에 해당하는 새로운 정기 예금을 FIXED_DEPOSIT_DETAILS 테이블에 만든다. FixedDepositServiceImpl의 createFixedDeposit 메서드에 @CacheEvict를 설정했으므로(예제 10-35 참조) fixedDepositList 캐시에 있는 모든 아이템이 제거된다.

5단계: FixedDepositService의 findFixedDepositsByBankAccount 메서드를 다시 한 번 호출한다. 방금 createFixedDeposit 메서드를 실행했기 때문에(4단계), fixedDepositList 캐시의 아이템이 모두 비워졌다. 따라서 이 시점에 다시 'findFixed Deposits ByBankAccount method invoked' 메시지가 콘솔에 표시되는 것을 볼 수 있다. findFixedDeposits ByBankAccount 메서드에는 @Cacheable을 설정했기 때문에, 메서드가 반환하는 정기 예금은 fixedDepositList 캐시에 캐시된다.

6단계: 5단계에서 가져온 모든 정기 예금에 대해, FixedDepositService의 getFixed Deposit 메서드(예제 10-36)를 호출한다. getFixedDeposit 메서드는 정기 예금 식별자를 인수로 받고, 데이터베이스에서 정기 예금 정보를 읽는다. getFixed Deposit 메서드에는 항상 호출된다는 의미를 가진 @CachePut이 설정되어 있다. getFixedDeposit 메서드가 반환한 정기 예금은 fixedDeposit 캐시에 저장된다.

7단계: 5단계에서 가져온 모든 정기 예금에 대해 FixedDepositService의 getFixed DepositFromCache 메서드(예제 10-36)를 호출한다. getFixedDepositFromCache 메서드는 정기 예금 식별자를 인수로 받고 RuntimeException 예외를 발생시킨다. getFixedDepositFromCache 메서드에 @Cacheable을 설정했으므로, 주어진 ID에 해당하는 정기 예금을 fixedDeposit 캐시에서 찾지 못한 경우에만 getFixed DepositFromCache 메서드가 호출된다. 6단계에서 모든 정기 예금을 캐시에 넣었기 때문에, getFixedDepositFromCache는 결코 실행되지 않는다.

8단계: 5초마다 FixedDepositProcessorJob(예제 10-22) 메서드가 실행되어 데이터베이스에 새로운 정기 예금이 생성됐는지 검사한다. 새로운 정기 예금을 데이터베이스에서 찾으면 FixedDepositProcessorJob은 해당 정기 예금을 활성화시키고, 고객에게 정기 예금이 성공적으로 생성됐다고 알리는 전자우편을 보낸다.

10.9 요약

이번 장에서는 스프링에서 자주 사용하는 기능을 몇 가지 살펴봤다. 스프링을 사용하면 JMS 메시지를 보내고 받거나, 전자우편을 보내거나, 빈 메서드를 비동기적으로 실행하거나, 빈 메서드 실행을 스케줄링하거나, 데이터를 캐시하는 등의 일을 쉽게 할 수 있다. 다음 장에서는 스프링의 AOP(관점 지향 프로그래밍) 지원에 대해 살펴본다.

CHAPTER 11

AOP

11.1 소개

AOP[Aspect Oriented Programing](관점 지향 프로그래밍)은 여러 클래스에 나뉜 책임을 애스팩트[aspect](관점)라고 부르는 별도의 클래스에 캡슐화하는 접근 방식을 말한다. 그리고 여러 클래스에 걸쳐 있는 책임은 횡단 관심사[cross-cutting concern]라고 부른다. 횡단 관심사의 예로 로깅[logging], 트랜잭션 관리, 캐싱, 보안 등을 들 수 있다.

스프링은 내부에서 트랜잭션 관리(8장), 캐싱(10장), 보안(16장) 등의 선언적인 서비스를 구현하기 위해 AOP 프레임워크를 제공한다. 스프링 AOP 프레임워크 대신 AspectJ(`http://www.eclipse.org/aspectj/`)를 애플리케이션에서 AOP 프레임워크로 사용할 수도 있다. 스프링 AOP 프레임워크로도 대부분의 AOP를 만족할 수 있고 스프링 컨테이너와 통합되기 때문에, 이번 장에서는 스프링 AOP 프레임워크에 집중한다.

먼저 AOP의 용례를 살펴보는 것부터 시작하자.

11.2 간단한 AOP 예제

감사를 위해 `MyBank` 애플리케이션의 서비스 레이어에 정의된 클래스의 메서드에 전달되는 인수를 모두 획득하고 싶다고 가정하자. 메서드 인수를 로그에 남기는 간단한 접근 방법으로 매 메서드마다 로그 로직을 작성하는 방법이 있다. 하지만 이는 모든 메서드가 인수를 로그에 남기는 책임을 추가로 진다는 말이다. 메서드 인수를 로그에 남기는 책임이 여러 클래스와 메서드에 걸쳐 분산되어 있으므로, 이것은 횡단 관심사를 표현한다.

횡단 관심사를 AOP에서 처리하려면 다음 단계를 밟아야 한다.

- 자바 클래스(애스팩트라 부름)를 정의하고, 횡단 관심사에 대한 구현을 자바 클래스에 추가한다.
- 정규식을 사용해 횡단 관심사를 적용할 메서드를 지정한다.

AOP 용어에서 횡단 관심사를 구현하는 애스팩트의 메서드를 어드바이스advice라고 부른다. 각 어드바이스는 그 어드바이스를 적용할 메서드를 구별하는 포인트컷pointcut과 연관되어 있다. 어드바이스를 적용할 메서드를 가리켜 조인 포인트join point라고 한다.

스프링 AOP에서는 AspectJ 애너테이션 스타일이나 `XLM` 스키마 스타일로 애스팩트를 개발할 수 있다. AspectJ 애너테이션 스타일에서는 `@Aspect`, `@Pointcut`, `@Before` 같은 AspectJ 애너테이션을 사용해 애스팩트를 개발한다. `XML` 스키마 스타일에서는 스프링 aop 스키마를 사용해 스프링 빈을 애스팩트로 설정한다.

IMPORT chapter 11/ch11-simple-aop

이 프로젝트는 스프링 AOP를 사용해 서비스 레이어에 있는 클래스에 정의된 메서드로 전달되는 인수를 로그에 남기는 MyBank 애플리케이션이다. 애플리케이션을 실행하려면 BankApp 클래스의 main 메서드를 실행한다. 다음 예제는 MyBank 애플리케이션에서 서비스 레이어에 있는 클래스에 정의된 메서드로 전달되는 인수를 로그에 남기는 로깅 애스팩트를 보여준다.

예제 11-1 LoggingAspect 클래스

```
#프로젝트 - ch11-simple-aop
#src/main/java/sample/spring/chapter11/bankapp/aspects

package sample.spring.chapter11.bankapp.aspects;
import org.aspectj.lang.JoinPoint;
import org.aspectj.lang.annotation.Aspect;
import org.aspectj.lang.annotation.Before;
import org.springframework.stereotype.Component;

@Aspect
@Component
```

```
public class LoggingAspect {
  private Logger logger = LogManager.getLogger(LoggingAspect.class);

  @Before(value = "execution(* sample.spring.chapter11.bankapp.service.*Service.*(..))")
  public void log(JoinPoint joinPoint) {
    logger.info("Entering "
        + joinPoint.getTarget().getClass().getSimpleName() + "'s "
        + joinPoint.getSignature().getName());

    Object[] args = joinPoint.getArgs();
    for (int i = 0; i < args.length; i++) {
      logger.info("args[" + i + "] -->" + args[i]);
    }
  }
}
```

[예제 11-1]에서 다음과 같은 내용을 알 수 있다.

- 타입 수준 애너테이션인 AspectJ의 @Aspect는 LogginAspect 클래스가 AOP 애스팩트라고 지정한다.
- @Before 애너테이션의 value 속성은 스프링 AOP 프레임워크가 어드바이스를 적용할 메서드(이를 대상 메서드(target method)라고 한다)를 식별할 때 사용하는 포인트컷 식을 지정한다. 지금은 포인트컷 식(execution(* sample.spring.chapter11.bankapp.service.*Service.*(..)))이 sample.spring.chapter11.bankapp.service 패키지에 정의된 이름 중 Service로 끝나는 클래스에 정의된 모든 public 메서드에 LoggingAspect의 log 메서드를 적용한다는 것만 알면 된다. 포인트컷 식은 11.4절에서 자세히 살펴본다.
- log 메서드의 JoinPoint 인수는 어드바이스를 적용할 대상 메서드를 표현한다. log 메서드는 JoinPoint 인스턴스를 사용해서 대상 메서드에 전달된 인수의 정보를 가져온다. [예제 11-1]에서는 JoinPoint의 getArgs 메서드를 호출해서 대상 메서드에 전달된 메서드 인수를 얻는다.

애스팩트를 스프링 컨테이너에 등록해서 스프링 AOP 프레임워크가 애스팩트를 알 수 있게 해야 한다. [예제 11-1]에서 LoggingAspect에는 스프링 @Component를 설정했으므로 스프링 컨테이너가 자동으로 애스팩트를 등록한다.

다음 예제는 MyBank 애플리케이션에서 BankAccountServiceImpl(BankAccountService 인터페이스를 구현)과 FixedDepositServiceImpl(FixedDepositService 인터페이스를 구현) 메서드를 호출하는 BankApp 클래스다.

예제 11-2 BankApp 클래스

```
#프로젝트 - ch11-simple-aop
#src/main/java/sample/spring/chapter11/bankapp

package sample.spring.chapter11.bankapp;
.....
public class BankApp {
  public static void main(String args[]) throws Exception {
    ConfigurableApplicationContext context = new ClassPathXmlApplicationContext(
        "classpath:META-INF/spring/applicationContext.xml");
    BankAccountService bankAccountService = context.getBean(BankAccountService.class);
    BankAccountDetails bankAccountDetails = new BankAccountDetails();
    bankAccountDetails.setBalanceAmount(1000);
    bankAccountDetails.setLastTransactionTimestamp(new Date());
    bankAccountService.createBankAccount(bankAccountDetails);

    FixedDepositService fixedDepositService =
        context.getBean(FixedDepositService.class);
    fixedDepositService.createFixedDeposit(new FixedDepositDetails(1, 1000, 12,
        "someemail@somedomain.com"));
  }
}
```

이 예제에서는 BankApp 클래스의 main 메서드가 BankAccountService의 createBankAccount와 FixedDepositService의 createFixedDeposit 메서드를 호출한다. BankApp의 main 메서드를 실행하면 콘솔에서 다음과 같은 출력을 볼 수 있다.

```
INFO LoggingAspect - Entering BankAccountServiceImpl's createBankAccount
INFO LoggingAspect - args[0] -->BankAccountDetails [accountId=0, balanceAmount=1000,
lastTransactionTimestamp=Sat Oct 27 16:48:11 IST 2012]
INFO BankAccountServiceImpl - createBankAccount method invoked
INFO LoggingAspect - Entering FixedDepositServiceImpl's createFixedDeposit
INFO LoggingAspect - args[0] -->id :1, deposit amount : 1000.0, tenure : 12, email :
someemail@somedomain.com
INFO FixedDepositServiceImpl - createFixedDeposit method invoked
```

이 출력은 BankAccountService의 createBankAccount와 FixedDepositService의 createFixedDeposit 메서드를 실행하기 전에 LoggingAspect의 log 메서드가 실행된다는 사실을 보여준다.

다음에는 LoggingAspect 관점에서 스프링 AOP 프레임워크가 어떻게 작동하는지 살펴보자.

> **NOTE_** AspectJ 애너테이션 스타일의 애스팩트를 사용하기 위해 ch11-simple-aop 프로젝트에는 springaop, aopalliance, aspectjrt, aspectjweaver JAR 파일에 대한 의존 관계가 들어 있다. ch11-simple-aop 프로젝트의 pom.xml에서 자세한 내용을 볼 수 있다.

11.3 스프링 AOP 프레임워크

스프링 AOP 프레임워크는 프록시 기반proxy-based이다. 그래서 어드바이스의 대상 객체마다 프록시 **객체**가 만들어진다. 프록시는 AOP 프레임워크에 의해 호출하는 객체와 대상 객체 사이에 도입되는 중간 객체다. 실행 시점에서 프록시는 대상 객체 호출을 가로채고 대상 메서드에 적용할 어드바이스를 실행한다. 스프링 AOP에서 대상 객체는 스프링 컨테이너에 등록된 빈 인스턴스다.

다음 다이어그램은 LoggingAspect의 log 메서드(예제 11-1)를 BankAccountService와 FixedDepositService 객체에 어떻게 적용(예제 11-2)했는지 보여준다.

그림 11-1 프록시 객체는 대상 객체로 가는 메서드 호출을 가로채서 대상 메서드에 적용할 어드바이스를 실행하는 역할을 한다

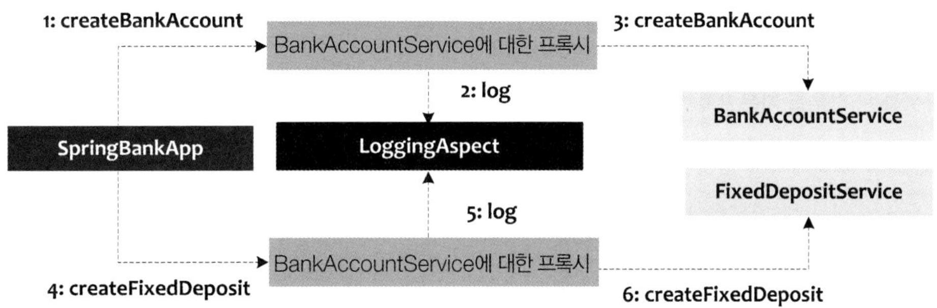

이 다이어그램은 BankAccountService와 FixedDepositService 객체에 대한 프록시가 생성됨을 보여준다. BankAccountService에 대한 프록시는 BankAccountService의 createBankAccount 메서드 호출을 가로채며, FixedDepositService에 대한 프록시는

FixedDepositService의 createFixedDeposit 메서드 호출을 가로챈다. BankAccountService에 대한 프록시는 우선 LoggingAspect의 log 메서드를 실행한 다음에 BankAccountService의 createBankAccount 메서드를 실행한다. 이와 비슷하게 FixedDepositService에 대한 프록시는 먼저 LoggingAspect의 log 메서드를 실행한 다음에 FixedDepositService의 createFixedDeposit 메서드를 실행한다.

(LoggingAspect 애스팩트의 log 메서드 같은) 어드바이스의 실행 시점은 어드바이스 유형에 따라 다르다. AspectJ 애너테이션 스타일에서는 어드바이스에 설정한 AspectJ가 어드바이스 유형을 지정한다. 예를 들어 AspectJ의 @Before 애너테이션은 대상 메서드를 실행하기 전에 어드바이스를 실행해야 한다고 지정하며, AspectJ의 @After 애너테이션은 대상 메서드를 실행한 후에 어드바이스를 실행해야 한다고 지정하고, @Around 애너테이션은 대상 메서드를 실행하기 전후에 어드바이스를 실행해야 한다고 지정하는 등이다. LoggingAspect의 log 메서드에는 @Before를 설정했으므로 log 메서드는 대상 객체의 메서드를 실행하기 전에 실행된다.

이제 스프링 AOP 프레임워크가 프록시 객체를 어떻게 만드는지 살펴보자.

11.3.1 프록시 생성

스프링 AOP를 사용할 때는 스프링의 ProxyFactoryBean(org.springframework.aop.framework 패키지 참조)을 사용해 AOP 프록시를 명시적으로 사용할 수 있고, 스프링이 AOP 프록시를 자동으로 생성하게 만들 수도 있다. AOP 프록시를 스프링 AOP가 자동으로 생성하는 경우를 **자동 프록시 생성**autoproxying이라고 한다.

AspectJ 애너테이션 스타일을 사용해 애스팩트를 생성하려면 스프링 aop 스키마의 <aspectj-autoproxy> 엘리먼트를 사용해 AspectJ 애너테이션 스타일 사용 지원을 활성화할 필요가 있다. 추가로 <aspectj-autoproxy> 엘리먼트는 스프링 AOP 프레임워크가 자동으로 대상 객체애 대한 AOP 프록시를 생성하도록 지시한다. 다음 예제는 ch11-simple-aop 프로젝트에서 <aspectj-autoproxy>를 어떻게 사용하는지 보여준다.

예제 11-3 applicationContext.xml – <aspectj-autoproxy> 엘리먼트

```
#프로젝트 - ch11-simple-aop
#src/main/resources/META-INF/spring

<beans .....
   xmlns:context="http://www.springframework.org/schema/context"
   xmlns:aop="http://www.springframework.org/schema/aop"
   xsi:schemaLocation=".....http://www.springframework.org/schema/aop
         http://www.springframework.org/schema/aop/spring-aop.xsd">
  <context:component-scan base-package="sample.spring" />
  <aop:aspectj-autoproxy proxy-target-class="false" expose-proxy="true"/>
</beans>
```

스프링 AOP 프레임워크는 자바 SE나 CGLIB를 기반으로 프록시를 생성한다. 대상 객체가 아무 인터페이스도 구현하지 않는다면 스프링 AOP는 CGLIB 기반의 프록시를 생성한다. 대상 객체가 하나 이상의 인터페이스를 구현한다면 스프링 AOP는 자바 SE 기반의 프록시를 생성한다.

이 예제에서 보면 `<aspectj-autoproxy>` 엘리먼트의 `proxy-target-class` 속성은 대상 객체에 대한 프록시를 자바 SE 기반으로 할지 `CGLIB` 기반으로 할지 지정한다. `proxy-target-class` 속성값을 false면 스프링 AOP가 대상 객체가 하나 이상 인터페이스를 구현하여 자바 SE 기반의 프록시를 생성한다. `proxy-target-class` 속성값이 `true`면 스프링 AOP가 대상 객체가 하나 이상의 인터페이스를 구현하더라도 CGLIB 기반의 프록시를 생성한다.

`expose-proxy` 속성값은 AOP 프록시자체를 대상 객체가 사용할 수 있게 제공할지 지정한다. `expose-proxy` 속성값을 `true`로 설정하면 대상 객체 메서드가 `AopContext`의 `currentProxy` 정적 메서드를 호출해서 AOP 프록시에 접근할 수 있다.

> **NOTE_** 자바 기반 설정 방식에서는 @EnableAspectjAutoProxy 애너테이션이 <aspectj-autoproxy> 엘리먼트와 같은 역할을 한다.

이제 `<aspectj-autoproxy>` 엘리먼트의 `expose-proxy` 속성을 `true`로 설정한 상황에 대해 살펴보자.

IMPORT chapter 11/ch11-aop-proxy

이 프로젝트는 대상 메서드가 AopContext의 currentProxy 메서드를 사용해서 스프링 AOP 프레임워크가 생성한 AOP 프록시 객체를 가져오는 MyBank 애플리케이션이다. 애플리케이션을 실행하려면 BankApp 클래스의 main 메서드를 실행한다.

11.3.2 expose-proxy 속성

다음 예제는 똑같은 은행 계좌가 시스템에 존재하는지 검사하기 위해 createBankAccount 메서드가 isDuplicateAccount를 호출하도록 변경한 BankAccountServiceImpl 클래스다.

예제 11-4 BankAccountServiceImpl 클래스

```
@Service(value = "bankAccountService")
public class BankAccountServiceImpl implements BankAccountService {
  @Autowired
  private BankAccountDao bankAccountDao;

  @Override
  public int createBankAccount(BankAccountDetails bankAccountDetails) {
    if(!isDuplicateAccount(bankAccountDetails)) {
      return bankAccountDao.createBankAccount(bankAccountDetails);
    } else {
      throw new BankAccountAlreadyExistsException("Bank account already exists");
    }
  }

  @Override
  public boolean isDuplicateAccount(BankAccountDetails bankAccountDetails) { ..... }
}
```

이 예제에서는 createBankAccount 메서드가 isDuplicateAccount를 호출해서 은행 계좌가 이미 시스템에 있는지 검사한다.

이제, 한 가지 질문이 떠오른다. LoggingAspect의 log 메서드(예제 11-1 참조)는 createBankAccount 메서드가 isDuplicateAccount 메서드를 호출할 때 호출될까? isDuplicateAccount 메서드가 LoggingAspect의 log 메서드(예제 11-1)에 설정한 @Before 포인트컷 식과 매치되기는 하지만, LoggingAspect의 log 메서드는 호출되지 않는다. 그 이유는 대상

객체가 자기 자신에게 속한 메서드를 호출하는 경우를 AOP 프록시가 가로채지 않기 때문이다. 이 메서드 호출이 AOP 프록시 객체를 통해 전달되지 않기 때문에, 대상 메서드와 연관된 어떤 어드바이스도 실행되지 않는다.

대상 객체에서 isDuplicateAccount 메서드로 가는 호출이 AOP 프록시를 통하도록 만들려면, createBankAccount 메서드에서 AOP 프록시를 얻어서 AOP 프록시 객체의 isDuplicateAccount를 호출해야 한다. 다음 예제는 createBankAccount 메서드 내부에서 AOP 프록시 객체를 얻는 방법이다.

예제 11-5 BankAccountServiceImpl 클래스

```
#프로젝트 - ch11-aop-proxy
#src/main/java/sample/spring/chapter11/bankapp/service

package sample.spring.chapter11.bankapp.service;
import org.springframework.aop.framework.AopContext;
.....
@Service(value = "bankAccountService")
public class BankAccountServiceImpl implements BankAccountService {
  .....
  @Override
  public int createBankAccount(BankAccountDetails bankAccountDetails) {
    //-- 프록시를 얻고 그 프록시를 통해 isDuplicateAccount 메서드를 호출한다
    boolean isDuplicateAccount =
        ((BankAccountService)AopContext.currentProxy())
          .isDuplicateAccount(bankAccountDetails);

    if(!isDuplicateAccount) { ..... }
    .....
  }

  @Override
  public boolean isDuplicateAccount(BankAccountDetails bankAccountDetails) { ..... }
}
```

이 예제에서 AopContext의 currentProxy를 호출하면 createBankAccount 메서드를 호출했던 AOP 프록시가 반환된다. createBankAccount 메서드가 스프링 AOP 프레임워크를 통해 호출되지 않았거나, <aspectj-autoproxy>의 expose-proxy 속성이 false였다면, currentProxy 메서드 호출은 java.lang.IllegalStateException 예외를 던질 것

이다. AOP 프록시가 대상 객체와 똑같은 인터페이스를 구현하므로, [예제 11-5]에서는 currentProxy 메서드가 반환하는 AOP 프록시를 먼저 BankAccountService 타입으로 변환한 다음에 BankAccountService의 isDuplicateAccount 메서드를 호출한다.

ch11-aop-proxy 프로젝트로 디렉터리를 바꾸고 BankApp의 main 메서드를 실행하면 createBankAccount 메서드가 isDuplicateAccount 메서드를 실행할 때 LoggingAspect의 log 메서드가 호출됨을 알 수 있다.

이제 포인트컷 식에 대해 자세히 살펴보자.

11.4 포인트컷 식

스프링 AOP를 사용할 때 포인트컷 식은 어드바이스를 적용할 조인 포인트를 지정한다. 스프링 AOP에서 조인 포인트는 항상 빈 메서드다. 필드, 생성자, public이 아닌 메서드, 스프링 빈이 아닌 객체 등에 어드바이스를 적용하려면 스프링 AOP 프레임워크 대신 AspectJ를 사용한다. AspectJ 애너테이션 스타일을 사용해 애스팩트를 개발할 때는 AspectJ의 @Pointcut 애너테이션과 포인트컷 식을 사용하거나 어드바이스 유형을 지정하는 AspectJ의 @Before, @After 등의 애너테이션을 사용한다.

포인트컷 식에서는 execution, args, within, this와 같은 **포인트컷 지정자**pointcut designator를 사용해 어드바이스를 적용할 메서드를 찾는다. 예를 들어 [예제 11-1]의 @Before 애너테이션은 execution 포인트컷 지정자를 사용해 LoggingAspect의 log 메서드를 적용할 메서드를 찾는다.

IMPORT chapter 11/ch11-aop-pointcuts

이 프로젝트는 AspectJ에 @Pointcut을 사용해 포인트컷 식을 지정하는 MyBank 애플리케이션이다. 애플리케이션을 실행하려면 BankApp 클래스의 main 메서드를 실행한다.

11.4.1 @Pointcut 애너테이션

@Pointcut의 value 속성은 포인트컷 식을 지정한다. @Pointcut을 사용하려면 빈 메서드를 만들고 메서드에 @Pointcut을 설정한다. 빈 메서드는 void를 반환해야 한다. @Pointcut을 설정한 메서드를 참조하는 어드바이스는 @Pointcut이 지정한 포인트컷 식과 매치하는 메서드에 적용한다.

> **NOTE_** 하나의 애스팩트나 여러 애스팩트에 속한 여러 어드바이스에서 포인트컷 식을 공유할 때 @Pointcut 애너테이션을 사용하면 유용하다.

다음 예제는 @Pointcut 애너테이션을 사용하도록 변경한 LoggingAspect(예제 11-1 참조) 클래스다.

예제 11-6 LoggingAspect 클래스

```
#프로젝트 - ch11-aop-pointcuts
#src/main/java/sample/spring/chapter11/bankapp/aspects

package sample.spring.chapter11.bankapp.aspects;
import org.aspectj.lang.annotation.Before;
import org.aspectj.lang.annotation.Pointcut;

@Aspect
@Component
public class LoggingAspect {
  @Pointcut(value =
     "execution(* sample.spring.chapter11.bankapp.service.*Service.*(..))")
  private void invokeServiceMethods() { }

  @Before(value = "invokeServiceMethods()")
  public void log(JoinPoint joinPoint) {
    logger.info("Entering " + joinPoint.getTarget().getClass().getSimpleName() + "'s "
       + joinPoint.getSignature().getName());
    .....
  }
}
```

이 예제는 @Pointcut을 invokeServiceMethods 메서드에 설정한다. log 메서드에 설정

한 @Before는 invokeServiceMethods 메서드를 참조한다. log 메서드는 invokeService Methods 메서드에 설정한 @Pointcut이 지정하는 포인트컷 식과 매치되는 메서드에게 적용된다.

포인트컷 식을 지정할 때 가장 흔히 사용하는 포인트컷 지정자가 execution과 args이므로 execution과 args를 좀 더 자세히 살펴보자.

11.4.2 execution과 args 포인트컷 지정자

execution 포인트컷 지정자의 형식은 다음과 같다.

```
execution(<access-modifier-pattern> <return-type-pattern> <declaring-type-pattern>
<method-namepattern>(<method-param-pattern>) <throws-pattern>)
```

execution 식을 메서드 정의와 비교해보면 execution 식과 메서드 선언이 비슷하다는 사실을 알 수 있다. 다음 그림은 execution의 여러 부분을 메서드 선언에 대응시켜 보여준다.

그림 11-2 execution 식의 여러 부분은 메서드 선언의 각 부분과 연관되어 있다

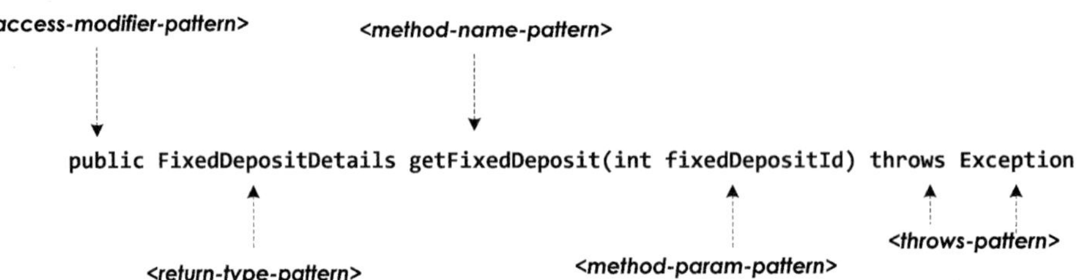

스프링 AOP 프레임워크는 어드바이스를 적용할 메서드를 찾기 위해 execution 식의 여러 부분을 메서드 선언의 각 부분과 매치시킨다. 이 그림에는 <declaring-type-pattern>이 없는데, 이는 특정 타입이나 패키지에 포함된 메서드를 참조할 때만 <declaring-type-pattern>을 사용하기 때문이다.

다음 표는 execution 식의 부분들을 설명한 것이다.

식의 일부분	설명
access-modifier-pattern	대상 메서드의 접근 변경자를 지정한다. 스프링 AOP에서 이 부분에 지정할 수 있는 유일한 값은 public이다. 이 부분은 선택적이다.
return-type-pattern	대상 메서드의 반환 타입을 전체 이름을 사용해 지정한다. 값이 *면 메서드의 반환 타입이 어떤 타입이든 관계없다는 뜻이다.
declaring-type-pattern	대상 메서드가 들어 있는 타입의 전체 이름을 지정한다. 이 부분은 선택적이다. 값이 *면 메서드가 들어 있는 타입이 어떤 타입이든 관계없다(즉 어떤 클래스든, 어떤 인터페이스든 관계없다)는 뜻이다.
method-name-pattern	메서드 이름 패턴을 지정한다. 예를 들어 값이 save*라면 이름이 save로 시작하는 메서드를 어드바이스의 대상으로 삼는다는 뜻이다.
method-param-pattern	메서드 파라미터 패턴을 지정한다. 값이 (..)이면 대상 메서드의 인수 개수가 몇 개든 (인수가 없어도 됨) 관계없다는 뜻이다.
throws-pattern	대상 메서드가 던지는 예외를 지정한다. 이 부분은 선택적이다.

args 포인트컷 지정자는 실행 시점에 대상 메서드가 받아들여야 하는 인수의 타입을 지정한다. 예를 들어 포인트컷 식으로 실행 시점에 java.util.List의 인스턴스 하나만 받는 메서드를 찾으려면, args 식을 args(java.util.List)처럼 지정해야 한다. 이번 절에서는 어드바이스가 args 포인트컷 지정자를 사용해 대상 메서드로 전달되는 메서드 인수에 접근하는 방법을 살펴본다.

이제 execution과 args 포인트컷 지정자를 사용하는 포인트컷 식을 몇 가지 살펴보자.

그림 11-3 메서드 이름 패턴을 사용하는 execution 식

이 포인트컷 식에 매치되는 메서드는 이름이 createFixed로 시작한다. 반환 타입을 *로 지정했으므로 대상 메서드는 어떤 타입을 반환해도 좋다. (..)은 대상 메서드가 인수를 안 받거나 하나 이상 임의의 개수를 받아도 관계없다는 뜻이다.

그림 11-4 대상 메서드가 들어 있는 타입(클래스나 인터페이스)을 지정하는 execution 식

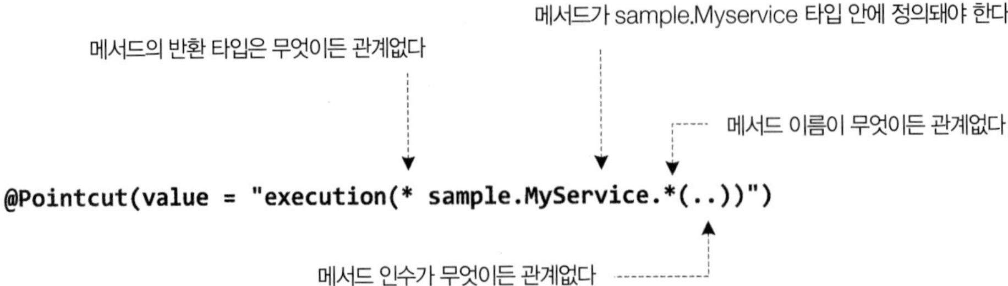

이 포인트컷 식은 sample 패키지의 MyService 타입에 정의된 메서드와만 매치된다.

그림 11-5 메서드의 예외 패턴을 지정하는 execution 식

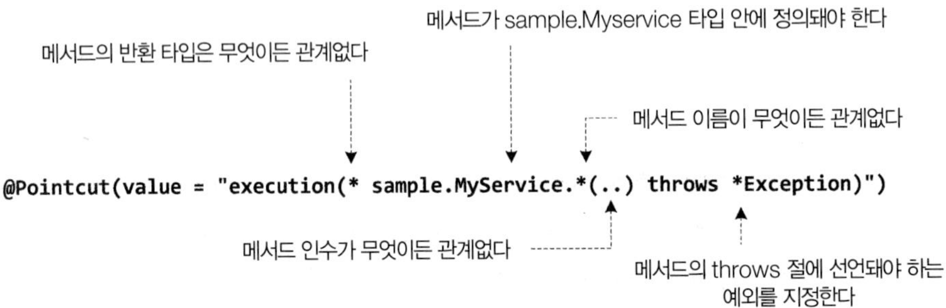

이 포인트컷 식은 sample 패키지의 MyService 타입에 정의된 메서드 중에 throws 절이 있는 메서드와 매치된다.

그림 11-6 args 포인트컷 지정자는 대상 메서드에 전달되는 객체 인스턴스를 지정한다

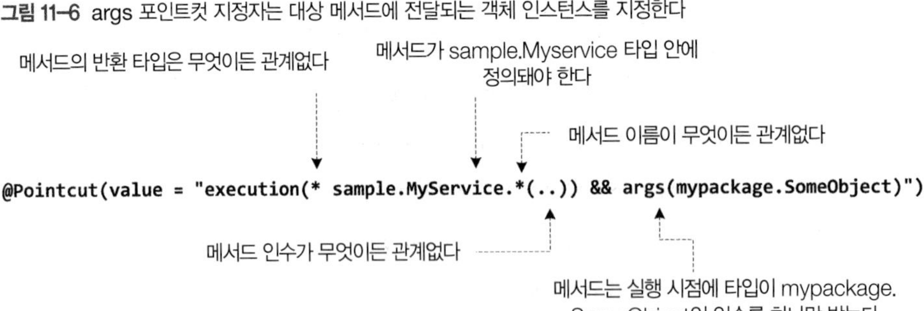

이 포인트컷 식에서는 execution의 args 포인트컷 지정자를 조합해 사용한다. &&나 ||로 포인트컷 지정자를 조합해 복잡한 포인트컷 식을 만들 수 있다. 이 포인트컷 식과 매치되는 메서드는 sample.MyService 타입에 정의됐고 SomeObject 인스턴스를 실행 시점에 전달받는 메서드다. 이 포인트컷 식의 &&는 대상 메서드가 execution과 args 포인트컷 지정자로 지정한 식을 반드시 매치시켜야 한다는 뜻이다.

어드바이스가 메서드에 전달된 인수 중 하나 이상에 접근해야 한다면, 다음 예제처럼 args 식에 필요한 인수 이름을 지정한다.

그림 11-7 args 포인트컷 지정자는 어드바이스가 접근할 수 있어야 하는 대상 메서드 인수를 지정한다

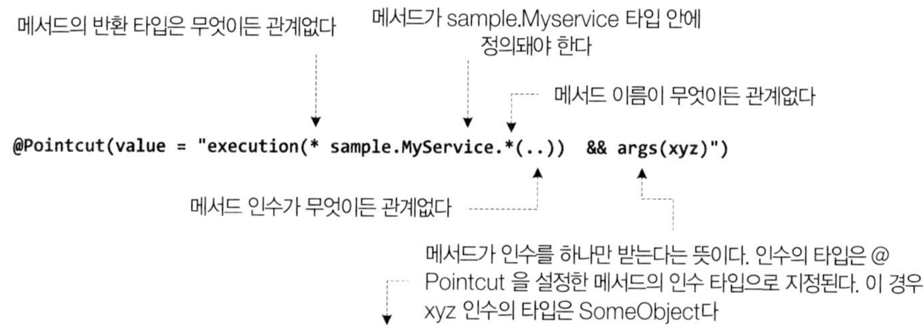

이 포인트컷 식에서 args 식은 대상 메서드가 SomeObject 타입인 인수를 반드시 받아야 하며, 인수를 어드바이스의 xyz 파라미터로 사용하도록 지정한다. 이제 이런 기능을 사용해 어드바이스에 인수를 전달하는 실제 예제를 살펴보자.

대상 메서드 인수를 어드바이스에 전달하기

다음 예제는 대상 메서드에 전달된 인수가 FixedDepositDetails의 인스턴스인 경우에만 호출되고, 메서드에 전달된 FixedDepositDetails 인스턴스를 log 메서드에서 사용할 수 있도록 변경한 LoggingAspect다.

예제 11-7 LoggingAspect 클래스 – 대상 메서드의 인수를 어드바이스에 전달하기

```
import org.aspectj.lang.annotation.Before;
import org.aspectj.lang.annotation.Pointcut;
```

```
@Aspect
@Component
public class LoggingAspect {
  .....
  @Pointcut(value =
     "execution(* sample.spring.chapter11.bankapp.service.*Service.*(..))
         && args(fixedDepositDetails)")
  private void invokeServiceMethods(FixedDepositDetails fixedDepositDetails) { }

  @Before(value = "invokeServiceMethods(fixedDepositDetails)")
  public void log(JoinPoint joinPoint, FixedDepositDetails fixedDepositDetails) {
    .....
  }
}
```

[예제 11-7]에서 args 식은 대상 메서드에 전달된 FixedDepositDetails 인스턴스를 log 메서드(어드바이스)에서 fixedDepositDetails 파라미터로 볼 수 있게 지정한다. args 식이 FixedDepositDetails 객체 인스턴스를 log 메서드로 전달하기 때문에, log 메서드가 FixedDepositDetails 타입의 인수를 추가로 받도록 변경해야 한다.

execution, args, within, this, target 등의 포인트컷 지정자는 AspectJ에 의해 정의됐다. 스프링 AOP는 스프링 AOP 프레임워크에만 쓰이는 bean 포인트컷을 정의한다. bean 포인트컷 지정자를 빠르게 살펴보자.

11.4.3 bean 포인트컷 지정자

bean 포인트컷 지정자는 지정한 빈 ID(또는 이름)로 대상 메서드를 한정한다. 정확한 빈 ID나 이름을 지정할 수도 있고 패턴을 지정할 수도 있다. bean 포인트컷 지정자의 예를 몇 가지 살펴보자.

그림 11-8 bean 포인트컷 지정자는 메서드가 어드바이스의 대상이 될 수 있는 빈의 ID나 이름을 지정한다

메서드가 어드바이스의
대상이 될 수 있는 빈의 ID나 이름

```
@Pointcut(value = "bean(someBean)")
```

이 포인트컷 식에 의해 매치되는 메서드는 someBean 빈에 들어 있다.

그림 11-9 bean 포인트컷 지정자는 이름이나 ID가 someBean으로 시작하는 빈에 들어 있는 메서드에 어드바이스를 적용하라고 지정한다

이름이나 ID가 someBean으로 시작하는 빈에 들어 있는
메서드에 어드바이스를 적용한다

```
@Pointcut(value = "bean(someBean*)")
```

이 포인트컷 식에서 bean 포인트컷 지정자는 이름이나 ID가 someBean으로 시작하는 빈에 들어 있는 메서드에게 어드바이스를 적용한다.

NOTE_ 다른 포인트컷 지정자와 마찬가지로 &&, || 연산자를 사용해 bean 포인트컷과 다른 포인트컷을 조합시킨 복잡한 포인트컷 식을 만들 수 있다.

이제 애너테이션에 기반해 매칭을 수행하는 포인트컷 지정자를 살펴보자.

11.4.4 애너테이션 기반 포인트컷 지정자

AspectJ도 대상 메서드를 찾기 위해 스프링 AOP와 함께 쓸 수 있는 @annotation, @target, @within, @args 등의 포인트컷 지정자를 제공한다. 포인트컷 지정자 사용법을 보여주는 예제를 몇 가지 살펴보자.

그림 11-10 @annotation 포인트컷 지정자는 스프링 Cacheable을 설정한 메서드에 어드바이스를 적용한다

스프링 Cacheable을 설정한
메서드에 어드바이스를 적용한다

```
@Pointcut(value = "@annotation(org.springframework.cache.annotation.Cacheable)")
```

이 포인트컷 식과 매치되는 메서드는 스프링 Cacheable을 설정한다.

그림 11-11 @target 포인트컷 지정자는 스프링 @Component를 설정한 객체에 들어 있는 메서드에 어드바이스를 적용한다

스프링 @Component를 설정한
객체에 들어 있는 메서드에 어드바이스를 적용한다

```
@Pointcut(value = "@target(org.springframework.stereotype.Component)")
```

이 포인트컷 애너테이션에 매치되는 메서드는 스프링 `@Component`를 설정한 객체에 들어 있는 메서드다.

이번 절에서는 AspectJ가 정의한 포인트컷 지정자에 대해 살펴봤다. AspectJ가 정의하는 지정자를 스프링 AOP 프레임워크가 모두 지원하지는 않는다는 점을 기억해야 한다. 스프링 AOP는 포인트컷 식에서 지원하지 않는 `call`, `set`, `get` 포인트컷 식을 발견하면 `java.lang.IllegalArgumentException` 예외를 던진다. 이제 여러 어드바이스 유형과 각 유형의 어드바이스를 생성하는 방법을 살펴보자.

11.5 어드바이스 유형

이번 장에서는 지금까지 `before` 어드바이스 유형 예제를 살펴봤다. 메서드에 `@Before`를 설정하면(예제 11-1, 예제 11-6, 예제 11-7) `before` 어드바이스 유형을 만들 수 있었다. 다른 어드바이스 타입으로는 `after`, `after returning`, `after throwing`, `around`가 있다.

IMPORT chapter 11/ch11-aop-advices

이 프로젝트에는 여러 유형의 어드바이스를 정의한 SampleAspect 클래스가 들어 있다. 애플리케이션을 실행하려면 BankApp 클래스의 main 메서드를 실행한다. 이제 각 어드바이스 유형의 핵심 기능을 알아보고, 각각을 생성하는 방법에 대해서도 살펴보자.

11.5.1 before 어드바이스

`before` 어드바이스 대상 메서드가 실행되기 전에 실행된다. `before` 어드바이스가 예외를 던

지지 않으면 대상 메서드가 항상 실행된다. around 어드바이스를 사용하면 대상 메서드가 실행될지 여부를 제어할 수 있다. 앞에서 설명한 것처럼 AspectJ의 @Before 애너테이션은 어드바이스가 before 어드바이스임을 뜻한다.

@Before를 설정한 메서드는 첫 번째 인수로 JoinPoint를 정의할 수 있다. 이 JoinPoint 인수는 대상 메서드에 대한 정보를 얻기 위해 어드바이스 안에서 쓸 수 있다. 예를 들어 [예제 11-1]에서는 JoinPoint 인수를 사용해 대상 객체의 클래스 이름과 대상 메서드에 전달된 인수를 얻었다.

11.5.2 after returning 어드바이스

after returning 어드바이스는 대상 메서드가 반환된 다음에 실행된다. 대상 메서드가 예외를 발생시키면 after returning 어드바이스가 실행되지 않는다는 사실을 기억해야 한다. AspectJ의 @AfterReturning 애너테이션으로 after returning 어드바이스를 지정할 수 있다. after returning 어드바이스는 대상 메서드가 반환한 값에 접근할 수 있고, 값을 변경해 호출자에게 돌려줄 수 있다.

다음 예제는 BankAccountService의 createBankAccount 메서드가 반환하는 값을 출력하는 after returning 어드바이스다.

예제 11-8 SampleAspect 클래스 – after returning 어드바이스

```
#프로젝트 - ch11-aop-advices
#src/main/java/sample/spring/chapter11/bankapp/aspects

package sample.spring.chapter11.bankapp.aspects;
import org.aspectj.lang.annotation.AfterReturning;
.....
@Aspect
public class SampleAspect {
  .....
  @Pointcut(value =
      "execution(* sample.spring..BankAccountService.createBankAccount(..))")
  private void createBankAccountMethod() {}

  @AfterReturning(value = "createBankAccountMethod()", returning = "aValue")
  public void afterReturningAdvice(JoinPoint joinPoint, int aValue) {
```

```
        logger.info("Value returned by " + joinPoint.getSignature().getName()
            + " method is " + aValue);
    }
    .....
}
```

이 예제에서 afterReturningAdvice 메서드는 after returning 어드바이스를 표현한다. @Pointcut 애너테이션이 지정한 포인트컷 식은 조인 포인트를 BankAccountService의 createBankAccount 메서드로 제한한다. execution 식의 ..은 BankAccountService 타입을 찾기 위해 sample.spring 패키지와 그 하위 패키지를 찾으라고 지정한다.

[예제 11-8]에서 BankAccountService의 createBankAccount가 호출된 후 SampleAspect의 afterReturningAdvice 메서드가 호출된다. @AfterReturning의 returning 속성은 대상 메서드의 반환값을 어드바이스에서 어떤 이름으로 접근할지 지정한다. 이 예제에서는 createBankAccount가 반환하는 값을 afterReturningAdvice 메서드에서 aValue 인수로 사용할 수 있다. createBankAccount 메서드가 int를 반환하므로 aValue 인수의 타입을 int로 지정했다.

여기서 returning 속성을 지정하면 해당 타입을 반환하는 메서드에만 어드바이스가 적용된다는 사실을 기억하자. 예를 들어 [예제 11-8]에서 aValue의 타입을 java.util.List로 지정하면 afterReturningAdvice 어드바이스는 java.util.List 타입 객체를 반환하는 메서드에 대해서만 적용된다. 다른 타입(void도 포함한다)을 반환하는 메서드에도 afterReturningAdvice를 적용하고 이런 메서드가 반환하는 값에 접근하려면, aValue 인수의 타입을 Object로 지정한다.

[예제 11-8]에서 알아본 것처럼, @AfterReturning을 설정한 메서드도 JoinPoint를 첫 번째 인수로 정의해서 대상 메서드에 대한 정보를 사용할 수 있다.

11.5.3 after throwing 어드바이스

after throwing 어드바이스는 대상 메서드가 예외를 던질 때 실행된다. after throwing 어드바이스는 대상 메서드가 던진 예외에 접근할 수 있다. after throwing 어드바이스에는 AspectJ의 @AfterThrowing을 설정한다.

다음 예제는 대상 메서드가 예외를 던지면 실행되는 after throwing 어드바이스다.

예제 11-9 SampleAspect – after throwing 어드바이스

```
#프로젝트 - ch11-aop-advices
#src/main/java/sample/spring/chapter11/bankapp/aspects

package sample.spring.chapter11.bankapp.aspects;
import org.aspectj.lang.annotation.AfterThrowing;
.....
@Aspect
public class SampleAspect {
  .....
  @Pointcut(value = " execution(* sample.spring..FixedDepositService.*(..)) ")
  private void exceptionMethods() {}
  .....
  @AfterThrowing(value = "exceptionMethods()", throwing = "exception")
   public void afterThrowingAdvice(JoinPoint joinPoint, Throwable exception) {
    logger.info("Exception thrown by " + joinPoint.getSignature().getName()
        + " Exception type is : " + exception);
  }
}
```

이 예제에서 afterThrowingAdvice 메서드는 after throwing 어드바이스를 표현한다. FixedDepositService 객체의 메서드 중 어떤 것이든 예외를 던지면 afterThrowingAdvice 메서드가 실행된다. [예제 11-9]에서 @AfterThrowing 애너테이션의 throwing 속성은 대상 메서드가 던지는 예외를 afterThrowingAdvice 메서드에서 접근할 때 쓰일 이름이다. throwing 속성값이 exception이므로 대상 메서드에서 발생한 예외가 afterThrowingAdvice 메서드에게 exception 인수로 전달된다. 여기서 exception 인수의 타입이 java.lang.Throwable이라는 것은 대상 메서드가 어떤 타입의 예외를 던지든 afterThrowingAdvice 메서드가 실행된다는 뜻이다.

대상 메서드가 특정 타입의 예외를 던질 때만 afterThrowingAdvice 메서드가 실행되도록 하려면, exception 인수의 타입을 바꾼다. 예를 들어 대상 메서드가 java.lang.IllegalStateException을 던질 때만 afterThrowingAdvice 메서드가 실행돼야 한다면, exception 인수의 타입을 java.lang.IllegalStateException으로 지정한다.

[예제 11-9]와 같이 @AfterThrowing을 설정한 메서드가 JoinPoint를 첫 번째 인수로 정의하면 대상 메서드에 대한 정보를 사용할 수 있다.

11.5.4 after 어드바이스

after 어드바이스는 대상 메서드가 실행된 다음에 실행된다. 이때 대상 메서드가 정상적으로 끝났는지 예외를 던졌는지는 관계없다. after 어드바이스에는 AspectJ의 @After를 설정한다.

다음 예제는 BankAccountService의 createBankAccount가 끝나면 호출되는 after 어드바이스와 FixedDepositService 인터페이스에 정의된 메서드가 끝나면 호출되는 after 어드바이스다.

예제 11-10 SampleAspect 클래스 – after 어드바이스

```
#프로젝트 - ch11-aop-advices
#src/main/java/sample/spring/chapter11/bankapp/aspects

package sample.spring.chapter11.bankapp.aspects;
import org.aspectj.lang.annotation.After;
.....
@Aspect
public class SampleAspect {
  .....
  @Pointcut(value =
     "execution(* sample.spring..BankAccountService.createBankAccount(..))")
  private void createBankAccountMethod() {}

  @Pointcut(value = "execution(* sample.spring..FixedDepositService.*(..))")
  private void exceptionMethods() {}
  .....
  @After(value = "exceptionMethods() || createBankAccountMethod()")
  public void afterAdvice(JoinPoint joinPoint) {
    logger.info("After advice executed for " + joinPoint.getSignature().getName());
  }
}
```

이 예제에서 afterAdvice 메서드는 after 어드바이스를 표현한다. 대상 메서드가 실행된 다

음에 afterAdvice 메서드가 실행된다. 여기서 @After 애너테이션의 value 속성이 || 연산자를 사용해 조합한 포인트컷 식(exceptionMethods() || createBankAccountMethod)을 사용했다는 점에 유의하자.

[예제 11-10]은 @After를 설정한 메서드가 JoinPoint를 첫 번째 인수로 정의할 경우 대상 메서드에 대한 정보를 사용할 수 있다는 점을 보여준다.

11.5.5 around 어드바이스

around 어드바이스는 대상 메서드가 실행되기 전과 후에 실행된다. 다른 어드바이스와 달리 around 어드바이스는 대상 메서드의 호출 여부를 결정할 수 있다. around 어드바이스에는 AspectJ의 @Around를 설정한다.

다음 예제는 around 어드바이스다.

예제 11-11 SampleAspect 클래스 – around 어드바이스

```
#프로젝트 - ch11-aop-advices
#src/main/java/sample/spring/chapter11/bankapp/aspects

package sample.spring.chapter11.bankapp.aspects;
import org.aspectj.lang.ProceedingJoinPoint;
import org.aspectj.lang.annotation.Around;
import org.springframework.util.StopWatch;
.....
@Aspect
public class SampleAspect {
  .....
  @Around(value = "execution(* sample.spring..*Service.*(..))")
  public Object aroundAdvice(ProceedingJoinPoint pjp) {
    Object obj = null;
    StopWatch watch = new StopWatch();
    watch.start();
    try {
      obj = pjp.proceed();
    } catch (Throwable throwable) {
      // -- 원하는 작업을 수행한다
    }
    watch.stop();
```

```
        logger.info(watch.prettyPrint());
        return obj;
    }
}
```

[예제 11-11]에서 aroundAdvice 메서드는 around 어드바이스를 표현한다. aroundAdvice 메서드의 ProceedingJoinPoint 인수는 대상 메서드의 실행을 제어하기 위한 것이다. ProceedingJoinPoint 인수가 around 어드바이스에 전달되는 인수 중 첫 번째 인수여야 한다는 점이 중요한다. ProceedingJoinPoint의 proceed 메서드를 호출하면 대상 메서드가 실행된다. 이는 ProceedingJoinPoint의 proceed 메서드를 호출하지 않으면 대상 메서드가 실행되지 않는다는 뜻이다. proceed 메서드에 Object[]를 넘기면 Object[]의 값이 대상 메서드의 인수로 전달된다. around 어드바이스가 대상 메서드를 실행하지 않기로 결정한다면, around 어드바이스가 자체적으로 값을 반환할 수 있다.

대상 메서드는 어드바이스가 호출할 때만 ProceedingJoinPoint의 proceed 메서드를 호출한다. around 어드바이스를 사용하면 대상 메서드를 실행하기 전과 후에 동작을 수행할 수 있고, 앞 동작과 뒷 동작 사이에 정보를 공유할 수 있다. [예제 11-11]에서 aroundAdvice 메서드는 대상 메서드를 실행하는 데 걸린 시간을 기록한다. aroundAdvice 메서드는 ProceedingJoinPoint의 proceed 메서드를 호출하기 전에 초시계(스프링 StopWatch 객체로 표현)를 시작하고, ProceedingJoinPoint의 proceed 메서드를 호출한 다음에 초시계를 멈춘다. StopWatch의 prettyPrint 메서드를 사용해 대상 메서드를 실행한 데 걸린 시간을 출력한다.

대상 메서드가 반환하는 값을 변경하려면, ProceedingJoinPoint의 proceed 메서드가 반환하는 값을 대상 메서드의 반환 타입으로 타입 변환한 후 이를 변경한다. 따라서, 어드바이스 메서드의 반환 타입을 Object 타입이나 반환 메서드가 반환하는 타입으로 정의해야 한다. 어드바이스 메서드는 대상 메서드가 반환하는 메서드를 반환할 수 있고, 완전히 다른 값을 반환할 수도 있다. 예를 들어 대상 메서드를 호출하는 대신, around 메서드가 대상 메서드에 전달되는 인수(들)을 살펴보고, 인수(들)에 해당하는 값을 캐시에서 찾아서 반환할 수도 있다.

11.5.6 특별 인터페이스를 구현해서 어드바이스 만들기

애너테이션을 사용하는 대신 스프링에 제공하는 특별 인터페이스를 사용해 여러 유형의 어드바이스를 만들 수도 있다. 예를 들어 스프링 MethodBeforeAdvice 인터페이스를 구현하면 before 어드바이스를 만들 수 있고, AfterReturningAdvice 인터페이스를 구현하면 after returning 어드바이스를 구현하는 식으로 여러 유형의 어드바이스를 만들 수 있다.

다음 예제에서는 MethodBeforeAdvice 인터페이스를 구현해 before 어드바이스를 만든다.

예제 11-12 MethodBeforeAdvice 인터페이스

```
import java.lang.reflect.Method;
import org.springframework.aop.MethodBeforeAdvice;

public class MyBeforeAdvice implements MethodBeforeAdvice {
  @Override
  public void before(Method method, Object[] args, Object target) throws Throwable {
    .....
  }
}
```

[예제 11-12]에서 MyBeforeAdvice 클래스는 MethodBeforeAdvice 인터페이스를 구현한다. MethodBeforeAdvice 인터페이스에는 대상 메서드를 호출하기 전에 실행하려는 로직을 집어넣을 수 있는 before 메서드 정의가 들어 있다.

특별 인터페이스를 구현해서 만들어지는 어드바이스를 스프링 aop 스키마의 <config> 엘리먼트를 사용해 설정할 수 있다(다음 절에서 자세히 설명한다).

지금까지는 애스팩트를 만들기 위해 AspectJ 애너테이션 스타일을 사용하는 방법을 살펴봤다. 이제는 일반적인 스프링 빈을 AOP 애스팩트로 사용하는 방법에 대해 살펴보자.

11.6 스프링 AOP – XML 스키마 스타일

XML 스키마 스타일에서는 일반 스프링 빈을 애스팩트로 사용한다. 스프링 aop 스키마를 사용하면 애스팩트에 정의된 메서드를 어드바이스 유형 및 포인트컷 식과 연관시킬 수 있다.

IMPORT chapter 11/ch11-aop-xml-schema

이 프로젝트는 ch11-aop-advices 프로젝트와 같지만 ch11-aop-xml-schema의 SampleAspect 클래스에 AspectJ의 애너테이션이 없는 단순한 자바 클래스다. 다음 예제는 ch11-aop-xml-schema 프로젝트의 SampleAspect 클래스다.

예제 11-13 SampleAspect 클래스

```
#프로젝트 - ch11-aop-xml-schema
#src/main/java/sample/spring/chapter11/bankapp/aspects

package sample.spring.chapter11.bankapp.aspects;
.....
public class SampleAspect {
  .....
  public void afterReturningAdvice(JoinPoint joinPoint, int aValue) {
    logger.info("Value returned by " + joinPoint.getSignature().getName()
        + " method is " + aValue);
  }
  public void afterThrowingAdvice(JoinPoint joinPoint, Throwable exception) {
    logger.info("Exception thrown by " + joinPoint.getSignature().getName()
        + " Exception type is : " + exception);
  }
  .....
}
```

이 예제는 AOP 어드바이스를 표현하는 메서드를 정의하는 SampleAspect 클래스다. SampleAspect 클래스에 @Aspect를 설정하지 않았다. 또한 메서드에는 @After, @AfterReturning 등의 애너테이션도 사용하지 않았다는 점에 유의하자.

이제 스프링 aop 스키마의 <config> 엘리먼트를 사용해 일반 스프링 빈을 AOP 애스팩트로 설정하는 방법을 살펴보자.

11.6.1 AOP 애스팩트 설정하기

XML 스키마 스타일에서는 <config> 엘리먼트가 AOP 관련 설정을 지정하며, <config> 엘리먼트에 들어 있는 <aspect> 하위 엘리먼트가 AOP 애스팩트를 설정한다.

다음 예제는 <config> 엘리먼트와 <aspect> 하위 엘리먼트를 사용해 SampleAspect 클래스를 애스펙트로 설정하는 방법을 보여준다.

예제 11-14 applicationContext.xml – 스프링 aop 스키마 사용법

```
#프로젝트 - ch11-aop-xml-schema
#src/main/resources/META-INF/spring

<beans ..... xmlns:aop="http://www.springframework.org/schema/aop" ..... >
  .....
  <bean id="sampleAspect" class="sample.spring.chapter11.bankapp.aspects.SampleAspect" />

  <aop:config proxy-target-class="false" expose-proxy="true">
    <aop:aspect id="sampleAspect" ref="sampleAspect">
      .....
    </aop:aspect>
  </aop:config>
</beans>
```

<config> 엘리먼트는 자동 프록시 생성에 의존한다. <config> 엘리먼트는 proxy-target-class와 expose-proxy 속성을 정의한다. 스프링 aop 스키마의 <aspectj-autoproxy> 엘리먼트에서도 똑같은 속성을 정의했다는 사실을 기억하는 독자도 있을 것이다. 11.3절에 proxy-target-class와 exposeproxy에 대해 더 많은 정보가 나와 있다.

[예제 11-14]에서 sampleAspect 빈 정의는 SampleAspect 클래스를 빈으로 정의한다. <aspect> 엘리먼트는 sampleAspect 빈을 AOP 애스팩트로 설정한다. <aspect> 엘리먼트의 id 속성은 애스펙트에게 유일한 식별자를 지정하며, ref 속성은 AOP 애스팩트로 설정하려는 스프링 빈을 지정한다.

> **NOTE_** 〈config〉 엘리먼트에는 어드바이스(advice-ref 속성으로 지정)와 포인트컷 식(pointcut 속성으로 지정)을 연관시키는 〈advisor〉 하위 엘리먼트도 들어갈 수 있다. advice-ref 속성이 가리키는 어드바이스는 스프링이 어드바이스 생성을 위해 제공하는 특별 인터페이스(MethodBeforeAdvice, AfterReturningAdvice 등)를 구현한다. 〈advisor〉 엘리먼트 사용법은 10장 [예제 10-38]을 참고한다.

이제 AOP 애스팩트를 설정했으므로 AOP 애스팩트에 정의된 메서드를 여러 어드바이스 유형 및 포인트컷 식과 연관시키는 방법을 살펴보자.

11.6.2 어드바이스 설정하기

<aspect> 엘리먼트의 하위 엘리먼트로 <before>(before 어드바이스 유형 설정), <after-returning>(after returning 어드바이스 유형 설정), <after-throwing>(after throwing 어드바이스 유형 설정), <after>(after 어드바이스 유형 설정), <around>(around 어드바이스 유형 설정)를 사용하면 어드바이스를 설정할 수 있다.

이제 ch11-aop-xml-schema 프로젝트의 SampleAspect 클래스에 정의된 어드바이스를 XML 파일에서 어떻게 설정하는지 살펴보자.

after returning 어드바이스 설정하기

다음 그림은 <after-returning> 엘리먼트를 사용해 SampleAspect의 afterReturningAdvice 메서드를 after returning 어드바이스로 설정하는 방법이다.

그림 11-12 〈after-returning〉 엘리먼트를 사용해 SampleAspect의 afterReturningAdvice 메서드를 after returning 어드바이스로 설정한다

```
public void afterReturningAdvice(JoinPoint joinPoint, int aValue) {
        logger.info("Value returned by " + joinPoint.getSignature().getName()
                        + " method is " + aValue);
}
                                  ↓ ↓
<aop:after-returning method="afterReturningAdvice" returning="aValue"
pointcut="execution(*sample.spring..BankAccountService.createBankAccount(..))" />
```

<after-returning> 엘리먼트의 method 속성은 after returning 어드바이스로 설정하려는 빈 메서드 이름을 지정한다. returning 속성은 @AfterReturning 애너테이션의 returning 속성과 같은 역할을 한다. 즉, 대상 메서드의 반환값을 어드바이스에서 사용할 수 있다. pointcut 속성은 어드바이스를 적용할 대상 메서드를 찾을 때 사용할 포인트컷 식을 지정한다.

after throwing 어드바이스 설정하기

다음 그림은 <after-throwing> 엘리먼트를 사용해 SampleAspect의 afterThrowingAdvice 메서드를 after throwing 어드바이스로 설정하는 방법이다.

그림 11-13 〈after-throwing〉 엘리먼트를 사용해 SampleAspect의 afterThrowingAdvice 메서드를 after throwing 어드바이스로 설정한다

```
public void afterThrowingAdvice(JoinPoint joinPoint, Throwable exception) {
    logger.info("Exception thrown by " + joinPoint.getSignature().getName()
                + " Exception type is : " + exception);
}

<aop:after-throwing method="afterThrowingAdvice" throwing="exception"
pointcut="execution(* sample.spring..FixedDepositService.*(..))" />
```

<after-throwing> 엘리먼트의 method 속성은 after throwing 어드바이스로 설정하려는 빈 메서드 이름을 지정한다. throwing 속성은 @AfterThrowing 애너테이션의 throwing 속성과 같은 역할을 한다. 즉, 대상 메서드가 던진 예외를 어드바이스에서 사용할 수 있다. pointcut 속성은 어드바이스를 적용할 대상 메서드를 찾을 때 사용할 포인트컷 식을 지정한다.

다른 유형의 어드바이스(before, after, around)도 방금 본 after returning, after throwing 어드바이스와 동일한 방식으로 설정할 수 있다. SampleAspect 클래스에 afterAdvice와 aroundAdvice 메서드를 차례대로 after와 around 어드바이스로 설정한 방법을 ch11-aop-xml-schema 프로젝트의 applicationContext.xml 파일에서 찾아보자.

이제 포인트컷 식을 어드바이스와 연관시키는 여러 가지 방법에 대해 살펴보자.

11.6.3 포인트컷 식과 어드바이스 연관시키기

스프링 aop 스키마의 <after>, <after-returning>, <after-throwing>, <before>, <around> 엘리먼트에는 어드바이스와 연관된 포인트컷 식을 지정할 때 사용할 수 있는 pointcut 속성이 있다. 여러 다른 어드바이스 사이에서 포인트컷을 공유하려면 <config>의 하위 엘리먼트로 <pointcut>을 지정해서 포인트컷 식을 정의한다.

다음 예제는 <pointcut> 엘리먼트를 사용해 포인트컷 식을 정의하는 방법이다.

예제 11-15 pointcut 엘리먼트 – XML 파일

```
<beans ..... xmlns:aop="http://www.springframework.org/schema/aop" ..... >
  .....
```

```
    <bean id="sampleAspect"
        class="sample.spring.chapter11.bankapp.aspects.SampleAspect" />

    <aop:config proxy-target-class="false" expose-proxy="true">
      <aop:pointcut expression=
          "execution(* sample.spring..*Service.*(..))" id="services" />

        <aop:aspect id="sampleAspect" ref="sampleAspect">
          <aop:after method="afterAdvice" pointcut-ref="services" />
          <aop:around method="aroundAdvice" pointcut-ref="services"/>
        </aop:aspect>
    </aop:config>
</beans>
```

이 예제에서 <pointcut> 엘리먼트는 포인트컷 식을 지정한다. expression 속성은 포인트컷 식을 지정하며, id 속성은 포인트컷 식의 유일한 식별자를 지정한다. <pointcut> 엘리먼트로 정의한 포인트컷 식을 <after>, <after-returning> 등 어드바이스 유형을 지정하는 엘리먼트에서 사용할 수 있다. 이때 pointcut-ref 속성을 사용한다. 예를 들어 [예제 11-15]에서 <after>와 <around> 엘리먼트는 services 포인트컷 식을 가리키는 pointcut-ref 속성을 사용한다.

11.7 요약

이번 장에서는 AOP의 개념과 함께 스프링 AOP를 사용해 스프링 애플리케이션에서 횡단 관심사를 표현하는 방법을 살펴봤다. 그리고 AspectJ 애너테이션 스타일과 XML 스키마 스타일로 애스팩트를 만드는 방법도 살펴봤다. 또 다양한 어드바이스 유형을 어떻게 만들고 설정하는지도 논의했으며, 애플리케이션에 속한 메서드 중 매치되는 메서드를 찾을 때 사용하는 포인트컷 식을 생성하는 방법도 배웠다. 스프링 AOP를 더 자세히 다룬 문서가 필요하다면 스프링 참조 문서(https://docs.spring.io/spring/docs/2.5.x/reference/aop.html)를 살펴보자.

다음 장에서는 스프링 프레임워크가 제공하는 스프링 웹 MVC 모듈을 사용해 웹 애플리케이션을 개발하는 방법에 대해 살펴본다.

CHAPTER 12

스프링 웹 MVC 기초

12.1 소개

스프링 프레임워크의 스프링 웹 MVC[Model-View-Controller](모델-뷰-컨트롤러) 모듈은 서블릿 기반 웹 애플리케이션 개발에 사용할 수 있는 프레임워크다. 스프링 웹 MVC는 웹 레이어를 이루는 애플리케이션 객체 사이의 관심사를 명확하게 분리할 수 있는 **비 침투적**[non-intrusive] 프레임워크다. 예를 들어, **컨트롤러** 객체를 사용해 요청을 처리하고, **검증기**[validator] 객체를 사용해 검증을 수행하며, 모델 속성 객체를 사용해 폼[form] 데이터를 저장하는 등으로 관심사를 분리한다. 이 애플리케이션 객체 중 어느 것도 스프링이 지정하는 인터페이스나 클래스를 구현하거나 확장할 필요가 없다는 점을 아는 것이 중요하다.

이번 장에서는 먼저 샘플 웹 프로젝트가 따르는 디렉터리 구조를 살펴본 후, 스프링 웹 MVC를 사용해 개발한 간단한 'Hello World' 웹 애플리케이션을 살펴본다. 이번 장의 나머지 부분에서는 우리가 예제로 사용해온 `MyBank` 웹 애플리케이션이라는 관점에서 스프링 웹 MVC 애너테이션을 몇 가지 살펴본다. 이번 장은 이후 설명할 고급 스프링 웹 MVC 기능을 설명하기 위한 무대를 마련하는 역할을 한다.

IMPORT chapter 12/ch12-helloworld

이 프로젝트는 스프링 웹 MVC를 사용해 개발한 간단한 'Hello World' 웹 애플리케이션이다. 부록 B에서 샘플 웹 프로젝트를 톰캣(tomcat) 서버에 배포하는 방법을 살펴보자. 애플리케이션을 배포한 후 브라우저에서 URL(http://localhost:8080/)을 연다. 애플리케이션이 제대로 배포됐다면 'Hello World !!' 메시지를 볼 수 있을 것이다.

12.2 샘플 웹 프로젝트의 디렉터리 구조

[그림 12-1]에는 `ch12-helloworld` 웹 프로젝트의 중요 디렉터리가 나와 있다. 중요한 내용을 몇 가지 정리하면 다음과 같다.

- src/main/resources/META-INF/spring 폴더에는 루트 웹 애플리케이션 컨텍스트 XML 파일이 들어 있다. 이 파일에는 모든 서블릿이 공유하는 빈과 웹 애플리케이션의 필터 정의가 들어 있다. 루트 웹 애플리케이션 컨텍스트 XML 파일은 스프링의 ContextLoaderListener(javax.servlet.ServletContextListener를 구현)에 의해 로드된다. 12.10절에서는 web.xml 파일에서 ContextLoaderListener를 설정하는 방법을 배운다.
- src/main/webapp/WEB-INF/spring 폴더에는 웹 애플리케이션 컨텍스트 XML 파일(이를 자식 웹 애플리케이션 컨텍스트 XML 파일이라고도 한다)이 들어 있다. 이 파일은 애플리케이션에서 웹 레이어의 빈을 정의한다. 웹 애플리케이션 컨텍스트 XML 파일은 일반적으로 컨트롤러(또는 핸들러라고도 부른다), 핸들러 매핑(handler mapping), 뷰 리졸버(view resolver), 예외 리졸버(exception resolver) 등을 정의한다. 이런 객체는 이번 장 뒷부분에서 배울 것이다.
  - 자식 웹 애플리케이션 컨텍스트 XML에 정의된 빈에서 루트 애플리케이션 컨텍스트 XML 파일에 정의된 빈을 사용할 수 있다. 이는 자식 애플리케이션 컨텍스트 XML 파일에 정의된 빈이 루트 애플리케이션 컨텍스트 XML 파일에 정의된 빈을 의존할 수 있지만 역방향으로 의존할 수는 없다는 뜻이다.

그림 12-1 ch12-helloworld 프로젝트의 디렉터리 구조

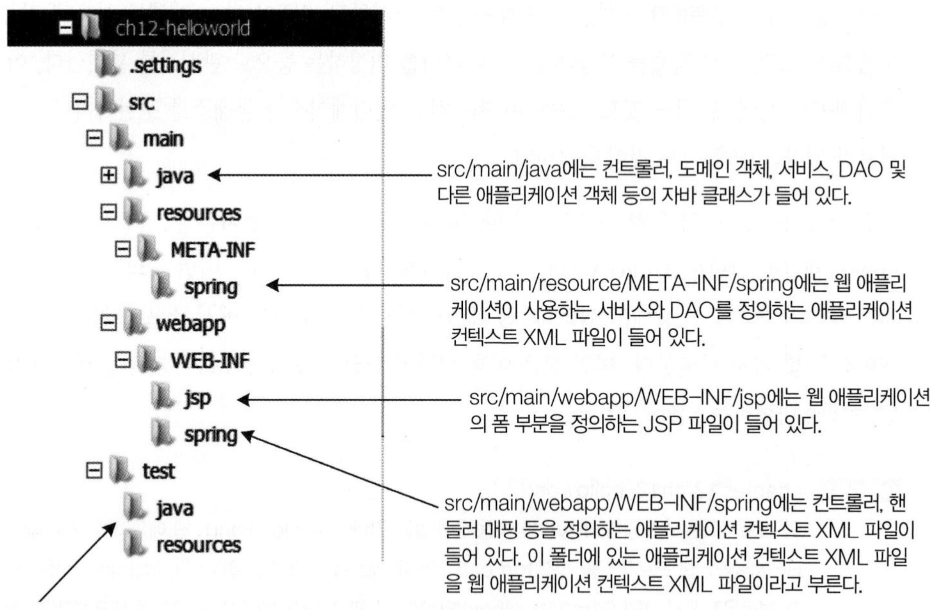
ch12-helloworld
.settings
src
main
java
resources
META-INF
spring
webapp
WEB-INF
jsp
spring
test
java
resources
src/main/java에는 컨트롤러, 도메인 객체, 서비스, DAO 및 다른 애플리케이션 객체 등의 자바 클래스가 들어 있다.
src/main/resource/META-INF/spring에는 웹 애플리케이션이 사용하는 서비스와 DAO를 정의하는 애플리케이션 컨텍스트 XML 파일이 들어 있다.
src/main/webapp/WEB-INF/jsp에는 웹 애플리케이션의 폼 부분을 정의하는 JSP 파일이 들어 있다.
src/main/webapp/WEB-INF/spring에는 컨트롤러, 핸들러 매핑 등을 정의하는 애플리케이션 컨텍스트 XML 파일이 들어 있다. 이 폴더에 있는 애플리케이션 컨텍스트 XML 파일을 웹 애플리케이션 컨텍스트 XML 파일이라고 부른다.
src/test/java에는 애플리케이션을 테스트하기 위한 자바 클래스가 들어 있고, src/test/resources에는 애플리케이션을 테스트할 때 사용할 리소스가 들어 있다.

이제 ch12-helloworld를 구성하는 설정 파일과 클래스에 대해 살펴보자.

12.3 'Hello World' 애플리케이션 이해하기

이클립스 IDE에서 ch12-helloworld 프로젝트를 오른쪽 클릭하고 Build Path -> Configure -> Build Path를 선택한다. 이 프로젝트는 spring-beans, spring-context, spring-core, spring-expression, spring-web, spring-webmvc JAR 파일에 의존한다.[1] 기본적인 스프링 웹 MVC 애플리케이션을 만들기 위해서는 이런 JAR 파일이 필요하다.

다음 표는 ch12-helloworld 프로젝트를 이루는 설정 파일과 자바 소스 파일에 대한 설명이다. 이번 절 뒷 부분에서 각 파일과 클래스를 자세히 살펴볼 것이다.

설정 파일이나 자바 소스 파일	설명
HelloWorldController.java	요청 처리를 담당하는 스프링 웹 MVC 컨트롤러다. 이 파일은 src/main/java 폴더의 sample.spring.chapter12.web 패키지 안에서 찾을 수 있다.
helloworld.jsp	'Hello World !!' 메시지를 보여주는 JSP 파일이다. 파일은 src/main/webapp/WEB-INF/jsp 폴더에서 찾을 수 있다.
myapp-config.xml	컨트롤러, 핸들러 매핑 등의 빈 정의가 들어 있는 웹 애플리케이션 컨텍스트 XML 파일이다. 파일은 src/main/webapp/WEB-INF/spring 폴더에서 찾을 수 있다.
web.xml	웹 애플리케이션 배포 디스크립터(deployment descriptor)다. 파일은 src/main/webapp/WEB-INF 폴더에서 찾을 수 있다.

표에서 정리한 파일 외에도 ch12-helloworld 프로젝트에는 Log4j 2 설정이 들어 있는 log4j2.properties 파일과 메이븐Maven 빌드 도구가 입력으로 사용하는 pom.xml 파일이 있다. 두 파일에 대해 자세히 알고 싶은 독자는 Log4j 2(http://logging.apache.org/log4j/2.x/)나 메이븐(http://maven.apache.org/) 문서를 살펴보자.

이제 표에서 설명한 파일을 더 자세히 살펴보자.

---

1 옮긴이_ 포함시켜야 할 의존 관계도 복잡하고 애플리케이션 컨텍스트 XML을 만드는 작업도 성가시다. 물론 이미 있는 프로젝트를 복사한 다음 변경하거나, IDE가 제공하는 프로젝트 설정 기능이나 메이븐 아키타입(archetype)을 사용해 프로젝트를 만들 수도 있지만, 스프링 부트를 사용하면 간편하게 애플리케이션 유형에 따라 배포 가능한 스프링 설정을 마칠 수 있다. 이에 대해서는 부록 C를 참조한다.

12.3.1 HelloWorldController.java – 컨트롤러 클래스

스프링 웹 MVC 애플리케이션의 요청 처리 로직은 컨트롤러 클래스에 들어 있다. 다음 예제는 ch12-helloworld 프로젝트의 HelloWorldController 컨트롤러 클래스다.

예제 12-1 HelloWorldController 클래스

```
#프로젝트 - ch12-helloworld
#src/main/java/sample/spring/chapter12/web

package sample.spring.chapter12.web;
import org.springframework.web.servlet.ModelAndView;
import org.springframework.web.servlet.mvc.Controller;
.....
public class HelloWorldController implements Controller {
  @Override
  public ModelAndView handleRequest(HttpServletRequest request,
                 HttpServletResponse response) throws Exception {
    Map<String, String> modelData = new HashMap<String, String>();

    modelData.put("msg", "Hello World !!");
    return new ModelAndView("helloworld", modelData);
  }
}
```

이 예제는 HelloWorldController 클래스가 스프링 Controller 인터페이스를 구현하는 것을 보여준다. Controller 인터페이스에는 handleRequest 메서드 정의가 들어 있다. 이 메서드 안에 요청 처리 로직을 구현해야 한다. handleRequest 메서드는 ModelAndView 객체를 반환하며 객체에는 다음 정보가 들어간다.

- 사용자에게 보여줄 데이터(모델 데이터)
- 모델 데이터를 보여주기 위해 사용할 JSP 페이지(뷰)의 논리적인 이름

보통 java.util.Map 타입 객체로 모델 데이터를 표현한다. java.util.Map 객체의 각 원소는 모델 속성을 표현한다. 사용자에게 보여줄 뷰(JSP 페이지)의 이름은 String으로 지정한다.

[예제 12-1]은 HelloWorldController의 handleRequest 메서드가 helloworld(String값) 뷰와 modelData(java.util.Map 타입 객체) 모델 데이터가 들어 있는 ModelAndView 객체를

반환하는 모습을 보여준다. `modelData`에는 `'Hello World !!'` 메시지가 값인 `msg` 모델 속성이 들어 있다. [예제 12-2]에서는 `helloworld` 뷰(JSP 페이지)가 `'Hello World !!'` 메시지를 사용자에게 보여주기 위해 `msg` 모델 속성을 사용하는 모습을 살펴본다.

[그림 12-2]는 `HelloWorldController`의 `handleRequest` 메서드가 JSP 페이지를 표시render하는 과정을 요약해 보여준다. 스프링 웹 MVC 프레임워크는 들어오는 HTTP 요청을 가로채 `HelloWorldController`의 `handleRequest` 메서드를 호출한다. `handleRequest` 메서드는 모델 데이터와 뷰 정보가 들어 있는 `ModelAndView` 객체를 반환한다. 스프링 웹 MVC 프레임워크는 `ModelAndView` 객체를 `handleRequest` 메서드에서 받으면 `helloworld.jsp` 페이지로 HTTP 요청을 보내면서(디스패치dispatch라고 한다) `helloworld.jsp` 페이지가 요청 속성으로 모델 속성을 사용할 수 있게 한다.

그림 12-2 스프링 웹 MVC 프레임워크는 HelloWorldController의 handleRequest 메서드를 호출하고 메서드가 반환하는 ModelAndView 객체를 사용해 helloworld.jsp 페이지를 표시한다

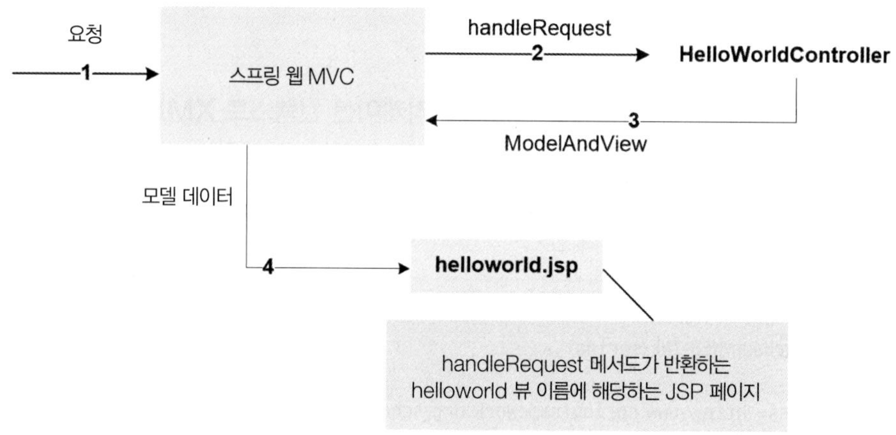

> **NOTE_** 스프링 웹 MVC는 모델 속성을 뷰 기술(JSP나 벨로시티velocity 등)에 적합한 형식으로 사용할 수 있게 한다. 예를 들어 JSP를 뷰 기술로 사용한다면, JSP 페이지는 모델 속성을 요청 속성에서 찾을 수 있다.

12.3.2 helloworld.jsp – 'Hello World !!' 메시지를 표시하는 JSP 페이지

다음 예제는 ch12-helloworld 프로젝트의 helloworld.jsp다.

예제 12-2 helloworld.jsp JSP 페이지

```
#프로젝트 - ch12-helloworld
#src/main/webapp/WEB-INF/jsp

<%@taglib uri="http://java.sun.com/jsp/jstl/core" prefix="c" %>
<c:out value="${msg}"/>
```

이 예제에서 <c:out>은 msg 요청 속성값을 출력한다. msg 요청 속성은 HelloWorldController의 handleRequest 메서드(예제 12-1)가 반환한 msg 모델 속성을 참조한다. msg 모델 속성값이 'Hello World !!'이므로, helloworld.jsp JSP 페이지는 'Hello World !!' 메시지를 표시한다.

12.3.3 myapp-config.xml – 웹 애플리케이션 컨텍스트 XML 파일

다음 예제는 ch12-helloworld 프로젝트의 myapp-config.xml에 설정된 빈 정의를 보여준다.

예제 12-3 myapp-config.xml

```
#프로젝트 - ch12-helloworld
#src/main/webapp/WEB-INF/spring

<beans xmlns="http://www.springframework.org/schema/beans"
   xmlns:xsi="http://www.w3.org/2001/XMLSchema-instance"
   xsi:schemaLocation="http://www.springframework.org/schema/beans
         http://www.springframework.org/schema/beans/spring-beans.xsd">
  <bean name="helloWorldController"
     class="sample.spring.chapter12.web.HelloWorldController" />

  <bean id="handlerMapping"
     class="org.springframework.web.servlet.handler.SimpleUrlHandlerMapping">
    <property name="urlMap">
     <map>
        <entry key="/sayhello" value-ref="helloWorldController" />
     </map>
```

```
    </property>
  </bean>

  <bean id="viewResolver"
      class="org.springframework.web.servlet.view.InternalResourceViewResolver">
    <property name="prefix" value="/WEB-INF/jsp/" />
    <property name="suffix" value=".jsp" />
  </bean>
</beans>
```

[예제 12-3]은 myapp-config.xml 파일에서 HelloWorldController와 별도로 스프링 SimpleUrlHandlerMapping과 InternalResourceViewResolver 빈을 설정한다는 사실을 보여준다.

SimpleUrlHandlerMapping 빈(스프링 HandlerMapping 인터페이스 구현)은 들어오는 HTTP 요청을 처리할 책임이 있는 컨트롤러에 전달한다. SimpleUrlHandlerMapping은 URL 경로를 사용해 요청을 컨트롤러에 매핑한다. urlMap 프로퍼티(java.util.Map 타입)는 URL과 컨트롤러 빈 사이의 매핑을 설정한다. [예제 12-3]에서 key 속성으로 설정한 URL 경로("/sayhello")를 HelloWorldController 빈(value-ref 속성으로 설정)으로 매핑한다. key 속성으로 설정한 URL이 웹 애플리케이션 배포 디스크립터에서 스프링의 DispatcherServlet(서블릿 중 하나)을 매핑한 URL 경로에 **상대적**이라는 점에 유의하자. DispatcherServlet에 대해서는 이번 절 뒷부분에서 설명한다.

InternalResourceViewResolver 빈(스프링 ViewResolver 인터페이스를 구현)은 ModelAndView에 들어 있는 뷰 이름으로 실제 뷰(JSP나 서블릿 등)의 위치를 찾는다. 실제 뷰 위치는 prefix 프로퍼티값을 앞에 붙이고, suffix 프로퍼티값을 뒤에 붙이는 방식으로 정해진다. [예제 12-3]에서 prefix 프로퍼티는 /WEB-INF/jsp고 suffix 프로퍼티값은 .jsp다. HelloWorldController의 handleRequest 메서드가 helloworld라는 뷰 이름이 들어 있는 ModelAndView를 반환하므로, 실제 뷰는 /WEB-INF/jsp/helloworld.jsp(helloworld라는 뷰 이름 앞에 /WEB-INF/jsp를 붙이고 뒤에 .jsp를 붙인 문자열)에 있다.

다음 그림은 'Hello World' 웹 애플리케이션에서 SimpleUrlHandlerMapping과 InternalResourceViewResolver 빈의 역할을 나타낸다.

그림 12-3 SimpleUrlHandlerMapping은 호출할 컨트롤러를 찾고, InternalResourceViewResolver는 뷰 이름으로 실제 뷰를 찾는다

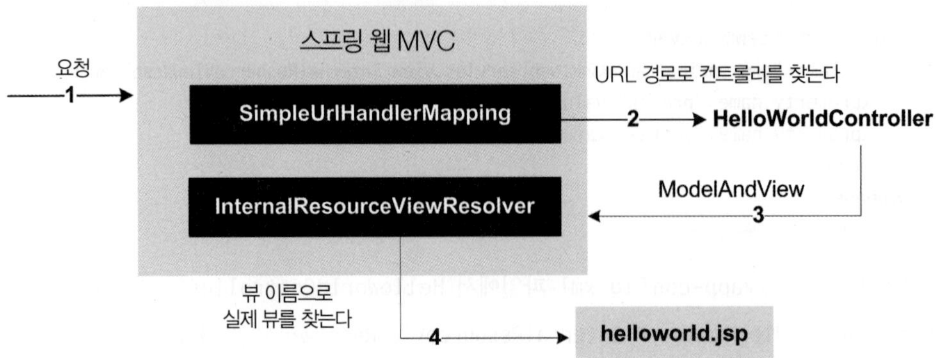

스프링 웹 MVC는 SimpleUrlHandlerMapping과 InternalResourceViewResolver 빈을 자동으로 감지해서 요청을 처리하는 컨트롤러와 뷰를 찾는 데 사용한다.

12.3.4 web.xml – 웹 애플리케이션 배포 디스크립터

스프링 웹 MVC 기반 애플리케이션에서는 요청을 DispatcherServlet(스프링 웹 MVC가 제공하는 서블릿)이 가로챈다. DispatcherServlet은 요청을 적절한 컨트롤러에 전달하는 역할을 한다.

다음 예제는 ch12-helloworld 프로젝트에서 web.xml 파일에 있는 DispatcherServlet 설정을 보여준다.

예제 12-4 web.xml – DispatcherServlet 설정

```
#프로젝트 - ch12-helloworld
#src/main/webapp/WEB-INF/spring

<web-app xmlns="java.sun.com/xml/ns/javaee"
    xmlns:xsi="w3.org/2001/XMLSchema-instance"
    xsi:schemaLocation="java.sun.com/xml/ns/javaee
            java.sun.com/xml/ns/javaee/web-app_3_0.xsd"
    version="3.0">

  <servlet>
```

```
    <servlet-name>hello</servlet-name>
    <servlet-class>org.springframework.web.servlet.DispatcherServlet</servlet-class>
    <init-param>
      <param-name>contextConfigLocation</param-name>
      <param-value>/WEB-INF/spring/myapp-config.xml</param-value>
    </init-param>
    <load-on-startup>1</load-on-startup>
  </servlet>

  <servlet-mapping>
    <servlet-name>hello</servlet-name>
    <url-pattern>/helloworld/*</url-pattern>
  </servlet-mapping>
</web-app>
```

DispatcherServlet은 contextConfigLocation 서블릿 초기화 파라미터가 지정하는 웹 애플리케이션 컨텍스트 XML 파일과 관련이 있다. 이 예제에서 contextConfigLocation 초기화 파라미터는 myapp-config.xml 파일을 가리킨다(예제 12-3).

contextConfigLocation 파라미터를 지정하지 않으면 DispatcherServlet은 웹 애플리케이션 WEB-INF 디렉터리에서 <name-of-DispatcherServlet>-servlet.xml이라는 웹 애플리케이션 컨텍스트 XML을 찾는다. 여기서 <name-of-DispatcherServlet>은 DispatcherServlet을 설정하는 <servlet> 엘리먼트의 하위 엘리먼트인 <servlet-name>에 지정된 서블릿 이름이다. 예를 들어 [예제 12-3]에서 contextConfigLocation 파라미터를 지정하지 않았다면 DispatcherServlet이 WEB-INF 디렉터리에서 hello-servlet.xml 파일을 찾는다.

DispatcherServlet은 웹 애플리케이션 컨텍스트 XML에 정의된 HandlerMapping과 ViewResolver 빈을 요청 처리에 사용한다. DispatcherServlet은 HandlerMapping 구현을 사용해 요청에 맞는 적절한 컨트롤러를 찾고, ViewResolver 구현을 사용해 컨트롤러가 반환하는 뷰 이름을 가지고 실제 뷰를 찾는다.

다음 그림은 'Hello World' 웹 애플리케이션에서 DispatcherServlet 서블릿이 요청을 처리할 때 어떤 역할을 하는지 요약한 것이다.

그림 12-4 DispatcherServlet은 HandlerMapping과 ViewResolver 빈을 요청 처리에 사용한다

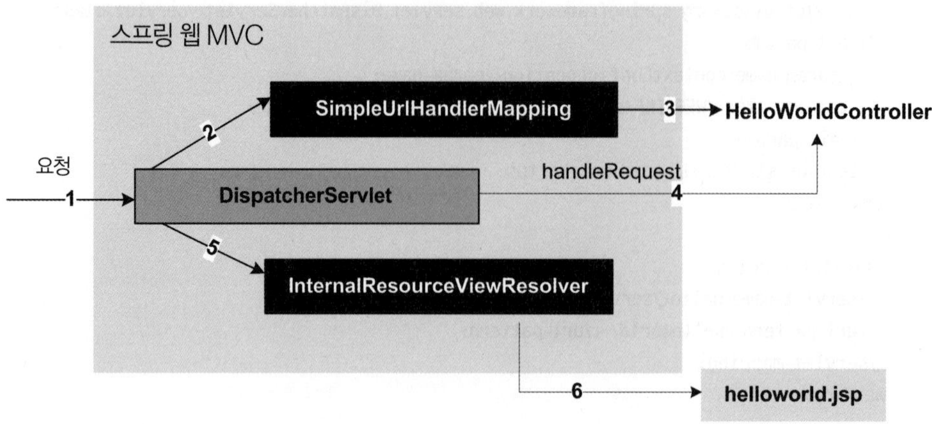

이 그림은 스프링 웹 MVC가 요청을 처리하는 동안 벌어지는 활동 순서를 보여준다.

- 먼저 요청을 DispatcherServlet이 가로챈다.
- DispatcherServlet은 HandlerMapping 빈('Hello World' 웹 애플리케이션에서는 SimpleUrlHandler Mapping)을 사용해 요청을 처리하기 적합한 컨트롤러를 찾는다.
- DispatcherServlet은 컨트롤러가 반환하는 뷰 이름을 ViewResolver 빈('Hello World' 웹 애플리케이션에서는 InternalResourceViewResolver다)에게 전달해서 표시할 실제 뷰(JSP나 서블릿)를 찾는다.
- DispatcherServlet은 실제 뷰(JSP나 서블릿)에 요청을 전달한다. 컨트롤러가 반환한 모델 데이터를 뷰에서 요청 속성으로 사용할 수 있게 한다.

`'Hello World'` 웹 애플리케이션에서 `DispatcherServlet`은 `/helloworld/*` 패턴에 매핑되고(예제 12-4 참조), `SimpleUrlHandlerMapping`은 URL 경로(`/sayhello`)를 `HelloWorldController` 빈에게 매핑한다(예제 12-3 참조). URL(`http://localhost:8080/ch12-helloworld/helloworld/sayhello`)에 접근하면 `HelloWorldController`의 `handleRequest` 메서드가 호출된다. 다음 그림은 스프링 웹 MVC가 URL(`http://localhost:8080/ch12-helloworld/helloworld/sayhello`)을 `HelloWorldController`에 어떻게 매핑하는지 보여준다.

그림 12-5 스프링 웹 MVC에서 URL 경로를 연결하는 방법

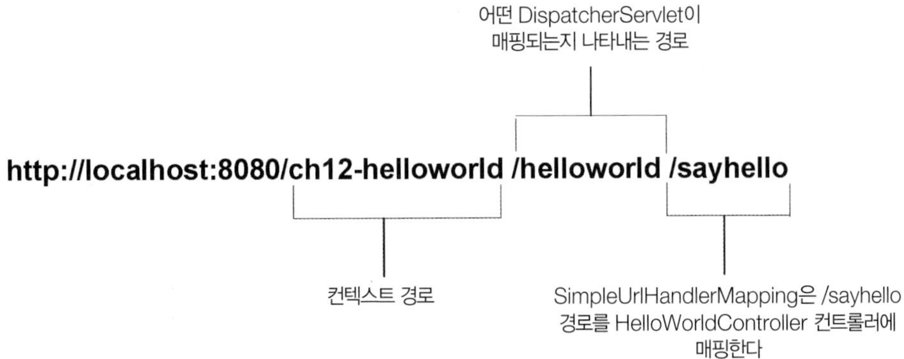

이 그림에서 URL의 /ch12-helloworld 부분은 'Hello World' 웹 애플리케이션의 컨텍스트 경로이고, URL의 /helloworld 부분은 DispatcherServlet에 매핑되며(예제 12-4 참조), /sayhello 부분은 HelloWorldController 컨트롤러에 매핑된다(예제 12-3 참조).

이번 절에서는 간단한 'Hello World' 웹 애플리케이션을 스프링 웹 MVC로 개발한 내용에 대해 살펴봤다. 이제 스프링 웹 MVC 애플리케이션에서 프론트 컨트롤러front controller로 작용하는 DispatcherServlet 서블릿에 대해 더 자세히 살펴보자.

12.4 DispatcherServlet - 프론트 컨트롤러

앞 절에서 DispatcherServlet이 웹 애플리케이션 컨텍스트 XML 파일에 정의된 Handler Mapping 및 ViewResolver 빈과 상호 작용해서 요청을 처리한다는 사실을 살펴봤다. 이번 절에서는 DispatcherServlet이 내부적으로 어떻게 작동하는지 살펴보자.

초기화 시 DispatcherServlet은 자신에게 대응하는 웹 애플리케이션 컨텍스트 XML 파일(contextConfigLocation 초기화 파라미터가 파일을 지정한다. 별도로 지정하지 않으면 WEB-INF 디렉터리에 있는 <name-of-DispatcherServlet>-servlet.xml 파일이 된다)을 로드하고 스프링 WebApplicationContext 객체 인스턴스를 만든다. WebApplicationContext는 ApplicationContext 인터페이스의 하위 인터페이스로, 웹 애플리케이션에 특화된 기능을 제공한다. 예를 들어 WebApplicationContext에 정의된 빈에는 request나 session 등의 추

가 스코프가 있다. 그러므로 WebApplicationContext 객체를 스프링 웹 MVC 애플리케이션에서 스프링 컨테이너 인스턴스를 표현하는 객체라 생각할 수도 있다.

다음 표는 웹 애플리케이션 컨텍스트 XML 파일에서 빈에 지정할 수 있게 추가된 스코프다.

빈 스코프	설명
request	스프링 컨테이너는 HTTP 요청마다 새 빈 인스턴스를 생성한다. HTTP 요청이 완료되면 스프링 컨테이너가 빈 인스턴스를 파괴한다. 이 스코프는 웹 애플리케이션 시나리오에 적용할 수 있는 ApplicationContext 구현에서만 사용할 수 있다. 예를 들어 XmlWebApplicationContext나 AnnotationConfigWebApplicationContext를 사용할 때만 빈 스코프를 request로 지정할 수 있다.
session	스프링 컨테이너는 매 HTTP Session이 생성될 때마다 새 빈 인스턴스를 생성한다. HTTP Session이 파괴될 때 스프링 컨테이너가 빈 인스턴스를 파괴한다. 이 스코프는 웹 애플리케이션 시나리오에 적용할 수 있는 ApplicationContext 구현에서만 사용할 수 있다.
application	스프링 컨테이너는 ServletContext가 생성될 때 새 빈 인스턴스를 생성하고, ServletContext가 파괴될 때 빈 인스턴스를 파괴한다. 이 스코프는 웹 애플리케이션 시나리오에 적용할 수 있는 ApplicationContext 구현에서만 사용할 수 있다.
websocket	스프링 컨테이너는 매번 WebSocket 세션이 생성될 때마다 새 빈 인스턴스를 생성하고, WebSocket 세션이 파괴될 때 빈 인스턴스를 파괴한다. 이 스코프는 웹 애플리케이션 시나리오에 적용할 수 있는 ApplicationContext 구현에서만 사용할 수 있다.

웹 애플리케이션이 여러 모듈로 되어 있으면, web.xml 파일에서 각 모듈별로 DispatcherServlet을 정의할 수도 있다. 이런 시나리오에서 각 DispatcherServlet에는 해당 모듈에만 해당하는 빈(컨트롤러, 뷰 리졸버resolver 등)을 포함하는 자신만의 웹 애플리케이션 컨텍스트 XML 파일이 있다. 이런 빈은 DispatcherServlet 인스턴스 사이에 공유되지 않음에 유의해야 한다. DispatcherServlet 인스턴스 사이에 공유되는 빈은 루트 웹 애플리케이션 컨텍스트 XML 파일에 정의된 것들이다. 앞에서 설명한 것처럼, 루트 웹 애플리케이션 컨텍스트 XML 파일은 데이터 소스, 서비스, DAO 등을 정의하며, 이들은 보통 웹 애플리케이션을 이루는 여러 모듈 사이에서 공유되기 마련이다. 12.10절을 보면 루트 웹 애플리케이션 컨텍스트 XML 파일을 로드하는 방법을 알 수 있다.

다음 그림은 DispatcherServlet에 해당하는 웹 애플리케이션 컨텍스트 XML 파일에 정의된 빈과 루트 웹 애플리케이션 컨텍스트 XML 파일에 정의된 빈 사이의 관계를 보여준다.

그림 12-6 루트 WebApplicationContext에 정의된 빈을 DispatcherServlet에 해당하는 WebApplication Context 인스턴스에서 상속한다

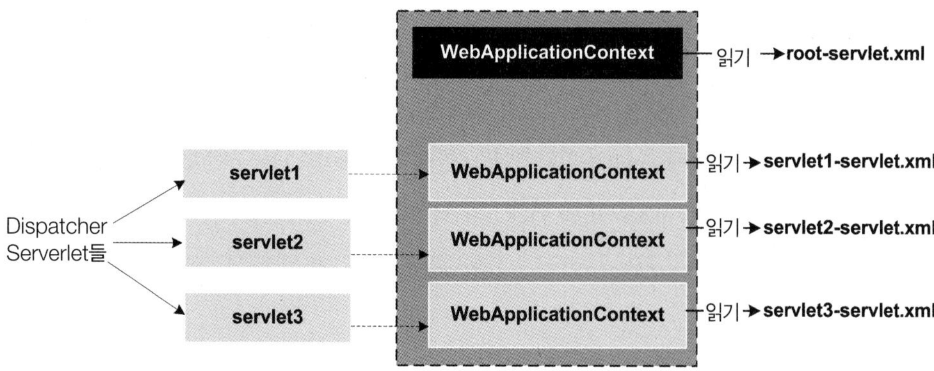

이 그림에서 servlet1, servlet2, servlet3은 web.xml 파일에 설정된 DispatcherServlet 인스턴스의 이름이다. 그리고 servlet1-servlet.xml, servlet2-servlet.xml, servlet3-servlet.xml은 순서대로 servlet1, servlet2, servlet3에서 로드한 웹 애플리케이션 컨텍스트 XML이다. DispatcherServlet 인스턴스를 초기화할 때 servlet1-servlet.xml, servlet2-servlet.xml, servlet3-servlet.xml 파일에 대응하는 WebApplicationContext가 생기고 DispatcherServlet 인스턴스와 연관지어진다. 루트 웹 애플리케이션 컨텍스트 XML 파일인 root-servlet.xml에 대한 WebApplicationContext 인스턴스도 생성된다. 루트 WebApplicationContext 인스턴스에 들어 있는 빈을 DispatcherServlet들과 연관된 WebApplicationContext 인스턴스 안에서도 사용할 수 있다.

이제 웹 애플리케이션 컨텍스트 XML 파일에 정의한 컨트롤러나 스프링 빈에서 ServletContext와 ServletConfig 객체에 접근하는 방법을 살펴보자.

12.4.1 ServletContext나 ServletConfig 객체에 접근하기

일부 시나리오에서는 웹 애플리케이션 컨텍스트 XML 파일에서 정의된 빈이 ServletContext나 ServletConfig 객체에 접근할 필요가 있을 때도 있다.

ServletContext는 빈이 서블릿 컨테이너와 통신할 때 사용할 수 있는 서블릿 API 객체다. 예를 들어 컨택스트 속성을 설정하거나 읽고 컨텍스트 초기화 파라미터를 얻을 수도 있다. 빈 클래스가 스프링 ServletContextAware 인터페이스(콜백 인터페이스)를 구현하면, 스프링 컨

테이너가 빈 인스턴스에 ServletContext 객체 인스턴스를 제공한다.

빈이 요청을 가로채는 DispatcherServlet에 대한 설정 정보를 얻고 싶을 때 ServletConfig를 사용할 수 있다. 예를 들어 DispatcherServlet에 전달된 초기화 파라미터나 DispatcherServlet이 web.xml에서 설정된 이름을 얻기 위해 ServletConfig를 사용할 수 있다. 빈 클래스가 스프링 ServletConfigAware 인터페이스(콜백 인터페이스)를 구현하면 스프링 컨테이너가 빈 인스턴스에게 ServletConfig 객체 인스턴스를 제공한다.

다음 예제는 ServletContextAware와 ServletConfigAware를 사용하는 빈 클래스다.

예제 12-5 ServletContextAware와 ServletConfigAware 사용법

```
import javax.servlet.ServletConfig;
import javax.servlet.ServletContext;
import org.springframework.web.context.ServletConfigAware;
import org.springframework.web.context.ServletContextAware;

public class ABean implements ServletContextAware, ServletConfigAware {
  private ServletContext servletContext;
  private ServletConfig servletConfig;

  @Override
  public void setServletContext(ServletContext servletContext) {
    this.servletContext = servletContext;
  }

  @Override
  public void setServletConfig(ServletConfig servletConfig) {
    this.servletConfig = servletConfig;
  }

  public void doSomething() {
    //--ServletContext와 ServletConfig 객체를 사용한다
  }
}
```

이 예제는 ABean 클래스가 ServletContextAware와 ServletConfigAware 인터페이스를 구현한 것을 보여준다. ServletContextAware 인터페이스에는 스프링 컨테이너가 ABean 인스턴스에 ServletContext 객체 인스턴스를 제공할 때 호출할 수 있는 setServletContext 메

서드 정의가 들어 있다. ServletConfigAware 인터페이스에는 스프링 컨테이너가 ABean 인스턴스에 ServletConfig 객체 인스턴스를 제공할 때 호출할 수 있는 setServletConfig 메서드 정의가 들어 있다.

앞에서 Controller 인터페이스를 구현하면 컨트롤러를 만들 수 있다고 했다. 이제는 @Controller와 @RequestMapping을 사용해 컨트롤러를 더 쉽게 개발하는 방법을 알아보자.

12.5 @Controller와 @RequestMapping을 사용해 컨트롤러 개발하기

스프링 웹 MVC는 컨트롤러를 만들 때 사용할 수 있는 MultiActionController, UrlFilenameViewController, AbstractController 등의 클래스를 제공한다. 컨트롤러를 만들 때 스프링이 제공하는 특정 클래스나 특정 인터페이스를 확장 및 구현해야 한다면 코드가 스프링과 밀접하게 결합된다. 스프링은 @Controller, @RequestMapping, @ModelAttribute 등의 애너테이션을 제공해 더 유연한 메서드 시그니처를 활용하는 컨트롤러를 만들 수 있다. 이번 절에서는 애너테이션을 설정한 컨트롤러를 개발할 때 쓸 수 있는 여러 스프링 웹 MVC 애너테이션을 살펴본다.

먼저 애너테이션을 설정한 컨트롤러를 사용해 'Hello, World!'를 보여주는 'Hello, World' 웹 애플리케이션을 살펴보자.

IMPORT chapter 12/ch12-annotation-helloworld

이 프로젝트는 애너테이션을 설정한 컨트롤러를 사용해 화면에 'Hello, World!'를 보여주는 간단한 'Hello, World!' 웹 애플리케이션이다. 애플리케이션을 톰캣 서버에 배포한 후 브라우저에서 URL(http://localhost:8080/ch12-annotation-helloworld/helloworld/saySomething/sayhello)을 열면 'Hello, World!' 메시지를 볼 수 있다.

12.5.1 애너테이션을 설정한 컨트롤러를 사용해 'Hello, World!' 웹 애플리케이션 개발하기

ch12-annotation-helloworld 프로젝트는 'Hello, World!' 메시지를 보여주기 위해 애너테이션을 설정한 컨트롤러를 사용한다는 점을 제외하면 ch12-helloworld와 비슷하다. 두 프로젝트의 web.xml과 hello.jsp 파일은 똑같지만, HelloWorldController.java와 myapp-config.xml 파일은 다르다. 이런 이유로 이번 절에서는 HelloWorldController.java와 myapp-config.xml 파일에 대해서만 설명한다.

먼저 @Controller와 @RequestMapping 애너테이션을 사용하는 컨트롤러를 만들자.

@Controller와 @RequestMapping 애너테이션

어떤 클래스를 스프링 웹 MVC 컨트롤러로 지정하려면 @Controller를 설정한다. 그리고 @RequestMapping 애너테이션을 사용해서 들어오는 요청을 적절한 컨트롤러 메서드로 매핑한다.

다음 예제는 @Controller와 @RequestMapping 애너테이션을 사용하는 HelloWorldController 클래스다.

예제 12-6 HelloWorldController 클래스 – @Controller와 @RequestMapping 사용법

```
#프로젝트 - ch12-annotation-helloworld
#src/main/java/sample/spring/chapter12/web

package sample.spring.chapter12.web;
import org.springframework.stereotype.Controller;
import org.springframework.web.bind.annotation.RequestMapping;
import org.springframework.web.servlet.ModelAndView;
.....
@Controller(value="sayHelloController")
@RequestMapping("/saySomething")
public class HelloWorldController {

  @RequestMapping("/sayhello")
  public ModelAndView sayHello() {
    Map<String, String> modelData = new HashMap<String, String>();
    modelData.put("msg", "Hello World !!");
    return new ModelAndView("helloworld", modelData);
```

```
    }
}
```

이 예제의 HelloWorldController 클래스에는 @Controller와 @RequestMapping을 설정하고, sayHello 메서드에는 @RequestMapping을 설정한다. @Controller는 @Component 애너테이션(6장 참조)의 형태로, HelloWorldController가 컨트롤러 컴포넌트라는 사실을 표시한다.

@Service(6장 참조)나 @Repository(6장 참조)를 설정한 클래스와 마찬가지로 @Controller를 설정한 클래스도 스프링 컨테이너에 자동으로 등록된다. 웹 애플리케이션 컨텍스트 XML 파일에 따로 @Controller를 설정한 클래스를 정의할 필요가 없다. @Controller의 value 속성은 클래스를 어떤 이름으로 스프링 컨테이너에 등록할지 지정한다. value 속성은 <bean>의 id 속성과 마찬가지 역할을 한다. value 속성을 지정하지 않으면 클래스 이름(단, 첫 글자를 소문자로 바꾼다)을 사용해 스프링 컨테이너에 클래스를 등록한다.

@RequestMapping 애너테이션은 들어오는 웹 요청을 적절한 컨트롤러나 메서드로 매핑한다. @RequestMapping 애너테이션을 최상위에서 실행하면 적절한 컨트롤러에 요청을 매핑한다. 예를 들어 HelloWorldController 클래스의 @RequestMapping("/saySomething")은 /saySomething 경로로 들어오는 모든 요청을 HelloWorldController 컨트롤러가 처리한다는 뜻이다.

메서드 수준에서 @RequestMapping을 사용하면 최상위에서 사용한 @RequestMapping을 컨트롤러 클래스의 특정 메서드로 좁혀준다. 예를 들어 [예제 12-6]의 sayHello 메서드에 설정한 @RequestMapping("/sayhello") 애너테이션은 요청 경로가 /saySomething/sayhello일 때 sayHello 메서드를 호출하라고 지정한다. 여기서 HelloWorldController의 sayHello 메서드가 아무 인수도 받지 않고 ModelAndView 객체를 반환한다는 점에 유의하자. 이런 식으로 정의할 수 있는 이유는 애너테이션을 설정한 컨트롤러가 다양한 메서드 시그니처를 유연하게 지원하기 때문이다. 12.7절에서는 @RequestMapping을 설정한 메서드가 사용할 수 있는 인수 타입과 반환 타입을 살펴본다.

보통 @RequestMapping 애너테이션을 최상위에서 사용할 때는 요청 경로나 경로 패턴을 지정한다. 그리고 @RequestMapping 애너테이션을 메서드 수준에서 사용할 때는 특정 HTTP 메서드나 요청 파라미터를 지정해서 최상위 @RequestMapping 애너테이션이 정의한 매핑의 범위를 더 좁힌다. 다음 그림은 URL(`http://localhost:8080/ch12-annotation-helloworld/helloworld/saySomething/sayhello`)이 스프링 웹 MVC에 의해 `HelloWorldController`의 `sayHello` 메서드를 호출하는 과정이다.

그림 12-7 @RequestMapping을 설정한 메서드에 URL이 전달되는 과정

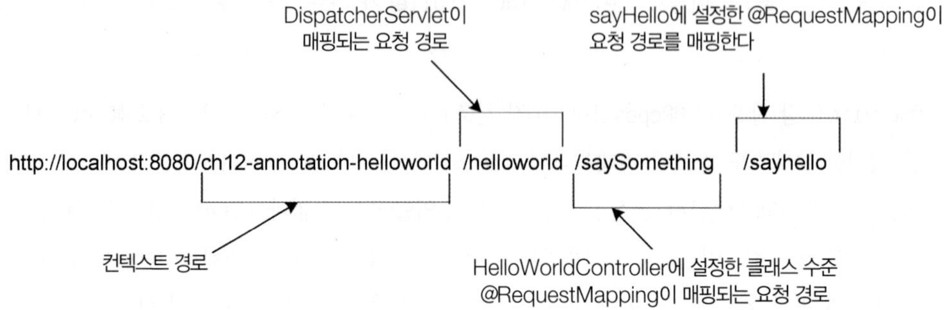

이 그림은 구체적인 요청 URL이 `HelloWorldController`의 `sayHello` 메서드를 호출하는 과정을 보여준다.

이제 애플리케이션에서 애너테이션 기반의 스프링 웹 MVC 컨트롤러 개발을 활성화하는 방법을 알아보자.

스프링 웹 MVC 애너테이션 활성화하기

스프링 웹 MVC 애플리케이션에서 애너테이션을 통해 컨트롤러를 사용하려면, 다음 예제처럼 스프링 `mvc` 스키마의 `<annotation-driven>` 엘리먼트를 사용해 스프링 웹 MVC 애너테이션을 활성화해야 한다.

예제 12-7 myapp-config.xml

```
#프로젝트 - ch12-annotation-helloworld
#src/main/webapp/WEB-INF/spring

<beans .....
  xmlns:mvc="http://www.springframework.org/schema/mvc"
  xsi:schemaLocation=".....http://www.springframework.org/schema/mvc
            http://www.springframework.org/schema/mvc/spring-mvc.xsd.....">
```

```
    <mvc:annotation-driven />
    <context:component-scan base-package="sample.spring.chapter12.web" />

    <bean id="viewResolver"
        class="org.springframework.web.servlet.view.InternalResourceViewResolver">
      <property name="prefix" value="/WEB-INF/jsp/" />
      <property name="suffix" value=".jsp" />
    </bean>
</beans>
```

이 예제에서 스프링 mvc 스키마의 <mvc:annotation-driven> 엘리먼트는 스프링 웹 MVC 애너테이션을 사용해 컨트롤러를 구현한다. 또 context 스키마의 <component-scan> 엘리먼트(6.2절 참조)를 사용해 자동으로 @Controller를 설정한 클래스를 스프링 컨테이너에 등록한다.

> **NOTE_** 자바 기반 설정을 사용할 때는 @EnableWebMvc가 스프링 mvc 스키마의 <mvc:annotation-driven> 엘리먼트와 똑같은 역할을 한다.

이번 절에서는 @Controller와 @RequestMapping 애너테이션을 사용해 간단한 'Hello, World!' 웹 애플리케이션을 개발하는 방법을 살펴봤다. 이제 이번 장에서 스프링 웹 MVC 애너테이션을 사용해 개발할 MyBank 웹 애플리케이션의 요구 사항을 살펴보자.

12.6 MyBank 웹 애플리케이션 요구 사항

[그림 12-8]은 MyBank 웹 애플리케이션이 시스템에서 현재 유효한 정기 예금 목록을 보여주는 화면이다. ID 열은 정기 예금의 식별자다. ID값은 사용자가 정기 예금을 만들 때 자동으로 정기 예금에 부여된다. 사용자는 'Close'와 'Edit' 하이퍼링크hyperlink를 사용해서 정기 예금을 해지하거나 상세 정보를 변경할 수 있다.

그림 12-8 MyBank 웹 애플리케이션의 홈페이지는 정기 예금 상세 정보를 보여준다. 이 웹 페이지는 정기 예금을 해지하거나 생성할 수 있는 버튼을 제공한다

ID	Deposit amount	Tenure	Email	Action
1	10000	24	a1email@somedomain.com	Close Edit
2	20000	36	a2email@somedomain.com	Close Edit
3	30000	36	a3email@somedomain.com	Close Edit
4	50000	36	a4email@somedomain.com	Close Edit
5	15000	36	a5email@somedomain.com	Close Edit

Create new Fixed Deposit

'Create new Fixed Deposit' 버튼은 개설하려는 정기 예금 상세 정보를 입력하는 'Open fixed deposit' 폼을 표시한다. 이 폼은 다음 그림과 같다.

그림 12-9 정기 예금을 개설하기 위한 'Open fixed deposit' 폼. Amount, Tenure, Email은 필수 필드다

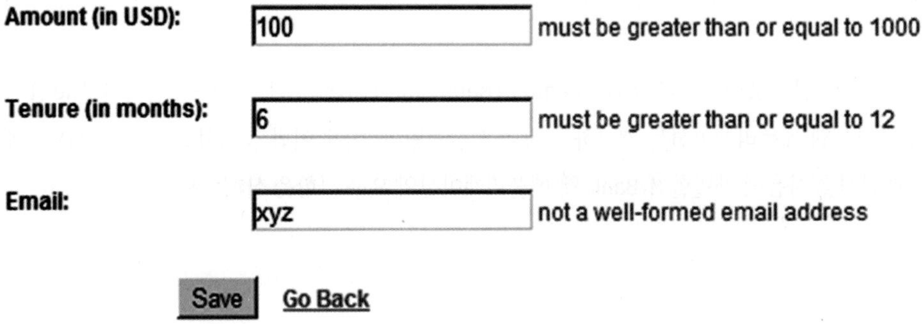

Amount (in USD):	100	must be greater than or equal to 1000
Tenure (in months):	6	must be greater than or equal to 12
Email:	xyz	not a well-formed email address

Save Go Back

이 그림에서 Save 버튼을 클릭하면 정기 예금 정보를 데이터 저장소에 저장하고, 'Go Back' 하이퍼링크를 클릭하면 정기 예금 목록을 보여주는 웹 페이지(그림 12-8 참조)로 이동한다. 이 그림은 사용자가 입력한 데이터가 Amount, Tenure, Email에 대해 설정해 둔 제약 사항을 만족시키지 못할 때 적절한 오류 메시지를 표시한 모습을 보여준다.

[그림 12-8]에서 'Edit' 버튼을 클릭하면 [그림 12-9]와 비슷한 폼이 표시되면서 선택한 정기 예금의 상세 정보를 변경할 수 있다. 그리고 [그림 12-8]에서 'Close' 하이퍼링크를 클릭하면 선택한 정기 예금을 정기 예금 목록에서 제거한다.

이제 MyBank 웹 애플리케이션의 요구 사항을 알았으므로, 스프링 웹 MVC 애너테이션을 사용

해 웹 애플리케이션을 개발하는 방법을 살펴보자.

12.7 스프링 웹 MVC 애너테이션 - @RequestMapping과 @RequestParam

[그림 12-5]에서 `@Controller`와 `@RequestMapping` 애너테이션을 사용해 간단한 컨트롤러를 개발할 수 있다는 것을 알았다. 이번 절에서는 애너테이션을 설정한 컨트롤러를 더 쉽게 개발할 수 있게 해주는 `@RequestMapping`과 다른 스프링 웹 MVC 애너테이션을 자세히 살펴본다.

IMPORT chapter 12/ch12-bankapp

이 프로젝트는 사용자가 정기 예금을 관리할 수 있는 MyBank 웹 애플리케이션이다. 애플리케이션을 톰캣 서버에 배포한 후 브라우저에서 URL(http://localhost:8080/ch12-bankapp)을 열면 정기 예금 목록을(그림 12-8처럼) 볼 수 있다.

먼저 `@RequestMapping` 애너테이션을 살펴보는 것부터 시작하자.

12.7.1 @RequestMapping을 사용해 요청을 컨트롤러나 컨트롤러 메서드에게 보내기

이번 장 12.5절에서는 타입과 메서드 수준에서 `@RequestMapping` 애너테이션을 사용해 컨트롤러와 컨트롤러의 메서드로 요청을 매핑하는 것을 살펴봤다. 이번 절에서는 먼저 스프링 웹 MVC가 어떻게 `@RequestMapping`을 설정한 특정 컨트롤러 메서드로 웹 요청을 보내는지 살펴본다. 그 후 `@RequestMapping`의 속성을 살펴보고, `@RequestMapping`을 설정한 메서드가 취할 수 있는 인수와 반환 타입에 대해 알아본다.

@RequestMapping 애너테이션과 RequestMappingHandlerMapping

다음 예제는 `SomeController`(스프링 웹 MVC 컨트롤러) 클래스에서 `@RequestMapping` 애너테이션을 사용하는 모습이다.

예제 12-8 SomeController 클래스 - @RequestMapping 사용법

```
@Controller
@RequestMapping("/type_Level_Url")
public class SomeController {

  @RequestMapping("/methodA_Url")
  public ModelAndView methodA() { ..... }

  @RequestMapping("/methodB_Url")
  public ModelAndView methodB() { ..... }
}
```

스프링 mvc 스키마의 <annotation-driven> 엘리먼트는 적절한 @RequestMapping을 설정한 메서드로 웹 요청을 매핑해주는 RequestMappingHandlerMapping(HandlerMapping 인터페이스를 구현함) 인스턴스를 만든다. RequestMappingHandlerMapping은 컨트롤러 메서드를 종말점으로 고려하며, 타입과 메서드 수준에서 설정한 @RequestMapping 매핑을 바탕으로 하여 컨트롤러 메서드로 유일하게 요청을 매핑할 책임이 있다. SomeController에서 요청받은 경로가 /type_Level_Url/methodA_Url이라면 methodA가 호출되고, 요청 경로가 /type_Level_Url/methodB_Url이라면 methodB가 호출된다.

컨트롤러 메서드로 요청을 유일하게 매핑할 수 없으면, HTTP 404(자원을 찾을 수 없다는 뜻) 상태 코드가 반환된다.

@RequestMapping 애너테이션의 속성을 사용해 요청과 컨트롤러, 컨트롤러 메서드 사이의 매핑을 좁힐 수 있다. 타입이나 메서드 수준의 @RequestMapping 애너테이션에서 이런 속성을 사용할 수 있다. 이제 @RequestMapping 애너테이션의 속성에 대해 살펴보자.

요청 경로로 요청 매핑하기

@RequestMapping의 path 속성은(value의 별명) 컨트롤러나 컨트롤러 메서드를 매핑할 요청 경로를 지정한다. @RequestMapping 애너테이션에서 path 속성을 명시적으로 지정하지 않아도 경로를 지정할 수 있다. 예를 들면 @RequestMapping(path="/type_Level_Url")을 @RequestMapping("/type_Level_Url")로 지정할 수 있다.

path 속성값으로 앤트Ant 스타일 경로를 지정할 수도 있다. 예를 들면 /myUrl/*, /myUrl/**,

/myUrl/*.do 등의 패턴을 path 속성값으로 지정할 수 있다. 다음 예제는 @RequestMapping 애너테이션에서 /myUrl/**를 경로 패턴으로 지정한 것이다.

예제 12-9 SomeController 클래스 – 앤트 스타일 경로 패턴 사용법

```
@Controller

@RequestMapping("/myUrl/**")
public class SomeController { ..... }
```

이 예제에서 최상위 @RequestMapping("/myUrl/**") 애너테이션은 SomeController 컨트롤러가 /myUrl 경로로 시작하는 모든 요청을 처리하라고 지정한다. 예를 들어 /myUrl/abc, /myUrl/xyz, /myUrl/123/something 경로로 들어오는 요청을 모두 SomeController 컨트롤러가 처리한다.

HTTP 메서드에 따라 요청 매핑하기

@RequestMapping의 method 속성으로 컨트롤러나 컨트롤러 메서드가 처리할 HTTP 메서드(method)를 지정한다. 따라서 method 속성이 HTTP GET 메서드를 지정하면 컨트롤러나 컨트롤러 메서드는 오직 HTTP GET 메서드만 처리한다.

다음 예제는 시스템에 있는 정기 예금 목록을 표시하는 FixedDepositController의 listFixedDeposits 메서드다.

예제 12-10 @RequestMapping의 method 속성 사용법

```
#프로젝트 - ch12-bankapp
#src/main/java/sample/spring/chapter12/web

package sample.spring.chapter12.web;
import org.springframework.web.bind.annotation.RequestMethod;
.....
@Controller
@RequestMapping(path="/fixedDeposit")
public class FixedDepositController {
  .....
  @RequestMapping(path = "/list", method = RequestMethod.GET)
```

```
    public ModelAndView listFixedDeposits() { ..... }
    .....
}
```

[예제 12-10]에서 listFixedDeposits 메서드에 설정한 @RequestMapping은 method 속성값을 RequestMethod.GET으로 지정한다. RequestMethod는 enum으로 GET, POST, PUT, DELETE 등의 HTTP 메서드를 정의한다. method 속성값이 RequestMethod.GET이므로 /fixedDeposit/list 경로에 들어온 요청이 HTTP GET일 때만 listFixedDeposits 메서드가 호출된다.

예를 들어 /fixedDeposit/list 경로에 HTTP POST 요청을 보내면 애플리케이션이 HTTP 405(지원하지 않는 HTTP 메서드라는 뜻) 상태 코드를 반환한다.

또, 다음 예제처럼 method 속성값에 HTTP 메서드의 배열을 지정할 수도 있다.

예제 12-11 method 속성값에 여러 HTTP 메서드 지정하기

```
@Controller
@RequestMapping(path="/sample")
public class MyController {

  @RequestMapping(path = "/action" method={ RequestMethod.GET, RequestMethod.POST })
  public ModelAndView action() { ..... }
}
```

이 예제에서 action 메서드에는 method값이 { RequestMethod.GET, RequestMethod.POST }인 @RequestMapping이 설정되었다. 이는 HTTP GET이나 POST 요청이 /sample/action 경로로 전달되면 action 메서드가 호출된다는 뜻이다.

일반적인 @RequestMapping 애너테이션 대신 @GetMapping, @PostMapping, @PutMapping 등 HTTP 메서드별 애너테이션을 사용할 수 있다. 6장에서 @Qualifier를 메타 애너테이션으로 사용해서 커스텀 지정자 애너테이션을 만드는 방법을 살펴봤다. 이와 비슷한 방법으로 이런 HTTP 메서드별 애너테이션도 @RequestMapping을 메타 애너테이션으로 사용한다.

> **NOTE_** 기존 애너테이션을 메타 애너테이션으로 사용해 만든 커스텀 애너테이션을 합성 애너테이션composed anotation이라고 부른다. @GetMapping, @PostMapping 등의 HTTP 메서드별 애너테이션은 합성 애너테이션에 속한다.

다음 예제는 @GetMapping 애너테이션을 어떻게 정의했는지 보여준다.

예제 12-12 @GetMapping 애너테이션

```
@Target(ElementType.METHOD)
@Retention(RetentionPolicy.RUNTIME)
@Documented
@RequestMapping(method = RequestMethod.GET)
public @interface GetMapping {
  .....
}
```

여기서 @GetMapping 애너테이션이 @RequestMapping 애너테이션을 메타 애너테이션으로 하고 method 속성값을 RequestMethod.GET으로 명시한다는 점에 유의하자.

요청 파라미터에 따라 요청 매핑하기

보통 요청 파라미터에 반드시 들어 있어야 하는 파라미터의 이름과 값을 지정할 때 @RequestMapping의 params 애너테이션을 사용한다. 다음 예제는 정기 예금을 개설하는 폼을 나타내는 FixedDepositController의 showOpenFixedDepositForm 메서드다.

예제 12-13 @RequestMapping의 params 속성 사용법

```
#프로젝트 - ch12-bankapp
#src/main/java/sample/spring/chapter12/web

package sample.spring.chapter12.web;
import org.springframework.web.bind.annotation.RequestMethod;
.....
@Controller
@RequestMapping(path="/fixedDeposit")
public class FixedDepositController {
  .....
  @RequestMapping(params = "fdAction=createFDForm", method = RequestMethod.POST)
  public ModelAndView showOpenFixedDepositForm() { ..... }
  .....
}
```

이 예제의 showOpenFixedDepositForm 메서드에 설정한 @RequestMapping은 params 속성

값을 fdAction=createFDForm으로 지정했다. FixedDepositController가 /fixedDeposit 경로를 매핑하기 때문에 fdAction 요청 파라미터값이 createFDForm인 HTTP POST 요청이 /fixedDeposit 경로에 보내졌을 때만 showOpenFixedDepositForm 메서드가 호출된다.

여러 요청 파라미터값에 따라 요청을 컨트롤러나 컨트롤러 메서드로 보낼 경우에는 다음 예제와 같이 요청 파라미터 이름-값 쌍으로 이뤄진 배열을 params 속성값으로 지정할 수 있다.

예제 12-14 여러 요청 파라미터 이름-값 쌍을 params 속성값으로 지정하기

```
@RequestMapping(params = { "x=a", "y=b" })
public void perform() { ..... }
```

이 예제에서 요청 파라미터에 x와 y 파라미터가 있고, 각각의 값이 차례대로 a와 b인 경우에만 perform 메서드가 호출된다.

요청에 특정 요청 파라미터가 존재할 때만 컨트롤러나 컨트롤러 메서드를 매핑할 수도 있다. 여러분이 해야 할 일은 요청 파라미터의 이름을 params 속성값으로 지정하는 것뿐이다. 예를 들어 요청 파라미터 x가 있을 경우 그 값이 무엇이든 관계 없이 perform 메서드가 호출되어야 한다면 다음과 같이 할 수 있다.

예제 12-15 요청 파라미터에 x가 있을 때만 perform 메서드가 호출된다

```
@RequestMapping(params = "x")
public void perform() { ..... }
```

요청에 특정 요청 파라미터가 존재하지 않을 때만 요청을 컨트롤러나 컨트롤러 메서드에 보내려면 ! 연산자를 사용하라. 예를 들어 다음 perform 메서드는 요청 파라미터에 x가 없는 경우에만 호출된다.

예제 12-16 요청 파라미터에 x가 없을 때만 perform 메서드가 호출된다

```
@RequestMapping(params = "!x")
public void perform() { ..... }
```

다음처럼 != 연산자를 사용해서 요청 파라미터값이 지정한 값과 같지 않을 때만 요청을 컨트

롤러나 컨트롤러 메서드에 보낼 수도 있다.

예제 12-17 요청 파라미터의 x 값이 a가 아닐 때만 perform 메서드가 호출된다

```
@RequestMapping(params = "x != a")
public void perform() { ..... }
```

이 예제에서는 요청에 있는 x 요청 파라미터값이 a가 아닐 때만 perform 메서드가 호출된다.

요청의 MIME 타입에 따라 요청 매핑하기

Content-Type 요청 헤더는 요청의 MIME 타입을 지정한다. @RequestMapping의 consumes 속성은 컨트롤러나 컨트롤러 메서드가 처리하는 요청 MIME 타입을 지정한다. 따라서 요청의 Content-Type 요청 헤더와 consumes 속성값이 일치하는 경우에만 요청이 메서드에 전달된다.

다음 예제는 Content-Type 요청 헤더값이 application/json인 경우에만 perform 메서드가 호출되는 것을 보여준다.

예제 12-18 Content-Type 요청 헤더값이 application/json인 경우에만 perform 메서드가 호출된다

```
@RequestMapping(consumes = "application/json")
public void perform() { ..... }
```

params 속성과 마찬가지로 Content-Type 헤더값이 존재하지 않을 때로 조건을 지정할 수 있다. 예를 들어 다음 예제는 Content-Type 요청 헤더값이 application/json이 아닌 경우에만 perform 메서드가 호출되는 것을 보여준다.

예제 12-19 Content-Type 요청 헤더값이 application/json이 아닌 경우에만 perform 메서드가 호출된다

```
@RequestMapping(consumes = "!application/json")
public void perform() { ..... }
```

consumes 속성에도 값으로 이뤄진 배열을 지정할 수 있다. 이 경우 Content-Type 요청 헤더값과 consumes 속성에 지정한 배열에 있는 값 중 하나가 일치하면 요청이 컨트롤러나 컨트롤러 메서드로 매핑된다. 다음 예제에서는 Content-Type 요청 헤더값이 application/json이

나 text/plain면 perform 메서드가 호출된다.

예제 12-20 Content-Type이 application/json이나 text/plain이면 perform 메서드가 호출된다

```
@RequestMapping(consumes = { "application/json", "text/plain")
public void perform() { ..... }
```

응답으로 받을 수 있는 MIME 타입에 따라 요청 매핑하기

Accept 요청 헤더는 응답으로 받을 수 있는 MIME 타입을 지정한다. @RequestMapping의 produces 속성은 컨트롤러나 컨트롤러 메서드에 대해 응답으로 받을 수 있는 MIME 타입을 지정한다. 따라서 요청의 Accept 요청 헤더와 produces 속성값이 일치하는 경우에만 요청이 메서드에 전달된다.

다음 예제는 Accept 요청 헤더값이 application/json인 경우에만 perform 메서드가 호출되는 것을 보여준다.

예제 12-21 Accept 요청 헤더값이 application/json인 경우에만 perform 메서드가 호출된다

```
@RequestMapping(produces = "application/json")
  public void perform() { ..... }
```

consumes 속성과 마찬가지로 ! 연산자를 사용해 요청에 Accept 헤더값이 존재하지 않을 때로 조건을 지정할 수도 있다. produces 속성에도 값으로 이뤄진 배열을 지정할 수 있다. 이 경우 Accept 요청 헤더값과 produces 속성에 지정한 배열에 있는 값 중 하나가 일치하면 요청이 컨트롤러나 컨트롤러 메서드로 매핑된다.

요청 헤더값에 따라 요청 매핑하기

요청 헤더값에 따라 요청을 매핑하려면 @RequestMapping의 headers 속성을 사용한다. 다음 예제는 요청의 Content-Type 헤더가 text/plain인 경우에만 요청을 perform 메서드로 매핑한다.

예제 12-22 요청의 Content-Type 헤더가 text/plain인 경우에만 perform 메서드가 호출된다

```
@RequestMapping(headers = "Content-Type=text/plain")
public void perform() { ..... }
```

params 속성과 마찬가지로 !나 != 연산자를 사용해 요청에 headers 속성값을 지정할 수 있다. 예를 들어 다음 예제는 요청의 Content-Type 헤더가 application/json이 아니고, Cache-Control 헤더가 존재하지 않으며 From 헤더가 존재하는 경우에만 perform 메서드로 요청을 매핑한다.

예제 12-23 !나 != 연산자를 사용해 headers 속성 지정하기

```
@RequestMapping(headers = { "Content-Type != application/json",
                "!Cache-Control", "From"} )
public void perform() { ..... }
```

지금까지 @RequestMapping의 속성을 살펴봤으므로, 이제 @RequestMapping을 설정한 메서드에 전달할 수 있는 인수를 살펴보자.

12.7.2 @RequestMapping 애너테이션을 설정한 메서드의 인수

@RequestMapping을 설정한 메서드의 시그니처를 유연하게 지정할 수 있다. @RequestMapping을 설정한 메서드에 전달할 수 있는 인수 타입에는 HttpServletRequest, HttpSession, java.security.Principal, org.springframework.validation.BindingResult, org.springframework.web.bind.support.SessionStatus, org.springframework.ui.Model 등이 있다. @RequestMapping을 설정한 메서드에 전달할 수 있는 인수 타입의 전체 목록을 보려면 @RequestMapping의 자바독을 살펴보자.

이 책에서 스프링 웹 MVC 기능에 대해 설명하다 보면 @RequestMapping을 설정한 메서드에 여러 다른 인수 타입을 전달해야 하는 경우가 있다. 지금은 HttpServletRequest 객체를 인수로 받을 필요가 있는 시나리오에 대해 살펴보자.

다음 예제는 HttpServletRequest 타입 객체를 인수로 받는 FixedDepositController의 viewFixedDepositDetails 메서드다.

예제 12-24 FixedDepositController 클래스 – HttpServletRequest 인수 전달하기

```
#프로젝트 - ch12-bankapp
#src/main/java/sample/spring/chapter12/web

package sample.spring.chapter12.web;
import javax.servlet.http.HttpServletRequest;
.....
public class FixedDepositController {
  .....
  @RequestMapping(params = "fdAction=view", method = RequestMethod.GET)
  public ModelAndView viewFixedDepositDetails(HttpServletRequest request) {
    FixedDepositDetails fixedDepositDetails = fixedDepositService
        .getFixedDeposit(Integer.parseInt(request.getParameter("fixedDepositId")));
    .....
  }
}
```

정기 예금에 해당하는 'Edit' 하이퍼링크(그림 12-8 참조)를 클릭하면 viewFixedDepositDetails 메서드가 호출된다. viewFixedDepositDetails 메서드는 HttpServletRequest를 사용해 시스템에서 정기 예금을 식별하는 fixedDepositId 요청 파라미터를 얻는다.

이제 @RequestMapping을 설정한 메서드가 지원하는 반환 타입에 대해 살펴보자.

12.7.3 @RequestMapping 애너테이션을 설정한 메서드의 반환 타입

@RequestMapping을 설정한 메서드의 반환 타입으로 쓸 수 있는 타입으로는 ModelAndView, org.springframework.web.servlet.View, String, java.util.concurrent.Callable, void, ListenableFuture 등이 있다. @RequestMapping을 설정한 메서드가 반환할 수 있는 타입을 모두 다 보고 싶다면 @RequestMapping 자바독을 찾아보자.

이 책에서 여러 다른 스프링 웹 MVC 기능에 대해 설명할 때, @RequestMapping을 설정한 메서드가 다양한 반환 타입을 사용하는 시나리오를 볼 수 있다. 이번 절에서는 String과 ModelAndView를 반환 타입으로 하는 메서드만 살펴본다.

다음 예제는 새 정기 예금을 개설하기 위한 HTML 폼(그림 12-9)을 표시하는 FixedDepositController의 showOpenFixedDepositForm 메서드다.

예제 12-25 FixedDepositController 클래스 – ModelAndView 반환 타입 예제

```
#프로젝트 - ch12-bankapp
#src/main/java/sample/spring/chapter12/web

package sample.spring.chapter12.web;
import org.springframework.ui.ModelMap;
.....
public class FixedDepositController {
  .....
  @RequestMapping(params = "fdAction=createFDForm", method = RequestMethod.POST)
  public ModelAndView showOpenFixedDepositForm() {
    FixedDepositDetails fixedDepositDetails = new FixedDepositDetails();
    fixedDepositDetails.setEmail("You must enter a valid email");

    ModelMap modelData = new ModelMap();
    modelData.addAttribute(fixedDepositDetails);
    return new ModelAndView("createFixedDepositForm", modelData);
  }
  .....
}
```

showOpenFixedDepositForm 메서드는 FixedDepositDetails 인스턴스를 모델로 포함하고 createFixedDepositForm 문자열값을 뷰 이름으로 포함하는 ModelAndView 객체를 반환한다.

이 예제를 [예제 12-1]이나 [예제 12-6]과 비교하면, showOpenFixedDepositForm 메서드가 java.util.Map 대신 스프링 ModelMap 객체를 사용해 모델 속성을 저장한다는 사실을 알 수 있다. ModelMap은 java.util.Map 인터페이스를 구현한 것이며 명시적으로 이름을 지정하지 않고도 모델 속성을 저장할 수 있게 해준다. ModelMap은 미리 정의된 전략에 따라 자동으로 모델 에트리뷰트 이름을 생성한다. 예를 들어 커스텀 자바 객체를 모델 속성으로 추가하면 객체의 클래스 이름(첫 글자를 소문자로 변환)을 모델 속성 이름으로 사용한다. 이 예제에서 ModelMap에 추가한 FixedDepositDetails 인스턴스는 fixedDepositDetails 이름으로 ModelMap에 저장된다.

@RequestMapping 애너테이션 메서드가 문자열값을 반환하면 웹 애플리케이션에 설정된 ViewResolver가 문자열값을 실제 뷰의 이름으로 변환한다. 다음 예제는 ch12-bankapp의 InternalResourceViewResolver 설정이다.

예제 12-26 bankapp-config.xml – ViewResolver 설정

```
#프로젝트 - ch12-bankapp
#src/main/webapp/WEB-INF/spring

<bean id="viewResolver"
    class="org.springframework.web.servlet.view.InternalResourceViewResolver">
  <property name="prefix" value="/WEB-INF/jsp/" />
  <property name="suffix" value=".jsp" />
</bean>
```

이 설정은 xyz 문자열이 반환되면 /WEB-INF/jsp/xyz.jsp 이름으로 변환해야 한다고 지정한다. 12.3절에서 InternalResourceViewResolver 설정에 대해 이미 살펴봤다.

@RequestMapping을 설정한 메서드가 반환하는 문자열값에 redirect:이라는 접두사가 붙으면, 이 문자열을 뷰 이름이 아니라 리다이렉션redirection URL로 해석한다. 다음 예제는 사용자가 'Close' 버튼(그림 12-9 참조)을 클릭하면 정기 예금을 해지 처리해야 하는 FixedDeposit Controller의 closeFixedDeposit 메서드다.

예제 12-27 FixedDepositController 클래스 – String 반환 타입 예제

```
#프로젝트 - ch12-bankapp
#src/main/java/sample/spring/chapter12/web

@RequestMapping(params = "fdAction=close", method = RequestMethod.GET)
public String closeFixedDeposit(..... int fdId) {
  fixedDepositService.closeFixedDeposit(fdId);
  return "redirect:/fixedDeposit/list";
}
```

FixedDepositController의 closeFixedDeposit 메서드는 fdId로 식별한 정기 예금을 해지하고 redirect:/fixedDeposit/list 문자열을 반환한다. 반환한 문자열에 redirect:이라는 접두사가 붙어 있으므로, 브라우저는 사용자를 /fixedDeposit/list URL로 리다이렉션해서 정기 예금 목록(그림 12-8 참조)을 표시한다.

이제 요청 파라미터값을 컨트롤러 메서드 인수로 연결하는 @RequestParam 애너테이션에 대해 살펴보자.

12.7.4 @RequestParam을 사용해 요청 파라미터를 컨트롤러 메서드에 전달하기

[예제 12-24]에서 컨트롤러 메서드에 HttpServletRequest 객체를 넘기고 객체를 사용해 요청 파라미터를 얻는 방법을 살펴봤다. HttpServletRequest 객체를 컨트롤러 메서드에 전달하는 대신, 메서드 인수에 @RequestParam을 설정해서 요청 파라미터값을 메서드 인수로 전달할 수 있다.

> **NOTE_** 메서드에 @RequestMapping이나 @ModelAttribute(13장에서 설명)를 설정했을 때만 @RequestParam 애너테이션을 사용할 수 있다는 점을 꼭 기억하자.

다음 예제는 사용자가 'Close' 버튼(그림 12-9 참조)을 클릭하면 정기 예금을 해지해야 하는 FixedDepositController의 closeFixedDeposit 메서드다.

예제 12-28 FixedDepositController 클래스 – @RequestParam 사용법

```
#프로젝트 - ch12-bankapp
#src/main/java/sample/spring/chapter12/web

package sample.spring.chapter12.web;
import org.springframework.web.bind.annotation.RequestParam;
.....
public class FixedDepositController {
  .....
  @RequestMapping(params = "fdAction=close", method = RequestMethod.GET)
  public String closeFixedDeposit(@RequestParam(value = "fixedDepositId") int fdId) {
    fixedDepositService.closeFixedDeposit(fdId);
    return "redirect:/fixedDeposit/list";
  }
  .....
}
```

@RequestParam의 name(value 속성의 별명) 속성은 메서드 인수에 값을 대입할 요청 파라미터 이름을 지정한다. 이 예제에서는 @RequestParam 애너테이션을 사용해 fixedDepositId 요청 파라미터값을 fdId 메서드 인수로 전달한다. fdId 인수의 타입이 int이므로 스프링은 fixedDepositId 요청 파라미터를 int 타입으로 변환한다. 기본적으로 스프링은 int, long, java.util.Date 등의 간단한 자바 타입에 대한 변환을 자동으로 지원한다. 요청 파라미터를 커스텀 자바 타입(Address 등)으로 변환하려면 스프링 WebData Binder 인스턴스를 사용해 커스텀 PropertyEditor를 (하나 이상) 등록하거나 스프링 Formatting ConversionService 인스턴스를 사용해 org.springframework.format.Formatter를 (하나 이상) 등록해야 한다. 13장에서는 WebDataBinder에 대해, 15장에서는 Formatter와 FormattingConversionService에 대해 자세히 설명한다.

이제 컨트롤러 메서드에서 모든 요청 파라미터에 접근하는 방법을 살펴보자.

모든 요청 파라미터를 컨트롤러 메서드에 전달하기

모든 요청 파라미터를 컨트롤러 메서드에 전달하려면 Map<String, String>이나 MultiValueMap<String, String> 타입(스프링이 제공하는 java.util.Map을 구현한 객체)의 인수를 정의하고 그 인수 앞에 @RequestParam 애너테이션을 설정한다. 다음 예제는 'Open fixed deposit' 폼(그림 12-9 참조)에 사용자가 정기 예금 상세 정보를 입력하고 'Save' 버튼을 누르면 정기 예금을 새로 생성하는 FixedDepositController의 openFixedDeposit 메서드다.

예제 12-29 FixedDepositController 클래스 – 모든 요청 파라미터에 접근하기

```
#프로젝트 - ch12-bankapp
#src/main/java/sample/spring/chapter12/web

package sample.spring.chapter12.web;
import java.util.Map;
.....
@RequestMapping(path = "/fixedDeposit")
public class FixedDepositController {
  .....
  @RequestMapping(params = "fdAction=create", method = RequestMethod.POST)
  public ModelAndView openFixedDeposit(@RequestParam Map<String, String> params) {
    String depositAmount = params.get("depositAmount");
    String tenure = params.get("tenure");
    .....
  }
}
```

이 예제에서 Map<String, String> 타입의 params 인수에는 @RequestParam 애너테이션을 설정했다. @RequestParam의 name 속성을 지정하지 않았다는 데 유의해야 한다. @RequestParam의 name 속성을 지정하지 않고 메서드 인수 타입이 Map<String, String>이거나 MultiValueMap <String, String>이면, 스프링이 모든 요청 파라미터를 메서드 인수에 복사한다. Map(또는 MultiValueMap)에는 각 요청 파라미터의 이름을 키로 하여 요청 파라미터 값이 저장된다.

다음 예제는 기존 정기 예금 정보를 변경하는 역할을 수행하는 FixedDepositController의 editFixedDeposit 메서드다.

예제 12-30 FixedDepositController 클래스 – 모든 요청 파라미터에 접근하기

```
#프로젝트 - ch12-bankapp
#src/main/java/sample/spring/chapter12/web

package sample.spring.chapter12.web;
import org.springframework.util.MultiValueMap;
.....
public class FixedDepositController {
  .....
  @RequestMapping(params = "fdAction=edit", method = RequestMethod.POST)
  public ModelAndView editFixedDeposit(
      @RequestParam MultiValueMap<String, String> params) {
    String depositAmount = params.get("depositAmount").get(0);
    String tenure = params.get("tenure").get(0);
    .....
  }
}
```

이 예제에서 editFixedDeposit의 params 인수 타입은 MultiValueMap<String, String>이고 @RequestParam 애너테이션을 설정했다. 어떤 객체의 타입이 MultiValueMap<K,V>면 이는 K가 키의 타입이고 List<V>가 값의 타입이라는 뜻이다. params 인수의 타입이 MultiValueMap<String, String>이므로 맵의 키는 String 타입이고 값은 List<String> 타입이다. 요청 파라미터를 MultiValueMap<String, String> 타입에 저장할 때 스프링은 요청 파라미터의 이름을 키로, 요청 파라미터값을 List<String>에 추가한다. 같은 이름으로 요청 파라미터가 여러 번 들어올 경우 MultiValueMap이 특히 유용하다.

요청 파라미터에 대응하는 값의 타입이 List<String>이므로 params.get(String key)를 호출하면 List<String>을 반환한다. 이런 이유로, 반환받은 List<String>에 대해 get(0)을 호출해서 depositAmount, tenure 등의 값을 얻어야 한다. 다른 방법으로는 MultiValueMap에서 List<String>값의 첫 번째 원소를 얻고 싶을 때 쓸 수 있는 getFirst(String key) 메서드를 사용할 수도 있다.

이제 @RequestParam 애너테이션의 속성에 대해 자세히 살펴보자.

name 속성으로 요청 파라미터 이름 지정하기

앞에서 @RequestParam의 name 속성으로 메서드 인수에 저장할 요청 파라미터의 이름을 지정하는 것을 살펴봤다. 요청 파라미터 이름을 지정하지 않으면 메서드 인수 이름을 요청 파라미터 이름으로 간주한다. 예를 들어 다음 예제에서는 param 요청 파라미터값이 param 인수에 대입된다.

예제 12-31 @RequestParam 사용법 – 요청 파라미터 이름 생략

```
@RequestMapping(.....)
public String doSomething(@RequestParam String param) { ..... }
```

이 예제에서 @RequestParam은 param 인수에 대입할 요청 파라미터의 이름을 지정하지 않았다. 따라서 param이 요청 파라미터 이름으로 간주된다.

required 속성을 사용해 요청 파라미터를 필수로 만들거나 선택적으로 만들기

디폴트로 @RequestParam 애너테이션에 의해 지정된 요청 파라미터는 필수적이다. 따라서 지정한 요청 파라미터를 요청에서 찾을 수 없으면 예외가 던져진다. 다음 예제처럼 requied 속성값을 false로 설정하면 요청 파라미터를 선택적으로 만들 수 있다.

예제 12-32 @RequestParam의 required 속성

```
@RequestMapping(.....)
public String perform(@RequestParam(name = "myparam", required = false) String param) {
  .....
}
```

이 예제에서는 @RequestParam의 required 속성값을 false로 설정했다. 이는 myparam 요청 파라미터가 선택적이라는 뜻이다. 이제 myparam 요청 파라미터를 요청에서 찾을 수 없어도 예외가 발생하지 않는다. 그 대신 null값이 param 메서드 인수에 대입된다.

required 속성을 사용해 요청 파라미터를 선택적으로 만드는 대신, 자바 8의 Optional 타입을(6.5절 참조) 사용할 수도 있다. 다음 예제는 자바 8의 Optional 타입을 사용하는 perform 메서드다.

예제 12-33 @RequestParam – 자바 8 Optional 타입 사용하기

```
@RequestMapping(.....)
public String perform(@RequestParam(name = "myparam") Optional<String> param) { ..... }
```

param 인수의 타입이 Optional<String>이므로, 요청에서 myparam 요청 파라미터를 찾을 수 없어도 예외가 발생하지 않는다.

defaultValue 속성으로 요청 파라미터의 디폴트값 지정하기

@RequestParam의 defaultValue 속성은 요청 파라미터의 디폴트값을 지정한다. @RequestParam의 name으로 지정한 요청 파라미터를 요청에서 찾을 수 없으면 defaultValue로 지정한 값이 메서드 인수에 대입된다. 다음 예제는 defaultValue 속성 사용법을 보여준다.

예제 12-34 @RequestParam의 defaultValue 속성

```
@RequestMapping(.....)
public String perform(@RequestParam(value = "location", defaultValue = "earth")
        String param) {
  .....
}
```

이 예제에서 location 요청 파라미터를 요청에서 찾을 수 없으면 earth값이 메서드 인수 param에 대입된다.

이번 절에서는 @RequestMapping와 @RequestParam 애너테이션을 사용해 MyBank 애플리케이션의 FixedDepositController 컨트롤러를 만들었다. 이제 FixedDepositController

클래스 안에서 폼 데이터 검증을 어떻게 수행하는지 살펴보자.

12.8 검증

앞에서는 FixedDepositController의 showOpenFixedDepositForm 메서드(예제 12-25)가 새 정기 예금을 개설하기 위한 폼을 보여주는 createFixedDepositForm.jsp JSP 페이지를 표시하는 것을 살펴봤다. 폼을 제출하면 폼에 입력한 데이터를 FixedDepositController의 openFixedDeposit 메서드(예제 12-29 참조)가 검증한다. 검증하는 동안 오류가 발생하면 createFixedDepositForm.jsp JSP 페이지가 다시 표시되면서 검증 오류 메시지와 사용자가 원래 입력했던 데이터가 함께 표시된다(그림 12-9 참조).

다음 예제는 createFixedDepositForm.jsp JSP 페이지의 <form> 엘리먼트다.

예제 12-35 createFixedDepositForm.jsp – <form> 엘리먼트

```
#프로젝트 - ch12-bankapp
#src/main/webapp/WEB-INF/jsp

<form name="createFixedDepositForm" method="POST"
    action="${pageContext.request.contextPath}/fixedDeposit?fdAction=create">
  .....
  <input type="submit" value="Save" />
</form>
```

이 예제에서 <form> 엘리먼트의 method 속성은 HTTP POST 메서드를 지정하고, action 속성은 사용자가 'Save' 버튼을 눌러서 폼을 제출할 URL로 /fixedDeposit?fdAction=create를 지정한다. 폼을 제출하면 FixedDepositController의 openFixedDeposit 메서드가 호출된다.

다음 예제는 openFixedDeposit 메서드가 폼 검증을 어떻게 수행하는지와, 검증하는 동안 오류가 발생하면 사용자가 원래 입력했던 데이터를 어떻게 다시 표시하는지 보여준다.

예제 12-36 FixedDepositController의 openFixedDeposit 메서드

```
#프로젝트 - ch12-bankapp
#src/main/java/sample/spring/chapter12/web

package sample.spring.chapter12.web;
.....
import org.apache.commons.lang3.math.NumberUtils;
@RequestMapping(path = "/fixedDeposit")
public class FixedDepositController {
  .....
  @RequestMapping(params = "fdAction=create", method = RequestMethod.POST)
  public ModelAndView openFixedDeposit(@RequestParam Map<String, String> params) {
    String depositAmount = params.get("depositAmount");
    .....
    Map<String, Object> modelData = new HashMap<String, Object>();

    if (!NumberUtils.isNumber(depositAmount)) {
      modelData.put("error.depositAmount", "enter a valid number");
    } else if (NumberUtils.toInt(depositAmount) < 1000) {
      modelData.put("error.depositAmount", "must be greater than or equal to 1000");
    }
    .....
    FixedDepositDetails fixedDepositDetails = new FixedDepositDetails();
    fixedDepositDetails.setDepositAmount(depositAmount);
    .....
    if (modelData.size() > 0) { // -- 0보다 크면 검증 오류가 있다는 뜻이다
      modelData.put("fixedDepositDetails", fixedDepositDetails);
      return new ModelAndView("createFixedDepositForm", modelData);
    } else {
      fixedDepositService.saveFixedDeposit(fixedDepositDetails);
      return new ModelAndView("redirect:/fixedDeposit/list");
    }
  }
  .....
}
```

openFixedDeposit 메서드는 사용자가 입력한 정기 예금 금액, 만기, 전자우편 정보를 검증한다. 데이터 검증을 단순화하기 위해 아파치 커먼즈 Lang(Apache Commmons Lang, http://commons.apache.org/proper/commons-lang/) 라이브러리를 사용했다. modelData 변수는 검증 오류가 발생할 경우 createFixedDepositForm.jsp JSP 페이지에 넘길 java.util.Map 객체다.

검증에 실패할 경우 검증 오류 메시지와 원래 폼 정보를 함께 보여주고 싶으므로, 검증 오류 메시지와 원래의 폼 데이터를 modelData에 저장한다. 예를 들어 사용자가 입력한 예금액 검증에 실패하면 적절한 검증 오류 메시지가 error.depositAmount 이름으로 modelData에 저장된다. 사용자가 입력한 값은 새로운 FixedDepositDetails 객체 인스턴스에 설정된다. 검증 오류가 발생하면 새로 만든 FixedDepositDetails 인스턴스를 modelData에 fixedDepositDetails 이름으로 추가하고, createFixedDepositForm.jsp JSP 페이지를 표시한다. 반대로 아무 검증 오류도 발생하지 않으면 새로 만든 FixedDepositDetails 인스턴스를 데이터 소스에 저장하고, 정기 예금 전체 목록을 보여주는 페이지를 표시한다.

사용자가 입력한 원래 정보를 저장하기 위해 FixedDepositDetails 객체를 사용하므로, 다음 예제처럼 FixedDepositDetails의 모든 정보는 String 타입이어야 한다.

예제 12-37 FixedDepositDetails 클래스

```
#프로젝트 - ch12-bankapp
#src/main/java/sample/spring/chapter12/domain

package sample.spring.chapter12.domain;

public class FixedDepositDetails {
  private long id; //-- 시스템이 id값을 채워 넣는다
  private String depositAmount;
  private String tenure;
  private String email;

  //-- 필드 게터와 세터들
  .....
}
```

depositAmount와 tenure를 String 타입으로 지정했으므로 이를 비교하기 위해 수치값으로 변환하는 로직이 추가로 필요하다. 13장에서는 스프링 웹 MVC가 폼 데이터와 폼 지원form backing 객체(FixedDepositDetails와 같은 객체) 사이를 어떻게 연결하고, 검증 오류 시 원래 폼 데이터를 어떻게 다시 표시하는지 살펴본다.

createFixedDepositForm.jsp JSP 페이지의 일부인 다음 예제는 검증 오류 메시지와 원래 폼 데이터를 MyBank 애플리케이션에서 어떻게 표시하는지 보여준다.

예제 12-38 createFixedDepositForm.jsp

```
#프로젝트 - ch12-bankapp
#src/main/webapp/WEB-INF/jsp

<%@taglib uri="http://java.sun.com/jsp/jstl/core" prefix="c"%>
<form name="createFixedDepositForm" method="POST"
   action="${pageContext.request.contextPath}/fixedDeposit?fdAction=create">
  .....
  <td class="td"><b>Amount (in USD):</b></td>
  <td class="td">
    <input type="text" name="depositAmount"
        value="${requestScope.fixedDepositDetails.depositAmount}"/>
    <font style="color: #C11B17;">
      <c:out value="${requestScope['error.depositAmount']}"/>
    </font>
  </td>
  .....
  <input type="submit" value="Save" />
</form>
```

이 예제에서 depositAmount 폼의 필드값을 ${requestScope.fixedDepositDetails.depositAmount}로 지정했다. openFixedDeposit 메서드(예제 12-36 참조)에서 FixedDepositDetails 인스턴스를 fixedDepositDetails 이름의 모델 속성으로 추가했다. 따라서 ${requestScope.fixedDepositDetails.depositAmount} 식은 사용자가 depositAmount 필드에 원래 입력했던 값을 보여준다.

${requestScope['error.depositAmount']} 식은 error.depositAmount 요청 속성을 가리킨다. openFixedDeposit 메서드(예제 12-36 참조)에서 사용자가 입력한 정기 예금액에 대한 검증 오류 메시지가 error.depositAmount에 들어간다는 사실을 살펴봤다. 따라서 <c:out value= "${requestScope['error.depositAmount']}"/> 엘리먼트는 사용자가 입력한 정기 예금액에 대한 검증 오류 메시지를 보여준다.

이제 스프링 웹 MVC 애플리케이션에서 예외를 어떻게 처리하는지 살펴보자.

12.9 @ExceptionHandler 애너테이션으로 예외 처리하기

컨트롤러에서 던져진 예외를 처리하는 메서드는 @ExceptionHandler 애너테이션을 사용해 컨트롤러에서 식별할 수 있다. 스프링 HandlerExceptionResolver는 그 예외를 적절한 컨트롤러 메서드에 매핑하는 역할을 한다. 예외를 @Exception이 설정된 메서드로 매핑해주는 HandlerExceptionResolver 인스턴스(HandlerExceptionResolver 구현)를 설정할 때 스프링 <annotation-driven>엘리먼트를 사용한다.

다음 예제는 ch12-bankapp 프로젝트에서 @ExceptionHandler 애너테이션을 사용하는 방법을 나타낸 것이다.

예제 12-39 @ExceptionHandler 애너테이션 사용법

```
#프로젝트 - ch12-bankapp
#src/main/java/sample/spring/chapter12/web

package sample.spring.chapter12.web;
import org.springframework.web.bind.annotation.ExceptionHandler;
.....
@Controller
@RequestMapping(path = "/fixedDeposit")
public class FixedDepositController {
  .....
  @ExceptionHandler
  public String handleException(Exception ex) {
    return "error";
  }
}
```

이 예제는 @ExceptionHandler를 설정한 FixedDepositController의 handleException 메서드를 보여준다. 이는 스프링 웹 MVC가 FixedDepositController 컨트롤러를 실행하다 던져지는 예외를 처리하기 위해 handleException 메서드를 호출한다는 뜻이다. @ExceptionHandler를 설정한 메서드는 보통 예외 상황을 자세히 설명하는 오류 페이지를 표시한다. @ExceptionHandler의 value 속성은 @ExceptionHandler를 설정한 메서드가 처리할 예외 목록을 지정한다. value를 지정하지 않으면, 메서드 인수 타입에 해당하는 예외를 @ExceptionHandler를 설정한 메서드에서 처리한다. handleException 메서드는 이 예제에

서 java.lang.Exception 타입의 예외를 처리한다.

@RequestMapping 메서드와 마찬가지로 @ExceptionHandler 메서드의 시그니처도 유연하게 바꿀 수 있다. @ExceptionHandler 메서드의 반환 타입으로는 ModelAndView, View, String, void, Model 등을 사용할 수 있다. 또한 @ExceptionHandler 메서드의 인수 타입으로는 HttpServletRequest, HttpServletResponse, HttpSession 등을 사용할 수 있다. 지원하는 인수와 반환 타입의 목록을 모두 보려면 @ExceptionHandler 자바독을 찾아보자.

DispatcherServlet는 @ExceptionHandler를 설정한 메서드가 반환하는 뷰 정보를 사용해 적절한 오류 페이지를 표시한다. 예를 들어 [예제 12-39]에서 DispatcherServlet은 handleException이 반환하는 error 문자열값을 사용해 /WEB-INF/jsp/error.jsp 페이지를 표시한다. @ExceptionHandler 메서드가 뷰 정보를 반환하지 않으면(즉 반환 타입이 void 거나 Model이면) 스프링의 RequestToViewNameTranslator 클래스(자세한 내용은 13.2절 참조)를 사용해 표시할 뷰를 결정한다.

컨트롤러 클래스에서 다양한 예외 타입을 처리하기 위해 여러 @ExceptionHandler를 설정한 메서드를 사용할 수 있다. @ExceptionHandler 애너테이션의 value 속성을 사용해 메서드가 처리할 예외 타입을 지정할 수도 있다. 다음 예제는 IOException 및 FileNotFoundException 타입 예외를 처리하는 myExceptionHandler 메서드와 TimeoutException 타입 예외를 처리하는 myOtherExceptionHandler 메서드를 보여준다.

예제 12-40 @ExceptionHandler 애너테이션을 사용해 처리할 예외 타입 지정하기

```
@Controller
.....
public class MyController {
  .....
  @ExceptionHandler(value = {IOException.class, FileNotFoundException.class})
  public String myExceptionHandler() {
    return "someError";
  }

  @ExceptionHandler(value = TimeoutException.class)
  public String myOtherExceptionHandler() {
    return "otherError";
  }
}
```

MyController가 IOException이나 FileNotFoundException 타입의 예외를 던지면 (또는 IOException이나 FileNotFoundException의 하위 타입인 예외를 던지면), myExceptionHandler가 예외를 처리하도록 호출된다. MyController가 TimeoutException 타입의 예외(또는 TimeoutException의 하위 타입인 예외)를 던지면 myOtherException Handler 메서드가 예외를 처리하도록 호출된다.

이제 스프링 ContextLoaderListener가 루트 웹 애플리케이션 컨텍스트 XML 파일(들)을 어떻게 로드하는지 살펴보자.

12.10 루트 웹 애플리케이션 컨텍스트 XML 파일(들) 로드하기

이번 장을 시작하면서 말한 것처럼, 루트 웹 애플리케이션 컨텍스트 XML 파일은 웹 애플리케이션의 모든 서비스나 필터가 공유하는 빈을 정의한다. 다음 예제는 ContextLoaderListener 설정을 보여준다.

예제 12-41 ContextLoaderListener 설정

```
#프로젝트 - ch12-bankapp
#src/main/webapp/WEB-INF/web.xml

<context-param>
  <param-name>contextConfigLocation</param-name>
  <param-value>classpath*:/META-INF/spring/applicationContext.xml</param-value>
</context-param>

<listener>
  <listener-class>org.springframework.web.context.ContextLoaderListener</listener-class>
</listener>
```

이 예제에서 <listener> 엘리먼트는 contextConfigLocation 서블릿 컨텍스트 초기화 파라미터에 지정된 루트 웹 애플리케이션 컨텍스트 XML 파일(들)을 로드하는 ContextLoader Listener(ServletContextListener를 구현함)를 설정한다. <context-param> 엘리먼트는 contextConfigLocation 서블릿 컨텍스트 초기화 파라미터를 설정한다. Context LoaderListener는 루트 웹 애플리케이션 컨텍스트 XML 파일(들)로부터 로드된 빈들이 등

록된 루트 웹 WebApplicationContext 인스턴스를 생성한다.

이 예제에서 contextConfigLocation 파라미터는 /META-INF/spring/applicationContext.xml 파일을 루트 웹 애플리케이션 컨텍스트 XML 파일로 지정한다. 쉼표나 새 줄 문자, 공백, 세미콜론 등으로 구분해서 여러 애플리케이션 컨텍스트 XML 파일을 지정할 수도 있다. contextConfigLocation 파라미터를 지정하지 않으면 ContextLoaderListener는 /META-INF/applicationContext.xml 파일을 루트 웹 애플리케이션 컨텍스트 XML 파일로 취급한다.

12.11 요약

이번 장에서는 간단한 스프링 웹 MVC 애플리케이션에서 중요한 몇 가지 객체를 살펴봤다. 그리고 애너테이션을 설정한 컨트롤러를 만들기 위해 @Controller, @RequestMapping, @RequestParam, @ExceptionHandler 애너테이션을 사용하는 방법에 대해서도 살펴봤다. 다음 장에서는 스프링이 요청 파라미터를 폼을 지원하는 객체에 바인딩하고 검증을 수행하는 방법을 알아본다.

CHAPTER 13

스프링 웹 MVC를 활용한 검증과 데이터 바인딩

13.1 소개

앞 장에서는 `@Controller`, `@RequestMapping`, `@RequestParam` 애너테이션을 사용해 `MyBank` 웹 애플리케이션을 개발하는 방법을 살펴봤다. 요청에서 데이터를 얻고(예제 12-24, 예제 12-29, 예제 12-30 참조), 얻은 값을 **명시적으로** 폼 지원 객체(예제에서는 `FixedDepositDetails` 객체 사용)에 설정했다. 또한 컨트롤러 메서드 자체로 검증 로직을 작성했다(예제 12-36 참조).

이번 장에서는 다음과 같은 내용을 다룬다.

- 모델 속성을 다룰 때 유용한 @ModelAttribute와 @SessionAttributes 애너테이션
- 스프링 WebDataBinder로 폼 지원 객체에 데이터를 설정하거나 폼 지원 객체에서 데이터를 편하게 가져오는 방법
- 스프링 검증 API와 JSR 380의 제약 사항 애너테이션을 통해 폼 지원 객체를 검증하는 방법
- 스프링 폼 태그를 사용해 JSP 페이지를 쉽게 작성하는 방법

먼저 스프링 `Model` 객체에 모델 속성을 추가하거나 `Model` 객체에서 모델 속성을 얻을 때 사용하는 `@ModelAttribute` 애너테이션을 살펴보자.

13.2 @ModelAttribute 애너테이션을 사용해 모델 추가하고 가져오기

앞 장에서는 `@RequestMapping` 메서드가 모델 속성을 `hashMap`(또는 `ModelMap`) 인스턴스에 저장하고 `ModelAndView` 객체를 통해 반환하는 모습을 살펴봤다. `@RequestMapping` 메서드가 반환하는 모델 속성은 스프링의 `Model` 객체에 저장된다.

모델 속성은 폼 지원 객체를 표현하거나 **참조 데이터**reference data를 표현할 수 있다. 폼 지원 객체의 예로 MyBank 웹 애플리케이션의 `FixedDepositDetails` 객체를 들 수 있다. 새로운 정기 예금을 개설하기 위한 폼을 제출하면 폼 정보가 `FixedDepositDetails` 객체에 저장된다. 전형적인 경우, 애플리케이션의 도메인 객체나 엔티티를 폼 지원 객체로 사용한다. 참조 데이터는 뷰에 필요한 (폼 지원 객체가 아닌) 추가 정보를 가리킨다. 예를 들어 사용자 유형(군인, 노인 등)을 각 정기 예금에 추가한다면 새로운 정기 예금을 개설하기 위한 폼에도 이런 유형 목록을 표시하는 콤보 박스가 필요할 것이다. 이때 사용자 유형 목록은 새로운 정기 예금을 개설하기 위한 폼을 표시하기 위해 필요한 참조 데이터라 할 수 있다.

스프링의 `Model` 객체에 속성을 저장하고 싶을 때는 메서드에 `@ModelAttribute`를 설정하고, `Model` 객체에서 속성을 읽고 싶을 때는 메서드 인수에 `@ModelAttribute`를 설정한다. 메서드에 `@ModelAttribute`를 설정하면, 메서드는 하나 이상의 모델 속성을 `Model` 객체에 추가한다. 또한 메서드 인수에 `@ModelAttribute`를 설정하면, `Model` 객체에서 모델 속성을 읽어 메서드 인수에 대입한다.

IMPORT chapter 13/ch13-bankapp

이 프로젝트는 @ModelAttribute 애너테이션과 스프링 폼 태그 라이브러리를 사용하는 MyBank 웹 애플리케이션을 보여준다. ch12-bankapp과 ch13-bankapp 프로젝트가 제공하는 MyBank 웹 애플리케이션의 기능은 같다. 애플리케이션을 톰캣 서버에 배포하면 브라우저에서 http://localhost:8080/ch13-bankapp URL을 살펴보자. 시스템에서 정기 예금 목록을 볼 수 있을 것이다.

먼저 `@ModelAttribute` 애너테이션을 설정한 메서드부터 살펴보자.

13.2.1 메서드 수준 @ModelAttribute 애너테이션을 사용해 모델 속성 추가하기

다음 예제는 @ModelAttribute 애너테이션을 사용하는 FixedDepositController의 getNewFixedDepositDetails 메서드를 보여준다.

예제 13-1 메서드 수준의 @ModelAttribute 애너테이션 사용법

```
#프로젝트 - ch13-bankapp
#src/main/java/sample/spring/chapter13/web

package sample.spring.chapter13.web;
import org.springframework.web.bind.annotation.ModelAttribute;
import sample.spring.chapter13.domain.FixedDepositDetails;
.....
@Controller
@RequestMapping(path = "/fixedDeposit")
.....
public class FixedDepositController {
  private static Logger logger = LogManager.getLogger(FixedDepositController.class);
  .....
  @ModelAttribute(name = "newFixedDepositDetails")
  public FixedDepositDetails getNewFixedDepositDetails() {
    FixedDepositDetails fixedDepositDetails = new FixedDepositDetails();
    fixedDepositDetails.setEmail("You must enter a valid email");
    logger.info("getNewFixedDepositDetails() method: Returning a new instance of
       FixedDepositDetails");
    return fixedDepositDetails;
  }
  .....
}
```

getNewFixedDepositDetails 메서드는 새로운 FixedDepositDetails 객체 인스턴스를 만들어 반환한다. getNewFixedDepositDetails 메서드에 @ModelAttribute를 설정했으므로 반환받은 FixedDepositDetails 인스턴스가 Model 객체에 추가된다. @ModelAttribute의 name 속성(value의 별명임)은 반환받은 FixedDepositDetails 객체를 newFixedDepositDetails라는 이름으로 Model 객체에 저장한다. 여기서 getNewFixedDepositDetails 메서드는 getNewFixedDepositDetails() method: Returning a new instance of FixedDepositDetails 메시지를 로그에 남긴다.

> **NOTE_** 모델 속성의 스코프가 **요청**request 스코프라는 점에 유의하자. 이는 요청 처리가 끝나거나 요청을 **리다이렉션**하면 모델 속성이 사라진다.

이번 절 뒷 부분에서는 ch13-bankapp 프로젝트에서 스프링의 폼 태그 라이브러리를 사용해 Model 객체에 있는 newFixedDepositDetails라는 이름의 FixedDepositDetails 객체에 접근하는 createFixedDepositForm.jsp JSP 페이지를 볼 것이다(src/main/webapp/WEB-INF/jsp/createFixedDepositForm.jsp 참고).

@ModelAttribute의 name 속성을 지정하지 않으면 메서드가 반환하는 객체를 Model 객체에 저장할 때 객체 타입의 짧은 이름을 속성 이름으로 사용한다. 다음 예제에서 getSample 메서드가 반환하는 Sample 객체는 Model 객체에 sample이라는 이름으로 저장된다.

예제 13-2 @ModelAttribute 사용법 – name 속성을 지정하지 않음

```
import org.springframework.ui.Model;
.....
public class SampleController {

  @ModelAttribute
  public Sample getSample() {
    return new Sample();
  }
}
```

@ModelAttribute를 설정한 메서드는 @RequestMapping 메서드와 똑같은 타입의 인수를 받을 수 있다. 다음 예제는 @ModelAttribute를 설정한 메서드가 HttpServletRequest 타입의 인수를 받는 것을 보여준다.

예제 13-3 @ModelAttribute 설정한 메서드가 HttpServletRequest를 인수로 받음

```
@ModelAttribute(name = "myObject")
public SomeObject doSomething(HttpServletRequest request) { ..... }
```

12장에서는 @RequestParam 애너테이션을 사용해 @RequestMapping을 설정한 메서드에 요청 파라미터를 전달하는 방식을 살펴봤다. 다음 예제처럼 @RequestParam 애너테이션을 사용해 @ModelAttribute를 설정한 메서드에 요청 파라미터를 전달할 수도 있다.

예제 13-4 @ModelAttribute를 설정한 메서드에 요청 파라미터 전달하기

```
@ModelAttribute(name = "myObject")
public SomeObject doSomething(@RequestParam("someArg") String myarg) { ..... }
```

@RequestMapping과 @ModelAttribute를 설정한 메서드가 Model 객체를 인수로 받을 수 있으므로, @RequestMapping과 @ModelAttribute를 설정한 메서드 안에서 Model 객체에 직접 모델 속성을 추가할 수도 있다. 다음 예제에서는 @ModelAttribute를 설정한 메서드에서 직접 Model 객체에 모델 속성을 추가한다.

예제 13-5 Model 객체에 직접 모델 속성 추가하기

```
import org.springframework.ui.Model;
.....
public class SampleWebController {

  @ModelAttribute
  public void doSomething(Model model) {
    model.addAttribute("myobject", new MyObject());
    model.addAttribute("otherobject", new OtherObject());
  }
}
```

이 예제에서 doSomething 메서드는 인수로 Model 객체에 직접 모델 속성을 추가한다. doSomething 메서드가 Model 객체에 직접 모델 속성을 추가하므로, doSomething 메서드의 반환 타입은 void로 지정하고, @ModelAttribute의 name 속성은 지정하지 않는다.

한 메서드에 @RequestMapping과 @ModelAttribute를 동시에 설정할 수도 있다. 다음 예제는 @RequestMapping과 @ModelAttribute를 동시에 설정한 FixedDepositController의 listFixedDeposits 메서드다.

예제 13-6 @RequestMapping과 @ModelAttribute를 동시에 설정한 메서드

```
#프로젝트 - ch13-bankapp
#src/main/java/sample/spring/chapter13/web

package sample.spring.chapter13.web;
.....
```

```
@Controller
@RequestMapping(path = "/fixedDeposit")
.....
public class FixedDepositController {
  private static Logger logger = LogManager.getLogger(FixedDepositController.class);

  @RequestMapping(path = "/list", method = RequestMethod.GET)
  @ModelAttribute(name = "fdList")
  public List<FixedDepositDetails> listFixedDeposits() {
    logger.info("listFixedDeposits() method: Getting list of fixed deposits");
    return fixedDepositService.getFixedDeposits();
  }
  .....
}
```

listFixedDeposits 메서드는 시스템이 있는 정기 예금 목록을 보여주는 list.jsp JSP 페이지(ch13-bankapp 프로젝트의 src/main/webapp/WEB-INF/jsp/fixedDeposit/list.jsp 참조)를 표시한다. 메서드에 @RequestMapping과 @ModelAttribute를 동시에 설정하면 메서드의 반환 타입을 모델 속성으로 해석하며 뷰 이름으로 해석하지는 않는다. 이런 경우 들어온 요청의 요청 URI를 바탕으로 표시할 뷰를 결정하는 스프링 RequestToViewNameTranslator 클래스가 뷰 이름을 결정한다. 이번 장 뒤에서 RequestToViewNameTranslator에 대해 자세히 살펴본다. [예제 13-6]의 listFixedDeposits 메서드는 listFixedDeposits() method: Getting list of fixed deposits라는 로그를 출력한다.

하나의 컨트롤러 안에 @ModelAttribute를 설정한 메서드가 여럿 있을 수도 있다는 점을 기억하자. @RequestMapping을 설정한 메서드에 요청을 전달하기 전에, @ModelAttribute를 설정한 모든 메서드가 호출된다. 다음 예제에는 @RequestMapping과 @ModelAttribute를 설정한 메서드를 정의한 컨트롤러가 나온다.

예제 13-7 @RequestMapping 메서드는 모든 @ModelAttribute 메서드가 호출된 후에 호출된다

```
@RequestMapping("/mycontroller")
public class MyController {

  @RequestMapping("/perform")
  public String perform() { ..... }

  @ModelAttribute(name = "a")
```

```
  public A getA() { ..... }

  @ModelAttribute(name = "b")
  public B getB() { ..... }
}
```

이 예제에서 MyController의 perform 메서드로 요청이 전달되는 경우, 스프링 웹 MVC는 먼저 getA와 getB 메서드를 호출하고, 그 다음에 perform 메서드를 호출한다.

@RequestMapping과 @ModelAttribute를 동시에 설정한 메서드는 요청을 처리할 때 **단 한 번**만 호출된다. 다음 예제에는 @RequestMapping과 @ModelAttribute를 동시에 설정한 메서드를 정의한 컨트롤러가 나온다.

예제 13-8 @RequestMapping과 @ModelAttribute를 동시에 설정한 메서드는 요청을 처리할 때 단 한 번만 호출된다

```
@RequestMapping("/mycontroller")
public class MyController {

  @RequestMapping("/perform")
  @ModelAttribute
  public String perform() { ..... }

  @ModelAttribute(name = "a")
  public A getA() { ..... }

  @ModelAttribute(name = "b")
  public B getB() { ..... }
}
```

이 예제에서 MyController의 perform 메서드로 요청이 전달되는 경우, 스프링 웹 MVC는 먼저 getA와 getB 메서드를 호출하고, 그 다음에 perform 메서드를 호출한다. perform 메서드에 @RequestMapping과 @ModelAttribute를 동시에 설정했으므로, 스프링 RequestToViewNameTranslator 클래스는 perform 메서드가 실행된 다음에 표시할 뷰 이름을 결정한다.

ch13-bankapp 프로젝트를 톰캣에 배포한 후 브라우저에서 URL(http://localhost:8080/ch13-bankapp/fixedDeposit/list)을 열면, 정기 예금 목록을 보여주는 웹 페이지를 볼 수 있다. 그리고 (톰캣) 콘솔에서는 다음과 같은 메시지를 볼 수 있다.

```
INFO sample.spring.chapter13.web.FixedDepositController - getNewFixedDepositDetails()
method: Returning a new instance of FixedDepositDetails
INFO sample.spring.chapter13.web.FixedDepositController - listFixedDeposits() method:
Getting list of fixed deposits
```

이 출력은 getNewFixedDepositDetails 메서드(@ModelAttribute를 설정한 메서드)가 먼저 호출되고 listFixedDeposits가(@RequestMapping과 @ModelAttribute를 동시에 설정한 메서드) 나중에 호출됐음을 나타낸다.

이제 메서드 인수에 @ModelAttribute를 설정해서 Model 객체에 저장된 모델 속성을 읽는 방법을 살펴보자.

13.2.2 @ModelAttribute 애너테이션을 사용해 모델 속성 읽기

@RequestMapping을 설정한 메서드의 인수에 @ModelAttribute 애너테이션을 적용하면 Model 객체로부터 모델 속성을 얻을 수 있다.

다음 예제는 @ModelAttribute 애너테이션을 사용해 Model 객체에서 newFixedDepositDetails 객체를 가져오는 FixedDepositController의 openFixedDeposit 메서드다.

예제 13-9 @ModelAttribute 애너테이션을 메서드 인수에 적용하기

```
#프로젝트 - ch13-bankapp
#src/main/java/sample/spring/chapter13/web

package sample.spring.chapter13.web;
.....
@Controller
@RequestMapping(path = "/fixedDeposit")
.....
public class FixedDepositController {
  .....
  @ModelAttribute(name = "newFixedDepositDetails")
  public FixedDepositDetails getNewFixedDepositDetails() {
    .....
    logger.info("getNewFixedDepositDetails() method: Returning a new instance of
        FixedDepositDetails");
```

```
    .....
  }
  .....
  @RequestMapping(params = "fdAction=create", method = RequestMethod.POST)
  public String openFixedDeposit(
      @ModelAttribute(name = "newFixedDepositDetails")
          FixedDepositDetails fixedDepositDetails,.....) {
    .....
    fixedDepositService.saveFixedDeposit(fixedDepositDetails);
    logger.info("openFixedDeposit() method: Fixed deposit details successfully saved.
          Redirecting to show the list of fixed deposits.");
    .....
  }
  .....
}
```

이 예제에서 @ModelAttribute를 설정한 getNewFixedDepositDetails 메서드는 @RequestMapping을 설정한 openFixedDeposit 메서드보다 먼저 호출된다. getNewFixedDepositDetails 메서드 호출이 반환하는 FixedDepositDetails 인스턴스는 newFixedDepositDetails라는 이름으로 Model 객체에 저장된다. 이제 openFixedDeposit 메서드 인수인 fixedDepositDetails에 @ModelAttribute(name="newFixedDepositDetails")라는 애너테이션을 설정했으므로, Model 객체에서 얻은 newFixedDepositDetails 객체가 fixedDepositDetails 인수에 대입된다.

여기서 FixedDepositController의 openFixedDeposit 메서드를 보면 만기, 정기 예금액, 전자우편 필드를 요청에서 얻어 newFixedDepositDetails 인스턴스에 채워 넣는 로직을 작성하지 않았다는 것을 알 수 있다. openFixedDeposit 메서드나 이 메서드를 작성하는 사용자에게는 보이지 않지만(이를 투명하다고 말한다), 스프링 WebDataBinder 객체(이번 장 뒤쪽에서 설명)가 요청에서 요청 파라미터를 가져와 newFixedDepositDetails 인스턴스의 (이름이 요청 파라미터와 일치하는) 필드에 넣어준다. 예를 들어 WebDataBinder가 tenure라는 이름의 요청 파라미터를 찾으면 newFixedDepositDetails 인스턴스의 tenure 필드에 요청 파라미터의 tenure값을 넣어준다.

[그림 13-1]은 요청이 FixedDepositController의 openFixedDeposit 메서드로 전달될 때 스프링에서 벌어지는 동작 순서다. [그림 13-1]에서 스프링 웹 MVC의 RequestMappingHandlerAdapter 객체가 컨트롤러에 있는 @RequestMapping과 @ModelAttribute를

설정한 메서드를 호출한다. 처음에 getNewFixedDepositDetails 메서드가 호출되고 이 메서드가 반환한 FixedDepositDetails 인스턴스를 newFixedDepositDetails라는 이름으로 Model 객체에 저장한다. 그 후, newFixedDepositDetails 인스턴스를 Model에서 가져와서 openFixedDeposit 메서드의 인수로 전달한다.

그림 13-1 @ModelAttribute와 @RequestMapping을 설정한 메서드가 호출되는 순서

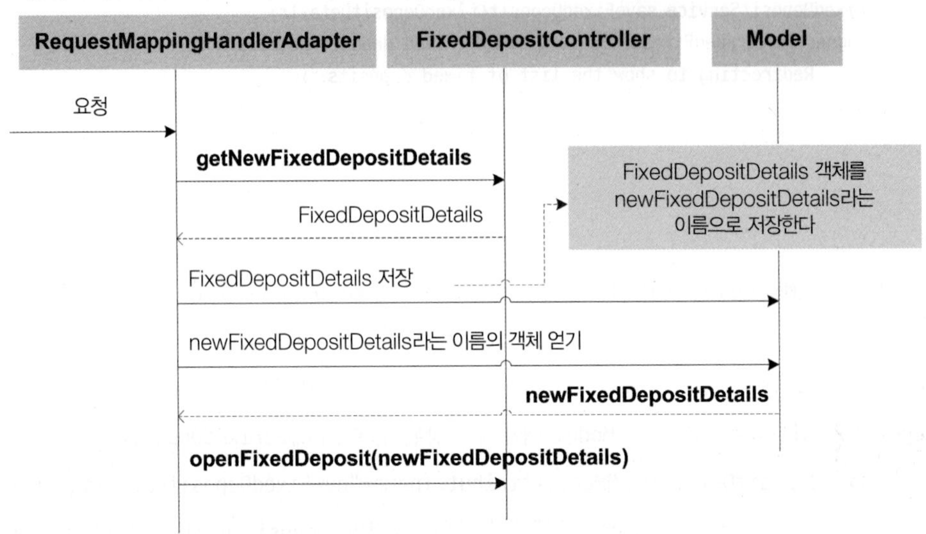

이제는 요청을 처리하는 과정에서 어느 시점에 @ModelAttribute를 설정한 메서드를 호출하는지 살펴보자.

13.2.3 요청 처리와 @ModelAttribute를 설정한 메서드

[예제 13-6]에서는 listFixedDeposits 메서드가 다음 메시지를 로그에 남겼다.

```
listFixedDeposits() method: Getting list of fixed deposits
```

[예제 13-9]에서는 getNewFixedDepositDetails 메서드가 다음 메시지를 로그에 남겼다.

```
getNewFixedDepositDetails() method: Returning a new instance of FixedDepositDetails
```

그리고 openFixedDeposit 메서드는 다음 메시지를 로그에 남겼다.

```
openFixedDeposit() method: Fixed deposit details successfully saved. Redirecting to
show the list of fixed deposits
```

listFixedDeposits, getNewFixedDepositDetails, openFixedDeposit 메서드가 호출되는 순서를 살펴보려면 ch13-bankapp 프로젝트를 배포한 후 다음 단계를 따라 실행한다.

1. http://localhost:8080/ch13-bankapp/fixedDeposit/list URL에 접속한다. 시스템에 있는 정기 예금 목록과 'Create new Fixed Deposit'이라는 버튼을 볼 수 있다(그림 12-8 참조).
2. 'Create new Fixed Deposit' 버튼을 클릭한다. 새로운 정기 예금을 개설하기 위한 HTML 폼이 표시된다 (12장 그림 12-9 참조).
3. 정기 예금액을 입력하고 'Save' 버튼을 클릭한다. 입력한 데이터에 검증 오류가 없다면 정기 예금 정보가 성공적으로 저장되고 시스템의 정기 예금 목록이 다시 표시된다(이때 새로 만든 정기 예금도 목록에 표시됨).

다음 표는 여러분이 수행한 동작과 그에 따라 MyBank 애플리케이션이 콘솔에 출력한 메시지를 정리한 것이다.

동작	콘솔 출력 메시지
http://localhost:8080/ch13-bankapp/fixedDeposit/list URL 열기	**getNewFixedDepositDetails() method:** Returning a new instance of FixedDepositDetails listFixedDeposits() method: Getting list of fixed deposits
'Create new Fixed Deposit' 버튼 클릭하기	**getNewFixedDepositDetails() method:** Returning a new instance of FixedDepositDetails showOpenFixed DepositForm() method: Showing form for opening a new fixed deposit
정기 예금액을 입력하고 'Save' 버튼 클릭하기	**getNewFixedDepositDetails() method:** Returning a new instance of FixedDepositDetails openFixedDeposit() method: Fixed deposit details successfully saved. Redirecting to show the list of fixed deposits. getNewFixedDepositDetails() method: Returning a new instance of FixedDepositDetails listFixedDeposits() method: Getting list of fixed deposits

이 표는 FixedDepositController 클래스에서 @RequestMapping을 설정한 모든 메서드가 호출되기 전에 @ModelAttribute를 설정한 getNewFixedDepositDetails 메서드가 호출된다는 것을 보여준다. getNewFixedDepositDetails 메서드가 새 FixedDepositDetails 객체 인스턴스를 만들기 때문에, FixedDepositController가 요청을 처리할 때마다 새로운 FixedDepositDetails 객체가 만들어진다.

@ModelAttribute를 설정한 메서드가 자신이 반환할 모델 속성을 채워 넣기 위해 SQL 질의를 호출하거나 외부 웹 서비스를 호출한다면, 여러 @ModelAttribute 메서드가 경쟁적으로 실행되면서 성능에 악영향을 끼칠 수 있다. 이번 장 뒷부분에서 @SessionAttributes 애너테이션을 사용해 @ModelAttribute를 설정한 메서드를 여러 번 호출하지 못하게 막는 방법을 살펴본다. @SessionAttributes 애너테이션은 @ModelAttribute를 설정한 메서드가 반환하는 객체를 캐시하라고 스프링에 지시한다.

이제 @ModelAttribute를 설정한 메서드 인수가 참조하는 모델 속성을 Model 객체에서 찾지 못한 경우 어떤 일이 벌어지는지 살펴보자.

13.2.4 @ModelAttribute를 설정한 메서드 인수의 동작

앞에서 메서드 인수에 @ModelAttribute를 설정하면 Model 객체에서 모델 속성을 얻을 수 있었다. @ModelAttribute 애너테이션으로 지정한 모델 속성을 Model 객체에서 찾을 수 없으면, 스프링이 자동으로 메서드 인수 타입에 맞는 새로운 인스턴스를 만들어서 메서드 인수에 대입하고 Model 객체에 넣어준다. 스프링이 메서드 인수 타입에 맞는 인스턴스를 생성하려면 메서드 인수 타입에 해당하는 자바 클래스에는 반드시 인수가 없는 생성자가 있어야 한다.

@RequestMapping 메서드가 doSomething 하나만 있는 SomeController 컨트롤러를 생각해보자.

예제 13-10 @ModelAttribute 인수가 Model 객체에 없는 경우

```
@Controller
@RequestMapping(path = "/some")
public class SomeController {
  .....
  @RequestMapping("/do")
```

```
  public void doSomething(@ModelAttribute("myObj") MyObject myObject) {
    logger.info(myObject);
    .....
  }
}
```

이 예제는 Model에 MyObject 타입의 myObj라는 객체를 추가하는 @ModelAttribute를 설정한 메서드가 SomeController 클래스에 없다는 사실을 보여준다. 이로 인해 doSomething 메서드가 요청을 받으면 스프링은 MyObject 인스턴스를 생성하고 이를 myObject 인수에 대입하며, 이렇게 새로 만든 MyObject 인스턴스를 Model 객체에 넣어준다.

이제 스프링의 RequestToViewNameTranslator 객체에 대해 살펴보자.

13.2.5 RequestToViewNameTranslator

RequestToViewNameTranslator는 @RequestMapping을 설정한 메서드가 표시할 뷰를 명시적으로 지정하지 않은 경우 어떤 뷰를 표시할지 결정한다.

앞에서 @RequestMapping을 설정한 메서드에 @ModelAttribute를 설정한 경우에는 메서드가 반환하는 값을 모델 속성으로 취급했다. 이 경우 RequestToViewNameTranslator 객체가 들어오는 요청에 따라 어떤 뷰를 표시할지 결정한다. 이와 비슷하게 @RequestMapping 메서드의 반환 타입이 void, org.springframework.ui.Model, java.util.Map인 경우에도 RequestToViewNameTranslator 객체가 어떤 뷰를 표시할지 결정한다.

DefaultRequestToViewNameTranslator는 RequestToViewNameTranslator를 구현한 객체다. DispatcherServlet는 @RequestMapping 메서드가 뷰를 명시적으로 반환하지 않은 경우 디폴트로 DefaultRequestToViewNameTranslator를 사용해 뷰를 결정한다. DefaultRequestToViewNameTranslator는 요청 URI를 사용해 표시할 논리적 뷰 이름을 결정한다. DefaultRequestToViewNameTranslator는 URI의 파일 이름 부분 앞의 /와 뒤의 /를 제거하고, 확장자를 제거해 뷰 이름을 정한다. 예를 들어 URL이 http://localhost:8080/doSomething.htm이면 뷰 이름은 doSomething이다.

MyBank 웹 애플리케이션의 경우 FixedDepositController의 listFixedDeposits 메서드(ch13-bankapp 프로젝트의 FixedDepositController.java 파일이나 예제

13-6 참조)에는 @RequestMapping과 @ModelAttribute를 동시에 설정한다. 따라서 DispatcherServlet은 RequestToViewNameTranslator를 사용해 표시할 뷰를 결정한다. listFixedDeposits 메서드가 /fixedDeposit/list라는 요청 URI에 매핑되어 있으므로, RequestToViewNameTranslator는 fixedDeposit/list를 뷰 이름으로 돌려준다. MyBank 웹 애플리케이션의 웹 애플리케이션 컨텍스트 XML 파일(ch13-bankapp 프로젝트의 bankapp-config.xml 참조)에 설정된 ViewResolver는 fixedDeposit/list라는 뷰 이름을 /WEBINF/jsp/fixedDeposit/list.jsp JSP 뷰로 매핑한다.

이제 @SessionAttributes 애너테이션에 대해 살펴보자.

13.3 @SessionAttribute 애너테이션을 사용해 모델 속성 캐싱하기

앞 절에서 @RequestMapping을 설정한 메서드를 호출하기 전에 컨트롤러의 @ModelAttribute를 설정한 모든 메서드가 호출된다고 설명했다. 이런 동작 방식은 @ModelAttribute 메서드들이 데이터를 데이터베이스나 외부 웹 서비스에서 얻어 모델 속성을 채워 넣는 경우 적당하지 않다. 데이터베이스나 외부 웹 서비스에서 데이터를 가져와 데이터 속성을 채워 넣는 경우에는 컨트롤러에 @SessionAttribute를 설정해서 모델 속성을 요청과 요청 사이에 유지되는 HttpSession에 저장하라고 지정할 수 있다.

@SessionAttribute 애너테이션을 사용하면 @ModelAttribute를 설정한 모델 속성을 HttpSession 세션에서 찾을 수 없을 때만 @ModelAttribute를 설정한 메서드를 호출한다. 그리고 메서드 인수에 @ModelAttribute를 설정한 경우에도 HttpSession에서 해당 모델 속성을 찾을 수 없을 때만 새로운 모델 속성 인스턴스를 생성한다.

IMPORT chapter 13/ch13-session-attributes

이 프로젝트는 ch13-bankapp 프로젝트에 @SessionAttribute 애너테이션을 사용하여 모델 속성을 임시로 HttpSession에 저장하도록 바꾼 버전이다. ch12-bankapp과 ch13-session-attributes 프로젝트가 제공하는 MyBank 웹 애플리케이션의 기능은 같다. 애플리케이션을 톰캣 서버에 배포한 후 브라우저에서 URL(http://localhost:8080/ch13-session-attributes)을 살펴보자. 시스템에 있는 정기 예금 목록을 볼 수 있을 것이다.

다음 예제에서는 ch13-session-attributes 프로젝트에서 @SessionAttribute 애너테이션을 사용해 newFixedDepositDetails와 editableFixedDepositDetails 모델 속성을 HttpSession에 임시로 저장한다.

예제 13-11 @SessionAttributes 애너테이션 사용법

```
#프로젝트 - ch13-session-attributes
#src/main/java/sample/spring/chapter13/web

package sample.spring.chapter13.web;
import org.springframework.web.bind.annotation.SessionAttributes;
.....
@SessionAttributes(names = { "newFixedDepositDetails", "editableFixedDepositDetails" })
public class FixedDepositController {
  .....
  @ModelAttribute(name = "newFixedDepositDetails")
  public FixedDepositDetails getNewFixedDepositDetails() {
    FixedDepositDetails fixedDepositDetails = new FixedDepositDetails();
    fixedDepositDetails.setEmail("You must enter a valid email");
    return fixedDepositDetails;
  }
  .....
  @RequestMapping(params = "fdAction=create", method = RequestMethod.POST)
  public String openFixedDeposit(
      @ModelAttribute(name = "newFixedDepositDetails")
      FixedDepositDetails fixedDepositDetails,.....) { ..... }
  .....
  @RequestMapping(params = "fdAction=view", method = RequestMethod.GET)
  public ModelAndView viewFixedDepositDetails(
      @RequestParam(name = "fixedDepositId") int fixedDepositId) {
    FixedDepositDetails fixedDepositDetails = fixedDepositService
        .getFixedDeposit(fixedDepositId);
    Map<String, Object> modelMap = new HashMap<String, Object>();
    modelMap.put("editableFixedDepositDetails", fixedDepositDetails);
    .....
    return new ModelAndView("editFixedDepositForm", modelMap);
  }
}
```

@SessionAttribute 애너테이션의 name 속성(value의 별명)은 임시로 HttpSession에 저장할 모델 속성의 이름을 지정한다. 이 예제에서는 newFixedDepositDetails와 editable

FixedDepositDetails라는 이름의 모델 속성을 요청과 요청 사이에 HttpSession에 저장한다. @ModelAttribute를 설정한 getNewFixedDepositDetails 메서드가 newFixedDepositDetails 모델 속성을 반환하고, @RequestMapping을 설정한 viewFixedDepositDetails 메서드가 editableFixedDepositDetails 모델 속성을 반환한다.

컨트롤러는 @ModelAttribute나 @RequestMapping을 설정한 메서드를 통해 모델 속성을 제공하거나 직접 Model 객체에 모델 속성을 추가함으로써 모델 속성을 제공할 수 있다. 이 모든 방식으로 제공되는 모델 속성이 @SessionAttribute 애너테이션을 통해 HttpSession에 저장될 모델 속성의 후보가 될 수 있다.

@SessionAttribute 애너테이션을 사용할 때는 더 이상 필요 없어진 모델 속성을 HttpSession에서 반드시 제거해야 한다. 예를 들어 'Open fixed deposit' 폼에서 Email 필드의 디폴트값으로 'You must enter a valid email'값을 표시(예제 13-11의 getNewFixedDepositDetails 메서드 참조)하는 경우를 생각해보자. 디폴트 메시지가 들어 있는 FixedDepositDetails 인스턴스를 표현하기 위해 newFixedDepositDetails라는 모델 속성을 사용한다. 또, 사용자가 'Open fixed deposit' 폼에서 'Save' 버튼을 클릭하면 사용자가 입력한 정기 예금 정보를 newFixedDepositDetails 인스턴스에 설정한다(예제 13-11의 openFixedDeposit 메서드 참조). 정기 예금을 만드는 데 성공하고 나면 인스턴스는 더 이상 필요 없다. 따라서 HttpSession 세션에서 newFixedDepositDetails 인스턴스를 반드시 제거해야 한다. 이와 비슷하게 정기 예금 정보를 바꾸는 데 성공한 다음에는 editableFixedDepositDetails 모델 속성이 더 이상 필요하지 않다.

HttpSession에 저장된 모든 모델 속성을 제거할 때는 스프링 SessionStatus 객체의 setComplete 메서드를 호출한다. 다음 예제는 정기 예금 정보를 만들거나 변경하는 데 성공한 다음에 SessionStatus 객체의 setComplete 메서드를 호출하는 FixedDepositController의 openFixedDeposit과 editFixedDeposit 메서드를 보여준다.

예제 13-12 SessionStatus 객체를 사용해 HttpSession에 있는 모델 속성 제거하기

```
#프로젝트 - ch13-session-attributes
#src/main/java/sample/spring/chapter13/web

package sample.spring.chapter13.web;
import org.springframework.web.bind.support.SessionStatus;
```

```
.....
@SessionAttributes(names = { "newFixedDepositDetails", "editableFixedDepositDetails" })
public class FixedDepositController {
  .....
  @RequestMapping(params = "fdAction=create", method = RequestMethod.POST)
  public String openFixedDeposit(
      @ModelAttribute(name = "newFixedDepositDetails")
      FixedDepositDetails fixedDepositDetails,....., SessionStatus sessionStatus) {
    fixedDepositService.saveFixedDeposit(fixedDepositDetails);
    sessionStatus.setComplete();
  }

  @RequestMapping(params = "fdAction=edit", method = RequestMethod.POST)
  public String editFixedDeposit(
      @ModelAttribute("editableFixedDepositDetails")
      FixedDepositDetails fixedDepositDetails,....., SessionStatus sessionStatus) {
    fixedDepositService.editFixedDeposit(fixedDepositDetails);
    sessionStatus.setComplete();
    .....
  }
  .....
}
```

이 예제의 openFixedDeposit과 editFixedDeposit 메서드는 모두 SessionStatus라는 타입의 인수를 받는다. @RequestMapping을 설정한 메서드가 SessionStatus 타입의 인수를 지정하면 스프링은 SessionStatus 인스턴스를 메서드에 제공한다. setComplete 메서드 호출은 스프링에 현재 컨트롤러의 모델 속성을 HttpSession 객체에서 제공하라고 지시한다.

[예제 13-11과 예제 13-12]에서는 @SessionAttribute의 names 속성을 사용해 HttpSession에 임시 저장할 모델 속성 이름을 설정했다. 모델 속성 중 일부 타입만 HttpSession에 저장하고 싶다면 @SessionAttribute의 types 속성을 사용한다. 예를 들어 다음 @SessionAttribute 애너테이션은 x와 y라는 이름의 속성과 모든 MyObject 타입의 모델 속성을 HttpSession에 임시 저장하라고 지정한다.

```
@SessionAttributes(value = { "x", "y" }, types = { MyObject.class })
```

ch13-session-attributes 프로젝트를 배포하고 다음 표에 적힌 순서대로 동작을 실행하면 listFixedDeposits, getNewFixedDepositDetails, openFixedDeposit 메서드가 호출되는 순서를 볼 수 있다.

동작	콘솔 메시지
http://localhost:8080/ch13-session-attributes/fixedDeposit/list URL 열기	**getNewFixedDepositDetails() method:** Returning a new instance of FixedDepositDetails listFixedDeposits() method: Getting list of fixed deposits
'Create new Fixed Deposit' 버튼 클릭	**showOpenFixedDepositForm() method:** Showing form for opening a new fixed deposit
정기 예금 정보 입력 후 'Save' 버튼 클릭	**openFixedDeposit() method:** Fixed deposit details successfully saved. Redirecting to show the list of fixed deposits. newFixedDeposit Details method: Returning a new instance of FixedDepositDetails listFixedDeposits() method: Getting list of fixed deposits

`ch13-session-attributes` 프로젝트에서 `FixedDepositController`에 요청이 전달될 때마다 `@ModelAttribute`를 설정한 `FixedDepositController`의 `getNewFixedDepositDetails` 메서드가 호출된다. 이 표는 `FixedDepositController`가 요청을 최초로 처리할 때 `getNewFixedDepositDetails` 메서드가 호출되는 것을 보여준다. `openFixedDeposit` 메서드가 `HttpSession`에 저장된 모델 속성을 제거하므로 `listFixedDeposits` 메서드 요청은 `getNewFixedDepositDetails` 메서드를 한 번 더 호출하게 된다.

이제 `@ModelAttribute`와 `@SessionAttribute` 애너테이션을 사용하는 방법을 배웠으므로 스프링 웹 MVC 애플리케이션에서 데이터 바인딩data binding을 어떻게 수행하는지 살펴보자.

13.4 스프링의 데이터 바인딩 지원

폼을 스프링 웹 MVC 애플리케이션에서 제출하면 요청에 들어 있는 요청 파라미터에 폼 기반 객체로 사용 중인 모델 속성이 자동으로 설정된다. 이런 식으로 폼 지원 객체를 요청의 요청 파라미터로 자동 설정하는 처리 과정을 데이터 바인딩이라고 부른다. 이번 절에서는 폼 지원 객체와 요청 파라미터를 연결(bind)해주는 스프링 `WebDataBinder` 인스턴스를 살펴본다.

IMPORT chapter 13/ch13-data-binding

이 프로젝트는 스프링 컨테이너에 PropertyEditor 구현을 등록하는 방법이 나타나도록 ch13-session-attributes 프로젝트를 수정한 버전이다. 애플리케이션을 톰캣 서버에 배포한 후 브라우저에서 URL(http://localhost:8080/ch13-data-binding)을 살펴보자. 시스템에 있는 정기 예금 목록을 볼 수 있을 것이다.

다음 예제는 ch13-data-binding 프로젝트의 FixedDepositDetails 클래스다.

예제 13-13 FixedDepositDetails 클래스

```
#프로젝트 - ch13-data-binding
#src/main/java/sample/spring/chapter13/web

package sample.spring.chapter13.domain;
import java.util.Date;

public class FixedDepositDetails {
  .....
  private long depositAmount;
  private Date maturityDate;
  .....
  public void setDepositAmount(long depositAmount) {
    this.depositAmount = depositAmount;
  }
  public void setMaturityDate(Date maturityDate) {
    this.maturityDate = maturityDate;
  }
  .....
}
```

이 예제는 depositAmount와 maturityDate 필드의 타입이 순서대로 long과 java.util.Date임을 나타낸다. ch13-data-binding 프로젝트의 'Open fixed deposit' 폼이 제출될 때 depositAmount와 maturityDate 필드값이 설정된다. 다음 그림은 새로운 정기 예금을 개설할 때 사용하는 ch13-data-binding 프로젝트의 'Open fixed deposit' 폼이다.

그림 13-2 새 정기 예금 개설 시 사용하는 'Open fixed deposit' 폼

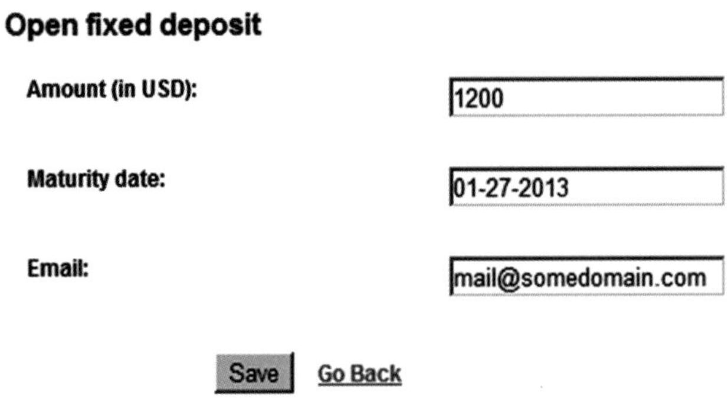

Open fixed deposit

Amount (in USD):	1200
Maturity date:	01-27-2013
Email:	mail@somedomain.com

Save Go Back

이 그림에서 'Amount(in USD)'와 'Maturity date' 폼 필드는 FixedDepositDetails 클래스의 depositAmount와 maturityDate에 대응한다(예제 13-13 참조). 여기서 'Maturity date' 폼 필드가 01-27-2013처럼 MM-dd-yyyy 형식의 날짜를 받는다는 점이 중요하다. depositAmount 필드 타입이 long이고, maturityDate 필드 타입이 java.util.Date이므로 스프링 데이터 바인딩 메커니즘이 (폼 입력 필드에 받은 문자열을 표현하는) String에서 FixedDepositDetails에 정의된 각 필드 타입으로 변환을 책임져야 한다.

다음 예제는 사용자가 'Open fixed deposit' 폼을 채워 넣고 'Save' 버튼(그림 13-2 참조)을 클릭하면 호출되는 FixedDepositController의 openFixedDeposit 메서드를 보여준다.

예제 13-14 FixedDepositController – 자동 데이터 바인딩 예제

```
#프로젝트 - ch13-data-binding
#src/main/java/sample/spring/chapter13/web

package sample.spring.chapter13.web;
@Controller
.....
public class FixedDepositController {
  .....
  @RequestMapping(params = "fdAction=create", method = RequestMethod.POST)
  public String openFixedDeposit(
      @ModelAttribute(name = "newFixedDepositDetails")
        FixedDepositDetails fixedDepositDetails, BindingResult bindingResult,
        SessionStatus sessionStatus) {
    .....
```

```
    }
    .....
  }
```

이 예제에서 @ModelAttribute를 설정한 FixedDepositDetails의 인수는 'Open fixed deposit' 폼을 제출할 때 요청 파라미터에 설정되는 폼 지원 객체를 표현한다. 스프링 WebDataBinder 인스턴스는 요청 파라미터를 FixedDepositDetails 인스턴스에 연결한다.

이제 WebDataBinder가 데이터 바인딩을 어떻게 수행하는지 살펴보자.

13.4.1 WebDataBinder – 웹 요청 파라미터의 데이터 바인더

WebDataBinder는 폼 지원 객체에서 적절한 자바빈 스타일 세터 메서드를 찾기 위해 요청 파라미터 이름을 사용한다. WebDataBinder는 찾은 자바빈 스타일 세터 메서드를 호출하면서 요청 파라미터값을 세터 메서드의 인수로 전달한다. 세터 메서드가 String이 아닌 타입을 받는 메서드로 정의된 경우에는 WebDataBinder가 적절한 PropertyEditor를 호출해서 타입 변환을 수행한다.

다음 예제는 애플리케이션의 폼 지원 객체로 사용되는 MyObject 클래스다.

예제 13-15 MyObject 클래스 – 폼 지원 객체

```
public class MyObject {
  private String x;
  private N y;
  .....
    public void setX(String x) {
       this.x = x;
    }
    public void setY(N y) {
       this.y = y;
    }
}
```

이 예제에서는 MyObject 클래스 안에 String 타입의 x와 N 타입의 y 프로퍼티를 정의한다.

다음 그림은 WebDataBinder가 x와 y의 요청 파라미터를 어떻게 MyObject 인스턴스의 프로퍼

티에 연결하는지 보여준다.

그림 13-3 WebDataBinder는 등록된 PropertyEditors를 사용해 타입 변환을 수행함으로써 데이터 바인딩을 수행한다

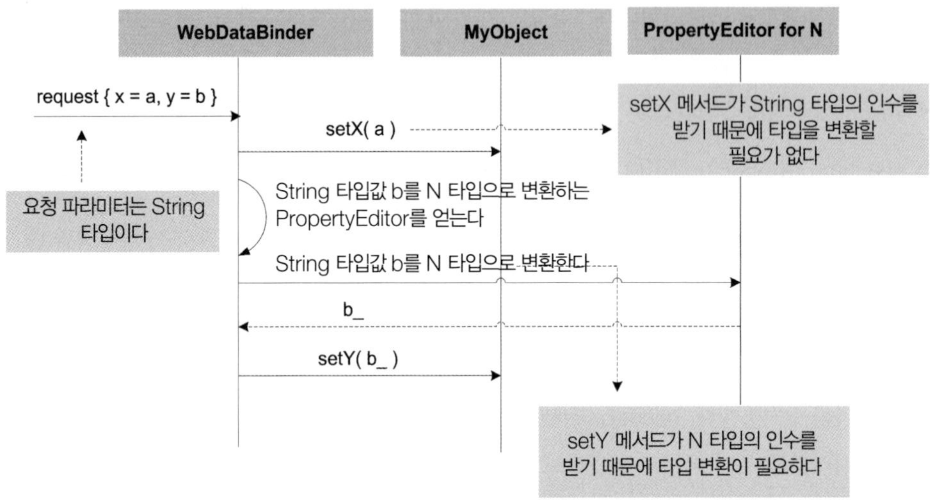

이 그림은 WebDataBinder가 MyObject의 setY 메서드를 호출하기 전에 PropertyEditors를 사용해 String값 b를 N 타입으로 변환하는 것을 보여준다.

스프링은 WebDataBinder가 String 타입의 요청 파라미터값을 폼 지원 객체에 정의된 타입으로 변환할 때 사용할 수 있는 여러 내장 PropertyEditors 구현을 제공한다. 예를 들어 스프링이 기본 제공하는 프로퍼티 에디터로 CustomNumberEditor,FileEditor,CustomDateEditor가 있다. 스프링 내장 PropertyEditors의 전체 목록을 보고 싶으면 org.springframework.beans.propertyeditors 패키지를 살펴보자.

String값을 Integer, Long, Double 등의 java.lang.Number 타입값으로 바꿀 때 CustomNumberEditor를 사용한다. String 타입값을 java.util.Date 타입으로 변환할 때 CustomDateEditor를 사용한다. java.text.DateFormat 인스턴스를 CustomDateEditor에 넘겨서 구문 분석과 날짜 문자열 생성에 사용할 날짜 형식을 지정할 수도 있다. ch13-data-binding에서는 요청 파라미터값을 depositAmount(long 타입)와 maturityDate(java.util.Date 타입)로 변환해야 하기 때문에, 두 PropertyEditor를 모두 사용한다. WebDataBinder에는 CustomNumberEditor가 미리 등록pre-registered되어 있지만, CustomDateEditor는 직접 등록해

야 한다.

이제 WebDataBinder 인스턴스를 설정하는 방법과 PropertyEditor 구현을 WebDataBinder에 등록하는 방법을 살펴보자.

13.4.2 WebDataBinder 인스턴스 설정하기

WebDataBinder 인스턴스를 다음과 같은 방식으로 설정할 수 있다.

- @InitBinder를 설정한 메서드를 컨트롤러 클래스에 정의한다
- WebBindingInitializer 구현을 웹 애플리케이션 컨텍스트 XML 파일에 설정한다
- @ControllerAdvice를 설정한 클래스 안에 @InitBinder를 설정한 메서드를 선언한다

방금 이야기한 각각의 방법을 사용해 WebDataBinder 인스턴스를 설정하고, 인스턴스에 Property Editor를 등록하는 방법을 살펴보자.

@InitBinder를 설정한 메서드를 컨트롤러 클래스에 정의하기

컨트롤러 클래스 안에서 컨트롤러가 데이터 바인딩하는 동안에 사용할 WebDataBinder 인스턴스를 초기화할 메서드를 지정할 때 @InitBinder를 설정한다. @InitBinder 애너테이션의 value 속성은 초기화한 WebDataBinder 인스턴스를 적용할 모델 속성의 이름을 지정한다.

다음 예제는 @InitBinder를 설정한 FixedDepositController의 initBinder_New 메서드를 보여준다.

예제 13-16 FixedDepositController - @InitBinder 애너테이션 사용법

```
#프로젝트 - ch13-data-binding
#src/main/java/sample/spring/chapter13/web

package sample.spring.chapter13.web;
import java.text.SimpleDateFormat;
import org.springframework.beans.propertyeditors.CustomDateEditor;
import org.springframework.web.bind.WebDataBinder;
import org.springframework.web.bind.annotation.InitBinder;
```

```
@Controller
.....
public class FixedDepositController {
  .....
  @ModelAttribute(name = "newFixedDepositDetails")
  public FixedDepositDetails getNewFixedDepositDetails() { ..... }

  @InitBinder(value = "newFixedDepositDetails")
  public void initBinder_New(WebDataBinder webDataBinder) {
    webDataBinder.registerCustomEditor(Date.class,
      new CustomDateEditor(new SimpleDateFormat("MM-dd-yyyy"), false));
  }
  .....
}
```

이 예제에서 @InitBinder 애너테이션의 value 속성값은 newFixedDepositDetails다. 이는 initBinder_New 메서드가 초기화하는 WebDataBinder를 오직 newFixedDepositDetails 모델 속성에만 적용한다는 뜻이다. @InitBinder를 설정한 메서드도 @RequestMapping을 설정한 메서드가 받을 수 있는 것과 똑같은 인수들을 받을 수 있다. 하지만 @InitBinder를 설정한 메서드는 모델 속성을 인수로 받거나 BindingResult(또는 Error) 객체를 인수로 받을 수 없다. @InitBinder 메서드가 WebDataBinder 인스턴스와 함께 스프링 WebRequest나 java.util.Locale을 받는 것이 일반적이다. 여기서 @InitBinder 메서드의 반환 타입이 반드시 void여야 한다는 사실을 기억하자.

WebDataBinder의 registerCustomEditor 메서드를 사용해 PropertyEditor를 WebDataBinder 인스턴스에 등록한다. [예제 13-16]에서 initBinder_New 메서드는 CustomDateEditor(PropertyEditor를 구현)를 WebDataBinder 인스턴스에 등록한다.

@InitBinder를 설정한 메서드를 컨트롤러의 모델 속성마다 정의할 수 있고, @InitBinder를 설정한 메서드 하나를 컨트롤러의 모든 모델 속성에 적용할 수도 있다. @InitBinder의 value 속성을 지정하지 않으면 @InitBinder를 설정한 메서드가 초기화한 WebDataBinder 인스턴스를 컨트롤러의 모든 모델 속성에 적용할 수 있다.

WebBindingInitializer 구현 설정하기

처음에는 RequestMappingHandlerAdapter가 WebDataBinder를 초기화하고, 다음으로

WebBindingInitializer와 @InitBinder 메서드가 WebDataBinder를 초기화한다.

스프링 mvc 스키마의 <annotation-driven> 엘리먼트는 WebDataBinder를 초기화하는 스프링 RequestMappingHandlerAdapter 인스턴스를 만든다. 스프링 WebBindingInitializer 인터페이스의 인스턴스를 RequestMappingHandlerAdapter에 제공해서 WebDataBinder 인스턴스를 더 초기화하게 할 수 있다. 추가로 컨트롤러 클래스에 @InitBinder 메서드를 정의해서 WebDataBinder 인스턴스를 더 초기화할 수도 있다.

다음 그림은 RequestMappingHandlerAdapter, WebBindingInitializer, @InitBinder 메서드가 WebDataBinder 인스턴스를 초기화하는 순서다.

그림 13-4 RequestMappingHandlerAdapter, WebBindingInitializer, 컨트롤러의 @InitBinder 메서드가 WebDataBinder 인스턴스를 초기화하는 순서

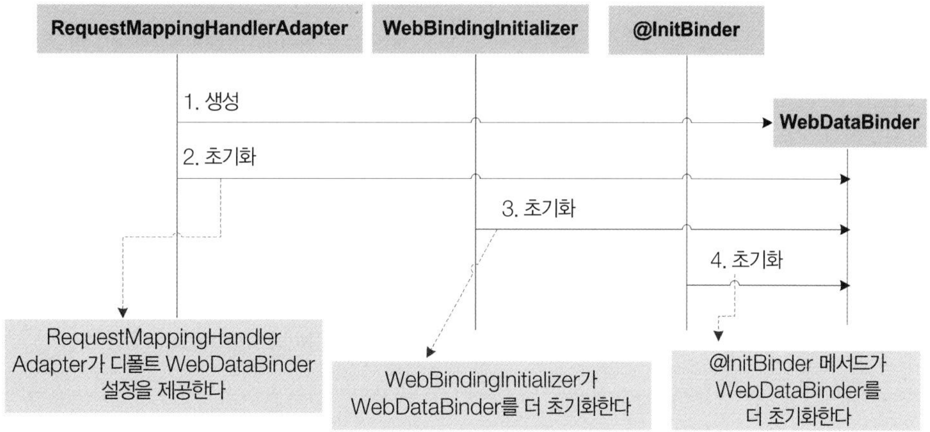

컨트롤러 클래스의 @InitBinder 메서드가 초기화하는 WebDataBinder는 해당 컨트롤러의 모델 속성에만 적용할 수 있다. 예를 들어 X라는 컨트롤러에서 @InitBinder 메서드를 사용해 WebDataBinder 인스턴스에 CustomDateEditor 프로퍼티 에디터를 등록하면, X 컨트롤러가 데이터 바인딩을 수행할 때만 프로퍼티 에디터를 사용할 수 있다. MyBank 애플리케이션에서는 FixedDepositController의 모델 속성에서만 CustomDateEditor가 필요하므로, @InitBinder를 설정한 메서드를 FixedDepositController 클래스 안에 정의해서 CustomDateEditor를 WebDataBinder 인스턴스에 등록한다.

스프링 WebBindingInitializer 인터페이스를 구현한 클래스의 인스턴스는 애플리케이션

의 모든 컨트롤러(따라서 모든 모델 속성)에 적용할 WebDataBinder를 설정하는 역할을 한다. 스프링 mvc 스키마의 <annotation-driven> 엘리먼트를 사용할 때 커스텀 WebBinding Initializer를 어떻게 설정하는지 살펴보자.

스프링 mvc 스키마의 <annotation-driven> 엘리먼트는 스프링 컨테이너에 Request MappingHandlerAdapter와 RequestMappingHandlerMapping 객체를 생성해 등록한다. <annotation-driven> 엘리먼트가 설정하는 다른 객체로 LocalValidatorFactoryBean(13.5절)과 FormattingConversionServiceFactoryBean(13.5절)이 있다. <annotation-driven> 엘리먼트는 RequestMappingHandlerAdapter와 RequestMappingHandlerMapping 객체를 커스텀화할 수 있도록 몇 가지 속성을 제공한다. RequestMappingHandlerAdapter나 RequestMappingHandlerMapping 객체에 대해 커스텀화하고 싶은 내용을 <annotation-driven> 엘리먼트가 지원하지 않으면, 할 수 없이 <annotation-driven> 엘리먼트를 없애고 웹 애플리케이션 컨텍스트 XML 파일에서 RequestMappingHandlerAdapter와 RequestMappingHandlerMapping 객체를 명시적으로 설정해야 한다. <annotation-driven> 엘리먼트는 커스텀 WebBindingInitializer 인스턴스를 RequestMappingHandlerAdapter에 설정하는 방법을 제공하지 않으므로, 여기서는 웹 애플리케이션 컨텍스트 XML 파일에서 명시적으로 RequestMappingHandlerAdapter와 RequestMappingHandlerMapping 객체를 설정해야 한다.

다음 예제는 스프링 ConfigurableWebBindingInitializer(WebBindingInitializer를 구현)를 통해 CustomDateEditor 프로퍼티 에디터를 MyBank 애플리케이션의 모든 컨트롤러에서 사용할 수 있도록 설정하는 방법이다.

예제 13-17 WebBindingInitializer 설정

```
<bean id="handlerAdapter" class=
   "org.springframework.web.servlet.mvc.method.annotation.RequestMappingHandlerAdapter">
  <property name="webBindingInitializer" ref="myInitializer" />
</bean>

<bean id="handlerMapping" class=
   "org.springframework.web.servlet.mvc.method.annotation.RequestMappingHandlerMapping" />
<bean id="myInitializer"
   class="org.springframework.web.bind.support.ConfigurableWebBindingInitializer">
  <property name="propertyEditorRegistrars">
```

```
    <list>
      <bean class="mypackage.MyPropertyEditorRegistrar" />
    </list>
  </property>
</bean>
```

이 예제에서는 웹 애플리케이션 컨텍스트 XML 파일에서 명시적으로 RequestMappingHandlerAdapter와 RequestMappingHandlerMapping 객체를 설정한다. RequestMappingHandlerAdapter의 webBindingInitializer 프로퍼티는 WebBindingInitializer 인터페이스를 구현하는 ConfigurableWebBindingInitializer 빈을 가리킨다. ConfigurableWebBindingInitializer의 propertyEditorRegistrars 프로퍼티는 WebDataBinder에 등록할 하나 이상의 PropertyEditor를 지정한다. 다음 예제는 MyPropertyEditor Registrar 클래스가 WebDataBinder에 CustomDateEditor 프로퍼티를 등록하는 방법이다.

예제 13-18 MyPropertyEditorRegistrar 클래스

```
import org.springframework.beans.PropertyEditorRegistrar;
import org.springframework.beans.PropertyEditorRegistry;
import org.springframework.beans.propertyeditors.CustomDateEditor;

public class MyPropertyEditorRegistrar implements PropertyEditorRegistrar {
  @Override
  public void registerCustomEditors(PropertyEditorRegistry registry) {
  registry.registerCustomEditor(Date.class, new CustomDateEditor(
    new SimpleDateFormat("MM-dd-yyyy"), false));
  }
}
```

이 예제는 스프링의 PropertyEditorRegistrar 인터페이스를 구현하고 PropertyEditor Registrar 인터페이스에 정의된 registerCustomEditors 메서드 구현을 제공하는 MyProperty EditorRegistrar을 보여준다. registerCustomEditors 메서드에 전달한 PropertyEditor Registry 인스턴스를 사용해 프로퍼티 에디터를 초기화한다. 그리고 PropertyEditor Registry의 registerCustomEditor 메서드를 사용해 WebDataBinder에 PropertyEditor 구현을 등록한다. 이 예제에서는 PropertyEditorRegistry의 registerCustomEditor를 사용해 CustomDateEditor 프로퍼티 에디터를 WebDataBinder에 등록했다.

앞에서 본 것처럼 WebDataBinder를 초기화하기 위해 WebBindingInitializer를 사용하는 것은 상당히 복잡하다. WebBindingInitializer를 사용하지 않는 더 단순한 대안은 @ControllerAdvice를 설정한 클래스 안에 @InitBinder를 설정한 메서드를 정의하는 것이다.

@ControllerAdvice를 설정한 클래스 안에 @InitBinder 메서드 정의하기

@Service, @Controller, @Repository 애너테이션과 마찬가지로 @ControllerAdvice 애너테이션도 @Component 애너테이션의 특별한 경우에 속한다. 클래스에 @ControllerAdvice를 설정하면 해당 클래스가 컨트롤러를 지원한다는 뜻이다. @ControllerAdvice를 설정한 클래스 안에 @InitBinder, @ModelAttribute, @ExceptionHandler를 설정한 메서드를 정의할 수 있고, 이런 메서드가 애플리케이션에 있는 모든 애너테이션을 설정한 컨트롤러 클래스에 적용된다. @Service, @Controller, @Repository 애너테이션과 마찬가지로 스프링 context 스키마의 <component-scan> 엘리먼트는 자동으로 @ControllerAdvice를 설정한 클래스를 감지해서 스프링 컨테이너에 등록한다.

여러분이 여러 컨트롤러 안에서 @InitBinder, @ModelAttribute, @ExceptionHandler 메서드를 중복해 정의한다면, 해당 메서드는 @ControllerAdvice를 설정한 클래스에 정의해야 한다. 예를 들어 애플리케이션에서 여러 컨트롤러에 적용되는 WebDataBinder 설정을 초기화하고 싶다면, 여러 컨트롤러 안에 @InitBinder를 설정한 메서드를 정의하는 대신 @ControllerAdvice를 설정한 클래스 안에서 @InitBinder 메서드를 정의한다.

다음 표는 이 책에서 설명한 세 가지 WebDataBinder 초기화 방법을 요약한 것이다.

컨트롤러 클래스 안의 @InitBinder 메서드	WebBindingInitializer	@ControllerAdvice 클래스 안의 @InitBinder 메서드
컨트롤러 안에 @InitBinder 메서드를 정의해야 한다.	웹 애플리케이션 컨텍스트 XML 파일 안에 RequestMappingHandlerAdapter를 명시적으로 선언해야 한다.	@ControllerAdvice를 설정한 클래스 안에 @InitBinder 메서드를 정의해야 한다.
초기화한 WebDataBinder를 @InitBinder 메서드가 정의된 컨트롤러에만 적용한다.	애플리케이션에 있는 애너테이션을 설정한 모든 컨트롤러에 초기화한 WebDataBinder를 적용한다.	애플리케이션에 있는 애너테이션을 설정한 모든 컨트롤러에 초기화한 WebDataBinder를 적용한다.

이제 모델 속성의 필드가 데이터 바인딩 과정에 참여하도록 허용하거나 참여를 금지시키는 방법에 대해 살펴보자.

13.4.3 모델 속성 필드의 데이터 바인딩 과정 참여를 허용하거나 금지하기

WebDataBinder를 사용해 모델 속성의 필드가 데이터 바인딩 과정에 참여하도록 허용하거나 참여를 금지시킬 수 있다. 데이터 바인딩 과정 참여를 허용하거나 금지할 모델 속성 필드를 명시적으로 지정할 것을 강력히 권장한다. 일부 필드를 이런 설정에서 제외하면 애플리케이션의 보안security에 문제가 생길 수 있다. 필드에 대한 데이터 바인딩을 허용하거나 금지하는 예를 살펴보자.

MyBank 애플리케이션에서 사용자가 변경할 정기 예금을 선택하면 선택한 정기 예금의 상세 정보를 데이터 저장소에서 읽어온 후 HttpSession에 임시로 캐싱한다. 그러면 사용자는 정기 예금 정보를 변경하고 저장한다. 다음 예제는 선택한 정기 예금 정보를 읽고 변경한 정기 예금 정보를 저장하는 @RequestMapping 메서드를 보여준다.

예제 13-19 FixedDepositController

```
#프로젝트 - ch13-data-binding
#src/main/java/sample/spring/chapter13/web

package sample.spring.chapter13.web;
.....
@SessionAttributes(names = { "newFixedDepositDetails", "editableFixedDepositDetails" })
public class FixedDepositController {
  .....
  @RequestMapping(params = "fdAction=view", method = RequestMethod.GET)
  public ModelAndView viewFixedDepositDetails(
      @RequestParam(name = "fixedDepositId") int fixedDepositId) {
    FixedDepositDetails fixedDepositDetails = fixedDepositService
        .getFixedDeposit(fixedDepositId);
    Map<String, Object> modelMap = new HashMap<String, Object>();
    modelMap.put("editableFixedDepositDetails", fixedDepositDetails);
    .....
    return new ModelAndView("editFixedDepositForm", modelMap);
  }
  .....
  @RequestMapping(params = "fdAction=edit", method = RequestMethod.POST)
  public String editFixedDeposit(
    @ModelAttribute("editableFixedDepositDetails")
      FixedDepositDetails fixedDepositDetails, BindingResult bindingResult,
        SessionStatus status) {
    .....
  }
}
```

MyBank 애플리케이션에서 정기 예금은 FixedDepositDetails 객체의 id 필드에 의해 유일하게 식별된다(ch13-data-binding 프로젝트의 FixedDepositDetails 클래스 참조). 사용자가 변경할 정기 예금을 선택하면 id 필드값이 fixedDepositId 요청 파라미터를 통해 viewFixedDepositDetails 메서드에 전달된다. viewFixedDepositDetails 메서드는 fixedDepositId 요청 파라미터값을 사용해 정기 예금 정보를 데이터 저장소에서 가져오고, 이 정보를 [그림 13-5]처럼 'Edit fixed deposit' 폼에 저장한다.

id값(FixedDepositDetails 객체의 id 속성에 해당)은 시스템에서 정기 예금을 유일하게 식별해주기 때문에, 'Edit fixed deposit' 폼은 이를 변경할 방법을 제공하지 않는다. 사용자가 'Save' 버튼을 클릭하면 FixedDepositController의 editFixedDeposit 메서드가 호출되고, editFixedDeposit 메서드는 변경된 정기 예금 정보를 저장한다.

FixedDepositController의 editFixedDeposit 메서드가 호출될 때 WebDataBinder 인스턴스는 요청 파라미터값을 editableFixedDepositDetails 모델 속성-viewFixedDepositDetails가 로드해서 임시로 HttpSession에 저장한(예제 13-19의 @SessionAttribute 애너테이션 참조)-의 필드에 연결한다. 악의적인 사용자가 id 요청 파라미터값을 10으로 설정해 보내면 WebDataBinder는 데이터 바인딩 과정에서 맹목적으로 FixedDepositController 객체의 값을 10으로 설정한다. 하지만 애플리케이션 데이터가 오염될 수 있으므로 FixedDepositController 객체의 id 속성을 변경하는 것은 바람직하지 않다.

그림 13-5 기존 정기 예금을 변경할 때 쓰는 'Edit fixed deposit' 폼

Edit fixed deposit

Id:	**4** ----------------→ 읽기 전용 필드
Amount (in USD):	50000
Maturity date:	05-22-2013
Email:	a4email@somedomain.co
	Save Go Back

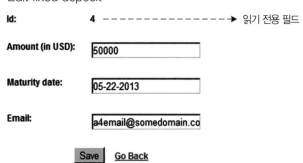

WebDataBinder는 데이터 바인딩 과정에 참여하거나 참여할 수 없는 모델 속성 필드를 지정할

때 사용하는 setAllowedFields와 setDisallowedFields 메서드를 제공한다. 다음 예제는 editableFixedDepositDetails 모델 속성의 id 필드가 데이터 바인딩 과정에 참여하지 못하게 하는 FixedDepositController의 initBinder_Edit를 나타낸다.

예제 13-20 FixedDepositController – WebDataBinder의 setDisallowedFields 메서드

```
#프로젝트 - ch13-data-binding
#src/main/java/sample/spring/chapter13/web

package sample.spring.chapter13.web;
.....
public class FixedDepositController {
  .....
  @RequestMapping(params = "fdAction=edit", method = RequestMethod.POST)
  public String editFixedDeposit(@ModelAttribute("editableFixedDepositDetails")
      FixedDepositDetails fixedDepositDetails, .....) {
    .....
  }
  .....
  @InitBinder(value = "editableFixedDepositDetails")
  public void initBinder_Edit(WebDataBinder webDataBinder) {
    webDataBinder.registerCustomEditor(Date.class, new CustomDateEditor(
        new SimpleDateFormat("MM-dd-yyyy"), false));
    webDataBinder.setDisallowedFields("id");
  }
}
```

이 예제에서 initBinder_Edit 메서드는 editableFixedDepositDetails 모델 속성에 대한 WebDataBinder 인스턴스를 초기화한다. setDisallowedFields 메서드는 editableFixedDepositDetails 모델 속성의 id 필드가 데이터 바인딩 과정에 참여하는 것을 금지하므로, 요청에 id라는 요청 파라미터가 들어 있음에도 불구하고 모델 속성에 있는 id 필드가 설정되지 않는다.

이제 스프링 BindingResult 객체가 데이터 바인딩과 검증 과정에서 오류를 노출하는 모습을 살펴보자.

13.4.4 BindingResult 객체를 사용해 데이터 바인딩과 검증 오류 조사하기

BindingResult 객체는 요청 파라미터를 모델 속성 필드에 바인딩한 결과를 컨트롤러 메서드에 제공한다. 예를 들어 데이터 바인딩에서 타입을 변환하다 오류가 발생하면 BindingResult 객체에 이 사실이 보고된다.

다음 예제는 BindingResult 객체를 통해 전달되는 오류가 없을 때만 정기 예금을 생성하는 FixedDepositController의 openFixedDeposit 메서드다.

예제 13-21 FixedDepositController – BindingResult를 사용해 바인딩과 검증 오류 검사하기

```
#프로젝트 - ch13-data-binding
#src/main/java/sample/spring/chapter13/web

package sample.spring.chapter13.web;
import org.springframework.validation.BindingResult;
import org.springframework.web.bind.annotation.ModelAttribute;
.....
public class FixedDepositController {
  .....
  @RequestMapping(params = "fdAction=create", method = RequestMethod.POST)
  public String openFixedDeposit(@ModelAttribute(name = "newFixedDepositDetails")
      FixedDepositDetails fixedDepositDetails,
      BindingResult bindingResult, SessionStatus sessionStatus) {
    .....
    if (bindingResult.hasErrors()) {
      return "createFixedDepositForm";
    } else {
      fixedDepositService.saveFixedDeposit(fixedDepositDetails);
      sessionStatus.setComplete();
      return "redirect:/fixedDeposit/list";
    }
  }
  .....
}
```

이 예제에서 BindingResult의 hasErrors 메서드는 BindingResult 객체 안에 바인딩이나 검증 오류가 하나 이상 있으면 참을 반환한다(검증 오류를 BindingResult 객체에 저장하는 방법은 13.5절 참조). BindingResult에 의해 오류가 보고되면 openFixedDeposit 메서드는 적절한 오류 메시지와 함께 'Create fixed deposit' 폼을 표시한다. 오류가 없으면 정기 예

금을 데이터 저장소에 저장한다.

이때 컨트롤러 메서드에서 검증이나 바인딩 오류를 검사하고 싶은 대상 모델 속성 바로 뒤에 BindingResult 객체를 위치시켜야 한다는 점에 유의하자. 예를 들어 [예제 13-21]에서는 newFixedDepositDetails 모델 속성 바로 뒤에 BindingResult 인수가 있다. 다음 예제는 openFixedDeposit 메서드에서 모델 속성과 BindingResult 객체의 순서가 잘못된 경우다.

예제 13-22 모델 속성과 BindingResult 객체의 순서가 잘못된 경우

```
.....
public class FixedDepositController {
  .....
  @RequestMapping(params = "fdAction=create", method = RequestMethod.POST)
  public String openFixedDeposit(@ModelAttribute(name = "newFixedDepositDetails")
      FixedDepositDetails fixedDepositDetails, SessionStatus sessionStatus,
      BindingResult bindingResult) {
    .....
  }
  .....
}
```

이 예제에서는 SessionStatus 인수가 중간에 있기 때문에 newFixedDepositDetails 모델 속성과 BindingResult의 순서가 잘못됐다.

컨트롤러 메서드가 여러 모델 속성을 받는 경우, 다음 예제처럼 각 모델 속성에 해당하는 BindingResult를 각 모델 속성 인수 바로 뒤에 하나씩 위치시켜야 한다.

예제 13-23 여러 모델 속성과 각각에 대응하는 BindingResult 객체

```
@RequestMapping
public String doSomething(
    @ModelAttribute(name = "a") AObject aObj,BindingResult bindingResultA,
    @ModelAttribute(name = "b") BObject bObj,BindingResult bindingResultB,) {
  .....
}
```

이 예제는 모델 속성 a와 b의 뒤에 각각에 해당하는 BindingResult 객체가 따라온다는 사실을 보여준다.

이제 데이터 바인딩 과정을 살펴봤으므로, 스프링 웹 MVC 애플리케이션에서 검증이 어떻게 이뤄지는지 살펴보자.

13.5 스프링의 검증 지원

앞 절에서는 WebDataBinder가 요청 파라미터와 모델 속성을 연결했다. 요청 처리에서 다음 단계는 모델 속성을 검증하는 것이다. 스프링 웹 MVC 애플리케이션에서는 스프링 검증 API(6.9절)를 사용하거나 JSR 380(빈 검증 2.0) 제약 사항(6.10절)을 모델 속성 필드에 사용해서 모델 속성을 검증할 수 있다.

이번 장에서는 스프링 검증 API와 JSR 380(빈 검증 2.0) 제약 사항을 사용해 애플리케이션의 웹 레이어에서 폼 지원 객체(즉 모델 속성)를 검증한다. 하지만 스프링 검증 API와 JSR 380(빈 검증 2.0) 제약 사항을 어느 애플리케이션에서든 사용할 수 있음을 기억해야 한다.

먼저 스프링 검증 API의 Validator 인터페이스를 사용해 모델 속성을 검증하는 방법을 살펴보자.

13.5.1 스프링 Validator 인터페이스를 사용해 모델 속성 검증하기

다음 예제는 MyBank 애플리케이션에서 FixedDepositDetails 객체를 검증하는 FixedDepositDetailsValidator 클래스다.

예제 13-24 FixedDepositDetailsValidator – 스프링 Validator 인터페이스 사용법

```
#프로젝트 - ch13-data-binding
#src/main/java/sample/spring/chapter13/web

package sample.spring.chapter13.web;
import org.springframework.validation.*;
import sample.spring.chapter13.domain.FixedDepositDetails;

public class FixedDepositDetailsValidator implements Validator {
```

```
  public boolean supports(Class<?> clazz) {
    return FixedDepositDetails.class.isAssignableFrom(clazz);
  }

  public void validate(Object target, Errors errors) {
    FixedDepositDetails fixedDepositDetails = (FixedDepositDetails) target;
    long depositAmount = fixedDepositDetails.getDepositAmount();
    .....
    if (depositAmount < 1000) {
      errors.rejectValue("depositAmount", "error.depositAmount.less","must be greater than
                        or equal to 1000");
    }
    if (email == null || "".equalsIgnoreCase(email)) {
      ValidationUtils.rejectIfEmptyOrWhitespace(errors, "email", "error.email.blank",
                                                          "must not be blank");
    }
    .....
  }
}
```

스프링 Validator 인터페이스에는 supports와 validate 메서드 정의가 들어 있다. supports 메서드는 제공받은 객체 인스턴스(clazz 속성으로 표현)를 검증할 수 있는지 알려준다. supports 메서드가 true를 반환하면 validate 메서드를 사용해 대상 객체를 검증할 수 있다. 이 예제에서 FixedDepositDetailsValidator의 supports 메서드는 제공받은 객체 인스턴스의 타입이 FixedDepositDetails인지 검사한다. supports 메서드가 true를 반환하면 FixedDepositDetailsValidator의 validate 메서드가 객체를 검증한다. validate 메서드는 검증할 객체 인스턴스를 받아서 Errors 인스턴스를 반환한다. Errors 인스턴스는 검증하는 동안 생긴 오류를 저장하고 노출시킨다. Errors 인스턴스는 오류를 Errors 인스턴스에 등록할 때 사용하기 위한 여러 가지 reject와 rejectValue 메서드를 제공한다. 필드 수준의 오류를 보고할 때 rejectValue 메서드를 사용하고, 검증 중인 객체에 적용되는 오류를 보고할 때 reject 메서드를 사용한다. 스프링 ValidationUtils 클래스는 Validator를 호출하거나 빈 필드를 거부할 때 쓸 수 있는 편의 메서드를 제공하는 유틸리티 클래스다.

그림 13-6 FixedDepositDetails의 depositAmount 필드에 대응하는 검증 오류를 보고하기 위해 Errors 인스턴스의 rejectValue에 전달한 파라미터 설명

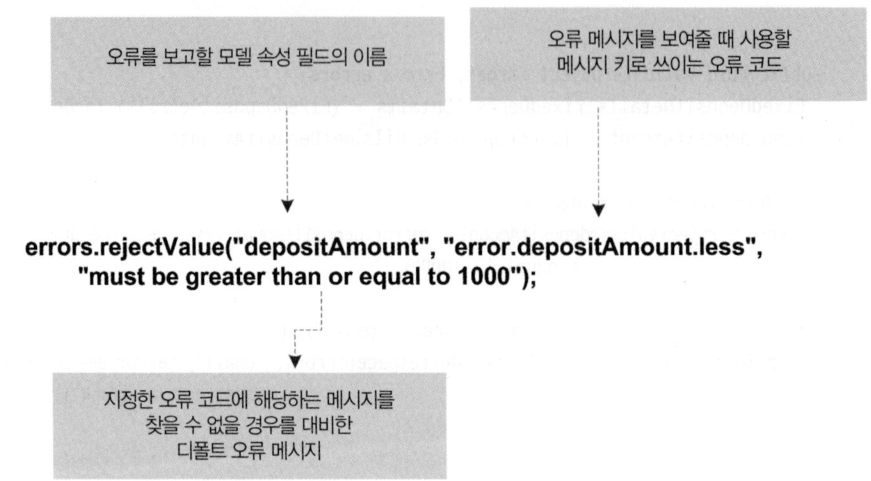

[그림 13-6]은 [예제 13-24]에서 `FixedDepositDetails`의 `depositAmount` 필드에 대한 검증 오류를 보고하기 위해 `rejectValue` 메서드에 전달한 파라미터를 보여준다. 이 그림은 필드 이름, 오류 코드(기본적으로 이 코드가 메시지 키다), 디폴트 오류 메시지가 `rejectValue` 메서드에 전달된다는 사실을 나타낸다. 15장에서는 JSP 페이지에서 어떻게 메시지 키를 사용해 자원 번들에 있는 메시지를 표시하는지 살펴본다.

모델 속성은 다음 두 가지 방법으로 검증할 수 있다.

- Validator 구현의 validate 메서드를 명시적으로 호출한다
- WebDataBinder에 대해 Validator 구현을 설정하고, @RequestMapping의 모델 속성 인수에 JSR 380 @Valid를 설정한다

방금 설명한 두 가지 접근 방법을 자세히 살펴보자.

13.5.2 validate 메서드를 명시적으로 호출해서 모델 속성 검증하기

다음 예제는 `FixedDepositDetailsValidator`(예제 13-24)를 사용해 `FixedDepositDetails` 모델 속성을 검증하는 `FixedDepositController`의 `openFixedDeposit` 메서드다.

예제 13-25 FixedDepositController – 명시적으로 FixedDepositDetailsValidator의 validate 메서드를 호출해서 모델 속성 검증하기

```
#프로젝트 - ch13-data-binding
#src/main/java/sample/spring/chapter13/web

package sample.spring.chapter13.web;
.....
public class FixedDepositController {
  .....

  @RequestMapping(params = "fdAction=create", method = RequestMethod.POST)
  public String openFixedDeposit(@ModelAttribute(name = "newFixedDepositDetails")
      FixedDepositDetails fixedDepositDetails,
      BindingResult bindingResult, SessionStatus sessionStatus) {

    new FixedDepositDetailsValidator().validate(fixedDepositDetails,bindingResult);
    if (bindingResult.hasErrors()) {
      logger.info("openFixedDeposit() method: Validation errors
          - re-displaying form for opening a new fixed deposit");
      return "createFixedDepositForm";
    }
    .....
  }
}
```

이 예제는 openFixedDeposit 메서드가 FixedDepositDetailsValidator 인스턴스를 만들고 그 인스턴스의 validate 메서드를 호출하는 모습을 보여준다. BindingResult가 Errors의 하위 인터페이스이기 때문에 Errors 객체가 필요한 곳에 BindingResult 객체를 전달할 수 있다. openFixedDeposit 메서드는 fixedDepositDetails 모델 속성과 BindingResult 객체를 validate 메서드에 전달한다. BindingResult에 이미 데이터 바인딩 오류가 들어 있을 수 있으므로, validate 메서드에 BindingResult 객체를 넘기면 BindingResult 객체에 검증 오류를 추가하는 것이다.

JSR 380의 @Validate 애너테이션을 사용해 모델 속성 검증 호출하기

JSR 380의 @Validate 애너테이션을 모델 속성 인수에 추가하고 모델 속성에 대한 검증기를 WebDataBinder 인스턴스로 설정함으로써 스프링이 @RequestMapping 메서드에 전달하는 모델 속성을 자동으로 검증하게 만들 수 있다.

다음 예제는 FixedDepositController의 openFixedDeposit이 @Valid 애너테이션을 사용해 FixedDepositDetails 모델 속성을 검증하는 방법이다.

예제 13-26 FixedDepositController – @Valid 애너테이션을 사용해 검증 호출하기

```
import javax.validation.Valid;
.....
public class FixedDepositController {
  .....
  @RequestMapping(params = "fdAction=create", method = RequestMethod.POST)
  public String openFixedDeposit(
      @Valid @ModelAttribute(value = "newFixedDepositDetails") FixedDepositDetails
        fixedDepositDetails, BindingResult bindingResult,
        SessionStatus sessionStatus) {
    if (bindingResult.hasErrors()) {
      logger.info("openFixedDeposit() method:
          Validation errors - re-displaying form for opening a new fixed deposit");
      return "createFixedDepositForm";
    }
    .....
  }
  .....
  @InitBinder(value = "newFixedDepositDetails")
  public void initBinder_New(WebDataBinder webDataBinder) {
    webDataBinder.registerCustomEditor(Date.class, new CustomDateEditor(
        new SimpleDateFormat("MM-dd-yyyy"), false));
    webDataBinder.setValidator(new FixedDepositDetailsValidator());
  }
  .....
}
```

이 예제에서 initBinder_New 메서드는 WebDataBinder의 setValidator 메서드를 호출해서 FixedDepositDetailsValidator를 newFixedDepositDetails 모델 속성에 대한 검증기로 설정했다. 그리고 openFixedDeposit 메서드의 newFixedDepositDetails 모델 속성에는 JSR 380의 @Valid를 설정했다. openFixedDeposit 메서드가 호출되면 newFixedDepositDetails 모델 속성에 대해 데이터 바인딩과 검증이 함께 실행되고, 데이터 바인딩과 검증 결과를 BindingResult 인수를 통해 볼 수 있다.

여기서 @InitBinder 애너테이션이 모델 속성 이름을 지정하면 WebDataBinder에 설정

한 검증기도 지정한 이름의 모델 속성에만 적용된다는 사실을 꼭 기억해야 한다. 예를 들어 [예제 13-26]의 FixedDepositDetailsValidator는 newFixedDepositDetails 모델 속성에만 적용된다. 애플리케이션의 여러 컨트롤에 대해 같은 검증기를 여러 번 적용해야 한다면 @ControllerAdvice를 설정한 클래스(또는 WebBindingInitializer) 안에서 WebDataBinder에 대한 검증기를 설정해주는 @InitBinder 메서드를 정의한다.

이제 JSR 380 애너테이션을 사용해서 자바빈즈 컴포넌트의 프로퍼티에 대한 제약 사항을 지정하는 방법에 대해 살펴보자.

JSR 380 애너테이션을 사용해 제약 사항 지정하기

JSR 380(빈 검증 2.0)에는 자바빈즈 컴포넌트의 프로퍼티에 대한 제약 사항을 지정할 때 사용하는 다양한 애너테이션 정의가 들어 있다.

IMPORT chapter 13/ch13-jsr380-validation

이 프로젝트는 JSR 380 애너테이션을 사용해 FixedDepositDetails 객체에 대한 제약 사항을 지정하도록 ch13-data-binding 프로젝트를 수정한 버전을 보여준다. 웹 애플리케이션을 톰캣 서버에 배포하고 나면 브라우저에서 http://localhost:8080/ch13-jsr380-validation URL을 살펴보자. 시스템에 있는 정기 예금 목록을 볼 수 있을 것이다.

다음 예제는 JSR 380 애너테이션을 사용해 필드에 제약 사항을 지정하는 FixedDepositDetails 클래스다.

예제 13-27 FixedDepositDetails – JSR 380 제약 사항 지정하기

```
#프로젝트 - ch13-jsr380-validation
#src/main/java/sample/spring/chapter13/domain

package sample.spring.chapter13.domain;
import javax.validation.constraints.*;

public class FixedDepositDetails {
  private long id;

  @Min(1000)
  @Max(500000)
  private long depositAmount;
```

```
    @Email
    @Size(min=10, max=25)
    private String email;

    @NotNull
    private Date maturityDate;
    .....
}
```

@Min, @Max, @Email, @Size, @NotNull은 JSR 380에서 정의한 애너테이션 중 일부다. [예제 13-27]은 JSR 380 애너테이션을 사용해 필드에 제약 사항을 지정하는 FixedDeposit Details 클래스를 보여준다. 반면에 스프링 Validator 구현을 사용해서 객체를 검증한다면 Validator 구현에 들어 있는 제약 사항을 사용해야 한다(예제 13-24 참조).

다음 표는 [예제 13-27]에서 FixedDepositDetails 객체에 대한 제약 사항을 강제하기 위해 사용한 JSR 380 애너테이션에 대한 설명이다.

JSR380 애너테이션	제약 사항 설명
@NotNull	이 애너테이션을 설정한 필드는 null이 아니어야 한다. 예를 들어 maturityDate 필드는 null이 아니어야 한다.
@Min	이 애너테이션을 설정한 필드값이 지정한 최솟값보다 크거나 같아야 한다. 예를 들어 FixedDepositDetails의 depositAmount에 설정한 @Min(1000) 애너테이션은 depositAmount값이 1000 이상이어야 한다는 뜻이다.
@Max	이 애너테이션을 설정한 필드값이 지정한 최댓값보다 크거나 같아야 한다. 예를 들어 FixedDeposit Details의 depositAmount에 설정한 @Max(500000) 애너테이션은 depositAmount값이 500000 이하여야 한다는 뜻이다.
@Size	이 애너테이션을 설정한 필드의 크기가 지정한 min과 max 속성 사이에 있어야 한다. 예를 들어 FixedDepositDetails의 email 필드에 설정한 @Size(min=10, max=25) 애너테이션은 email 필드의 길이가 10 이상 25 이하여야 한다는 뜻이다.
@Email	이 애너테이션을 설정한 필드값이 잘 구성된 전자우편 주소여야 한다. 예를 들어 FixedDepositDetails의 email 필드에 설정한 @Email 애너테이션은 email 필드값이 잘 구성된 전자우편 주소여야 한다는 뜻이다.

JSR 380 애너테이션을 사용하기 위해 ch13-jsr380-validation 프로젝트에는 JSR 380 API JAR 파일(validation-api-2.0.0.FINAL)과 하이버네이트 검증기 프레임워크(hibernate-validation-6.0.4.Final)에 대한 의존 관계가 들어 있다. 하이버네이트 검증기 프레임워

크는 JSR 380에 대한 참조 구현을 제공한다. 하이버네이트 검증기 프레임워크는 JSR 380 애너테이션이 아닌 검증 애너테이션도 추가로 제공한다. 예를 들어 하이버네이트 검증기의 `@CreditCardNumber` 애너테이션을 사용하면 필드값이 올바른 신용 카드 번호여야 한다고 지정할 수 있다.

JSR 380에서는 애플리케이션에서 원하는 커스텀 제약 사항을 만들어 사용할 수 있다는 점을 꼭 알아두자. 예를 들면 `@MyConstraint`라는 커스텀 제약 사항과 그 제약 사항에 해당하는 검증기를 만들고, 이 제약 사항을 어떤 객체에 강제할 수 있다.

JSR 380 제약 사항을 `FixedDepositDetails` 클래스에 지정하는 방법에 대해 배웠으므로, 이제 `FixedDepositDetails` 객체를 검증하는 방법을 살펴보자.

13.5.3 JSR 380 애너테이션을 사용해 객체 검증하기

JSR 380 프로바이더(하이버네이트 검증기와 같은)를 애플리케이션 클래스경로에서 찾을 수 있고, 웹 애플리케이션 컨텍스트 XML 파일에서 스프링 `mvc` 스키마의 `<annotation-driven>` 엘리먼트를 지정하면 스프링이 자동으로 JSR 380 지원을 활성화한다. 이때 내부적으로는 `<annotation-driven>` 엘리먼트가 스프링 `LocalValidatorFactoryBean` 클래스의 인스턴스를 설정한다. 인스턴스는 애플리케이션의 클래스경로상에 (하이버네이트 검증기와 같은) JSR 380 프로바이더가 있는지 감지하고, 감지한 프로바이더를 초기화한다.

`LocalValidatorFactoryBean`은 JSR 380의 `Validator`와 `ValidatorFactory` 인터페이스를 구현하면서 스프링 `Validator` 인터페이스도 구현한다. 이런 이유로 스프링 `Validator` 인터페이스의 `validate` 메서드를 호출하는 방식과 JSR 380 `Validator`의 `validate`를 호출하는 방식 중 어떤 쪽이든 선택해도 좋다. 앞에서 설명한 것처럼 모델 속성 인수 앞에 `@Valid` 애너테이션을 추가하기만 하면 `@RequestMapping` 메서드로 전달되는 모델 속성에 대한 검증을 스프링이 자동으로 수행하게 할 수도 있다.

명시적으로 validate 메서드를 호출해 모델 속성 검증하기

다음 예제에 스프링 `Validator`는 JSR 380 제약 사항을 사용하는 `FixedDeposit Details` 객체(예제 13-27 참조)를 검증한다.

예제 13-28 FixedDepositController – 스프링 검증 API를 사용해 FixedDepositDetails 검증하기

```
#프로젝트 - ch13-jsr380-validation
#src/main/java/sample/spring/chapter13/web

package sample.spring.chapter13.web;
import org.springframework.validation.Validator;
import javax.validation.Valid;
.....
public class FixedDepositController {
  .....
  @Autowired
  private Validator validator;
  .....
  @RequestMapping(params = "fdAction=create", method = RequestMethod.POST)
  public String openFixedDeposit(@ModelAttribute(name = "newFixedDepositDetails")
     FixedDepositDetails fixedDepositDetails,
     BindingResult bindingResult, SessionStatus sessionStatus) {
    validator.validate(fixedDepositDetails, bindingResult);

    if (bindingResult.hasErrors()) { ..... }
      .....
    }
    .....
  }
```

이 예제에서 LocalValidatorFactoryBean(스프링 Validator 인터페이스를 구현함)은 FixedDepositController의 validator 인스턴스 변수에 자동 연결된다. openFixedDeposit 메서드는 FixedDepositDetails 인스턴스를 검증하기 위해 LocalValidatorFactoryBean 의 validate(Object, Errors) 메서드를 호출한다. 이때 검증 오류를 저장하기 위해 Binding Result 객체를 validate 메서드에 전달한다. 이 예제에서 알아둬야 할 중요한 내용은 FixedDepositController가 FixedDepositDetails 객체를 검증하기 위해 JSR 380 API를 직접적으로 다루지 않는다는 점이다. 대신 FixedDepositController는 스프링 검증 API를 사용해 FixedDepositDetails 객체를 검증한다.

다음 예제는 JSR 380에 따른 API를 사용해 FixedDepositDetails 객체를 검증하는 Fixed DepositController의 다른 버전이다.

예제 13-29 FixedDepositController – JSR 380 API를 사용해 FixedDepositDetails 검증하기

```
import javax.validation.ConstraintViolation;
import javax.validation.Validator;
import java.util.Set;
.....
public class FixedDepositController {
  .....
  @Autowired
  private Validator validator;
  .....
  @RequestMapping(params = "fdAction=create", method = RequestMethod.POST)
  public String openFixedDeposit(@ModelAttribute(name = "newFixedDepositDetails")
      FixedDepositDetails fixedDepositDetails,
      BindingResult bindingResult, SessionStatus sessionStatus) {

    Set<ConstraintViolation<FixedDepositDetails>> violations =
      validator.validate(fixedDepositDetails);
    Iterator<ConstraintViolation<FixedDepositDetails>> itr = violations.iterator();

    if(itr.hasNext()) { ..... }
    .....
  }
  .....
}
```

이 예제에서 LocalValidatorFactoryBean(JSR 380의 Validator 인터페이스를 구현함)은 FixedDepositController의 validator 인스턴스 변수에 자동 연결된다. openFixedDeposit 메서드에서 FixedDepositDetails 인스턴스를 검증하기 위해 Validator의 validate 메서드를 호출하면, 결과적으로 LocalValidatorFactoryBean의 validate(T) 메서드가 호출된다. validate 메서드는 JSR 380 프로바이더가 보고한 제약 위반 사항이 들어 있는 java.util.Set를 반환한다. validate 메서드가 반환하는 java.util.Set 객체를 살펴보고 제약 사항을 위반한 내용이 보고됐는지 찾을 수 있다.

JSR 380의 @Valid 애너테이션을 사용해 모델 속성 검증하기

모델 속성 인수에 JSR 380의 @Valid를 설정하면 @RequestMapping에 전달되는 모델 속성을 스프링이 자동으로 검증하게 만들 수 있다. 다음 예제는 @Valid를 사용해 editableFixedDepositDetails 모델 속성을 검증하는 FixedDepositController의 editFixedDeposit 메서드를 보여준다.

예제 13-30 FixedDepositController – @Valid 애너테이션을 통해 검증하기

```
#프로젝트 - ch13-jsr380-validation
#src/main/java/sample/spring/chapter13/web

package sample.spring.chapter13.web;
import javax.validation.Valid;
.....
public class FixedDepositController {
  .....
  @RequestMapping(params = "fdAction=edit", method = RequestMethod.POST)
  public String editFixedDeposit(@Valid @ModelAttribute("editableFixedDepositDetails")
      FixedDepositDetails fixedDepositDetails,
      BindingResult bindingResult, SessionStatus sessionStatus) {

    if (bindingResult.hasErrors()) { ..... }
    .....
  }
  .....
}
```

이 예제에서는 `editableFixedDepositDetails` 모델 속성에 설정한 `@Valid`로 인해 스프링이 자동으로 검증을 수행한다. 검증 도중에 보고되는 제약 사항 위반 사실은 데이터 바인딩 오류와 함께 `BindingResult`에 추가된다.

이제 스프링의 폼 태그 라이브러리를 사용해 JSP 페이지에서 폼을 쉽게 사용하는 방법에 대해 살펴본다.

13.6 스프링 폼 태그 라이브러리

스프링 폼 태그 라이브러리를 사용하면 스프링 웹 MVC 애플리케이션에서 JSP 페이지를 더 편하게 작성할 수 있다. 스프링 폼 태그 라이브러리는 여러 입력 폼 엘리먼트를 표시하고 폼 데이터를 폼 지원 객체와 연결해주는 여러 태그를 제공한다.

다음 예제는 `ch13-jsr380-validation` 프로젝트에서 스프링 폼 태그 라이브러리 태그를 사용하는 `createFixedDepositForm.jsp` JSP 페이지를 보여준다.

예제 13-31 createFixedDepositForm.jsp – 스프링 폼 태그 라이브러리 사용법

```
#프로젝트 - ch13-jsr380-validation
#src/main/webapp/WEB-INF/jsp

<%@taglib uri="http://java.sun.com/jsp/jstl/core" prefix="c"%>
<%@taglib prefix="form" uri="http://www.springframework.org/tags/form"%>

<html>
.....
  <form:form modelAttribute="newFixedDepositDetails"
    name="createFixedDepositForm" method="POST"
    action="${pageContext.request.contextPath}/fixedDeposit?fdAction=create">
    .....
    <tr>
      <td class="td"><b>Amount (in USD):</b></td>
      <td class="td">
        <form:input path="depositAmount" />
        <font style="color: #C11B17;">
          <form:errors path="depositAmount"/>
        </font>
      </td>
    </tr>
    <tr>
      <td class="td"><b>Maturity date:</b></td>
      <td class="td">
        <form:input path="maturityDate" />
        <font style="color: #C11B17;">
          <form:errors path="maturityDate"/>
        </font>
      </td>
    </tr>
    .....
    <td class="td">
      <input type="submit" value="Save" />
      .....
  </form:form>
</html>
```

[예제 13-31]에서 다음 taglib 디렉티브는 JSP 페이지에서 스프링 폼 태그 라이브러리 태그를 사용할 수 있게 한다.

```
<%@taglib prefix="form" uri="http://www.springframework.org/tags/form"%>
```

스프링 폼 태그 라이브러리의 <form> 태그는 modelAttribute 속성이 지정하는 모델 속성의 프로퍼티와 폼 필드가 연결된 HTML 폼을 표시한다. <form> 태그에는 modelAttribute 속성이 지정하는 모델 속성 프로퍼티에 해당하는 <input> 태그가 들어 있다. form이 표시될 때는 모델 속성에서 프로퍼티를 읽어 <input> 태그가 표시한다. 폼을 제출하면 폼의 필드값이 각각에 대응하는 모델 속성의 프로퍼티값에 연결된다.

NOTE_ 스프링 5 이전에는 〈form〉 태그의 〈commandName〉 속성을 사용해 폼 필드를 연결할 모델 속성 이름을 지정했다. 스프링 5에서는 modelAttribute 속성이 commandName 속성을 대신한다. 스프링 5에서 commandName 속성을 사용하면 실행 시점에 예외가 발생한다.

[예제 13-31]에서 <form> 태그는 정기 예금을 개설하기 위한 HTML 폼을 표시한다. modelAttribute 속성값은 newFixedDepositDetails인데, 이는 폼의 필드들이 newFixedDepositDetails 모델 속성의 프로퍼티에 매핑된다는 뜻이다. name 속성은 <form> 태그에 의해 표시될 HTML 폼의 이름을 지정한다. method 속성은 폼이 제출됐을 때 폼 데이터를 보내기 위해 사용할 HTTP 메서드를 지정한다. action 속성은 폼이 제출됐을 때 폼 데이터를 보낼 URL을 지정한다. action 속성에 지정한 URL을 통해 스프링 웹 MVC 애플리케이션에 있는 @RequestMapping을 설정한 메서드를 유일하게 식별할 수 있어야 한다. [예제 13-31]에서 URL(${pageContext.request.contextPath}/fixedDeposit?fdAction=create)은 FixedDepositController의 openFixedDeposit 메서드에 매핑된다(ch13-jsr380-validation 프로젝트의 FixedDepositController.java 파일을 보자). ${pageContext.request.contextPath} 식은 웹 애플리케이션의 컨텍스트 경로context path를 반환한다.

스프링 폼 태그 라이브러리의 <input> 태그는 type 속성이 text로 설정된 HTML <input> 엘리먼트를 표시한다. path 속성은 필드를 매핑할 모델 속성의 프로퍼티를 지정한다. 폼이 표시될 때 입력 필드는 프로퍼티값을 표시하고, 폼이 제출될 때는 사용자가 입력 필드에 입력한 값이 프로퍼티값으로 설정된다.

스프링 폼 태그 라이브러리의 <errors> 태그는 데이터 바인딩과 검증 시 BindingResult에 추가된 데이터 바인딩 오류 및 검증 오류를 보여준다. 특정 프로퍼티에 대응하는 오류 메시지를 표시하고 싶으면 프로퍼티의 이름을 path 속성값으로 지정한다. BindingResult 객체에 저장된 모든 오류 메시지를 표시하고 싶으면, path 속성값을 *로 설정한다.

createFixedDepositForm.jsp 페이지는 스프링 폼 태그 라이브러리가 제공하는 태그 중 일부만 사용한다. 다음 표는 스프링 폼 태그 라이브러리가 제공하는 다른 태그들을 정리한 것이다.

태그	설명
〈checkbox〉	HTML 체크박스(〈input type="checkbox" /〉)를 표시한다. 체크박스에 체크되지 않았으면 HTML 체크박스의 값이 서버로 전달되지 않는다. 〈checkbox〉 태그는 추가로 각 체크박스의 상태를 서버에 전달하기 위한 감춰진 필드를 표시한다. 예: 〈form:checkbox path="myProperty" /〉 path 속성은 체크박스의 값을 연결할 프로퍼티 이름을 지정한다.
〈checkboxes〉	여러 HTML 체크박스를 표시한다. 예: 〈form:checkboxes path="myPropertyList" items="${someList}"/〉 path 속성은 선택된 체크박스의 값을 연결할 프로퍼티 이름을 지정한다. items 속성은 체크박스로 보여줄 옵션 리스트가 들어 있는 모델 속성의 이름을 지정한다.
〈radiobutton〉	HTML 라디오 버튼(<input type="radio" /〉)을 표시한다. 예: 〈form:radiobutton path="myProperty" value="myValue"/〉 path 속성은 라디오 버튼의 값을 연결할 프로퍼티 이름을 지정하고, value 속성은 라디오 버튼에 대입할 값을 지정한다.
〈radiobuttons〉	여러 HTML 라디오 버튼을 표시한다. 예: 〈form:radiobuttons path="myProperty" items="${myValues}"/〉 items 속성은 라디오 버튼으로 보여줄 옵션 리스트가 들어 있는 모델 속성의 이름을 지정하고, path 속성은 선택된 라디오 버튼의 값을 연결할 프로퍼티를 지정한다.
〈password〉	HTML 암호 입력 필드(〈input type="password"/〉)를 표시한다.
〈select〉	HTML 〈select〉 엘리먼트를 표시한다. 예: 〈form:select path="book" items="${books}"/〉 items 속성은 HTML 〈select〉 엘리먼트로 보여줄 옵션 리스트가 들어 있는 모델 속성의 이름을 지정한다. path 속성은 선택된 옵션의 값을 연결할 프로퍼티를 지정한다.
〈option〉	HTML 〈option〉 엘리먼트를 표시한다. 예: 〈form:select path="book"〉 〈form:option value="Getting started with Spring Framework"/〉 〈form:option value="Getting started with Spring Web MVC"/〉 〈/form:select〉
〈options〉	여러 HTML 〈option〉 엘리먼트를 표시한다.
〈textarea〉	HTML 〈textarea〉〉 엘리먼트를 표시한다.
〈hidden〉	HTML의 감춰진 입력 필드(〈input type="hidden" /〉)를 표시한다.

이제 스프링 폼 태그 라이브러리가 HTML5를 어떻게 지원하는지 살펴보자.

13.6.1 스프링 폼 태그 라이브러리의 HTML5 지원

폼 태그 라이브러리에서 태그에 HTML5용 속성을 사용할 수 있다. 예를 들어 다음 <textarea> 태그는 HTML5의 required 속성을 사용한다.

```
<form:textarea path="myProperty" required="required"/>
```

required="required" 속성은 사용자가 이 텍스트 영역에 정보를 반드시 입력하도록 지정한다. required 속성을 사용하면 필수 필드에 대한 검증을 수행하는 자바스크립트 코드를 작성하는 노력을 덜 수 있다. 텍스트 영역에 아무 정보도 입력하지 않은 채 폼을 제출하려고 하면, 웹 브라우저는 이 텍스트 영역이 필수적인 필드이므로 비워두면 안 된다는 메시지를 표시한다.

HTML5에서는 type 속성값을 email, datetime, date, month, week, time, range, color, reset 등으로 지정할 수 있다. 예를 들어 다음 <input> 태그는 type 속성값을 email로 설정한다.

```
<form:input path="myProperty" type="email"/>
```

사용자가 email 타입의 필드가 있는 폼을 제출하려고 하면 웹 브라우저가 email 타입의 필드에 올바른 전자우편 주소가 있는지 검사한다. email 타입 필드에 올바른 전자우편 주소가 없으면, 웹 브라우저가 email 타입의 필드에 들어 있는 전자우편 주소가 올바르지 않다는 사실을 알려주는 메시지를 표시한다. 웹 브라우저가 검증을 수행하기 때문에 전자우편 주소를 검증하는 자바스크립트 코드를 작성할 필요가 없다.

이제 XML 파일을 사용하지 않고 스프링 웹 MVC 애플리케이션을 설정하는 방법을 살펴보자.

13.7 자바 기반 설정을 사용해 웹 애플리케이션 설정하기

지금까지 살펴본 웹 애플리케이션 예제는 모두 스프링 빈을 루트 웹 애플리케이션 컨텍스트 XML(ContextLoaderListener가 읽음)과 자식 웹 애플리케이션 컨텍스트 XML (DispatcherServlet이 읽음), 그리고 web.xml로 설정한 DispatcherServlet과 ContextLoaderListener에서 정의했다. 이번 절에서는 자바 기반 설정 방식을 사용해 스프링 웹 MVC 애플리케이션을 설정하는 방법에 대해 살펴본다.

IMPORT chapter 13/ch13-jsr380-validation-javaconfig
이 프로젝트는 ch13-jsr380-validation 프로젝트를 자바 기반 설정을 사용하도록 변경한 버전을 보여준다. 애플리케이션을 톰캣 서버에 배포하고 나면 http://localhost:8080/ch13-jsr380-validation-javaconfig URL을 브라우저에서 살펴보자. 시스템에 있는 정기 예금 목록을 볼 수 있을 것이다.

루트와 자식 웹 애플리케이션 컨텍스트 빈이 다르게 취급되기 때문에, 루트와 자식 웹 애플리케이션 컨텍스트에 해당하는 @Configuration을 설정한 클래스를 따로 만들어야 한다. 다음 예제는 루트 웹 애플리케이션 컨텍스트에 속하는 빈을 설정하는 @Configuration을 설정한 RootContextConfig 클래스다.

예제 13-32 RootContextConfig

```
#프로젝트 - ch13-jsr380-validation-javaconfig
#src/main/java/sample/spring/chapter13

package sample.spring.chapter13;
.....
@Configuration
@ComponentScan(basePackages = { "sample.spring.chapter13.domain",
            "sample.spring.chapter13.dao", "sample.spring.chapter13.service" })
public class RootContextConfig { ..... }
```

예제를 보면 알 수 있지만, RootContextConfig 클래스는 @ComponentScan을 사용해 도메인 엔티티, DAO, 서비스를 등록한다. RootContextConfig 클래스는 ch13-jsr380-validation 프로젝트의 applicationContext.xml 파일(src/main/resources/META-INF/spring/에 위치함)과 동등하다.

다음 예제는 애플리케이션 웹 레이어에 속하는 빈을 설정하는 @Configuration을 설정한 WebContextConfig 클래스다.

예제 13-33 WebContextConfig

```
#프로젝트 - ch13-jsr380-validation-javaconfig
#src/main/java/sample/spring/chapter13

package sample.spring.chapter13;
import org.springframework.web.servlet.config.annotation.EnableWebMvc;
import org.springframework.web.servlet.config.annotation.ViewResolverRegistry;
import org.springframework.web.servlet.config.annotation.WebMvcConfigurer;
import org.springframework.web.servlet.view.InternalResourceViewResolver;

@EnableWebMvc
@Configuration
@ComponentScan("sample.spring.chapter13.web")
public class WebContextConfig implements WebMvcConfigurer {

  @Override
  public void configureViewResolvers(ViewResolverRegistry registry) {
    InternalResourceViewResolver viewResolver = new InternalResourceViewResolver();
    viewResolver.setPrefix("/WEB-INF/jsp/");
    viewResolver.setSuffix(".jsp");
    registry.viewResolver(viewResolver);
  }
}
```

@EnableWebMvc 애너테이션은 스프링 mvc 스키마의 <annotation-driven> 엘리먼트와 같은 역할을 한다. 이 애너테이션은 스프링 웹 MVC 애플리케이션에 필요한 객체를 설정한다. 디폴트 설정을 오버라이드하려면 다른 설정에 해당하는 디폴트 메서드를 구현하는 WebMvcConfigurer 인터페이스 클래스를 구현한다. 이 예제에서 WebContextConfig는 WebMvcConfigurer 클래스를 구현하면서 configureViewResolvers 메서드를 오버라이드하여 /WEB-INF/jsp 폴더에 위치한 JSP 페이지로 뷰를 연결해주는 InternalResourceViewResolver를 등록한다.

web.xml 파일을 사용하는 대신, 스프링 AbstractAnnotationConfigDispatcherServletInitializer 클래스(스프링 WebApplicationInitializer을 구현함)를 사용해 ServletContext를 프로그램에서 설정하고, DispatcherServlet와 ContextLoaderListener를 ServletContext에 등록할 수 있다. 다음 예제는 AbstractAnnotationConfigDispatcherServletInitializer 클래스를 확장한 BankAppInitializer 클래스다.

예제 13-34 BankAppInitializer

```
#프로젝트 - ch13-jsr380-validation-javaconfig
#src/main/java/sample/spring/chapter13

package sample.spring.chapter13;
import org.springframework.web.servlet.support.*;

public class BankAppInitializer extends
    AbstractAnnotationConfigDispatcherServletInitializer {

  @Override
  protected Class<?>[] getRootConfigClasses() {
    return new Class[] { RootContextConfig.class };
  }

  @Override
  protected Class<?>[] getServletConfigClasses() {
    return new Class[] { WebContextConfig.class };
  }

  @Override
  protected String[] getServletMappings() {
    return new String[] { "/" };
  }
}
```

이 예제에서 getRootConfigClasses 메서드는 루트 웹 애플리케이션 컨텍스트에 등록할 @Configuration(또는 @Component)을 설정한 클래스를 반환한다. RootContextConfig 클래스가 루트 웹 애플리케이션 컨텍스트에 속하는 빈을 설정하므로, getRootConfigClasses 메서드는 RootContextConfig 클래스를 반환한다. AbstractAnnotationConfigDispatcherServletInitializer는 ContextLoaderListener의 인스턴스를 루트 웹 애플리케이션 컨텍스트에 제공한다.

getServletConfigClasses 메서드는 자식 웹 애플리케이션 컨텍스트에 등록할 @Configuration(또는 @Component)을 설정한 클래스를 반환한다. WebContextConfig 클래스가 웹 레이어에 속하는 빈을 설정하므로, getServletConfigClasses 메서드는 WebContextConfig 클래스를 반환한다. AbstractAnnotationConfigDispatcherServletInitializer는 DispatcherServlet 인스턴스를 자식 웹 애플리케이션 컨텍스트에 제공한다.

`getServletMappings` 메서드는 `DispatcherServlet`의 서블릿 매핑을 지정한다.

여기까지가 `web.xml`과 XML 파일을 사용하지 않고 스프링 웹 MVC 애플리케이션을 만들 때 알아야 할 모든 내용이다.

13.8 요약

이 장에서는 스프링 웹 MVC의 여러 핵심 기능을 살펴봤다. 애너테이션을 설정한 컨트롤러를 개발할 때 자주 쓰는 `@ModelAttribute`와 `@SessionAttribute`에 대해 살펴봤고, 그 후 스프링이 데이터 바인딩과 어떻게 검증을 수행하는지도 자세히 알아봤다. 다음 장에서는 스프링 웹 MVC를 사용해 RESTful 웹 서비스를 어떻게 개발하는지 살펴본다.

CHAPTER 14

스프링 웹 MVC로 RESTful 웹 서비스 개발하기

14.1 소개

REST[REpresentational State Transfer](표현 상태 전송)는 애플리케이션이 URI[Uniform Resource Identifier](고유 자원 식별자)를 통해 **유일하게** 식별하는 **자원**을 정의하는 아키텍처 스타일이다. REST-스타일 애플리케이션의 클라이언트는 요청이 매핑된 URI에 `HTTP GET`, `POST`, `PUT`, `DELETE` 메서드를 보냄으로써 자원과 상호 작용한다. 다음 그림은 클라이언트가 REST-스타일 애플리케이션에 접근하는 모습이다.

그림 14-1 REST-스타일 애플리케이션의 자원 구분

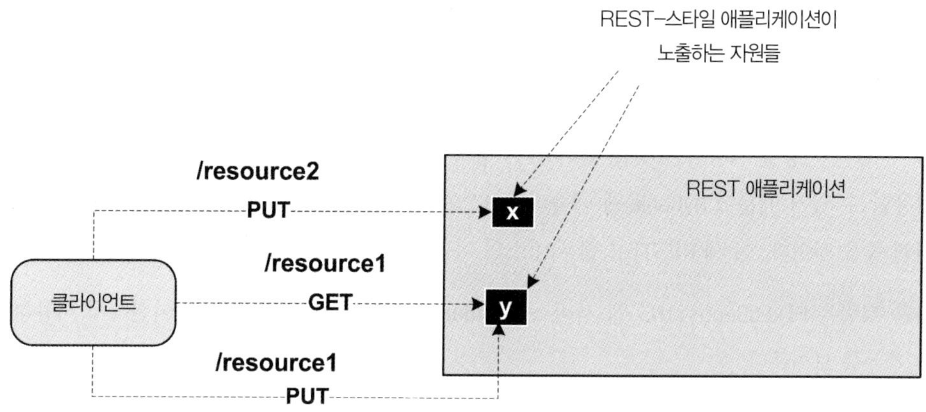

[그림 14-1]은 x와 y 2개의 자원으로 구성된 REST-스타일 애플리케이션을 나타낸다. x 자원은 /resource2 URI로 매핑되고, y 자원은 /resource1 URI로 매핑된다. 클라이언트는 /resource2 URI로 HTTP 요청을 보내서 x 자원과 상호 작용할 수 있고, /resource1 URI로 HTTP 요청을 보내서 y 자원과 상호 작용할 수 있다.

REST 아키텍처 스타일을 따르는 웹 서비스를 **RESTful 웹 서비스**라고 부른다. RESTful 웹 서비스의 맥락에서는 자원을 웹 서비스가 노출시키는 **데이터**라고 생각할 수 있다. 클라이언트는 RESTful 웹 서비스에 HTTP 요청을 보냄으로써 노출된 데이터에 대한 CRUD(생성CREATE, 읽기READ, 변경UPDATE, 삭제DELETE) 연산을 수행할 수 있다. 클라이언트와 RESTful 웹 서비스는 데이터의 **표현**representation을 교환하며, 이 표현은 XML, JSON(자바스크립트 객체 표기법) 형식, 간단한 문자열 또는 HTTP 프로토콜이 지원하는 다른 MIME 타입이 될 수 있다.

RESTful 웹 서비스는 SOAPSimple Object Access Protocol 기반 웹 서비스보다 간단히 구현할 수 있고 규모 확장도 더 용이하다. SOAP 기반 웹 서비스에서 요청과 처리는 항상 XML 형식이지만, RESTful 웹 서비스에서는 요청과 응답에 JSON(자바스크립트 객체 표기법), XML, 일반 텍스트 등을 사용할 수 있다. 이번 장에서는 스프링 웹 MVC를 사용하면 RESTful 웹 서비스를 얼마나 간편하게 개발할 수 있는지 살펴본다.

먼저 스프링 웹 MVC로 우리가 구현할 RESTful 웹 서비스의 요구 사항을 살펴보자.

14.2 정기 예금 웹 서비스

앞에서 MyBank 웹 애플리케이션이 정기 예금 목록을 표시하고, 정기 예금을 생성, 변경, 해지할 수 있는 기능을 제공하는 것을 살펴봤다. 정기 예금 관련 기능은 다른 애플리케이션에서도 사용할 수 있기 때문에 MyBank 웹 애플리케이션에서 기능을 빼내 RESTful 웹 서비스로 배포하면 좋을 것이다. 이 새 RESTful 웹 서비스의 이름을 FixedDepositWS라고 부르자.

다음 그림은 FixedDepositWS 웹 서비스를 MyBank와 Settlement 애플리케이션에서 사용하는 경우를 보여준다.

그림 14-2 FixedDepositWS 웹 서비스에 접근하는 MyBank와 Settlement 애플리케이션

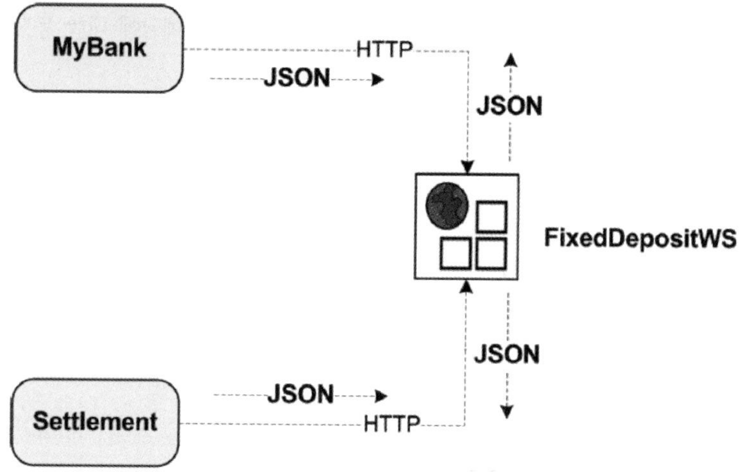

[그림 14-2]는 MyBank와 Settlement 웹 애플리케이션이 FixedDepositWS 웹 서비스와 JSON 형식의 데이터를 교환하면서 상호 작용한다는 사실을 나타낸다. 조금 있으면 애플리케이션 사이에 데이터를 교환할 때 JSON이 XML을 단순화한 대안으로 쓰일 수 있음을 보게 될 것이다(14.3.1절 참고).

이제는 스프링 웹 MVC를 사용해 FixedDepositWS 웹 서비스를 RESTful 웹 서비스로 어떻게 구현하는지 살펴보자.

14.3 스프링 웹 MVC를 사용해 RESTful 웹 서비스 구현하기

RESTful 웹 서비스를 개발하려면 다음과 같이 해야 한다.

- 웹 서비스가 노출할 자원을 식별한다
- 식별한 자원에 대한 URI를 지정한다
- 각 자원에 수행할 수 있는 연산을 식별한다
- 식별한 연산에 대한 HTTP 메서드를 매핑한다

FixedDepositWS 웹 서비스는 정기 예금 데이터를 자원으로 노출한다. FixedDepositWS 웹

서비스가 시스템에 정기 예금을 /fixedDeposits URI로 매핑한다면, FixedDepositWS 웹 서비스 클라이언트는 /fixedDeposits URI로 HTTP 요청을 보냄으로써 정기 예금에 대한 동작을 수행할 수 있다.

RESTful 웹 서비스에서 클라이언트가 자원과 상호 작용하기 위해 사용하는 HTTP 메서드는 해당 자원에 수행하려는 연산을 나타낸다. GET은 자원 상태를 가져오고, POST는 새 자원을 만들며, PUT은 자원 상태를 변경하고 DELETE는 자원을 제거한다. [그림 14-3]은 클라이언트가 /fixedDeposits URI로 GET, POST, PUT, DELETE HTTP 요청을 보냈을 때 FixedDepositWS 웹 서비스가 수행하는 동작을 나타낸다.

그림 14-3 FixedDepositWS의 클라이언트가 정기 예금 데이터와 상호 작용

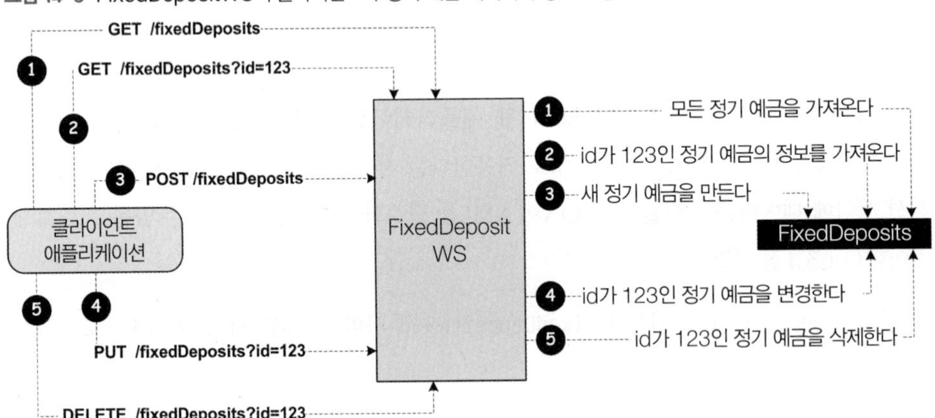

이 그림은 FixedDepositWS 웹 서비스의 클라이언트가 정기 예금 데이터와 상호 작용하기 위해 /fixedDeposits URI로 GET, POST, PUT, DELETE HTTP 요청을 보내는 경우를 보여준다. 질의 문자열인 id 파라미터는 시스템에서 정기 예금을 유일하게 식별해준다. 다음 표는 [그림 14-3]에 나온 각 요청의 목적을 정의한다.

HTTP 메서드	URI	목적
GET	/fixedDeposits	시스템에 있는 모든 정기 예금의 정보를 읽는다. FixedDepositWS 웹 서비스는 JSON 형식으로 응답을 돌려준다.
GET	/fixedDeposits?id=123	id가 123인 정기 예금의 정보를 얻는다. FixedDepositWS 웹 서비스는 JSON 형식으로 응답을 돌려준다.

POST	/fixedDeposits	시스템에 새 정기 예금을 만든다. 웹 서비스 클라이언트는 새로 만들 정기 예금의 상세 정보를 JSON 형식으로 요청에 전달한다.
PUT	/fixedDeposits?id=123	id가 123인 정기 예금의 정보를 변경한다. 웹 서비스 클라이언트는 변경할 정기 예금의 상세 정보를 JSON 형식으로 요청에 전달한다.
DELETE	/fixedDeposits?id=123	id가 123인 정기 예금 정보를 삭제한다.

이 표에서는 `FixedDepositWS`와 `FixedDepositWS`의 클라이언트가 JSON 형식으로 데이터를 교환한다. `FixedDepositWS` 구현 방법을 자세히 살펴보기 전에 JSON 형식의 데이터가 어떤 모양인지 먼저 살펴보자.

14.3.1 JSON

JSON(자바스크립트 객체 표기법)은 텍스트 기반 데이터 표기법으로 애플리케이션들이 **구조화된** 데이터를 서로 교환할 때 쓰인다. JSON이 XML보다 데이터를 더 간결하게 표현하기 때문에, JSON은 XML의 간편한 대안으로 쓰이고 있다. 자바 객체를 JSON으로 변환하거나 역방향으로 변환하기 위해, JSON과 `FlexJson`(`http://flexjson.sourceforge.net`)이나 `Jackson`(`https://github.com/FasterXML/jackson`) 등의 라이브러리를 함께 사용할 수 있다.

`Person` 클래스에 `firstName`과 `lastName` 속성 정의가 들어 있다고 가정하자. `Person` 인스턴스를 만들고 `firstName`을 `Myfirstname`, `lastName`을 `Mylastname`으로 설정했을 때, `Person` 객체를 JSON 형식으로 표현한 것은 다음과 같다.

예제 14-1 Person 객체를 JSON 형식으로 나타낸 표현

```
{
  "firstName" : "Myfirstname",
  "lastName" : "Mylastname"
}
```

이 예제는 `Person`의 각 속성이 JSON 형식에서 **<속성-이름>:<속성-값>** 형태로 표현된다는 것을 나타낸다.

자바 객체의 컬렉션을 JSON 형식으로 표현할 수도 있다. 다음 예제는 Person 객체의 컬렉션을 JSON 형식으로 표현한 것이다.

예제 14-2 Person 객체의 컬렉션을 JSON 형식으로 나타낸 표현

```
[
  {
    "firstName" : "Myfirstname",
    "lastName" : "Mylastname"
  },
  {
    "firstName" : "Yourfirstname",
    "lastName" : "Yourlastname"
  }
]
```

객체를 JSON 표현으로 변환하거나 역방향으로 변환하기 위해 코드를 직접 작성할 필요는 없다. 대신 RESTful 웹 서비스나 클라이언트는 FlexJson이나 Jackson 라이브러리를 사용해 이런 변환을 수행할 수 있다. 스프링 웹 MVC는 Jackson 라이브러리를 사용해서 JSON을 자바 객체로 변환하거나 자바 객체를 JSON으로 변환한다.

이제 스프링 웹 MVC를 사용하는 FixedDepositWS 웹 서비스 구현에 대해 살펴보자.

FixedDepositWS 웹 서비스 구현

@Controller, @RequestMapping, @RequestParam, @PathVariable, @ResponseBody, @RequestBody 등의 스프링 웹 MVC 애너테이션은 RESTful 웹 서비스 구축도 지원한다. 이번 절에서는 이런 애너테이션 중 일부를 사용해 FixedDepositWS 웹 서비스를 개발하는 방법을 살펴본다.

FixedDepositWS 웹 서비스에서는 FixedDepositController(스프링 웹 MVC 컨트롤러)가 웹 서비스 요청 처리를 담당한다. FixedDepositController는 다른 스프링 웹 MVC 컨트롤러와 같지만 이 클래스 내부의 @RequestMapping 메서드가 뷰를 표시하지 않는다는 차이가 있다. 다음 예제에서는 @Controller와 @RequestMapping 애너테이션을 사용해 웹 요청을 FixedDepositController 클래스에 있는 적절한 메서드로 매핑한다.

예제 14-3 FixedDepositController – 웹 서비스 요청 핸들러

```
#프로젝트 - ch14-webservice
#src/main/java/sample/spring/chapter14/web

package sample.spring.chapter14.web;
import org.springframework.http.ResponseEntity;
.....
@Controller
@RequestMapping(path = "/fixedDeposits")
public class FixedDepositController {
  .....
  @RequestMapping(method = RequestMethod.GET)
  public ResponseEntity<List<FixedDepositDetails>> getFixedDepositList() { ..... }

  @RequestMapping(method = RequestMethod.GET, params = "id")
  public ResponseEntity<FixedDepositDetails> getFixedDeposit(@RequestParam("id") int id)
  { ..... }
  .....
}
```

getFixedDepositList는 시스템의 정기 예금 목록을 반환하고 getFixedDeposit 메서드는 id 인수에 해당하는 정기 예금 정보를 반환한다. 이 예제에서는 @RequestMapping 애너테이션을 클래스와 메서드 수준에 사용해서 요청을 getFixedDepositList와 getFixedDeposit 메서드로 매핑한다. 클라이언트 애플리케이션이 HTTP GET 요청을 /fixedDeposits URI로 보내면 getFixedDepositList 메서드가 호출되고, 클라이언트가 id 요청 파라미터가 있는 HTTP GET 요청을 /fixedDeposits에게 보내면 getFixedDeposit 메서드가 호출된다. 따라서 요청 URI가 /fixedDeposits?id=123이면 getFixedDeposit 메서드가 호출된다.

다음 표는 요청 URI 및 HTTP 메서드와 FixedDepositController 클래스에 정의된 여러 메서드 사이의 매핑을 나타낸 것이다.

HTTP 메서드	URI	FixedDepositController 메서드
GET	/fixedDeposits	getFixedDepositList
GET	/fixedDeposits?id=123	getFixedDeposit
POST	/fixedDeposits	openFixedDeposit
PUT	/fixedDeposits?id=123	editFixedDeposit
DELETE	/fixedDeposits?id=123	closeFixedDeposit

12장과 13장에서 @RequestMapping을 설정한 메서드가 DispatcherServlet이 뷰(JSP나 서블릿)를 표시할 때 사용할 뷰 정보를 반환했다. @RequestMapping 메서드는 RESTful 웹 서비스에서 클라이언트 애플리케이션에(뷰 정보가 **아닌**) 데이터를 반환한다. 이런 이유로 getFixedDepositList와 getFixedDeposit 메서드는 ResponseEntity 타입의 객체를 반환하도록 정의됐다.

이제 FixedDepositController 클래스 안에서 ResponseEntity를 어떻게 사용하는지 살펴보자.

ResponseEntity를 사용해 HTTP 응답 지정하기

ResponseEntity는 헤더header, 본문body, 상태 코드로 구성된 HTTP 응답이다. ResponseEntity의 **본문** 객체로 설정한 객체는 스프링 웹 MVC에 의해 HTTP 요청 본문에 들어간다.

다음 예제는 FixedDepositController의 getFixedDepositList 메서드가 ResponseEntity 객체를 어떻게 만드는지 보여준다.

예제 14-4 FixedDepositController – ResponseEntity 인스턴스 만들기

```
#프로젝트 - ch14-webservice
#src/main/java/sample/spring/chapter14/web

package sample.spring.chapter14.web;
import org.springframework.http.HttpStatus;
import org.springframework.http.ResponseEntity;
.....
public class FixedDepositController {
  .....
  @RequestMapping(method = RequestMethod.GET)
  public ResponseEntity<List<FixedDepositDetails>> getFixedDepositList() {
    .....
    return new ResponseEntity<List<FixedDepositDetails>>(
        fixedDepositService.getFixedDeposits(), HttpStatus.OK);
  }
  .....
}
```

이 예제에서는 HTTP 응답 본문에 BindingResult 생성자에 전달된 정기 예금 리스트를 쓴다.

HttpStatus는 HTTP 상태 코드를 정의하는 enum 타입이다. OK 상수는 HTTP 상태 코드 200을 표현한다. 여기서 getFixedDepositList 메서드의 반환 타입이 ResponseEntity<List<FixedDepositDetails>>임에 유의하자. 이는 HTTP 응답 본문에 List<FixedDepositDetails> 타입의 객체가 써진다는 뜻이다. 스프링 웹 MVC는 적절한 HttpMessageConverter를 사용해서(14.5절에서 설명한다) List<FixedDepositDetails> 객체를 클라이언트 애플리케이션이 원하는 형태로 변환한다.

NOTE_ 이번 장 뒷부분에서는 클라이언트 애플리케이션이 스프링 RestTemplate을 사용해 FixedDepositController에 정의된 메서드를 호출하고, HTTP 요청 본문에 사용한 객체를 읽을 수 있다는 사실을 살펴볼 수 있다.

FixedDepositController 클래스에 있는 모든 @RequestMapping을 설정한 메서드는 ResponseEntity를 반환 타입으로 정의한다. 응답에 HTTP 상태 코드를 보낼 필요가 **없다면**, BindingResult 대신 스프링의 HttpEntity 클래스를 쓸 수 있다. HttpEntity는 헤더와 본문으로 구성된 HTTP 요청이나 응답을 표현한다. RequestEntity와 ResponseEntity 하위 클래스는 HTTP 요청과 응답을 각각 표현한다. ResponseEntity는 HttpEntity에 응답 상태 코드를 추가하고, RequestEntity는 HttpEntity에 메서드와 URI를 추가한다.

다음 예제는 HttpEntity 인스턴스를 생성해서 반환하도록 변경한 getFixedDepositList를 보여준다.

예제 14-5 FixedDepositController – ResponseEntity 대신 HttpEntity 사용하기

```
import org.springframework.http.HttpStatus;
import org.springframework.http.HttpEntity;
.....
public class FixedDepositController {
  .....
  @RequestMapping(method = RequestMethod.GET)
  public HttpEntity<List<FixedDepositDetails>> getFixedDepositList() {
    .....
    return
        new HttpEntity<List<FixedDepositDetails>>(fixedDepositService.getFixedDeposits());
  }
  .....
}
```

이 예제에서는 시스템에서 찾은 정기 예금을 HttpEntity 생성자에게 넘긴다. ResponseEntity의 경우(예제 14-4 참조)와 마찬가지로 HttpEntity에게 넘긴 정기 예금 정보들도 HTTP 응답 본문에 들어간다.

응답 헤더를 보내려면 HttpHeaders 객체를 쓸 수 있다. 다음 예제는 some-header 헤더를 HTTP 응답에 설정하는 시나리오다.

예제 14-6 HttpHeaders 사용법

```
import org.springframework.http.HttpHeaders;
.....
  @RequestMapping(method = RequestMethod.GET)
  public HttpEntity<String> doSomething() {
    HttpHeaders responseHeaders = new HttpHeaders();
    responseHeaders.set("some-header", "some-value");

    return new HttpEntity<String>("Hello world !", responseHeaders);
}
.....
```

스프링 HttpHeaders 객체를 사용해 HTTP 요청과 응답 헤더를 보낼 수 있다. 이 예제에서 HttpHeaders의 set 메서드를 사용해 some-header 응답 헤더를(some-value값) 설정한다. doSomething 메서드가 호출되면 'Hello world !' 문자열이 응답 본문에 써지고, some-header가 HTTP 응답에 써진다.

@RequestMapping 메서드가 HttpServletResponse를 인수로 받을 수도 있으므로, 이제 HttpServletResponse 객체를 사용해 응답 본문과 헤더를 직접 설정하는 방법을 살펴보자.

HTTPServletResponse를 사용해 HTTP 응답 지정하기

다음 예제는 @RequestMapping 메서드가 HttpServletResponse 객체에게 직접 데이터를 기록하는 경우를 보여준다.

예제 14-7 HttpServletResponse에 응답 설정하기

```
import javax.servlet.http.HttpServletResponse;
.....
```

```
  @RequestMapping(method = RequestMethod.GET)
  public void doSomething(HttpServletResponse response) throws IOException {
    response.setHeader("some-header", "some-value");
    response.setStatus(200);
    response.getWriter().write("Hello world !");
}
.....
```

컨트롤러를 더 잘 테스트하기 위해서는 HttpServletResponse에 직접 응답을 쓰는 대신, ResponseEntity(또는 HttpEntity) 객체를 써야 한다.

이제 메서드의 반환값을 HTTP 응답 본문에 쓰는 스프링의 @ResponseBody 메서드 수준 애너테이션에 대해 살펴보자.

스프링 4.0부터는 @ResponseBody를 클래스 수준에도 지정할 수 있다. 컨트롤러 클래스 내부의 컨트롤러 메서드들은 클래스 수준에 적용한 @ResponseBody 애너테이션 설정을 물려받는다.

@ResponseBody를 사용해 메서드 반환값을 HTTP 응답 본문에 연결하기

다음 예제는 @ResponseBody 애너테이션 사용법이다.

예제 14-8 @ResponseBody 애너테이션 사용법

```
import org.springframework.web.bind.annotation.ResponseBody;
.....
  @RequestMapping(method = RequestMethod.GET)
  @ResponseBody
  public String doSomething() {
    return "Hello world !";
}
.....
```

[예제 14-8]에서 doSomething 메서드가 반환하는 'Hello world !' 문자열 값이 HTTP 응답 본문에 써진다. 12장 12.7절에서 @RequestMapping 애너테이션의 반환값이 String인 경우, 이 반환값을 표시할 뷰의 이름으로 취급한다고 했다. 이 예제에서 doSomething 메서드에 설정한 @ResponseBody 애너테이션은 메서드가 반환하는 문자열 값을 뷰 이름으로 취급하는 대신

스프링 웹 MVC가 응답 본문에 써야 한다고 지시한다. 스프링은 @ResponseBody 애너테이션을 설정한 메서드가 반환하는 값을 적절한 HttpMessageConverter(14.5절에서 설명) 구현을 변환한 다음에 HTTP 응답 본문에 쓴다는 점에 유의하자.

> **NOTE_** @RequestMapping과 @ResponseBody 애너테이션 대신, @RequestMapping과 @ResponseBody 애너테이션을 합친 @RestController라는 합성 애너테이션을 사용할 수도 있다.

지금까지 @RequestMapping 메서드가 HTTP 응답에 데이터를 쓰는 방법 몇 가지를 살펴봤다. 이제는 @RequestMapping 메서드가 어떻게 @RequestBody 애너테이션을 써서 HTTP 요청의 본문을 읽는지 살펴보자.

@RequestBody를 사용해 HTTP 요청 본문을 메서드 파라미터에 연결하기

@RequestBody를 설정한 메서드는 @RequestBody 메서드 파라미터 수준 애너테이션을 사용해서 HTTP 요청 본문을 메서드 파라미터에 연결할 수 있다. 스프링 웹 MVC는 적절한 HttpMessageConverter 구현을 사용(14.5절에 설명)해서 HTTP 요청 본문을 메서드 파라미터 타입으로 변환한다. 다음 예제는 MyBank 애플리케이션의 FixedDepositController에 있는 @RequestBody 애너테이션 사용법이다.

예제 14-9 @RequestBody 애너테이션 사용법

```
#프로젝트 - ch14-webservice
#src/main/java/sample/spring/chapter14/web

package sample.spring.chapter14.web;
.....
import org.springframework.web.bind.annotation.RequestBody;
.....
@Controller
@RequestMapping(path = "/fixedDeposits")
public class FixedDepositController {
  .....
  @RequestMapping(method = RequestMethod.POST)
  public ResponseEntity<FixedDepositDetails> openFixedDeposit(
      @RequestBody FixedDepositDetails fixedDepositDetails,
      BindingResult bindingResult) {
```

```java
    new FixedDepositDetailsValidator().validate(fixedDepositDetails, bindingResult);
    .....
  }
  .....
}
```

이 예제에서 FixedDepositDetails 타입인 메서드 인수에는 @RequestBody를 설정했다. 스프링 웹 MVC는 HTTP 요청 본문을 FixedDepositDetails 타입 객체로 변환시켜준다. 이 예제에서 FixedDepositDetailsValidator는 정기 예금을 생성하기 전에 FixedDepositDetails 객체를 검증하는 스프링 Validator를 구현한 클래스다.

@RequestBody를 사용하는 방법의 대안으로는 HttpServletRequest 객체에서 직접 HTTP 요청 본문을 읽어 요청 본문 내용을 메서드에 필요한 자바 타입으로 변환하는 방법이 있다. 스프링 @RequestBody 애너테이션을 사용하면 스프링이 적절한 HttpMessageConverter 구현을 사용해 HTTP 요청 본문을 @RequestMapping 메서드가 원하는 타입으로 바꿔주기 때문에 변환 과정이 단순해진다.

이제 HTTP 응답 상태를 설정할 때 쓰는 @ResponseStatus 애너테이션을 살펴보자.

@ResponseStatus를 사용해 HTTP 응답 상태 설정하기

@ResponseStatus 애너테이션을 사용해 @RequestMapping 메서드가 반환하는 HTTP 응답 상태를 지정할 수 있다. 다음 예제는 @ResponseStatus 애너테이션 사용법이다.

예제 14-10 @ResponseStatus 애너테이션 사용법

```java
import org.springframework.web.bind.annotation.ResponseStatus;

public class SomeController {
  @RequestMapping(method = RequestMethod.GET)
  @ResponseStatus(code = HttpStatus.OK)
  @ResponseBody
  public SomeObject doSomething() {
    .....
  }
}
```

doSomething 메서드에 @ResponseBody를 설정했기 때문에 doSomething이 반환하는 SomeObject가 HTTP 요청 본문에 써진다. 그리고 @ResponseStatus 애너테이션이 HTTP 응답 상태 코드를 HttpStatus.OK 상수로 표현으로 지정한다.

이제 FixedDepositWS 웹 서비스에서 @ExceptionHandler 애너테이션을 사용해 예외를 처리하는 방법을 살펴보자.

@ExceptionHandler 애너테이션을 사용해 예외 처리하기

12.1절에서 @ExceptionHandler 애너테이션으로 예외를 처리하는 컨트롤러 메서드를 지정했다. @RequestMapping 메서드와 마찬가지로 RESTful 웹 서비스 안에 있는 @ExceptionHandler 메서드에도 @ResponseBody를 설정하거나 반환 타입을 ResponseEntity(또는 HttpEntity)로 지정할 수 있다.

다음 예제는 ch14-webservice 프로젝트의 FixedDepositController 클래스에서 @ExceptionHandler 애너테이션을 사용한 부분이다.

예제 14-11 @ExceptionHandler 사용법

```
#프로젝트 - ch14-webservice
#src/main/java/sample/spring/chapter14/web

package sample.spring.chapter14.web;
import sample.spring.chapter14.exception.ValidationException;
.....
public class FixedDepositController {
  .....
  @ExceptionHandler(ValidationException.class)
  @ResponseBody
  @ResponseStatus(code = HttpStatus.BAD_REQUEST)
  public String handleException(Exception ex) {
    logger.info("handling ValidationException " + ex.getMessage());
    return ex.getMessage();
  }
}
```

handleException 메서드에 설정한 @ExceptionHandler 애너테이션은 FixedDepositController가 요청을 처리하는 동안 ValidationException이 던져지면 이 예외

를 handleException 메서드가 처리해야 한다는 뜻이다. handleException 메서드에 @ResponseBody를 설정하므로 handleException이 반환하는 예외 메시지가 HTTP 응답 본문에 써진다. handleException의 @ResponseStatus 메서드는 HTTP 응답 상태 코드를 400(HttpStatus.BAD_REQUEST 상수로 표현)으로 지정한다.

이번 절에서는 스프링 웹 MVC를 사용해서 FixedDepositWS 웹 서비스를 구현하는 방법에 대해 살펴봤다. 이제는 스프링 RestTemplate을 사용해 FixedDepositWS 웹 서비스에 접근하는 방법을 살펴보자.

14.4 RestTemplate과 WebClient로 RESTful 웹 서비스에 접근하기

스프링 RestTemplate(동기적 접근의 경우)과 WebClient(비동기적 접근의 경우) 클래스를 활용하는 이 클래스들이 HTTP 연결 관리와 HTTP 오류 처리를 대신해주기 때문에 RESTful 웹 서비스를 쉽게 사용할 수 있다.

IMPORT chapter 14/ch14-webservice-client

이 프로젝트는 스프링 RestTemplate(동기적으로 웹 서비스에 접근하는 경우)과 WebClient(비동기적으로 웹 서비스에 접근하는 경우) 클래스를 사용해 FixedDepositWS RESTful 웹 서비스에 접근하는 독립 실행 자바 애플리케이션을 보여준다. ch14-webservice-client 프로젝트는 FixedDepositWS RESTful 서비스를 표현하는 ch14-webservice 프로젝트를 http://localhost:8080/ch14-webservice URL에 배포했다고 가정한다.

14.4.1 RestTemplate 설정

다음 예제는 ch14-webservice-client 프로젝트의 XML 파일에서 RestTemplate을 설정하는 방법을 보여준다.

예제 14-12 applicationContext.xml – RestTemplate 설정

```
#프로젝트 - ch14-webservice-client
#src/main/resources/META-INF/spring
```

```
<beans .....>
  <bean id="restTemplate" class="org.springframework.web.client.RestTemplate">
    <property name="errorHandler" ref="errorHandler" />
  </bean>

  <bean id="errorHandler" class="sample.spring.chapter14.MyErrorHandler" />
  .....
</beans>
```

RestTemplate의 errorHandler 프로퍼티는 HTTP 응답을 검사해서 오류를 찾고 오류가 난 경우 응답을 처리해주는 스프링 ResponseErrorHandler 인터페이스 구현을 가리킨다. DefaultResponseErrorHandler는 스프링에서 바로 사용할 수 있는 ResponseErrorHandler 인터페이스 디폴트 구현이다. errorHandler 프로퍼티를 지정하지 않으면 스프링은 DefaultResponseErrorHandler 구현을 사용한다. 이 예제에서는 RestTemplate이 MyErrorHandler라는 커스텀 오류 핸들러를 사용한다.

다음 예제는 MyErrorHandler 클래스 구현을 나타낸다.

예제 14-13 MyErrorHandler 클래스 – HTTP 응답 오류 핸들러

```
#프로젝트 - ch14-webservice-client
#src/main/java/sample/spring/chapter14

package sample.spring.chapter14;
import org.apache.commons.io.IOUtils;
import org.springframework.http.client.ClientHttpResponse;
import org.springframework.web.client.DefaultResponseErrorHandler;

public class MyErrorHandler extends DefaultResponseErrorHandler {
  private static Logger logger = LogManager.getLogger(MyErrorHandler.class);

  @Override
  public void handleError(ClientHttpResponse response) throws IOException {
    logger.info("Status code received from the web service : "
        + response.getStatusCode());
    String body = IOUtils.toString(response.getBody());
    logger.info("Response body: " + body);
    super.handleError(response);
  }
}
```

이 예제에서는 MyErrorHandler 클래스가 DefaultResponseErrorHandler 클래스를 확장하고 handleError 메서드를 오버라이드한다. HTTP 응답의 상태 코드가 오류를 나타내면 handleError 메서드가 응답을 처리한다. handleError 메서드의 ClientHttpResponse 인수는 RESTful 웹 서비스를 호출해서 받은 HTTP 응답을 표현한다. ClientHttpResponse의 getBody 메서드를 호출하면 HTTP 응답의 본문을 InputStream 형태로 반환받을 수 있다. MyErrorHandler의 handleError 메서드는 상태 코드와 응답 본문 관련 정보를 로그에 남기고, 오류 처리를 DefaultResponseErrorHandler의 handleError 메서드에 위임한다. 이 예제에서는 MyErrorHandler 클래스가 아파치 커먼즈 IO의 IOUtils 클래스를 사용해 HTTP 응답 본문의 내용을 String으로 받는다.

이제 RestTemplate 클래스를 설정하는 방법을 살펴봤으므로 어떻게 클라이언트 애플리케이션에서 RestTemplate를 사용해 RESTful 웹 서비스에 접근할 수 있는지 알아보자.

14.4.2 RestTemplate을 사용해 FixedDepositWS 웹 서비스에 접근하기

다음 예제는 RestTemplate을 사용해 FixedDepositWS 웹 서비스에 접근하는 FixedDepositWSClient 클래스다.

예제 14-14 FixedDepositWSClient 클래스 – RestTemplate 사용법

```
#프로젝트 - ch14-webservice-client
#src/main/java/sample/spring/chapter14

package sample.spring.chapter14;
.....
import org.springframework.web.client.RestTemplate;

public class FixedDepositWSClient {
  private static ApplicationContext context;

  public static void main(String args[]) {
    context = new ClassPathXmlApplicationContext(
        "classpath:META-INF/spring/applicationContext.xml");
    getFixedDepositList(context.getBean(RestTemplate.class));
    getFixedDeposit(context.getBean(RestTemplate.class));
    .....
```

```
    }

    private static void getFixedDepositList(RestTemplate restTemplate) { ..... }
    .....
  }
```

이 예제는 FixedDepositWSClient의 main 메서드가 다음 동작을 수행하는 것을 보여준다.

- 스프링 컨테이너(ApplicationContext 객체가 표현함)를 부팅한다
- getFixedDepositList, getFixedDeposit 등의 메서드를 호출한다. 이 메서드들은 RestTemplate 인스턴스를 받고, FixedDepositWS 웹 서비스 호출을 담당한다.

다음 예제는 시스템의 정기 예금 목록을 얻기 위해 http://localhost:8080/ch14-webservice에 배포한 FixedDepositWS 웹 서비스를 호출하는 FixedDepositWSClient의 getFixedDepositList 메서드다.

예제 14-15 FixedDepositWSClient의 getFixedDepositList 메서드

```
#프로젝트 - ch14-webservice-client
#src/main/java/sample/spring/chapter14

package sample.spring.chapter14;
.....
import org.springframework.core.ParameterizedTypeReference;
import org.springframework.http.*;
import org.springframework.web.client.RestTemplate;

public class FixedDepositWSClient {
  .....
  private static void getFixedDepositList(RestTemplate restTemplate) {
    HttpHeaders headers = new HttpHeaders();
    headers.add("Accept", "application/json");

    HttpEntity<String> requestEntity = new HttpEntity<String>(headers);

    ParameterizedTypeReference<List<FixedDepositDetails>> typeRef =
        new ParameterizedTypeReference<List<FixedDepositDetails>>() { };

    ResponseEntity<List<FixedDepositDetails>> responseEntity = restTemplate
        .exchange("http://localhost:8080/ch14-webservice/fixedDeposits",
```

```
            HttpMethod.GET, requestEntity, typeRef);

    List<FixedDepositDetails> fixedDepositDetails = responseEntity.getBody();
    logger.info("List of fixed deposit details: \n" + fixedDepositDetails);
  }
  .....
}
```

이 예제에서는 RestTemplate의 exchange 메서드를 사용해서 HTTP GET 요청을 http://localhost:8080/ch14-webservice/fixedDeposits URL로 보냈다. FixedDepositWS 웹 서비스가 http://localhost:8080/ch14-webservice URL에 배포됐기 때문에, HTTP GET 요청을 http://localhost:8080/ch14-webservice/fixedDeposits URL로 보내면 FixedDepositController의 getFixedDepositList 메서드가 호출된다. 이 메서드가 호출되는 이유는 FixedDepositController의 getFixedDepositList 메서드가 /fixedDeposits 라는 URI에 매핑(예제 14-3이나 ch14-webservice 프로젝트의 FixedDepositController 클래스를 보자)되어 있기 때문이다.

[예제 14-15]에서 HttpEntity 객체는 웹 서비스로 보낸 요청을 표현하고 HttpHeaders 객체는 이 요청의 요청 헤더를 표현하며, ParameterizedTypeReference 객체는 웹 서비스로부터 돌려받은 응답의 제네릭 타입을 표현한다. Accept 요청 헤더의 값을 application/json으로 설정해 FixedDepositWS 웹 서비스에서 돌려받는 응답이 JSON 형식으로 되도록 지정한다.

웹 서비스 쪽에서, 스프링 웹 MVC는 @ResponseBody를 설정한 메서드가 반환하는 값을 변환해줄 적절한 HttpMessageConverter를 찾기 위해 Accept 헤더 값을 사용한다. 예를 들어 Accept 헤더 값이 application/json이면 스프링 웹 MVC는 MappingJackson2HttpMessageConverter(HttpMessageConverter)를 구현함)를 사용해 @ResponseBody를 설정한 메서드가 반환하는 값을 JSON 형식으로 변환한다. FixedDepositWSClient의 getFixedDepositList 메서드는 Accept 헤더의 값을 application/json으로 설정했다. 따라서 FixedDepositController의 getFixedDepositList 메서드가 반환하는 값도 JSON 형식으로 변환된다.

RestTemplate의 exchange 메서드는 웹 서비스가 반환하는 응답을 표현하는 ResponseEntity 인스턴스를 반환한다. FixedDepositController의 getFixedDepositList 메서드를 호출해서 받은 응답의 제네릭 타입이 List<FixedDepositDetails>이므로, Parameteriz edTypeReference<List<FixedDepositDetails>> 인스턴스가 만들어져 exchange 메서드에 전달된다. ResponseEntity의 getBody 메서드를 사용하면 웹 서비스가 반환하는 응답을 얻을 수 있다. [예제 14-15]에서 ResponseEntity의 getBody 메서드는 FixedDepositWS 웹 서비스가 반환하는 정기 예금 리스트에 해당하는 List<FixedDepositDetails> 타입의 객체를 반환한다.

다음 그림은 FixedDepositWSClient가 FixedDepositController의 getFixedDepositList 메서드를 호출할 때 MappingJackson2HttpMessageConverter가 어떤 역할을 하는지 보여준다.

그림 14-4 RestTemplate을 사용한 웹 서비스의 요청 과정

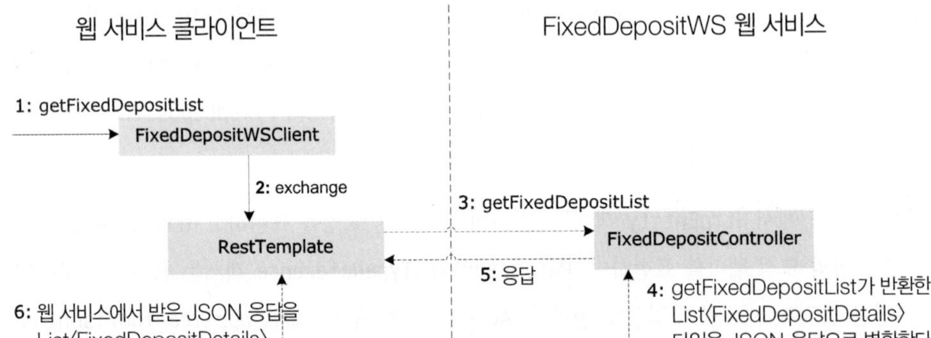

이 그림에서는 FixedDepositController의 getFixedDepositList 메서드가 반환하는 값을 JSON 형식으로 변환하기 위해 MappingJackson2HttpMessageConverter를 사용한다. RestTemplate에서도 MappingJackson2HttpMessageConverter를 사용해 FixedDepositController에서 받은 JSON 응답을 List<FixedDepositDetails> 타입의 자바 객체로 변환한다.

예제 4-15에서는 RestTemplate의 exchange 메서드를 사용해 HTTP GET 요청을 FixedDepositWS 웹 서비스에 보낸다. 웹 서비스에서 받은 응답을 자바 제네릭 타입으로 변환할 필요가 있거나 HTTP 요청 헤더를 보내야 할 때 보통 exchange 메서드를 사용한다. RestTemplate에는 RESTful 클라이언트 작성을 더 쉽게 해주는 HTTP 메서드별 메서드도 들

어 있다. 예를 들어 HTTP GET 요청을 보내려면 getForEntity 메서드, HTTP POST 요청을 보내려면 postForEntity, HTTP DELETE 요청을 보내려면 delete 등을 사용할 수 있다.

다음 예제는 HTTP POST 요청을 FixedDepositWS 웹 서비스에 보내 새 정기 예금을 생성하는 FixedDepositWSClient의 openFixedDeposit 메서드다.

예제 14-16 FixedDepositWSClient의 openFixedDeposit 메서드

```
#프로젝트 - ch14-webservice-client
#src/main/java/sample/spring/chapter14

package sample.spring.chapter14;
import org.springframework.http.ResponseEntity;
import org.springframework.web.client.RestTemplate;
.....
public class FixedDepositWSClient {
  .....
  private static void openFixedDeposit(RestTemplate restTemplate) {
    FixedDepositDetails fdd = new FixedDepositDetails();
    fdd.setDepositAmount("9999");
    .....
    ResponseEntity<FixedDepositDetails> responseEntity = restTemplate
        .postForEntity("http://localhost:8080/ch14-webservice/fixedDeposits",
                fdd, FixedDepositDetails.class);

    FixedDepositDetails fixedDepositDetails = responseEntity.getBody();
    .....
  }
}
```

FixedDepositWSClient의 openFixedDeposit 메서드는 생성할 정기 예금의 상세 정보를 FixedDepositWS 웹 서비스로 보낸다. 정기 예금을 만드는 데 성공하면, FixedDepositWS는 새로 만들어진 고유 식별자를 포함한 FixedDepositDetails 객체를 반환한다. [예제 14-16]에서는 RestTemplate의 postForEntity 메서드가 웹 서비스 URL, POST로 보낼 객체(여기서는 FixedDepositDetails 객체), HTTP 응답 타입(여기서는 FixedDepositDetails.class)을 인수로 받는다. HTTP POST 요청을 http://localhost:8080/ch14-webservice/fixedDeposits URL로 보내면 FixedDepositController의 openFixedDeposit 메서드가 호출된다(예제 14-9나 ch14-webservice 프로젝트의 FixedDepositController 클래스를

보자).

FixedDepositController의 openFixedDeposit 메서드는 정기 예금을 생성하기 전에 요청 받은 정기 예금 정보를 검증한다. FixedDepositDetailsValidator가 정기 예금 정보를 검증한다. 정기 예금액이 1000미만 또는 만기가 12개월 미만이거나, 지정한 전자우편 주소가 정상이 아니라면 openFixedDeposit 메서드가 예외를 던진다. 다음 예제는 FixedDepositController에 있는 openFixedDeposit과 handleException 메서드다.

예제 14-17 FixedDepositController – openFixedDeposit과 handleException 메서드

```
#프로젝트 - ch14-webservice-client
#src/main/java/sample/spring/chapter14/web

package sample.spring.chapter14.web;
import org.springframework.validation.BindingResult;
import org.springframework.web.bind.annotation.ExceptionHandler;
import sample.spring.chapter14.exception.ValidationException;
.....
@Controller
@RequestMapping(path = "/fixedDeposits")
public class FixedDepositController {
  .....
  @RequestMapping(method = RequestMethod.POST)
  public ResponseEntity<FixedDepositDetails> openFixedDeposit(
      @RequestBody FixedDepositDetails fixedDepositDetails,
      BindingResult bindingResult) {

    new FixedDepositDetailsValidator().validate(fixedDepositDetails, bindingResult);

    if (bindingResult.hasErrors()) {
      throw new ValidationException("Validation errors occurred");
    } else {
      fixedDepositService.saveFixedDeposit(fixedDepositDetails);
      .....
    }
    ....
  }

  @ExceptionHandler(ValidationException.class)
  @ResponseBody
  @ResponseStatus(value = HttpStatus.BAD_REQUEST)
```

```
    public String handleException(Exception ex) {
      return ex.getMessage();
    }
    .....
  }
```

이 예제에서는 정기 예금 정보 검증에 실패할 경우 openFixedDeposit 메서드가 ValidationException을 던진다. handleException 메서드에 @ExceptionHandler(ValidationException.class) 애너테이션을 설정해서 openFixedDeposit 메서드가 던지는 ValidationException 예외를 handleException이 처리한다. @ResponseBody와 @ResponseStatus(code=HttpStatus.BAD_REQUEST) 애너테이션은 handleException이 반환하는 예외 메시지를 응답 본문에 쓰고, 상태 코드를 HttpStatus.BAD_REQUEST 상수(HTTP 상태 코드 400에 해당)로 설정한다.

FixedDepositWSClient의 openInvalidFixedDeposit 메서드는 다음과 같이 정기 예금액이 100인 정기 예금을 만들려고 시도한다.

예제 14-18 FixedDepositWSClient – openInvalidFixedDeposit 메서드

```
#프로젝트 - ch14-webservice-client
#src/main/java/sample/spring/chapter14

private static void openInvalidFixedDeposit(RestTemplate restTemplate) {
  FixedDepositDetails fdd = new FixedDepositDetails();
  fdd.setDepositAmount("100");
  fdd.setEmail("99@somedomain.com");
  fdd.setTenure("12");
  ResponseEntity<FixedDepositDetails> responseEntity = restTemplate
      .postForEntity("http://localhost:8080/ch14-webservice/fixedDeposits",
         fdd, FixedDepositDetails.class);
  FixedDepositDetails fixedDepositDetails = responseEntity.getBody();
  logger.info("Details of the newly created fixed deposit: "
      + fixedDepositDetails);
}
```

openInvalidFixedDeposit 메서드는 RestTemplate을 사용해 요청을 FixedDepositController의 openFixedDeposit 메서드로 보낸다. 정기 예금액을 100으로 지정했기 때문에 FixedDepositController의 openFixedDeposit 메서드는 ValidationException 예외

를 던진다(예제 14-17 참조). FixedDepositController의 handleException 메서드(예제 14-17 참조)는 이 ValidationException 예외를 처리하고 HTTP 응답 상태를 400으로 지정한다. RestTemplate이 돌려주는 응답 상태 코드가 400이므로, 이 응답에 대한 처리는 RestTemplate 설정 시 지정(예제 14-12와 예제 14-13 참조)한 MyErrorHandler 구현에 위임된다.

RestTemplate을 사용하면 클라이언트가 **동기적으로** RESTful 웹 서비스에 접근할 수 있다. 이제 스프링 WebClient를 사용해 **비동기적으로** RESTful 웹 서비스에 접근하는 방법을 살펴보자.

14.4.3 WebClient를 사용해 RESTful 웹 서비스에 비동기적으로 접근하기

클라이언트가 비동기적으로 RESTful 웹 서비스에 접근할 수 있도록 스프링은 WebClient 클래스를 제공한다. WebClient 클래스는 **함수형(functional)**(17장에서 설명) 및 **반응형(reactive)**(18장에서 설명) 스타일로 RESTful 웹 서비스에 접근할 수 있게 해주는 spring-webflux 모듈(19장에서 설명)의 일부분이다. WebClient 클래스에 대해서는 19장에서 더 자세히 다룬다.

다음 예제는 WebClient를 사용해 FixedDepositWS 웹 서비스에 접근하는 FixedDeposit WSWebClient 클래스를 보여준다.

예제 14-19 FixedDepositWSWebClient – openFixedDeposit 메서드

```
#프로젝트 - ch14-webservice-client
#src/main/java/sample/spring/chapter14

package sample.spring.chapter14;
import org.springframework.http.HttpEntity;
import org.springframework.http.MediaType;
import org.springframework.web.reactive.function.BodyInserters;
import org.springframework.web.reactive.function.client.WebClient;
.....
public class FixedDepositWSWebClient {
  .....
  public static void main(String args[]) throws InterruptedException {
    .....
    WebClient webClient = WebClient.create("http://localhost:8080/ch14-webservice");
```

```
    try {
      .....
      openFixedDeposit(webClient);
    } catch (Exception e) {
      e.printStackTrace();
    }
    Thread.sleep(10000);
  }

  private static void openFixedDeposit(WebClient webClient) {
    FixedDepositDetails fdd = new FixedDepositDetails();
    fdd.setDepositAmount("9999");
    .....
    webClient.post().uri("/fixedDeposits")
            .accept(MediaType.APPLICATION_JSON)
            .body(BodyInserters.fromObject(fdd))
            .retrieve().bodyToMono(FixedDepositDetails.class)
            .subscribe(fixedDeposit -> logger
               .info("createFixedDeposit method. returned id is -> "
                     + fixedDeposit.getId()));
  }
}
```

이 예제에서는 openFixedDeposit 메서드가 WebClient를 사용해 요청을 FixedDepositWS 웹 서비스로 보낸다. main 메서드에서 WebClient의 create 메서드를 사용해 기반 주소, 호스트, 포트 정보가 들어 있는 WebClient 인스턴스를 만든다. 이 WebClient 인스턴스를 openFixedDeposit 메서드에 넘겨서 이 인스턴스가 FixedDepositWS 웹 서비스에 요청을 보내게 만든다. post 메서드는 HTTP POST 요청을 만들고 uri 메서드는 요청을 보낼 URI를 지정하며, accept 메서드는 Accept 요청 헤더의 값을 지정하고 retrieve 메서드는 요청을 웹 서비스로 보내 응답을 웹 서비스에서 받으며, subscribe 메서드는 응답 본문을 처리한다. 응답 본문에 새로 생성해 영속화한 FixedDepositDetails 객체가 들어 있으므로, subscribe 메서드는 받은 FixedDepositDetails 객체의 id를 로그에 쓴다.

이제 스프링 웹 MVC의 HttpMessageConverter가 어떤 역할을 하는지 살펴보자.

14.5 HttpMessageConverter로 자바 객체를 HTTP 요청이나 응답으로 변경하거나, 반대 방향으로 변경하기

스프링은 `HttpMessageConverter`를 사용해 여러 변환을 수행한다.

- 메서드 인수에 @RequestBody를 설정하면 스프링은 HTTP 요청 본문을 메서드 인수의 자바 타입으로 변환한다.
- 메서드에 @ResponseBody를 설정하면 스프링은 메서드가 반환한 자바 객체를 HTTP 응답 본문으로 변환한다.
- 메서드의 반환 타입이 HttpEntity나 ResponseEntity라면, 스프링은 메서드가 반환한 자바 객체를 HTTP 응답 본문으로 변환한다.
- RestTemplate 클래스가 제공하는 메서드(getForEntity, postForEntity, exchange 등)에 전달되거나 반환되는 객체는 각각 HTTP 요청 본문으로 변환되거나 HTTP 응답 본문으로 변환된다.

다음 표는 스프링 웹 MVC에서 바로 사용할 수 있는 `HttpMessageConverter` 구현 몇 가지를 정리한 것이다.

HttpMessageConverter 구현	설명
StringHttpMessageConverter	문자열을 자바 객체로/자바 객체를 문자열로 변환한다.
FormHttpMessageConverter	MultiValueMap<String, String> 타입을 자바 폼 객체로/자바 폼 객체를 MultiValueMap<String, String> 타입으로 변환한다. 스프링이 폼 데이터와 파일 업로드를 처리할 때 이 HttpMessageConverter를 사용한다.
MappingJackson2HttpMessageConverter	JSON을 자바 객체로/자바 객체를 JSON으로 변환한다.
MarshallingHttpMessageConverter	XML을 자바 객체로/자바 객체를 XML로 변환한다.

스프링 `mvc` 스키마의 `<annotation-driven>` 엘리먼트를 사용하면 `MappingJackson2HttpMessageConverter`, `StringHttpMessageConverter`, `FormHttpMessageConverter`가 자동으로 스프링 컨테이너에 등록된다. `MarshallingHttpMessageConverter`를 사용하려면 이를 스프링 컨테이너에 명시적으로 등록해야 한다. `<annotation-driven>` 엘리먼트가 디폴트로 등록하는 `HttpMessageConverter`의 완전한 목록은 스프링 프레임워크 참조 문서(https://docs.spring.io/spring/docs/current/javadoc-api/org/springframework/http/converter/HttpMessageConverter.html)를 살펴보자.

이제 스프링 웹 MVC를 사용하는 RESTful 웹 서비스 개발을 더 편하게 해주는 @PathVariable과 @MatrixVariable 애너테이션에 대해 살펴보자.

14.6 @PathVariable과 @MatrixVariable 애너테이션

실제 URI를 지정하는 대신 요청 URI의 특정 부분에 접근할 수 있도록 @RequestMapping 애너테이션에 **URI 템플릿**template을 지정할 수도 있다. URI 템플릿에는 **변수 이름**(중괄호로 묶어서 표시)이 있고, 이 변수의 값은 실제 요청 URI로부터 만들어진다. 예를 들어, URI 템플릿 http://www.somebank.com/fd/{fixeddeposit}에는 fixeddeposit 변수가 들어 있다. 실제 요청 URI가 http://www.somebank.com/fd/123이면 {fixeddeposit} URI 템플릿 변수의 값은 123이 된다.

@PathVariable은 **URI 템플릿 변수**의 값을 메서드 인수에 대입하기 위해 @RequestMapping 메서드에 사용할 수 있는 메서드 인수 수준의 애너테이션이다.

IMPORT chapter 14/ch14-webservice-uritemplates와 ch14-webservice-client-uritemplates
ch14-webservice-uritemplates 프로젝트는 FixedDepositWS RESTful 웹 서비스를 보여주는 ch14-webservice 프로젝트를, @PathVariable 애너테이션을 사용하도록 변경한 버전이다. ch14-webservice-client-uritemplates는 ch14-webservice-client 프로젝트를 ch14-webservice-uritemplates 프로젝트가 표현하는 FixedDepositWS 웹 서비스에 접근하도록 변경한 버전이다.

다음 예제는 ch14-webservice-uritemplates 프로젝트의 FixedDepositController 컨트롤러에 있는 @PathVariable 애너테이션 사용을 보여준다.

예제 14-20 FixedDepositController – @PathVariable 사용 예

```
#프로젝트 - ch14-webservice-uritemplates
#src/main/java/sample/spring/chapter14/web

package sample.spring.chapter14.web;
import org.springframework.web.bind.annotation.PathVariable;
.....
@Controller
```

```
public class FixedDepositController {
  .....
  @RequestMapping(path="/fixedDeposits/{fixedDepositId}", method = RequestMethod.GET)
  public ResponseEntity<FixedDepositDetails> getFixedDeposit(
      @PathVariable("fixedDepositId") int id) {
    return new ResponseEntity<FixedDepositDetails>(
        fixedDepositService.getFixedDeposit(id), HttpStatus.OK);
  }
  .....
}
```

실제 URI를 지정하는 대신 이 예제의 `@RequestMapping` 애너테이션에는 `/fixedDeposits/{fixedDepositId}`라는 URI 템플릿이 지정되어 있다. 이제 들어오는 요청 URI가 `/fixedDeposits/1`이면 `fixedDepositId` URI 템플릿 변수에 '1'이 대입된다. `@PathVariable` 애너테이션이 `fixedDepositId`를 URI 템플릿 변수 이름으로 지정했기 때문에, `getFixedDeposit` 메서드의 `id` 인수에는 1이 대입된다.

다음 예제와 같이, URI 템플릿에 여러 변수를 정의하면 `@RequestMapping` 메서드에서도 여러 `@PathVariable`을 설정한 인수를 정의할 수 있다.

예제 14-21 여러 URI 템플릿 변수

```
@Controller
public class SomeController {
  .....
  @RequestMapping(path="/users/{userId}/bankstatements/{statementId}", .....)
  public void getBankStatementForUser(
        @PathVariable("userId") String user,
        @PathVariable("statementId") String statement) {
    .....
  }
}
```

이 예제에서 URI 템플릿에는 `userId`와 `statementId` 변수가 들어 있다. 들어오는 요청 URI가 `/users/me/bankstatements/123`이면 `user` 인수에는 me값이 대입되고 `statement` 인수에는 123값이 대입된다.

예제 14-22 URI 템플릿 변수와 값을 한꺼번에 가져오기

```
@Controller
public class SomeController {
  .....
  @RequestMapping(path="/users/{userId}/bankstatements/{statementId}", .....)
  public void getBankStatementForUser(
      @PathVariable Map<String, String> allVariables) {
    .....
  }
}
```

`Map<String, String>` 타입의 인수에 `@PathVariable`을 설정하면 모든 URI 템플릿 변수와 그 값을 한꺼번에 메서드 인수에 대입할 수 있다. 이 예제에서는 URI 템플릿 변수(`userId`와 `statementId`)와 그 값(me와 123)을 `allVariables` 메서드 인수에 대입한다.

다음 예제처럼 클래스 수준의 `@RequestMapping` 애너테이션에서도 URI 템플릿을 지정할 수 있다.

예제 14-23 클래스와 메서드 수준의 @RequestMapping에서 모두 URI 템플릿 지정하기

```
@Controller
@RequestMapping(path="/service/{serviceId}", .....)
public class SomeController {
  .....
  @RequestMapping(path="/users/{userId}/bankstatements/{statementId}", .....)
  public void getBankStatementForUser(@PathVariable Map<String, String> allVariables) {
    .....
  }
}
```

이 예제에서 URI 템플릿 `/service/{serviceId}`는 클래스 수준 `@RequestMapping` 애너테이션으로 지정하고, URI 템플릿 `/users/{userId}/bankstatements/{statementId}`는 메서드 수준 `@RequestMapping` 애너테이션으로 지정한다. 요청 URI가 `/service/bankingService/users/me/bankstatements/123`이라면 `allVariables` 인수에는 `serviceId`, `userId`, `statementId` URI 템플릿 변수의 정보가 들어간다.

요청 URI에서 어떤 부분을 뽑아낼지 미세하게 조정하는 경우, 정규식regular expression을 URI 템플

릿에 사용할 수 있다. 다음 예제에서는 /bankstatements/123.json 요청 URI에서 123.json 값을 뽑아내기 위해 정규식을 사용한다.

예제 14-24 URI 템플릿 – 정규식 사용법

```
@Controller
public class SomeController {
  .....
  @RequestMapping(path="/bankstatements/{statementId:[\\d\\d\\d]}.{responseType:[a-z]}", ..)
  public void getBankStatementForUser(@PathVariable ("statementId") String statement,
                 @PathVariable("responseType") String responseTypeExtension) {
    .....
  }
}
```

정규식을 URI 템플릿에서 사용할 때는 **{변수-이름:정규식}**과 같은 형식을 따른다. 요청 URI가 /bankstatements/123.json이라면 statementId 변수에는 123값이, responseType에는 json값이 대입된다.

> **NOTE_** 앤트 스타일의 패턴을 URI 템플릿에도 쓸 수 있다. 예를 들면 /myUrl/*/{myId}와 /myUrl/**/{myId}와 같은 패턴을 URI 템플릿으로 사용할 수 있다.

이번 절에서 지금까지는 @PathVariable을 사용해 요청 URI 경로에서 정보를 선택적으로 뽑아내는 방법을 살펴봤다. 이제는 @MatrixVariable 애너테이션을 사용해 경로 세그먼트로부터 **이름-값 쌍**을 뽑아내는 방법을 살펴보자.

매트릭스 변수는 요청 URI에 이름-값 쌍으로 나타나는데, 이런 변수의 값을 메서드 인수에 대입할 수 있다. 예를 들어 요청 URI가 /bankstatement/123;responseType=json이라면 responseType은 값이 json인 매트릭스 변수를 표현한다.

> **NOTE_** 기본적으로 스프링이 URL에서 매트릭스 변수를 제거한다는 사실을 기억하자. 매트릭스 변수가 제거되지 않으려면 스프링 mvc 스키마의 <annotation-driven> 엘리먼트에 enable-matrix-variables 속성을 true로 지정한다. 매트릭스 변수를 사용할 때 매트릭스 경로를 포함하는 경로 세그먼트는 반드시 URI 템플릿 변수를 사용해 표현해야 한다.

다음 예제는 @MatrixVariable 애너테이션 사용법을 보여준다.

예제 14-25 @MatrixVariable 애너테이션

```
@Controller
public class SomeController {
  .....
  @RequestMapping(path="/bankstatement/{statementId}", ..)
  public void getBankStatementForUser(@PathVariable("statementId") String statement,
            @MatrixVariable("responseType") String responseTypeExtension) {
    .....
  }
}
```

이 예제에서 요청 URI가 /bankstatement/123;responseType=json이라면 responseTypeExtension 인수에 json값을 대입한다. 이 예제에서는 요청 URI로부터 데이터를 가져오기 위해 @PathVariable과 @MatrixVariable 애너테이션을 함께 사용한다.

매트릭스 변수가 요청 URI의 어느 경로 세그먼트에서든 나타날 수 있으므로, 매트릭스 변수를 가져올 경로 세그먼트를 반드시 지정해야 한다. 다음 예제는 이름이 같은 두 매트릭스 변수가 서로 다른 경로 세그먼트를 가리키는 경우를 나타낸다.

예제 14-26 @MatrixVariable 애너테이션 – 같은 이름을 사용하는 여러 매트릭스 변수들

```
@Controller
public class SomeController {
  .....

  @RequestMapping(path="/bankstatement/{statementId}/user/{userId}", ..)
  public void getBankStatementForUser(
       @MatrixVariable(name = "id", pathVar = "statementId") int someId,
       @MatrixVariable(name = "id", pathVar = "userId") int someOtherId) {
    .....
  }
}
```

@MatrixVariable 애너테이션의 pathVar 속성은 매트릭스 변수가 들어 있는 URI 템플릿 변수의 이름을 지정한다. 따라서 요청 URI가 /bankstatement/123;id=555/user/me;id=777

이면 555값이 someId에 대입되고, 777값이 someOtherId 인수에 대입된다.

@PathVariable 애너테이션의 경우와 마찬가지로 Map<String, String> 타입의 인수 앞에 @MatrixVariable을 설정하면 모든 매트릭스 변수는 메서드 인수에 대입된다. @PathVariable 애너테이션과 달리 @MatrixVariable 애너테이션에서는 defaultValue 속성을 사용해 매트릭스 변수의 디폴트값을 설정할 수 있다. @MatrixVariable 애너테이션의 required 속성을 false로 설정하면 해당 매트릭스 변수가 선택적임을 표시할 수 있다. 기본적으로 required 속성은 true로 설정된다. required 속성을 true로 설정하면 요청에서 매트릭스 변수를 찾을 수 없는 경우 예외를 던진다.

14.7 요약

이번 장에서는 RESTful 웹 서비스를 개발하는 방법과 개발한 웹 서비스에 접근하는 방법을 살펴봤다. @PathVariable 및 @MatrixVariable 애너테이션과 URI 템플릿을 함께 사용해 요청 URI로부터 필요한 정보에 접근하는 방법도 살펴봤다. 그리고 RestTemplate을 사용해 RESTful 웹 서비스에 동기적으로 접근하고, WebClient를 사용해 RESTful 웹 서비스에 비동기적으로 접근하는 방법도 살펴봤다.

CHAPTER 15

스프링 웹 MVC 더 살펴보기 - 국제화, 파일 업로드, 비동기 요청 처리

15.1 소개

앞 장에서는 스프링 웹 MVC를 사용해 웹 애플리케이션과 RESTful 웹 서비스를 편하게 만들 수 있다는 사실을 살펴봤다. 이번 장에서는 웹 애플리케이션을 개발할 때 필요한 스프링 웹 MVC 프레임워크가 가진 기능을 조금 더 깊이 알아본다. 특히 다음과 같은 내용을 중심으로 살펴본다.

- 핸들러 인터셉터를 사용해 요청을 전처리/후처리하기
- 스프링 웹 MVC 애플리케이션 국제화하기
- 비동기적으로 요청 처리하기
- 타입 변환과 형식화 처리하기
- 파일 업로드하기

IMPORT chapter 15/ch15–bankapp

이 프로젝트는 ch12–bankapp 프로젝트를 변형해 MyBank 웹 애플리케이션에서 국제화하는 방법과 핸들러 인터셉터를 사용하는 방법을 보여준다.

먼저 핸들러 인터셉터를 사용해 요청을 전처리/후처리하는 방법에 대해 알아보자.

15.2 핸들러 인터셉터를 사용해 요청을 전처리/후처리하기

핸들러 인터셉터를 사용하면 요청을 전처리/후처리할 수 있다. 핸들러 인터셉터의 개념은 서블릿 필터와 비슷하다. 핸들러 인터셉터는 스프링 HandlerInterceptor 인터페이스를 구현한다. 핸들러 인터셉터에는 여러 컨트롤러에 필요한 전처리와 후처리 로직이 들어간다. 예를 들어 로깅, 보안 검사, 로케일 변경 등에 핸들러 인터셉터를 쓸 수 있다.

핸들러 인터셉터를 구현하고 설정하는 방법에 대해 살펴보자.

15.2.1 핸들러 인터셉터를 구현하고 설정하는 방법

HandlerInterceptor 인터페이스를 구현함으로써 핸들러 인터셉터를 만들 수 있다. HandlerInterceptor 인터페이스에는 다음 메서드 정의가 들어 있다.

- preHandle 메서드는 컨트롤러가 요청을 처리하기 전에 호출된다. preHandle 메서드가 true를 반환하면 스프링은 요청을 처리하기 위해 컨트롤러를 호출한다. preHandle 메서드가 false를 반환하면 컨트롤러가 호출되지 않는다.
- postHandle 메서드는 컨트롤러가 요청을 처리한 다음, 그러나 DispatcherServlet이 뷰를 표시하기 전에 호출된다.
- afterCompletion 메서드는 요청 처리가 완료된 다음(즉, DispatcherServlet이 뷰를 표시한 다음)에 정리가 필요한 경우 호출된다.

다음 예제는 HandlerInterceptor 인터페이스를 구현하는 ch15-bankapp의 MyRequestHandlerInterceptor 클래스다.

예제 15-1 MyRequestHandlerInterceptor

```
#프로젝트 - ch15-bankapp
#src/main/java/sample/spring/chapter15/web

package sample.spring.chapter15.web;
import org.springframework.web.servlet.HandlerInterceptor;
.....
public class MyRequestHandlerInterceptor implements HandlerInterceptor {
  .....
  public boolean preHandle(HttpServletRequest request, HttpServletResponse response,
```

```
                Object handler) throws Exception {
    logger.info("HTTP method --> " + request.getMethod());
    Enumeration<String> requestNames = request.getParameterNames();
    .....
    return true;
  }

  public void postHandle(HttpServletRequest request, HttpServletResponse response,
                Object handler, ModelAndView modelAndView) throws Exception {
    logger.info("Status code --> " + response.getStatus());
  }

  public void afterCompletion(HttpServletRequest request, HttpServletResponse response,
                Object handler, Exception ex) throws Exception {
    logger.info("Request processing complete");
  }
}
```

이 예제에서 preHandle 메서드는 들어오는 모든 요청을 검사해서 요청에 연관된 HTTP 메서드와 요청에 들어 있는 요청 파라미터를 로그에 남긴다. preHandle 메서드는 true를 반환하는데 이는 컨트롤러가 요청을 처리해야 한다는 뜻이다. postHandle 메서드는 HTTP 응답 상태 코드를 로그에 남긴다. afterCompletion 메서드는 요청을 성공적으로 처리했다는 메시지를 로그에 남긴다.

> **NOTE_** HandlerInterceptor 인터페이스를 구현하는 대신에 postHandle 및 afterCompletion 메서드에 대한 빈 구현과 무조건 true를 반환하는 preHandle 메서드 구현을 제공하는 추상 HandlerInterceptorAdapter 클래스를 확장할 수도 있다.

다음 예제는 웹 애플리케이션 컨텍스트 XML 파일에서 핸들러 인터셉터를 설정하는 방법이다.

예제 15-2 MyRequestHandlerInterceptor

```
#프로젝트 - ch15-bankapp
#src/main/webapp/WEB-INF/spring/bankapp-config.xml

<beans .....xmlns:mvc="http://www.springframework.org/schema/mvc".....>
  <mvc:annotation-driven />
  <mvc:interceptors>
```

```
  .....
  <bean class="sample.spring.chapter15.web.MyRequestHandlerInterceptor" />
 </mvc:interceptors>
</beans>
```

[예제 15-2]에서는 스프링 mvc 스키마의 <interceptors> 엘리먼트를 사용해 핸들러 인터셉터를 설정한다. <interceptors> 엘리먼트는 다음 하위 엘리먼트를 포함할 수 있다.

- <bean> 엘리먼트 – HandlerInterceptor 인터페이스를 구현하는 스프링 빈을 지정한다. <bean> 엘리먼트로 설정한 핸들러 인터셉터는 모든 요청에 적용된다.
- <ref> 엘리먼트 – HandlerInterceptor 인터페이스를 구현하는 스프링 빈을 지정한다. <ref> 엘리먼트로 설정한 핸들러 인터셉터는 모든 요청에 적용된다.
- <intercepter> 엘리먼트 – HandlerInterceptor 인터페이스를 구현하는 스프링 빈과 이 HandlerInterceptor를 적용할 URI를 지정한다.

다음 예제는 MyRequestHandlerInterceptor가 /audit/** 요청 URI에 매핑된 경우를 보여준다.

예제 15-3 <mvc:interceptor> 사용법

```
<beans .....xmlns:mvc="http://www.springframework.org/schema/mvc".....>
  <mvc:annotation-driven />
  <mvc:interceptors>
    <mvc:interceptor>
      <mvc:mapping path="/audit/**"/>
      <bean class="sample.spring.chapter15.web.MyRequestHandlerInterceptor" />
    </mvc:interceptor>
  </mvc:interceptors>
</beans>
```

이 예제에서는 스프링 mvc 스키마의 <intercepter> 엘리먼트로 MyRequestHandlerInterceptor를 /audit/** URI 패턴에 매핑한다. 스프링 mvc 스키마의 <mapping> 엘리먼트는 <bean> 엘리먼트가 지정하는 핸들러 인터셉터를 적용할 URI 패턴을 지정한다.

> **NOTE_** 자바 기반 설정을 사용한다면 WebMvcConfigurer의 addInterceptors(InterceptorRegistry registry) 메서드를 오버라이드해서 HandlerInterceptor를 웹 컨트롤러에 등록할 수 있다.

15.3 자원 번들을 사용해 국제화하기

스프링 웹 MVC 애플리케이션의 국제화internationalization(I18N) 방법을 자세히 살펴보기 전에, MyBank 웹 애플리케이션의 국제화와 지역화localization(L10N) 요구 사항부터 살펴보자.

15.3.1 MyBank 웹 애플리케이션의 요구 사항

MyBank 웹 애플리케이션은 영어(en_US와 en_CA 로케일)와 독일어(de_DE 로케일)를 지원한다. [그림 15-1]은 de_DE 로케일을 사용하는 MyBank 웹 애플리케이션 페이지를 보여준다.

그림 15-1 de_DE 로케일로 표시된 웹 페이지

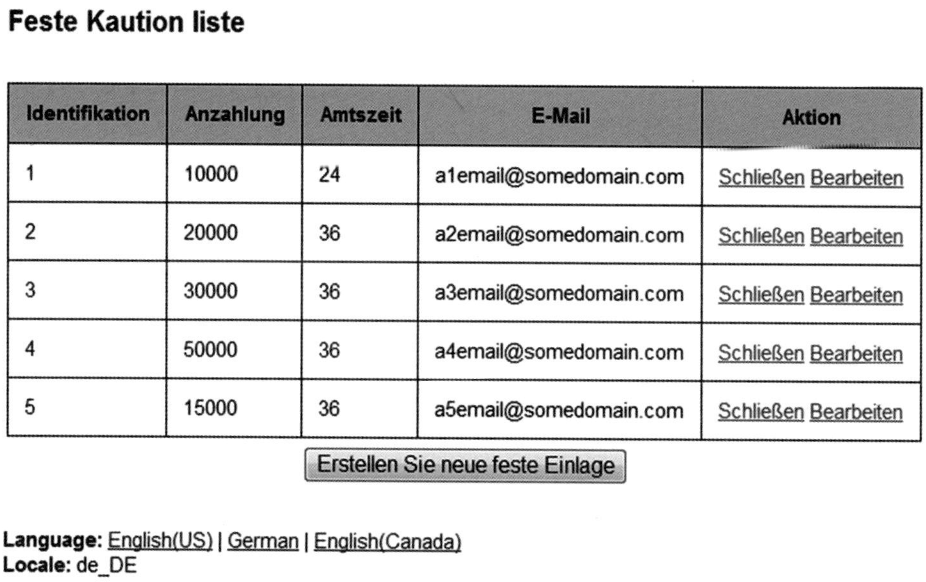

Feste Kaution liste

Identifikation	Anzahlung	Amtszeit	E-Mail	Aktion
1	10000	24	a1email@somedomain.com	Schließen Bearbeiten
2	20000	36	a2email@somedomain.com	Schließen Bearbeiten
3	30000	36	a3email@somedomain.com	Schließen Bearbeiten
4	50000	36	a4email@somedomain.com	Schließen Bearbeiten
5	15000	36	a5email@somedomain.com	Schließen Bearbeiten

Erstellen Sie neue feste Einlage

Language: English(US) | German | English(Canada)
Locale: de_DE

[그림 15-1]에서 사용자는 English(US), German, English(Canada) 언어 중 하나를 선택할 수 있다. 사용자가 German 언어를 선택하면 웹 페이지는 de_DE 로케일로 표시된다. 또한 사용자가 English(US) 언어를 선택해면 웹 페이지는 en_US 로케일로 표시되며, English(Canada) 언어를 선택하면 웹 페이지는 en_CA 로케일로 표시된다.

15.3.2 MyBank 웹 애플리케이션 국제화와 지역화하기

MyBank 웹 애플리케이션의 국제화와 지역화 요구 사항을 어떻게 처리하는지 살펴보자. 스프링 웹 MVC에서 DispatcherServlet은 LocaleResolver를 사용해 사용자 로케일에 맞는 메시지를 자동으로 결정[resolve]한다. 국제화를 지원하려면 웹 애플리케이션 컨텍스트 XML 파일에 다음과 같은 빈을 설정해야 한다.

- LocaleResolver – 사용자의 현재 로케일을 얻는다.
- MessageSource – 자원 번들에서 사용자의 현재 로케일에 맞는 메시지를 가져온다.
- LocaleChangeInterceptor – 설정 가능한 요청 파라미터를 사용해 요청의 현재 로케일 변화를 매번 감지한다.

다음 예제는 ch15-bankapp 프로젝트의 웹 애플리케이션 컨텍스트 XML 파일에 있는 LocaleResolver, LocaleChangeInterceptor, MessageSource 빈 설정을 나타낸다.

예제 15-4 bankapp-config.xml

```
#프로젝트 - ch15-bankapp
#src/main/webapp/WEB-INF/spring

<beans .....>
  <bean class="org.springframework.web.servlet.i18n.CookieLocaleResolver"
      id="localeResolver">
    <property name="cookieName" value="mylocale" />
  </bean>

  <bean
      class="org.springframework.context.support.ReloadableResourceBundleMessageSource"
      id="messageSource">
    <property name="basenames" value="WEB-INF/i18n/messages" />
  </bean>

  <mvc:interceptors>
    .....
    <bean class="org.springframework.web.servlet.i18n.LocaleChangeInterceptor">
      <property name="paramName" value="lang" />
    </bean>
  </mvc:interceptors>
  .....
</beans>
```

이 예제는 로케일 결정을 위해 CookieLocaleResolver(LocaleResolver 인터페이스를 구현) 빈을 설정한다. 웹 애플리케이션이 로케일 정보를 쿠키에 저장하면 CookieLocaleResolver가 로케일을 결정한다. CookieLocaleResolver의 cookieName 프로퍼티는 로케일 정보를 포함하는 쿠키 이름을 지정한다. 요청에서 쿠키를 찾을 수 없으면 CookieLocaleResolver는 디폴트 로케일(CookieLocaleResolver의 defaultLocale을 사용해 설정)을 살펴보거나 요청 헤더의 Accept-Language를 살펴본다.

스프링이 제공하는 내장 LocaleResolver 인터페이스 구현은 다음과 같다..

- AcceptHeaderLocaleResolver – Accept-Language 요청 헤더에 지정된 로케일을 반환한다.
- SessionLocaleResolver – 사용자 HttpSession에 저장된 로케일 정보를 반환한다.
- FixedLocaleResolver – 고정된 디폴트 로케일을 반환한다.

날짜와 시간을 사용자의 타임존timezone으로 변환하기 위해서는 사용자 로케일 외에 사용자 타임존을 알아야 한다. LocaleContextResolver(스프링 4.0에 도입됨)는 사용자의 로케일 정보뿐 아니라 타임존 정보도 제공한다. CookieLocaleResolver, SessionLocaleResolver, FixedLocaleResolver는 LocaleContextResolver 인터페이스를 구현한다. 따라서 이런 리졸버 중 하나를 사용하고 있다면 컨트롤러에서 LocaleContextHolder(또는 RequestContextUtils) 클래스의 getTimeZone 메서드를 호출해 사용자 타임존을 얻을 수 있다. 컨트롤러에서 로케일 정보만 얻으려면 LocaleContextHolder(또는 RequestContextUtils) 클래스의 getLocale 메서드를 사용한다.

스프링은 설정할 수 있는 요청 파라미터(paramName 프로퍼티 사용)를 사용하는 LocaleChangeInterceptor(HandlerInterceptor를 구현)를 통해 각 요청에서 현재 로케일을 바꿀 수 있다. [예제 15-4]에서 paramName 프로퍼티는 lang으로 설정한다. LocaleResolver는 setLocale 메서드를 정의하며, LocaleChangeInterceptor는 setLocale 메서드를 사용하여 현재 로케일을 변경한다. LocaleChangeInterceptor를 사용하지 않는다면 컨트롤러에서 LocaleContextHolder(또는 RequestContextUtils) 클래스의 setLocale 메서드를 호출해서 로케일을 변경할 수 있다.

사용자 로케일을 결정하고 나면 스프링은 설정된 MessageSource 구현을 통해서 메시지를 결정한다. 스프링이 제공하는 내장 MessageSource 인터페이스 구현은 다음과 같다.

- ResourceBundleMessageSource – 특정 빈 이름들을 통해 자원 번들에 접근하는 MessageSource 구현이다.
- ReloadableResourceBundleMessageSource – ResourceBundleMessageSource 구현과 비슷하지만 이 구현은 자원 번들 재로딩[reloading]을 지원한다.

[예제 15-4]에서는 MyBank 웹 애플리케이션이 ReloadableResourceBundleMessageSource를 사용한다. basenames 프로퍼티는 WEB-INF/i18n/messages로, 이는 ReloadableResourceBundleMessageSource가 WEB-INF/i18n 폴더에 있는 messages 자원 번들을 찾아야 한다는 뜻이다. 따라서 사용자 로케일이 en_US로 결정되면 ReloadableResourceBundleMessageSource는 messages_en_US.properties 파일로부터 메시지를 결정할 것이다.

ch15-bankapp 프로젝트의 /src/main/webapp/WEB-INF/i18n 폴더를 보면 messages.properties, messages_en_US.properties, messages_de_DE.properties 프로퍼티를 볼 수 있다.

messages_de_DE.properties 파일에는 de_DE 로케일에 대한 메시지와 레이블이 들어 있고, messages_en_US.properties 파일에는 en_US 로케일에 대한 메시지와 레이블이 들어 있으며, messages.properties에는 자원 번들에서 해당 로케일을 찾을 수 없을 때 사용하는 메시지와 레이블이 들어 있다. 그리고 en_CA 로케일에 해당하는 messages_en_CA.properties 파일은 없기 때문에, English(Canada)를 선택하면(그림 15-1 참조) messages.properties 파일에 있는 메시지가 표시된다.

[그림 15-1]에서는 English(US), English(Canada), German 중 하나로 언어 선택을 바꿀 경우 MyBank 애플리케이션의 언어를 바꿀 수 있었다. 그리고 [예제 15-4]에서는 로케일 정보가 lang이라는 요청 파라미터에 들어 있는 경우 LocaleChangeInterceptor가 MyBank 웹 애플리케이션의 로케일도 바꿀 수 있었다.

예제 15-5 fixedDepositList.jsp – lang 요청 파라미터가 추가

```
#프로젝트 - ch15-bankapp
#src/main/webapp/WEB-INF/jsp

<b>Language:</b>
<a href="${pageContext.request.contextPath}/fixedDeposit/list?lang=en_US">English(US)</a> |
<a href="${pageContext.request.contextPath}/fixedDeposit/list?lang=de_DE">German</a> |
```

```
<a href="${pageContext.request.contextPath}/fixedDeposit/list?lang=en_CA">English(Canada)
</a>
```

이 예제는 로케일 변경을 단순화하기 위해 English(US), English(Canada), German으로 표시해주는 언어 옵션의 링크에 lang 요청 파라미터가 추가한 것이다.

15.4 요청을 비동기적으로 처리하기

스프링 웹 MVC 애플리케이션에서 비동기적으로 요청을 처리하는 방법을 살펴보자. @RequestMapping을 설정한 메서드가 java.util.concurrent.Callable이나 스프링 DeferredResult 객체를 반환하면 웹 요청을 **비동기적으로** 처리한다. @RequestMapping 메서드가 Callable을 반환하면, 스프링 웹 MVC는 이 Callable을 애플리케이션 스레드(서블릿 컨테이너 스레드가 **아님**에 유의하자)에서 실행시켜준다. @RequestMapping이 DeferredResult를 반환하는 경우, 애플리케이션은 결과를 얻어내기 위해 @RequestMapping을 애플리케이션 스레드(서블릿 컨테이너 스레드가 **아님**)에서 실행할 책임을 갖고 있다. Callable이나 DeferredResult 반환값을 어떻게 처리하는지 자세히 살펴보기 전에, 먼저 스프링 웹 MVC 애플리케이션이 비동기 요청 처리를 어떻게 지원하는지 살펴보자.

IMPORT chapter 15/ ch15-async-bankapp

이 프로젝트는 ch12-bankapp 프로젝트를 변경해 비동기로 요청을 처리한다. @RequestMapping 메서드는 Callable을 반환하며 이 프로젝트의 FixedDepositController에 정의되어 있다. ch15-async-bankapp 프로젝트를 배포한 후 실행하면 비동기 요청 처리가 작동하는 모습을 볼 수 있다.

15.4.1 비동기 요청 처리 설정

스프링 웹 MVC의 비동기 요청 처리가 서블릿 3를 바탕으로 하기 때문에, web.xml은 서블릿 3 XML 스키마를 반드시 참조해야 한다. 그리고 web.xml의 DispatcherServlet 정의에 <async-supported> 엘리먼트를 반드시 추가해서 요청을 비동기로 처리한다고 명시해야 한다. 다음 예제는 ch15-async-bankapp 프로젝트의 web.xml을 나타낸다.

예제 15-6 web.xml – 비동기 요청 처리 설정

```
#프로젝트 - ch15-async-bankapp
#src/main/webapp/WEB-INF

<web-app .....
    xsi:schemaLocation="java.sun.com/xml/ns/javaee
            java.sun.com/xml/ns/javaee/webapp_3_0.xsd"
    version="3.0">
  .....
  <servlet>
    <servlet-name>bankapp</servlet-name>
    <servlet-class>org.springframework.web.servlet.DispatcherServlet</servlet-class>
    .....
    <async-supported>true</async-supported>
  </servlet>
  .....
</web-app>
```

이 예제는 비동기로 요청을 처리하게 설정한 bankapp 서블릿을 보여준다. 이제 bankapp 서블릿은 비동기적으로 웹 요청을 처리할 수 있다.

> **NOTE_** 스프링 AbstractAnnotationConfigDispatcherServletInitializer를 사용해 프로그램으로 ServletContext를 설정하는 경우, isAsyncSupported 메서드를 오버라이드해서 비동기 요청 처리를 활성화하거나 비활성화할 수 있다. isAsyncSupported 메서드는 true를 디폴트로 반환하는데, 이는 DispatcherServlet이 비동기 요청 처리를 지원한다는 뜻이다.

15.4.2 @RequestMapping 메서드에서 Callable 반환하기

다음 예제에서는 `FixedDepositController` 클래스 안에 있는 `@RequestMapping` 메서드가 `Callable`를 반환한다.

예제 15-7 FixedDepositController : @RequestMapping 메서드에서 Callable 반환하기

```
#프로젝트 - ch15-async-bankapp
#src/main/java/sample/spring/chapter15/web

package sample.spring.chapter15.web;
```

```java
import java.util.concurrent.Callable;
.....
public class FixedDepositController {
  .....
  @RequestMapping(path = "/list", method = RequestMethod.GET)
  public Callable<ModelAndView> listFixedDeposits() {
    return new Callable<ModelAndView>() {

      @Override
      public ModelAndView call() throws Exception {
        Thread.sleep(5000);
        Map<String, List<FixedDepositDetails>> modelData =
            new HashMap<String, List<FixedDepositDetails>>();
        modelData.put("fdList", fixedDepositService.getFixedDeposits());
        return new ModelAndView("fixedDepositList", modelData);
      }
    };
  }
  .....
}
```

이 예제는 listFixedDeposits 메서드가 Callable<T> 객체를 반환하는 모습을 보여준다. 여기서 T는 비동기적으로 이 메서드가 계산할 결과의 타입이다. Callable의 call 메서드에는 비동기적으로 실행되어 결과를 계산하기 위한 로직이 들어 있다. 이 예제에 나타난 call 메서드는 FixedDepositService의 getFixedDeposits 메서드를 호출한 후 모델과 뷰 정보가 들어 있는 ModelAndView 객체를 반환한다. call 메서드를 시작할 때 Thread.sleep 메서드를 호출해서 요청을 처리하는 데 시간이 걸리는 시나리오를 표현했다.

컨트롤러가 반환한 Callable을 실행하는 동안 예외가 발생하면, 컨트롤러에 있는 @ExceptionHandler 메서드(또는 설정된 HandlerExceptionResolver 빈)가 예외를 처리한다(@ExceptionHandler의 더 많은 정보는 12.9절 참고).

[예제 15-7]은 동기적인 요청 처리를 비동기적인 요청 처리로 바꾸기 위해 @RequestMapping 메서드의 로직을 Callable의 call 메서드로 옮기고, @RequestMapping에서는 Callable<T>를 반환해야 함을 보여준다.

이제 DeferredResult 객체를 반환하는 @RequestMapping 메서드를 통해 요청을 비동기적으로 처리하는 방법을 살펴보자.

IMPORT chapter 15/ch15-async-webservice와 ch15-async-webservice-client

ch15-async-webservice 프로젝트는 FixedDepositWS 웹 서비스(14장 ch14-webservice 프로젝트) 요청을 비동기적으로 처리하도록 변경한 것이다. 이 프로젝트의 FixedDepositController에 정의된 @RequestMapping 메서드는 DeferredResult 객체 인스턴스를 반환한다. ch15-async-webservice-client는 FixedDepositWS 웹 서비스 클라이언트(14장 ch14-webservice-client 프로젝트)와 같고, 웹 서비스가 http://localhost:8080/ch15-async-webservice에 배포됐다고 가정한다.

15.4.3 DeferredResult를 @RequestMapping 메서드에서 반환하기

DeferredResult 인스턴스는 비동기적으로 계산될 결과를 표현한다. DeferredResult에서 setResult 메서드를 호출하면 결과를 설정할 수 있다. 전형적인 경우 @RequestMapping 메서드는 Queue, Map 또는 다른 데이터 구조에 DeferredResult 인스턴스를 저장하고, 결과를 계산하는 역할을 하는 별도의 스레드가 저장된 DeferredResult 인스턴스에 결과를 설정한다.

먼저 DeferredResult 타입을 반환하는 @RequestMapping 메서드를 살펴보자.

@RequestMapping 메서드 구현

다음 예제는 DeferredResult를 반환하는 @RequestMapping 메서드가 있는 FixedDeposit Controller를 보여준다.

예제 15-8 FixedDepositController – @RequestMapping 메서드에서 DeferredResult 반환하기

```
#프로젝트 - ch15-async-webservice
#src/main/java/sample/spring/chapter15/web

package sample.spring.chapter15.web;
import java.util.Queue;
import java.util.concurrent.ConcurrentLinkedQueue;
import org.springframework.web.context.request.async.DeferredResult;
.....
@Controller
@RequestMapping(path = "/fixedDeposits")
public class FixedDepositController {
  private static final String LIST_METHOD = "getFixedDepositList";
```

```
    private static final String GET_FD_METHOD = "getFixedDeposit";
    .....
    private final Queue<ResultContext> deferredResultQueue =
        new ConcurrentLinkedQueue<ResultContext>();
    .....
    @RequestMapping(method = RequestMethod.GET)
    public DeferredResult<ResponseEntity<List<FixedDepositDetails>>>
      getFixedDepositList() {
        DeferredResult<ResponseEntity<List<FixedDepositDetails>>> dr =
          new DeferredResult<ResponseEntity<List<FixedDepositDetails>>>();

      ResultContext<ResponseEntity<List<FixedDepositDetails>>> resultContext =
          new ResultContext<ResponseEntity<List<FixedDepositDetails>>>();

      resultContext.setDeferredResult(dr);
      resultContext.setMethodToInvoke(LIST_METHOD);
      resultContext.setArgs(new HashMap<String, Object>());

      deferredResultQueue.add(resultContext);
      return dr;
    }
    .....
  }
```

FixedDepositController의 각 @RequestMapping 메서드는 다음 단계를 수행한다.

1단계 – DeferredResult<T> 객체 인스턴스를 생성한다. 여기서 T는 비동기적으로 계산한 결과의 **타입**이다. getFixedDepositList 메서드를 위해 계산한 결과의 타입이 ResponseEntity<List<FixedDepositDetails>>이므로, DeferredResult<ResponseEntity<List<FixedDepositDetails>>>의 인스턴스를 만든다.

2단계 – ResultContext 객체를 생성한다. ResultContext 객체는 1단계에서 만든 DeferredResult 인스턴스를 저장하고, 비동기적으로 DeferredResult를 위한 결과 계산 시 필요한 다른 자세한 정보를 포함한다. FixedDepositController의 getFixedDepositList 메서드의 경우, FixedDepositService의 getFixedDeposits를 호출해서 얻는 정기 예금 리스트가 결과다.

예제 15-9 DeferredResult와 다른 정보를 저장하는 ResultContext 클래스

```
#프로젝트 - ch15-async-webservice
#src/main/java/sample/spring/chapter15/web

package sample.spring.chapter15.web;
import java.util.Map;
import org.springframework.web.context.request.async.DeferredResult;

public class ResultContext<T> {
  private String methodToInvoke;
  private DeferredResult<T> deferredResult;
  private Map<String, Object> args;

  public void setDeferredResult(DeferredResult<T> deferredResult) {
    this.deferredResult = deferredResult;
  }
  .....
}
```

deferredResult 프로퍼티는 DeferredResult 인스턴스를 가리킨다. methodToInvoke 프로퍼티는 DeferredResult 객체의 결과를 계산하기 위해 호출해야 하는 FixedDepositService 메서드 이름을 저장한다. 별도의 스레드(이 절 뒷부분에서 설명한다)는 저장한 methodToInvoke와 args를 사용해 지정된 FixedDepositService 메서드를 호출하고, 메서드에서 받은 결과를 DeferredResult 인스턴스에 설정한다.

FixedDepositController 클래스의 LIST_METHOD, GET_FD_METHOD 등의 상수는 FixedDepositService 메서드의 이름을 가리키며(예제 15-8 참조), methodToInvoke 프로퍼티는 이 상수 중 하나로 설정된다. [예제 15-8]에서 FixedDepositController의 getFixedDepositList 메서드는 methodToInvoke 프로퍼티를 LIST_METHOD 상수(상숫값은 getFixedDeposits)로 설정한다. DeferredResult의 결과를 얻으려면 FixedDepositService의 getFixedDeposits 메서드를 호출한다.

3 단계 – 2단계에서 만든 ResultContext 인스턴스를 Queue(예제 15-8의 deferredResultQueue 인스턴스 변수가 가리킴)에 넣는다.

4 단계 – 1단계에서 만든 DeferredResult 객체를 반환한다.

이러한 처리 순서는 각 웹 요청마다 deferredResultQueue에 ResultContext 인스턴스를 하나씩 저장한다. 다음 그림은 FixedDepositController의 getFixedDepositList 메서드가 수행하는 동작을 요약한 것이다.

그림 15-2 FixedDepositController의 getFixedDepositList 메서드가 ResultContext 객체를 큐에 넣고 DeferredResult 객체를 반환한다

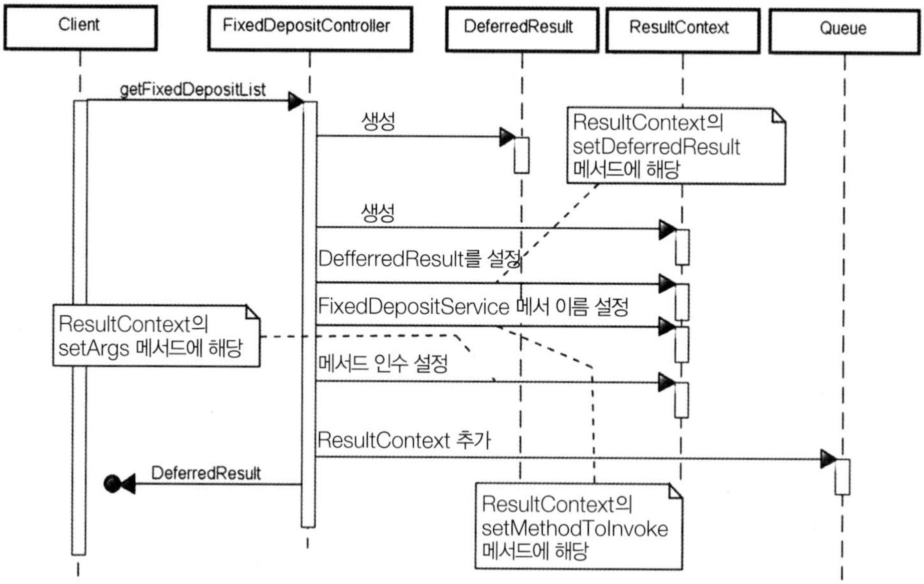

DeferredResult 인스턴스를 설정하기 위한 결과 계산하기

ResultContext 객체 내부에 들어 있는 DeferredResult 인스턴스에 설정할 결괏값을 어떻게 계산하는지 살펴보자. FixedDepositController의 processResults 메서드는 deferredResultQueue에 저장(예제 15-8 참조)된 ResultContext를 순회하면서 각 DeferredResult 객체를 위한 결과를 계산하고, DeferredResult에 결과를 설정한다. 다음 예제는 processResults 메서드다.

예제 15-10 processResults 메서드 – 계산한 다음에 DeferredResult 객체에 결과 설정하기

```
#프로젝트 - ch15-async-webservice
#src/main/java/sample/spring/chapter15/web
```

```
package sample.spring.chapter15.web;
import org.springframework.scheduling.annotation.Scheduled;
import org.springframework.web.context.request.async.DeferredResult;

@Controller
@RequestMapping(path = "/fixedDeposits")
public class FixedDepositController {
  private static final String LIST_METHOD = "getFixedDepositList";
  .....
  private final Queue<ResultContext> deferredResultQueue =
      new ConcurrentLinkedQueue<ResultContext>();

  @Autowired
  private FixedDepositService fixedDepositService;
  .....
  @Scheduled(fixedRate = 10000)
  public void processResults() {
    for (ResultContext resultContext : deferredResultQueue) {
      if (resultContext.getMethodToInvoke() == LIST_METHOD) {
        resultContext.getDeferredResult().setResult(
            new ResponseEntity<List<FixedDepositDetails>>(
                fixedDepositService.getFixedDeposits(), HttpStatus.OK));
      }
      .....
      deferredResultQueue.remove(resultContext);
    }
  }
}
```

processResults 메서드에 설정한 @Scheduled(자세한 내용은 10.6절 참고)는 애플리케이션 스레드 하나가 10초마다 processResults 메서드를 실행한다는 뜻이다. processResults 메서드는 ResultContext 인스턴스에 저장된 메서드 이름과 인수 정보를 사용해 적절한 FixedDepositService 메서드를 호출한다. 그 후 processResults 메서드는 DeferredResult의 setResult 메서드를 호출해서 DeferredResult에 결과를 설정한다. 마지막에 processResults 메서드는 ResultContext 인스턴스를 Queue에서 제거한다. ResultContext 인스턴스를 처리한 후 processResults 메서드가 ResultContext 인스턴스를 Queue에서 제거하는 이유는 processResult가 10초 후 같은 ResultContext 인스턴스를 또 계산하는 일이 없도록 하기 위해서다.

그림 15-3 DeferredResult 인스턴스의 설정 과정

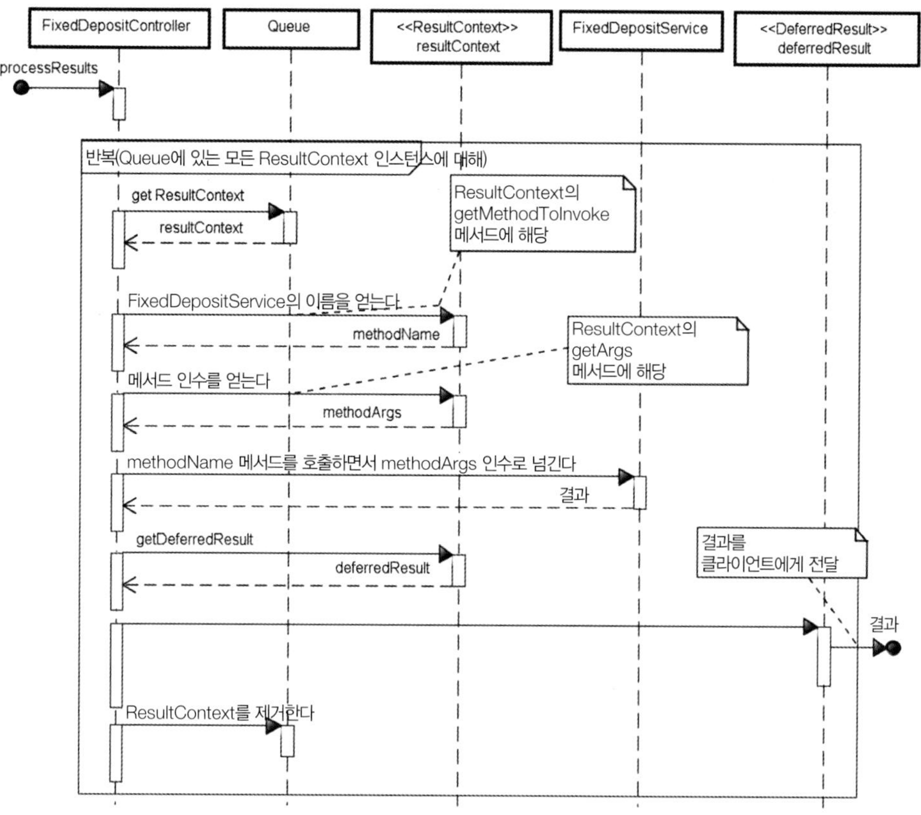

[그림 15-3]은 DeferredResult 인스턴스를 설정하는 동작 순서다. processResults 메서드는 ResultContext 객체에서 메서드 이름과 인수 정보를 읽어온다. 이 두 값의 결괏값을 계산해 DeferredResult 인스턴스를 설정한다.

예외 처리

DeferredResult 인스턴스를 반환하는 @RequestMapping 메서드가 예외를 어떻게 처리하는지 살펴보자. DeferredResult의 setErrorResult 메서드로 java.lang.Exception 타입 객체를 설정하면, 컨트롤러에 있는 @ExceptionHandler를 설정한 메서드(또는 HandlerExceptionResolver 빈으로 설정한 메서드)가 결과를 처리한다(@ExceptionHandler의 자세한 내용은 12.9절 참고).

다음 예제는 새로운 정기 예금을 개설하는 FixedDepositController의 openFixedDeposit 메서드다.

예제 15-11 FixedDepositController의 openFixedDeposit 메서드

```
#프로젝트 - ch15-async-webservice
#src/main/java/sample/spring/chapter15/web

package sample.spring.chapter15.web;

@Controller
@RequestMapping(path = "/fixedDeposits")
public class FixedDepositController {

  private static final String OPEN_FD_METHOD = "openFixedDeposit";
  .....
  private final Queue<ResultContext> deferredResultQueue =
      new ConcurrentLinkedQueue<ResultContext>();

  @RequestMapping(method = RequestMethod.POST)
  public DeferredResult<ResponseEntity<FixedDepositDetails>> openFixedDeposit(
      @RequestBody FixedDepositDetails fixedDepositDetails,
      BindingResult bindingResult) {

    DeferredResult<ResponseEntity<FixedDepositDetails>> dr =
        new DeferredResult<ResponseEntity<FixedDepositDetails>>();

    ResultContext<ResponseEntity<FixedDepositDetails>> resultContext =
        new ResultContext<ResponseEntity<FixedDepositDetails>>();
    resultContext.setDeferredResult(dr);
    resultContext.setMethodToInvoke(OPEN_FD_METHOD);

    Map<String, Object> args = new HashMap<String, Object>();
    args.put("fixedDepositDetails", fixedDepositDetails);
    args.put("bindingResult", bindingResult);
    resultContext.setArgs(args);

    deferredResultQueue.add(resultContext);
    return dr;
  }
  .....
}
```

이 예제에서는 openFixedDeposit 메서드에 전달된 인수(fixedDepositDetails와 bindingResult)를 ResultContext에 설정해서 processResults 메서드가 새로운 은행 계좌를 개설하는 로직을 실행할 때 사용할 수 있게 한다. fixedDepositDetails 인수는 개설할 정기 예금의 상세 정보를 담고 있고, bindingResult 인수는 데이터 바인딩 결과를 담고 있다.

다음 예제는 새로운 은행 계좌를 개설하는 processResults 메서드다.

예제 15-12 FixedDepositController의 processResults 메서드

```
#프로젝트 - ch15-async-webservice
#src/main/java/sample/spring/chapter15/web

package sample.spring.chapter15.web;

@Controller
@RequestMapping(path = "/fixedDeposits")
public class FixedDepositController {
  private static final String OPEN_FD_METHOD = "openFixedDeposit";
  .....
  private final Queue<ResultContext> deferredResultQueue =
      new ConcurrentLinkedQueue<ResultContext>();

  @Autowired
  private FixedDepositService fixedDepositService;
  .....
  @ExceptionHandler(ValidationException.class)
  @ResponseBody
  @ResponseStatus(code = HttpStatus.BAD_REQUEST)
  public String handleException(Exception ex) {
    logger.info("handling ValidationException " + ex.getMessage());
    return ex.getMessage();
  }

  @Scheduled(fixedRate = 10000)
  public void processResults() {
    for (ResultContext resultContext : deferredResultQueue) {
      .....
      if (resultContext.getMethodToInvoke() == OPEN_FD_METHOD) {
        FixedDepositDetails fixedDepositDetails =
            (FixedDepositDetails) resultContext.getArgs().get("fixedDepositDetails");
        BindingResult bindingResult =
            (BindingResult) resultContext.getArgs().get("bindingResult");
```

```
      new FixedDepositDetailsValidator().validate(fixedDepositDetails,
        bindingResult);

      if (bindingResult.hasErrors()) {
        logger.info("openFixedDeposit() method: Validation errors occurred");
        resultContext.getDeferredResult()
          .setErrorResult(new ValidationException(
                "Validation errors occurred"));
      } else {
        fixedDepositService.saveFixedDeposit(fixedDepositDetails);
        resultContext.getDeferredResult().setResult(
            new ResponseEntity<FixedDepositDetails>(fixedDepositDetails,
             HttpStatus.CREATED));
      }
    }
    .....
  }
 }
}
```

이 예제에 @ExceptionHandler를 설정한 handleException 메서드는 ValidationException 타입의 예외를 처리한다. handleException 메서드는 검증 예외가 발생했음을 로그에 남기고 예외 메시지를 반환한다.

새로운 정기 예금을 열기 위해서 processResults는 fixedDepositDetails(타입은 FixedDepositDetails)와 bindingResult(타입은 BindingResult) 인수를 ResultContext에서 받고, FixedDepositValidator의 validate 메서드를 호출해서 fixedDepositDetails 객체를 검증한다. 검증 오류가 보고되면 processResults 메서드는 DeferredResult의 setErrorResult 메서드를 호출해서 ValidationException(java.lang.Exception 타입)을 결과로 설정한다. DeferredResult의 setErrorResult 메서드를 통해 ValidationException 예외를 결과로 설정하면 FixedDepositController의 handleException 메서드가 결과를 처리한다.

ch15-async-webservice 프로젝트(FixedDepositWS RESTful 웹 서비스를 표현)를 배포하고 ch15-async-webservice-client 프로젝트(FixedDepositWS RESTful 웹 서비스의 클라이언트를 표현)에 FixedDepositWSClient에 있는 main 메서드를 실행해서 이 서비스에 접근한다. FixedDepositWSClient의 openInvalidFixedDeposit 메

서드는 FixedDepositController의 openFixedDeposit 웹 서비스 메서드를 호출해서 ValidationException을 얻게 된다. processResults 메서드가 DeferredResult의 setErrorResult를 호출해서 DeferredResult의 결과로 ValidationException을 설정했기 때문에 FixedDepositController의 handleException 메서드가 결과를 처리했는지 로그로 확인할 수 있다.

15.4.4 디폴트 타임아웃값 설정하기

비동기 요청에 대한 디폴트 타임아웃 시간을 설정하는 방법을 살펴보자. 스프링 mvc 스키마의 <async-support> 엘리먼트의 default-timeout 속성을 설정함으로써 비동기 요청의 디폴트 타임아웃을 지정할 수 있다. 다음 예를 보자.

예제 15-13 비동기 요청의 디폴트 타임아웃 설정하기

```
#프로젝트 - ch15-async-webservice
#src/main/webapp/WEB-INF/spring/webservice-config.xml

<mvc:annotation-driven>
  <mvc:async-support default-timeout="10000" >
    .....
  </mvc:async-support>
</mvc:annotation-driven>
```

이 예제는 비동기 요청의 디폴트 타임아웃 시간을 10초로 지정한다. 디폴트 타임아웃을 지정하지 않으면 비동기 요청의 타임아웃 시간은 웹 애플리케이션을 배포한 서블릿 컨테이너의 설정에 따라 달라진다.

15.4.5 비동기 요청 가로채기

CallableProcessingInterceptor나 DeferredResultProcessingInterceptor를 사용해 비동기 요청을 가로채는 방법을 살펴보자. Callable을 사용해 비동기로 요청을 처리한다면, 스프링 CallableProcessingInterceptor 콜백 인터페이스를 사용해 비동기 요청 처리를 가로챌 수 있다. 예를 들어 Callable이 결과를 생산한 다음에 CallableProcessing

Interceptor의 postProcess 메서드를 호출하고, Callable 작업을 실행하기 전에 CallableProcessingInterceptor의 preProcess 메서드를 호출한다. 이와 비슷한 방식으로 DeferredResult를 사용해 비동기로 요청을 처리한다면 스프링 DeferredResultProcessingInterceptor를 사용해 비동기 요청 처리를 가로챌 수 있다.

스프링 mvc 스키마의 <callable-interceptors> 엘리먼트를 사용해 CallableProcessingInterceptor를 설정할 수 있고, 스프링 mvc 스키마의 <deferred-resultinterceptors> 엘리먼트를 사용해 DeferredResultProcessingInterceptor를 설정할 수 있다. 다음 예제는 MyDeferredResultInterceptor 설정(DeferredResultProcessingInterceptor 인터페이스를 구현)을 보여준다.

예제 15-14 DeferredResultProcessingInterceptor 구현 설정하기

```
#프로젝트 - ch15-async-webservice
#src/main/webapp/WEB-INF/spring/webservice-config.xml

<mvc:annotation-driven>
  <mvc:async-support default-timeout="10000">
    <mvc:deferred-result-interceptors>
      <bean class="sample.spring.chapter15.web.MyDeferredResultInterceptor"/>
    </mvc:deferred-result-interceptors>
  </mvc:async-support>
</mvc:annotation-driven>
```

자바 기반 설정을 사용한다면 WebMvcConfigurer의 configureAsyncSupport(AsyncSupportConfigurer configurer) 메서드와 AsyncSupportConfigurer의 setDefaultTimeout 메서드를 사용해서 비동기 요청의 디폴트 타임아웃을 설정할 수 있다. 또 AsyncSupportConfigurer의 registerCallableInterceptors와 registerDeferredResultInterceptors 메서드를 사용해 CallableProcessingInterceptor와 DeferredResultProcessingInterceptor를 각각 등록할 수 있다.

15.5 타입 변환과 형식화 지원

스프링 Converter 인터페이스를 사용하면 어떤 타입의 객체를 다른 타입의 객체로 쉽게 변환할 수 있다. 그리고 스프링 Formatter 인터페이스를 사용하면 어떤 타입의 객체를 그 객체의 **지역화된** String 표현으로 쉽게 바꾸거나, 지역화된 String 표현을 객체로 쉽게 바꿀 수 있다. spring-core JAR 파일의 org.springframework.core.convert.support 패키지에서 다양한 내장 Converter 구현을 볼 수 있다. 스프링 org.springframework.format.number 패키지에서는 java.lang.Number 타입을 위한 Formatter를, org.springframework.format.datetime 패키지에서는 java.util.Date 타입을 위한 Formatter를 찾아볼 수 있다.

IMPORT chapter 15/ch15-converter-formatter-bankapp
이 프로젝트는 ch15-bankapp 프로젝트를 변경해서 커스텀 Converter와 Formatter를 만드는 법을 보여준다.

먼저 커스텀 Converter를 만드는 방법부터 살펴보자.

15.5.1 커스텀 Converter 만들기

컨버터는 스프링 Converter<S, T> 인터페이스를 구현해야 한다. S(**소스** 타입에서 source의 첫 글자)는 컨버터에 전달할 객체의 타입을 가리키고, T(**타깃** 타입에서 target의 첫 글자)는 S 타입의 객체를 컨버터가 변환해서 내놓을 객체의 타입을 가리킨다. Converter 인터페이스에는 변환 로직을 제공하는 convert 메서드 정의가 들어 있다.

다음 예제는 String(정기 예금 ID) 타입의 객체를 FixedDepositDetails(정기 예금 ID에 해당하는 정기 예금) 타입 객체로 변환하는 IdToFixedDepositDetailsConverter를 나타낸다.

예제 15-15 Converter 구현

```
#프로젝트 - ch15-converter-formatter-bankapp
#src/main/java/sample/spring/chapter15/converter

package sample.spring.chapter15.converter;
import org.springframework.core.convert.converter.Converter;
```

```
.....
public class IdToFixedDepositDetailsConverter implements
        Converter<String, FixedDepositDetails> {

  @Autowired
  private FixedDepositService fixedDepositService;

  @Override
  public FixedDepositDetails convert(String source) {
    return fixedDepositService.getFixedDeposit(Integer.parseInt(source));
  }
}
```

IdToFixedDepositDetailsConverter는 Converter<String, FixedDepositDetails> 인터페이스를 구현한다. 여기서 String은 소스 타입이고 FixedDepositDetails는 타깃 타입이다. IdToFixedDepositDetailsConverter의 convert 메서드는 FixedDepositService의 getFixedDeposit 메서드를 사용해 정기 예금 ID에 해당하는 FixedDepositDetails 객체를 가져온다.

15.5.2 커스텀 Converter 설정하고 사용하기

커스텀 컨버터를 사용하려면 스프링 ConversionService에 커스텀 컨버터를 등록해야 한다. ConversionService는 Converter와 Formatter를 위한 레지스트리registry(등록부)처럼 작동하며, 스프링은 등록된 ConvsersionService에 타입 변환을 맡긴다. 스프링 mvc 스키마의 <annotation-driven> 엘리먼트는 스프링 컨테이너에 스프링 FormattingConversionService(ConvsersionService를 구현)를 자동(디폴트)으로 등록한다. 스프링에는 FormattingConversionService와 함께 자동으로 등록되는 몇 가지 내장 컨버터와 포매터가 있다. ConvsersionService를 다른 구현으로 바꾸려면 <annotation-driven> 엘리먼트의 conversion-service 속성을 사용해 설정할 수 있다.

예제 15-16 FormattingConversionService로 커스텀 ConvsersionService 등록하기

```
#프로젝트 - ch15-converter-formatter-bankapp
#src/main/webapp/WEB-INF/spring

<mvc:annotation-driven conversion-service="myConversionService" />
```

```
<bean id="myConversionService"
    class="org.springframework.format.support.FormattingConversionServiceFactoryBean">
  <property name="converters">
    <set>
      <bean class="sample.spring.chapter15.converter.IdToFixedDepositDetailsConverter" />
    </set>
  </property>
  .....
</bean>
```

FormattingConversionServiceFactoryBean은 디폴트로 FormattingConversionService 인스턴스와 함께 내장 컨버터와 포매터만 등록한다. FormattingConversionServiceFactoryBean의 converters와 formatters 프로퍼티를 사용해 커스텀 컨버터와 포매터를 등록한다. 스프링 애플리케이션에서 FormattingConversionServiceFactoryBean이 만드는 FormattingConversionService 인스턴스를 사용하려면 <annotation-driven>의 conversion-service 속성이 FormattingConversionServiceFactoryBean을 가리키게 해야 한다.

스프링은 FormattingConversionService와 함께 등록되는 컨버터와 포매터를 사용해 **데이터 바인딩** 시 타입 변환을 수행한다. 다음 예제에서 FixedDepositController의 viewFixedDepositDetails 메서드는 스프링 컨테이너가 IdToFixedDepositDetailsConverter<String, FixedDepositDetails>를 사용해 정기 예금 ID(String 타입)를 FixedDepositDetails 인스턴스로 변환한다.

예제 15-17 FixedDepositController의 viewFixedDepositDetails 메서드

```
#프로젝트 - ch15-converter-formatter-bankapp
#src/main/java/sample/spring/chapter15/web

package sample.spring.chapter15.web;
.....
public class FixedDepositController {
  .....
  @RequestMapping(params = "fdAction=view", method = RequestMethod.GET)
  public ModelAndView viewFixedDepositDetails(
      @RequestParam(name = "fixedDepositId") FixedDepositDetails fixedDepositDetails) {
    .....
  }
}
```

@RequestMapping 애너테이션은 fixedDepositId 요청 파라미터값을 fixedDepositDetails 메서드 인수에 설정하도록 지정한다. fixedDepositId 요청 파라미터는 정기 예금을 유일하게 식별한다. fixedDepositId 요청 파라미터의 타입이 String이고, 메서드 인수 타입이 FixedDepositDetails이므로 스프링은 IdToFixedDepositDetailsConverter<String, FixedDepositDetails>를 사용해 타입 변환을 수행한다.

ConvsersionService는 웹 레이어가 아닌 레이어에도 쓸 수 있다. ConvsersionService를 사용하면 애플리케이션의 어떤 레이어에서든 타입 변환할 수 있다. 다음 예제는 FixedDepositController의 viewFixedDepositDetails 메서드를 변형해서 직접 타입 변환하기 위해 ConvsersionService를 쓰는 경우를 보여준다.

예제 15-18 프로그램으로 타입 변환하기

```
import org.springframework.core.convert.ConversionService;
.....
public class FixedDepositController {
  @Autowired
  private ConversionService conversionService;
  .....
  @RequestMapping(params = "fdAction=view", method = RequestMethod.GET)
  public ModelAndView viewFixedDepositDetails(HttpServletRequest request) {
    String fixedDepositId = request.getParameter("fixedDepositId");
    FixedDepositDetails fixedDepositDetails =
        conversionService.convert(fixedDepositId, FixedDepositDetails.class);
    .....
  }
}
```

이 예제는 스프링 컨테이너에 등록된 ConvsersionService 인스턴스를 FixedDepositController에 자동 연결한다. viewFixedDepositDetails 메서드는 ConvsersionService의 convert 메서드를 사용해 fixedDepositId(String 타입)를 FixedDepositDetails로 변환한다. 내부에서 ConvsersionService는 자신에게 등록된 IdToFixedDepositDetailsConverter<String, FixedDepositDetails> 컨버터를 사용해 타입 변환한다.

지금까지 커스텀 Converter를 만들고 사용하는 방법을 배웠으므로 이번에는 커스텀 Formatter를 만들고 사용하는 법에 대해 알아보자.

15.5.3 커스텀 Formatter 만들기

포매터는 T 타입의 객체를 (화면이나 파일 등) 표시에 사용할 String값으로 변환하고, String값을 구문 분석해서 T 타입 객체로 변환한다. 포매터는 스프링 Formatter<T> 인터페이스를 구현한다. 여기서 T는 포매터가 형식화할 객체의 타입이다. 이 기능은 웹 애플리케이션에서 PropertyEditor가 하는 일과 비슷하다. 이번 장에서 보게 되겠지만, Formatter는 PropertyEditor보다 더 든든한 대안이다.

> **NOTE_** 스프링 태그 라이브러리의 태그들은 FormattingConversionService에 등록된 포매터를 사용해 데이터 바인딩과 표시 시 타입 변환을 수행한다.

다음 예제는 MyBank에서 정기 예금액을 사용자의 로케일에 따른 통화로 표시하고, 사용자가 입력한 정기 예금액을 구문 분석하기 위해 사용하는 AmountFormatter를 나타낸다. 단순화를 위해 정기 예금액에는 환율을 적용하지 않으며, 단순히 사용자 로케일에 따른 통화 기호를 정기 예금액 뒤에 덧붙이기만 한다.

예제 15-19 AmountFormatter – Formatter 구현

```
#프로젝트 - ch15-converter-formatter-bankapp
#src/main/java/sample/spring/chapter15/formatter

package sample.spring.chapter15.formatter;
import java.text.ParseException;
import java.util.Locale;
import org.springframework.format.Formatter;

public class AmountFormatter implements Formatter<Long>{
  @Override
  public String print(Long object, Locale locale) {
    String returnStr = object.toString() + " USD";
    if(locale.getLanguage().equals(new Locale("de").getLanguage())) {
      returnStr = object.toString() + " EURO";
    }
    return returnStr;
  }

  @Override
  public Long parse(String text, Locale locale) throws ParseException {
```

```
        String str[] = text.split(" ");
        return Long.parseLong(str[0]);
    }
}
```

AmountFormatter는 Formatter<Long> 인터페이스를 구현한다. 이는 AmountFormatter를 Long 타입 객체에 적용한다는 뜻이다. print 메서드는 Long 타입 객체(정기 예금액을 표현함)를 사용자에게 보여줄 String값으로 변환한다. 로케일에서 얻은 언어 코드[1]에 따라 print 메서드는 단순히 USD(언어 코드 en)나 EURO(de 언어 코드)를 정기 예금액에 덧붙인다. 예를 들어 정기 예금액이 1000이고 언어 코드가 de라면 print 메서드는 1000 EURO를 표시한다. parse 메서드는 사용자가 입력한 정기 예금액(예: 1000 EURO)을 받아서 사용자가 입력한 정기 예금액(통화 단위 직전의 숫자)을 추출함으로써 Long 타입으로 변환한다.

15.5.4 커스텀 Formatter 설정하기

FormattingConversionServiceFactoryBean의 formatters 프로퍼티를 사용하면 FormattingConversionService에 커스텀 포매터를 등록할 수 있다.

예제 15-20 FormattingConversionService에 커스텀 Formatter 등록하기

```
<beans .....>
  .....
  <mvc:annotation-driven conversion-service="myConversionService" />
  .....
  <bean id="myConversionService"
      class="org.springframework.format.support.FormattingConversionServiceFactoryBean">
    <property name="formatters">
      <set>
        <bean class="sample.spring.chapter15.formatter.AmountFormatter" />
      </set>
    </property>
  </bean>
</beans>
```

1 옮긴이_ 당연히 실무에서는 금액이나 날짜 표기법을 결정할 때 언어 코드를 사용하면 안 된다. 지역 코드를 사용해야 한다.

FormattingConversionService에 등록한 AmountFormatter는 데이터 바인딩 및 표시 시 **모든** Long 타입 필드에 적용된다.

> **NOTE_** 자바 기반 설정 방식을 사용한다면 WebMvcConfigurer의 addFormatters(FormatterRegistry registry) 메서드 등을 사용해 커스텀 포매터와 컨버터를 스프링 컨테이너에 등록한다. 예를 들어 포매터를 등록하려면 FormatterRegistry의 addFormatter 메서드를 호출하고, 컨버터를 등록하려면 FormatterRegistry의 addConverter 메서드를 호출한다.

스프링 AnnotationFormatterFactory를 사용하면 Formatter를 적용할 필드를 제어할 수 있다. AnnotationFormatterFactory 구현은 특정 **애너테이션**을 설정한 필드에 대한 포매터를 만든다. AnnotationFormatterFactory를 사용해 @AmountFormat 애너테이션을 설정한 Long 타입만 형식화하는 방법을 알아보자.

15.5.5 AnnotationFormatterFactory를 사용해 @AmountFormat 애너테이션을 설정한 필드만 형식화하기

다음 예제는 @AmountFormat 애너테이션을 나타낸 것이다.

예제 15-21 AmountFormat 애너테이션

```
#프로젝트 - ch15-converter-formatter-bankapp
#src/main/java/sample/spring/chapter15/formatter

package sample.spring.chapter15.formatter;
.....
@Target(value={ElementType.FIELD})
@Retention(RetentionPolicy.RUNTIME)
@Documented
public @interface AmountFormat { }
```

[예제 15-21]에서 @Target 애너테이션은 @AmountFormat 애너테이션을 필드에만 설정할 수 있게 지정한다.

다음 예제는 @AmountFormat 애너테이션을 설정한 필드에 적용할 포매터를 만드는 AnnotationFormatterFactory 구현을 보여준다.

예제 15-22 AmountFormatAnnotationFormatterFactory 클래스

```
#프로젝트 - ch15-converter-formatter-bankapp
#src/main/java/sample/spring/chapter15/formatter

package sample.spring.chapter15.formatter;
import org.springframework.format.AnnotationFormatterFactory;
import org.springframework.format.Parser;
import org.springframework.format.Printer;

public class AmountFormatAnnotationFormatterFactory implements
      AnnotationFormatterFactory<AmountFormat> {

  public Set<Class<?>> getFieldTypes() {
    Set<Class<?>> fieldTypes = new HashSet<Class<?>>(1, 1);
    fieldTypes.add(Long.class);
    return fieldTypes;
  }

  public Parser<?> getParser(AmountFormat annotation, Class<?> fieldType) {
    return new AmountFormatter();
  }

  public Printer<?> getPrinter(AmountFormat annotation, Class<?> fieldType) {
    return new AmountFormatter();
  }
}
```

이 예제에서 AmountFormatAnnotationFormatterFactory는 AnnotationFormatterFactory<AmountFormat> 인터페이스를 구현한다. 이 AmountFomratAnnotationFormatterFactory는 @AmountFormat 애너테이션을 설정한 필드의 포매터를 만든다.

getFieldTypes 메서드는 @AmountFormat 애너테이션을 설정한 필드 타입을 반환한다. 이 예제에서 getFieldTypes 메서드는 Long 타입 하나만 반환한다. 이는 오직 @AmountFormat 애너테이션을 설정한 Long 타입만 AmountFormatAnnotationFormatterFactory가 만든 포매터에 의해 형식화된다는 뜻이다. getParser와 getPrinter 메서드는 @AmountFormat 애너테이션을 설정한 필드에 대한 포매터를 반환한다. Formatter 인터페이스가 Parser와 Printer 인터페이스의 하위 인터페이스라는 점을 알아야 한다.

15.5.6 AnnotationFormatterFactory 구현 설정하기

Formater를 설정할 때와 마찬가지로, FormattingConversionServiceFactoryBean의 formatters 프로퍼티를 사용해 AnnotationFormatterFactory를 FormattingConversion Service에 등록할 수 있다.

예제 15-23 AmountFormatAnnotationFormatterFactory 설정

```
#프로젝트 - ch15-converter-formatter-bankapp
#src/main/webapp/WEB-INF/spring

<beans .....>
  .....
  <mvc:annotation-driven conversion-service="myConversionService" />
  .....
  <bean id="myConversionService"
      class="org.springframework.format.support.FormattingConversionServiceFactoryBean">
    <property name="formatters">
      <set>
        <bean class=
        "sample.spring.chapter15.formatter.AmountFormatAnnotationFormatterFactory"/>
      </set>
    </property>
  </bean>
</beans>
```

지금까지 AnnotationFormatterFactory를 사용해 특정 애너테이션을 설정한 필드에 대한 형식화를 활성화하는 방법에 대해 배웠으므로, 이 기능을 ch15-converter-formatter-bankapp 프로젝트에서 어떻게 사용하는지 살펴보자.

다음 그림은 ch15-converter-formatter-bankapp 프로젝트에서 정기 예금 목록을 표시한 것이다.

그림 15-4 'Deposit amount' 열은 사용자의 현재 로케일에서 얻은 언어 코드에 따라 USD와 EURO를 보여준다

Fixed Deposit list

ID	Deposit amount	Tenure	Email	Action
1	10000 USD	24	a1email@somedomain.com	Close Edit
2	20000 USD	36	a2email@somedomain.com	Close Edit
3	30000 USD	36	a3email@somedomain.com	Close Edit
4	50000 USD	36	a4email@somedomain.com	Close Edit
5	15000 USD	36	a5email@somedomain.com	Close Edit

Create new Fixed Deposit

Language: English(US) | German
Locale: en_US

이 그림에서는 사용자가 영어를 선택했기 때문에 USD가 정기 예금액 뒤에 붙어 있다. 언어를 독일어로 바꾸면 USD가 EURO로 바뀐다. 앞쪽의 [예제 15-19]에서 AmountFormatter에 사용자의 현재 로케일에 맞춰 USD와 EURO를 보여주는 로직이 들어 있음을 살펴봤다.

페이지를 표시하고 폼을 제출하는 과정에서 FormattingConversionService에 등록된 포매터가 꼭 호출되도록 만들기 위해, ch15-converter-formatter-bankapp 프로젝트의 JSP 페이지에서 스프링 태그 라이브러리 태그(<eval>과 <input>)를 사용했다.

NOTE_ 자바 기반 설정 방식을 사용한다면, WebMvcConfigurer의 addFormatters(FormatterRegistry registry) 메서드와 FormatterRegistry의 addFormatterForFieldAnnotation(AnnotationFormatterFactory factory) 메서드를 호출해서 AnnotationFormatterFactory 구현을 설정할 수 있다.

15.6 스프링 웹 MVC의 파일 업로드 지원

스프링 웹 MVC에서는 파일 업로드를 쉽게 할 수 있다. MultipartResolver를 설정하면 스프링 웹 MVC 애플리케이션에서 멀티파트multipart 요청을 처리할 수 있다. 스프링은 웹 애플리케이션에서 다음 MultipartResolver 인터페이스 구현을 바로 사용할 수 있게 제공한다.

- CommonsMultipartResolver – 아파치 커먼즈 FileUpload 라이브러리를 사용한다
- StandardServletMultipartResolver – 서블릿 3.0 파트[Part] API를 사용한다

멀티파트 요청을 받으면 DispatcherServlet은 설정된 MultipartResolver를 사용해 HttpServletRequest를 감싸서 MultipartHttpServletRequest 인스턴스로 만든다. 스프링 웹 MVC에서 업로드된 파일은 MultipartFile 객체로 표현된다. 파일 업로드를 처리하는 역할을 하는 컨트롤러는 MultipartHttpServletRequest에 정의된 메서드를 통하거나 직접 MultipartFile 객체에 접근해서 파일 업로드를 처리한다.

먼저 CommonsMultipartResolver를 사용해 파일을 업로드하는 웹 애플리케이션 예제를 살펴보자.

IMPORT chapter 15/ch15-commons-file-upload

이 프로젝트는 CommonsMultipartResolver를 사용해 파일을 업로드하는 방법을 보여준다. CommonsMultipartResolver는 아파치 커먼즈 FileUpload 라이브러리를 사용하기 때문에 commons-fileupload JAR 파일을 프로젝트 의존 관계에 정의한다.

15.6.1 CommonsMultipartResolver를 사용해 파일 업로드하기

다음 예제는 ch15-commons-file-upload 프로젝트에서 표시하는 파일 업로드 폼을 보여준다.

예제 15-24 uploadForm.jsp – 업로드 폼을 보여준다

```
#프로젝트 - ch15-commons-file-upload
#src/main/webapp/WEB-INF/jsp

.....
<form method="post" action="/ch15-commons-file-upload/uploadFile"
   enctype="multipart/form-data">
  <table style="padding-left: 200px;">
    <tr>
      <td colspan="2"><c:out value="${uploadMessage}" /></td>
    </tr>
    <tr>
      <td><b>Select the file to be uploaded:  </b></td>
      <td><input type="file" name="myFileField" /></td>
```

```
    </tr>
    <tr>
      <td colspan="2" align="center"><input type="button"
          value="Upload file" onclick="document.forms[0].submit();" /></td>
    </tr>
  </table>
</form>
.....
```

이 예제는 `<form>` 엘리먼트의 enctype이 multipart/form-data라는 것을 나타낸다. 이는 폼을 제출하면 멀티파트 요청을 서버로 전송한다는 뜻이다. 파일을 사용자가 선택하고 'Upload File'을 클릭하면 uploadMessage 요청 속성을 통해 성공이나 실패 메시지를 표시한다.

다음 예제는 멀티파트 요청을 해결하는 CommonsMultipartResolver 설정이다.

예제 15-25 fileupload-config.xml – CommonsMultipartResolver 설정

```
#프로젝트 - ch15-commons-file-upload
#src/main/webapp/WEB-INF/spring

<bean id="multipartResolver"
    class="org.springframework.web.multipart.commons.CommonsMultipartResolver">
  <property name="maxUploadSize" value="100000" />
  <property name="resolveLazily" value="true" />
</bean>
```

웹 애플리케이션 컨텍스트 XML 파일에서 MultipartResolver 구현을 설정할 때는 반드시 id를 multipartResolver로 설정해야 한다는 점이 중요하다. maxUploadSize 프로퍼티는 업로드할 파일의 최대 크기(바이트 단위)를 지정한다. 파일 크기가 100KB보다 큰 파일을 업로드하려고 하면 이 예제에 있는 CommonsMultipartResolver는 예외를 던진다. CommonsMultipartResolver 인스턴스가 예외를 던지면 파일 업로드를 처리하는 컨트롤러로 예외를 처리할 기회가 돌아오지 않는다. 이런 이유로 resolveLazily 프로퍼티를 true로 설정한다. resolveLazily 프로퍼티가 true면 컨트롤러가 업로드된 파일에 접근해야 멀티파트 요청을 해결할 수 있다. 이렇게 하면 멀티파트 요청을 처리하는 동안 발생하는 예외를 컨트롤러가 처리할 수 있다.

다음 예제는 파일 업로드를 처리하는 FileUploadController다.

예제 15-26 FileUploadController

```
#프로젝트 - ch15-commons-file-upload
#src/main/java/sample/spring/chapter15/web

package sample.spring.chapter15.web;
import org.springframework.web.multipart.MultipartFile;
.....
public class FileUploadController {
  .....
  @RequestMapping(path = "/uploadFile", method = RequestMethod.POST)
  public ModelAndView handleFileUpload(
      @RequestParam("myFileField") MultipartFile file) throws IOException {
    ModelMap modelData = new ModelMap();
    if (!file.isEmpty()) {
      // -- 업로드한 파일을 파일시스템에 저장한다
      String successMessage = "File successfully uploaded";
      modelData.put("uploadMessage", successMessage);
      return new ModelAndView("uploadForm", modelData);
    }
    .....
  }

  @ExceptionHandler(value = Exception.class)
  public ModelAndView handleException() {
    .....
  }
}
```

FileUploadController의 handleFileUpload 메서드는 업로드된 파일을 식별할 수 있는 MultipartFile 타입 인수를 받는다. @RequestParam 애너테이션이 uploadForm.jsp 페이지(예제 15-24 참조)의 <input type="file" .....> 필드 이름을 지정한다는 사실에 유의하자. 파일이 성공적으로 업로드되면 handleFileUpload 메서드는 사용자에게 보여줄 성공 메시지를 설정한다. 파일 업로드 도중에 예외가 발생하면 @ExceptionHandler 메서드가 오류 메시지를 보여준다. 예를 들어 파일 크기가 100KB보다 크면 사용자에게 오류 메시지를 표시한다.

지금까지 CommonsMultipartResolver를 사용해 파일을 업로드하는 방법을 살펴봤으므로, 이제 StandardServletMultipartResolver를 사용해 파일을 업로드하는 방법도 살펴보자.

IMPORT chapter 15/ch15-servlet3-file-upload

이 프로젝트는 StandardServletMultipartResolver를 사용해 파일을 업로드하는 방법을 보여준다.

15.6.2 StandardServletMultipartResolver를 사용해 파일 업로드하기

서블릿 3를 사용하면(다른 라이브러리를 쓰지 않고도) 멀티파트 요청을 즉시 처리할 수 있다. 서블릿 3의 멀티파트 지원을 사용하려면 DispatcherServlet 설정에서 <multipart-config> 엘리먼트로 멀티파트 요청 처리를 활성화하고, 웹 애플리케이션 컨텍스트 XML 파일에 StandardServletMultipartResolver를 설정해야 한다. CommonsMultipartResolver와 달리 StandardServletMultipartResolver는 아무 프로퍼티도 정의하지 않는다.

다음 예제는 web.xml 파일의 DispatcherServlet 설정을 보여준다.

예제 15-27 web.xml

```
#프로젝트 - ch15-servlet3-file-upload
#src/main/webapp

<servlet>
  <servlet-name>fileupload</servlet-name>
  <servlet-class>org.springframework.web.servlet.DispatcherServlet</servlet-class>
  .....
  <multipart-config>
    <max-file-size>100000</max-file-size>
  </multipart-config>
</servlet>
```

<multipart-config> 엘리먼트를 설정했으므로 fileupload 서블릿이 멀티파트 요청을 처리할 수 있다. <max-file-size> 엘리먼트는 업로드할 수 있는 파일의 최대 크기를 지정한다. 여기서는 <multipart-config> 엘리먼트의 일부분으로 최대 파일 크기 설정을 넣었다는 사실에 유의하자.

15.7 요약

이번 장에서는 웹 애플리케이션 개발을 편하게 해주는 스프링 웹 MVC 프레임워크의 중요한 기능 몇 가지를 살펴봤다. 다음 장에서는 스프링 시큐리티Spring Secuirty 프레임워크로 스프링 애플리케이션에 보안을 부여하는 방법을 살펴본다.

CHAPTER 16

스프링 시큐리티를 사용한 애플리케이션 보안

16.1 소개

보안security은 어느 애플리케이션에서나 중요한 사항이다. 스프링 시큐리티는 스프링 프레임워크 위에 만들어졌으며, 스프링 기반 애플리케이션에 종합적인 보안 프레임워크를 제공한다. 이번 장에서는 다음 내용에 대해 스프링 시큐리티 프레임워크를 사용하는 법을 살펴본다.

- 사용자 인증authentication
- 웹 요청 보안 구현
- 메서드 수준 보안 구현
- ACLAccess Control List(접근 제어 리스트) 기반 보안을 사용해 도메인 객체 보호

먼저 스프링 시큐리티로 해결해야 하는 `MyBank` 웹 애플리케이션의 보안 요구 사항을 살펴보자.

16.2 MyBank 웹 애플리케이션의 보안 요구 사항

`MyBank` 웹 애플리케이션 사용자는 **고객**과 시스템의 정기 예금을 관리하는 **관리자**로 나뉜다. 고객은 정기 예금을 개설하고 변경할 수 있지만 해지하지는 **못한다**. 관리자는 정기 예금을 생성하거나 변경할 수 **없지만** 고객의 정기 예금을 해지할 수는 있다.

인증된 사용자만 MyBank 웹 애플리케이션에 접근할 수 있으므로, 인증 받지 못한 사용자에게는 로그인 폼을 표시해야 한다.

그림 16-1 인증 받지 못한 사용자에게 표시할 로그인 폼

Login with Username and Password

User:	cust1
Password:	•••••

☑ Remember me on this computer.

[Login]

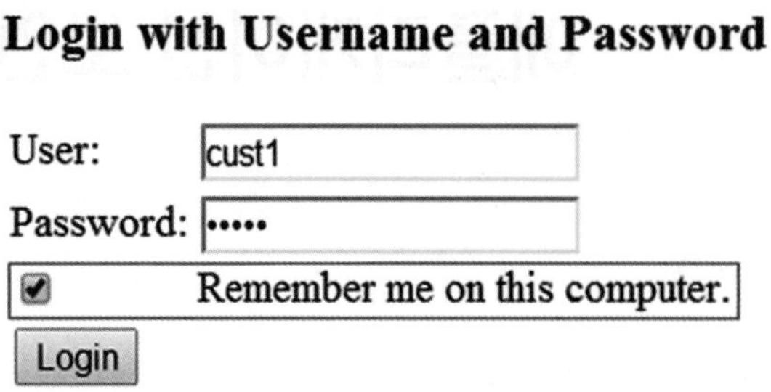

이 그림은 인증 받지 못한 사용자에게 표시할 로그인 폼이다. 사용자가 'Remember me on this computer' 체크박스를 선택하면 MyBank 웹 애플리케이션은 사용자가 입력한 크리덴셜credential(암호학적 비밀 정보)을 기억했다가 나중에 같은 사용자가 웹 애플리케이션에 재방문하면 자동으로 인증을 수행한다.

고객이 로그인하면 다음 그림처럼 해당 고객의 정기 예금 목록이 표시된다.

그림 16-2 고객 인증이 끝나면 고객 정기 예금 목록이 표시된다

Logout
Username: cust1

Fixed deposit list

ID	Deposit amount	Tenure	Email	Action
0	10000	24	cust1@somedomain.com	Edit

[Create new Fixed Deposit]

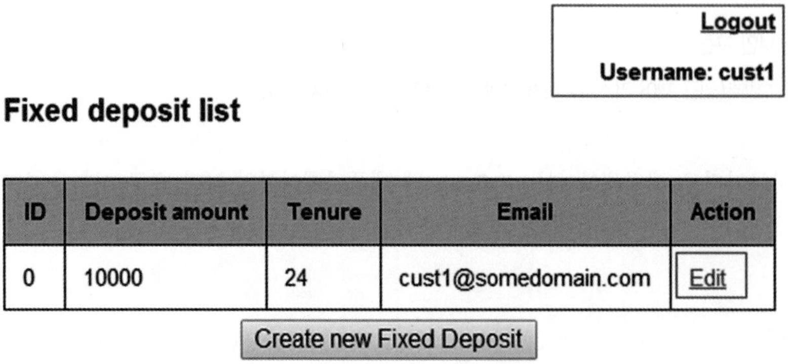

이 그림은 고객이 MyBank 웹 애플리케이션에서 로그아웃하고 싶을 때 클릭할 수 있는 'Logout' 하이퍼링크를 나타낸다. 고객은 변경하고 싶은 정기 예금의 'Edit' 하이퍼링크를 클릭해서 정기 예금 상세 정보를 변경할 수 있다. 고객이 'Create new Fixed Deposit' 버튼을 클릭하면 새로운 정기 예금 정보를 입력할 수 있는 폼이 표시된다. 'Logout' 하이퍼링크 아

래에 인증된 사용자의 사용자명username이 표시된다는 점에 유의하자.

관리자가 로그인하면 다음 그림처럼 MyBank 웹 애플리케이션이 시스템의 **모든** 정기 예금 목록을 표시한다.

그림 16-3 관리자가 로그인하면 모든 고객의 정기 예금 목록이 표시된다

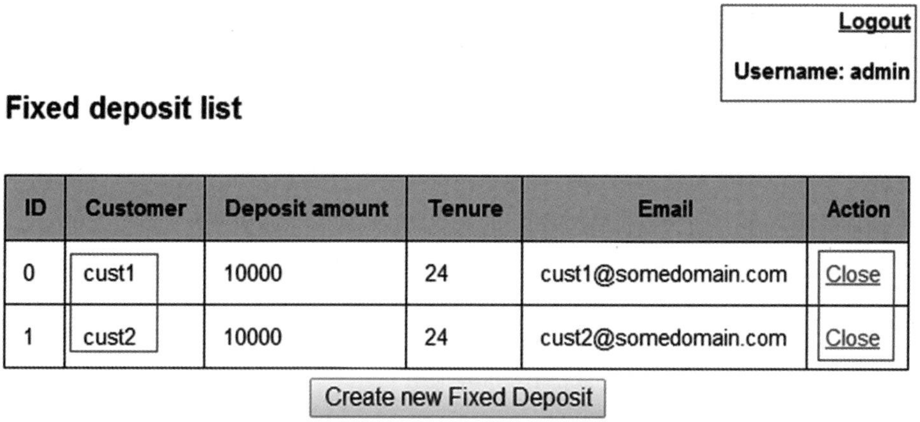

Logout

Username: admin

Fixed deposit list

ID	Customer	Deposit amount	Tenure	Email	Action
0	cust1	10000	24	cust1@somedomain.com	Close
1	cust2	10000	24	cust2@somedomain.com	Close

Create new Fixed Deposit

이 그림에서 관리자가 원하는 정기 예금의 'Close' 하이퍼링크를 클릭하면 그 정기 예금을 해지할 수 있다. 고객과 마찬가지로 'Create new Fixed Deposit' 버튼이 보이지만 새로운 정기 예금 정보를 입력한 후 저장하려고 시도하면 애플리케이션에서 보안 예외가 발생한다.

IMPORT chapter 16/ch16-bankapp-simple-security

이 프로젝트는 스프링 시큐리티 프레임워크를 사용해 보안 요구 사항(16.2절에 나열)을 만족시키는 MyBank 웹 애플리케이션을 보여준다.

16.3 스프링 시큐리티로 MyBank 웹 애플리케이션 보호하기

스프링 시큐리티 프레임워크는 애플리케이션의 여러 가지 보안 측면을 처리하는 다양한 모듈로 이뤄진다. 다음 표는 스프링 시큐리티의 주요 모듈을 나타낸 것이다.

모듈	설명
spring-security-core	스프링 시큐리티 프레임워크의 핵심 클래스와 인터페이스를 정의한다. 스프링 시큐리티를 사용하는 모든 애플리케이션에 필요한 모듈이다.
spring-security-web	웹 애플리케이션 보안을 지원한다.
spring-security-config	security 스키마나 자바 기반 설정 방식을 사용해 스프링 시큐리티를 설정한다.
spring-security-taglibs	JSP 페이지에서 표시하는 콘텐트에 보안을 부여하거나 보안 정보에 접근하는 태그를 정의한다.
spring-security-acl	ACL을 사용해 애플리케이션의 도메인 객체 인스턴스를 보호한다.

이번 절에서는 `MyBank` 웹 애플리케이션을 보호하기 위해 `spring-security-core`, `spring-security-web`, `spring-security-config`, `spring-security-taglibs` 모듈을 사용하는 방법을 살펴본다. 이번 장 뒷부분에서는 `spring-security-acl`을 사용해 애플리케이션의 도메인 객체 인스턴스를 보호하는 방법도 살펴본다.

먼저 웹 요청 보안을 설정하는 방법부터 살펴보자.

16.3.1 웹 요청 보안 설정하기

다음 방법으로 웹 요청에 보안을 추가할 수 있다.

- 스프링 DelegatingFilterProxy 필터를 web.xml에 설정하기
- 스프링 시큐리티 프레임워크가 제공하는 웹 요청 보안 활성화하기

먼저 `DelegatingFilterProxy` 필터를 설정하는 방법을 살펴보자.

DelegatingFilterProxy 필터 설정

스프링 프레임워크의 웹 모듈(`spring-web-5.0.1.RELEASE.jar` 파일)에는 서블릿 API의 `Filter` 인터페이스를 구현하는 `DelegatingFilterProxy` 클래스 정의가 들어 있다. 다음 예제는 `web.xml` 파일에서 `DelegatingFilterProxy`를 설정하는 방법이다.

예제 16-1 web.xml – DelegatingFilterProxy 필터 설정

```
#프로젝트 - ch16-bankapp-simple-security
#src/main/webapp/WEB-INF

<filter>
  <filter-name>springSecurityFilterChain</filter-name>
  <filter-class>org.springframework.web.filter.DelegatingFilterProxy</filter-class>
</filter>

<filter-mapping>
  <filter-name>springSecurityFilterChain</filter-name>
  <url-pattern>/*</url-pattern>
</filter-mapping>
```

<filter-mapping> 엘리먼트는 DelegatingFilterProxy 필터를 모든 웹 요청에 매핑하도록 지정한다. DelegatingFilterProxy 필터에는 <filter-mapping> 엘리먼트가 지정하는 필터 이름이 아주 특별하다. DelegatingFilterProxy 필터는 <filter-name> 엘리먼트값과 일치하는 스프링 빈에 요청 처리를 위임한다. 이 예제에서는 **루트** 애플리케이션 컨텍스트에 있는 springSecurityFilterChain 이름의 스프링 빈에 DelegatingFilterProxy 필터로 도착하는 웹 요청을 위임한다. 잠시 후 스프링 시큐리티 프레임워크가 springSecurityFilterChain 빈을 생성하는 모습을 살펴볼 것이다.

지금까지 DelegatingFilterProxy를 설정하는 방법을 살펴봤다. 이제는 웹 요청 보안을 설정하는 방법을 살펴보자.

웹 요청 보안 설정하기

다음 예제는 웹 보안 설정 애플리케이션 컨텍스트 XML 파일에서 security 스키마의 <http> 엘리먼트를 사용해 웹 요청 보안을 설정하는 방법을 보여준다. 스프링 시큐리티를 사용한 보안 설정은 보통 applicationContext-security.xml 등의 이름을 가진 별도의 XML 파일을 사용한다. XML 파일을 애플리케이션 컨텍스트 파일로 인식하게 만들려면 웹 애플리케이션 컨텍스트 XML 파일(web.xml)의 <context-param> 엘리먼트에서 contextConfigLocation이라는 파라미터 이름을 사용해 XML 파일에 대한 경로를 설정해야 한다(ch16-bankapp-simple-security의 web.xml을 보자). 이번 장에서는 웹 애플리케이션 컨텍스트 XML 파일을 웹 보안 설정 XML 파일이라고 부른다.

예제 16-2 applicationContext-security.xml – 웹 보안 설정

```
#프로젝트 - ch16-bankapp-simple-security
#src/main/resources/META-INF/spring

<beans:beans xmlns="http://www.springframework.org/schema/security"
  xmlns:beans="http://www.springframework.org/schema/beans"
  xsi:schemaLocation=".....
    http://www.springframework.org/schema/security
    http://www.springframework.org/schema/security/spring-security.xsd">

  <http>
    <intercept-url pattern="/**" access="hasAnyRole('ROLE_CUSTOMER', 'ROLE_ADMIN')" />
    <form-login />
    <logout />
    <remember-me />
    <headers>
      <cache-control/>
      <xss-protection/>
    </headers>
  </http>
  .....
</beans:beans>
```

이 예제는 웹 보안 설정 XML 파일에서 spring-security.xsd 스키마를 참조하는 모습이다. spring-security.xsd 스키마는 spring-security-config-4.1.0.RELEASE.jar 파일의 org.springframework.security.config 패키지에 들어 있다.

<http> 엘리먼트에는 애플리케이션의 웹 보안 설정이 들어있다. 스프링 시큐리티 프레임워크는 <http> 엘리먼트를 구문 분석해서 springSecurityFilterChain 이름의 빈을 스프링 컨테이너에 등록한다. springSecurityFilterChain 빈은 웹 요청 보안을 처리한다. 앞에서 본 DelegatingFilterProxy 필터(예제 16-1 참조)는 springSecurityFilterChain 빈에 웹 요청 처리를 위임한다. springSecurityFilterChain 빈은 <http> 엘리먼트의 하위 엘리먼트에 의해 서블릿 필터 체인에 추가된 서블릿 필터들을 포함한 FilterChainProxy의 인스턴스(정보가 더 필요한 독자는 스프링 시큐리티 문서(https://spring.io/projects/spring-security)를 참고하자)를 표현한다.

<intercept-url> 엘리먼트의 access 속성은 불리언값으로 평가되는 SpEL 식을 지정한다. SpEL 식이 true를 반환하면 사용자는 pattern 속성에 매치하는 URL에 접근할 수 있다.

SpEL 식이 false를 반환하면 pattern 속성과 매치되는 URL에 대한 접근이 거부된다. 스프링 시큐리티 프레임워크는 hasRole, hasAnyRole, isAnonymous 등 몇 개의 식을 내장하고 있다.

[예제 16-2]에서 인증된 사용자가 ROLE_CUSTOMER나 ROLE_ADMIN 롤role을 부여 받았으면 hasAnyRole('ROLE_CUSTOMER', 'ROLE_ADMIN')이 true를 반환한다. MyBank 애플리케이션에서 ROLE_CUSTOMER 롤은 고객에게, ROLE_ADMIN 롤은 관리자에게 부여된다. /** 패턴이 모든 URL과 매치되므로 [예제 16-2]의 <intercept-url>은 ROLE_CUSTOMER나 ROLE_ADMIN 롤이 부여된 사용자만 MyBank 웹 애플리케이션에 접근할 수 있다는 뜻이다.

<form-login> 엘리먼트는 사용자를 인증하기 위해 사용할 로그인 페이지를 설정한다. <form-login> 엘리먼트 안에서 로그인 페이지를 커스텀화하기 위해 login-page, default-target-url 등의 여러 속성을 사용할 수 있다. login-page 속성은 로그인 페이지를 표시하기 위해 사용할 URL을 지정한다. login-page 속성을 지정하지 않으면, 로그인 페이지는 자동으로 /login URL을 표시한다.

<logout> 엘리먼트는 스프링 시큐리티 프레임워크의 로그아웃 처리 기능을 설정한다. <logout> 엘리먼트에서 로그아웃 기능을 설정하기 위해 logout-url, delete-cookies, invalidate-session 등의 여러 속성을 사용할 수 있다. 예를 들어 delete-cookies 속성에는 사용자가 애플리케이션에서 로그아웃하면 삭제할 쿠키 이름을 콤마(,)로 구분해 지정한다. logout-url 속성으로는 로그아웃을 처리할 URL을 설정한다. logout-url 속성을 지정하지 않으면, logout-url 속성값은 디폴트로 /logout이 설정된다.

세션이 끝나도 웹 애플리케이션이 인증된 사용자의 식별 정보를 계속 유지하게 만드는 'remember-me' (로그인 정보 유지) 인증을 설정할 때 <remember-me> 엘리먼트를 사용한다. 사용자가 성공적으로 인증되면 스프링 시큐리티는 영속적 저장소에 저장하거나 사용자에게 쿠키로 보낼 수 있는 유일한 토큰을 생성한다. [예제 16-2]에서 <remember-me> 엘리먼트는 쿠키 기반의 remember-me 인증 서비스를 제공한다. 사용자가 웹 애플리케이션에 재방문하면 쿠키에서 토큰을 읽어와 자동으로 인증이 진행된다.

<headers> 엘리먼트는 스프링 웹 프레임워크에 의해 HTTP 응답에 추가될 보안 헤더를 지정한다. 예를 들어 [예제 16-2]에서 <cache-control> 엘리먼트는 Cache-Control, Pragma, Expires 응답 헤더를 추가하고, <xss-protection> 엘리먼트는 X-XSS-Protection 헤더를

추가한다.

인증 받지 않은 사용자가 MyBank 웹 애플리케이션에 방문하면 스프링 시큐리티가 <form-login> 엘리먼트에 의해 설정된 로그인 페이지(그림 16-1)를 사용자에게 보여준다.

이제 사용자가 크리덴셜을 입력하고 Login 버튼을 클릭하면 어떻게 인증이 일어나는지 살펴보자.

16.3.2 인증 설정

사용자가 로그인 페이지에서 크리덴셜을 입력하고 로그인 버튼을 클릭하면 스프링 시큐리티의 AuthenticationManager가 인증 요청을 처리한다. AuthenticationManager에는 사용자를 인증하려고 시도할 때 사용할 AuthenticationProviders가 하나 이상 설정된다. 예를 들어 LDAP 서버를 통해 사용자를 인증하려면 LDAP 서버를 통해 사용자를 인증하는 LdapAuthenticationProvider(AuthenticationProviders를 구현)를 설정할 수 있다.

security 스키마를 사용하면 AuthenticationManager와 AuthenticationProvider 객체를 쉽게 설정할 수 있다. 다음 예제를 보자.

예제 16-3 applicationContext-security.xml

```
#프로젝트 - ch16-bankapp-simple-security
#src/main/resources/META-INF/spring

<authentication-manager>
  <authentication-provider>
    <password-encoder hash="bcrypt" />
    <user-service>
      <user name="admin" password="<bcrypt-encoded-pwd>"
          authorities="ROLE_ADMIN" />
      <user name="cust1" password="<bcrypt-encoded pwd>"
          authorities="ROLE_CUSTOMER" />
      <user name="cust2" password="<bcrypt-encoded pwd>"
          authorities="ROLE_CUSTOMER" />
    </user-service>
  </authentication-provider>
</authentication-manager>
```

<authentication-manager> 엘리먼트는 AuthenticationManager 인스턴스를 설정한다. <authentication-provider>는 AuthenticationProvider 인스턴스를 설정한다. 기본적으로 <authentication-provider> 엘리먼트는 스프링의 UserDetailsService를 DAO로 사용해 사용자 상세 정보를 얻어오는 DaoAuthenticationProvider(AuthenticationProvider 구현)를 설정한다.

DaoAuthenticationProvider는 지정한 사용자 이름을 가지고 리포지터리에서 사용자 상세 정보를 가져오기 위해 설정된 UserDetailsService를 사용한다. DaoAuthenticationProvider는 사용자가 제공한 로그인 크리덴셜과 설정된 UserDetailsService에서 얻어온 사용자 상세 정보에 있는 크리덴셜을 비교한다. 여기서 UserDetailsService는 데이터 소스, 일반 파일, 다른 사용자 리포지터리 등에서 사용자 정보를 읽어올 수 있다.

<password-encoder> 엘리먼트는 AuthenticationProvider가 사용자 제출 암호를 해시된 형태로 변환할 때 사용할 암호 인코더를 지정한다. <password-encoder> 엘리먼트의 hash 속성은 인코딩 전략을 지정한다. hash값이 "bcrypt"면 BCrypt 해시 함수를 사용해 암호를 인코딩한다는 뜻이다.

<authentication-provider>의 하위 엘리먼트인 <user-service>는 <user> 엘리먼트에 의해 정의된 사용자를 읽어오는 인메모리in-memory UserDetailsService를 설정한다. [예제 16-3]에서 <user-service> 엘리먼트는 애플리케이션에 admin(ROLE_ADMIN 롤), cust1(ROLE_CUSTOMER 롤), cust2(ROLE_CUSTOMER 롤)라는 3명의 사용자를 제공한다. name 속성은 사용자에게 할당할 사용자명(username)을, password 속성은 사용자에게 할당할 **인코딩된** 암호를, authorities 속성은 사용자에게 할당할 롤(들)을 지정한다. 단순화를 위해 사용자에게 할당한 암호를 사용자의 사용자명과 같게 만들었다. 예를 들어 사용자명이cust1이면 사용자 암호도 cust1이다.

NOTE_ ch16-bankapp-simple-security 프로젝트에는 PwdEncoder 유틸리티 클래스(패키지 password.encoder)가 들어 있다. 이 클래스를 사용해 일반 텍스트 암호를 BCrypt 해시된 암호로 바꿀 수 있다. PwdEncoder를 사용해 cust1, cust2, admin 사용자의 암호를 인코딩한 후 복사해 <user> 엘리먼트의 password 속성에 붙여 넣는다.

이제 ch16-bankapp-simple-security 프로젝트를 배포하고 URL(http://localhost:

8080/ch16-bankapp-simple-security)에 접근한다. 이 웹 애플리케이션의 로그인 페이지(그림 16-1)가 표시된다. 사용자명과 암호에 cust1을 입력해서 인증하면 웹 애플리케이션이 cust1에 속한 정기 예금 정보를 표시한다(그림 16-2). 마찬가지로 사용자명과 암호에 cust2를 입력해서 인증하면 웹 애플리케이션이 cust2에 속한 정기 예금 정보를 표시할 것이다. admin이라는 사용자명과 암호로 로그인하면 웹 애플리케이션은 cust1과 cust2 사용자에 속한 정기 예금 정보를 모두 표시할 것이다.

16.3.3 스프링 시큐리티의 JSP 태그 라이브러리를 사용해 JSP 콘텐트 보호하기

MyBank 웹 애플리케이션의 요구 사항 중에는 ROLE_CUSTOMER 롤을 부여 받은 사용자만 정기 예금 정보를 변경하는 기능(그림 16-2)을 쓸 수 있고, ROLE_ADMIN 롤을 부여 받은 사용자만 정기 예금을 해지(그림 16-3)할 수 있어야 한다는 사항이 있었다. 인증된 사용자의 롤에 따라 Edit와 Close 하이퍼링크를 보호해야 하므로, MyBank 웹 애플리케이션은 스프링 시큐리티의 JSP 태그 라이브러리를 사용해 JSP 콘텐트를 보호한다.

다음 예제에서는 스프링 시큐리티의 JSP 태그 라이브러리를 사용해 인증된 사용자의 사용자명을 얻고, 로그인한 사용자의 롤에 따라 JSP 콘텐트를 보호한다.

예제 16-4 fixedDepositList.jsp

```
#프로젝트 - ch16-bankapp-simple-security
#src/main/webapp/WEB-INF/jsp

<%@ taglib uri="http://www.springframework.org/security/tags" prefix="security"%>
.....
<body>
  <form id="logoutForm" method="POST" action="${pageContext.request.contextPath}/logout">
    <security:csrfInput/>
  </form>
  .....
  <td style="font-family: 'arial'; font-size: 12px; font-weight: bold" align="right">
    <input type="button" class="button" value="Logout"
       onclick="document.getElementById('logoutForm').submit();"/>
    <p>
      Username: <security:authentication property="principal.username" />
    </p>
```

```
    </td>
    .....
    <td class="td">
      <security:authorize access="hasRole('ROLE_CUSTOMER')">
        <a href="${pageContext.request.contextPath}/fixedDeposit?....." >Edit</a>
      </security:authorize>
      <security:authorize access="hasRole('ROLE_ADMIN')">
        <a href="${pageContext.request.contextPath}/fixedDeposit.....">Close</a>
      </security:authorize>
    </td>
  </body>
  </html>
```

이 예제는 Logout 버튼(button CSS 클래스를 사용하는 하이퍼링크로 표시됨)을 클릭하면 logoutForm 폼을 ${pageContext.request.contextPath}/logout URL에 제출한다는 사실을 보여준다. 이전에 설명한 것처럼 logout-url을 <logout>에 지정하지 않으면 logout-url 값은 디폴트로 /logout이 설정된다. 따라서 Logout 버튼을 클릭한 사용자는 MyBank 웹 애플리케이션에서 로그아웃된다.

Logout 버튼을 클릭하면 logoutForm을 제출한다는 사실이 약간 이상해 보일 수도 있다. CSRF[Cross Site Request Forgery](사이트 간 요청 변조) 보호가 활성화되면 스프링 시큐리티는 HTTP POST 요청을 통해서만 로그아웃이 이뤄지도록 요구한다. 기본적으로 CSRF 보호가 활성화되어 있으므로, HTTP POST 요청을 /logout URL에 보내야 사용자를 로그아웃시킬 수 있다. 이런 이유로 Logout 버튼을 클릭하면 logoutForm을 /logout URL에 제출한다. PATCH, POST, PUT, DELETE 요청을 보낼 때 CSRF 토큰이 필요하므로, /logout URL에 POST 요청을 보낼 때 CSRF 토큰을 함께 보내야 한다. 스프링 시큐리티 JSP 태그 라이브러리(taglib 지시자로 포함됨)의 <csrfInput> 태그를 사용하면 CSRF 토큰을 보낼 수 있다. <csrfInput> 태그는 다음과 같이 CSRF 토큰을 logoutForm에 추가한다.

```
<input type="hidden" name="_csrf" value="1dfa0939-982f-4efb-9f13-9d19210bb078" />
```

<authorize> 태그는 내부에 포함된 JSP 콘텐트를 access 속성에 지정된 보안 식의 평가 결과에 따라 보호한다. 보안 식이 true로 평가되면 내부 콘텐트를 표시하고, 그렇지 않으면 내부 콘텐트를 표시하지 않는다. [예제 16-4]에서 hasRole('ROLE_CUSTOMER') 식은 인증된 사용자에게 ROLE_CUSTOMER 롤이 있으면 true를 반환하고, hasRole('ROLE_ADMIN') 식

은 인증된 사용자에게 ROLE_ADMIN 롤이 있으면 true를 반환한다. [예제 16-4]에서는 ROLE_CUSTOMER 롤이 부여된 사용자에게만 Edit 버튼을 표시하고, ROLE_ADMIN 롤이 부여된 사용자에게만 Close 버튼을 표시하기 위해 hasRole 식을 사용한다.

16.3.4 메서드 보호하기

MyBank 애플리케이션의 요구 사항 중에 ROLE_ADMIN 롤이 있는 사용자가 'Create new Fixed Deposit' 버튼(그림 16-3)을 볼 수는 있지만 새 정기 예금 정보를 저장하면 보안 예외가 발생해야 한다는 내용이 있다. 이는 FixedDepositService의 saveFixedDeposit 메서드를 ROLE_CUSTOMER 롤이 부여된 사용자만 호출할 수 있게 보호하고 싶은 경우를 보여주는 예다.

또 우리는 FixedDepositService에 있는 다른 메서드를 인증되지 않은 사용자가 호출하지 못하게 하고 싶다. 예를 들어 ROLE_CUSTOMER 롤로 로그인한 cust1 사용자가 다음 URL을 브라우저에서 입력해 정기 예금을 해지할 수 있다.

```
http://localhost:8080/ch16-bankapp-simple-security/fixedDeposit?fdAction=close
&fixedDepositId=<fixed-deposit-id>
```

이 URL의 <fixed-deposit-id>는 다음 그림과 같이 해지하고 싶은 정기 예금의 ID다.

그림 16-4 정기 예금의 ID는 ID 컬럼에 표시된다

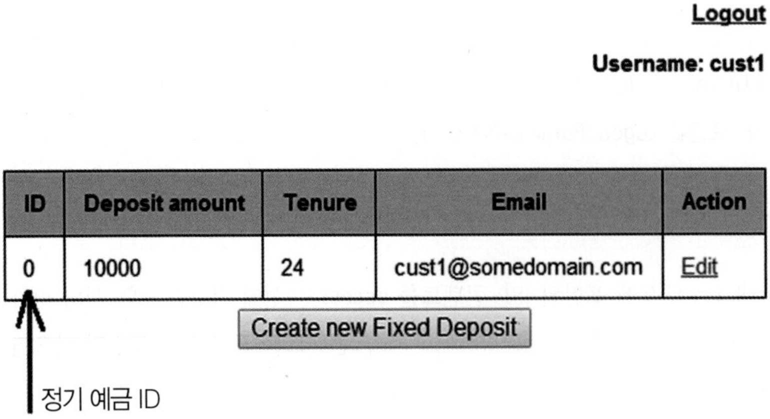

Logout

Username: cust1

ID	Deposit amount	Tenure	Email	Action
0	10000	24	cust1@somedomain.com	Edit

Create new Fixed Deposit

정기 예금 ID

ROLE_ADMIN 롤만 정기 예금을 해지할 수 있으므로, ROLE_CUSTOMER 롤인 사용자가 앞에 나온 URL을 웹 브라우저에 입력해도 FixedDepositService의 closeFixedDeposit 메서드가 호출되면 **안 된다**.

메서드 수준 보안을 애플리케이션에 추가하려면 다음과 같이 해야 한다.

- security 스키마의 <global-method-security> 엘리먼트를 사용해 메서드 수준 보안을 설정한다.
- 인증 받지 않은 사용자로부터 보호하고 싶은 메서드 앞에 @Secured 애너테이션을 붙인다.

먼저 <global-method-security> 엘리먼트를 살펴보자.

<global-method-security> 엘리먼트를 사용해 메서드 수준 보안 설정하기

다음 예제는 <global-method-security> 엘리먼트 사용법이다.

예제 16-5 applicationContext-security.xml

```
#프로젝트 - ch16-bankapp-simple-security
#src/main/resources/META-INF/spring

<beans:beans xmlns="http://www.springframework.org/schema/security" .....>
  .....
  <global-method-security secured-annotations="enabled" />
</beans:beans>
```

<global-method-security> 엘리먼트는 메서드 수준 보안을 설정한다. <global-method-security> 엘리먼트는 이 엘리먼트가 정의되는 애플리케이션 컨텍스트에만 적용할 수 있다. 예를 들어 <global-method-security> 엘리먼트를 **루트** 웹 애플리케이션 컨텍스트 XML 파일에 정의하면 설정이 루트 WebApplicationContext 인스턴스에 등록된 빈에만 적용된다. ch16-bankapp-simple-security 프로젝트에서 applicationContext-security.xml(예제 16-5)과 applicationContext.xml(서비스와 DAO를 정의함) 파일이 루트 웹 애플리케이션 컨텍스트 XML 파일을 구성하므로(ch16-bankapp-simple-security 프로젝트의 web.xml 파일을 보자), <global-method-security> 엘리먼트는 두 애플리케이션 컨텍스트 XML에 정의된 빈에만 적용된다.

<global-method-security>의 secured-annotations 속성값은 스프링 컨테이너에 등록된 빈에 대한 스프링 @Secured 애너테이션 사용의 활성화 여부를 지정한다. 속성값이 enabled면 보호하고 싶은 빈 메서드 앞에 스프링 @Secured 애너테이션을 붙여서 빈 메서드를 보호할 수 있다.

> **NOTE_** 컨트롤러 메서드를 보호하고 싶다면, 루트 웹 애플리케이션 컨텍스트 XML 파일 안에서 <global-method-security> 엘리먼트를 정의하지 말고 웹 애플리케이션 컨텍스트 XML 파일 안에서 정의한다.

@Secured 애너테이션을 사용해 빈 메서드에 스프링 시큐리티 제약 부여하기

다음 예제는 스프링 @Secured 애너테이션을 사용해 메서드에 보안 제약을 부여하는 방법이다.

예제 16-6 FixedDepositService 인터페이스

```
#프로젝트 - ch16-bankapp-simple-security
#src/main/java/sample/spring/chapter16/service

package sample.spring.chapter16.service;
import org.springframework.security.access.annotation.Secured;
.....
public interface FixedDepositService {
  .....
  @Secured("ROLE_CUSTOMER")
  void saveFixedDeposit(FixedDepositDetails fixedDepositDetails);
  .....
  @Secured("ROLE_ADMIN")
  void closeFixedDeposit(int fixedDepositId);

  @Secured("ROLE_CUSTOMER")
  void editFixedDeposit(FixedDepositDetails fixedDepositDetails);
}
```

이 예제는 정기 예금에 작용하는 메서드를 정의하는 FixedDepositService 인터페이스다. saveFixedDeposit과 editFixedDeposit 메서드에 붙은 @Secured("ROLE_CUSTOMER") 애너테이션은 메서드를 ROLE_CUSTOMER 롤이 부여된 사용자만 사용할 수 있음을 지정한다. closeFixedDeposit 메서드에 붙은 @Secured("ROLE_ADMIN") 애너테이션은 메서드를

ROLE_ADMIN 롤이 부여된 사용자만 사용할 수 있음을 지정한다.

> **NOTE_** 기본적으로 메서드 수준 보안은 스프링 AOP를 토대로 구현된다. 스프링 AOP 대신 AspectJ를 사용하고 싶다면 <global-method-security>의 mode 속성을 aspectj로 설정한 후, 프로젝트에 spring-security-aspects 스프링 모듈을 추가하고 @Secured 애너테이션을 인터페이스가 아닌 클래스에 지정한다.

@Secured 애너테이션을 사용하는 대신 스프링 @PreAuthorize 애너테이션을 사용해 메서드에 보안 제약을 적용할 수 있다. @Secured 애너테이션과 달리 @PreAuthorize 애너테이션은 hasRole, hasAnyRole 등의 보안 식을 받을 수 있다. @PreAuthorize 애너테이션을 활성화하려면 <global-method-security> 엘리먼트의 pre-post-annotations 속성값을 enabled로 지정한다.

다음 예제는 @PreAuthorize 애너테이션 사용법이다.

예제 16-7 @PreAuthorize 애너테이션

```
import javax.annotation.security.RolesAllowed;
.....
public interface SomeService {
  .....
  @PreAuthorize("hasRole('ROLE_XYZ')")
  void doSomething(.....);
  .....
}
```

이 예제에서 @PreAuthorize 애너테이션은 ROLE_XYZ 롤을 부여 받은 사용자만 doSomething 메서드를 사용할 수 있게 지정한다.

스프링 시큐리티는 'JSR-250 – Common Annotations'에 정의된 @RolesAllowed, @DenyAll, @PermitAll 등의 보안 애너테이션도 지원한다. JSR-250 보안 애너테이션을 활성화하려면 <global-method-security> 엘리먼트의 jsr250-annotations 속성을 enabled로 지정한다.

다음 예제는 @RolesAllowed 애너테이션 사용법이다.

예제 16-8 @RolesAllowed 애너테이션

```
import javax.annotation.security.RolesAllowed;
.....
public interface SomeService {
  .....
  @RolesAllowed("ROLE_XYZ")
  void doSomething(.....);
  .....
}
```

이 예제에서 @RolesAllowed 애너테이션은 ROLE_XYZ 롤을 부여 받은 사용자만 doSomething 메서드를 사용할 수 있게 지정한다.

> **NOTE_** @RolesAllowed, @PermitAll 등의 JSR250 보안 애너테이션을 사용하려면 프로젝트에 jsr250-api 파일을 포함시켜야 한다.

이번 절에서는 스프링 시큐리티를 사용해 사용자 인증, 웹 요청 보안, 메서드 수준 보안을 구현하는 방법을 살펴봤다.

이제 도메인 객체 인스턴스를 보호할 수 있는 스프링 시큐리티의 ACL 모듈을 살펴보자.

IMPORT chapter 16/ch16-bankapp-db-security
이 프로젝트는 FixedDepositDetails 인스턴스를 보호하기 위해 스프링 시큐리티의 ACL 모듈을 사용하는 MyBank 웹 애플리케이션을 보여준다.

16.4 MyBank 웹 애플리케이션 – 스프링 시큐리티에 ACL 모듈을 사용해 FixedDepositDetails 인스턴스 보호하기

ch16-bankapp-db-security 프로젝트는 스프링 시큐리티 ACL 모듈을 사용해 FixedDepositDetails 인스턴스를 보호하는 MyBank 웹 애플리케이션의 변종을 보여준다.

ch16-bankapp-db-security 프로젝트를 배포하고 사용하는 방법을 살펴보자.

16.4.1 프로젝트 배포하고 사용하기

ch16-bankapp-db-security 프로젝트는 MySQL 데이터베이스를 사용해 사용자, 정기 예금 상세 정보, ACL 정보를 저장한다. ch16-bankapp-db-security 프로젝트를 배포하기 전에, MySQL에서 securitydb 데이터베이스를 만들고 ch16-bankapp-db-security 프로젝트의 scripts 폴더에 있는 bankapp.sql 스크립트를 실행한다. 그리고, src/main/resources/META-INF/database.properties 파일이 설치한 MySQL을 가리키도록 변경한다.

bankapp.sql 스크립트를 실행하면 ACL_CLASS, ACL_ENTRY, ACL_OBJECT_IDENTITY, ACL_SID, FIXED_DEPOSIT_DETAILS, AUTHORITIES, USERS 테이블을 생성한다. 이름이 ACL_로 시작하는 테이블은 ACL과 관련된 정보를 저장한다(이러한 테이블에 대해서는 이번 장 뒷부분에서 설명한다). FIXED_DEPOSIT_DETAILS 테이블에는 정기 예금 상세 정보를 저장한다. USERS와 AUTHORITIES 테이블에는 사용자와 롤 정보를 저장한다. 또, bankapp.sql은 USERS, AUTHORITIES, ACL_CLASS, ACL_SID 테이블에도 데이터를 추가한다.

ch16-bankapp-db-security 프로젝트의 데이터베이스를 설정했으므로, 프로젝트를 톰캣 9 서버(웹 프로젝트를 톰캣 9 서버에 배포하는 방법은 부록 B 참조)에 배포한다. 프로젝트가 성공적으로 배포됐다면 URL(http://localhost:8080/ch16-bankapp-db-security)에서 다음과 같이 로그인 페이지를 볼 수 있을 것이다.

그림 16-5 MyBank 웹 애플리케이션의 로그인 페이지

Username:	cust1
Password:	•••••
	Login

기본적으로 MyBank 웹 애플리케이션에는 cust1(ROLE_CUSTOMER 롤), cust2(ROLE_CUSTOMER 롤), admin(ROLE_ADMIN 롤)이라는 3명의 사용자가 설정된다. cust1이라는 사용자명과 암호로 로그인하면 [그림 16-6]과 같이 cust1 사용자의 정기 예금 목록을 볼 수 있다.

그림 16-6 cust1 고객의 정기 예금 목록

Logout
Username: cust1
Fixed deposit list
ID
Deposit amount
Tenure
Email
Action
Create new Fixed Deposit

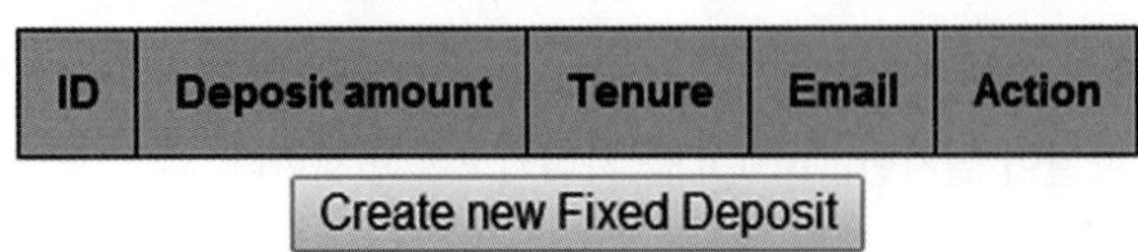

현재 cust1 고객과 연관된 정기 예금이 없으므로 이 그림은 빈 정기 예금 목록을 보여준다. 'Create new Fixed Deposit' 버튼을 클릭하면 새 정기 예금을 개설하기 위한 폼을 나타낸다. 그리고 새 정기 예금을 개설하면 다음과 같이 정기 예금 목록에 새로 개설한 정기 예금이 표시된다.

그림 16-7 정기 예금의 변경과 접근 허용

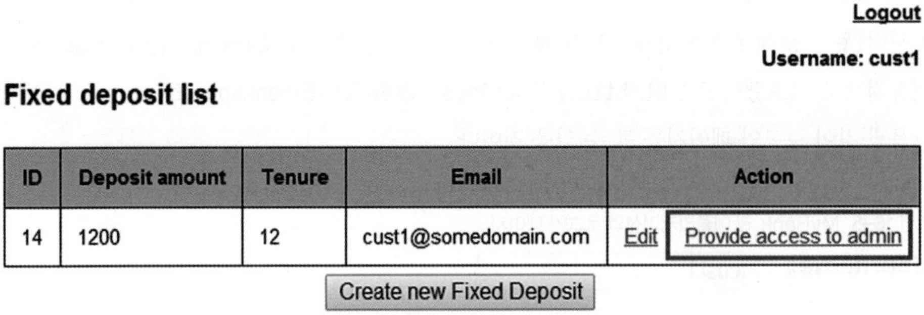

Logout
Username: cust1
Fixed deposit list
ID
Deposit amount
Tenure
Email
Action
14
1200
12
cust1@somedomain.com
Edit
Provide access to admin
Create new Fixed Deposit

이 그림에서 'Edit' 링크를 사용하면 고객이 정기 예금 정보를 변경할 수 있고, 'Provide access to admin'을 클릭하면 admin 사용자가 정기 예금에 접근할 수 있다. admin 사용자는 고객이 접근을 허용한 정기 예금만 볼 수 있다. 'Provide access to admin' 하이퍼링크를 클릭하면 admin이 정기 예금에 접근한다.

이제 MyBank 웹 애플리케이션에서 로그아웃하고 admin이라는 사용자명과 암호로 로그인한다. admin 사용자는 다음 그림처럼 고객이 접근을 허용한 모든 정기 예금 목록을 볼 수 있다.

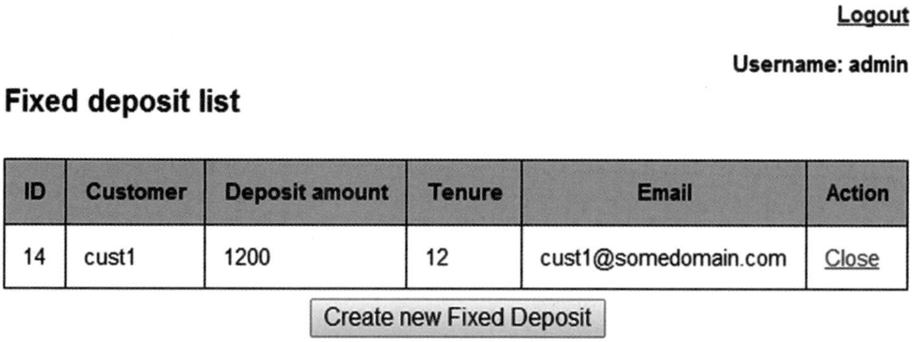

그림 16-8 'Close'를 클릭해 정기 예금 해지

Logout

Username: admin

Fixed deposit list

ID	Customer	Deposit amount	Tenure	Email	Action
14	cust1	1200	12	cust1@somedomain.com	Close

Create new Fixed Deposit

이 그림은 admin 사용자가 'Close'를 클릭해서 정기 예금을 해지할 수 있음을 보여준다. 정기 예금을 해지하면 FIXED_DEPOSIT_DETAILS 테이블에서 정기 예금을 삭제한다.

요약하면 cust1/cust1, cust2/cust2, admin/admin 크리덴셜을 사용해 MyBank 웹 애플리케이션에 로그인할 수 있고, 다음 기능도 볼 수 있다.

- cust1(ROLE_CUSTOMER 롤)과 cust2(ROLE_CUSTOMER 롤)만 정기 예금을 새로 만들 수 있다.
- cust1과 cust2는 자신의 정기 예금만 변경할 수 있다. 예를 들어 cust1이 cust2가 만든 정기 예금을 변경할 수는 없다.
- cust1과 cust2는 admin 사용자가 자신의 정기 예금에 접근할 수 있도록 허용할 수 있다. 예를 들어 cust1은 cust2가 만든 정기 예금에 admin이 접근하도록 지정할 수 없다.
- admin 사용자(ROLE_ADMIN 롤)는 cust1이나 cust2가 접근할 수 있게 허용한 정기 예금만 볼 수 있다.
- admin 사용자만 정기 예금을 해지할 수 있다.

MyBank 웹 애플리케이션의 구현을 자세히 살펴보기 전에, 스프링 시큐리티가 ACL 정보와 사용자 정보를 저장하기 위해 사용하는 표준 데이터베이스 테이블에 대해 살펴보자.

16.4.2 ACL 정보와 사용자 정보를 저장하기 위한 데이터베이스 테이블

스프링 시큐리티의 ACL 모듈은 도메인 객체 인스턴스 보안을 제공한다. MyBank 웹 애플리케이션은 스프링 시큐리티의 ACL 모듈을 사용해 FixedDepositDetails 인스턴스를 보호한다. 스프링 시큐리티 테이블(ACL_CLASS, ACL_ENTRY, ACL_OBJECT_IDENTITY, ACL_SID)에는

FIXED_DEPOSIT_DETAILS 테이블에 저장된 정기 예금에 적용할 수 있는 허가 내용이 저장된다. FixedDepositDetails 인스턴스에 접근하려고 하면 스프링 시큐리티의 ACL 모듈이 인증받은 사용자가 해당 FixedDepositDetails에 대해 필요한 접근 권한이 있는지 검증한다.

이제 ACL 정보를 저장할 때 스프링 시큐리티가 사용하는 각 테이블을 살펴보자.

ACL_CLASS 테이블

ACL_CLASS 테이블에는 애플리케이션에서 인스턴스를 보호하고 싶은 대상 도메인 클래스의 전체 이름(FQN)을 저장한다. MyBank 웹 애플리케이션의 경우 ACL_CLASS 테이블에는 다음과 같이 FixedDepositDetails 클래스의 전체 이름이 들어 있다.

그림 16-9 ACL_CLASS 테이블

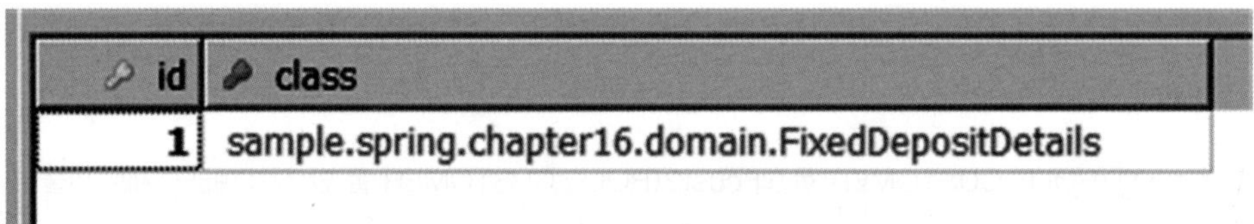

id	class
1	sample.spring.chapter16.domain.FixedDepositDetails

테이블 컬럼 설명

- id – 기본키
- class – 인스턴스를 보호할 도메인 클래스의 전체 이름

ACL_SID 테이블

ACL_SID 테이블(SID security identity (보안 식별자))은 시스템상의 주요정보 principal (사용자를 식별하는 정보로 사용자이름에 해당함)이나 권한 authority (롤에 해당함)을 저장한다. MyBank 웹 애플리케이션의 경우 다음 그림처럼 ACL_SID 테이블에 admin, cust1, cust2 사용자명이 들어 있다.

그림 16-10 ACL_SID 테이블

id	principal	sid
1	true	cust1
2	true	cust2
3	true	admin

테이블 컬럼 설명

- id – 기본키
- principal – sid 컬럼이 사용자명이나 롤 중 어떤 내용을 저장하는지 지정한다. 컬럼값이 true면 sid 컬럼에 사용자명이 저장된다. 컬럼값이 false면 sid 컬럼에 롤이 저장된다.
- sid – 사용자명이나 롤이 들어 있다.

ACL_OBJECT_IDENTITY 테이블

ACL_OBJECT_IDENTITY 테이블에는 보호하려는 도메인 객체의 식별자를 저장한다. MyBank 웹 애플리케이션의 경우, ACL_OBJECT_IDENTITY 테이블에는 다음 그림처럼 FIXED_DEPOSIT_DETAILS에 저장된 정기 예금 식별자가 저장된다.

그림 16-11 ACL_OBJECT_IDENTITY 테이블

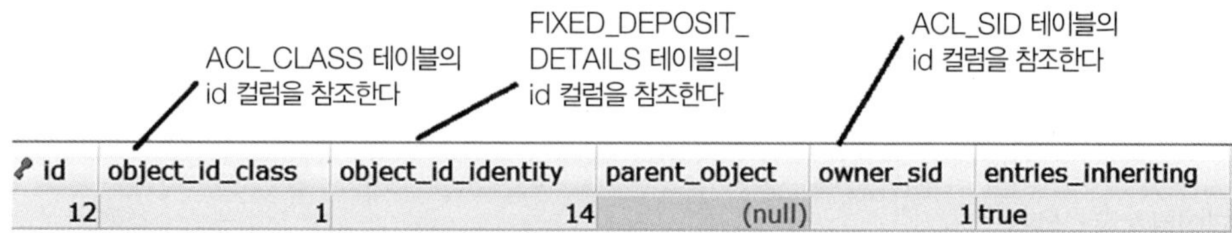
ACL_CLASS 테이블의
id 컬럼을 참조한다
FIXED_DEPOSIT_
DETAILS 테이블의
id 컬럼을 참조한다
ACL_SID 테이블의
id 컬럼을 참조한다

id	object_id_class	object_id_identity	parent_object	owner_sid	entries_inheriting
12	1	14	(null)	1	true

이 그림에서 object_id_identity 컬럼에는 FIXED_DEPOSIT_DETAILS에 저장된 정기 예금의 식별자가 저장된다.

테이블 컬럼 설명

- id – 기본키
- object_id_class – ACL_CLASS 테이블에 정의된 도메인 클래스를 참조한다.
- object_id_identity – FIXED_DEPOSIT_DETAILS 테이블에 저장된 도메인 객체 인스턴스를 가리킨다.
- parent_object – object_id_identity 컬럼이 참조하는 도메인 객체에 부모 객체가 존재하면 컬럼이 부모 객체의 식별자를 참조한다.
- owner_sid – 도메인 객체 인스턴스를 소유한 사용자나 역할을 참조한다.
- entries_inheriting – 객체가 부모 ACL 엔트리로부터 ACL 권한 엔트리를 상속하는지 여부

ACL_ENTRY 테이블

ACL_ENTRY 테이블은 도메인 객체에 대해 사용자에게 부여된 허가(읽기, 쓰기, 생성 등)를 저

장한다. MyBank 웹 애플리케이션의 경우 다음 그림과 같이 FIXED_DEPOSIT_DETAILS 테이블에 저장된 정기 예금에 대해 할당된 사용자 권한을 ACL_ENTRY 테이블에 저장한다.

그림 16-12 ACL_ENTRY 테이블

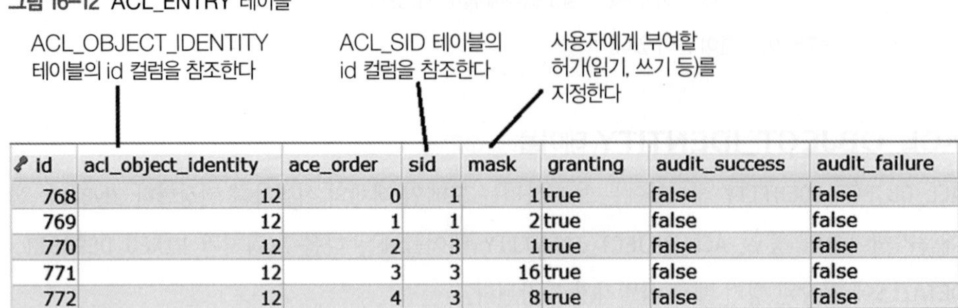

ACL_OBJECT_IDENTITY 테이블의 id 컬럼을 참조한다
ACL_SID 테이블의 id 컬럼을 참조한다
사용자에게 부여할 허가(읽기, 쓰기 등)를 지정한다

id	acl_object_identity	ace_order	sid	mask	granting	audit_success	audit_failure
768	12	0	1	1	true	false	false
769	12	1	1	2	true	false	false
770	12	2	3	1	true	false	false
771	12	3	3	16	true	false	false
772	12	4	3	8	true	false	false

이 그림에서 acl_object_identity, mask, sid 컬럼은 도메인 객체에 대해 사용자(또는 롤)에게 부여된 허가를 결정한다. ACL_ENTRY 테이블의 항목을 일반적으로 ACE[Access Control Entry](접근 권한 엔트리)라고 부른다는 사실을 기억하자.

테이블 컬럼 설명

- id – 기본키
- acl_object_identity – ACL_OBJECT_IDENTITY 테이블의 id 컬럼을 참조하며, 도메인 객체 인스턴스를 식별한다.
- ace_order – 접근 권한 엔트리의 순서를 지정한다.
- sid – ACL_SID 테이블의 id 컬럼을 참조하며, 사용자(또는 역할)를 식별한다.
- granting – 엔트리의 mask 컬럼에 있는 엔트리가 접근을 허용하는지 아니면 거부하는지 여부를 지정하는 플래그다. 예를 들어 mask 컬럼값이 1이고 granting 컬럼이 true라면, 1에 해당하는 SID에 대해 읽기 접근을 허용하는 것이지만, mask 컬럼값이 1이고 granting 컬럼이 false라면, 1에 해당하는 SID에 대해 읽기 접근을 거부하는 것이다.
- audit_success – 허가 성공 시 이를 감사할지 감사하지 않을지 지정하는 플래그다. 이번 장의 뒷 부분에서 스프링 시큐리티의 ConsoleAuditLogger를 사용해 허가가 성공한 경우 로그를 남기는 법을 살펴본다.

[그림 16-13]은 ACL 테이블 사이의 관계를 요약해 보여준다. 그림에서 화살표는 테이블이 외래키[foreign key]를 참조하는 것을 표현한다. 예를 들어 ACL_OBJECT_IDENTITY에는 ACL_CLASS, ACL_SID, FIXED_DEPOSIT_DETAILS 테이블을 참조하는 외래키가 들어있다.

그림 16-13 ACL 테이블과 각각의 관계. 화살표는 테이블이 참조하는 외래키를 표현한다

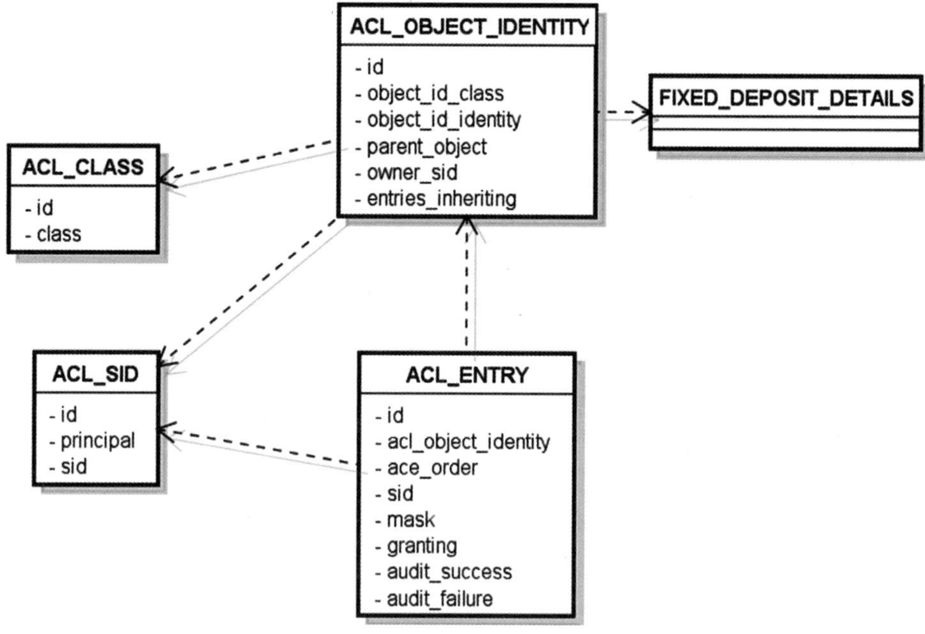

ACL 정보를 저장할 때 필요한 ACL 테이블을 살펴봤으므로, 이제는 사용자와 사용자의 롤 정보를 저장하는 스프링 시큐리티 테이블을 살펴보자.

USERS 테이블

USERS 테이블은 다음과 같이 사용자 크리덴셜을 저장한다.

그림 16-14 USERS 테이블

username	password	enabled
admin	admin	true
cust1	cust1	true
cust2	cust2	true

테이블 컬럼 설명

- username – 사용자명
- password – 인코딩된 암호
- enabled – 사용자가 활성화됐는지 지정하는 플래그

AUTHORITIES 테이블

AUTHORITIES 테이블은 USERS 테이블에 저장된 각 사용자에게 부여된 롤을 저장한다.

테이블 컬럼 설명

- username – 사용자명
- authority – 사용자에게 부여된 롤

그림 16-15 AUTHORITIES 테이블

username	authority
admin	ROLE_ADMIN
cust1	ROLE_CUSTOMER
cust2	ROLE_CUSTOMER

이제 MyBank 웹 애플리케이션에서 사용자를 어떻게 인증하는지 살펴보자.

16.4.3 사용자 인증

다음 예제처럼 MyBank 웹 애플리케이션은 USERS와 AUTHORITIES 테이블에서 사용자 정보를 UserDetailsService가 로드하도록 명시적으로 설정되어 있다.

예제 16-9 applicationContext-security.xml

```
#프로젝트 - ch16-bankapp-db-security
#src/main/resources/META-INF/spring

<authentication-manager>
  <authentication-provider user-service-ref="userDetailsService">
    <password-encoder hash="bcrypt"/>
  </authentication-provider>
</authentication-manager>

<beans:bean id="userDetailsService"
      class="org.springframework.security.core.userdetails.jdbc.JdbcDaoImpl">
  <beans:property name="dataSource" ref="dataSource" />
</beans:bean>
```

이 예제에서 <authentication-provider> 엘리먼트의 user-service-ref 속성은 제공받은 사용자명을 가지고 사용자(그리고 권한) 상세 정보를 로드하는 UserDetailsService 구현을 참조한다. JdbcDaoImpl은 사용자(그리고 권한) 상세 정보를, JDBC 질의를 사용해 데이터 소스(dataSource 프로퍼티로 지정)에서 로드하는 UserDetailsService 구현이다. dataSource 빈 정의에 대해서는 ch16-bankapp-db-security 프로젝트의 applicationContext.xml 파일을 참조하자. 디폴트로 JdbcDaoImpl은 사용자 정보를 USERS(그림 16-14) 테이블에서 읽어오고 권한 정보를 AUTHORITIES(그림 16-15) 테이블에서 읽어온다. 사용자와 권한 정보를 저장하는 커스텀 데이터베이스 테이블을 이미 사용하고 있다면, JdbcDaoImpl의 usersByUsernameQuery와 authoritiesByUsernameQuery 프로퍼티를 설정해 사용자 정보와 권한 정보를 커스텀 테이블에서 읽어올 수 있다.

usersByUsernameQuery 프로퍼티는 주어진 사용자명을 가지고 사용자 정보를 읽는 SQL 질의를 설정한다. 사용자 정보가 MY_USERS 테이블의 USERNAME과 PASSWORD 컬럼에 있다면 usersByUsernameQuery 프로퍼티값을 다음과 같은 질의로 설정해서 사용자 정보를 읽을 수 있다.

```
select USERNAME, PASSWORD, 'true' as ENABLED from MY_USERS where USERNAME = ?
```

여기서 SQL 질의가 반환하는 컬럼의 이름이 USERNAME, PASSWORD, ENABLED여야 한다는 점을 명심하자. 특정 컬럼(예를 들어 ENABLED)이 데이터베이스 테이블에 존재하지 않는다면 해당 컬럼값으로 디폴트값(예: true)을 반환한다.

authoritiesByUsernameQuery 프로퍼티는 주어진 사용자명을 가지고 사용자 권한을 읽는 SQL 질의를 설정한다. 권한 정보가 USER와 ROLE이라는 컬럼이 들어 있는 MY_AUTHORITIES 테이블에 저장된다면, 권한을 읽기 위한 다음 질의를 authoritiesByUsernameQuery 프로퍼티값으로 설정할 수 있다.

```
select USER AS USERNAME, ROLE AS AUTHORITY from MY_AUTHORITIES where USER = ?
```

여기서 SQL 질의가 반환하는 컬럼 이름이 반드시 USERNAME과 AUTHORITY여야 한다는 점을 명심하자.

애플리케이션이 암호를 인코딩해서 데이터베이스에 저장하기 때문에, <authentication-

provider> 엘리먼트(예제 16-9 참조)의 하위 엘리먼트인 <password-encoder> 엘리먼트를 사용해 사용자가 제출한 암호를 인코딩한 암호 형식으로 변환할 때 사용할 암호 인코더(스프링 PasswordEncoder 인터페이스를 구현)를 지정해야 한다. BCryptPasswordEncoder는 BCrypt 해시 알고리즘(http://en.wikipedia.org/wiki/Bcrypt)을 사용하는 PasswordEncoder 구현이다. AuthenticationProvider는 설정된 암호 인코더를 사용해 사용자가 제출한 암호를 인코딩해서 UserDetailsService가 로드한 암호와 비교한다.

이제 MyBank 웹 애플리케이션의 웹 요청 보안 설정을 살펴보자.

16.4.4 웹 요청 보안

다음 예제는 MyBank 웹 애플리케이션에서 웹 요청 보안을 설정하는 방법이다.

예제 16-10 applicationContext-security.xml – 웹 보안 설정

```
#프로젝트 - ch16-bankapp-db-security
#src/main/resources/META-INF/spring

<http>
  <access-denied-handler error-page="/access-denied" />
  <intercept-url pattern="/fixedDeposit/*"
        access="hasAnyRole('ROLE_CUSTOMER', 'ROLE_ADMIN')" />
  <form-login login-page="/login"
       authentication-failure-handler-ref="authFailureHandler" />
  <logout />
  ....
</http>
<beans:bean id="authFailureHandler"
    class="sample.spring.chapter16.security.MyAuthFailureHandler" />
```

[예제 16-10]의 웹 보안 설정을 ch16-bankapp-simple-security 프로젝트에서 보인 설정(예제 16-2)과 비교하면, 몇 가지 설정 정보가 추가됐음을 알 수 있다.

<access-denied-handler>의 error-page 속성은 인증 받은 사용자가 권한이 없는 웹 페이지에 접근할 경우 표시할 오류 페이지(src/main/webapp/WEB-INF/jsp/access-denied.jsp 페이지)를 지정한다. <form-login> 엘리먼트의 login-page 속성은 로그인 페이지를

표시할 URL을 지정한다. /login URL은 로그인 페이지(scr/main/webapp/WEB-INF/jsp/login.jsp)를 표시해주는 LoginController(ch16-bankapp-db-security 프로젝트의 LoginController 클래스)로 매핑된다. 그리고 authentication-failure-handler-ref 속성은 인증 실패를 처리할 AuthenticationFailureHandler 빈을 참조한다. 이 예제에서 볼 수 있듯이, MyAuthFailureHandler(AuthenticationFailureHandler 구현)가 MyBank 웹 애플리케이션의 인증 실패를 처리한다. 다음 예제는 MyAuthFailureHandler 클래스 구현을 보여준다.

예제 16-11 MyAuthFailureHandler 클래스

```
#프로젝트 - ch16-bankapp-db-security
#src/main/java/sample/spring/chatper16/security

package sample.spring.chapter16.security;
.....
import org.springframework.security.core.AuthenticationException;
import org.springframework.security.web.authentication.AuthenticationFailureHandler;

public class MyAuthFailureHandler implements AuthenticationFailureHandler {

  @Override
  public void onAuthenticationFailure(HttpServletRequest request,
      HttpServletResponse response, AuthenticationException exception)
      throws IOException, ServletException {
    request.setAttribute("exceptionMsg", exception.getMessage());
    response.sendRedirect(request.getContextPath() + "/login?exceptionMsg=" +
       exception.getMessage());
  }
}
```

AuthenticationFailureHandler 인터페이스는 인증 실패 시 호출되는 onAuthentication Failure를 정의한다. onAuthenticationFailure 메서드는 인증 실패를 나타내는 Authen ticationException 인스턴스를 받는다. 이 예제에서 onAuthenticationFailure 메서드는 사용자를 로그인 페이지로 리다이렉션하면서 예외 메시지를 질의 문자열 파라미터로 전달한다. 사용자가 MyBank 웹 애플리케이션의 로그인 페이지에서 잘못된 크리덴셜을 입력했다면(또는 시스템에서 활성화되지 않은 사용자의 크리덴셜을 입력했다면) MyAuthFailureHandler의 onAuthenticationFailure 메서드가 호출되는 것을 볼 수 있다.

예를 들어 잘못된 크리덴셜을 입력하면 'Bad credentials' 메시지를 볼 수 있다.

이제 MyBank 웹 애플리케이션의 ACL 관련 설정을 살펴보자.

16.4.5 JdbcMutableAclService 설정

ACM 허가정보가 데이터베이스 테이블에 저장되어 있기 때문에, MyBank 웹 애플리케이션은 스프링 JdbcMutableAclService를 사용해 테이블에 있는 ACL에 대한 CRUD[CREATE, READ, UPDATE, DELETE] 연산을 수행한다. 다음 예제는 JdbcMutableAclService 설정을 나타낸다.

예제 16-12 applicationContext-security.xml – JdbcMutableAclService 설정

```
#프로젝트 - ch16-bankapp-db-security
#src/main/resources/META-INF/spring

<beans:bean id="aclService"
    class="org.springframework.security.acls.jdbc.JdbcMutableAclService">
  <beans:constructor-arg ref="dataSource" />
  <beans:constructor-arg ref="lookupStrategy" />
  <beans:constructor-arg ref="aclCache" />
</beans:bean>
```

이 예제에서는 dataSource, lookupStrategy, aclCache에 대한 참조를 JdbcMutableAclService 생성자로 전달한다.

이제 JdbcMutableAclService의 의존 관계(dataSource, lookupStrategy, aclCache)를 어떻게 설정하는지 살펴보자.

dataSource 빈은 ACL 테이블이 들어 있는 javax.sql.DataSource를 식별한다(더 자세한 내용은 applicationContext.xml 파일의 dataSource 빈 정의를 참조한다).

lookupStrategy 빈은 ACL 정보를 검색하는 스프링 LookupStrategy 인터페이스 구현을 표현한다. 다음 예제는 lookupStrategy 빈 정의를 보여준다.

예제 16-13 applicationContext-security.xml – LookupStrategy 설정

```
#프로젝트 - ch16-bankapp-db-security
#src/main/resources/META-INF/spring

<beans:bean id="lookupStrategy"
    class="org.springframework.security.acls.jdbc.BasicLookupStrategy">

  <beans:constructor-arg ref="dataSource" />
  <beans:constructor-arg ref="aclCache" />
  <beans:constructor-arg ref="aclAuthorizationStrategy" />
  <beans:constructor-arg ref="permissionGrantingStrategy" />
</beans:bean>

<beans:bean id="aclAuthorizationStrategy"
    class="org.springframework.security.acls.domain.AclAuthorizationStrategyImpl">
  <beans:constructor-arg>
    <beans:bean
        class="org.springframework.security.core.authority.SimpleGrantedAuthority">
      <beans:constructor-arg value="ROLE_CUSTOMER" />
    </beans:bean>
  </beans:constructor-arg>
</beans:bean>

<beans:bean id="permissionGrantingStrategy"
    class="org.springframework.security.acls.domain.DefaultPermissionGrantingStrategy">
  <beans:constructor-arg>
    <beans:bean
        class="org.springframework.security.acls.domain.ConsoleAuditLogger" />
  </beans:constructor-arg>
</beans:bean>
```

이 예제의 스프링 BasicLookupStrategy(LookupStrategy 인터페이스를 구현함)는 표준 ACL 테이블(ACL_CLASS, ACL_ENTRY, ACL_SID, ACL_OBJECT_IDENTITY)에서 ACL 상세 정보를 얻기 위해 JDBC 질의를 사용한다. ACL 정보를 커스텀 테이블에 저장한 경우, BasicLookupStrategy의 selectClause, lookupPrimaryKeysWhereClause, lookupObjectIdentitiesWhereClause, orderByClause 프로퍼티를 설정해서 JDBC 질의를 커스텀화할 수 있다. 각 프로퍼티에 대한 자세한 정보는 스프링 시큐리티 API 문서를 참조한다.

BasicLookupStrategy의 생성자는 DataSource 타입인 인수(ACL 테이블이 들어 있는 데이터베이스를 나타냄), AclCache(ACL 캐시 레이어를 나타냄), AclAuthorization

Strategy(도메인 객체 인스턴스에 관련된 ACL 엔트리의 관리 권한을 SID에 부여할지 결정하는 전략을 나타냄), PermissionGrantingStrategy(SID에 할당된 허가에 따라 보호 대상 객체에 대한 접근을 허가할지 거부할지 결정하는 전략을 나타냄)를 인수로 받는다.

[예제 16-13]에서 AclAuthorizationStrategyImpl 클래스는 AclAuthorizationStrategy를 구현한다. AclAuthorizationStrategyImpl의 생성자는 도메인 객체 인스턴스에 대한 ACL 엔트리(MutableAcl 타입으로 나타냄)에 대해 관리 동작(예: ACL 엔트리의 소유자 변경 등)을 수행할 수 있는 롤을 지정하는 GrantedAuthority 인스턴스를 인수로 받는다. [예제 16-13]에서는 ROLE_ADMIN 롤을 AclAuthorizationStrategyImpl에 전달했으므로 ROLE_ADMIN 권한이 있는 사용자만 ACL 엔트리에 대한 관리 동작을 수행할 수 있다. 이번 장 뒷부분에서는 AclAuthorizationStrategy가 MutableAcl 인스턴스를 권한이 없는 변경으로부터 보호하는 모습을 살펴볼 것이다.

[예제 16-13]에서 DefaultPermissionGrantingStrategy는 PermissionGrantingStrategy를 구현한다. DefaultPermissionGrantingStrategy의 생성자는 ACL_ENTRY 테이블에 있는 ACL 엔트리에 대한 권한을 얻거나 실패한 경우를 로그에 남기는 AuditLogger 인스턴스를 인수로 받는다. 이 예제에서 ConsoleAuditLogger(AuditLogger를 구현함)는 audit_success 컬럼값이 true(즉 1)인 경우 권한 획득 성공을 로그에 남기고, audit_failure 컬럼값이 true(즉 1)인 경우 권한 획득 실패를 로그에 남긴다. 예를 들어 다음 메시지는 ACL 엔트리에 대한 권한 획득에 성공한 경우 ConsoleAuditLogger가 남기는 로그다.

```
GRANTED due to ACE: AccessControlEntryImpl[id: 1037; granting: true; sid:
PrincipalSid[cust1]; permission: BasePermission[...............................R=1];
auditSuccess: true; auditFailure: true]
```

BasicLookupStrategy는 ACL에 대한 캐시를 표현하는 AclCache 객체 인스턴스(예제 16-13의 aclCache 빈)를 인수로 받는다. 다음 예제는 BasicLookupStrategy가 ACL을 캐싱하기 위해 사용하는 aclCache 빈 정의를 보여준다.

예제 16-14 applicationContext-security.xml – 캐시 정의

```
#프로젝트 - ch16-bankapp-db-security
#src/main/resources/META-INF/spring

<beans:bean id="aclCache"
   class="org.springframework.security.acls.domain.EhCacheBasedAclCache">
  <beans:constructor-arg>
    <beans:bean class="org.springframework.cache.ehcache.EhCacheFactoryBean">
      <beans:property name="cacheManager">
        <beans:bean
          class="org.springframework.cache.ehcache.EhCacheManagerFactoryBean" />
      </beans:property>
      <beans:property name="cacheName" value="aclCache" />
    </beans:bean>
  </beans:constructor-arg>
  <beans:constructor-arg ref="aclAuthorizationStrategy" />
  <beans:constructor-arg ref="permissionGrantingStrategy" />
</beans:bean>
```

EhCacheBasedAclCache는 EhCache(http://ehcache.org/)를 사용해 ACL을 캐싱하는 AclChche 구현이다. EhCacheFactoryBean은 net.sf.ehcache.EhCache 인스턴스를 만드는 스프링 FactoryBean 구현이다. EhCacheFactoryBean의 cacheManager 프로퍼티는 캐시 관리를 담당하는 net.sf.ehcache.CacheManager 인스턴스를 지정한다. 이 예제에서 EhCacheManagerFactoryBean은 net.sf.ehcache.CacheManager 인스턴스를 생성하는 스프링 FactoryBean 구현이다. EhCacheFactoryBean의 cacheName 프로퍼티는 EhCache가 ACL을 저장하기 위해 만든 캐시 영역region을 가리킨다. 여기서 EhCacheBasedAclCache가 BasicLookupStrategy 빈에 전달했던 AclAuthorizationStrategy 및 PermissionGrantingStrategy 인스턴스와 똑같은 인스턴스를 받는다는 사실에 유의하자.

이제 ACL에 대한 CRUD 연산을 수행할 수 있는 JdbcMutableAclService를 설정했으므로, JdbcMutableAclService에 의해 로드된 ACL을 권한 부여에 사용하는 메서드 수준 보안 설정을 살펴보자.

16.4.6 메서드 수준 보안 설정

다음 예제는 MyBank 웹 애플리케이션의 메서드 수준 보안 설정이다.

예제 16-15 applicationContext-security.xml – 메서드 수준 보안 설정

```
#프로젝트 - ch16-bankapp-db-security
#src/main/resources/META-INF/spring

<global-method-security pre-post-annotations="enabled">
  <expression-handler ref="expressionHandler" />
</global-method-security>
```

<global-method-security> 엘리먼트의 pre-post-annotations 속성값을 enabled로 설정했으므로, @PreAuthorize(이번 장 앞에서 설명), @PostAuthorize, @PostFilter, @PostAuthorize 애너테이션을 사용할 수 있게 됐다. 이 예제에서 <expression-handler> 엘리먼트는 SecurityExpressionHandler 인스턴스를 설정하는 expressionHandler 빈을 가리킨다.

스프링 시큐리티는 SecurityExpressionHandler를 사용해 hasRole, hasAnyRole, hasPermission 등의 보안 식을 평가한다. 다음 예제는 DefaultMethodSecurityExpressionHandler(SecurityExpressionHandler를 구현) 인스턴스를 설정하는 expressionHandler 빈 정의를 보여준다.

예제 16-16 applicationContext-security.xml – SecurityExpressionHandler 설정

```
#프로젝트 - ch16-bankapp-db-security
#src/main/resources/META-INF/spring

<beans:bean id="expressionHandler"
    class="org.springframework.security.access.expression.method.
        DefaultMethodSecurityExpressionHandler">
  <beans:property name="permissionEvaluator" ref="permissionEvaluator" />
  <beans:property name="permissionCacheOptimizer">
    <beans:bean class="org.springframework.security.acls.AclPermissionCacheOptimizer">
      <beans:constructor-arg ref="aclService" />
    </beans:bean>
  </beans:property>
```

```
</beans:bean>

<beans:bean id="permissionEvaluator"
   class="org.springframework.security.acls.AclPermissionEvaluator">
  <beans:constructor-arg ref="aclService" />
</beans:bean>
```

이 예제에서 permissionEvaluator 프로퍼티는 ACL을 사용해 보안 식을 평가하는 AclPermissionEvaluator 객체의 인스턴스를 가리킨다. permissionCacheOptimzer 프로퍼티는 성능을 최적화하기 위해 배치로 ACL을 로드하는 AclPermissionCacheOptimizer 객체 인스턴스를 가리킨다.

이제 MyBank 웹 애플리케이션에서 도메인 객체 인스턴스를 어떻게 보호하는지 살펴보자.

16.4.7 도메인 객체 인스턴스 보안

앞에서 @PreAuthorize 애너테이션을 사용해 메서드에 대한 롤 기반 보안 제약을 지정하는 것을 살펴봤다. @PreAuthorize 애너테이션이 붙은 메서드가 도메인 객체 인스턴스를 인수로 받는 경우, 인증된 사용자가 메서드를 호출하기 위해 해당 도메인 객체에 대해 획득해야 하는 ACL 허가를 @PreAuthorize 애너테이션에 지정할 수 있다. 다음 예제는 ACL 허가를 지정하는 @PreAuthorize 애너테이션을 나타낸다.

예제 16-17 FixedDepositService 인터페이스 – ACL 허가를 지정하는 @PreAuthorize 애너테이션

```
#프로젝트 - ch16-bankapp-db-security
#src/main/java/sample/spring/chatper16/service

package sample.spring.chapter16.service;
import org.springframework.security.access.prepost.PreAuthorize;
import sample.spring.chapter16.domain.FixedDepositDetails;
.....
public interface FixedDepositService {
  .....
  @PreAuthorize("hasPermission(#fixedDepositDetails, write)")
  void editFixedDeposit(FixedDepositDetails fixedDepositDetails);
}
```

[예제 16-17]에서 FixedDepositService의 editFixedDeposit 메서드는 FixedDepositDetails의 인스턴스를 인수로 받는다. hasPermission 식에서 #fixedDepositDetails는 editFixedDeposit 메서드에 전달된 FixedDepositDetails 인스턴스를 가리키는 변수다. hasPermission 식은 인증 받은 사용자가 editFixedDeposit 메서드에 전달된 FixedDepositDetails 인스턴스에 대해 write 허가를 받은 경우 true를 반환한다. 실행 시점에는 설정된 AclPermissionEvaluator(예제 16-16)에 의해 hasPermission 식이 평가된다. hasPermission 식이 true로 평가되면 editFixedDeposit 메서드가 호출된다.

메서드가 (도메인 객체 인스턴스 대신) 도메인 객체 **식별자**를 인수로 받는 경우에도 해당 식별자가 가리키는 도메인 객체 인스턴스에 대해 ACL 허가를 적용하도록 지정할 수 있다. 다음 예제는 fixedDepositId(FixedDepositDetails 객체를 유일하게 식별함)를 인수로 받는 provideAccessToAdmin 메서드를 보여준다.

예제 16-18 FixedDepositService 인터페이스 – @PreAuthorize 애너테이션 사용법 1

```
#프로젝트 - ch16-bankapp-db-security
#src/main/java/sample/spring/chatper16/service

package sample.spring.chapter16.service;
import org.springframework.security.access.prepost.PreAuthorize;
.....
public interface FixedDepositService {
  .....
  @PreAuthorize("hasPermission(#fixedDepositId,
      'sample.spring.chapter16.domain.FixedDepositDetails', write)")
  void provideAccessToAdmin(int fixedDepositId);
}
```

이 예제에서 #fixedDepositId 변수는 provideAccessToAdmin 메서드에 전달된 fixedDepositId를 가리킨다. fixedDepositId가 FixedDepositDetails 객체를 유일하게 식별하기 때문에 FixedDepositDetails의 전체 이름을 hasPermission 식의 두 번째 인수로 지정했다.

```
hasPermission(#fixedDepositId, 'sample.spring.chapter16.domain.FixedDepositDetails',
write)
```

이 식은 인증 받은 사용자가 provideAccessToAdmin 메서드에 전달된 fixedDepositId 인수에 의해 식별된 FixedDepositDetails 인스턴스에 대해 write 허가를 받은 경우 true를 반환한다.

또한 다음 예제와 같이 여러 보안 식을 조합해서 더 복잡한 보안 식을 만들 수도 있다.

예제 16-19 FixedDepositService 인터페이스 – @PreAuthorize 애너테이션 사용법 2

```
#프로젝트 - ch16-bankapp-db-security
#src/main/java/sample/spring/chatper16/service

package sample.spring.chapter16.service;
import org.springframework.security.access.prepost.PreAuthorize;
.....
public interface FixedDepositService {
  .....
  @PreAuthorize("hasPermission(#fixedDepositId,
      'sample.spring.chapter16.domain.FixedDepositDetails', read) or "
      + "hasPermission(#fixedDepositId,
      'sample.spring.chapter16.domain.FixedDepositDetails', admin)")
  FixedDepositDetails getFixedDeposit(int fixedDepositId);
  .....
}
```

이 예제에서는 두 hasPermission 식을 or 연산자로 조합해 복잡한 보안 식을 만들었다. 인증 받은 사용자가 fixedDepositId 인수에 의해 식별되는 FixedDepositDetails 인스턴스에 대해 read나 admin 허가를 받았으면 getFixedDeposit 메서드가 호출된다.

메서드가 도메인 객체 인스턴스의 리스트를 반환하면 결과에 @PostFilter 애너테이션을 붙여 결과를 걸러낼 수 있다. 다음 예제는 @PostFilter 애너테이션 사용법이다.

예제 16-20 FixedDepositService 인터페이스 – @PostFilter 애너테이션 사용법

```
#프로젝트 - ch16-bankapp-db-security
#src/main/java/sample/spring/chatper16/service

package sample.spring.chapter16.service;
import org.springframework.security.access.prepost.PostFilter;
.....
```

```
public interface FixedDepositService {
  .....
  @PreAuthorize("hasRole('ROLE_ADMIN')")
  @PostFilter("hasPermission(filterObject, read) or hasPermission(filterObject,
admin)")
  List<FixedDepositDetails> getAllFixedDeposits();
  .....
}
```

@PreAuthorize 애너테이션과 마찬가지로 @PostFilter도 보안 식을 설정한다. 메서드에 @PostFilter 애너테이션이 붙으면 스프링 시큐리티는 해당 메서드가 반환하는 컬렉션을 이터레이션하면서 지정한 보안식이 false를 반환하는 원소를 제거한다. [예제 16-20]에서 스프링 시큐리티는 getAllFixedDeposits 메서드가 반환하는 FixedDepositDetails 인스턴스의 컬렉션을 이터레이션하면서 인증 받은 사용자가 read와 admin을 모두 받지 못한 인스턴스를 제거한다. @PostFilter 애너테이션에 있는 hasPermission 식의 filterObject 항목은 컬렉션에서 현재 객체를 가리킨다. 여기서 getAllFixedDeposits 메서드에는 @PreAuthorize 애너테이션도 붙어 있다는 데 유의하자. 이 애너테이션은 인증 받은 사용자가 ROLE_ADMIN 롤인 경우에만 getAllFixedDeposits 메서드가 호출된다는 뜻이다.

앞에서 고객(ROLE_CUSTOMER 롤)이 'Provide access to admin' 하이퍼링크(그림 16-7)를 클릭해서 자신의 정기 예금 정보를 admin 사용자가 사용할 수 있게 하는 것을 살펴봤다. 고객이 'Provide access to admin' 하이퍼링크를 클릭하면 애플리케이션은 해당 정기 예금에 대한 read, admin, delete 권한을 admin 사용자에게 부여한다. 이번 장 뒷부분에서는 프로그램을 통해 권한을 부여하는 방법을 살펴볼 것이다. ROLE_ADMIN 롤의 사용자가 정기 예금 목록을 보여주는 페이지(그림 16-8)를 방문하면 FixedDepositService의 getAllFixedDeposits 메서드가 호출된다. admin 사용자는 고객이 허가를 부여한 정기 예금만 살펴볼 수 있어야 하기 때문에, getAllFixedDeposits 메서드에 @PostFilter 애너테이션을 붙여서 admin 사용자가 read나 admin 허가를 얻지 않은 정기 예금 정보를 제거한다.

16.4.8 프로그램으로 ACL 엔트리 관리하기

웹 보안 설정 XML 파일에 설정(예제 16-12 참조)한 JdbcMutableAclService를 사용해 프로그램에서 ACL 엔트리를 관리할 수 있다.

고객이 새 정기 예금을 만들면 새로 만든 정기 예금에 대한 read와 write 허가를 그 고객에게 부여해야 한다. 고객이 어떤 정기 예금의 'Provide access to admin' 하이퍼링크를 클릭하면 MyBank 웹 애플리케이션은 admin 사용자에게 해당 정기 예금에 대한 read, admin, delete 허가를 부여해야 한다.

다음 예제는 'Provide access to admin' 하이퍼링크를 클릭하면 호출되는 FixedDepositServiceImpl의 provideAccessToAdmin 메서드를 보여준다.

예제 16-21 FixedDepositServiceImpl 클래스 – ACL 허가 추가하기

```
#프로젝트 - ch16-bankapp-db-security
#src/main/java/sample/spring/chatper16/service

package sample.spring.chapter16.service;
import org.springframework.security.acls.domain.*;
import org.springframework.security.acls.model.*;
.....
@Service
public class FixedDepositServiceImpl implements FixedDepositService {
  .....
  @Autowired
  private MutableAclService mutableAclService;

  @Override
  public void provideAccessToAdmin(int fixedDepositId) {
    addPermission(fixedDepositId, new PrincipalSid("admin"), BasePermission.READ);
    addPermission(fixedDepositId, new PrincipalSid("admin"),
       BasePermission.ADMINISTRATION);
    addPermission(fixedDepositId, new PrincipalSid("admin"), BasePermission.DELETE);
  }

  private void addPermission(long fixedDepositId, Sid recipient, Permission permission) {
    .....
  }
}
```

이 예제에서 provideAccessToAdmin 메서드는 addPermission 메서드를 사용해 admin 사용자에게 read, admin, delete 허가를 부여한다. 이때 addPermission 메서드에 다음 인수를 넘긴다.

- fixedDepositId – 허가를 부여하기 바라는 FixedDepositDetails 인스턴스를 유일하게 식별한다.
- PrincipalSid 객체 – 허가를 부여 받을 SID(사용자나 롤)를 표현한다. PrincipalSid 클래스는 스프링 Sid 인터페이스를 구현한다.
- 부여할 허가 – BasePermission 클래스는 우리가 PrincipalSid에 부여할 수 있는 표준적인 허가를 나타내는 READ, ADMINISTRATION, DELETE 등의 상수를 정의한다. BasePermission 클래스는 스프링 시큐리티 Permission 인터페이스를 구현한다.

다음 예제는 addPermission 메서드 구현을 나타낸다.

예제 16-22 FixedDepositServiceImpl 클래스 – ACL 허가 추가하기

```
#프로젝트 - ch16-bankapp-db-security
#src/main/java/sample/spring/chatper16/service

package sample.spring.chapter16.service;
import org.springframework.security.acls.domain.*;
import org.springframework.security.acls.model.*;
.....
@Service
public class FixedDepositServiceImpl implements FixedDepositService {
  .....
  @Autowired
  private MutableAclService mutableAclService;
  .....
  private void addPermission(long fixedDepositId, Sid recipient, Permission permission) {
    MutableAcl acl;
    ObjectIdentity oid =
        new ObjectIdentityImpl(FixedDepositDetails.class, fixedDepositId);
    try {
      acl = (MutableAcl) mutableAclService.readAclById(oid);
    } catch (NotFoundException nfe) {
      acl = mutableAclService.createAcl(oid);
    }
    acl.insertAce(acl.getEntries().size(), permission, recipient, true);
    mutableAclService.updateAcl(acl);
  }
  .....
}
```

JdbcMutableAclService 클래스가 MutableAclService 인터페이스를 구현하므로 JdbcMutableAclService 인스턴스는 FixedDepositServiceImpl 클래스에 자동 연결된다.

허가를 부여하기 위해 addPermission 메서드는 다음 단계를 따른다.

1. MutableAcl 타입 객체를 선언한다. MutableAcl 객체는 도메인 객체 인스턴스에 대한 ACL 엔트리를 표현한다. MutableAcl에는 ACL 엔트리를 변경할 때 사용할 수 있는 메서드 정의가 들어 있다.

2. 도메인 객체 타입(여기서는 FixedDepositDetails.class)과 식별자(여기서는 fixedDepositId)를 생성자 인수로 넘겨서 ObjectIdentityImpl 인스턴스를 만든다.

3. MutableAclService의 readAclById 메서드를 호출해서 도메인 객체 인스턴스에 대한 ACL 엔트리를 얻는다. ACL 엔트리를 찾을 수 없으면 readAclById 메서드는 NotFoundException 예외를 던진다.
   - NotFoundException 예외가 던져지면 MutableAclService의 createAcl을 호출해 아무 ACL 엔트리도 들어 있지 않은 빈 MutableAcl 인스턴스를 만든다. 이는 ACL_OBJECT_IDENTITY 테이블(그림 16-11 참조)에 엔트리를 만드는 것과 동등하다.

4. insertAce 메서드는 MutableAcl에 ACL 엔트리를 추가한다. MutableAcl에 추가한 ACL 엔트리의 경우 언젠가는 ACL_ENTRY 테이블로 영속화된다(그림 16-12 참조). insertAce 메서드에 전달하는 인수는 ACL 엔트리를 추가할 인덱스 위치(ACE_ORDER 컬럼에 해당됨), 추가할 허가(MASK 컬럼에 해당됨), 허가를 부여할 SID(SID 컬럼에 해당됨), 그리고 ACL 엔트리가 허가를 허락하기 위한 것인지 거부하기 위한 것인지 표현하는 플래그(GRANTING 컬럼에 해당됨)가 있다.

5. MutableAclService의 updateAcl 메서드를 사용해 MutableAcl 인스턴스 변화를 영속화한다.

다음 예제는 admin 사용자가 정기 예금을 해지하기 위해 'Close' 하이퍼링크를 클릭한 경우(그림 16-8) 호출될 FixedDepositServiceImpl의 closeFixedDeposit 메서드를 보여준다.

예제 16-23 FixedDepositServiceImpl 클래스 – ACL 삭제하기

```
#프로젝트 - ch16-bankapp-db-security
#src/main/java/sample/spring/chatper16/service

package sample.spring.chapter16.service;
import org.springframework.security.acls.domain.ObjectIdentityImpl;
import org.springframework.security.acls.model.MutableAclService;
import org.springframework.security.acls.model.ObjectIdentity;
.....
@Service
public class FixedDepositServiceImpl implements FixedDepositService {
  .....
  @Autowired
  private MutableAclService mutableAclService;
  .....
  @Override
  public void closeFixedDeposit(int fixedDepositId) {
    fixedDepositDao.closeFixedDeposit(fixedDepositId);
    ObjectIdentity oid =
        new ObjectIdentityImpl(FixedDepositDetails.class, fixedDepositId);
    mutableAclService.deleteAcl(oid, false);
  }
  .....
}
```

이 예제는 MutableAclService의 deleteAcl을 사용해 ObjectIdentity 인스턴스에 의해 식별되는 정기 예금의 ACL 엔트리를 삭제한다. 예를 들어 fixedDepositId가 101이면 deleteAcl 메서드는 ACL_ENTRY(그림 16-12) 테이블과 ACL_OBJECT_IDENTITY(그림 16-11) 테이블에서 정기 예금 101에 대한 엔트리를 모두 삭제한다.

다음에는 어떻게 하면 MutableAcl 인스턴스가 권한 없이 변경되는 것을 막을 수 있는지 살펴보자.

16.4.9 MutableAcl과 보안

스프링 시큐리티의 MutableAcl 인터페이스에는 도메인 객체 인스턴스에 대한 ACL 엔트리를 변경하기 위한 메서드 정의가 들어 있다. MyBank 애플리케이션에서는 MutableAcl

의 insertAce 메서드를 통해 도메인 객체 인스턴스에 ACL 엔트리를 추가한다(예제 16-22 참조). MyBank 애플리케이션은 BasicLookupStrategy(예제 16-13)에 공급한 AclAuthorizationStrategyImpl 인스턴스를 내부에서 사용해 인증 받은 사용자가 ACL 엔트리를 변경하기에 적합한 허가를 받았는지 확인한다.

다음 조건 중 하나라도 true면 인증 받은 사용자가 도메인 객체 인스턴스의 ACL 엔트리를 변경할 수 있다.

- 인증 받은 사용자가 도메인 객체 인스턴스를 소유하고 있으면 해당 도메인 객체 인스턴스의 ACL 엔트리를 변경할 수 있다.
- 인증 받은 사용자가 AclAuthorizationStrategyImpl의 생성자에 전달된 권한을 가지고 있다. [예제 16-13]에서는 AclAuthorizationStrategyImpl의 생성자에 ROLE_ADMIN 롤을 전달했다. 따라서 ROLE_ADMIN 롤이 부여된 사용자는 모든 도메인 객체 인스턴스의 ACL 엔트리를 변경할 수 있다.
- 인증 받은 사용자가 해당 도메인 객체 인스턴스에 대해 BasePermission의 ADMINISTRATION을 허가 받았다.

16.5 자바 기반 설정 방식을 사용해 스프링 시큐리티 설정하기

웹 애플리케이션에서 자바 기반 설정 방식을 사용해 스프링 시큐리티를 설정하기 위해서는 다음과 같이 해야 한다.

- 스프링 시큐리티의 WebSecurityConfigurerAdapter를 확장하는 @Configuration 애너테이션이 붙은 클래스를 만든다.
- 스프링 시큐리티의 GlobalMethodSecurityConfiguration를 확장하는 @Configuration 애너테이션이 붙은 클래스를 만든다. 이 클래스는 메서드 수준 보안을 설정한다.
- 스프링 시큐리티의 AbstractSecurityWebApplicationInitializer를 확장하는 클래스를 만든다. 이 클래스는 스프링의 DelegatingFilterProxy 필터(이름은 springSecurityFilterChain이어야 함)를 ServletContext에 등록한다.
- 스프링 시큐리티의 AbstractAnnotationConfigDispatcherServletInitializer를 확장하는 클래스를 만든다. 이 클래스는 DispatcherServlet과 ContextLoaderListener를 ServletContext에 등록한다.

IMPORT chapter 16/ch16-javaconfig-simple-security

이 프로젝트는 자바 기반 설정 방식으로 스프링 시큐리티를 설정하도록 ch16-bankapp-simple-security 프로젝트를 변경한 버전을 보여준다.

이제 앞에서 언급한 각 클래스를 ch16-javaconfig-simple-security 프로젝트에서 어떻게 사용하는지 살펴보자.

16.5.1 WebSecurityConfigurerAdapter 클래스를 사용해 웹 요청 보안 설정하기

다음 예제는 WebSecurityConfigurerAdapter 클래스를 사용해 웹 요청 보안을 설정하는 @Configuration 애너테이션이 붙은 WebRequestSecurityConfig 클래스다.

예제 16-24 WebRequestSecurityConfig 클래스 – 웹 요청 보안 설정하기

```
#프로젝트 - ch16-javaconfig-simple-security
#src/main/java/sample/spring/chatper16

package sample.spring.chapter16;
import org.springframework.security.config.annotation.web.builders.HttpSecurity;
import org.springframework.security.config.annotation.web.configuration.EnableWebSecurity;
import org.springframework.security.config.annotation.web.configuration
        .WebSecurityConfigurerAdapter;
.....
@Configuration
@EnableWebSecurity
public class WebRequestSecurityConfig extends WebSecurityConfigurerAdapter {

  protected void configure(HttpSecurity http) throws Exception {
    http.authorizeRequests().antMatchers("/**")
      .hasAnyAuthority("ROLE_CUSTOMER", "ROLE_ADMIN").and()
      .formLogin().and().logout().and().rememberMe().and().headers()
      .cacheControl().and().xssProtection();
  }

  protected void configure(AuthenticationManagerBuilder auth) throws Exception {
    auth.inMemoryAuthentication()
      .passwordEncoder(new BCryptPasswordEncoder())
      .withUser("admin").password(<bcrypt-encoded-password>)
      .authorities("ROLE_ADMIN").and().withUser("cust1")
      .password(<bcrypt-encoded-password>).authorities("ROLE_CUSTOMER").and()
      .withUser("cust2").password(<bcrypt-encoded-password>)
      .authorities("ROLE_CUSTOMER");
  }
```

```
    @Bean
    @Override
    public AuthenticationManager authenticationManagerBean() throws Exception {
      return super.authenticationManagerBean();
    }
  }
```

WebRequestSecurityConfig 클래스에는 @EnableWebSecurity 애너테이션이 붙어 있다. WebSecurityConfigurerAdapter 클래스를 확장하는 클래스에는 이 애너테이션이 필요하다. WebSecurityConfigurerAdapter 클래스에는 웹 요청 보안을 설정하기 위해 오버라이드해야 하는 메서드 정의가 들어 있다. 이 예제에서 configure(HttpSecurity http) 메서드는 security 스키마의 <http> 엘리먼트와 똑같은 역할을 한다.

```
http.authorizeRequests().antMatchers("/**").hasAnyAuthority("ROLE_CUSTOMER","ROLE_
ADMIN")
```

이 코드는 antMatchers 메서드에 매치되는 URL에 ROLE_CUSTOMER나 ROLE_ADMIN 롤을 가진 사용자만 접근할 수 있다는 뜻이다. 이외에도 formLogin 메서드는 <form-login>과 똑같은 역할을 하고, rememberMe 메서드는 <remember-me>와 똑같은 역할을 하는 등 여러 메서드가 있다. [예제 16-24]의 configure(HttpSecurity http) 메서드는 ch16-bankapp-simple-security 프로젝트의 applicationContext-security.xml 파일에서 <http> 엘리먼트가 했던 것과 똑같은 효과를 만들어낸다.

configure(AuthenticationManagerBuilder auth)를 사용해 애플리케이션의 AuthenticationManager를 설정한다. 이 메서드는 security 스키마의 <authenticationmanager> 엘리먼트와 똑같은 역할을 한다. AuthenticationManagerBuilder의 inMemoryAuthentication 메서드는 지정한 사용자에 대한 인메모리 인증을 설정한다. [예제 16-24]의 configure(AuthenticationManagerBuilder auth) 메서드는 ch16-bankapp-simple-security 프로젝트의 applicationContext-security.xml 파일에서 <authentication-manager> 엘리먼트가 했던 것과 똑같은 효과를 만들어낸다.

AuthenticationManagerBuilder가 설정한 AuthenticationManager를 스프링 빈으로 노출하려면 authenticationManagerBean 메서드를 오버라이드해야 한다. super.authenticationManagerBean 메서드 호출은 우리가 configure(AuthenticationManager

Builder auth) 메서드를 활용해 설정한 AuthenticationManager 인스턴스를 반환한다.

16.5.2 GlobalMethodSecurityConfiguration 클래스를 사용해 메서드 수준 보안 설정하기

다음 예제는 GlobalMethodSecurityConfiguration 클래스를 사용해 메서드 수준 보안을 설정하는 @Configuration 애너테이션이 붙은 MethodSecurityConfig 클래스다.

예제 16-25 MethodSecurityConfig 클래스 – 메서드 수준 보안 설정하기

```
#프로젝트 - ch16-javaconfig-simple-security
#src/main/java/sample/spring/chatper16

package sample.spring.chapter16;
import org.springframework.security.config.annotation.method.configuration.*;

@EnableGlobalMethodSecurity(securedEnabled = true)
public class MethodSecurityConfig extends GlobalMethodSecurityConfiguration { }
```

MethodSecurityConfig 클래스에는 @EnableGlobalMethodSecurity 애너테이션이 붙어 있다. GlobalMethodSecurityConfiguration 클래스를 확장하는 클래스에는 이 애너테이션이 붙어 있어야 한다. securedEnabled 속성은 @Secured 애너테이션을 활성화할지 여부를 지정한다. securedEnabled 속성값이 true로 설정됐기 때문에, Secured 애너테이션이 활성화 됐다. GlobalMethodSecurityConfiguration에 정의된 보호 메서드를 오버라이드해서 메서드 수준 보안 설정을 더 커스텀화할 수도 있다. 이 예제의 MethodSecurityConfig 클래스는 ch16-bankapp-simple-security 프로젝트의 applicationContext-security.xml 파일에서 <global-security-element> 엘리먼트가 했던 것과 똑같은 효과를 만들어낸다.

16.5.3 DelegatingFilterProxy 필터를 ServletContext에 등록하기

다음 예제는 프로그램으로 DelegatingFilterProxy 필터를 ServletContext에 등록하기 위해 스프링 시큐리티 AbstractSecurityWebApplicationInitializer 클래스(스프링 WebApplicationInitializer를 구현)를 확장한 SecurityWebApplicationInitializer

클래스다.

예제 16-26 SecurityWebApplicationInitializer 클래스 – DelegatingFilterProxy 필터 등록하기

```
#프로젝트 - ch16-javaconfig-simple-security
#src/main/java/sample/spring/chatper16

package sample.spring.chapter16;
import org.springframework.security.web.context.AbstractSecurityWebApplicationInitializer;

public class SecurityWebApplicationInitializer extends
AbstractSecurityWebApplicationInitializer { }
```

SecurityWebApplicationInitializer는 DelegatingFilterProxy 필터를 springSecurityFilterChain이라는 이름으로 ServletContext에 등록한다.

16.5.4 ServletContext에 DispatcherServlet과 ContextLoaderListener 등록하기

13장 13.7절에서 AbstractAnnotationConfigDispatcherServletInitializer(스프링 WebApplicationInitializer 구현)를 사용해 ServletContext에 DispatcherServlet과 ContextLoaderListener를 등록했다. 다음 예제는 AbstractAnnotationConfigDispatcherServletInitializer 클래스를 확장하는 BankInitializer 클래스다.

예제 16-27 BankInitializer – DispatcherServlet와 ContextLoaderListener 등록하기

```
#프로젝트 - ch16-javaconfig-simple-security
#src/main/java/sample/spring/chatper16

package sample.spring.chapter16;
.....
public class BankAppInitializer extends
     AbstractAnnotationConfigDispatcherServletInitializer {

  @Override
  protected Class<?>[] getRootConfigClasses() {
    return new Class[] {
```

```
        RootContextConfig.class, WebRequestSecurityConfig.class,
        MethodSecurityConfig.class
    };
  }

  @Override
  protected Class<?>[] getServletConfigClasses() {
    return new Class[] { WebContextConfig.class };
  }

  @Override
  protected String[] getServletMappings() {
    return new String[] { "/" };
  }
}
```

스프링 시큐리티와 관련된 빈을 루트 웹 애플리케이션 컨텍스트에 등록하기 때문에, `getRootConfigClasses` 메서드는 `RootContextConfig`(DAO와 서비스를 반환함)와 함께 `WebRequestSecurityConfig`(예제 16-24)와 `MethodSecurityConfig` 클래스(예제 16-25)를 반환한다.

지금까지 자바 기반 설정 방식에서 스프링 시큐리티를 설정할 때 필요한 모든 것에 대해 알아봤다.

16.6 요약

이번 장에서는 스프링 시큐리티 프레임워크를 사용해 스프링 애플리케이션을 보호하는 방법을 살펴봤다. 또한 웹 요청 보안, 메서드 수준 보안, 도메인 객체 인스턴스 보안을 사용하는 방법에 대해서도 알아봤다. 다음 장에서는 **함수형** 스타일 프로그래밍을 지원하는 자바 구성요소에 대해 살펴본다.

CHAPTER 17

자바 함수형 프로그래밍

17.1 소개

자바 8부터는 자바 언어에도 **함수형** 스타일 프로그래밍에 대한 지원이 추가됐다. 이번 장에서는 자바 8에서 함수형 스타일 프로그래밍을 지원하기 위해 추가된 새로운 언어 요소와 기능을 살펴본다. 이번 장은 다음 장의 **반응형**reactive 프로그래밍을 위한 준비 과정이다.

이번 장에서는 다음과 같은 내용을 다룬다.

- 명령형 스타일과 함수형 스타일 프로그래밍
- 람다식
- 고차 함수
- Stream API
- 메서드 참조

NOTE_ 이 주제에 이미 익숙한 독자는 이번 장을 건너뛰고 다음 장의 반응형 프로그래밍을 살펴봐도 좋다.

먼저 명령형 스타일 프로그래밍과 함수형 스타일 프로그래밍의 차이에 대해 살펴보자.

17.2 명령형 스타일과 함수형 스타일 비교

자바 8 배포 이전까지 자바 프로그래밍 언어는 오직 **명령형**imperative 스타일 프로그래밍만 지원했다. 명령형 스타일로 작성된 프로그램의 특성은 다음과 같다.

- 프로그램은 정해진 순서대로 실행되어야 하는 명령의 시퀀스로 작성된다.
- 프로그램의 명령은 보통 가변mutable 변수를 변경한다(읽는다).
- 프로그램은 문제를 풀기 위해 '무엇을' 해야 할지 기술하는 동시에 '어떻게' 해야 할지도 기술한다.

자바 8에는 **함수형**functional 스타일 프로그래밍을 지원하는 언어 요소 (람다식lambda expression, 메서드 참조 등)와 기능(Stream API)이 추가됐다. 함수형 스타일을 따르는 프로그램의 특징은 다음과 같다.

- 프로그램은 문제의 일부분을 해결하는 여러 함수의 집합으로 작성된다.
- 각 함수는 가변 변수를 변경하지(읽지) 않는다.
- 프로그램은 함수로 문제를 풀기 위해 '무엇을' 할지 기술한다. 함수형 스타일로 작성한 프로그램은 더 직관적이다.

NOTE_ 이번 장 뒷부분에서는 함수형 스타일로 작성한 자바 프로그램과 명령형 스타일로 작성한 자바 프로그램의 차이에 대한 예를 살펴본다.

람다식은 자바 함수형 스타일 프로그래밍의 핵심이다. 람다식이 무엇인지 알아보고, 람다식을 사용하면 왜 자바 프로그램 작성이 편해지는지 살펴보자.

17.3 람다식

자바 8에는 **함수형 인터페이스**functional interface 개념이 도입됐다. 함수형 인터페이스는 추상 메서드가 **단 하나**만 있는 인터페이스다. 함수형 인터페이스에 여러 `static`이나 `default` 메서드 정의가 들어 있을 수도 있지만, 추상 메서드는 단 하나만 있어야 한다. 예를 들어 `java.lang.Runnable` 인터페이스에는 추상 메서드가 `run` 하나뿐이다. 따라서 `java.lang.Runnable` 인터페이스는 함수형 인터페이스의 예가 될 수 있다. 이와 비슷하게 `java.util.concurrent.Callable`도 추상 메서드가 `call` 하나뿐이기 때문에 함수형 인터페이스다.

람다식은 함수형 인터페이스 타입을 인수로 받는 메서드에 전달할 수 있는 **익명 함수** anonymous function를 표현한다. 예를 들어 java.lang.Runnable이나 java.util.concurrent.Callable 또는 다른 함수형 인터페이스 타입을 인수로 받는 메서드에 람다식을 넘길 수 있다.

람다식의 문법은 다음과 같다.

```
(<arg1>, <arg2>, ...) -> { <method-body> }
```

<arg1>, <arg2> 등은 함수형 인터페이스의 추상 메서드가 받는 인수를 가리킨다. <method-body>는 추상 메서드 구현이다.

IMPORT chapter 17/ch17-lambdas

이 프로젝트는 람다식을 사용하면 자바 프로그램 작성이 얼마나 편한지 보여준다.

다음 예제는 Callable 작업을 실행하는 Sample 클래스다.

예제 17-1 Sample – Callable 작업 실행하기

```
#프로젝트 - ch17-lambdas
#src/main/java/sample/lambdas

package sample.lambdas;
import java.util.concurrent.*;

public class Sample {
  public static void main(String args[]) throws Exception {
    System.out.println(executeTask().get());
  }

  private static Future<String> executeTask() throws Exception {
    ExecutorService executorService = Executors.newSingleThreadExecutor();

    Future<String> future = executorService.submit(new Callable<String>() {
      public String call() throws Exception {
        return "did something successfully";
      }
    });
    return future;
  }
}
```

Sample의 executeTask 메서드는 Callable 인터페이스의 익명 구현을 ExecutorService의 submit 메서드에 넘긴다. 여기서 Callable의 call 메서드는 아무 인수도 받지 않으며 return "did something successfully"라는 단 하나의 문장만 들어 있다는 데 유의하자.

다음 예제는 (Callable 인터페이스의 익명 구현 대신) 람다식을 ExecutorService의 submit 메서드에 넘기는 Sample 메서드 변종을 보여준다.

예제 17-2 SampleWithLambda – Callable 작업을 람다로 실행하기

```
#프로젝트 - ch17-lambdas
#src/main/java/sample/lambdas

package sample.lambdas;
import java.util.concurrent.*;

public class SampleWithLambda {
  .....
  private static Future<String> executeTask() throws Exception {
    ExecutorService executorService = Executors.newSingleThreadExecutor();

    Future<String> future = executorService.submit(() -> {
      return "did something successfully";
    });
    return future;
  }
}
```

이 예제는 다음 람다식을 ExecutorService의 submit 메서드로 넘긴 것을 보여준다.

```
() -> { return "did something successfully"; }
```

Callable의 call 메서드가 아무 인수도 받지 않기 때문에 빈 괄호인 ()를 사용했다. 그리고 call 메서드의 본문을 여는 {와 닫는 } 사이에 위치시켰다. 람다식을 사용하면 프로그램이 더 간결해짐을 알 수 있다.

람다식의 본문이 문장 한 줄로 구성되어 있다면[1] 중괄호를 생략하고 return 문을 식으로 대치

1 옮긴이_ 람다식은 함수형 인터페이스의 추상 메서드 구현을 대신하므로 람다식도 값을 반환해야 한다. 따라서 중괄호로 감싼 람다식 본문이 단 한 줄로 이뤄졌다는 말은 람다식 본문이 값을 반환하는 return문 하나로만 이뤄졌다는 뜻이다.

할 수 있다. 다음 예제는 더 간단하게 만든 SampleWithLambda 클래스다.

예제 17-3 SampleWithLambda – 더 단순화한 람다식

```
package sample.lambdas;

import java.util.concurrent.*;
public class SampleWithLambda {
  .....
  private static Future<String> executeTask() throws Exception {
    ExecutorService executorService = Executors.newSingleThreadExecutor();

    Future<String> future = executorService.submit(() ->
      "did something successfully"
    );
    return future;
  }
}
```

이 예제에서 람다식은 다음과 같이 간단하다.

```
() -> "did something successfully"
```

중괄호를 없애고 return "did something successfully"를 "did something successfully" 식으로 변경했다. return 문을 식으로 변경하면 자바 컴파일러가 식의 타입으로부터 반환 타입을 추론inference한다.

다음 예제는 java.util.Comparator(함수형 인터페이스)를 사용해 Car 객체의 최고 속도를 순서대로 정렬하는 SortCars 클래스다.

예제 17-4 SortCars – Car 객체 리스트 정렬하기

```
#프로젝트 - ch17-lambdas
#src/main/java/sample/lambdas

package sample.lambdas;
import java.util.*;

public class SortCars {
```

```
  public static void main(String args[]) {
    List<Car> cars = new ArrayList<Car>();
    cars.add(new Car(10));
    cars.add(new Car(7));
    cars.add(new Car(5));

    cars.sort(new Comparator<Car>() {
      public int compare(Car o1, Car o2) {
        if (o1.getTopSpeed() == o2.getTopSpeed())
          return 0;
        else if (o1.getTopSpeed() > o2.getTopSpeed())
          return 1;
        else
          return -1;
      }
    });
  }
}
```

먼저 List를 만들고 리스트에 Car 객체를 추가했다. Car의 생성자 인수는 각 자동차의 최고 속도다. List의 sort 메서드에 Comparator 구현을 넘겨서 최고 속도를 가지고 Car 객체를 정렬했다.

다음 예제는 (Comparator 구현 대신) 람다식을 List의 sort 메서드에 넘겨 Car 객체를 정렬하는 SortCarsWithLambda 클래스다.

예제 17-5 SortCarsWithLambda – Comparator 대신 람다식 사용하기

```
#프로젝트 - ch17-lambdas
#src/main/java/sample/lambdas

package sample.lambdas;
import java.util.*;

public class SortCarsWithLambda {
  public static void main(String args[]) {
    List<Car> cars = new ArrayList<Car>();
    cars.add(new Car(10));
    .....
    cars.sort((Car o1, Car o2) -> {
      if (o1.getTopSpeed() == o2.getTopSpeed())
```

```
      return 0;
    else if (o1.getTopSpeed() > o2.getTopSpeed())
      return 1;
    else
      return -1;
  });
 }
}
```

이 예제에서는 다음 람다식을 List의 sort 메서드에 넘긴다.

```
(Car o1, Car o2) -> {
  if (o1.getTopSpeed() == o2.getTopSpeed())
    return 0;
  else if (o1.getTopSpeed() > o2.getTopSpeed())
    return 1;
  else
    return -1;
}
```

Comparator의 compare 메서드가 비교할 두 Car 객체를 인수로 받기 때문에, 람다식의 (Car o1, Car o2)는 compare 메서드의 인수에 해당한다. 그리고 compare 메서드의 본문을 여는 {와 닫는 } 사이에 집어넣었다.

메서드 인수의 **타입**을 컴파일러가 추론할 수 있기 때문에, 람다식을 다음과 같이 고쳐 쓸 수 있다.

```
(o1, o2) -> {
  if (o1.getTopSpeed() == o2.getTopSpeed())
    return 0;
  else if (o1.getTopSpeed() > o2.getTopSpeed())
    return 1;
  else
    return -1;
}
```

여러 줄로 된 람다식은 읽기 힘들므로, 메서드 본문을 별도의 메서드로 넘기고 람다식에서 메서드를 호출한다. 다음 예제는 SortCarsWithLambda 클래스를 더 단순화한 버전이다.

예제 17-6 SimplifiedSortCarsWithLambda – 단순화한 람다식

```
#프로젝트 - ch17-lambdas
#src/main/java/sample/lambdas

package sample.lambdas;
import java.util.ArrayList;
import java.util.List;

public class SimplifiedSortCarsWithLambda {
  public static void main(String args[]) {
    List<Car> cars = new ArrayList<Car>();
    cars.add(new Car(10));
    .....
    cars.sort((o1, o2) -> compareCars(o1, o2));
  }

  private static int compareCars(Car o1, Car o2) {
    if (o1.getTopSpeed() == o2.getTopSpeed())
      return 0;
    .....
  }
}
```

이 예제에서는 별도로 Car 객체를 비교하는 compareCars 메서드를 정의한다. 메서드를 정의하고 나면 List의 sort 메서드에 남길 람다식을 단순화할 수 있다[2].

```
(o1, o2) -> compareCars(o1, o2)
```

함수형 프로그래밍에서는 **고차 함수**high order function를 작성할 수 있다. 고차 함수는 하나 이상의 함수를 입력 파라미터로 받거나 함수를 반환하는 함수를 뜻한다. 자바에서 고차 함수를 어떻게 만들 수 있는지 살펴보자.

2 옮긴이_ 아래와 같이 3항 연산자로 표현하면 return 문 대신 식은 사용하는 람다로 표현할 수도 있다. 식이 간단한 경우는 3항 연산자가 편하지만, 코드를 읽기 힘들 수 있으므로 복잡한 식은 3항 연산자로 작성하지 않는다.

```
(o1, o2) -> (o1.getTopSpeed() < o2.getTopSpeed()
                 ? -1
                 : (o1.getTopSpeed() == o2.getTopSpeed() ? 0 : 1)
            )
```

17.4 간단한 함수와 고차 함수 만들기

앞 절에서 함수형 인터페이스 타입을 인수로 받는 메서드에 람다식을 넘길 수 있음을 살펴봤다. 이 말은 다음과 같이 람다식을 함수형 인터페이스 타입의 변수에 대입할 수도 있다는 뜻이다.

```
Callable<String> callable = () -> "did something successfully";
```

또는

```
Comparator<Car> comparator = (o1, o2) -> compareCars(o1, o2);
```

java.util.function 패키지에는 고차 함수 생성을 돕는 함수형 인터페이스들을 정의해두었다. 다음 표에서는 고차 함수를 만들기 위해 사용하게 될 몇 가지 함수형 인터페이스를 소개한다.

함수형 인터페이스	설명
Function〈T,R〉	T 타입의 인수를 받고 R 타입의 결과를 반환하는 함수를 표현한다.
BiFunction〈T,U,R〉	두 인수(T 타입의 인수와 U 타입의 인수)를 받고 R 타입의 결과를 반환하는 함수를 나타낸다.
Consumer〈T〉	T 타입의 인수를 받지만 아무 것도 반환하지 않는 함수[3]를 나타낸다.
BiConsumer〈T,U〉	두 인수(T 타입의 인수와 U 타입의 인수)를 받지만 아무 것도 반환하지 않는 함수를 나타낸다.

먼저 함수를 만들기 위해 앞에서 언급한 함수형 인터페이스를 어떻게 사용하는지 보여주는 예제부터 살펴보자.

IMPORT chapter 17/ch17-functions
이 프로젝트는 자바에서 고차 함수를 작성하는 방법을 보여준다.

예제: 두 String(각각을 prefix와 suffix라고 하자)이 주어지면 다음 연산을 수행한다.

- prefix와 suffix를 연결한 새 String을 만든다.
- prefix와 suffix를 연결한 String의 해시 코드를 계산한다.
- 계산한 해시 코드를 콘솔에 출력한다.

3 옮긴이_ 이런 식으로 아무 값도 반환하지 않는 함수의 경우, 실제로는 내부에서 가변 변수의 상태를 바꾸거나 파일이나 로그 등 외부에 데이터를 출력(함수형 프로그래밍에서는 이를 효과(effect)라고 부른다)하는 역할을 수행하는 경우가 대부분이다.

먼저 앞에서 언급한 연산을 수행하기 위해 간단한 함수를 사용하는 프로그램 작성 과정을 살펴보자.

17.4.1 간단한 함수들

다음 예제는 앞에서 언급한 연산을 수행하는 간단한 함수들이 들어 있는 MyFunctions 클래스를 보여준다.

예제 17-7 MyFunctions – 간단한 함수 만들기

```
#프로젝트 - ch17-functions
#src/main/java/sample/higherorder

package sample.higherorder;
import java.util.function.*;
public class MyFunctions {
  private static BiFunction<String, String, String> concatFn = (prefix,suffix) ->
      prefix + " " + suffix;

  private static Function<String, Integer> hashFn = input -> input.hashCode();

  private static Consumer<Object> printFn = input -> System.out.println(input);

  public static void main(String args[]) {
    printFn.accept(concatAndHash("Welcome", "Java 8"));
  }

  private static int concatAndHash(String prefix, String suffix) {
    return hashFn.apply(concatFn.apply(prefix, suffix));
  }
}
```

MyFunctions 클래스에는 concatFn, hashFn, printFn 정의가 들어 있다. 각 함수를 자세히 살펴보자.

concatFn:

```
private static BiFunction<String, String, String> concatFn = (prefix, suffix) ->
    prefix + " " + suffix;
```

concatFn 변수의 타입은 BiFunction<String, String, String>이다. 이 타입은 concatFn 함수가 두 String을 인수로 받고 String 타입의 값을 반환한다는 뜻이다. concatFn 함수는 prefix와 suffix 문자열 인수를 받아서 두 문자열을 연결한 문자열을 반환한다.

hashFn:

```
private static Function<String, Integer> hashFn = input -> input.hashCode();
```

hashFn 변수의 타입은 Function<String, Integer>으로, 이는 hashFn이 String 타입의 인수를 받고 Integer 타입의 값을 반환한다는 뜻이다. hashFn 함수는 input 인수의 hashCode 메서드를 호출해서 해시 코드(Integer 타입)를 반환한다.

printFn:

```
private static Consumer<Object> printFn = input -> System.out.println(input);
```

printFn 변수의 타입이 Consumer<Object>이므로, printFn 함수는 Object 타입의 인수를 받아서 아무것도 반환하지 **않는다**. printFn 함수는 System.out.println 메서드를 사용해 인수로 받은(input 변수로 식별) 값을 출력한다.

Function과 BiFunction 인터페이스에는 주어진 인수를 가지고 함수를 실행하는 apply 메서드가 들어 있다. MyFunctions의 concatAndHash 메서드는 다음 코드와 같이 apply 메서드를 호출해서 concatFn과 hashFn 함수를 모두 실행한다.

```
private static int concatAndHash(String prefix, String suffix) {
  return hashFn.apply(concatFn.apply(prefix, suffix));
}
```

MyFunctions의 main 메서드는 concatAndHash 메서드에 "Welcome" 인수(prefix 인수값)와 "Java 8" 인수(suffix 인수값)를 전달하면서 호출한다.

```
public static void main(String args[]) {
  printFn.accept(concatAndHash("Welcome", "Java 8"));
}
```

prefix값이 "Welcome"이고 suffix값이 "Java 8"이므로 concatAndHash 메서드 안에서는 다음과 같은 일이 벌어진다.

- concatFn의 apply 메서드가 "Welcome"과 "Java 8"을 연결해서 "Welcome Java 8"을 반환한다.
- concatFn의 출력을 hashFn의 apply 메서드에 전달한다. hashFn 함수는 "Welcome Java 8" 문자열의 해시 코드를 반환한다.

Consumer 인터페이스에는 주어진 인수로 함수를 실행하는 accept 메서드 정의가 들어 있다. concatAndHash 메서드가 반환하는 해시 코드가 printFn의 accept 메서드에 전달되면 accept 메서드는 단순히 해시 코드를 출력하기만 한다.

이제 고차 함수를 사용해 MyFunctions 클래스를 어떻게 다시 작성할 수 있는지 살펴보자.

17.4.2 고차 함수

다음 예제는 고차 함수를 사용해 "Welcome Java 8" 문자열의 해시 코드를 콘솔에 출력하도록 변경한 MyFunctions 클래스다.

예제 17-8 MyHigherOrderFunctions – 고차 함수 만들기

```
#프로젝트 - ch17-functions
#src/main/java/sample/higherorder

package sample.higherorder;
import java.util.function.*;

public class MyHigherOrderFunctions {
  private static Function<String, Function<String, String>> concatFn =
    prefix -> {
      Function<String, String> addSuffixFn = suffix -> {
        return prefix + " " + suffix;
      };
      return addSuffixFn;
    };

  private static Function<String, Integer> hashFn = input -> input.hashCode();

  private static BiConsumer<String, Function<String, Integer>> hashAndPrintFn =
```

```
    (input, hashFn) -> {
      System.out.println(hashFn.apply(input));
    };

  public static void main(String args[]) {
    Function<String, String> prefix = concatFn.apply("Welcome");
    String string = prefix.apply("Java 8");
    hashAndPrintFn.accept(string, hashFn);
  }
}
```

MyHigherOrderFunctions 클래스는 concatFn, hashFn, hashAndPrintFn 함수를 정의한다. 각 함수를 자세히 살펴보자.

concatFn:

```
private static Function<String, Function<String, String>> concatFn =
  prefix -> {
    Function<String, String> addSuffixFn = suffix -> {
      return prefix + " " + suffix;
    };
    return addSuffixFn;
  };
```

concatFn 함수의 타입은 Function<String, Function<String, String>>으로, 이는 concatFn이 String 인수를 받아서 Function<String, String> 타입의 함수를 반환한다는 뜻이다. concatFn 함수는 prefix 인수를 활용해서 suffix를 인수로 받는 addSuffixFn 함수를 만들어 반환한다. addSuffixFn 함수는 prefix와 suffix 문자열을 연결한 문자열을 반환한다. concatFn 함수가 다른 함수를 반환하기 때문에 고차 함수에 속한다.

hashFn:

```
private static Function<String, Integer> hashFn = input -> input.hashCode();
```

hansFn은 String 타입의 인수를 받아서 해시 코드값을 반환한다.

hashAndPrintFn:

```
private static BiConsumer<String, Function<String, Integer>>
  hashAndPrintFn = (input, hashFn) -> {
    System.out.println(hashFn.apply(input));
  };
```

hashAndPrintFn 함수의 타입은 BiConsumer<String, Function<String, Integer>>이다. 이는 hashAndPrintFn 함수가 String 타입의 인수(input 인수)와 Function<String, Integer> 타입의 인수(hashFn 인수)를 받는다는 뜻이다. hashAndPrintFn 함수는 hashFn을 사용해 input 문자열의 해시 코드를 계산하고, 계산한 해시 코드를 System.out.println를 사용해 콘솔에 출력한다. hashAndPrintFn 함수가 다른 함수를 인수로 받기 때문에 고차 함수에 속한다.

MyHigherOrderFunctions 클래스의 main 메서드는 concatFn과 hashAndPrintFn을 사용해 "Welcome Java 8" 문자열의 해시 코드값을 출력한다.

```
public static void main(String args[]) {
  Function<String, String> suffixFn = concatFn.apply("Welcome");
  String string = suffixFn.apply("Java 8");
  hashAndPrintFn.accept(string, hashFn);
}
```

main 메서드는 다음과 같은 처리 단계를 거친다.

- concatFn의 apply 메서드를 호출하면서 "Welcome" 인수를 넘긴다. 이렇게 호출한 결과로 다음 함수를 돌려받는다.

```
Function<String, String> addSuffixFn = suffix -> {
  return "Welcome" + " " + suffix;
};
```

여기서 반환받은 함수의 prefix 변수는 concatFn 함수에 전달했던 "Welcome" 문자열이라는 점에 유의하자. 반환받은 함수에 대한 참조를 main 메서드의 suffixFn 변수에 저장한다.

- suffixFn의 apply 메서드를 호출하면서 "Java 8"을 인수로 넘긴다. suffixFn 함수는 "Welcome Java 8"이라고 연결된 문자열을 반환한다.

- hashAndPrintFn 함수의 accept 메서드가 "Welcome Java 8"과 hashFn 함수를 인수로 호출한다. hashAndPrintFn은 hashFn 함수를 사용해 "Welcome Java 8"의 해시 코드를 계산한 후 결괏값을 콘솔에 출력한다.

이번 절에서는 고차 함수를 자바에서 만드는 방법에 대해 배웠다. 이제 자바 컬렉션을 함수형 스타일로 다루도록 허용하는 Steam API를 살펴보자.

17.5 Stream API

Stream API를 사용하면 **스트림 소스**stream source로부터 원소의 **스트림**을 받아서 작업할 수 있다. 다음은 스트림 소스 역할이 가능하다.

- 데이터 구조(컬렉션, 배열 등)
- I/O 소스(파일 등)
- 스트림이 소비하도록 원소를 생성하는 제너레이터 함수generator function[4]

NOTE_ 객체 스트림은 java.util.Stream⟨T⟩ 타입으로 표현되는데, 여기서 T는 스트림 안에 들어 있는 객체의 타입이다. java.util.IntStream, java.util.LongStream, java.util.DoubleStream은 차례대로 int, long, double 원시 타입으로 이뤄진 스트림을 나타낸다.

IMPORT chapter 17/ch17-streams

이 프로젝트의 경우 스트림 소스에서 얻은 데이터를 처리하기 위해 Stream API를 사용하는 방법을 보여준다.

스트림은 데이터를 저장하지 **않는다**. 스트림은 스트림 소스에서 받은 각각의 원소를 처리하는 연산 **파이프라인**pipeline이다. 다음 예제는 스트림으로 주어진 배열에서 **홀수**의 합계를 계산하는 방법이다.

4 옮긴이_ 생성기 함수라고 쓸 수도 있지만 실무에서 이 함수를 부를 때는 보통 제네레이터라고 원어를 더 자주 사용하기 때문에 여기서도 원어를 음차했다.

예제 17-9 SumOfOddNumbers – Stream API 사용하기

```
#프로젝트 - ch17-streams
#src/main/java/sample/streams

package sample.streams;
import java.util.Arrays;
import java.util.stream.IntStream;

public class SumOfOddNumbers {
  public static void main(String args[]) {
    int[] numbers = { 1, 2, 3, 4, 5, 6, 7, 8, 9, 10 };
    IntStream intStream = Arrays.stream(numbers);
    int sum = intStream
          .filter(n -> n % 2 != 0)
          .sum();
    System.out.println("Sum of odd numbers in numbers array is : " + sum);
  }
}
```

이 예제의 경우 처음에는 1부터 10까지 정수가 들어 있는 numbers 배열을 정의했다. 그 후 IntStream을 반환하는 Arrays의 stream 메서드에 numbers 배열을 전달했다. 이렇게 하면 numbers 배열이 스트림 소스가 된다. 이렇게 반환 받은 스트림에 대해 다음과 같은 순서로 메서드를 호출하여 홀수의 합계를 계산한다.

- filter – 주어진 술어(predicate, 불리언값을 반환하는 함수)를 만족하는 원소만 포함하는 다른 스트림(IntStream 타입)을 반환한다. 람다식 n -> n % 2 != 0에서 n은 스트림의 원소이고 n % 2 != 0 식은 n이 홀수일 때만 true를 반환한다. 그러므로 filter(n -> n % 2 != 0)는 홀수로 구성된 새로운 스트림을 반환한다.
- sum – 스트림의 모든 원소의 합계를 반환한다. filter(n -> n % 2 != 0) 메서드가 홀수의 스트림을 반환하기 때문에 sum 메서드는 1, 3, 5, 7, 9의 합계(즉, 25)를 반환한다.

스트림을 사용하는 대신에 for 루프(또는 컬렉션의 forEach 메서드)를 사용해서 홀수의 합계를 계산할 수도 있다. 다음 예제는 스트림 대신 for 루프를 사용하는 SumUsingForLoop 클래스다.

예제 17-10 SumUsingForLoop – for 루프를 사용해 합계 계산하기

```
#프로젝트 - ch17-streams
#src/main/java/sample/streams
```

```java
package sample.streams;
import java.util.*;

public class SumUsingForLoop {
  public static void main(String args[]) {
    List<Integer> numbers = Arrays.asList(1, 2, 3, 4, 5, 6, 7, 8, 9, 10);
    int sum = 0;
    for(int n : numbers) {
      if(n % 2 != 0) {
        sum = sum + n;
      }
    }
    System.out.println("Sum of odd numbers in numbers array is : " + sum);
  }
}
```

이 예제에서 for 루프는 numbers 리스트를 이터레이션하면서 numbers 리스트의 원소 중 홀수를 찾아 sum 변수에 추가한다.

이 예제는 for 루프를 사용하려면 홀수의 합계를 **어떻게** 계산하는지 자세히 작성해야 한다는 사실을 보여준다. 이렇게 방법을 자세히 작성하는 코딩 방식을 **명령형** 스타일 프로그래밍이라고 한다. 반대로 스트림을 사용하면 **함수형** 스타일로 프로그래밍한다. 스트림을 사용해 작성한 코드는 **어떤 일을** 할지 서술하지만 작업을 수행하는 방법을 서술하지는 않는다. 스트림은 추상화를 통해 저수준 세부 사항을 개발자로부터 감춰준다. 예를 들어 다음 예제(예제 17-9 참조)는 분명히 먼저 스트림을 **걸러서** 홀수만 남기고, 그 후 남은 홀수들의 **합계를 계산**하라고 지정한다.

```java
intStream.filter(n -> n % 2 != 0).sum()
```

이제 스트림 파이프라인에서 두 가지 서로 다른 연산 타입에 대해 알아보자.

17.5.1 중간 연산과 최종 연산

스트림 파이프라인은 하나 이상의 **중간**intermediate 연산과 하나의 **최종**terminal 연산으로 구성된다. 중간 연산은 스트림을 만들어내는 반면 최종 연산은 **값**이나 **부수 효과**side-effect를 만들어낸다. 예를 들어 filter는 다른 스트림을 만들어내기 때문에 중간 연산이지만 sum은 결괏값을 만들어내기 때문에 최종 연산이다.

앞에서 IntStream의 filter와 sum 연산을 사용해 수를 걸러내서 합계를 계산하는 방법을 살펴봤다. 이제 스트림에 정의된 다른 연산을 사용하는 방법을 보여주는 예제 몇 가지를 더 살펴보자.

mapToInt

다음 예제는 스트림을 사용해 Student 객체(age와 name 속성이 있는 객체) 나이의 합계를 계산한다.

예제 17-11 SumOfStudentsAges – Student 객체 나이의 합계를 계산한다

```
#프로젝트 - ch17-streams
#src/main/java/sample/streams

package sample.streams;
import java.util.*;

public class SumOfStudentsAges {
  public static void main(String args[]) {
    List<Student> students = new ArrayList<>();
    students.add(new Student("A", 15));
    students.add(new Student("B", 12));
    students.add(new Student("C", 13));

    int sumOfAges = students
            .stream()
            .mapToInt(s -> s.getAge())
            .sum();
    System.out.println("sum of ages is: " + sumOfAges);
  }
}
```

이 예제에서는 여러 Student 객체를 만들어 students 리스트에 추가했다. 학생 이름과 나이를 생성자로 넘겨 Student 객체를 만든다. Student 클래스에는 학생 이름과 나이를 읽을 수 있는 getName 및 getAge 메서드가 있다.

students 리스트에서 Student의 스트림을 얻기 위해 리스트의 stream 메서드를 호출한다. students 리스트에 대해 stream 메서드를 호출하면 Stream<Student> 스트림을 반환한다는

점에 유의하자. 이 스트림은 Student가 원소로 들어 있는 스트림이다.

NOTE_ 자바 8에서는 java.util.Collection 인터페이스에 stream 디폴트 메서드가 추가됐다. 이로 인해 java.util.Collection 인터페이스의 모든 하위 인터페이스(java.util.List, java.util.Set 등)에서 stream 메서드를 쓸 수 있다.

mapToInt 메서드는 스트림 원소에 적용할 수 있는 람다식을 인수로 받는다. mapToInt 메서드에 전달되는 람다식은 **반드시** 정숫값으로 평가되어야 한다. mapToInt 메서드는 람다식을 스트림의 원소에 적용한 결과로 이뤄진 IntStream을 반환한다. 예를 들어 s -> s.getAge()식을 Student 객체로 이뤄진 스트림에 적용하면 나이로 이뤄진 IntStream을 반환한다. mapToInt 메서드는 스트림을 반환하므로 중간 연산이다.

mapToInt 메서드가 반환한 IntStream의 sum 메서드는 IntStream에 담겨 있는 나이의 합계를 계산한다.

map, collect, forEach

다음 예제는 Student 객체의 리스트로부터 스트림을 사용해 학생 이름으로 이뤄진 리스트를 만들고, 그 리스트에 들어 있는 학생 이름을 콘솔에 출력하는 방법을 보여준다.

예제 17-12 NamesOfStudentsList – 학생 이름 출력하기

```
#프로젝트 - ch17-streams
#src/main/java/sample/streams

package sample.streams;
import java.util.*;
import java.util.stream.Collectors;

public class NamesOfStudentsList {
  public static void main(String args[]) {
    List<Student> students = new ArrayList<>();
    students.add(new Student("A", 15));
    .....
    List<String> names = students.stream()
            .map(s -> s.getName())
            .collect(Collectors.toList());
```

```
    names.stream()
      .forEach(name -> System.out.println("Name is: " + name));
  }
}
```

처음에 student 리스트의 stream 메서드를 호출해서 Student 객체들의 스트림을 얻는다. 다음으로, Stream의 map 메서드를 사용해 학생 이름의 스트림을 얻는다. map 메서드는 주어진 람다식을 스트림의 원소에 적용한다는 점에서 mapToInt와 비슷하다. map 메서드가 스트림을 반환하므로, map 메서드는 중간 연산이다. 마지막으로 collect 메서드는 스트림에 있는 학생 이름을 java.util.List 타입(Collectors.toList() 인수로 지정)에 모은 다음 names 변수에 저장한다. collect 메서드는 스트림을 반환하지 않으므로 최종 연산이다.

학생 이름의 스트림을 만들기 위해 collect 메서드가 반환하는 names 리스트의 stream 메서드를 호출한다. 그 후 Stream의 forEach 메서드를 사용해 스트림에 있는 학생 이름을 출력한다. forEach 메서드는 학생 이름을 콘솔에 출력하는 name -> System.out.println("Name is: " + name)이라는 람다식을 인수로 받는다. 여기서 forEach 메서드는 아무 값도 반환하지 않지만 학생 이름을 콘솔에 출력하는 부수 효과가 있다.

reduce

다음 예제는 스트림을 사용해 Student 객체의 리스트에서 얻은 모든 학생 이름이 포함된 문자열(이름 사이를 콤마로 분리)을 만든다.

예제 17-13 ConcatenatedStudentNames – 학생 이름 연결하기

```
#프로젝트 - ch17-streams
#src/main/java/sample/streams

package sample.streams;
import java.util.*;

public class ConcatenatedStudentNames {
  public static void main(String args[]) {
    List<Student> students = new ArrayList<>();
    students.add(new Student("A", 15));
    students.add(new Student("B", 12));
```

```java
    String combinedNames = students.stream()
            .map(s -> s.getName())
            .reduce("", (combinedNamesStr, name) ->
                combinedNamesStr.concat(name + ","));
    System.out.println("student names " + combinedNames);
  }
}
```

이 예제에서 map 메서드는 학생 이름으로 이뤄진 스트림("A"와 "B")을 반환하고, reduce 메서드는 각 이름을 콤마로 구분한 리스트를 반환한다.

reduce 메서드는 다음 인수를 받는다.

- BinaryOperator 함수(BiFunction 중에서 인수 타입과 출력 타입이 같은 특별한 형태) – 인수를 2개 받는 함수다. 첫 번째 인수는 이전 스트림 원소까지 이 함수를 적용해서 반환 받은 결괏값이고, 두 번째 인수는 현재 스트림 원소다. reduce 메서드는 스트림 원소에 이 함수를 적용한 결과를 반환한다.
- 항등원 연소 – 함수의 초깃값 또는 스트림에 원소가 없을 때 반환할 디폴트값을 나타내는 원소다.

[예제 17-13]에서는 BinaryOperator 함수가 반환하는 초깃값이나 디폴트값 역할의 항등원으로 빈 문자열 ""을 사용했다. 그리고 다음 람다식은 BinaryOperator 함수를 나타낸다.

```java
(combinedNamesStr, name) -> combinedNamesStr.concat(name + ",")
```

여기서 combinedNamesStr은 이 함수를 **이전** 스트림 원소까지 적용한 결과고 name은 **현재** 스트림 원소다.

첫 번째 스트림 원소 "A"를 reduce 메서드가 처리할 때 combinedNamesStr값은 BinaryOperator 함수의 초깃값(항등원값으로 지정한 값)인 ""이다. 함수는 "".concat("A" + ",")를 반환하므로 "A,"를 반환한다.

두 번째 스트림 원소 "B"를(이 스트림의 마지막 원소이기도 하다) reduce 메서드가 처리할 때 combinedNamesStr값(앞에서 "A"를 처리한 후의 값)은 "A,"다. 따라서 함수는 "A,".concat("B" + ",")을 반환하므로 "A,B,"를 반환한다.

17.5.2 지연 계산

스트림 파이프라인에서 중간 연산은 지연 계산lazy evaluation된다. 즉, 최종 연산이 호출될 때까지 중간 연산은 계산하지 **않는다**.

다음 예제는 사람을 표현하는 Person 클래스다.

예제 17-14 Person 클래스

```
#프로젝트 - ch17-streams
#src/main/java/sample/streams

package sample.streams;

public class Person {
  private String name;
  private int age;

  public Person(String name, int age) {
    this.name = name;
    this.age = age;
  }
  .....
  public String getName() {
    System.out.println("getName method --> age of " + name + " is " + age);
    return name;
  }

  public int getAge() {
    System.out.println("getAge method --> age of " + name + " is " + age);
    return age;
  }
  .....
}
```

Person 클래스에는 age와 name 속성 정의가 들어 있다. 여기서 getName과 getAge 메서드가 호출되면 이 사람의 name과 age가 각각 콘솔에도 출력된다는 점을 알아두자.

다음 예제는 Person 객체로 이뤄진 리스트를 이터레이션하면서 이름이 "Sam"인 **첫 번째** 사람의 age를 출력하는 main 메서드가 들어 있는 LazyEval 클래스다.

예제 17-15 LazyEval 클래스 – 중간 연산 지연 계산

```
#프로젝트 - ch17-streams
#src/main/java/sample/streams

package sample.streams;
import java.util.*;
import java.util.stream.IntStream;

public class LazyEval {
  public static void main(String args[]) {
    List<Person> persons = new ArrayList<>();

    persons.add(new Person("Tom", 15));
    persons.add(new Person("Sam", 30));
    persons.add(new Person("Bob", 25));
    persons.add(new Person("Sam", 18));
    persons.add(new Person("Tim", 25));

    IntStream ageStream = persons.stream()
              .filter(p -> p.getName().equals("Sam"))
              .mapToInt(p -> p.getAge());

    System.out.println("main method --> Calling findFirst operation");
    ageStream.findFirst()
        .ifPresent(e -> System.out.println("output --> Sam's age is : " + e));
  }
}
```

이 예제에서 person 변수는 Person 객체의 리스트를 저장한다. 이 리스트에는 "Sam"이라는 이름을 가진 사람이 두 명 있다. 이름이 "Sam"인 **첫 번째** 사람의 age를 출력하고 싶으므로, "Sam"이라는 이름을 가진 사람의 나이로 이뤄진 IntStream을 만든다.

```
IntStream ageStream = persons.stream()
            .filter(p -> p.getName().equals("Sam"))
            .mapToInt(p -> p.getAge());
```

filter는 "Sam"이라는 이름을 가진 사람으로 이뤄진 스트림을 반환하고, mapToInt는 각 사람의 나이로 이뤄진 스트림을 반환한다.

IntStream의 findFirst 메서드는 스트림의 첫 번째 원소가 들어 있는 Optional을 반환하거나, 스트림이 비어 있는 경우 빈 Optional을 반환한다. ageStream 스트림은 이름이 "Sam"인 사람들의 나이를 표현하므로, 이 스트림에 대해 findFirst를 호출하면 이름이 "Sam"인 첫 번째 사람의 나이를 반환한다.

```
ageStream.findFirst()
     .ifPresent(e -> System.out.println("output --> Sam's age is : " + e));
```

LazyEval의 main 메서드를 호출하면 다음과 같은 출력을 볼 수 있다.

```
main method --> Calling findFirst operation
getName method --> age of Tom is 15
getName method --> age of Sam is 30
getAge method --> age of Sam is 30
output --> Sam's age is : 30
```

이 출력은 스트림에 대해 최종 연산(findFirst)이 실행되기 전까지 중간 스트림 연산(filter, mapToInt)이 실행되지 않는다는 것을 보여준다. 따라서 중간 연산이 지연 계산된다는 사실을 알려준다.

또 이 출력은 이름이 "Sam"인 첫 번째 사람을 찾기 위해 모든 Person 객체를 살펴보지 않는다는 사실도 알려준다. 스트림 처리는 스트림에서 이름이 "Sam"인 첫 번째 사람을 발견하면 끝난다. 이는 여러분이 하려는 일에 맞춰 자바 런타임이 스트림 처리를 최적화해준다는 뜻이다.

지금까지 살펴본 예제에서는 스트림 소스로부터 **순차**sequential 스트림을 얻어 사용했다. 하지만 스트림 소스에서 연산을 병렬로 처리할 수 있는 **병렬**parallel 스트림을 얻을 수도 있다. 스트림 소스에서 병렬 스트림을 얻는 방법을 배우고, 연산이 어떻게 병렬로 실행되는지 살펴보자.

17.5.3 순차 스트림과 병렬 스트림

순차 스트림은 원소를 **단일** 스레드상에서 순차적으로 처리한다. 병렬 스트림은 원소를 **여러** 스레드에서 병렬로 처리한다. java.util.Collection 구현이 스트림 소스면 java.util.

Collection의 parallelStream을 호출해서 병렬 스트림을 얻을 수 있다.

> **NOTE_** 자바 8에서는 java.util.Collection 인터페이스에 parallelStream 디폴트 메서드를 추가한다. 이로 인해 java.util.Collection의 모든 하위 인터페이스(java.util.List, java.util.Set 등)에서 parallelStream 메서드를 사용할 수 있다.

다음 예제는 병렬 스트림과 순차 스트림을 모두 사용해 주어진 List의 각 이름을 출력한다.

예제 17-16 PrintNames – 병렬 스트림과 순차 스트림을 사용해 이름 출력하기

```
#프로젝트 - ch17-streams
#src/main/java/sample/streams/parallel

package sample.streams.parallel;
import java.util.*;

public class PrintNames {
  public static void main(String args[]) {
    List<String> names = Arrays.asList("James", "John", "Robert",
                  "Michael", "Mary");

    System.out.println("Serial stream result:");
    names.stream()
        .forEach(e -> System.out.println(">" + e));

    System.out.println("\nParallel stream result:");
    names.parallelStream()
        .forEach(e -> System.out.println(">" + e));
  }
}
```

names 변수는 이름으로 이뤄진 리스트를 저장한다. 먼저 names를 스트림 소스로 사용하여 순차 스트림과 병렬 스트림을 얻는다. 그 후 forEach 메서드를 사용해 스트림에 있는 이름을 출력한다. PrintNames의 main 메서드를 실행하면 다음과 같은 출력을 볼 수 있다.

```
Serial stream result:
>James
>John
>Robert
>Michael
>Mary
Parallel stream result:
>Robert
>Mary
>John
>James
>Michael
```

순차 스트림의 경우 names 리스트에 정의된 순서대로 이름이 출력된다. 반면 병렬 스트림에서는 순서가 달라진다. 이런 출력 차이는 병렬 스트림에서 forEach 메서드의 동작이 **비결정적**non-deterministic이기 때문이다. 이는 병렬 스트림의 경우 각 forEach 메서드 실행이 **같은** 입력에 대해 **다른** 출력을 만들어낼 수 있다는 뜻이다. 예를 들어 PrintNames의 main 메서드를 다시 실행하면 병렬 스트림에서 출력되는 이름의 순서가 달라질 수 있다.

다음 예제는 주어진 List에 이름을 하나로 연결하기 위해 병렬 스트림과 순차 스트림을 사용하는 ConcatNames 클래스다.

예제 17-17 ConcatNames – 병렬 스트림과 순차 스트림을 사용해 이름 연결하기

```
#프로젝트 - ch17-streams
#src/main/java/sample/streams/parallel

package sample.streams.parallel;
import java.util.*;
import java.util.function.BinaryOperator;

public class ConcatNames {
  private static BinaryOperator<String> concatFn =
      (combinedNamesStr, name) -> combinedNamesStr.concat(name);

  public static void main(String args[]) {
    List<String> names = Arrays.asList("James", "John", "Robert",
      "Michael", "Mary");
```

```java
    String sequentialStream = names.stream().reduce("", concatFn);
    System.out.println("Serial concat : " + sequentialStream);

    String parallelStream = names.parallelStream().reduce("", concatFn);
    System.out.println("Parallel concat : " + parallelStream);
  }
}
```

이 예제에서 concatFn 함수(BinaryOperator 함수)는 인수로 받은 두 String 타입값을 연결한다. names 변수는 이름의 리스트를 저장한다. 이 names를 스트림 소스로 순차와 병렬 스트림을 만든다. ""를 항등원으로 하고 이름을 연결하는 함수로 concatFn을 지정해서 reduce 메서드를 두 스트림에 모두 호출한다.

ConcatNames의 main 메서드를 호출하면 다음과 같은 결과를 볼 수 있다.

```
Serial concat : JamesJohnRobertMichaelMary
Parallel concat : JamesJohnRobertMichaelMary
```

여기서 스트림이 순차적이든 병렬적이든 관계없이 결과가 JamesJohnRobertMichaelMary로 같다는 점에 유의한다. reduce가 **결정적** 메서드이기 때문에 이런 결과를 얻을 수 있다. 결정적이라는 말은 스트림이 순차적이든 병렬적이든 관계없이 같은 결과를 내놓는다는 뜻이다.

이제 **메서드 참조**를 사용해 람다식을 간단히 작성하는 방법을 살펴보자.

17.6 메서드 참조

메서드 참조[5]는 메서드나 생성자를 가리키는 참조를 의미한다. 람다식이 메서드나 생성자 호출을 단순화할 수 있는 경우, 메서드 참조는 람다식을 대신할 수 있다.

다음 문법을 사용해 메서드 참조를 나타낸다.

5 옮긴이_ 네 가지 유형의 메서드 참조가 있다. 각각에 대한 예는 https://docs.oracle.com/javase/tutorial/java/javaOO/methodreferences.html을 참조하자(영문).

```
<object-or-class>::<method-name>
```

여기서 <object-or-class>는 참조하려는 메서드가 들어 있는 클래스나 객체고 <method-name>은 메서드 이름이다.

다음 문법을 사용해 생성자 참조를 나타낸다.

```
<class>::new
```

여기서 <class>는 참조하려는 생성자가 들어 있는 클래스다.

NOTE_ 메서드 참조의 유일한 한계는 메서드 참조나 생성자 참조에 인수를 명시적으로 전달할 수 없다는 점뿐이다.

IMPORT chapter 17/ch17-method-references
이 프로젝트는 메서드 참조를 사용해 람다식을 대신할 수 있는 방법을 보여준다.

다음 예제는 최고 속도를 기준으로 주어진 Car 객체의 리스트를 정렬한 후, 각 자동차의 최고 속도를 출력하는 MethodRefs 클래스다.

예제 17-18 MethodRefs

```
#프로젝트 - ch17-method-references
#src/main/java/sample/methodref

package sample.methodref;
import java.util.*;

public class MethodRefs {
  public static void main(String args[]) {
    List<Car> cars = new ArrayList<Car>();

    cars.add(new Car(10));
    cars.add(new Car(7));
    cars.add(new Car(5));

    cars.sort((o1, o2) -> MyUtils.compareCars(o1, o2));
```

```
        cars.stream().mapToInt(car -> car.getTopSpeed())
                .forEach(e -> System.out.println(e));
    }
}
```

이 예제에서 cars 변수에는 Car 객체 리스트가 저장되고, 이 리스트를 MyUtils의 compareCars 정적 메서드를 사용해 정렬한다. 그 후 Stream의 forEach 메서드를 사용해 자동차의 최고 속도를 출력한다.

(o1, o2) -> MyUtils.compareCars(o1, o2)라는 람다식이 단순히 MyUtils의 정적 메서드인 compareCars(o1, o2)를 호출하므로 람다식을 메서드 참조로 바꿀 수 있다.

```
cars.sort(MyUtils::compareCars);
```

여기서 MyUtils::compareCars는 메서드 참조다.

메서드 참조를 사용해 자동차의 최고 속도를 출력하는 코드도 다시 쓸 수 있다.

```
cars.stream()
  .mapToInt(car -> car.getTopSpeed())
  .forEach(System.out::println);
```

여기서 System.out::println은 메서드 참조다.

17.7 요약

이번 장에서는 자바 함수형 스타일 프로그래밍을 지원하는 기능에 대해 살펴봤다. 이번 장에서 살펴본 개념은 다음 장에서 다룰 **반응형 프로그래밍** 패러다임을 더 잘 이해하는 데 도움이 된다.

CHAPTER 18

RxJava 2를 사용한 반응형 프로그래밍

18.1 소개

이동 전화, IoT, 클라우드 인프라가 대두되면서 과거 몇 년간 애플리케이션 요구 사항이 급격히 변해왔다. 이제는 애플리케이션이 밀리초 단위로 반응하기를 바라고, 페타바이트petabyte 단위의 데이터를 저장한다. 100% 운용시간uptime을 만족하면서 부하에 따라 규모 확장과 축소가 자유롭고, 실패가 발생해도 여전히 응답성이 좋기를 바라며 그 외에도 여러 가지를 요구한다. 다음 반응형 설계 원칙을 사용하면 이런 새로운 애플리케이션 요구 사항을 충족할 수 있다. **반응형** 설계 원칙을 사용해 만든 애플리케이션은 응답성이 좋고 규모 변경이 쉬우며 회복성이 좋다.

> **NOTE_** 반응형 설계 원칙으로 만든 애플리케이션을 **반응형 애플리케이션**이라고 부르며, 반응형 애플리케이션을 개발하기 위해 사용하는 프로그래밍 패러다임을 **반응형 프로그래밍**이라고 한다.

반응형 애플리케이션의 특성은 다음과 같다.

- **응답적**responsive : 애플리케이션이 요청에 대해 제시간에 응답할 수 있다.
- **회복적**resilient : 애플리케이션에 실패가 일어나도 응답성을 계속 유지할 수 있다.
- **탄력적**elastic : 애플리케이션의 부하가 변화하더라도 응답성을 계속 유지할 수 있다.
- **메시지 드리븐**message driven : 애플리케이션의 여러 컴포넌트가 서로 메시지를 사용해 비동기적으로 통신한다.

반응형 애플리케이션과 다른 애플리케이션을 구분하는 핵심 특성은 **메시지 드리븐**이다. 컴포넌트 간의 비동기 메시지 기반 상호 작용이 컴포넌트 간의 느슨한 결합loose-coupling을 만들어낸다. 이 느슨한 결합이 반응형 애플리케이션의 응답성, 회복성, 탄력성을 향상시킨다.

비동기적으로 별도의 스레드에서 요청을 실행하는 방식으로 **반응형** 애플리케이션을 만들 수도 있다. 하지만 **회복적**이면서 **탄력적**인 다중 스레드 애플리케이션을 개발하기는 아주 어렵다. 또, 다중 스레드 애플리케이션에 **블로킹**blocking 코드(파일 I/O나 데이터베이스 접근)가 들어 있으면, 여러분이 사용하는 프로세서 수와 관계없이 애플리케이션의 성능은 블록된 스레드가 블록되는 시간에 의해 제한된다. 실행 중인 스레드가 블록되면, 스레드를 실행하던 프로세서는 다른 애플리케이션 스레드를 실행할 수 없다. 전형적인 다중 스레드 애플리케이션과 달리 반응형 애플리케이션은 원래 근본적으로 넌블로킹non-blocking이므로 프로세서를 효율적으로 활용할 수 있다.

컴포넌트 사이의 메시징과 관련된 저수준 상세 사항을 추상화해주고 결과를 합성하는 함수형 스타일 접근 방식을 제공하는 **반응형 라이브러리**를 사용하면 반응형 애플리케이션 개발이 단순해진다. 여러분이 반응형 애플리케이션을 개발할 때 쓸 수 있는 라이브러리의 예로 RxJava(https://github.com/ReactiveX/RxJava)와 Reactor(https://projectreactor.io/)를 들 수 있다. RxJava 2.x와 Reactor 3.x 는 반응형 컴포넌트가 서로 메시지 스트림을 사용해 비동기적으로 상호 작용하는 방법을 표준화하는 반응형 스트림(http://www.reactive-streams.org/) 명세를 구현한다. 스프링 5에서는 반응형 애플리케이션을 개발하기 위해 RxJava 2.x와 Reactor 3.x를 사용할 수 있다.

> **NOTE_** 자바에서 반응형 애플리케이션을 개발하기 위해 자바 8이나 자바 9로 여러분의 애플리케이션을 빌드할 필요는 없다. 예를 들어 자바 6을 요구하는 RxJava 1.x 등을 사용해 반응형 애플리케이션을 개발할 수도 있다. 다만 RxJava 1.x는 반응형 스트림 명세를 구현하지 않고 RxJava 2.x는 반응형 스트림 명세를 구현한다는 점을 알아야 한다.

이번 장에서는 다음을 살펴본다.

- 반응형 스트림 명세에 정의된 핵심 인터페이스와 개념
- RxJava 2를 사용해 간단한 반응형 애플리케이션 만들기

먼저 반응형 스트림 명세를 살펴보자.

18.2 반응형 스트림

반응형 스트림 명세는 반응형 컴포넌트들이 서로 비동기적으로 상호 작용하는 방법에 대한 표준이다. 반응형 스트림 명세는 자바 9에 도입됐고, `java.util.concurrent.Flow` 클래스가 명세를 표현한다.

`java.util.concurrent.Flow` 클래스에 정의된 다음 인터페이스는 반응형 스트림 명세가 정의한 인터페이스에 해당한다.

Publisher<T> - `Publisher<T>` 인터페이스는 T 타입의 원소로 이뤄진 스트림을 생산하는 컴포넌트가 구현해야 하는 인터페이스다. `Publisher` 인터페이스에는 다음 메서드 정의가 들어 있다.

- void subscribe(Subscriber〈? Super T〉) - 출간자(publisher)에 대해 구독자(subscriber)를 추가한다(Subscriber 타입의 인수로 표현).

Subscriber<T> - `Subscriber` 인터페이스는 T 타입 원소를 받는 구독자가 구현하는 인터페이스다. Subscriber 인터페이스에는 다음 메서드 정의가 들어 있다.

- void onSubscribe(Subscription) - 구독자가 Publisher의 subscribe 메서드를 호출해 구독에 성공하면 이 메서드가 호출된다. Subscription 인수는 Publisher가 Subscriber로 보내는 원소의 흐름을 제어할 때 사용하는 객체를 나타낸다.
- void onNext(T) - Publisher가 원소(T 타입)를 Publisher에게 받을 때 이 메서드가 호출된다.
- void onError(Throwable) - Publisher나 Subscription에서 복구할 수 없는 오류가 발생하면 이 메서드가 호출된다.
- void onComplete() - Publisher가 구독자들에게 데이터를 모두 다 보냈음을 통보할 때 이 메시지가 호출된다.

Subscription - `Subscription`(구독)은 `Subscriber`와 `Publisher`를 연결하며, `Subscription`에서 `Subscriber`로 가는 이벤트 흐름을 제어할 때 사용된다. `Subscription` 인터페이스에는 다음 메서드 정의가 들어 있다.

- void request(int n) – 구독자(Subscriber)가 이 구독과 연관된 Publisher에게 n개의 원소를(n 인수로 지정) 요청할 때 이 메서드를 호출한다.
- void cancel() – 구독자(Subscriber)가 Publisher에게 더 이상 데이터를 받고 싶지 않다고 통보하고 싶을 때 이 메서드를 호출한다.

Processor<T,R> - Processor는 Publisher면서 Subscriber이기도 하다. T는 Processor가 생산하는 원소의 타입이고, R은 Processor가 소비하는 원소의 타입이다.

[그림 18-1]은 Publisher와 Subscriber의 상호 작용 방식을 나타낸다. 이 그림에서는 Subscriber가 Subscription의 request 메서드를 호출할 때만 Publisher가 데이터를 Subscriber로 보낸다. Publisher가 Subscriber로 데이터를 모두 보냈다고 알려줄 때 onComplete가 호출된다.

그림 18-1 Publisher와 Subscriber가 메시지를 교환하면서 비동기적으로 상호 작용한다

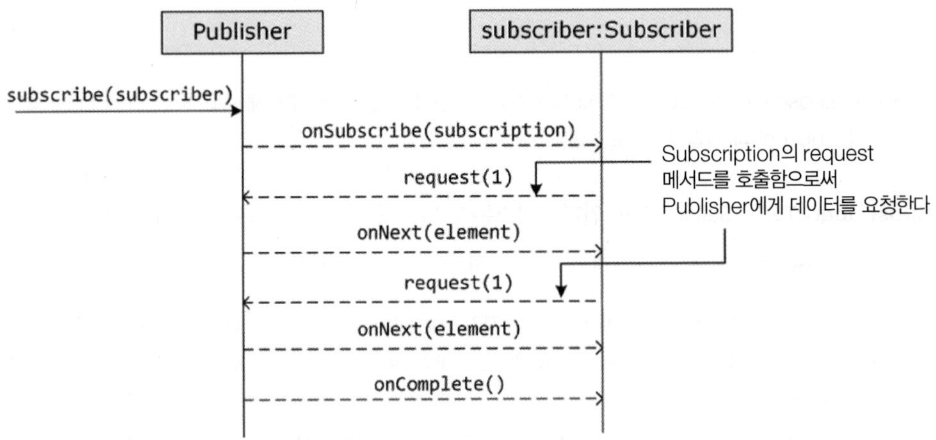

Publisher, Subscriber, Subscription의 개념을 알아보기 위해 RxJava 2를 사용한 심박수 모니터링 애플리케이션을 살펴본다.

18.2.1 심박수 모니터링 애플리케이션

심박수 모니터링 애플리케이션은 분당 심박수를 모니터링하다가 심박수가 미리 설정된 한계를 벗어나면 경고해준다. 심박수 애플리케이션은 다음 컴포넌트로 이뤄져 있다.

- **HeartbeatPublisher** – 이 컴포넌트는 심박수를 출간한다.
- **HeartbeatSubscriber** – 이 컴포넌트는 HeartbeatPublisher가 출간한 심박수를 받다가 분당 심박수가 미리 정해진 한계를 벗어나면 경고를 보낸다.

NOTE_ 이번 장에서는 심박수 애플리케이션을 독립 실행 자바 애플리케이션으로 개발한다. 하지만 실제 세계라면 사람의 심박수를 측정할 수 있는 메커니즘을 사용해서 심박수를 측정하다가 심박수가 미리 정해진 한계를 벗어나면 경고해주는 기능을 제공하는 모바일 장치나 스마트워치 앱으로 이 애플리케이션을 개발할 것이다.

IMPORT chapter 18/ch18-reactiveapp

이 프로젝트는 심박수 모니터링 애플리케이션의 소스 코드를 포함한다. 이 애플리케이션을 실행하려면 HeartbeatPublisher 클래스의 main 메서드를 실행한다.

다음 예제는 측정한 심박수를 출간하는 HeartbeatPublisher다.

예제 18-1 HeartbeatPublisher – 심박수 출간하기

```
프로젝트: ch18-reactiveapp
#src/main/java/sample/reactiveapp

package sample.reactiveapp;
import io.reactivex.BackpressureStrategy;
import io.reactivex.Flowable;

public class HeartbeatPublisher {
  public static void main(String[] args) {
    Flowable.<Integer> create(flowableOnSubscribe,
    BackpressureStrategy.ERROR).subscribe(new HeartbeatSubscriber(120));
  }
  public static FlowableOnSubscribe<Integer> flowableOnSubscribe =
      new FlowableOnSubscribe<Integer>() {
    @Override
    public void subscribe(FlowableEmitter<Integer> emitter)
        throws Exception {
      for (int i = 90; i < 150; i++) {
        emitter.onNext(i);
      }
       emitter.onComplete();
    }
  };
}
```

다음은 이 예제에서 알아둬야 할 중요한 내용이다.

- io.reactivex 패키지는 RxJava 2 라이브러리에 속한다. ch18-reactiveapp의 pom.xml 파일에는 RxJava 2 라이브러리에 대한 의존 관계가 다음과 같이 정의되어 있다.

```
<dependency>
  <groupId>io.reactivex.rxjava2</groupId>
  <artifactId>rxjava</artifactId>
  <version>2.1.3</version>
</dependency>
```

- io.reactivex.Flowable은 리액티브 스트림 명세의 Publisher 인터페이스를 구현한다. Flowable의 create 정적 메서드를 사용해 Flowable 인스턴스를 만든다. create 메서드는 FlowableOnSubscribe〈T〉와 BackpressureStrategy 타입의 객체를 인수로 받는다.
- FlowableOnSubscribe〈T〉는 FlowableEmitter〈T〉 객체를 인수로 받는 subscribe 메서드를 정의하는 함수형 인터페이스다. Subscriber가 Flowable의 subscribe 메서드를 호출해서 구독을 신청하면, T 타입의 원소를 Subscriber로 보내기 위해서 FlowableEmitter〈T〉 객체를 사용하는 FlowableOnSubscribe 객체의 subscribe 메서드가 호출된다. HeartbeatPublisher가 심박수(Integer 타입)를 보내기 때문에, [예제 18-1]에서 T 타입은 Integer로 지정되어 있다.
- FlowableEmitter〈T〉는 Subscriber로 데이터를 보내기 위해 다음과 같은 메서드를 정의한다.
  - void onNext(T) - 이 메서드는 T 타입의 엘리먼트를 구독자에게 보낸다.
  - void onError(Throwable) - 이 메서드는 오류를 구독자에게 보낸다.
  - void onComplete() - 이 메서드는 구독자에게 데이터 출간이 끝나서 출간자가 더 이상 데이터를 보내지 않을 것임을 알려준다.

FlowableEmitter<T>에는 나중에 살펴볼 몇 가지 메서드가 더 들어 있다.

[예제 18-1]에서 다음 코드는 Flowable 인스턴스를 만들고 HeartbeatSubscriber(반응형 스트림 명세의 Subscriber 인터페이스를 구현함)를 이 Flowable 인스턴스에 추가한다.

```
Flowable.<Integer> create(flowableOnSubscribe,
  BackpressureStrategy.ERROR).subscribe(new HeartbeatSubscriber(120));
```

[예제 18-1]에서 FlowableOnSubscribe의 subscribe 메서드는 FlowableEmitter를 사용해 90부터 149 사이의 1씩 증가하는 심박수를 구독자에게 전달한다.

```
public void subscribe(FlowableEmitter<Integer> emitter) throws Exception {
  for (int i = 90; i < 150; i++) {
```

```
      emitter.onNext(i);
    }
    emitter.onComplete();
  }
```

for 루프 안에서 FlowableEmitter의 onNext 메서드를 호출해 심박수를 보낸다. 실제 세계의 애플리케이션이라면 관찰한 심박수가 구독자에게 전달될 것이다. FlowableEmitter의 onComplete 메서드를 호출하면 구독자들에게 더 이상 데이터가 없음을 통지하면서 통신을 끝낸다.

다음 예제는 RxJava 2의 FlowableSubscriber<T> 인터페이스를 구현하는 HeartbeatSubscriber 클래스다.

예제 18-2 HeartbeatSubscriber – HeartbeatPublisher에 의해 출간되는 심박수에 가입하기

```
프로젝트: ch18-reactiveapp
#src/main/java/sample/reactiveapp

package sample.reactiveapp;
import io.reactivex.FlowableSubscriber;
import org.reactivestreams.Subscription;

public class HeartbeatSubscriber implements FlowableSubscriber<Integer> {
  private final int targetHeartbeatRate;
  private Subscription subscription;

  public HeartbeatSubscriber(int targetHeartbeatRate) {
    this.targetHeartbeatRate = targetHeartbeatRate;
  }

  public void onSubscribe(Subscription subscription) {.....}

  public void onNext(Integer t) {.....}

  public void onError(Throwable t) {.....}

  public void onComplete() {.....}
}
```

이 예제에서 중요한 부분은 다음과 같다.

- FlowableSubscriber<T>는 리액티브 스트림 명세에 정의된 Subscriber<T> 인터페이스의 하위 인터페이스다. 이는 HeartbeatSubscriber가 데이터 구독자를 표현한다는 뜻이다. T는 구독자가 소비할 원소의 타입을 표현한다. HeartbeatPublisher(예제 18-1)가 Integer 타입의 심박수를 보내기 때문에, T를 Integer로 지정한다.
- targetHeartbeatRate 인스턴스 변수는 구독자에게 경고를 보낼 기준이 되는 심박수 상한값을 지정한다. targetHeartbeatRate값은 생성자 인수로 공급된다.
- subscription 인스턴스 변수는 Subscriber와 Publisher를 연결해주는 Subscription 객체를 저장한다. Subscription 인터페이스가 org.reactivestreams 패지키에 속했다는 점에 유의하자. org.reactivestreams 패키지는 RxJava 2 라이브러리에 의해 클래스파일 경로에 포함되는 리액티브 스트림 API JAR 파일(reactive-streams-1.x.jar)에 들어 있다.
- Subscriber 인터페이스에 onSubscribe, onNext, onError,onComplete 메서드를 정의하므로, 이들에 대한 구현을 HeartbeatSubscriber 클래스가 제공한다.

이제 `HeartbeatSubscriber` 클래스의 `onSubscribe`, `onNext`, `onError`, `onComplete` 메서드 구현을 살펴보자.

onSubscribe 메서드

```
public void onSubscribe(Subscription subscription) {
  this.subscription = subscription;
  subscription.request(1);
}
```

- onSubscribe 메서드는 Subscription 객체를 받는다. 나중에 사용하기 위해 이 객체를 subscription에 저장한다.
- 구독자는 Subscription의 request 메서드를 사용해 출간자에게 데이터를 더 보내라고 요청한다. request 메서드는 출간자가 구독자에게 보내야 하는 데이터 개수를 인수로 받는다. 위의 코드에서 request(1) 메서드 호출은 구독자가 출간자에게 1개의 원소를 요청한다는 뜻이다.

onNext 메서드

```
public void onNext(Integer t) {
  logger.info("Heartbeat --> " + t);
  if (t >= targetHeartbeatRate) {
    logger.info("Alert !! " + t);
    subscription.cancel();
  }
```

```
    subscription.request(1);
  }
```

인수 t는 HeartbeatPublisher에서 받은 심박수를 나타낸다. t값이 targetHeartbeatRate보다 크거나 같으면 경고를 발생시키고 Subscription의 cancel 메서드를 호출해서 구독을 취소한다. Subscription의 cancel 메서드를 호출한 시점부터는 Subscription의 request 메서드를 호출해 더 많은 원소를 요청해도 모두 무시된다. t값이 targetHeartbeatRate보다 크거나 같지 않다면, Subscription의 request 메서드를 호출해서 HeartbeatPublisher에게 원소를 1개 더 보내달라고 요청한다.

HeartbeatPublisher 클래스에서는 다음과 같이 HeartbeatSubscriber 인스턴스를 만들고 그 인스턴스에 Flowable의 subscribe 메서드를 넘겼다.

```
Flowable.<Integer> create(flowableOnSubscribe,
    BackpressureStrategy.ERROR).subscribe(new HeartbeatSubscriber(120));
```

여기서 HeartbeatSubscriber의 생성자에 120을 인수로 전달했기 때문에, targetHeartbeatRate 변숫값은 120으로 설정된다.

onError와 onComplete 메서드

```
public void onError(Throwable t) {
  logger.info("Error " + t);
}

public void onComplete() {
  logger.info("Processing complete");
}
```

onError 메서드는 인수로 받은 Throwable을 출력하고, onComplete 메서드는 'Processing complete' 메시지를 출력한다.

HeartbeatPublisher의 main 메서드를 호출하면 콘솔에서 다음과 같은 출력을 볼 수 있다.

```
Heartbeat --> 90
Heartbeat --> 91
.....
.....
Heartbeat --> 120
Alert !! 120
```

분당 심박수가 120을 넘어가면 HeartbeatSubscriber가 HeartbeatPublisher로부터 메시지를 받는 것을 중단하고 'Alert !! 120' 메시지를 출력한다. 메시지가 더 이상 오지 않는 이유는 HeartbeatSubscriber의 onNext 메서드에서 받은 분당 심박수가 120 이상인 경우 Subscription의 cancel 메서드를 호출했기 때문이다. cancel을 호출한 결과, 데이터는 더 이상 HeartbeatSubscriber로 전송되지 않는다.

이제 HeartbeatPublisher가 Subscription의 cancel 메서드를 호출하지 않거나 Subscription의 request 메서드를 호출해서 데이터를 요청하지 않으면 어떤 일이 생기는지 살펴보자.

케이스 1: HeartbeatSubscriber의 onNext에서 Subscription의 cancel 메서드를 호출하지 않은 경우

HeartbeatPublisher가 FlowableEmitter의 onComplete 메서드(예제 18-1 참조)를 호출하기 전에 HeartbeatSubscriber가 구독을 중단했기 때문에, HeartbeatSubscriber의 onComplete 메서드는 결코 호출되지 않는다.

HeartbeatSubscriber의 onNext에서 Subscription의 cancel 메서드 호출을 제거하고 HeartbeatPublisher의 main 메서드를 실행하면 다음 출력을 볼 수 있다.

```
Heartbeat --> 90
Heartbeat --> 91
.....
Heartbeat --> 120
Alert !! 120
Heartbeat --> 121
Alert !! 121
.....
Heartbeat --> 149
Alert !! 149
Processing complete
```

심박수가 120 이상이라도 HeartbeatSubscriber가 더 이상 Subscription의 cancel 메서드를 호출하지 않기 때문에, HeartbeatSubscriber는 심박수가 120에 도달한 이후에도 계속해서 경고를 표시한다. HeartbeatPublisher가 데이터 종료 신호를 보내면 HeartbeatSubscriber의 onComplete 메서드가 호출된다. 이로 인해 'Processing Complete' 메시지가 출력의 맨 마지막에 표시된다.

케이스 2: HeartbeatSubscriber의 onNext에서 Subscription의 request를 호출하지 않는 경우

[그림 18-1]에서 Publisher가 Subscription의 request 메서드를 호출하기 전까지는 아무 데이터도 Subscriber로 보내지 않는다는 사실을 살펴봤다. HeartbeatSubscriber의 onNext에서 Subscription의 request 메서드 호출을 제거하고 HeartbeatPublisher의 main 메서드를 실행하면, 다음과 같은 출력을 볼 수 있다.

```
Heartbeat --> 90
Error io.reactivex.exceptions.MissingBackpressureException: create: could not emit value
due to lack of requests
```

이 출력은 HeartbeatPublisher가 처음에 90이라는 값을 보내고(이는 Heartbeat Subscriber의 onSubscribe 메서드 안에서 Subscription의 request 메서드를 호출했기 때문에 보내진 것이다), 그 후 오류 신호를 보내서 HeartbeatSubscriber의 onError 메서드가 호출된다는 사실을 알려준다. HeartbeatPublisher가 오류 신호를 보낸 이유는, 보내야 하는 데이터가 있는데 HeartbeatSubscriber가 데이터를 요청하지 않았기 때문이다.

이제 뜨거운 출간자와 차가운 출간자가 무엇인지 알아보자.

18.3 뜨거운 출간자와 차가운 출간자

차가운 출간자는 구독자가 구독하기 전까지 데이터를 구독자에게 보내지 않는다. 구독자가 차가운 출간자를 구독하면 차가운 출간자는 완전한 데이터를 구독자에게 한 번 더 보낸다. 따라서 차가운 출간자를 구독하는 구독자는 자신이 출간자를 구독하기 전에 발생한 데이터를 못 받는 경우가 없다.

차가운 출간자의 예는 다음과 같다.

- 작년에 개봉한 영화 목록을 보내주는 출간자
- 주식시장에서 거래 중인 기업의 주식 기호를 보내주는 출간자

이런 데이터의 소비자는 주식 기호나 영화 정보를 받지 못하는 일이 없기를 바랄 것이다. 따라서 이런 데이터의 출간자는 차가운 출간자로 모델링되어야 한다.

다음 그림은 차가운 출간자의 동작을 보여준다.

그림 18-2 구독자 #1과 구독자 #2는 차가운 출간자로부터 똑같은 데이터를 받는다

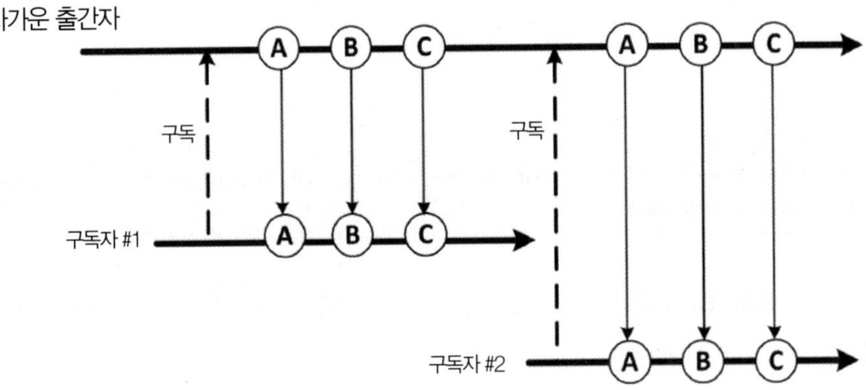

이 그림에서 두꺼운 오른쪽 화살표 줄은 시간 흐름을 나타낸다. 이 그림은 **구독자 #1**과 **구독자 #2**가 출간자를 구독한 시점과 관계없이 똑같이 `A`, `B`, `C` 원소를 차례대로 받는다는 사실을 나타낸다. `RxJava 2`에서 `Flowable`은 차가운 출간자를 나타낸다.

> **NOTE_** 여러 구독자가 Flowable(차가운 출간자)을 구독하면, 각 구독자가 FlowableOnSubscribe의 subscribe 메서드에 있는 데이터 출간 로직을 다시 실행하는 자기 자신만의 Flowable 인스턴스를 얻는 것과 같은 효과를 얻는다.

뜨거운 출간자는 자신을 구독하는 구독자가 없어도 데이터를 출간한다. 뜨거운 출간자를 구독한 구독자는 자신이 출간자에 추가된 다음부터 출간된 데이터만 받을 수 있다. 이 말은 모든 구독자에게 뜨거운 출간자가 하나만 존재하는 것과 같은 효과를 얻는다는 뜻이다.

뜨거운 출간자의 예를 들면 다음과 같다.

- 라이브 공연의 비디오 스트림을 내보내는 출간자
- 증권 시장에서 거래 중인 기업의 현재 주가를 내보내는 출간자

이런 데이터의 소비자는 자신이 구독하기 전에 발생한 데이터를 받지 못해도 상관이 없을 것이다. 따라서 이런 특성의 데이터를 제공하는 출간자를 뜨거운 출간자로 모델링해야 한다.

다음 그림은 뜨거운 출간자의 동작을 보여준다.

그림 18-3 구독자 #1과 구독자 #2는 자신이 뜨거운 출간자를 구독한 이후 발생한 원소만 받을 수 있다

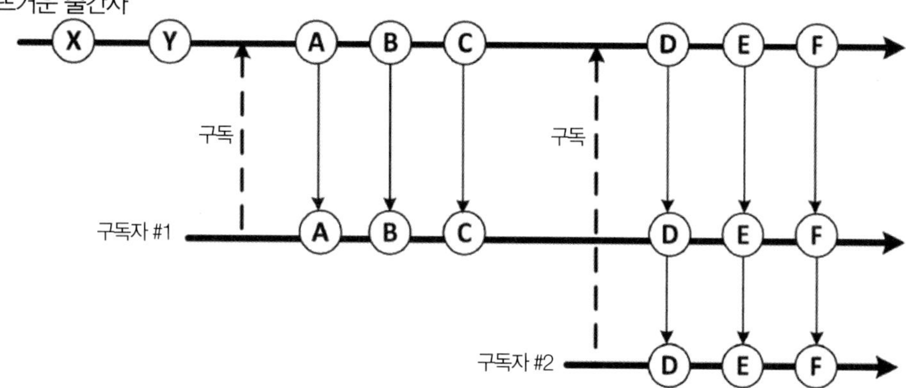

이 그림에서 두꺼운 오른쪽 화살표 줄은 시간 흐름을 나타낸다. 이 그림은 뜨거운 출간자를 구독하는 구독자가 없더라도 출간자가 원소 `X`, `Y`를 보낸다는 사실을 나타낸다. **구독자 #1**은 출간자를 구독한 다음에 출간자가 보낸 원소 `A`, `B`, `C`, `D`, `E`, `F`를 받는다. **구독자 #2**는 출간자를 구독한 다음에 출간자가 보낸 원소 `D`, `E`, `F`를 받는다. `RxJava 2`에서 `ConnectableFlowable`이 뜨거운 출간자를 나타낸다.

이제 주가를 전달하기 위해 뜨거운 출간자와 차가운 출간자를 함께 사용하는 `StockQuote` 애플리케이션을 살펴보자.

IMPORT chapter 18/ch18-stockquote

이 프로젝트는 StockQuote 애플리케이션 소스 코드를 보여준다.

18.3.1 StockQuote 애플리케이션

StockQuote 애플리케이션에서 주가(주식이나 주권의 가격) 출간자는 여러 주식의 현재가를 실시간으로 내보내고, 각 구독자는 단일 주식의 현재가를 구독해 받는다. 어떤 주식이 미리 정의된 목표가에 도달하면 이 주식을 구독 중인 구독자는 미리 정해진 양의 주식을 매도한다. 주가 출간자를 차가운 출간자와 뜨거운 출간자로 모델링할 때 StockQuote 애플리케이션의 동작이 어떻게 달라지는지 살펴보자.

다음 StockQuote 클래스는 주식 기호와 현재가를 저장한다.

예제 18-3 StockQuote

```
프로젝트: ch18-stockquote
#src/main/java/sample/reactiveapp/hotcold

package sample.reactiveapp.hotcold;

public class StockQuote {
  private String symbol;
  private float price;

  public StockQuote(String symbol, float price) {
    this.symbol = symbol;
    this.price = price;
  }
  .....
}
```

StockQuote 클래스는 주식 기호와 현재가를 표현하는 symbol과 price 변수를 정의한다.

다음 StockQuoteSupplier 클래스는 주가를 제공하는 유틸리티 클래스다.

예제 18-4 StockQuoteSupplier – 주가를 제공한다

```
프로젝트: ch18-stockquote
#src/main/java/sample/reactiveapp/hotcold

package sample.reactiveapp.hotcold;
import java.util.*;
```

```java
public class StockQuoteSupplier {
  private static Map<String, StockQuote> stockQuotes = new HashMap<String, StockQuote>();
  static {
    stockQuotes.put("XX", new StockQuote("XX", 10));
    stockQuotes.put("YY", new StockQuote("YY", 50));
    stockQuotes.put("ZZ", new StockQuote("ZZ", 100));
  }

  public static StockQuote getStockQuote(String symbol) {
    StockQuote stockQuote = stockQuotes.get(symbol);
    stockQuote.setPrice(stockQuote.getPrice() + 5);
    return new StockQuote(symbol, stockQuote.getPrice());
  }
}
```

stockQuotes 변수(java.util.Map<String,StockQuote> 타입)에는 주식 기호(String 타입)와 StockQuote 객체 사이의 매핑을 저장한다. static 블록은 stockQuotes 변수에 XX, YY, ZZ 주식의 초기 가격을 넣는다. getStockQuote 메서드는 요청한 주식 기호에 해당하는 주가를 돌려준다. 실제 세계의 주가 제공자를 시뮬레이션하기 위해, getStockQuote는 주가를 반환하기 전에 주가에 5를 더한다. "XX", "YY", "ZZ"의 초기 가격이 10, 50, 100이므로, 여러분이 "XX", "YY", "ZZ" 주식 기호에 대해 getStockQuote 메서드를 최초로 호출하면 차례대로 15, 55, 105를 각 주식의 주가로 돌려받는다.

다음 예제는 어떤 주식 기호의 현재가를 소비하는 StockQuoteSubscriber를 나타낸다.

예제 18-5 StockQuoteSubscriber – 현재가 소비자

```java
프로젝트: ch18-stockquote
#src/main/java/sample/reactiveapp/hotcold

package sample.reactiveapp.hotcold;
import io.reactivex.FlowableSubscriber;
import org.reactivestreams.Subscription;

public class StockQuoteSubscriber implements FlowableSubscriber<StockQuote> {

  private final String symbol;
  private final float targetPrice;
  private int quantityToSell;
  private Subscription subscription;
```

```
  private String uniqueSubscriberId;
  .....
  public void onSubscribe(Subscription subscription) {
    logger.info("onSubscribe called for " + symbol);
     this.subscription = subscription;
     subscription.request(1);
  }

  public void onNext(StockQuote t) {
    if(t.getSymbol().equalsIgnoreCase(symbol)) {
      logger.info(uniqueSubscriberId + ":" + t.getSymbol() + ": --> "
          + t.getPrice());
      if(t.getPrice() >= targetPrice) {
        logger.info(uniqueSubscriberId + ":"
            + "Selling " + quantityToSell + " stocks of "
            + t.getSymbol() + " at " + t.getPrice());
          subscription.cancel();
      }
    }
     subscription.request(1);
  }

  public void onError(Throwable t) {
    logger.info("Error " + t);
  }

  public void onComplete() {
    logger.info("Processing complete");
  }
}
```

StockQuoteSubscriber 클래스는 FlowableSubscriber<StockQuote> 인터페이스를 구현한다. 이는 StockQuoteSubscriber가 StockQuote 타입의 원소를 소비한다는 뜻이다.

StockQuoteSubscriber에는 다음과 같은 인스턴스 변수가 정의되어 있다.

- **symbol** – 구독자가 구독하려는 주식 기호
- **targetPrice** – 구독자가 주식을 매도할 목표 가격
- **quantityToSell** – (주가가 목표가에 도달했을 때) 구독자가 매도하려는 주식 수량
- **subscription** – 출간자와 구독자를 연결해주는 Subscription
- **uniqueSubscriberId** – 구독자를 유일하게 식별하는 식별자

StockQuoteSubscriber는 FlowableSubscriber 인터페이스에 정의된 메서드에 대해 다음과 같은 구현을 제공한다.

- onSubscribe(Subscription) – 이 메서드는 콘솔에 "onSubscribe called for <symbol>"를 출력하고, Subscription 타입의 인수를 subscription 인스턴스 변수에 대입한 후, Subscription의 request 메서드를 통해 주가 1개를 요청한다.
- onNext(StockQuote) – 이 메서드는 주식 현재가를 출간자에게서 받는다. 이 구독자는 주가가 목표가(targetPrice 인스턴스 변수로 표현)에 도달하면 주식(symbol 인스턴스 변수로 표현)을 매도한다.

출간자가 보내는 모든 주식 가격을 받기 때문에, onNext 메서드는 우선 수신한 주가의 주식 기호(StockQuote의 getSymbol을 통해 얻음)가 구독자가 관심 있는 주식(symbol 인스턴스 변수로 표현)과 일치하는지 검사한다. 기호가 일치하면 onNext 메서드는 콘솔에 "<uniqueSubscriberId> : <symbol> : --> <price>"를 출력한다. 출력은 구독자가 주식 기호데이터를 받았고, 그 주식의 가격이 얼마인지 표시한다. 그리고 onNext 메서드는 주가가 targetPrice 이상인지 검사한다. 주가가 targetPrice 이상이면 구독자는 "uniqueSubscriberId>:Selling <quantity> stocks of <symbol> at <price>" 메시지를 콘솔에 출력하고 Subscription의 cancel을 호출해서 구독을 중단한다.

- onError(Throwable) – 인수로 받은 Throwable을 출력한다.
- onComplete() – "Processing complete" 메시지를 콘솔에 출력한다.

다음 예제는 StockQuoteSupplier로부터 주가를 가져와서 차가운 출간자를 생성하는 ColdStockQuotePublisher 클래스의 main 메서드를 나타낸다.

예제 18-6 ColdStockQuotePublisher – Flowable을 사용해 주가를 출간한다

```
프로젝트: ch18-stockquote
#src/main/java/sample/reactiveapp/hotcold

package sample.reactiveapp.hotcold;
import io.reactivex.Flowable;
import io.reactivex.schedulers.Schedulers;
import java.util.*;

public class ColdStockQuotePublisher {
  private static Flowable<StockQuote> flowable;
```

```
  public static void main(String[] args) throws InterruptedException {
    List<StockQuote> stockQuoteList = new ArrayList<StockQuote>();

    for (int i = 0; i < 100; i++) {
      stockQuoteList.add(StockQuoteSupplier.getStockQuote("XX"));
      stockQuoteList.add(StockQuoteSupplier.getStockQuote("YY"));
      stockQuoteList.add(StockQuoteSupplier.getStockQuote("ZZ"));
    }

    flowable = Flowable.fromIterable(stockQuoteList)
              .doAfterNext(t -> Thread.sleep(100))
              .subscribeOn(Schedulers.io(), false);

    logger.info("adding XX subscriber");
    addSubscriber(new StockQuoteSubscriber("XX", 40, 10, "XX subscriber"));

    logger.info("adding YY subscriber");
    addSubscriber(new StockQuoteSubscriber("YY", 100, 10, "YY subscriber"));

    logger.info("adding ZZ subscriber");
    addSubscriberLater(new StockQuoteSubscriber("ZZ", 200, 10, "ZZ subscriber"));

    Thread.sleep(100000);
  }
  .....
}
```

이 예제에서 기억해둘 중요한 부분은 다음과 같다.

- ColdStockQuotePublisher의 main 메서드는 StockQuoteSupplier로부터 "XX", "YY", "ZZ" 주식 기호에 해당하는 주식 시세를 for 루프를 사용해 100개 가져온다. 주식 시세를 stockQuoteList 변수(java.util.List)에 저장한다. Flowable의 fromIterable 메서드는 java.lang.Iterable 타입의 인수를 받으며, Flowable은 이터러블에 들어 있는 데이터를 내보낸다. stockQuoteList를 Flowable의 fromIterable 메서드에 넘기므로 Flowable은 stockQuoteList에 들어 있는 주가 정보를 내보낸다.
- Flowable의 doAfterNext 메서드를 사용하면 원소를 내보낸 다음에 어떤 동작을 수행하게 만들 수 있다. 연속된 두 주가 정보 사이에 100 밀리초 시간 간격을 두고 싶으므로, t -> Thread.sleep(100)이라는 람다식을 doAfterNext 메서드에 전달한다.
- 스레드 풀을 지정하지 않으면 구독자들이 main 스레드의 Flowable에 동기적으로 추가된다. Flowable의 subscribeOn 메서드는 Schedulers.io()를 호출해서 만든 스레드 풀을 사용해 비동기적으로 구독자를 추가한다. 이 스레드(subscribeOn으로 등록한)와 같은 스레드를 구독자가 Flowable에서 데이터를 받을 때도 사용한다는 점에 유의하자. 하지만 구독자가 observeOn 메서드(이번 장 뒷부분에서 설명)도 지정한 경

우, 구독자는 observeOn 메서드로 지정한 스레드 풀을 사용해 데이터를 받는다.

- addSubscriber 메서드는 Flowable에 대한 "XX"와 "YY" 주식 기호 구독자를 추가한다. "XX"의 매도 목표 가격은 40이고 매도 수량은 10이며 구독자 ID는 "XX subscriber"다. 이와 비슷하게 "YY"의 매도 목표 가격은 100이고 매도 수량은 10이며 구독자 ID는 "YY subscriber"다.
- addSubscriberLater 메서드는 addSubscriber의 변종으로, 10초 뒤에 구독자를 Flowable에 추가한다. 이는 "ZZ" 주식 기호에 대한 구독자가 Flowable에 10초 후 추가된다는 뜻이다. "ZZ"의 매도 목표 가격은 200이고 매도 수량은 10이며 구독자 ID는 "ZZ subscriber"다.
- main 메서드 끝에는 Thread.sleep 메서드를 호출해서 main 스레드가 100초간 슬립하게 만든다. 이렇게 하는 이유는 애플리케이션의 자식 스레드들이 끝나기 전에 main 스레드가 끝나지 않게 만들기 위해서다.

NOTE_ Flowable에 정의된 대부분의 메서드(연산자라고 부름)는 새로운 Flowable 인스턴스를 반환한다. Flowable 인스턴스를 만들고 나면, 연산자는 이미 적용된 다른 연산자가 반환한 Flowable에 새로운 기능을 추가한다. Flowable에는 doOnEach, doAfterNext, filter 등의 메서드 정의가 들어 있다. 연산자들은 Flowable이 내보낸 각 원소를 구독자에게 보내기 전에 처리한다.

`ColdStockQuotePublisher`의 `main` 메서드를 실행하면 다음과 같은 결과를 볼 수 있다.

```
adding XX subscriber
XX subscriber: onSubscribe called for XX
adding YY subscriber
YY subscriber: onSubscribe called for YY
adding ZZ subscriber
XX subscriber:XX: --> 15.0
YY subscriber:YY: --> 55.0
.....
XX subscriber:XX: --> 40.0
XX subscriber:Selling 10 stocks of XX at 40.0
YY subscriber:YY: --> 80.0
.....
YY subscriber:YY: --> 100.0
YY subscriber:Selling 10 stocks of YY at 100.0
ZZ subscriber: onSubscribe called for ZZ
ZZ subscriber:ZZ: --> 105.0
ZZ subscriber:ZZ: --> 110.0
.....
ZZ subscriber:ZZ: --> 200.0
ZZ subscriber:Selling 10 stocks of ZZ at 200.0
```

이 출력은 다음과 같은 내용을 나타낸다.

- "XX"와 "YY" 주식 기호에 대한 구독자는 addSubscriber 메서드가 호출된 즉시 Flowable에 추가된다.
- "ZZ" 주식 기호에 대한 구독자는 10초 후 Flowable에 추가된다.
- 구독자가 추가되자마자 Flowable은 stockQuoteList에 있는 주가를 내보낸다.
- "XX", "YY", "ZZ" 주식 기호에 대한 구독자는 Flowable에 대해 구독이 추가된 다음에야 주가를 전달받기 시작한다.
- "XX"의 주가가 40 이상이면 "XX subscriber"는 "XX" 주식을 판다.
- "YY"의 주가가 100 이상이면 "YY subscriber"는 "YY" 주식을 판다.
- "XX"의 주가가 200 이상이면 "ZZ subscriber"는 "ZZ" 주식을 판다.

Flowable이 차가운 출간자를 나타내므로 각 구독자는 처음부터 모든 주가 정보를 받는다. 예를 들어 "ZZ subscriber"는 Flowable이 주가 정보를 내보내기 시작한 10초 후 구독을 시작하지만 제일 처음 받는 "ZZ" 주가가 105.0이다. 이는 구독자가 Flowable에 추가되면, 데이터 출간 로직을 처음부터 다시 실행하는 구독자만의 Flowable 복사본이 생겨서 구독자에게 모든 데이터를 내보낸다는 사실을 보여준다.

이제 차가운 출간자를 뜨거운 출간자로 교체하면 StockQuote 애플리케이션이 어떻게 동작하는지 살펴보자. 다음 예제는 (Flowable 대신) ConnectableFlowable을 사용해 주가를 출간하는 HotStockQuotePublisher를 보여준다.

예제 18-7 HotStockQuotePublisher – ConnectableFlowable을 사용해 주가를 출간한다

```
프로젝트: ch18-stockquote
#src/main/java/sample/reactiveapp/hotcold

package sample.reactiveapp.hotcold;
import io.reactivex.flowables.ConnectableFlowable;
.....
public class HotStockQuotePublisher {
  private static ConnectableFlowable<StockQuote> flowable;

  public static void main(String[] args) throws InterruptedException {
    List<StockQuote> stockQuoteList = new ArrayList<StockQuote>();

    for (int i = 0; i < 100; i++) {
      stockQuoteList.add(StockQuoteSupplier.getStockQuote("XX"));
      .....
    }
```

```
    flowable = Flowable.fromIterable(stockQuoteList)
               .doAfterNext(t -> Thread.sleep(100))
               .subscribeOn(Schedulers.io(), false).publish();

    logger.info("adding XX subscriber");
    addSubscriber("XX", 40, 10, "XX subscriber");

    logger.info("adding YY subscriber");
    addSubscriber("YY", 100, 10, "YY subscriber");

    logger.info("adding ZZ subscriber");
    addSubscriberLater("ZZ", 200, 10, "ZZ subscriber");

    flowable.connect();
    Thread.sleep(100000);
  }
  .....
}
```

HotStockQuotePublisher는 RxJava 2의 ConnectableFlowable를 사용해 주가를 출간한다. Flowable의 publish 메서드 호출은 뜨거운 출간자인 ConnectableFlowable을 반환한다. addSubscriber 메서드를 사용해 "XX"와 "YY" 주식 기호에 대한 구독자를 ConnectableFlowable에 추가한다. 그 후 addSubscriberLater 메서드를 사용해 "ZZ" 주식 기호에 대한 구독자를 추가한다. 또한 ConnectableFlowable의 connect 메서드를 호출해서 ConnectableFlowable이 주식 데이터를 내보내기 시작하라고 명령한다.

Flowable은 구독자가 추가되자마자 데이터를 내보내지만, ConnectableFlowable은 connect 메서드가 호출된 다음에만 데이터를 내보내기 시작한다.

HotStockQuotePublisher의 main 메서드를 실행하면 다음과 같은 출력을 볼 수 있다.

```
adding XX subscriber
XX subscriber: onSubscribe called for XX
adding YY subscriber
YY subscriber: onSubscribe called for YY
adding ZZ subscriber
XX subscriber:XX: --> 15.0
YY subscriber:YY: --> 55.0
.....
XX subscriber:Selling 10 stocks of XX at 40.0
YY subscriber:YY: --> 80.0
```

```
YY subscriber:YY: --> 85.0
.....
YY subscriber:Selling 10 stocks of YY at 100.0
ZZ subscriber: onSubscribe called for ZZ
ZZ subscriber:ZZ: --> 270.0
ZZ subscriber:Selling 10 stocks of ZZ at 270.0
```

이 출력은 다음과 같은 내용을 나타낸다.

- ConnectableFlowable은 connect 메서드가 호출되어야 데이터를 내보내기 시작하는 것을 보장하므로, "XX"와 "YY" 주식 기호 구독자는 ConnectableFlowable이 내보내는 데이터를 하나도 빠뜨리지 않고 받는다.
- "ZZ" 주식 기호 구독자는 10초 후에 ConnectableFlowable에 추가되기 때문에 구독자는 자신이 구독을 시작한 다음부터 출간자가 내보낸 데이터를 받는다. 출력을 보면 "ZZ" 주식의 가격으로 처음 받은 값이 (105.0이 아니라) 270.0이다. 이는 ConnectableFlowable이 "ZZ" 주식에 대한 정보를 이전에도 계속 내보냈지만, "ZZ" 구독자는 이전 데이터를 더 이상 받을 수 없다는 뜻이다.

앞에서 차가운 출간자는 구독자가 추가되어야 데이터를 내보내고, 뜨거운 출간자는 구독자가 있든 없든 상관없이 데이터를 내보낸다고 했다. doOnEach 메서드를 사용하면 Flowable(차가운 출간자)과 ConnectableFlowable(뜨거운 출간자)의 이런 동작을 확인할 수 있다. doOnEach 메서드는 출간자가 각 원소를 내보낼 때마다 호출된다.

다음 코드는 구독자가 데이터를 내보낼 때마다 "Emitting data" 메시지를 출력하는 doOnEach 메서드를 사용해 HotStockQuotePublisher 클래스에 있는 Flowable 설정을 수정한 것이다.

구독자가 원소를 내보낼 때마다 "Emitting data" 메시지를 출력하도록 변경한 HotStockQuotePublisher

```
flowable = Flowable.fromIterable(stockQuoteList)
            .doAfterNext((t) -> Thread.sleep(100))
            .doOnEach(t -> logger.info("Emitting data"))
            .subscribeOn(Schedulers.io(), false).publish();
```

이제 HotStockQuotePublisher의 main 메서드를 실행하면 심지어 "ZZ" 주식 기호 구독자가 구독을 취소한 다음에도 "Emitting data" 메시지가 출력됨을 알 수 있다.

이 출력의 각 줄에는 NumberPublisher나 NumberSubscriber 객체가 사용한 스레드나 스레드 풀의 이름이 들어 있다. 여기서 중요한 점은 다음과 같다.

- NumberSubscriber의 onSubscribe 메서드는 main 스레드에서 실행된다. main에서 실행되는 이유는 Flowable의 subscribe 메서드를 main 스레드에서 호출했기 때문이다. 그에 따라 NumberSubscriber의 onSubscribe 메서드도 main 스레드에서 실행된다.
- filter 연산자에 의해 홀수가 제외되므로(예제 18-8), NumberSubscriber에는 짝수만 전달된다.
- observeOn 메서드가 실행되면 observeOn 다음에 오는 연산을 처리하기 위해 RxComputationThreadPool-1 스레드 풀(Schedulers.computation()을 통해 얻음) 사용한다. 이로 인해 filter 메서드는 RxComputationThreadPool-1 스레드 풀에 있는 스레드에 의해 실행된다.
- subscribeOn 메서드가 실행되면 Flowable에 구독자를 추가하고 구독자에게 데이터를 보내기 위해 RxComputationThreadPool-2 스레드 풀(Schedulers.computation()을 통해 얻음)을 사용한다. 이로 인해 FlowableOnSubscribe의 subscribe와 Flowable의 doOnEach 메서드는 RxComputationThreadPool-2 스레드 풀에 있는 스레드에 의해 실행된다.
- observeOn 메서드는 RxComputationThreadPool-1 스레드 풀을 사용하기 때문에 구독자는 RxComputationThreadPool-1 스레드 풀을 통해 데이터를 전달받는다. 이로 인해 NumberSubscriber의 onNext, onError, onComplete 메서드는 RxComputationThreadPool-1 스레드 풀에 있는 스레드에서 실행된다.
- 마지막에는 Flowable이 io.reactivex.exceptions.MissingBackpressureException 예외를 보낸다. 실제로 NumberSubscriber의 onError 메서드에서 Subscription의 request 메서드를 사용해 원소를 요청해도 Flowable은 어떤 데이터도 보내지 않는다.

NOTE_ [예제 18-8]에서 observeOn 메서드를 없애면 FlowableOnSubscribe의 subscribe 메서드, Flowable의 doOnEach와 filter 메서드, NumberSubscriber의 onNext, onError, onComplete 메서드가 모두 같은 스레드 풀을 사용한다.

[그림 18-4]는 어떤 Flowable 연산자가 실행 시 어떤 스레드 풀을 사용하는지 보여준다. subscribeOn이 RxComputationThreadPool-2를 사용하므로 같은 스레드풀을 doOnEach 연산자도 사용한다. observeOn 연산자는 RxComputationThreadPool-1 스레드 풀을 사용한다. fitler 연산자는 observeOn 연산자 다음에 오기 때문에 filter 연산자는 RxComputationThreadPool-1 스레드 풀을 사용한다. 구독자도 RxComputationThreadPool-1 스레드 풀을 사용해 데이터를 받는다.

그림 18-4 NumberPublisher에 있는 Flowable의 여러 연산자가 사용하는 스레드 풀(예제 18-8 참조)

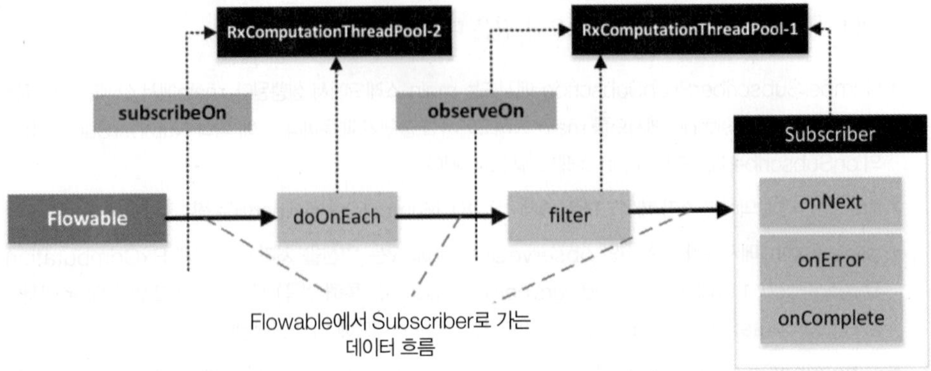

다음 예제는 출간자가 원소를 내보내는 속도보다 구독자의 처리 속도가 느리면 원소를 버리는 Flowable을 만드는 NumberPublisherDropOnBackpressure 클래스(NumberPublisher의 변종)다.

예제 18-10 NumberPublisherDropOnBackpressure – 배압이 생기면 원소를 버리는 출간자

```
프로젝트: ch18-backpressure
#src/main/java/sample/reactiveapp/backpressure

package sample.reactiveapp.backpressure;
import io.reactivex.*;
import io.reactivex.schedulers.Schedulers;

public class NumberPublisherDropOnBackpressure {
  private static final Logger logger = LoggerFactory
      .getLogger(NumberPublisherDropOnBackpressure.class);

  public static void main(String args[]) throws InterruptedException {
    Flowable.create(flowableOnSubscribe, BackpressureStrategy.MISSING)
          .subscribeOn(Schedulers.computation())
          .doOnEach(t -> Thread.sleep(50))
          .onBackpressureDrop(t -> logger.info("---------------> Dropped " + t))
          .observeOn(Schedulers.computation(), true)
          .filter(t -> t % 2 == 0).subscribe(new NumberSubscriber());
    Thread.sleep(100000);
  }
  private static FlowableOnSubscribe<Integer> flowableOnSubscribe
      = new FlowableOnSubscribe<Integer>() {
```

```
    .....
  };
}
```

이 예제에서 중요한 점은 다음과 같다.

- BackpressureStrategy.MISSING 배압 전략은 출간자 쪽에서 아무 배압 전략도 정의하지 않는다는 뜻이다. 이런 경우 onBackpressureXXX 연산자를 사용해 출간자가 배압을 어떻게 처리할지 지정할 수 있다.
- onBackpressureDrop 연산자는 출간자가 원소를 내보내는 속도보다 구독자의 처리 속도가 느린 경우 출간자가 원소를 버리도록 출간자에게 명령한다. onBackpressureDrop 연산자는 버려질 원소를 인수로 받는다. 이 예제에서 onBackpressureDrop 연산자는 단순히 버려지는 원소를 출력하기만 한다.
- Thread.sleep 메서드를 doOnEach 연산자에 호출해서 원소를 내보낼 때마다 출간자 스레드가 50밀리초를 쉬게 한다. Thread.sleep은 콘솔에 출력되는 버려지는 원소를 관찰할 수 있게끔 출간자의 속도를 늦춰준다.

Flowable에 50 밀리초 슬립을 넣었기 때문에 Flowable에 배압이 가해지기 위해서는 NumberSubscriber가 원소를 더 느리게 처리하도록 만들어야 한다. 이를 위해 NumberSubscriber 클래스의 onNext 메서드 안에 500밀리초 슬립을 추가한다.

```
public class NumberSubscriber implements FlowableSubscriber<Integer>{
  .....
  @Override
  public void onNext(Integer t) {
    logger.info("onNext -> " + t);
    try {
      Thread.sleep(500);
    } catch (InterruptedException e) { e.printStackTrace(); }
    subscription.request(1);
    }
    .....
  }
```

이제 NumberSubscriber의 onNext 메서드가 출간자에게서 받은 각 원소를 처리하는 데 최소 500밀리초가 걸리는 것처럼 보일 것이다.

NumberPublisherDropOnBackpressure의 main 메서드를 호출하면 다음과 비슷한 출력을 볼 수 있다.

```
sample.reactiveapp.backpressure.NumberSubscriber - onSubscribe -> onSubscribe called
sample.reactiveapp.backpressure.NumberPublisherDropOnBackpressure - FlowableOnSubscriber's
subscribe method called
sample.reactiveapp.backpressure.NumberSubscriber - onNext -> 2
sample.reactiveapp.backpressure.NumberSubscriber - onNext -> 4
.....
sample.reactiveapp.backpressure.NumberPublisherDropOnBackpressure --------> Dropped 129
sample.reactiveapp.backpressure.NumberPublisherDropOnBackpressure --------> Dropped 130
.....
sample.reactiveapp.backpressure.NumberSubscriber - onNext -> 128
.....
sample.reactiveapp.backpressure.NumberSubscriber - onNext -> 390
sample.reactiveapp.backpressure.NumberPublisherDropOnBackpressure --------> Dropped 520
.....
sample.reactiveapp.backpressure.NumberSubscriber - onNext -> 392
```

이 출력은 다음과 같은 내용을 나타낸다.

- 출간자는 129부터 원소를 버리기 시작한다.
- NumberSubscriber는 128까지 짝수 원소를 제대로 받는다. 그 후 NumberSubscriber가 출간자로부터 받은 수는 390이다. 이는 출간자가 원소를 내보내는 속도보다 구독자의 처리 속도가 느려서, 129부터 389 사이에 있는 수를 출간자가 버렸다는 뜻이다.

BackpressureStrategy 클래스는 ERROR와 MISSING 외에도 BUFFER, DROP, LATEST 배압 전략을 제공하므로, 여러분의 애플리케이션 요구 사항에 가장 잘 맞는 배압 전략을 선택할 수 있다. 예를 들어 구독자가 원소를 가져갈 수 있을 때까지 출간자가 모든 원소를 버퍼에 저장하게 하려면 BUFFER 배압 전략을 선택한다. 배압 적용 방식을 좀 더 정밀하게 제어하고 싶다면 MISSING 배압 전략을 사용하고 적절한 onBackpressureXXX 메서드를 사용해 배압을 처리한다.

18.5 요약

이번 장에서는 반응형 설계 원칙과 반응형 스트림 명세에 정의된 핵심 개념 및 API에 대해 설명했다. 그리고 RxJava 2 라이브러리를 통해 반응형 애플리케이션을 개발하는 방법도 살펴봤다. 다음 장에서는 몽고DB의 반응형 JDBC 드라이버, 스프링 데이터, 스프링 시큐리티, 스프링 웹플럭스WebFlux를 사용해 실제로 반응형 애플리케이션을 개발하는 방법을 살펴본다.

CHAPTER 19

스프링 웹플럭스, 스프링 데이터, 스프링 시큐리티를 사용해 반응형 RESTful 웹 서비스 개발하기

19.1 소개

웹 애플리케이션과 RESTful 웹 서비스 개발에는 반응형 설계 원칙을 적용할 수 있다. 스프링 5의 웹플럭스WebFlux 모듈은 반응형 웹 애플리케이션과 RESTful 웹 서비스 개발을 간단하게 해준다. 이번 장에서는 다음 기능을 사용하는 반응형 RESTful 웹 서비스를 개발한다.

- 웹 레이어 개발을 위한 스프링 웹플럭스
- 데이터 저장소 몽고DB

몽고DB를 데이터 저장소로 선택한 이유는 몽고DB용 반응형 자바 드라이버(`https://mongodb.github.io/mongo-java-driver-reactivestreams/`)가 있고, 스프링 데이터 몽고DB 2.0 프로젝트(`https://projects.spring.io/spring-data-mongodb/`)가 반응형 몽고DB를 지원하기 때문이다. 여기서는 데이터베이스 호출이 블록되지 않도록 몽고DB 반응형 드라이버를 사용한다.

- 몽고DB와의 상호 작용을 위한 스프링 데이터 몽고DB 2.0
- 웹 서비스 보안을 위한 스프링 시큐리티 5

스프링 시큐리티 5는 스프링 웹플럭스를 사용하는 반응형 웹 애플리케이션과 RESTful 웹 서비스 보안을 지원한다.

먼저 리액터(스프링 5가 반응형 애플리케이션 개발을 지원하기 위해 내부에서 사용하는 라이브러리)와 RxJava 2에 정의된 **반응형 타입**reactive type에 대해 살펴보자.

IMPORT chapter 19/ch19-reactor3-webservice와 ch19-rxjava2-webservice chapter 19/ch19-reactor3-webservice는 스프링 리액터 3.x를 사용하는 RESTful 웹 서비스를 나타내고, chapter 19/ch19-rxjava2-webservice는 같은 RESTful 웹 서비스를 RxJava 2로 구현한 것이다. 2개의 웹 서비스는 BankAccountDetails를 몽고DB에 기록하고 읽어온다.

19.2 리액터와 RxJava 2에 정의된 반응형 타입

RxJava 2와 마찬가지로 리액터(`https://projectreactor.io/`)도 반응형 스트림 명세를 구현한다. 반응형 애플리케이션을 개발할 때는 메서드의 타입을 **반응형 타입**으로 지정한다. 반응형 타입은 데이터 출간자를 나타내는 타입이다. 스프링 5는 반응형 애플리케이션 개발에서 RxJava 2와 리액터에 정의된 반응형 타입을 모두 지원한다.

지금까지 살펴본 예제에서 데이터 접근 레이어에 정의된 메서드는 보통 `java.util.List`나 POJO를 반환하거나 `void`를 반환했다. 다음 예제는 `ch09-springdata-mongo` 프로젝트에서 `BankAccountRepository` 인터페이스(스프링 데이터 리포지터리)에 정의된 데이터 접근 메서드 중 몇 가지를 보여준다.

예제 19-1 BankAccountRepository – BankAccountDetails 엔티티를 관리하는 리포지터리

```
#프로젝트: ch09-springdata-mongo
#src/main/java/sample/spring/chapter09/bankapp/repository

package sample.spring.chapter09.bankapp.repository;
.....
public interface BankAccountRepository
   extends MongoRepository<BankAccountDetails, String ..... {

  long countByBalance(int balance);
  List<BankAccountDetails> removeByBalance(int balance);
  .....
  @Query("{'balance' : {'$lte' : ?0} }")
  List<BankAccountDetails> findByCustomQuery(int balance);
}
```

여기서 countByBalance 메서드는 long 타입을 반환하고, removeByBalance와 findByCustomQuery 메서드는 List<BankAccountDetails> 타입을 반환한다는 점을 확인할 수 있다.

다음 예제는 RxJava 2에 정의된 반응형 타입을 반환하는 ch19-rxjava2-webservice 프로젝트의 BankAccountRxJava2Repository 인터페이스(ch09-springdata-mongo 프로젝트에 있는 BankAccountRepository의 반응형 버전)를 나타낸다.

예제 19-2 BankAccountRxJava2Repository – 반응형 스프링 데이터 리포지터리

```
#프로젝트: ch19-rxjava2-webservice
#src/main/java/sample/spring/chapter19/bankapp/repository

package sample.spring.chapter19.bankapp.repository;
import io.reactivex.Flowable;
import io.reactivex.Single;
import org.springframework.data.mongodb.repository.ReactiveMongoRepository;
.....
public interface BankAccountRxJava2Repository extends
    ReactiveMongoRepository<BankAccountDetails, String> ..... {

  Single<Long> countByBalance(int balance);

  Flowable<BankAccountDetails> removeByBalance(int balance);
  .....
  @Query("{'balance' : {'$lte' : ?0} }")
  Flowable<BankAccountDetails> findByCustomQuery(int balance);
}
```

이 예제에서는 BankAccountRxJava2Repository가 반응형이 아닌 MongoRepository 인터페이스 대신 스프링 데이터 몽고DB의 ReactiveMongoRepository 인터페이스를 확장한다. 인터페이스에 정의된 메서드는 Single이나 Flowable을 반환한다는 점에 유의하자. 이들은 RxJava 2에 정의된 반응형 타입들이다. Flowable(18장 참조)이 0부터 N개의 원소를 내보내는 출간자를 나타내므로, removeByBalance와 findByCustomQuery 메서드의 List<BankAccountDetails> 반환 타입을 Flowable<BankAccountDetails>로 바꾼다. Single은 원소를 하나 내보내는 출간자를 나타내므로, countByBalance의 long 반환 타입을 Single<Long> 타입으로 바꾼다.

메서드의 반환 타입이 void면 이를 RxJava 2의 Completable 반응형 타입으로 바꿀 수 있다. Completable은 아무 원소도 내보내지 않는 출간자를 나타낸다. Completable은 다만 작업 완료나 오류 여부를 통지할 뿐이다. 메서드의 반환 타입이 Optional이면 RxJava 2의 Maybe 반응형 타입으로 이를 대신할 수 있다. Maybe는 원소를 0개 또는 1개 내보내거나 오류를 내는 출간자다. 이는 Maybe가 Completable과 Single 타입을 합한 것과 같다는 뜻이다.

반응형 애플리케이션을 스프링에서 개발할 때 RxJava 2의 반응형 타입 대신 리액터의 반응형 타입을 쓸 수도 있다. 다음 예제는 메서드가 리액터에 정의된 반응형 타입(Flux와 Mono)을 사용하는 ch19-reactor3-webservice 프로젝트의 BankAccountReactorRepository 인터페이스를 보여준다.

예제 19-3 BankAccountReactorRepository – 반응형 스프링 데이터 리포지터리

```
#프로젝트: ch19-reactor3-webservice
#src/main/java/sample/spring/chapter19/bankapp/repository

package sample.spring.chapter19.bankapp.repository;
import reactor.core.publisher.Flux;
import reactor.core.publisher.Mono;
.....
public interface BankAccountReactorRepository
   extends ReactiveMongoRepository<BankAccountDetails, String> ..... {

  Mono<Long> countByBalance(int balance);
  Flux<BankAccountDetails> removeByBalance(int balance);
  .....
  @Query("{'balance' : {'$lte' : ?0} }")
  Flux<BankAccountDetails> findByCustomQuery(int balance);
}
```

Flux는 RxJava 2의 Flowable 타입과 같다. 즉, Flux는 0 이상 N 이하의 원소를 내보낸다. Mono는 원소를 0개 또는 1개 내보내거나 오류를 내는 출간자다. Mono<T>(여기서 T는 Mono가 내보내는 원소의 타입)는 RxJava 2의 Maybe와 Single 타입과 같고, Mono<Void>는 RxJava 2의 Completable 반응형 타입과 같다. 즉, 작업의 성공이나 실패만 전달한다.

이제 몽고DB 데이터베이스와 상호 작용하는 반응형 애플리케이션의 데이터 접근 레이어를 개발하는 방법에 대해 살펴보자.

19.3 스프링 데이터를 사용해 데이터 접근 레이어 개발하기

전통적인 데이터베이스 드라이버는 원래 비반응형(블로킹)이다. 데이터베이스와 상호 작용하는 반응형 애플리케이션을 개발하려면 반응형(넌블로킹) 데이터베이스 드라이버를 사용해야 한다. 이 책을 쓰는 현재 몽고DB, 아파치 카산드라Cassandra, 레디스Redis에 대한 반응형 데이터베이스가 존재한다.[1] 이런 이유로 스프링 데이터는 이들 데이터베이스에 대한 반응형 접근만을 지원한다.

> **NOTE_** ch19-reactor3-webservice와 ch19-rxjava2-webservice 프로젝트는 https://mongodb.github.io/mongo-java-driver-reactivestreams/에 있는 반응형 몽고DB 드라이버를 사용한다. 이 드라이버는 반응형 스트림 명세를 구현한다.

다음에는 리액터의 반응형 타입을 사용하는 스프링 데이터 몽고DB 리포지터리를 사용해 `ch19-reactor3-webservice`의 데이터 접근 계층을 개발하는 방법에 대해 살펴보자.

19.3.1 리액터

리액터의 반응형 타입을 스프링 데이터 몽고DB 리포지터리와 사용하도록 하기 위해 `ch19-reactor3-webservice` 프로젝트의 `pom.xml` 파일에는 `reactor-core`, `spring-data-commons`, `spring-data-mongodb` JAR 파일에 대한 의존 관계가 들어 있다.

반응형 리포지터리 정의하기

리액터의 반응형 타입을 사용해 데이터 접근 레이어를 개발하고 싶다면, 리포지터리 인터페이스가 `ReactiveMongoRepository` 인터페이스(예제 19-3)를 확장하고, 메서드들이 리액터에 정의된 반응형 타입을 반환해야 한다.

리액터에 의해 정의된 반응형 타입을 반환하는 메서드가 들어 있는 커스텀 반응형 리포지터리를 만들 수도 있다. 다음 예제는 `addFixedDeposit` 메서드를 정의한 `BankAccountReactorRe`

1 옮긴이_ 2020년 4월 초 현재 R2DBC(https://r2dbc.io/)가 개발중이며(버전 0.8.1), 스프링 데이터 R2DBC는 버전 1.0.0이다(https://github.com/spring-projects/spring-data-r2dbc).

positoryCustom 리포지터리다.

예제 19-4 BankAccountReactorRepositoryCustom – 커스텀 반응형 리포지터리

```
#프로젝트: ch19-reactor3-webservice
#src/main/java/sample/spring/chapter19/bankapp/repository

package sample.spring.chapter19.bankapp.repository;
import reactor.core.publisher.Mono;

interface BankAccountReactorRepositoryCustom {
  Mono<Void> addFixedDeposit(String bankAccountId, int amount);
}
```

BankAccountReactorRepositoryCustom의 addFixedDeposit 메서드는 Mono<Void>를 반환한다. addFixedDeposit 메서드는 주어진 금액(amount 인수로 지정)의 정기 예금을 은행 계좌(bankAccountId 인수로 지정)에 추가한다.

다음 예제는 BankAccountReactorRepositoryCustom 인터페이스를 구현하는 클래스다.

예제 19-5 BankAccountReactorRepositoryCustomImpl – 커스텀 리포지터리 구현

```
#프로젝트: ch19-reactor3-webservice
#src/main/java/sample/spring/chapter19/bankapp/repository

package sample.spring.chapter19.bankapp.repository;
import org.springframework.data.mongodb.core.ReactiveMongoTemplate;
import reactor.core.publisher.Mono;
.....
public class BankAccountReactorRepositoryCustomImpl implements
    BankAccountReactorRepositoryCustom {
  @Autowired
  private ReactiveMongoTemplate mongoTemplate;

  @Override
  public Mono<Void> addFixedDeposit(String bankAccountId, int amount) {
    return mongoTemplate
        .findById(bankAccountId, BankAccountDetails.class)
        .map(account -> addFD(account, amount).subscribe()).then();
  }
```

```
    private Mono<BankAccountDetails> addFD(BankAccountDetails bankAccountDetails,
        int amount) {

      if (bankAccountDetails.getBalance() < amount) {
        throw new RuntimeException("Insufficient balance amount in bank account");
      }
      FixedDepositDetails fd2 = new FixedDepositDetails();
      fd2.setFdAmount(amount);
      .....
      bankAccountDetails.addFixedDeposit(fd2);
      bankAccountDetails.setBalance(bankAccountDetails.getBalance() - amount);
      return mongoTemplate.save(bankAccountDetails);
    }
  }
```

이 예제에서는 몽고DB상에서 반응형 연산을 수행하기 위해 ReactiveMongoTemplate(스프링 데이터 몽고DB에 정의됨) 인스턴스를 자동 연결했다. addFixedDeposit 메서드는 다음 동작을 수행한다.

- ID가 bankAccountId인 BankAccountDetails 엔티티를 얻기 위해 ReactiveMongoTemplate의 findById 메서드를 호출한다.
- Mono의 map 인스턴스는 addFD를 호출한다. addFD는 다음과 같은 일을 한다.
  - 은행 계좌의 잔액이 요청한 정기 예금액보다 작으면 RuntimeException을 던진다.
  - 새 FixedDepositDetails 객체를 만들고 이 객체를 findById 메서드가 돌려준 BankAccountDetails 엔티티에 추가한다.
  - ReactiveMongoTemplate의 save 메서드를 호출해서 변경한 BankAccountDetails 엔티티를 몽고DB에 영속화한다. save 메서드는 Mono〈BankAccountDetails〉 타입을 반환한다(이 타입은 BankAccountDetails 타입의 원소를 하나만 내보내는 출간자다).
- Mono의 then을 호출한다. then은 Mono〈Void〉를 반환하는데, 이 타입은 성공이나 오류 신호만 전달하는 출간자를 나타낸다.

addFixedDeposit 구현을 보면 Mono라는 반응형 타입이 원소의 출간자 역할을 할 뿐만 아니라 각 원소를 처리하는 것을 돕는 메서드까지 정의하고 있음을 볼 수 있다. 예를 들어 map 메서드를 사용하면 원소를 변환할 수 있고, filter를 사용하면 원소를 걸러낼 수 있다. 이는 자바 8 Stream API(17.5절 참조)에서 원소를 처리하는 방법과 유사하다.

> **NOTE_** 9장에서 리포지터리가 Querydsl을 사용한 질의를 만들기 위해 QuerydslPredicateExecutor를 확장할 수 있다고 했다. 스프링 데이터는 현재 Querydsl로 질의를 만드는 것을 지원하지 않는다. 따라서 여러분의 반응형 리포지터리는 QuerydslPredicateExecutor 인터페이스를 확장할 수 없다.

이제 스프링 데이터 몽고DB를 사용해 몽고DB상에서 반응형 연산을 수행하는 방법을 살펴보자.

스프링 데이터 몽고DB 설정하기

다음 예제는 몽고DB상의 반응형 리포지터리를 쓸 수 있게 활성화하는 DatabaseConfig 클래스(@Configuration 애너테이션이 붙은 클래스)다.

예제 19-6 DatabaseConfig – 반응형 리포지터리를 쓰도록 스프링 데이터 몽고DB 설정하기

```
#프로젝트: ch19-reactor3-webservice
#src/main/java/sample/spring/chapter19/bankapp

package sample.spring.chapter19.bankapp;
import org.springframework.data.mongodb.ReactiveMongoDatabaseFactory;
import org.springframework.data.mongodb.core.*;
import org.springframework.data.mongodb.repository.config.EnableReactiveMongoRepositories;
.....
@Configuration
@EnableReactiveMongoRepositories(
    basePackages = "sample.spring.chapter19.bankapp.repository ")
public class DatabaseConfig {
  @Bean
  public MongoClient mongoClient() throws UnknownHostException {
    return MongoClients.create("mongodb://localhost");
  }

  public ReactiveMongoDatabaseFactory mongoDbFactory() throws UnknownHostException {
    return new SimpleReactiveMongoDatabaseFactory(mongoClient(), "test");
  }

  @Bean
  public ReactiveMongoTemplate reactiveMongoTemplate() throws UnknownHostException {
     return new ReactiveMongoTemplate(mongoDbFactory());
  }
}
```

@EnableReactiveMongoRepositories 애너테이션은 반응형 몽고DB 리포지터리를 쓸 수 있게 활성화한다. basePackages 속성은 반응형 몽고DB 리포지터리를 찾기 위해 스캔할 패키지를 지정한다. @Bean 애너테이션이 붙은 mongoDbFactory 메서드는 SimpleReactiveMongoDatabaseFactory 인스턴스를 생성해 반환한다. SimpleReactiveMongoDatabaseFactory의 생성자는 MongoClient의 인스턴스와 데이터베이스 이름(이 예제에서는 test)을 인수로 받는다. @Bean 애너테이션이 붙은 reactiveMongoTemplate 메서드는 리포지터리들이 몽고DB상에서 반응형 연산을 수행할 때 사용할 스프링 데이터 몽고DB의 ReactiveMongoTemplate 인스턴스를 설정한다.

데이터 접근 레이어 테스트하기

ch19-reactor3-webservice와 ch19-rxjava2-webservice 프로젝트에서는 BankAccountService 인터페이스를 통해 리포지터리 메서드를 사용한다. 다음 예제는 ch19-reactor3-webservice 프로젝트의 BankAccountService 인터페이스다.

예제 19-7 BankAccountService – 서비스 인터페이스

```
#프로젝트: ch19-reactor3-webservice
#src/main/java/sample/spring/chapter19/bankapp/service

package sample.spring.chapter19.bankapp.service;
.....
public interface BankAccountService {
  Mono<String> createBankAccount(BankAccountDetails bankAccountDetails);
  Mono<BankAccountDetails> saveBankAccount(BankAccountDetails bankAccountDetails);
  .....
  Flux<BankAccountDetails> findByCustomQuery(int balance);
  .....
  Mono<Void> addFixedDeposit(String bankAccountId, int amount);
}
```

BankAccountService에 대한 호출이 블록되기를 원치 않으므로 BankAccountService에 정의된 메서드는 반응형 타입을 반환해야 한다.

다음 예제에서는 ch19-reactor3-webservice의 DataAccessTest 클래스를 보여준다. 이 클래스의 main 메서드는 BankAccountService의 메서드를 호출해서 몽고DB 데이터베이스와

반응형으로 상호 작용한다.

예제 19-8 DataAccessTest – 반응형 리포지터리 테스트

```
#프로젝트: ch19-reactor3-webservice
#src/test/java/sample/spring/chapter19/bankapp

package sample.spring.chapter19.bankapp;
.....
public class DataAccessTest {
  private static Logger logger = LogManager.getLogger(DataAccessTest.class);
  private static BankAccountService bankAccountService;

  public static void main(String args[]) throws Exception {
    .....
    bankAccountService = context.getBean(BankAccountService.class);
    BankAccountDetails bankAccountDetails_1 = getNewBankAccountDetails();
    bankAccountService
      .createBankAccount(bankAccountDetails_1)
      .subscribe(
         id -> {
           logger.info("createBankAccount: created bank account with id - " + id
             + " and balance " + bankAccountDetails_1.getBalance());
      });
    .....
    BankAccountDetails bankAccountDetails_2 = getNewBankAccountDetails();
    bankAccountService
      .saveBankAccount(bankAccountDetails_2)
      .subscribe(bankAccountDetails -> bankAccountService.addFixedDeposit(
        bankAccountDetails.getAccountId(), 2000)
          .subscribe(
            item -> logger.info("Received item : " + item),
            error -> logger.info
              ("addFixedDeposit -> Exception occurred while adding fixed
                deposit : '" + error.getMessage() + "'"),
            () -> logger.info("Fixed deposit successfully added to "
                 + bankAccountDetails.getAccountId())
          )
      );
    bankAccountService.findByCustomQuery(1000)
      .map(account -> account.getBalance())
      .reduce(0, Integer::sum)
      .subscribe(totalBalance ->
```

```
        logger.info("findByCustomQuery(1000) -> Sum of all balances " + totalBalance));
    .....
  }

  private static BankAccountDetails getNewBankAccountDetails() {
    BankAccountDetails bankAccountDetails = new BankAccountDetails();
    bankAccountDetails.setBalance(1000);
    .....
    return bankAccountDetails;
  }
}
```

이 예제에서 알아둬야 할 주요 내용은 다음과 같다.

- BankAccountService의 createBankAccount 메서드는 BankAccountDetails 엔티티를 몽고DB에 영속화하기 위해 BankAccountReactorRepository의 save 메서드를 호출한다. createBankAccount 메서드는 영속화된 BankAccountDetails 엔티티의 id를 출간하는 Mono를 반환한다.
- BankAccountService의 saveBankAccount 메서드도 BankAccountReactorRepository의 save 메서드를 호출하지만, 영속화된 BankAccountDetails 엔티티를 출간하는 Mono를 반환한다. 여기서는 새로운 정기 예금 정보를 saveBankAccount 메서드가 반환한 BankAccountDetails 엔티티에 추가한다.
- BankAccountService의 addFixedDeposit 메서드는 BankAccountReactorRepositoryCustom의 addFixedDeposit 메서드(예제 19-4와 예제 19-5)를 호출한다. addFixedDeposit 메서드는 Mono<Void> 타입을 반환한다. addFixedDeposit 메서드가 Mono<Void> 타입을 반환하므로, subscribe의 변종을 사용해 오류와 완료 신호를 처리한다.
- BankAccountService의 findByCustomQuery 메서드는 Flux<BankAccountDetails> 타입을 반환하는 BankAccountReactorRepository의 findByCustomQuery 메서드를 호출한다. Flux의 map 메서드를 사용해 findByCustomQuery 메서드가 반환하는 각 BankAccountDetails 엔티티의 계좌 잔고를 얻는다. map 메서드가 Flux<Integer> 타입을 반환하므로, Flux의 reduce 메서드를 사용해 계좌 잔액 합계를 계산한다. reduce 메서드가 계좌 잔액 합계를 출간하는 Mono<Integer> 타입을 반환하므로, Mono의 subscribe 메서드를 호출해서 콘솔에 계좌 잔액 합계를 출력한다.

DataAccessTest의 main 메서드를 실행하면 다음과 같은 출력을 볼 수 있다.

```
createBankAccount: created bank account with id - 59ecddddf0d02d23c0985693 and balance
1000
removeByBalance(500) -> Nothing found to delete
```

```
.....
addFixedDeposit -> Exception occurred while adding fixed deposit : 'Insufficient
balance amount in bank account'
findByCustomQuery(1000) -> Sum of all balances 2000
```

BankAccountService의 addFixedDeposit 메서드를 호출하면 은행 계좌 잔액이 1000인데, 생성하려는 정기 예금의 금액이 2000이므로(예제 19-8) RuntimeException 예외가 발생한다(예제 19-5). [예제 19-8]을 보면 BankAccountService의 addFixedDeposit 메서드를 호출할 때 던져질 수 있는 예외를 (catch를 사용해) 전혀 처리하지 않음을 알 수 있다. 그 대신 Mono의 subscribe 메서드로 오류나 완료 신호를 어떻게 처리할지 정할 수 있다. 이런 이유로 addFixedDeposit 메서드를 호출하면 다음 메시지가 콘솔에 남는다.

```
addFixedDeposit -> Exception occurred while adding fixed deposit : 'Insufficient
balance amount in bank account'
```

이번 절에서는 리액터의 반응형 타입과 스프링 데이터 몽고DB 리포지터리를 사용해 반응형 데이터 접근 계층을 개발하고 테스트하는 방법을 살펴봤다. 이제 RxJava 2의 반응형 타입과 스프링 데이터 몽고DB 리포지터리를 사용해 반응형 데이터 접근 계층을 개발하고 테스트하는 방법을 살펴보자.

19.3.2 RxJava 2

RxJava 2의 반응형 타입을 스프링 데이터 몽고DB 리포지터리와 함께 사용하도록 하기 위해 ch19-rxjava2-webservice 프로젝트의 pom.xml 파일에는 rxjava, reactor-core, reactor-adapter, spring-data-commons, spring-data-mongodb JAR 파일에 대한 의존 관계가 정의되어 있다.

반응형 리포지터리 정의하기

RxJava2 의 반응형 타입을 사용해 데이터 접근 레이어를 개발하고 싶다면, 리포지터리 인터페이스가 ReactiveMongoRepository 인터페이스(예제 19-2)를 확장하고, 메서드들이 RxJava2에 정의된 반응형 타입을 반환해야 한다.

RxJava2에 의해 정의된 반응형 타입을 반환하는 메서드가 들어 있는 커스텀 반응형 리포지터리를 만들 수도 있다. 예를 들어 다음 예제는 addFixedDeposit 메서드를 정의한 BankAccountRxJava2RepositoryCustom 리포지터리(예제 19-4의 BankAccountReactorRepositoryCustom에 해당)다.

예제 19-9 BankAccountRxJava2RepositoryCustom – 커스텀 반응형 리포지터리

```
#프로젝트: ch19-rxjava2-webservice
#src/main/java/sample/spring/chapter19/bankapp/repository

package sample.spring.chapter19.bankapp.repository;
import io.reactivex.Completable;

interface BankAccountRxJava2RepositoryCustom {
  Completable addFixedDeposit(String bankAccountId, int amount);
}
```

BankAccountRxJava2RepositoryCustom에는 RxJava 2의 Completable 반응형 타입(리액터의 Mono<Void> 타입에 해당)을 반환하는 addFixedDeposit 메서드 정의가 들어 있다.

다음 예제는 BankAccountRxJava2RepositoryCustom 인터페이스를 구현하는 BankAccountRxJava2RepositoryCustomImpl 클래스(예제 19-5의 BankAccountReactorRepositoryCustomImpl에 해당)다.

예제 19-10 BankAccountRxJava2RepositoryCustomImpl – 커스텀 리포지터리 구현

```
#프로젝트: ch19-rxjava2-webservice
#src/main/java/sample/spring/chapter19/bankapp/repository

package sample.spring.chapter19.bankapp.repository;
import io.reactivex.Completable;
import io.reactivex.Maybe;
import reactor.adapter.rxjava.RxJava2Adapter;
.....
public class BankAccountRxJava2RepositoryCustomImpl implements
    BankAccountRxJava2RepositoryCustom {

  @Autowired
  private ReactiveMongoTemplate mongoTemplate;
```

```
  @Override
  public Completable addFixedDeposit(String bankAccountId, int amount) {
    return RxJava2Adapter.monoToCompletable(mongoTemplate
        .findById(bankAccountId, BankAccountDetails.class)
        .map(account -> addFD(account, amount).subscribe()).then());
  }

  private Maybe<BankAccountDetails> addFD(
      BankAccountDetails bankAccountDetails, int amount) {
    if (bankAccountDetails.getBalance() < amount) {
      throw new RuntimeException("Insufficient balance amount in bank account");
    }
    .....
    return RxJava2Adapter.monoToMaybe(mongoTemplate.save(bankAccountDetails));
  }
}
```

BankAccountRxJava2RepositoryCustomImpl과 BankAccountReactorRepositoryCustomImpl 클래스(예제 19-5 참조)는 다음과 같은 부분이 다르다.

- addFixedDeposit 메서드는 (Mono<Void> 대신) Completable 타입을 반환하고 addFD 메서드는 (Mono<BankAccountDetails> 대신) Maybe<BankAccountDetails> 타입을 반환한다.
- RxJava2Adapter 유틸리티 클래스(reactor-adapter JAR에 들어 있음)를 사용해 리액터에 정의된 반응형 타입을 RxJava 2 타입으로 변환한다. 예를 들어 addFD 메서드에서 ReactiveMongoTemplate의 save 호출은 Mono<BankAccountDetails> 타입을 반환하는데, 이 타입을 RxJava2Adapter의 monoToMaybe 함수를 사용해 RxJava 2의 Maybe<BankAccountDetails>로 변환한다. 이와 비슷한 방식으로, addFixedDeposit 메서드에서는 RxJava2Adapter의 monoToCompletable을 사용해 Mono<Void> 타입을 RxJava 2의 Completable 타입으로 변환한다.

데이터 접근 레이어 테스트하기

ch19-reactor3-webservice와 ch19-rxjava2-webservice 프로젝트에서는 BankAccountService 인터페이스를 통해 리포지터리 메서드에 접근한다. 다음 예제는 ch19-rxjava2-webservice의 BankAccountService 인터페이스다.

예제 19-11 BankAccountService – 서비스 인터페이스

```
#프로젝트: ch19-rxjava2-webservice
#src/main/java/sample/spring/chapter19/bankapp/service
```

```
package sample.spring.chapter19.bankapp.service;
import io.reactivex.*;

public interface BankAccountService {
  Single<String> createBankAccount(BankAccountDetails bankAccountDetails);
  Single<BankAccountDetails> saveBankAccount(
      BankAccountDetails bankAccountDetails);
  .....
  Flowable<BankAccountDetails> findByCustomQuery(int balance);
  Completable addFixedDeposit(String bankAccountId, int amount);
}
```

BankAccountService 메서드 호출이 블록되는 것을 원치 않기 때문에 BankAccountService 인터페이스에 정의된 메서드는 반응형 타입을 반환해야 한다.

다음 예제는 [예제 19-11]의 BankAccountService 인터페이스를 구현하는 BankAccountServiceImpl 클래스다.

예제 19-12 BankAccountServiceImpl – 서비스 구현

```
#프로젝트: ch19-rxjava2-webservice
#src/main/java/sample/spring/chapter19/bankapp/service

package sample.spring.chapter19.bankapp.service;
import io.reactivex.*;
import reactor.adapter.rxjava.RxJava2Adapter;
.....
@Service
public class BankAccountServiceImpl implements BankAccountService {

  @Autowired
  private BankAccountRxJava2Repository bankAccountRepository;

  @Override
  public Single<String> createBankAccount(
      BankAccountDetails bankAccountDetails) {
    return RxJava2Adapter.monoToSingle(bankAccountRepository.save(
        bankAccountDetails).map(e -> e.getAccountId()));
  }
  .....
  @Override
  public Maybe<BankAccountDetails> findOne(String id) {
```

```
    return RxJava2Adapter.monoToMaybe(bankAccountRepository.findById(id));
  }
  .....
}
```

[예제 9-3]에서는 BankAccountRxJava2Repository 인터페이스에 정의된 메서드가 RxJava 2에 정의된 반응형 타입을 반환했다. 하지만 스프링 데이터 몽고DB에 정의된 메서드(save, findById 등)는 리액터에 정의된 반응형 타입을 반환한다. 이런 이유로 ReactiveMongoRepository의 메서드에 접근하는 서비스 메서드(createBankAccount, saveBankAccount, findOne)는 RxJava2Adapter를 사용해 리액터의 반응형 타입을 RxJava 2의 반응형 타입으로 변환해야 한다.

다음 예제는 ch19-rxjava2-webservice의 DataAccessTest 클래스다. 이 클래스의 main 메서드는 BankAccountService 메서드를 호출해서 몽고DB 데이터베이스와 반응형으로 상호작용한다.

예제 19-13 DataAccessTest – 반응형 리포지터리 테스트

```
#프로젝트: ch19-rxjava2-webservice
#src/test/java/sample/spring/chapter19/bankapp

package sample.spring.chapter19.bankapp;
.....
public class DataAccessTest {
  private static Logger logger = LogManager.getLogger(DataAccessTest.class);
  private static BankAccountService bankAccountService;
  public static void main(String args[]) throws Exception {
    .....
    BankAccountDetails bankAccountDetails_2 = getNewBankAccountDetails();
    bankAccountService.saveBankAccount(bankAccountDetails_2).subscribe(
        bankAccountDetails -> bankAccountService.addFixedDeposit(
            bankAccountDetails.getAccountId(), 2000)
          .subscribe(() -> logger.info("Fixed deposit successfully added to "
                + bankAccountDetails.getAccountId()),
            error -> logger.info("addFixedDeposit -> "
                + Exception occurred while adding fixed deposit : '"
                + error.getMessage()
                + "'")
          )
```

```
      );
      .....
    }
    .....
}
```

ch19-rxjava2-webservice의 DataAccessTest 클래스는 ch19-reactor3-webservice 프로젝트의 DataAccessTest 클래스(예제 19-9)와 거의 같다. 유일한 차이는 Completable의 subscribe 메서드가 (세 가지가 아닌) 두 가지 핸들러를 받는다는 점이다. 한 핸들러는 완료 신호를 처리하기 위한 것이고, 나머지 핸들러는 오류 신호를 처리하기 위한 것이다.

반응형 애플리케이션을 개발하려면 모든 애플리케이션 레이어가 근본적으로 넌블로킹이어야 한다. 이번 절에서는 반응형 RESTful 웹 서비스에서 데이터 접근 레이어와 서비스 레이어를 개발하는 방법을 살펴봤다. 이제는 스프링 웹플럭스를 사용해 반응형 RESTful 웹 서비스에서 웹 레이어를 개발하는 방법에 대해 살펴본다.

19.4 스프링 웹플럭스를 사용해 웹 레이어 개발하기

스프링 웹플럭스 모듈(스프링 5에 도입됨)은 반응형 웹 애플리케이션과 RESTful 웹 서비스 개발을 지원한다. 스프링 웹 MVC의 경우 @Controller, @GetMapping 등의 애너테이션을 사용해 반응형 웹 컨트롤러를 작성할 수 있다.

서브릿 API의 HttpServletRequest와 HttpSerlvetResponse 객체는 원래 **비반응형**이다. 웹플럭스는 ServerHttpRequest와 ServerHttpResponse(스프링 5 API의 org.springframework.http.server.reactive 패키지 참조)를 사용해 반응형 HTTP 요청과 반응형 HTTP 응답 객체를 표현한다. InputStream을 읽거나 OutputStream에 쓰는 연산이 원래부터 블로킹이므로, ServerHttpRequest와 ServerHttpResponse 객체는 요청과 응답 본문을 Flux<DataBuffer> 타입으로 노출시킨다. Flux는 스프링 리액터의 반응형 타입이며, 스프링 DataBuffer는 **바이트 버퍼**를 추상화한다.

이제 반응형 웹 컨트롤러를 작성하는 방법을 살펴보자.

19.4.1 반응형 웹 컨트롤러 작성하기

다음 예제는 BankAccountService의 메서드를 호출하는 ch19-reactor3-webservice의 BankAccountController 클래스(반응형 웹 컨트롤러)를 나타낸다.

예제 19-14 BankAccountController – 반응형 웹 컨트롤러

```
#프로젝트: ch19-reactor3-webservice
#src/main/java/sample/spring/chapter19/bankapp/controller

package sample.spring.chapter19.bankapp.controller;
import org.springframework.web.bind.annotation.*;
import reactor.core.publisher.*;
.....
@RestController
@RequestMapping("/bankaccount")
public class BankAccountController {
  @Autowired
  private BankAccountService bankAccountService;

  @PostMapping("/createBankAccount")
  public Mono<String> createBankAccount(
      @RequestBody BankAccountDetails bankAccountDetails) {
    return bankAccountService.createBankAccount(bankAccountDetails);
  }
  .....
  @GetMapping("/findOne/{id}")
  public Mono<BankAccountDetails> findOne(@PathVariable("id") String bankAccountId) {
    return bankAccountService.findOne(bankAccountId);
  }
  .....
  @PutMapping("/addFixedDeposit/{bankAccountId}/{amount}")
  public Mono<Void> addFixedDeposit(@PathVariable("bankAccountId") String bankAccountId,
      @PathVariable("amount") int amount) {
    return bankAccountService.addFixedDeposit(bankAccountId, amount);
  }
}
```

이 예제에서 반응형과 비반응형 웹 컨트롤러의 차이는 반응형 웹 컨트롤러에 있는 메서드가 반응형 타입을 반환한다는 것을 의미한다.

NOTE_ ch19-rxjava2-webservice의 BankAccountController와 ch19-reactor3-webservice의 BankAccountController의 유일한 차이는 ch19-rxjava2-webservice의 BankAccountController가 RxJava 2에 정의된 반응형 타입을 반환한다는 점이다.

19.4.2 스프링 웹플럭스 설정하기

다음 예제는 웹플럭스를 설정하는 `ch19-reactor3-webservice` 프로젝트의 `WebConfig` 클래스다.

예제 19-15 `WebConfig` - 웹플럭스 설정하기

```
#프로젝트: ch19-reactor3-webservice
#src/main/java/sample/spring/chapter19/bankapp

package sample.spring.chapter19.bankapp;
import org.springframework.web.reactive.config.EnableWebFlux;
.....
@EnableWebFlux
@Configuration
@ComponentScan(basePackages = "sample.spring.chapter19.bankapp.controller")
public class WebConfig { }
```

이 예제의 `@EnableWebFlux` 애너테이션은 이 프로젝트에서 웹플럭스를 설정한다. `@ComponentScan`은 웹 레이어에 속할 클래스가 포함된 패키지를 지정한다. 컨트롤러가 `sample.spring.chapter19.bankapp.controller` 패키지 안에 있으므로, `@ComponentScan` 애너테이션의 `basePackages` 속성값에도 `sample.spring.chapter19.bankapp.controller` 패키지가 들어간다.

19.4.3 ServletContext 설정하기

다음 예제처럼 스프링 `AbstractAnnotationConfigDispatcherHandlerInitializer` 클래스를 사용하면 웹플럭스 기반 웹 애플리케이션(또는 RESTful 웹 서비스)의 `ServletContext`를 프로그램에서 설정할 수 있다.

예제 19-16 BankAppInitializer – ServletContext 설정하기

```
#프로젝트: ch19-reactor3-webservice
#src/main/java/sample/spring/chapter19/bankapp

package sample.spring.chapter19.bankapp;
import .....web.reactive.support.AbstractAnnotationConfigDispatcherHandlerInitializer;
.....
public class BankAppInitializer extends
    AbstractAnnotationConfigDispatcherHandlerInitializer {

  @Override
  protected Class<?>[] getConfigClasses() {
    return new Class[] { WebConfig.class,
        DatabaseConfig.class, BankAccountServiceImpl.class };
  }
}
```

getConfigClasses 메서드는 XML 파일에 등록하고 싶은 @Configuration(또는 @Component) 클래스를 반환한다. WebConfig.class는 웹 레이어의 빈을 등록하고 DatabaseConfig.class는 데이터 접근 레이어의 빈을 등록한다. 이 프로젝트에서 BankAccountServiceImpl이 유일한 서비스 구현이기 때문에 getConfigClasses 클래스는 BankAccountServiceImpl도 반환한다.

ch19-reactor3-webservice(또는 ch19-rxjava2-webservice)를 톰캣에 배포하면 스프링 WebClient 클래스(스프링 5에 도입됨)를 사용해 BankAccountController에 메서드를 반응형으로 호출할 수 있다.

19.4.4 WebClient를 사용해 반응형 RESTful 웹 서비스와 상호 작용하기

스프링 WebClient 클래스는 (RestTemplate과 달리) 반응형 RESTful 웹 서비스와 반응형으로 상호 작용한다. 스프링 5에서 WebClient는 비반응형 RESTful 웹 서비스와 비동기적으로 상호 작용할 때 선호되는 방식이기도 하다.

NOTE_ ch19-reactor3-webservice나 ch19-rxjava2-webservice 프로젝트에는 WebClient를 사용해 반응형으로 웹 서비스와 상호 작용하는 ReactiveWebClient 클래스(src/main/test 소스 폴더 안)가 있다.

다음 예제는 ch19-reactor3-webservice 프로젝트가 제공하는 RESTful 웹 서비스와 상호 작용하기 위해 WebClient를 사용하는 ch19-reactor3-webservice의 ReactiveWebClient 클래스다.

예제 19-17 ReactiveWebClient – 반응형 웹 서비스 클라이언트

```
#프로젝트: ch19-reactor3-webservice
#src/test/java/sample/spring/chapter19/bankapp

package sample.spring.chapter19.bankapp;
import org.springframework.http.MediaType;
import org.springframework.web.reactive.function.BodyInserters;
import org.springframework.web.reactive.function.client.WebClient;
.....
public class ReactiveWebClient {
  .....
  private static WebClient webClient =
      WebClient.create("http://localhost:8080/ch19-reactor3-webservice/bankaccount");

  public static void main(String args[]) throws InterruptedException {
    // -- 새 BankAccountDetails 엔티티를 만든다
    webClient.post().uri("/createBankAccount")
        .accept(MediaType.APPLICATION_JSON)
        .body(BodyInserters.fromObject(getNewBankAccountDetails()))
        .retrieve()
        .bodyToMono(String.class)
        .subscribe(id -> logger.info("createBankAccount method. returned id is -> "
            + id));

    // -- 잔액이 1000인 BankAccountDetails 엔티티를 찾는다
    webClient.get().uri("/findByBalance/{balance}",1000)
        .accept(MediaType.APPLICATION_JSON)
        .retrieve()
        .bodyToFlux(BankAccountDetails.class)
        .subscribe(account -> logger.info("account with balance 1000 -> "
            + account.getAccountId()));
    .....
  }
  .....
  private static BankAccountDetails getNewBankAccountDetails() {
    BankAccountDetails bankAccountDetails = new BankAccountDetails();
    bankAccountDetails.setBalance(1000);
```

```
    .....
  }
}
```

WebClient의 create 메서드는 베이스 URL, 호스트, 포트 정보를 가지고 WebClient 인스턴스를 만든다. ch19-reactor3-webservice가 로컬 8080 포트에 배포되고 BankAccountController가 /bankaccount 요청 경로에 매핑되기 때문에, http://localhost:8080/ch19-reactor3-webservice/bankaccount 경로를 create 메서드에 전달한다.

[예제 19-17]에서는 ReactiveWebClient가 BankAccountController의 createBankAccount와 findByBalance 메서드를 호출하는 방법을 나타낸다. 이 예제에서 알아둬야 할 주요 내용은 다음과 같다.

- WebClient의 post 메서드는 HTTP POST 요청을 만들고, WebClient의 get 메서드는 HTTP GET 요청을 만든다.
- HTTP 요청을 만든 후, uri 메서드로 요청 URI 템플릿을 지정한다. URI 템플릿에 변수가 들어 있으면, uri의 첫 번째 인수가 URI 템플릿이고 두 번째 인수부터는 URI 변수의 값이다. 예를 들어 uri("findByBalance/{balance}", 1000) 메서드 호출에서 "findByBalance/{balance}"는 URI 템플릿이고, {balance} URI 변수의 값은 1000이다.
- accept 메서드는 Accept HTTP 헤더의 값을 지정한다. MediaType.APPLICATION_JSON 상수의 값은 "application/json"이다. 이는 웹 서비스에서 응답하는 데이터가 JSON 형식이어야 한다는 뜻이다.
- body 메서드(POST, PUT, PATCH HTTP 요청에 사용함)는 요청 본문을 설정한다. BodyInserters.fromObject 메서드는 주어진 객체를 요청 본문에 써넣는다. 이 예제에서 BodyInserters.fromObject(getNewBankAccountDetails())는 getNewBankAccountDetails 메서드가 반환한 BankAccountDetails 객체를 HTTP 요청 본문에 넣는다.
- retrieve 메서드는 HTTP 요청을 보내고 응답 본문을 받는다.
- bodyToMono 메서드는 요청 본문을 Mono로 추출한다. 이때 응답 본문의 타입을 bodyToMono 메서드의 인수로 지정한다. BankAccountController의 createBankAccount 메서드가 Mono〈String〉 타입을 반환하므로, bodyToMono(String.class) 메서드를 호출해서 응답 본문을 Mono〈String〉으로 변환한다.
- bodyToFlux 메서드는 요청 본문을 Flux로 추출한다. BankAccountController의 findByBalance 메서드가 Flux〈BankAccountDetails〉 타입을 반환하므로, bodyToFlux(BankAccountDetails.class) 메서드를 호출해서 응답 본문을 Flux〈BankAccountDetails〉로 변환한다.

앞에서 정기 예금액이 계좌 잔액보다 클 경우 BankAccountReactorRepositoryCustom의 addFixedDeposit 메서드가 RuntimeException을 던진다는 사실(예제 19-5)을 살펴봤다. 다음 예제는 처음에 잔액이 1000인 BankAccountDetails를 만들고, 금액이 2000인 정기 예금을 만들려는(이에 따라 웹 서비스가 예외를 던질 것이다) ReactiveWebClient의 main 메서드를 보여준다.

예제 19-18 ReactiveWebClient – BankAccountController의 addFixedDeposit 호출하기

```
#프로젝트: ch19-reactor3-webservice
#src/test/java/sample/spring/chapter19/bankapp

package sample.spring.chapter19.bankapp;
import org.springframework.http.HttpStatus;
import sample.spring.chapter19.bankapp.exception.NotEnoughBalanceException;
.....
public class ReactiveWebClient {
  private static WebClient webClient =
      WebClient.create("http://localhost:8080/ch19-reactor3-webservice/bankaccount");
  public static void main(String args[]) throws InterruptedException {
    .....
    webClient.post().uri("/saveBankAccount").
      .....
      .subscribe(accountId -> addFixedDeposit(accountId, 2000)
        .subscribe(
          item -> logger.info("Received item : " + item),
          error -> logger.info("addFixedDeposit -->
              Exception occurred while adding fixed deposit : '"
              + error.getMessage() + "'"),
          () -> logger.info("Fixed deposit successfully added to "
              + accountId)));
    .....
  }

  private static Mono<Void> addFixedDeposit(String accountId, int amount) {
    return webClient
        .put()
        .uri("/addFixedDeposit/{bankAccountId}/{amount}", accountId, amount)
        .accept(MediaType.APPLICATION_JSON)
        .retrieve()
        .onStatus(statusCode -> HttpStatus.INTERNAL_SERVER_ERROR.equals(statusCode),
            clientResponse ->
```

```
                Mono.error(new NotEnoughBalanceException("Not enough
                    balance in the bank account")))
            .bodyToMono(Void.class);
    }
    .....
  }
```

[예제 19-18]에서 HTTP POST 요청을 /saveBankAccount에 보내면 BankAccountController의 saveBankAccount 메서드가 호출되어 잔액이 1000인 BankAccountDetails 엔티티가 생긴다. 그 후 /addFixedDeposit/{bankAccountId}/{amount} URI({bankAccountId}는 새로 생긴 BankAccountDetails 엔티티의 은행 계좌 ID며 {amount}는 2000임)를 HTTP PUT으로 호출하면 BankAccountController의 addFixedDeposit 메서드가 호출된다. 계좌 잔액이 1000이고 예금액이 2000인 정기 예금을 만들려고 시도하므로, BankAccountReactorRepositoryCustomImpl의 addFixedDeposit메서드(예제 15-9)가 RuntimeException을 발생시킨다.

[예제 19-18]에 나타난 addFixedDeposit 메서드에서 중요한 점을 몇 가지 짚으면 다음과 같다.

- HTTP PUT 메서드를 사용하려면 WebClient의 put 메서드를 사용한다.
- uri는 /addFixedDeposit/{bankAccountId}/{amount}를 URI 템플릿으로 지정한다. {bankAccountId}와 {amount} URI 변수의 값을 uri 메서드의 인수로 전달한다.
- HTTP 응답 상태 코드가 4xx나 5xx면 bodyToMono(또는 bodyToFlux) 메서드는 실제 HTTP 응답 데이터가 들어 있는 WebClientResponseException 예외(웹플럭스에만 있는 예외)가 담긴 Mono(또는 Flux)를 만들어낸다. onStatus 메서드를 사용하면 이런 동작을 커스텀화할 수 있다. onStatus의 첫 번째 인수는 예외 함수(두 번째 인수로 예외 함수를 지정한다)가 실행될 예외 조건을 지정한다. 예외 조건은 HTTP 응답 상태 코드를 입력으로 받는다. 이 예제에서 statusCode -> HttpStatus.INTERNAL_SERVER_ERROR.equals(statusCode) 식은 예외 함수가 HTTP 서비스에서 받은 HTTP 응답 상태 코드가 500(내부 서버 오류)일 때만 실행되도록 지정한다. 예외 함수는 ClientResponse 객체(HTTP 응답을 나타냄)를 인수로 받는다. 예외 함수는 이 ClientResponse 객체를 사용해 HTTP 상태 코드, 헤더, 응답 본문을 얻는다. 예외 함수는 Throwable이 들어 있는 Mono를 반환해야 한다. 이 예제에서 예외 함수는 NotEnoughBalanceException(커스텀 예외) 인스턴스를 만들고 Mono의 error 메서드를 호출해서 이 인스턴스를 Mono로 둘러싼다.
- bodyToMono 메서드에 Void.class를 인수로 넘기기만 하면 Mono<Void>를 만들 수 있다.

ReactiveWebClient의 main 메서드를 실행하면 /addFixedDeposit/{bankAccountId}/{amount} URI로 요청이 전달되고 다음과 같은 출력이 표시되는 것을 볼 수 있다.

```
INFO sample.spring.chapter19.bankapp.ReactiveWebClient - addFixedDeposit --> Exception
occurred while adding fixed deposit : 'Not enough balance in the bank account'
```

여기서 커스텀 예외 메시지인 'Not enough balance in the bank account'가 콘솔에 출력됐음에 유의하자.

onStatus 메서드를 제거하고 ReactiveWebClient의 main 메서드를 다시 실행하면 콘솔에서 다음과 같은 출력을 볼 수 있다.

```
INFO sample.spring.chapter19.bankapp.ReactiveWebClient - addFixedDeposit --> Exception
occurred while adding fixed deposit : 'ClientResponse has erroneous status code: 500
Internal Server Error'
```

이제 웹 서비스에서 받은 HTTP 응답 상태 코드를 묘사하기만 하는 훨씬 더 일반적인 오류 메시지를 볼 수 있다.

다음에는 **서버-송신 이벤트**Server-Sent Event를 사용해 웹 브라우저에서 반응형 웹 서비스가 출간하는 데이터를 받는 방법에 대해 살펴보자.

19.4.5 서버-송신 이벤트를 사용해 데이터 받기

서버-송신 이벤트를 통해 서버에서 변경된 내용을 웹 브라우저가 자동으로 받아볼 수 있다. 스프링 웹 MVC 애플리케이션에서는 SseEmitter 클래스(org.springframework.web.servlet.mvc.method.annotation 패키지에 정의됨)를 사용해 서버-송신 이벤트를 보낼 수 있다. 스프링 웹플럭스를 사용한다면 Flux(또는 Flowable) 타입을 반환하는 모든 컨트롤러 메서드를 서버-송신 이벤트에 사용할 수 있다.

다음 예제는 서버-송신 이벤트를 보내는 BankAccountController의 findByCustomQuerySse 메서드다.

예제 19-19 BankAccountController – 서버-송신 이벤트 보내기

```
#프로젝트: ch19-reactor3-webservice
#src/main/java/sample/spring/chapter19/bankapp/controller

@GetMapping(path = "/findByCustomQuerySse/{balance}",
       produces = MediaType.TEXT_EVENT_STREAM_VALUE)
public Flux<BankAccountDetails>
    findByCustomQuerySse(@PathVariable("balance") int balance) {

  return bankAccountService.findByCustomQuery(balance).doOnNext(account -> {
    try {
      Thread.sleep(1000);
    } catch (InterruptedException e) {
      e.printStackTrace();
    }
  });
}
```

이 예제에서 @GetMapping의 produces 속성은 findByCustomQuerySse 메서드가 이벤트 스트림을 반환한다고 지정한다. MediaType.TEXT_EVENT_STREAM_VALUE의 값은 'text/event-stream'이며, 이 값은 Accept 요청 헤더가 'text/event-stream'일 때만 findByCustomQuerySse 메서드가 호출된다는 뜻이다. 이벤트 스트림을 시뮬레이션하기 위해 Flux의 doOnNext 메서드에서 원소를 내보낼 때마다 1초 딜레이를 추가했다.

서버-송신 이벤트를 지원하는 웹 브라우저(크롬, 파이어폭스, 사파리 등)를 열고 http://localhost:8080/ch19-reactor3-webservice/bankaccount/findByCustomQuerySse/1000 URL을 입력하면 은행 계좌 정보가 서버로부터 스트림되는 것을 볼 수 있다.

자바스크립트의 EventSource 객체를 (이 객체를 지원하는 브라우저에서) 사용해 서버-송신 이벤트를 받을 수도 있다. 예를 들어 다음 예제는 BankAccountController의 findByCustomQuerySse 메서드로부터 서버-송신 이벤트를 받는 방법을 보여준다.

예제 19-20 EventSource 객체를 사용해 서버-송신 이벤트 받기(자바스크립트)

```
var eventSource = new EventSource(
    "/ch19-reactor3-webservice/bankaccount/findByCustomQuerySse/1000");
eventSource.onmessage = function(sse) {
  var newElement = document.getElementById("sseData");
```

```
    newElement.innerHTML += sse.data + "<br><br>";
}
```

이 예제에서는 BankAccountController의 findByCustomQuerySse 메서드에 URI를 전달해서 EventSource 객체를 만든다. 서버에서 이벤트를 받을 때마다 EventSource의 onmessage 핸들러가 호출된다. 이 예제와 같이 이벤트의 data 속성을 사용해 이벤트 데이터를 얻을 수 있고, 이 데이터를 사용해 사용자 인터페이스를 갱신할 수 있다.

이제 스프링 시큐리티를 사용해 웹플럭스 애플리케이션을 보호하는 방법을 살펴보자.

IMPORT chapter 19/ch19-reactor3-secured-webservice
이 프로젝트는 스프링 시큐리티 5의 보안 웹 요청과 응답을 사용하는 ch19-reactor3-webservice 프로젝트의 변종을 보여준다.

19.5 웹플럭스 애플리케이션 보호하기

스프링 시큐리티 5는 웹플럭스 애플리케이션을 **반응형으로** 보호하도록 지원한다. 스프링 웹 MVC와 마찬가지로 스프링 시큐리티를 사용해 웹 요청 보안과 메서드 수준 보안을 웹플럭스 애플리케이션에 적용할 수 있다.

다음 예제는 웹 요청 보안과 메서드 수준 보안을 웹 서비스에 제공하는 ch19-reactor3-secured-webservice 프로젝트의 SecurityConfig 클래스다.

예제 19-21 SecurityConfig – 웹 요청 보안과 메서드 수준 보안 설정

```
#프로젝트: ch19-reactor3-secured-webservice
#src/main/java/sample/spring/chapter19/bankapp

package sample.spring.chapter19.bankapp;
import org.springframework.security.config.annotation.method.configuration
        .EnableReactiveMethodSecurity;
import org.springframework.security.config.annotation.web.reactive
        .EnableWebFluxSecurity;
import org.springframework.security.core.userdetails.ReactiveUserDetailsService;
import org.springframework.security.config.web.server.ServerHttpSecurity;
```

```
.....
@EnableWebFluxSecurity
@EnableReactiveMethodSecurity
@Configuration
public class SecurityConfig {
  @Bean
  public ReactiveUserDetailsService userDetailsService() {
    UserDetails user = User.withDefaultPasswordEncoder()
                .username("user").password("user").roles("USER")
                .build();
    UserDetails admin = User.withDefaultPasswordEncoder()
                .username("admin").password("admin").roles("ADMIN")
                .build();
    return new MapReactiveUserDetailsService(user, admin);
  }

  @Bean
  public SecurityWebFilterChain springSecurityFilterChain(ServerHttpSecurity http) {
    return http.authorizeExchange().anyExchange().authenticated()
        .and().httpBasic()
        .and().csrf().disable()
        .build();
  }
}
```

이 예제에서 @EnableWebFluxSecurity(@EnableWebSecurity 애너테이션과 비슷함) 애너테이션은 웹플럭스 애플리케이션의 보안을 활성화하고, @EnableReactiveMethodSecurity(@EnableGlobalMethodSecurity와 비슷함)는 메서드 수준 보안을 활성화한다.

userDetailsService 메서드는 스프링 시큐리티 인증에 사용할 ReactiveUserDetailsService(UserDetailsService의 반응형 버전) 빈을 돌려준다. 이 예제에서는 두 UserDetails 객체(한 사용자는 "USER" 롤, 다른 사용자는 "ADMIN" 롤)를 만들어 MapReactiveUserDetailsService(ReactiveUserDetailsService를 구현)에 추가한다.

springSecurityFilterChain 메서드는 웹 요청 보안을 반응형으로 적용하는 SecurityWebFliterChain 빈을 반환한다. 서블릿 필터(원래 **블로킹**인)와 달리 SecurityWebFilterChain은 요청을 반응형으로 처리하는 WebFilter로 이뤄진다(스프링 프레임워크 API의 org.springframework.web.server.WebFilter 참고). springSecurityFilterChain 메서드에는 웹 요청 보안을 반응형으로 설정할 때 사용할 ServerHttpSecurity 객체(스프링 시

큐리티 5에 도입됨)가 공급된다. 이 예제에서 authorizeExchange().anyExchange().authenticated()는 인증 받은 웹 요청만 허용하며, httpBasic()은 HTTP 기본 인증을 설정하고, csrf().disable()은 CSRF 보호를 비활성화한다.

다음 예제는 스프링 시큐리티 @PreAuthorize 애너테이션이 붙은 findByCustomQuery 메서드가 들어 있는 BankAccountService 클래스다.

예제 19-22 BankAccountService – @PreAuthorize 애너테이션으로 메서드 보호하기

```
#프로젝트: ch19-reactor3-secured-webservice
#src/main/java/sample/spring/chapter19/bankapp/service

package sample.spring.chapter19.bankapp.service;
import org.springframework.security.access.prepost.PreAuthorize;
.....
public interface BankAccountService {
  Flux<BankAccountDetails> findByBalance(int balance);
  .....
  @PreAuthorize("hasRole('ADMIN')")
  Flux<BankAccountDetails> findByCustomQuery(int balance);
  .....
}
```

findByCustomQuery 메서드에 붙은 @PreAuthorize("hasRole('ADMIN')") 애너테이션은 이 메서드를 "ADMIN" 롤을 부여 받은 인증된 사용자만 호출할 수 있도록 지정한다. 반면에 (@PreAuthorize 애너테이션이 붙지 않은) findByBalance와 같은 메서드는 모든 사용자가 호출할 수 있다.

다음 예제는 ch19-reactor3-secured-webservice 프로젝트의 ReactiveWebClient 클래스며, 이 클래스는 WebClient를 사용해 BankAccountController의 메서드를 호출한다.

예제 19-23 ReactiveWebClient – 보호되는 웹 서비스 접근하기

```
#프로젝트: ch19-reactor3-secured-webservice
#src/test/java/sample/spring/chapter19/bankapp

package sample.spring.chapter19.bankapp;
import static org.springframework.web.reactive.function.client.ExchangeFilterFunctions
```

```
.basicAuthentication;
.....
public class ReactiveWebClient {
  private static WebClient unauthenticatedWebClient = WebClient.
      create("http://localhost:8080/ch19-reactor3-secured-webservice/bankaccount");

  private static WebClient userWebClient =
      WebClient.builder().filter(basicAuthentication("user", "user"))
         .baseUrl("http://localhost:8080/ch19-reactor3-secured-
              webservice/bankaccount").build();

  private static WebClient adminWebClient =
      WebClient.builder().filter(basicAuthentication("admin", "admin"))
         .baseUrl("http://localhost:8080/ch19-reactor3-secured-
              webservice/bankaccount").build();

  public static void main(String args[]) throws InterruptedException {
    unauthenticatedWebClient.get().uri("/findByBalance/{balance}", 1000)
      .....
      .subscribe(
         account -> logger.info("Unauthenticated /findByBalance/{balance} ->
            account with balance 1000 -> " + account.getAccountId()),
         error -> logger.info("Unauthenticated /findByBalance/{balance} -> error -> "
            + error));

    userWebClient.get().uri("/findByBalance/{balance}", 1000)
      .....
      .subscribe(
         account -> logger.info("USER /findByBalance/{balance} ->
            account with balance 1000 -> " + account.getAccountId()),
         error -> logger.info("USER /findByBalance/{balance} -> error -> " + error));

    userWebClient.get().uri("/findByCustomQuery/{balance}", 1000)
      .....
      .subscribe(
         account -> logger.info("USER /findByCustomQuery/{balance} ->
            account with balance 1000 -> " + account.getAccountId()),
         error -> logger.info("USER /findByCustomQuery/{balance} -> error -> "
            + error));

    adminWebClient.get().uri("/findByCustomQuery/{balance}", 1000)
      .....
      .subscribe(
         account -> logger.info("ADMIN /findByCustomQuery/{balance} ->
```

```
                account with balance 1000 -> " + account.getAccountId()),
            error -> logger.info("ADMIN /findByCustomQuery/{balance} -> error -> "
                + error));
    }
}
```

이 예제는 다음과 같은 세 가지 `WebClient` 인스턴스를 만든다.

- unauthenticatedWebClient – 어떤 Authorization 헤더도 요청에 넣지 않는 WebClient다.
- userWebClient – "USER" 롤을 부여 받은 사용자에 대한 Authorization 헤더를 넣는 WebClient다.
- adminWebClient – "ADMIN" 롤을 부여 받은 사용자에 대한 Authorization 헤더를 넣는 WebClient다.

`unauthenticatedWebClient` 인스턴스를 `userWebClient`나 `adminWebClient`와는 다른 방식으로 만들었음에 유의하자. `userWebClient`나 `adminWebClient` 인스턴스를 만들 때는 `WebClient` 빌더(`bulder()` 메서드가 반환함)를 사용해 `WebClient` 인터페이스를 만들었고, 정적 메서드인 `ExchangeFilterFunctions`의 `baseAuthentication`을 사용해 `Authorization` 헤더를 추가했다.

보안이 활성화된 웹 서비스에 `unauthenticatedWebClient`, `userWebClient`, `adminWebClient` 인스턴스를 사용해 요청을 보내면 어떤 일이 벌어지는지 살펴보자.

- 보안 설정(예제 19-21 참조)에서 인증 받은 요청만 허용하라고 설정했기 때문에, unauthenticated WebClient를 사용해 /findByBalance/{balance}로 요청을 보내면 스프링 시큐리티가 그 요청을 거부한다.
- userWebClient를 사용해 /findByBalance/{balance}로 요청을 보내면 요청에 "USER" 롤이 부여된 사용자의 Authorization 헤더가 들어간다. 설정된 ReactiveUserDetailsService(예제 19-21)에 의해 성공적으로 인증되면 스프링 시큐리티는 /findByBalance/{balance} 접근을 허용한다.
- userWebClient를 사용해 /findByCustomQuery//{balance}로 요청을 보내면 요청에 "USER" 롤이 부여된 사용자의 Authorization 헤더가 들어 있다. 요청이 성공적으로 인증되면 스프링 시큐리티는 /findByCustomQuery/{balance} 요청 URI에 대한 접근을 허용한다. 그에 따라 BankAccountService의 findByCustomQuery 메서드를 실행해야 하는데, 스프링 시큐리티는 인증 받은 사용자의 롤이 ("ADMIN"이 아닌) "USER"라는 사실을 발견한다. findByCustomQuery 메서드에는 @PreAuthorize("hasRole('ADMIN')")이 붙어 있어 스프링 시큐리티는 findByCustomQuery 메서드 접근을 거부한다.
- adminWebClient를 사용해 /findByCustomQuery//{balance}로 요청을 보내면 요청에 "ADMIN" 롤이 부여된 사용자의 Authorization 헤더가 들어있다. 요청이 성공적으로 인증되면 스프링 시큐리티는 /

findByCustomQuery/{balance} 요청 URI에 대한 접근을 허용한다. 인증 받은 사용자의 롤이 "ADMIN"이고, findByCustomQuery 메서드에는 @PreAuthorize("hasRole('ADMIN')")이 붙어 있으므로 스프링 시큐리티는 findByCustomQuery 메서드 접근을 허용한다.

ReactiveWebClient의 main 메서드를 실행하면 다음과 같은 출력을 볼 수 있다.

```
Unauthenticated /findByBalance/{balance} -> error ->
org.springframework.web.reactive.function.client.WebClientResponseException:
ClientResponse has erroneous status code: 401 Unauthorized
USER /findByCustomQuery/{balance} -> error ->
org.springframework.web.reactive.function.client.WebClientResponseException:
ClientResponse has erroneous status code: 403 Forbidden
ADMIN /findByCustomQuery/{balance} -> account with balance 1000 -> 59fc023fb533e71150514aa8
USER /findByBalance/{balance} -> account with balance 1000 -> 59fc023fb533e71150514aa8
```

NOTE_ 웹 서비스를 호출할 때 본문에 나온 웹 서비스 응답 순서와 여러분이 직접 웹 서비스를 호출할 때 웹 서비스가 응답하는 순서가 다를 수 있다. 반응형 RESTful 웹 서비스는 근본적으로 넌블로킹이고 비동기식이기 때문에 전형적인 경우 응답이 뒤바뀔 수도 있다[2].

이 출력은 다음과 같은 내용을 알려준다.

- 인증 받지 않은 사용자가 /findByBalance/{balance} URI에 접근하면 웹 서비스는 401 (Unauthorized) HTTP 응답 코드를 돌려준다.
- "USER"롤이 부여된 인증 받은 사용자가 /findByCustomQuery/{balance} URI에 접근하면 웹 서비스는 403 (Forbidden) HTTP 응답 코드를 돌려준다.
- "USER"롤이 부여된 인증 받은 사용자가 /findByBalance/{balance} URI에 접근하면 웹 서비스가 정상적으로 응답한다.
- "ADMIN"롤이 부여된 인증 받은 사용자가 /findByCustomQuery/{balance} URI에 접근하면 웹 서비스가 정상적으로 응답한다.

---

2 옮긴이_ 영어로는 'interleave'인데 우리말로 번역했을 때 한마디로 표현하기가 어려워서 그냥 '뒤바뀔 수 있다'라고 번역했다. 스레드가 A와 B 두 가지 있는 경우를 예로 들어 'interleave'의 뜻을 살펴보자. A 스레드에서는 A1, A2가 순서대로 출력되고 B 스레드에서는 B1, B2가 순서대로 출력될 때, A1-A2-B1-B2, A1-B1-A2-B2, B1-B2-A1-A2, B1-A1-A2-B2처럼 한 스레드 내의 순서는 유지되면서 서로 다른 스레드에서의 선후 관계는 달라질 수 있다. 반면에 A2-A1-B1-B2와 같은 식으로 응답 순서가 뒤바뀔 수는 없다.

19.6 요약

이번 장에서는 애플리케이션의 모든 레이어와 반응형을 지원하는 데이터베이스 드라이버를 이용하여 반응형 RESTful 웹 서비스를 만드는 방법에 대해 살펴봤다. 특히 스프링 데이터 몽고DB가 제공하는 반응형 API를 사용해 웹 서비스의 데이터 접근 레이어를 만들고, 스프링 웹플럭스 모듈을 사용해 웹 서비스의 웹 레이어를 만들었다. 그리고 스프링 시큐리티의 반응형 지원을 사용해 웹플럭스 기반의 애플리케이션에서 인증받은 사용자에게만 요청을 허용하거나, 메서드 수준에서 사용자 롤에 따라 다른 권한을 부여할 수 있었다.

부록 A

몽고DB 데이터베이스 설치하기

부록 A에서는 몽고DB 데이터베이스를 다운로드/설치한 후 맥 OS에서 접근해본다[1].

A.1 몽고DB 데이터베이스 다운로드하고 설치하기

`https://www.mongodb.com/download-center`로 가서 중간의 `Server` 탭을 선택하고 여러분의 운영체제에 적합한 몽고DB 커뮤니티 서버MongoDB Community Server를 선택한다(몽고DB 서브스크립션이 있다면 엔터프라이즈 서버도 사용할 수 있다). 예를 들어 윈도우 사용자라면 '4.2.1' 버전에 운영체제로 'windows x64 x64'를, 패키지로 'MSI' 를 선택하고 다운로드 버튼을 클릭한다. 윈도우에서 몽고DB를 설치하려면 다운로드한 msi 파일을 더블 클릭하고 설정 마법사가 제시하는 단계를 따른다. 맥 사용자의 경우 운영체제로 'macOS x64'를 선택하고 패키지로는 'TGZ'를 선택해 다운로드할 수도 있지만, 몽고DB 문서에서 추천하는 대로 홈브류homebrew를 사용해 설치한다.

맥에서 홈브류로 몽고DB 데이터베이스 서버 설치하기

홈브류를 설치해서 사용하려면 먼저 엑스코드XCode 명령줄 도구를 설치한다. 앱스토어에 가서

1 옮긴이_ 원서는 버전 3.4를 기준으로 했지만, 2019년 12월 말 기준 최신 몽고DB는 4.2.2다. 다만 홈브류에서는 4.2.1을 지원한다.

최신 버전의 엑스코드를 다운로드해 설치하거나, 터미널을 열고 다음 명령을 실행한 후 대화창의 안내에 따라 명령줄 도구를 설치한다.

```
$ xcode-select –install
```

이제 홈브류를 설치하기 위해 터미널에서 다음을 실행한다(https://brew.sh/#install 참고).

```
$ /usr/bin/ruby -e "$(curl -fsSL https://raw.githubusercontent.com/Homebrew/install/master/
install)"
```

홈브류가 설치됐다면 `brew`라는 명령어를 실행할 수 있을 것이다. 도움말을 보려면 `help` 명령을 사용한다.

```
$ brew help
```

이제 홈브류로 몽고DB를 설치한다. 우선 몽고DB 홈브류 탭tap을 추가한다.

```
$ brew tap mongodb/brew
```

그 후에 몽고DB 커뮤니티 버전을 설치한다.

```
$ brew install mongodb-community@4.2
brew install mongodb-community@4.2
==> Installing mongodb-community from mongodb/brew
==> Downloading https://fastdl.mongodb.org/osx/mongodb-macos-x86_64-4.2.1.tgz
...
==> Caveats
To have launchd start mongodb/brew/mongodb-community now and restart at login:
  brew services start mongodb/brew/mongodb-community
Or, if you don't want/need a background service you can just run:
  mongod --config /usr/local/etc/mongod.conf
==> Summary
□  /usr/local/Cellar/mongodb-community/4.2.1: 21 files, 273.5MB, built in 8 seconds
```

이렇게 설치한 몽고DB의 기본 경로는 다음과 같다.

- 실행 파일: /usr/local/bin

- 설정 파일: /usr/local/etc/mongod.conf
- 로그 파일: /usr/local/var/log/mongodb/*
- 데이터: /usr/local/var/mongodb

몽고DB 데이터베이스 서버 시작하기

몽고DB를 서비스로 시작하려면 다음을 실행한다.

```
$ brew services start mongodb-community@4.2
```

서비스로 시작하지 않고 직접 몽고DB를 백그라운드 프로세스로 시작하고 싶다면 다음을 실행한다.

```
$ mongod --config /usr/local/etc/mongod.conf –fork
```

포그라운드foreground 프로세스로 시작하면서 데이터 경로를 따로 지정하고 싶다면 다음과 같이 실행한다.

```
$ mongod –dbpath \path\to\db
```

물론 여기서 `\path\to\db`는 여러분이 원하는 경로(디렉터리 이름)로 바꿔야 한다. 경로에 해당하는 디렉터리를 미리 만들고 위의 명령을 실행한다.

정상적으로 실행된 경우 다음과 같은 출력을 볼 수 있다.

```
...
2019-12-26T16:18:48.735+1000 I  CONTROL  [initandlisten] MongoDB starting :
pid=28912 port=27017 dbpath=/Users/hyunsokoh/mongodata 64-bit host=Hyunsoks-
MacBook-Pro.local
2019-12-26T16:18:48.735+1000 I  CONTROL  [initandlisten] db version v4.2.1
...
2019-12-26T16:18:49.394+1000 I  NETWORK  [initandlisten] Listening on /tmp/
mongodb-27017.sock
2019-12-26T16:18:49.394+1000 I  NETWORK  [initandlisten] Listening on 127.0.0.1
2019-12-26T16:18:49.394+1000 I  CONTROL  [LogicalSessionCacheReap] Sessions
collection is not set up; waiting until next sessions reap interval: config.system.
```

```
sessions does not exist
2019-12-26T16:18:49.394+1000 I  NETWORK [initandlisten] waiting for connections on
port 27017
...
```

A.2 몽고DB 데이터베이스에 연결하기

이번 절에서는 Nosqlclient(https://github.com/nosqlclient/nosqlclient)라는 도구를 사용해 몽고DB 데이터베이스에 연결할 것이다. https://github.com/nosqlclient/nosqlclient의 Distributions에서는 운영체제별 바이너리에 대한 링크를 볼 수 있다.

맥의 경우 osx-portable.zip을 다운로드해서 적당한 위치에 압축을 풀고, 압축을 푼 폴더에 있는 nosqlclient.app을 실행한다. GUI 창 오른쪽 위의 'Connect'를 클릭하면 몽고DB 연결 목록을 볼 수 있다. 아직 아무런 연결도 설정하지 않았으므로 목록에 아무 연결도 표시되지 않을 것이다.

그림 A-1 'Create New' 버튼을 클릭해서 새 몽고DB 연결 설정

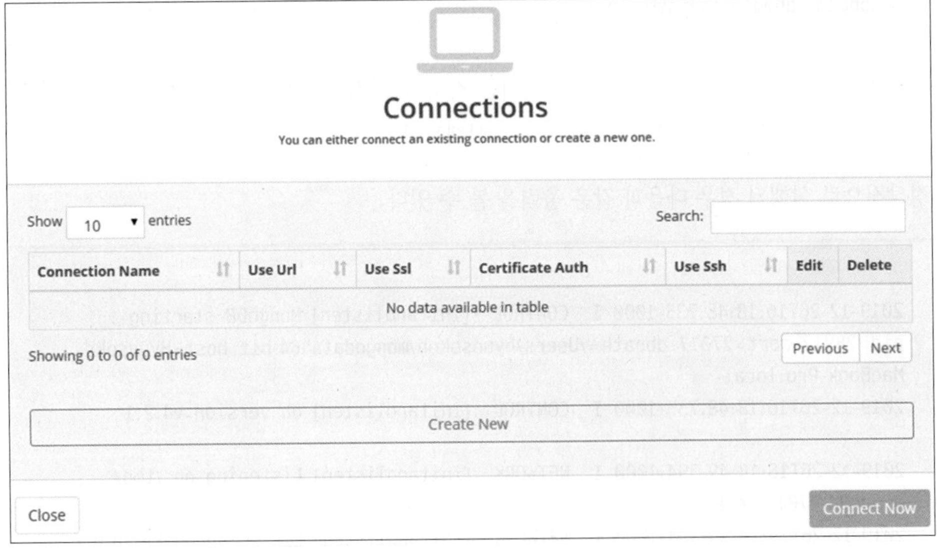

'Create New'를 클릭하면 새 몽고DB 연결을 설정하기 위한 'Add Connection' 창이 표시된다. 다음 그림과 같이 연결 정보를 입력하고 'Save changes' 버튼을 클릭한다.

그림 A-2 연결 정보를 입력하고 'Save changes' 버튼 클릭

Add Connection

Connection Authentication URL SSH

Connection Name: mylocalmongo

Hostname: 127.0.0.1

Port: 27017

DB Name: test

Read From SECONDARY: For replica sets, legacy slaveOK=true

Close Save changes

이 그림에서는 연결 이름으로 mylocalmongo를, 호스트 이름으로 127.0.0.1(이는 localhost를 가리키는 특별한 IP다)을, 연결할 포트 번호로 실행 중인 몽고DB가 리슨하는 포트 27017을 지정한다. 데이터베이스로 입력한 test는 몽고DB 설치 시 디폴트로 생기는 데이터베이스다. 'Save changes'를 클릭하면 연결 정보가 저장되고 몽고DB 연결 리스트에서 저장된 정보를 확인할 수 있다.

부록 B

이클립스 IDE에서 예제 프로젝트 임포트하기

부록 B에서는 개발 환경을 설정하고 예제 프로젝트를 이클립스 IDE로 임포트한 후, 독립실행 애플리케이션으로 실행하거나(예제 프로젝트가 독립실행 자바 애플리케이션인 경우) 톰캣 9 서버에 배포한다(예제 프로그램이 웹 애플리케이션이거나 웹 서비스인 경우).[1]

B.1 이클립스 IDE와 톰캣 9 설치하기

개발 환경을 설정하려면 다음과 같은 내용을 먼저 준비해야 한다.

- **이클립스 IDE 다운로드하여 설치하기** – Eclipse IDE for Enterprise Java Developers(엔터프라이즈 자바 개발자를 위한 이클립스 IDE) 페이지인 https://www.eclipse.org/downloads/packages/release/2019-09/r/eclipse-ide-enterprise-java-developers에 들어가서 'Mac OS X(Cocoa) 64-bit'를 클릭하고 안내에 따라 .dmg 파일을 다운로드한다. 파일을 클릭하면 볼륨이 마운트되고 폴더 내부에서 Eclipse.app 아이콘을 볼 수 있다. 아이콘을 Applications로 끌어서 복사해 설치한다.
- **톰캣 9 서버 다운로드하여 설치하기** – https://tomcat.apache.org/download-90.cgi에서 톰캣 9 서버를 다운로드할 수 있다. (2019년 11월 현재) 최신 버전인 9.0.29의 .zip 파일을 다운로드해서 로컬 파일 시스템에 푼다.

이제 예제 프로젝트를 이클립스 IDE로 임포트하는 방법을 살펴보자.

1 옮긴이_ 원서는 윈도우를 기준으로 작성됐으나, 여기서는 맥 OS X를 기준으로 한다.

B.2 예제 프로젝트를 이클립스 IDE로 임포트하기

이 책의 예제를 다음과 같이 깃허브 리포지터리에서 클론한다.

```
$git clone https://github.com/getting-started-with-spring/4thEdition
```

예제 프로젝트를 성공적으로 임포트하려면 다음과 같이 한다.

- 프로젝트를 이클립스 IDE로 임포트한다.
- 이클립스 IDE에서 M2_REPO 클래스경로를 설정한다. M2_REPO 변수는 프로젝트가 의존 중인 JAR 파일이 들어 있는 로컬 메이븐 저장소를 가리킨다.

예제 프로젝트를 이클립스로 임포트하기

다음 단계에 따라 예제를 이클립스 IDE로 임포트한다.

- File -> Import 메뉴를 선택한다.
- 대화창에서 Maven -> Existing Maven Projects를 선택하고 Next를 클릭한다.
- 파일 시스템에서 예제 프로젝트 디렉터리(예: ch01-bankapp-xml)를 선택하고[2] Finish를 클릭한다. 이클립스 IDE가 프로젝트 의존성을 다운로드해야 하므로, 여러분은 반드시 인터넷에 연결되어 있어야 한다.

이클립스 IDE에서 M2_REPO 클래스경로 변수 설정하기

프로젝트를 이클립스 IDE로 임포트하면 프로젝트의 의존 관계를 `<homedirectory>/.m2/repository` 아래에 다운로드한다. 여기서 `<homedirectory>`는 `/Users/<사용자이름>/`(OS X 기준)이다. 디폴트로 임포트한 프로젝트의 `.classpath` 파일은 `M2_REPO` 클래스경로 변수를 사용해 프로젝트의 JAR 의존 관계를 가리킨다. 이 때문에 여러분은 이클립스 IDE 안에서 `<homedirectory>/.m2/repository` 디렉터리를 가리키는 새로운 `M2_REPO` 클래스경로 변수를 설정해야 한다.

이클립스 안에서 M2_REPO 클래스경로 변수를 새로 설정하려면 다음과 같이 한다.

---

2 옮긴이_ 예를 들어 4thEdition을 클론한 디렉터리가 /Users/hyunsokoh/spring/4thEdition/이면 이 프로젝트는 /Users/hyunsokoh/spring/4thEdition/chapter 1/ch01-bankapp-xml에 있다.

- Eclipse -> Preferences 메뉴로 가면 Preferences 대화창이 보인다.
- 대화창 안에서 Java -> Build Path -> Classpath Variables를 선택하면 설정된 클래스경로 변수를 볼 수 있다.
- M2_REPO가 없다면 New 버튼을 눌러서 이름에 M2_REPO를 설정한다. 혹시 이미 M2_REPO가 있다면 값을 확인한다. M2_REPO가 〈home-directory〉/.m2/repository를 가리키게 하는 것이 중요하다.

이렇게 해서 성공적으로 예제 프로젝트를 이클립스 IDE로 임포트하고 M2_REPO 클래스경로 변수를 설정했다. 프로젝트가 독립 실행 애플리케이션이라면 다음 단계를 거쳐 애플리케이션을 실행할 수 있다.

- 이클립스 ID의 Project Explorer 탭에서 main 메서드가 들어 있는 자바 클래스를 찾아 오른쪽 클릭한다. 해당 자바 클래스를 대상으로 실행할 수 있는 동작의 리스트가 나올 것이다.
- Run As -> Java Application을 선택하면 해당 자바 클래스의 main 메서드가 실행된다.

이제 이클립스 IDE와 톰캣 9 서버가 함께 작동하도록 설정하는 방법을 살펴보자.

B.3 이클립스 IDE와 톰캣 9 서버 설정하기

이클립스의 Servers 뷰를 열면 이클립스 IDE에서 톰캣 9 서버를 사용하도록 설정할 수 있다. Servers 뷰를 열려면 Window -> Show View -> Servers 메뉴를 선택한다. 이클립스 IDE에서 사용할 서버를 설정하려면 먼저 Servers 뷰를 열고 Servers 뷰 창에서 오른쪽 클릭한 다음, New -> Server를 선택한다. 이제 단계별로 이클립스 IDE에서 사용할 서버를 설정하는 New Server 마법사 창을 볼 수 있다. 첫 단계는 Define New Server로, 여기서는 이클립스와 함께 사용하고 싶은 서버의 type(유형)과 version(버전)을 선택한다. 다음 그림은 Define a New Server 단계다(필터에 tomcat을 입력하면 톰캣을 더 빨리 찾을 수 있다).

그림 B-1 이클립스 IDE에서 사용하고 싶은 톰캣 서버 버전 선택

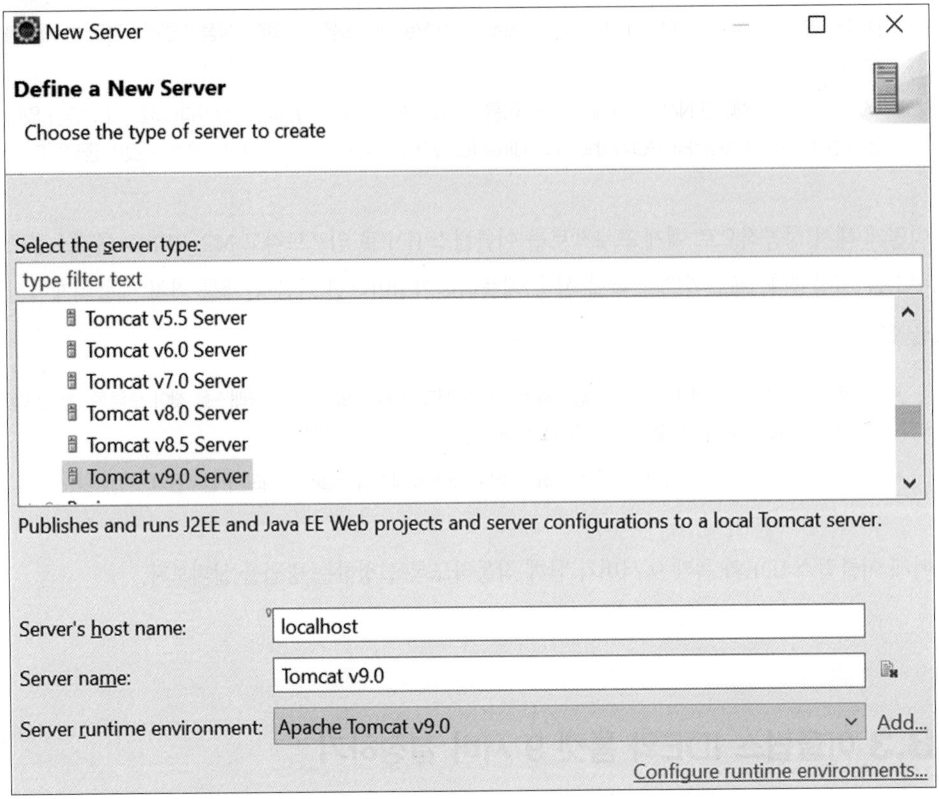

`Tomcat v9.0 Server`를 서버로 선택하고, 서버 이름으로 'Tomcat v9.0 Server at localhost'(디폴트 값)를 사용한다. `Next` 버튼을 눌러 이클립스 IDE에서 톰캣을 설정하는 다음 단계로 가자. 이 단계는 [그림 B-2]와 같이 톰캣이 설치된 디렉터리를 지정하는 것이다.

그림 B-2 톰캣 서버가 설치된 디렉터리 선택 후 서버와 함께 사용할 자바 SDK 선택

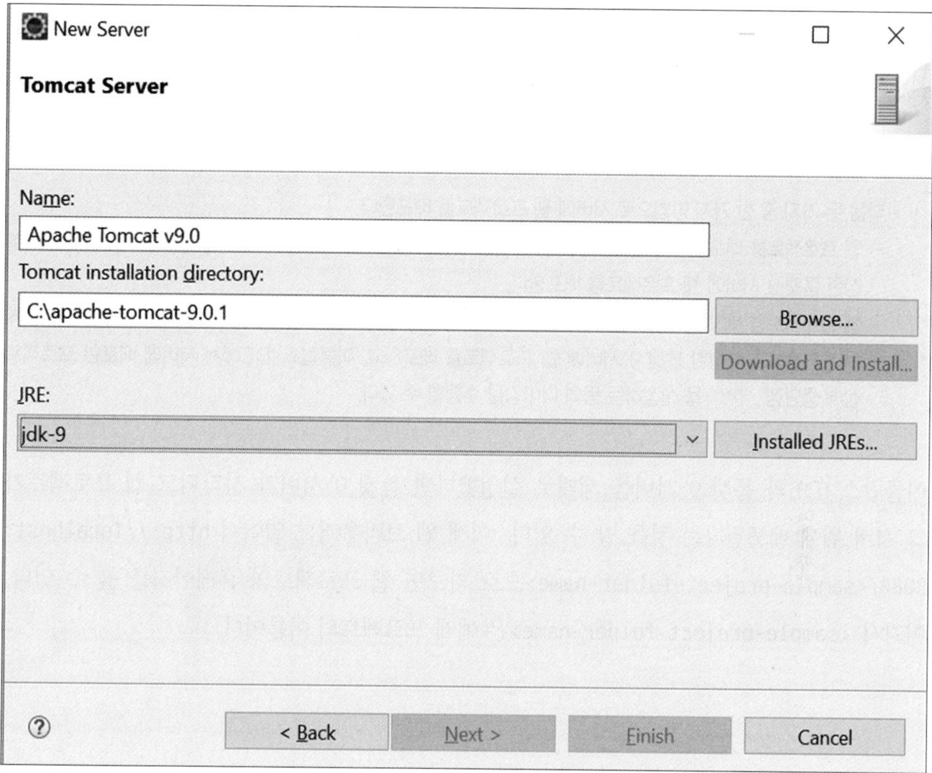

톰캣 설치 디렉터리를 설정하려면 `Browse` 버튼을 클릭해서 여러분이 톰캣 `.zip` 파일을 푼 디렉터리를 선택한다. 그리고 `Installed JREs` 버튼을 클릭해서 이클립스 IDE가 톰캣 서버를 실행할 때 사용할 자바 SDK를 설정하고 `Finish`를 누른다. 이제 [그림 B-3]처럼 새로 설정한 톰캣 9 서버를 `Servers` 뷰에서 볼 수 있을 것이다.

그림 B-3 Servers 뷰에 새로 설정한 톰캣 9 서버

Markers Properties Servers Data Sou
Tomcat v9.0 [Stopped, Republish]

톰캣 9 서버를 설정했으므로, 예제 웹 프로젝트를 설정한 톰캣 9 서버에 배포하는 방법을 살펴보자.

B.4 웹 프로젝트를 톰캣 9 서버에 배포하기

웹 프로젝트(예: ch12-helloworld)를 톰캣 9 서버에 배포하려면 다음 단계를 따라야 한다.

- 이클립스 IDE의 Project Explorer 탭에서 예제 웹 프로젝트를 오른쪽 클릭한다. 해당 웹 프로젝트에 대해 수행할 수 있는 동작의 목록이 표시된다.
- 다음 두 가지 중 한 가지 방법으로 서버에 웹 프로젝트를 배포한다.
  - 웹 프로젝트를 배포만 하고 싶은 경우 Run as -> Run on Server를 선택한다. 이렇게 하면 B.3에서 설정한 톰캣 9 서버에 웹 프로젝트를 배포한다.
  - 웹 프로젝트를 배포한 후 디버깅하고 싶은 경우 Debug As -> Debug on Server를 선택한다. 이렇게 하면 B.3에서 설정한 톰캣 9 서버에 웹 프로젝트를 배포하고, 이클립스 IDE에서 서버에 배포한 프로젝트 상에 중단점[breakpoints]을 설정하는 등의 디버깅을 수행할 수 있다.

이클립스 IDE와 톰캣 9 서버를 제대로 설정했다면 톰캣 9 서버가 시작되고 웹 프로젝트가 그 서버 위에 배포된다는 것을 알 수 있다. 이제 웹 브라우저를 열어서 `http://localhost:8080/<sample-project-folder-name>`으로 가보면 웹 프로젝트의 홈페이지를 볼 수 있다. 여기서 `<sample-project-folder-name>`은 예제 프로젝트의 이름이다.

부록 C

스프링 부트 2 소개와 스프링 부트 테스트

C.1 들어가며

지금까지 스프링에 대해 알아봤다. 이제 하산하기에 앞서 공부한 내용을 가지고 연습 삼아 본문에서 다뤘던 MyBank 웹 애플리케이션을 직접 구현해볼까 한다. 자, 시작해보자.

"어라… 어떻게 프로젝트를 시작해야 할까?"

시작부터 막힌다. 메이븐을 써야 하니 pom.xml을 정의한다. 스프링을 써야 할테니 당연히 핵심 컨테이너는 들어가야 한다.

"그런데 핵심 컨테이너는 메이븐 아티팩트 이름이 어떻게 되더라?"

"MVC를 넣으려면 뭐가 들어가야 하지?"

프로젝트 의존 관계로 고려할 것이 너무 많기 때문에, 프로젝트 구조를 잡고 설정하는 데 전체 시간의 반 이상이 걸리게 생겼다. 게다가 의존 관계를 해결했다고 해도 다음 관문이 남았다. 각 모듈의 빈을 등록하고 서로 연결해주며 설정값을 잡아야 하는데 팩토리 이름이 뭐였고 옵션이 뭐였는지 레퍼런스를 뒤적이다 보면 한숨이 절로 나온다.

물론 기존 프로젝트의 설정을 복사 및 변경해서 사용하고 필요한 부분만 추가해도 되지만, 부지런한 스프링 팀은 스프링을 끊임없이 업데이트한다. 엎친 데 덮친 격으로, 최근 자바는 일 년에 두 번이나 업데이트되었다. 그에 맞춰 기존 라이브러리의 버전을 업데이트하고 제대로 작동하는 버전 조합을 찾아내야 한다. 게으름이 천성인 개발자라면, 이것을 과연 애플리케이션 개발자인 내가 꼭 해야 하는 일인지 고민하면서 회의감에 젖을 것이다.

스프링 부트 Spring Boot 프로젝트는 이런 문제에 대한 해답이라고 할 수 있다. 스프링 부트 홈페이지 (https://spring.io/projects/spring-boot)를 보면 스프링 부트 팀은 스프링 부트를 한마디로 다음과 같이 이야기한다.

> "'그냥 실행'하면 되는, 독립적으로 실행되는 프로덕션 수준의 스프링 기반 애플리케이션을 쉽게 만들 수 있도록 하는 프로젝트가 스프링 부트다."

스프링 부트는 다음과 같은 장점을 갖고 있다.

- 독립 실행 스프링 애플리케이션을 만들 수 있다.
- 톰캣, 제티Jetty, 언더토우Undertow를 내장한다(WAR를 서버에 배포하지 않고도 서버 애플리케이션을 만들 수 있다).
- 빌드 설정이 쉽도록 도와주는 스프링 이니셜라이저spring initializer(http://start.spring.io)를 제공한다.
- 자동으로 스프링과 서드파티 라이브러리를 설정해준다.
- 빌드 툴과 잘 통합된다.
- XML 설정이나 코드 생성 등을 통하지 않아도 된다.

스프링 부트에서 가장 눈에 띄고 편리한 세 가지 요소는 라이브러리 버전 자동관리, 필요한 기능에 맞춰 적절한 디폴트값을 제공하는 빈 자동 설정, 애플리케이션 서버나 서블릿 컨테이너에 배포하지 않고도 서버 앱을 개발할 수 있게 서버를 내장하는 기능을 들 수 있다. 또한, 스프링 부트가 제공하는 여러 테스트 애너테이션을 활용하면 스프링을 모두 실행할 필요 없이 원하는 레이어의 테스트를 빠르고 간결하게 실행할 수 있다.

이번 장에서는 최근 웹 개발 추세에 맞춰 뷰 단이 들어 있지 않은 웹 API[1]로 본문의 `MyBank` 애플리케이션을 개발하되, TDD를 활용해 개발할 것이다.

내용이 너무 길어지는 것을 막기 위해, 부록 C에서는 은행 계좌 및 정기 예금과 관련해 다음 API만 구현한다.

---

1 이 책 본문에서는 그냥 RESTfull API라고 했지만, 로이 필딩(Roy Fielding)이 「분산 하이퍼미디어 시스템을 위한 아키텍처 스타일」(2000) 박사 논문(https://www.ics.uci.edu/~fielding/pubs/dissertation/top.htm)에서 제시한 REST 원칙을 웹 API가 100% 지키는 경우는 거의 없으며, 이런 경우 웹 API나 HTTP API라고 부르는 것이 맞을 것이다. 「Microsoft REST API Guidelines」라고 (잘못된) 제목이 붙은 가이드라인(https://github.com/microsoft/api-guidelines/blob/vNext/Guidelines.md)을 따르면 많이 도움될 것이다. 한편, 부록 C는 옮긴이가 직접 작성한 부분이기 때문에 앞으로는 각주에 옮긴이라는 표시를 따로 하지 않는다.

- GET /account : 전체 계좌 목록을 반환한다.
- GET /account/{id} : {id}라는 ID를 가진 은행 계좌를 반환한다.
- GET /account/{id}/fixedDeposit : {id}라는 계좌에 속한 정기 예금 목록을 반환한다.

TDD를 시작하기 전에 스프링 부트 애플리케이션을 만드는 방법과 스프링 부트 애플리케이션의 기본 구조 및 작동 원리를 살펴보자.

C.2 스프링 부트 애플리케이션 만들기

스프링 부트 애플리케이션을 만드는 가장 쉬운 방법은 IDE가 제공하는 스프링 부트 애플리케이션 프로젝트 생성 기능을 사용하거나 스프링 부트 팀이 제공하는 스프링 이니셜라이저Spring Initializer를 사용하는 것이다. 여기서는 스프링 이니셜라이저를 사용해 프로젝트를 생성해보자.

스프링 이니셜라이저

스프링 이니셜라이저는 스프링 부트 애플리케이션 프로젝트의 기본 틀을 잡는 웹 애플리케이션이다. 이를 사용해 원하는 의존 관계를 가진 스프링 부트 애플리케이션 프로젝트 틀을 쉽게 만들 수 있다.

1. 웹 브라우저에서 `https://start.spring.io/`를 연다.
2. 다음과 같이 프로젝트 상세 정보를 입력한다(그림 C-1 참조).
   1. 그레이들Gradle 프로젝트를 선택한다.
   2. 자바를 언어로 선택한다.
   3. 스프링 부트 2.2.5(2020년 3월 현재 최신 버전)를 선택한다.
   4. 그룹group에 `appendix.c`, 아티팩트artifact에 `mybank`를 입력한다.
   5. 옵션을 열어 자바 버전을 13으로 선택한다.
3. 다음과 같이 프로젝트 의존 관계를 검색해 등록한다. 의존 관계 영역 `search dependencies to add` 아래의 입력 필드에 원하는 기능이나 라이브러리 이름을 쳐서 넣으면, 그 이름에 해당하는 라이브러리나 프로젝트의 목록이 뜬다. 원하는 것을 클릭해서 추가한다.

   1. H2 데이터베이스 H2 Database
   2. 스프링 웹 Spring Web
   3. 스프링 데이터 Spring Data JPA
   4. 롬복 Lombok

4. `Generate` 버튼을 클릭하면 `mybank.zip` 파일을 자동으로 다운로드 받을 수 있다. 다운로드한 `mybank.zip` 파일을 작업 디렉터리에 푼다.

그림 C-1 스프링 이니셜라이저에서 프로젝트 정보 입력하기

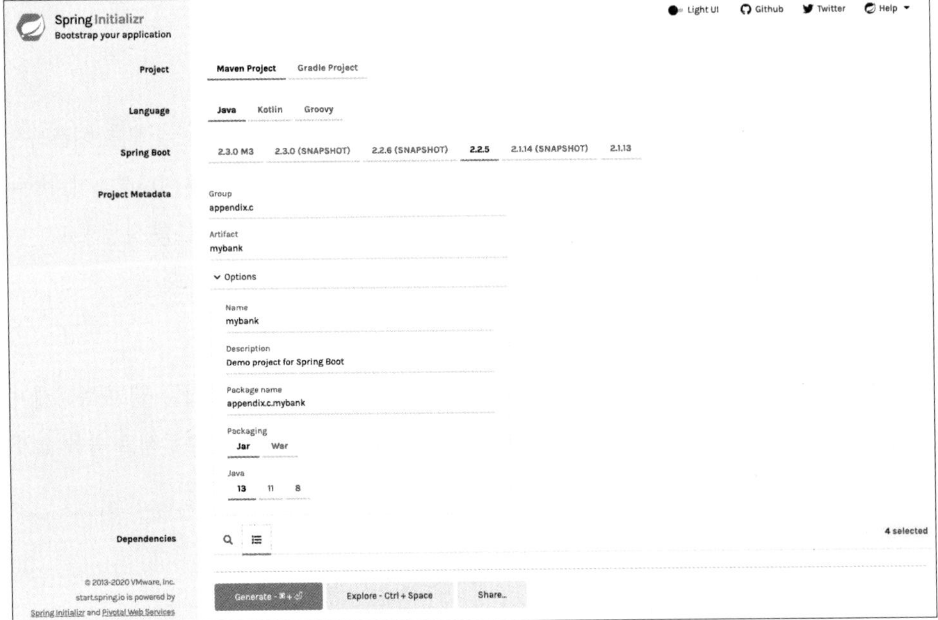

그림 C-2 스프링 이니셜라이저에서 프로젝트 의존 관계 입력하기

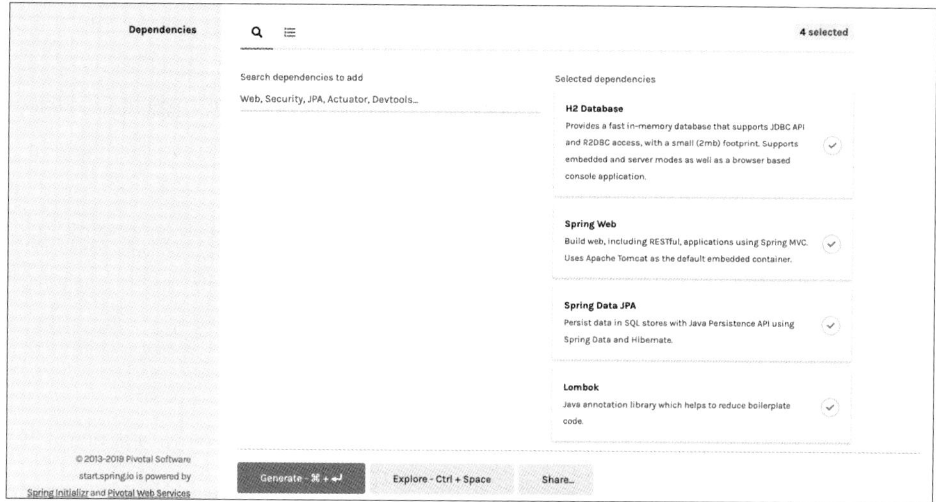

NOTE_ WAR를 만들지 말고 JAR를 만들자. 웹 애플리케이션을 기업형 WAS에 배포하던 시절에는 WAR 파일로 패키징하는 것이 일반적이었지만, 최근 클라우드 환경이 대두되면서 배포가 단순하고 확장성이 좋으며 이전이 쉬운 JAR을 사용하는 것이 일반적이다.

프로젝트 구조

프로젝트 구조는 다음과 같다. 메이븐을 사용하는 일반적인 자바 프로젝트 구조와 같다는 것을 알 수 있다.

```
mybank
├─ build.gradle
└─ src
  ├─ main
  |   ├─ java
  |   |   └─ appendix/c/mybank
  |   |            └─ MybankApplication.java
  |   └─ resources
  |     ├─ application.properties
  |     ├─ static
  |     └─ templates
  └─ test
    └─ java
      └─ appendix/c/mybank
              └─ MybankApplicationTests.java
```

- build.gradle은 그레이들 빌드 설정 파일이다.
- src 디렉터리는 프로그램 소스가 들어간다. src/main은 메인, src/test는 테스트 관련 소스 코드가 들어간다.
- src/main/resources 아래에 각종 리소스가 들어 있다. 현재는 없지만 테스트에만 사용할 리소스가 있다면 test/resources/ 아래에 만들자.

소스 코드에 보면 `MybankApplication.java`라는 코드가 이미 들어 있음을 알 수 있다. 빌드하면 제대로 작동할까? 한번 시험해보자.

그레이들로 프로젝트 빌드해 실행해보기

이렇게 만든 프로젝트를 가지고 실행해보면 어떻게 될까? 그레이들로 빌드 후 실행해보자. 명령줄에서 `gradle build`라고 하면 프로젝트를 빌드할 수 있다. 빌드하지 않았더라도 `gradle bootRun`을 하면 빌드 후 스프링 부트 애플리케이션을 실행해준다. 애플리케이션을 실행해보자.

```
$ gradle bootRun

> Task :bootRun

(배너 생략)

2019-12-08 18:39:19.290  INFO 3107 --- [       main] appendix.c.mybank.
MybankApplication: Starting MybankApplication on Hyunsoks-MacBook-Pro.local with
PID 3107 (<작업경로>/mybank/build/classes/java/main started by hyunsokoh in <작업경로
>/mybank)
2019-12-08 18:39:19.293  INFO 3107 --- [       main] appendix.c.mybank.
MybankApplication: No active profile set, falling back to default profiles:
default
2019-12-08 18:39:19.963  INFO 3107 --- [       main] .s.d.r.c.RepositoryConfigurati
onDelegate: Finished Spring Data repository scanning in 16ms. Found 0 repository
interfaces.
2019-12-08 18:39:20.510  INFO 3107 --- [       main] o.s.b.w.embedded.tomcat.
TomcatWebServer: Tomcat initialized with port(s): 8080 (http)

(생략)

2019-12-08 18:39:22.233  INFO 3107 --- [       main] o.s.b.w.embedded.tomcat.
TomcatWebServer: Tomcat started on port(s): 8080 (http) with context path ''
```

```
2019-12-08 18:39:22.236  INFO 3107 --- [           main] appendix.c.mybank.
MybankApplication: Started MybankApplication in 3.491 seconds (JVM running for 4.009)
<=============----> 75% EXECUTING [<시간흘러감>]
```

콘솔 화면을 보면 어떤 프로파일도 설정하지 않아서 `default`를 사용하며, 톰캣tomcat이 8080 포트에서 리슨listen하는 것을 볼 수 있다. 마지막에는 이 애플리케이션이 현재 얼마 동안 실행 중인지 표시해주는 타이머가 매초 갱신된다.

웹 브라우저를 열고 `http://localhost:8080`에 들어가보자. 다음과 같은 기본 오류 화면을 볼 수 있다. 웹 브라우저가 보여주는 404 오류 화면과는 다르다. 따라서 스프링 앱이 정상적으로 설치되고 톰캣이 8080 포트에서 요청을 받고 있음을 알 수 있다.

그림 C-3 브라우저에서 http://localhost:8080을 열면 404 오류 화면이 보인다. 별도로 오류 화면 설정을 하지 않았기 때문에 디폴트 'Whitelabel Error Page'가 표시된다

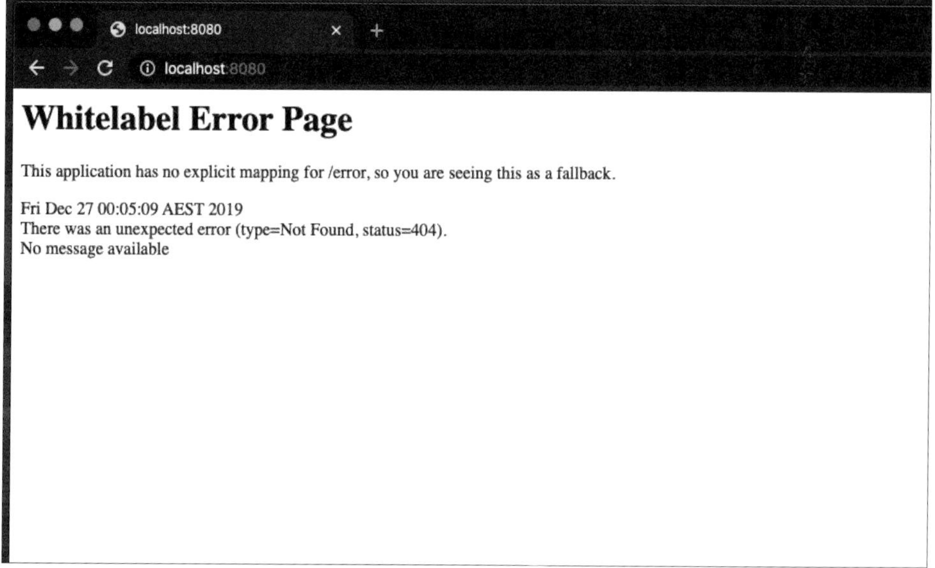

여기서 다음과 같은 내용을 알 수 있다.

- 별도로 설정하지 않았지만 내장된 톰캣을 사용해 8080 포트로 접속하여 웹 애플리케이션을 사용할 수 있다.
- 별도로 / URL에 대해 핸들러를 지정하지 않았기 때문에 인증 사용자가 루트 경로에 접근하면 HTTP 404 상태 코드를 돌려준다. 이때 오류 화면은 디폴트로 Whitelabel Error Page라는 화면이 표시된다.

어쨌든 스프링 웹 지원이 제대로 작동한다는 것을 알 수 있다. 그렇다면 이 프로젝트는 대체 어떤 구조로 생겼기에 별다른 설정 없이도 기본적인 기능을 제공할 수 있을까? 이에 대해 살펴보자.

C.3 스프링 부트의 동작

앞에서 만든 프로젝트가 제대로 컴파일되고 실행되기 위해서는 빌드 시스템이 올바른 의존 관계를 찾아낼 수 있어야 하고, 실행 시점에는 의존 관계에 있는 각 라이브러리에 속한 클래스들이 제대로 스프링 컨테이너에 의해 빈으로 로딩되어 등록되면서 DI가 이뤄져야 한다. 먼저 빌드 시스템이 의존 관계를 어떻게 찾아내는지부터 살펴보자. 내부 동작에 대해 관심이 없는 독자는 C.4로 넘어가도 좋다.

스프링 부트의 의존 관계 해결 방법

의존 관계를 어떻게 해결하는지 알아보기 위해서는 먼저 `build.gradle`의 의존 관계 부분을 보고, 그레이들이 `build.gradle`에 정의된 의존 관계로부터 실제로 어떤 라이브러리들을 가져와 사용하는지 살펴봐야 한다. 우선 `build.gradle`에서 의존 관계 관련 부분을 살펴보자. 테스트 단언문을 좀 더 편리하게 사용하기 위해 `assertj`를 추가했다.

예제 C-1 build.gradle의 의존 관계 관련 부분

```
plugins {
  id 'org.springframework.boot' version '2.2.5.RELEASE'
  id 'io.spring.dependency-management' version '1.0.9.RELEASE'
  id 'java'
}

...

dependencies {
  implementation 'org.springframework.boot:spring-boot-starter-data-jpa'
  implementation 'org.springframework.boot:spring-boot-starter-web'
  compileOnly 'org.projectlombok:lombok'
  runtimeOnly 'com.h2database:h2'
```

```
    annotationProcessor 'org.projectlombok:lombok'
    testImplementation('org.springframework.boot:spring-boot-starter-test') {
      exclude group: 'org.junit.vintage', module: 'junit-vintage-engine'
    }
    testCompile 'org.assertj:assertj-core:3.15.0'
  }
  ...
```

프로젝트 build.gradle을 보면 스프링 이니셜라이저에서 설정한 항목들이 들어 있는 것을 볼 수 있다. 그리고 테스트를 위해 이니셜라이저가 자동으로 spring-boot-starter-test에 대한 의존 관계를 추가한 것도 볼 수 있다. 의존 관계 이름을 보면 2가지 종류가 있음을 발견할 수 있다. 예를 들어 lombok이나 h2 같은 의존 관계는 해당 라이브러리를 가리키는 아티팩트 이름을 직접 사용하지만, spring-boot-starter-data-jpa, spring-boot-starter-web등은 spring-boot-starter 뒤에 관련 기능이나 모듈 이름이 붙어 있다. 한 가지 흥미로운 점은 dependencies 부분에 아무 버전 정보가 들어 있지 않다는 것이다. compileOnly 'org.projectlombok:lombok:1.18.20'처럼 의존 관계 종류, 그룹, 이름, 버전을 다 나열하는 것과 비교해보면 버전이 빠져 있음을 알 수 있다.

그렇다면 버전 정보도 없고 구체적인 라이브러리 정보도 들어 있지 않은 이런 의존 관계가 어떻게 제대로 처리되는 것일까? 일단 그레이들이 알아낸 의존 관계를 정확히 추적하기 위해 gradle dependencies 명령을 명령줄에서 실행하면 다음과 같은 결과를 볼 수 있다(거의 1000줄에 가까운 결과가 나오는데, 그중 스프링 웹과 관련된 실행 시점 의존 관계 부분의 일부만 나타낸다.)

```
$ gradle dependencies

> Task :dependencies

------------------------------------------------------------
Root project
------------------------------------------------------------

annotationProcessor - Annotation processors and their dependencies for source set
'main'.
\--- org.projectlombok:lombok -> 1.18.12

(생략)
```

```
runtimeClasspath - Runtime classpath of source set 'main'.
+--- org.springframework.boot:spring-boot-starter-data-jpa -> 2.2.5.RELEASE
|    (spring-boot-starter-data-jpa 관련 의존 관계 생략)
+--- org.springframework.boot:spring-boot-starter-web -> 2.2.5.RELEASE
|  +--- org.springframework.boot:spring-boot-starter:2.2.5.RELEASE (*)
|  +--- org.springframework.boot:spring-boot-starter-json:2.2.5.RELEASE
|    (spring-boot-starter-json 관련 의존 관계 생략)
|  +--- org.springframework.boot:spring-boot-starter-tomcat:2.2.5.RELEASE
|    (spring-boot-starter-tomcat 관련 의존 관계 생략)
|  +--- org.springframework.boot:spring-boot-starter-validation:2.2.5.RELEASE
|    (spring-boot-starter-validation 관련 의존 관계 생략)
|  +--- org.springframework:spring-web:5.2.4.RELEASEE (*)
|  \--- org.springframework:spring-webmvc:5.2.4.RELEASE
|       +--- org.springframework:spring-aop:5.2.4.RELEASE (*)
|       +--- org.springframework:spring-beans:5.2.4.RELEASE (*)
|       +--- org.springframework:spring-context:5.2.4.RELEASE (*)
|       +--- org.springframework:spring-core:5.2.4.RELEASE (*)
|       +--- org.springframework:spring-expression:5.2.4.RELEASE (*)
|       \--- org.springframework:spring-web:5.2.4.RELEASE (*)
\--- com.h2database:h2 -> 1.4.200

testRuntimeOnly - Runtime only dependencies for source set 'test'. (n)
No dependencies

(*) - dependencies omitted (listed previously)

(n) - Not resolved (configuration is not meant to be resolved)

A web-based, searchable dependency report is available by adding the --scan option.

BUILD SUCCESSFUL in 2s
1 actionable task: 1 executed
```

예를 들어 spring-boot-starter-web만 살펴보면 spring-boot-starter-web은 다시 spring-boot-starter, spring-boot-starter-json, spring-boot-starter-tomcat, spring-boot-starter-validation이라는 spring-boot-starter로 시작하는 의존 관계에 의존하고, spring-web과 spring-webmvc에 의존함을 알 수 있다. 그렇다면 이런 의존 정보는 어디서 나왔을까? 바로 메이븐 POM에서 나왔다.

메이븐 POM과 스프링 부트 스타터

메이븐 빌드 시스템에서는 의존 관계를 해결하기 위해 리포지터리에서 JAR 파일과 POM 파일을 가져온다. JAR 파일에는 라이브러리를 구성하는 클래스나 리소스 파일과 매니패스트 파일이 들어 있고, POM 파일에는 메타데이터(프로젝트 정보나 의존 관계 등)가 들어 있다. 예를 들어 `spring-boot-starter-web`의 경우 메이븐에서 JAR 파일과 POM 파일이 관련 파일이다. 메이븐 센트럴 리포지터리의 정보(최신 버전은 `https://repo1.maven.org/maven2/org/springframework/boot/spring-boot-starter-web/2.2.2.RELEASE/`)에서 `spring-boot-starter-web.jar` 파일을 다운 받아 열어보면, 내부에 `META-INF` 밑의 `MANIFEST.MF` 파일 외에 아무 것도 들어 있지 않음을 알 수 있다. 따라서 이 아티팩트는 단지 의존 관계 관련 정보를 전달하기 위한 것이라고 볼 수 있다. 의존 관계는 `POM` 파일에 있을 것이므로 리포지터리에서 `spring-boot-starter-web-2.2.2.RELEASE.pom` 파일을 열어보면 의존 관계에서 다음에 의존함을 알 수 있다.

- org.springframework.boot:spring-boot-starter
- org.springframework.boot:spring-boot-starter-json
- org.springframework.boot:spring-boot-starter-tomcat
- org.springframework.boot:spring-boot-starter-validation
- org.springframework:spring-web
- org.springframework:spring-webmvc

앞에 나온 `gradle dependencies`에서 살펴본 의존 관계와 동일함을 알 수 있다.

한편 `spring-boot-starter`로 시작하지 않는 아티팩트는 JAR 파일에도 내용이 있다는 점이 다르다. 예를 들어 메이븐 아티팩트 검색 웹사이트에 들어가 `org.springframework:spring-webmvc`를 검색한 후 메이븐 센트럴 리포지터리에서 아티팩트 JAR와 POM을 찾아보면, 이번에는 JAR 파일 크기가 945,943바이트로 정상적인 자바 클래스 파일들이 들어 있는 것을 볼 수 있고, POM을 열면 다시 다른 스프링 모듈에 대한 의존 관계를 볼 수 있다.

이런 식으로 모듈 간 의존 관계는 POM 파일 내의 `<dependencies>` 엘리먼트를 통해 추이적[transitive]으로 지정되며, 스프링 부트 스타터 아티팩트들은 각 기능별로 필요한 모듈 의존 관계를 정리해둔 POM 파일을 제공하기 위한 아티팩트들이라고 할 수 있다.

아직 해결되지 않은 요소가 한 가지 있다. 앞에 나온 gradle dependencies 결과를 보면 스프링 부트 버전은 2.2.2, 스프링 버전은 5.2.2가 자동으로 선택됐다. 하지만 앞의 build.gradle에서는 버전 정보를 따로 지정하지 않은 것 같다. 그렇다면 버전은 어떻게 지정되는 것일까?

BOM과 스프링 의존 관계 플러그인

메이븐에서 버전 관리가 복잡해짐에 따라 버전을 집중 관리할 필요성을 느낀 개발자들이 많아졌고 그에 대한 해답으로 BOM이라는 것이 나왔다. BOM[Bill Of Matrial]은 <dependencyManagement>라는 엘리먼트 안에 원하는 라이브러리들의 의존 관계와 버전을 정리해둔 것이다. 메이븐을 사용한다면 POM에서 <parent> 엘리먼트를 사용해 spring-boot-starter-parent 아티팩트를 부모로 지정해서 관련 정보를 상속받거나, <dependencyManagement> 엘리먼트를 사용해 spring-boot-dependencies를 BOM으로 지정하고, 프로젝트의 <dependencies> 엘리먼트 안에서는 버전을 적지 않고 그룹과 아티팩트만 지정하면 BOM을 참조해서 각 아티팩트의 버전을 결정할 수 있다.

하지만 앞에서 살펴본 build.gradle에는 이와 관련된 설정이 없어 보인다. 사실 plugins에 들어 있는 org.springframework.boot 플러그인과 io.spring.dependency-management 플러그인이 그 작업을 해준다. io.spring.dependency-management는 메이븐 BOM을 통한 의존 관계 처리를 가능하게 하고, org.springframework.boot는 io.spring.dependency-management 플러그인이 적용된 경우 스프링 BOM을 임포트해준다.

따라서 그레이들 plugins 설정 안에서 'org.springframework.boot'의 버전을 원하는 스프링 부트 버전으로 지정하고(우리 build.gradle에서는 2.2.5.RELEASE), io.spring.dependency-management 플러그인 최신 버전을 지정해주면 스프링 부트 플러그인이 알아서 스프링 부트나 스프링 관련 라이브러리의 버전을 모두 관리할 수 있다.

의존 관계 관리에 대해 간단히 정리했으므로, 이제는 스프링 부트 애플리케이션이 어떻게 spring-boot-starter-*를 가지고 우리가 원하는 각종 기능의 빈을 설정 및 DI해주는지 살펴보자.

스프링 부트 애플리케이션의 내부

우선 애플리케이션 주 클래스인 MybankApplication.java를 살펴보자.

예제 C-2 MybankApplication.java

```
package appendix.c.mybank;

import org.springframework.boot.SpringApplication;
import org.springframework.boot.autoconfigure.SpringBootApplication;

@SpringBootApplication
public class MybankApplication {

  public static void main(String[] args) {
    SpringApplication.run(MybankApplication.class, args);
  }

}
```

단 13줄밖에 안되는 코드고 실질적으로 하는 일이 거의 없어 보이는데도 앞에서 본 것처럼 각종 웹 관련 설정이나 내장 톰캣 지원 등을 모두 담당한다. 해당 기능을 직접 애플리케이션 컨텍스트 XML이나 애너테이션, 자바 프로그램 등으로 설정한 경우를 생각해보면 엄청나게 간단하다는 사실을 알 수 있다. 대체 어디에 이런 일을 가능하게 하는 비밀이 숨어 있는 것일까?

코드를 보면 이런 일을 가능케 할 가능성이 있는 코드는 두 부분뿐이다. 그중에서도 설정과 관련된 부분은 (모양을 보건데) @SpringBootApplication인 것 같다. SpringApplication.run이라는 메서드 자체는 구현이 정해져 있으므로 @SpringBootApplication을 시작점으로 하는 애너테이션들로 설정하고, 빈(빈에는 빈을 만들어내는 팩토리도 포함된다는 점을 기억하자)이나 컨텍스트 관련 리스너 등을 통해 빈 생성이나 등록 시 적절한 처리를 함으로써 전체가 잘 연동되어 돌아가도록 만드는 것이 아닌가 추측할 수 있다.

따라서 우선 @SpringBootApplication에 대해 살펴보자.

@SpringBootApplication 애너테이션

이제 소스 코드를 추적해야 하므로 인텔리J CE(커뮤니티 에디션)를 깔고 거기서 프로젝트를 임포트하자. 설치는 검색해보거나 젯브레인즈의 인텔리J 설치 가이드(https://www.jetbrains.com/help/idea/installation-guide.html)를 확인한다.

프로젝트 창에서 MybankApplication.java를 열고, @SpringBootApplication을 커맨드

(⌘)-클릭하면 `org.springframework.boot.autoconfigure`의 `SpringBootApplication.java`가 열린다(예제 C-3).

예제 C-3 SpringBootApplication.java

```
@Target(ElementType.TYPE)
@Retention(RetentionPolicy.RUNTIME)
@Documented
@Inherited
@SpringBootConfiguration
@EnableAutoConfiguration
@ComponentScan(excludeFilters = { @Filter(type = FilterType.CUSTOM, classes =
TypeExcludeFilter.class),
    @Filter(type = FilterType.CUSTOM, classes = AutoConfigurationExcludeFilter.class)
})
public @interface SpringBootApplication {
...
}
```

일반적인 애너테이션 정의에 필요한 **@Target**, **@Retention**, **@Documented**, **@Inherited**를 제외하면, 실제로 남는 애너테이션은 세 가지다.

- @SpringBootConfiguration : 커맨드-클릭해서 열어보면 @Configuration 메타 애너테이션이 붙어 있다. @Configuration이 붙은 클래스는 빈 설정을 제공하는 설정 클래스가 된다. @Configuration에 대해서는 본문(7장의 7.2절)에서 다뤘다.
- @ComponentScan : 빈을 스캔할 패키지를 지정하며, 본문(7장의 7.2절)에서 이미 다뤘다. 따라서 @SpringBootApplication이 붙은 클래스가 속한 패키지와 그 자손 패키지에서 빈을 등록한다.

@SpringBootApplication 애너테이션이 붙은 애플리케이션은 컴포넌트 스캔을 통해 빈을 등록하는 사용자 설정 단계와 **@EnableAutoConfiguration**을 통해 등록된 빈들로부터 자동 설정을 진행하는 자동 설정 단계로 나뉜다. 먼저 사용자 설정을 진행하고 나중에 자동 설정을 하는 이유는, 사용자가 원하는 특정 빈이 있다면 사용자가 그 빈을 등록하고 자동 설정에서 사용자가 등록한 빈을 최대한 존중하기 위해서다. 바꿔 말하면, 자동 설정은 사용자가 제공하는 설정이나 빈이 있으면 그 설정을 먼저 사용하고, 사용자가 제공하는 설정이나 빈이 없으면 디폴트로 스프링 부트 팀이 지정해둔 설정을 사용한다.

> **NOTE_** @SpringBootApplication은 스프링 부트에서 일어나는 모든 마법의 출발점이며, @EnableAutoConfiguration은 스프링 부트에서 자동 설정을 가능하게 해주는 마법의 애너테이션이다.

그렇다면 @EnableAutoConfiguration은 어떻게 작동할까? (스프링 부트의 내부 동작에 관심이 없는 독자는 이 부분을 건너뛰고 바로)

@EnableAutoConfiguration 애너테이션

@EnableAutoConfiguration 애너테이션은 spring-boot-autoconfigure.jar에 정의되어 있으며, 내용은 다음과 같다.

예제 C-4 EnableAutoConfiguration 인터페이스

```
@Target(ElementType.TYPE)
@Retention(RetentionPolicy.RUNTIME)
@Documented
@Inherited
@AutoConfigurationPackage
@Import(AutoConfigurationImportSelector.class)
public @interface EnableAutoConfiguration {
  ...
}
```

AutoConfigurationImportSelector.class를 임포트하는 것을 볼 수 있는데, 이는 AutoConfigurationImportSelector.class에 있는 설정을 임포트하는 것과 같다. AutoConfigurationImportSelector.class의 AutoConfigurationImportSelector는 DeferredImportSelector, BeanClassLoaderAware, ResourceLoaderAware, BeanFactoryAware, EnvironmentAware, Ordered 인터페이스를 구현하는데, 이 중 DeferredImportSelector는 설정 클래스가 임포트된 이후 호출되어 필요한 부분을 활성화한다. AutoConfigurationImportSelector의 getCandidateConfigurations() 메서드는 이름대로 후보 설정을 가져오는 역할을 한다. 이 메서드가 사용하는 SpringFactoriesLoader는 클래스 경로에 있는 모든 JAR 파일의 META-INF/spring.factories 파일에서 설정 파일 목록을 가져온다. 예를 들어 spring-boot-autoconfigure.jar에 있는 META-INF/spring.factories에서 웹 관련 부분을 보면 다음과 같다.

예제 C-5 스프링 부트 자동 설정의 META-INF/spring.factories

```
# Initializers
org.springframework.context.ApplicationContextInitializer=\
org.springframework.boot.autoconfigure.SharedMetadataReaderFactoryContextInitializ
er,\
org.springframework.boot.autoconfigure.logging.ConditionEvaluationReportLoggingList
ener

(생략)

# Auto Configure

(생략)

org.springframework.boot.autoconfigure.web.client.RestTemplateAutoConfiguration,\
org.springframework.boot.autoconfigure.web.embedded.EmbeddedWebServerFactoryCustomi
zerAutoConfiguration,\
org.springframework.boot.autoconfigure.web.reactive.HttpHandlerAutoConfiguration,\
org.springframework.boot.autoconfigure.web.reactive.ReactiveWebServerFactoryAutoCon
figuration,\
org.springframework.boot.autoconfigure.web.reactive.WebFluxAutoConfiguration,\
org.springframework.boot.autoconfigure.web.reactive.error.ErrorWebFluxAutoConfiguration,\
org.springframework.boot.autoconfigure.web.reactive.function.client.ClientHttpConne
ctorAutoConfiguration,\
org.springframework.boot.autoconfigure.web.reactive.function.client.
WebClientAutoConfiguration,\
org.springframework.boot.autoconfigure.web.servlet.DispatcherServletAutoConfiguration,\
org.springframework.boot.autoconfigure.web.servlet.ServletWebServerFactoryAutoConfi
guration,\
org.springframework.boot.autoconfigure.web.servlet.error.ErrorMvcAutoConfiguration,\
org.springframework.boot.autoconfigure.web.servlet.HttpEncodingAutoConfiguration,\
org.springframework.boot.autoconfigure.web.servlet.MultipartAutoConfiguration,\
org.springframework.boot.autoconfigure.web.servlet.WebMvcAutoConfiguration,\
org.springframework.boot.autoconfigure.websocket.reactive.WebSocketReactiveAutoConf
iguration,\
org.springframework.boot.autoconfigure.websocket.servlet.WebSocketServletAutoConfig
uration,\
org.springframework.boot.autoconfigure.websocket.servlet.WebSocketMessagingAutoConf
iguration,\
org.springframework.boot.autoconfigure.webservices.WebServicesAutoConfiguration,\
org.springframework.boot.autoconfigure.webservices.client.WebServiceTemplateAutoCon
figuration

(생략)
```

웹 관련 설정만 해도 거의 20여 개의 설정 클래스가 있다는 것을 알 수 있다. 이 중 DispatcherServletAutoConfiguration을 살펴보면 다음과 같다.

예제 C-6 디스패처 서블릿을 설정하는 DispatcherServletAutoConfiguration 클래스

```
@AutoConfigureOrder(Ordered.HIGHEST_PRECEDENCE)
@Configuration(proxyBeanMethods = false)
@ConditionalOnWebApplication(type = Type.SERVLET)
@ConditionalOnClass(DispatcherServlet.class)
@AutoConfigureAfter(ServletWebServerFactoryAutoConfiguration.class)
public class DispatcherServletAutoConfiguration {
  ...
}
```

@ConditionalOnWebApplication, @ConditionalOnClass는 이 설정 클래스(앞에 @Configuration이 붙어 있다는 데 유의하자)를 적용할 조건을 지정한다. 이 조건에 따르면 DispatcherServletAutoConfiguration은 애플리케이션이 웹 애플리케이션 중 SERVLET이고, DispatcherServlet 클래스가 클래스경로에 있는 경우에만 활성화되므로, 조건에 따라 빈을 등록하는 역할을 한다. 이런 @ConditionalXXX 애너테이션은 스프링 4부터 도입됐고, 모든 조건은 org.springframework.context.annotation.Conditional 애너테이션을 구현해 처리한다. 이 애너테이션에는 [예제 코드 C-7]과 같이 matches라는 메서드가 정의되어 있고, 이 메서드가 true를 반환하면 조건을 만족하는 것으로 판단해 컴포넌트를 등록한다.

예제 C-7 Conditional 인터페이스

```
@FunctionalInterface
public interface Condition {

  boolean matches(ConditionContext context, AnnotatedTypeMetadata metadata);

}
```

스프링에서 제공하는 여러 @ConditionalXXX 애너테이션 중 몇 가지를 정리하면 다음과 같다.

이름	설명
@ConditionalOnProperty	프로퍼티 값이 어떤 값인지 판단한다.
@ConditionalOnExpression	SpEL 식을 평가한다.
@ConditionalOnBean	지정한 클래스에 해당하는 빈이 애플리케이션 컨텍스트에 존재하는지 판단한다.
@ConditionalOnMissingBean	해당 빈이 애플리케이션 컨텍스트에 없는지 판단한다.
@ConditionalOnResource	지정한 자원이 클래스경로에 있는지 판단한다.
@ConditionalOnClass	지정한 클래스가 클래스경로에 있는지 판단한다.
@ConditionalOnMissingClass	지정한 클래스가 클래스경로에 없는지 판단한다.
@ConditionalOnJndi	지정한 자원이 JNDI를 통해 사용 가능한지 판단한다.
@ConditionalOnJava	특정 자바 버전을 검사한다.

정리하면 스프링 부트는 다음 과정을 통해 빈을 자동으로 등록하고 설정한다.

- 컴파일 시 의존 관계를 각종 스타터(spring-boot-starter-*)가 처리한다. 컴파일된 애플리케이션에는 스타터에서 정의한 각종 클래스가 들어가 있다.
- @SpringBootApplication은 @SpringBootConfiguration, @EnableAutoConfiguration, @ComponentScan을 활성화한다.
  - 따라서 @SpringBootConfiguration이 메인 애플리케이션 클래스(우리 예제에서는 Mybank Application)에 붙어 있으므로, 메인 애플리케이션 클래스에서 빈을 정의하면 그 빈도 컨테이너에 등록된다.
  - @ComponentScan이 활성화되므로 메인 애플리케이션 클래스가 속한 패키지와 그 자식 패키지에 정의된 모든 빈이 컨테이너에 등록된다.
  - @EnableAutoConfiguration에 의해 자동 설정이 활성화된다.

자동 설정은 다음과 같이 이뤄진다.

- 클래스경로상의 모든 META-INF/spring.factories에서 설정 파일 목록을 읽어온다.
- 설정 파일을 스프링이 처리하는 과정에서 스프링 팀이 미리 정의해둔 각종 설정 클래스에 의해 있는 여러 설정이 @Conditinal 조건에 의해 활성화/비활성화되면서 사용자가 spring-boot-starter-*로 지정해 넣은 각종 기능이 적절히 활성화되고 설정된다.

지금까지 스프링 부트가 어떻게 애플리케이션을 설정하는지 대략적으로 살펴봤다. 커스텀 @Conditional 애너테이션을 만들고 커스텀 설정 파일을 만든 후 모듈의 META-INF/spring.factories에 설정 파일을 지정하면 스프링 부트와 똑같은 일을 하는 자동 설정 기능을 만들 수도 있다. 관련 내용이 궁금한 독자는 웹에서 관련 문서나 발표를 찾아보자.

이제 다시 애플리케이션 개발로 돌아가서 스프링 부트를 사용한 웹 애플리케이션 개발을 마무리해보자.

C.4 MyBank 애플리케이션 개발 – TDD를 사용한 웹 API 개발

웹 API를 개발하기 전에 우선 데이터베이스 연결 관련 설정을 추가하자.

H2 데이터베이스 연결 정의

spring-boot-starter-data-jpa와 h2 데이터베이스 연결을 지정했기 때문에 스프링 데이터 JPA를 사용할 때 썼던 모든 기능을 별다른 설정 없이 H2 데이터베이스를 연결해 사용할 수 있다. 물론 데이터 소스에 대한 정의가 없으면 데이터베이스에 연결할 수 없으므로 기본적인 연결 정보를 지정할 필요가 있다. 스프링 부트에서는 YAML 파일을('야믈' 비슷하게 읽는다) 사용해 각종 프로퍼티를 정의할 수 있다. 다음은 src/main/resources/application.yml 파일에 들어갈 H2 데이터베이스 연결 설정이다(데이터베이스 URL의 디렉터리 경로는 여러분이 원하는 경로로 바꿔야 하며, 해당 디렉터리가 존재해야 한다).

예제 C-8 application.yml 파일의 데이터베이스 연결 설정

```
spring:
  datasource:
  url: jdbc:h2:file:/Users/hyunsokoh/data/spring-boot
  driverClassName: org.h2.Driver
  username: user
  password: password
  jpa:
  database-platform: org.hibernate.dialect.H2Dialect
```

다음과 같이 url을 변경해서 메모리를 사용하도록 할 수도 있다. 이 경우 임베디드 데이터베이스를 실행하던 애플리케이션을 종료하면 데이터도 사라진다는 점에 유의하자.

```
spring:
  datasource:
  url: jdbc:h2:mem:testdb
```

한편 H2가 제공하는 콘솔 기능을 사용하고 싶으면 다음을 설정한다.

```
spring:
  h2:
  console.enabled: true
```

[예제코드 C-8]의 내용을 application.yml에 추가하고 콘솔 기능을 활성화한 후 gradle bootRun으로 실행해 http://localhost:8080/h2-console에 들어가보자. 다음과 같은 화면을 볼 수 있고, H2 사용자 이름과 암호를 입력하면 데이터베이스 콘솔 화면을 볼 수 있다.

그림 C-4 H2 콘솔

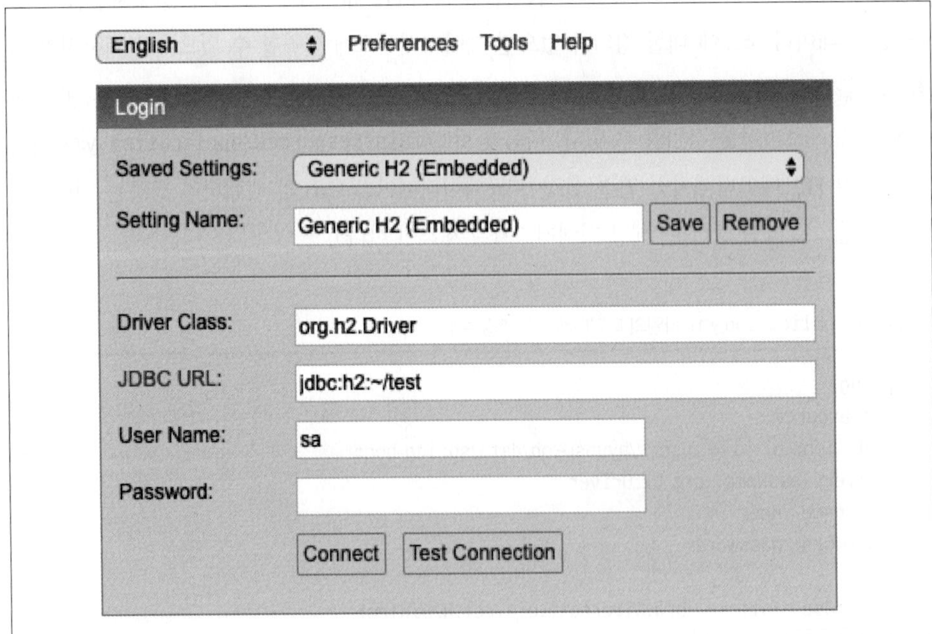

부록 C에서는 TDD로 앱을 개발하되 탑다운top-down 방식으로 개발할 것이다. 탑다운 방식은 전체를 먼저 정하고, 전체를 이루는 각 부분을 나눈 후 각각의 부분을 다시 탑다운으로 개발하는 방식이다. 웹 API 개발을 예로 들면, API가 제공할 각 URL을 정의하고 각 URL을 처리하는 부분을 컨트롤러, 서비스, 리포지터리 등의 순으로 구현해나가는 과정을 거치는 방식을 탑다운 방식이라고 할 수 있다.

TDD로 탑다운 개발할 경우 전체 애플리케이션의 실행을 검사할 수 있는 통합 테스트integration test를 먼저 정의하고(아무 구현도 없으므로 처음에는 테스트가 실패할 것이다), 통합 테스트를 성공시킬 때까지 애플리케이션의 각 레이어를 차례로 TDD해나가는 과정을 반복하는 형태로 개발을 진행하게 된다. 우선 통합 테스트를 작성하자.

첫 번째 테스트 – 통합 테스트

통합 테스트는 실제 애플리케이션이 실행되는 것과 같은 환경에서 실행을 체크하는 테스트다. 따라서 애플리케이션에서 사용하려는 모든 스프링 부트 기능을 활성화하여 사용해야 한다. 스프링 부트가 만든 예제 테스트 코드에서는 `@SpringBootTest`라는 애너테이션을 볼 수 있다. 스프링의 모든 기능을 사용하는 테스트를 작성할 때는 `@SpringBootTest` 애너테이션을 사용한다.

`IntegrationTest`라는 테스트 클래스를 만들고 `@SpringBootTest`를 붙인 후, [예제 C-1] 마지막 부분에 설명한 세 가지 URL을 테스트하는 코드를 작성하자. 웹 API 테스트를 위해 `TestRestTemplate`을 사용한다.

테스트를 작성할 때는 단위 테스트 진영에서 흔히 이야기하는 AAA(준비–작업수행–검사arrange–act–assert)나 BDD(행위 주도 개발Behavior Driven Development) 진영에서 이야기하는 GWT(조건–동작–검사given–when–then)라는 단계를 염두에 두고 작성하는 것이 좋다. 처음에는 주석으로 각 단계를 적어두고 시작하는 것도 한 가지 방법이다. 여기서는 AAA를 사용하자. 우선 모든 계좌 정보를 가져오는 테스트를 만들자.

> **NOTE_** 테스트를 작성할 때는 준비–실행–검사 사이클을 항상 염두에 두자.

예제 C-9 모든 계좌 정보를 가져오는 통합 테스트

```
package appendix.c.mybank;
...

import org.junit.jupiter.api.Test;
...

@SpringBootTest(webEnvironment=RANDOM_PORT)
public class IntegrationTest {

  @Autowired
  TestRestTemplate restTemplate;

  // - `GET /account` : 전체 계좌 목록을 반환한다.
  @Test
  void AccountListShouldReturnAllAccounts() {
    // arrange

    // act
    ResponseEntity<Account[]> res = restTemplate.getForEntity("/account", Account[].class);

    // assert
    assertThat(res.getStatusCode()).isEqualTo(HttpStatus.OK);
    assertThat(res.getBody().size()).isGreaterThan(0);

    var first = res.getBody()[0];
    assertThat(first.getId()).isEqualTo(0);
    assertThat(first.getName()).isEqualTo("TestAccount1");
    assertThat(first.getBalance()).isEqualTo(1_000_000);
    assertThat(first.getFixedDeposit().length).isEqualTo(0);
  }
  ...
}
```

이 예제에서는 컬렉션을 전달받기 위해 RestTemplate에서 getForEntity로 배열 타입을 넘기는 것을 보여준다. 리스트를 사용하고 싶다면 리스트를 감싸는 래퍼 클래스를 만드는 방법이 있지만, 클래스를 하나 더 정의해야 하므로 약간 번거롭다. 이럴 때 스프링의 ParameterizedTypeReference를 사용하면 좀 더 편하다. 다만 ParameterizedTypeReference를 사용하려면 RestTemplate의 exchange를 사용해 값을 받아와야 한다. FixedDeposit을 테스트하기 위해 이를 사용하자.

예제 C-10 계좌에 속한 정기 예금을 모두 가져오는 테스트

```
...
@SpringBootTest(webEnvironment=RANDOM_PORT)
public class IntegrationTest {
  ...

  // - `GET /account/{id}/fixedDeposit` : `{id}`라는 계좌에 속한 정기 예금 목록을 반환한다.
  @Test
  void FixedDepositByAccountIdShouldReturnAllFixedDeposit() {
    // arrange

    // act
    var ty =  new ParameterizedTypeReference<List<FixedDeposit>>(){};
    ResponseEntity<List<FixedDeposit>> res =
        restTemplate.exchange("/account/0/fixedDeposit",
            HttpMethod.GET, null, ty);

    // assert
    assertThat(res.getStatusCode()).isEqualTo(HttpStatus.OK);
    assertThat(res.getBody()).isEqualTo(HttpStatus.OK);

    var deposit = res.getBody().get(0);
    assertThat(deposit.getId()).isEqualTo(0);
    assertThat(deposit.getName()).isEqualTo("TestAccount1");
    assertThat(deposit.getAmount()).isEqualTo(1_000_000);
    assertThat(deposit.getAccount().getId()).isEqualTo(0);
  }
  ...
}
```

[예제 C-9]를 입력하면 [그림 C-5]와 같이 네모 박스 안에 Account라는 타입과 그 타입의 getName(), getBalance(), getFixedDeposit() 게터가 없음을 보여준다. 이와 비슷하게 FixedDepositByAccountIdShouldReturnAllFixedDeposit() 메서드를 입력해도 빨간색을 여럿 볼 수 있다. 일단 빨간색을 없애려면 엔티티를 정의하고 최소한의 필드를 추가해야 한다. 이런 식으로 테스트를 작성하는 과정에서 자연스럽게 꼭 필요한 엔티티나 엔티티 필드에 대해 생각하고 설계하게 된다는 점에 유의하자. 앞으로 각 단계를 진행하다 보면 엔티티뿐 아니라 서비스, 리포지터리 등 여러 단계에서 필요한 각종 클래스와 유틸리티 함수들을 자연스럽게 구현하게 된다는 사실을 알 수 있다. 또한 통합 테스트에서 애플리케이션이 만족해야 하는 최종 목표를 정의하고 각 단위 테스트에서 애플리케이션을 이루는 각 부분의 동작을 정의함으

로써, 모든 테스트가 만족스러울 때 전체 애플리케이션이 정상 작동한다는 사실을 더 믿을 수 있다[2].

> **NOTE_** 스프링 부트에서 통합 테스트를 작성할 때는 @SpringBootTest 애너테이션을 사용한다.

TDD에서는 테스트를 먼저 정의하는데, 이는 테스트하려는 대상의 외부 인터페이스와 기능 명세를 작성하고 설계하는 것이라 생각할 수 있다. 어차피 어떤 모듈이나 클래스, 함수 등의 시스템 내부를 구현하려면 설계 과정에서 그 시스템이 외부와 어떤 형태로 연동될지 인터페이스를 정하고 외부 환경과 인수에 대해 어떻게 작동해야 할지 명세를 정하며, 그런 과정에서 당연히 해당 시스템이 어떤 형태로 쓰일지 용례를 생각하게 된다. 이런 면에서 테스트를 먼저 작성한다는 것은 코드로 이런 인터페이스와 명세 및 용례를 문서화하는 과정이라고도 볼 수 있으며, 테스트를 먼저 작성하는 것은 전혀 이상한 일이 아니다.

그림 C-5 정의하지 않은 클래스로 인해 테스트 케이스가 컴파일될 수 없다

application.yml × MybankApplicationTests.java × IntegrationTest.java × build.gradle × SpringBootTest.java ×

```java
    // - `GET /account` : 전체 계좌 목록을 반환한다.
    @Test
    void AccountListShouldReturnAllAccounts() {
        // arrange

        // act
        ResponseEntity<Account[]> res = restTemplate.getForEntity( url: "/account", Account[].class)

        // assert
        assertThat(res.getStatusCode()).isEqualTo(HttpStatus.OK);
        assertThat(res.getBody().length).isGreaterThan(0);

        var first = res.getBody()[0];
        assertThat(first.getName()).isEqualTo("TestAccount1");
        assertThat(first.getBalance()).isEqualTo(1_000_000);
        assertThat(first.getFixedDeposit().length).isEqualTo(0);
    }

    // - `GET /account/{id}` : `{id}`라는 ID를 가지는 은행 계좌를 반환한다.
    @Test
    void AccountWithIdShouldReturnAccount() {

    }
```

IntegrationTest › AccountWithIdShouldReturnAccount()

2 테스트가 아무리 많아도 버그의 부재를 증명할 수 없음은 잘 알려진 사실이다. 단위 테스트나 통합 테스트 말고 특성 기반 테스트(property based test) 등 다른 테스트를 활용하거나, 좀 더 엄밀하고 수학적인 소프트웨어 검증 도구를 적극적으로 활용하자. 결함이 없는 소프트웨어를 작성하려면 늘 좀 더 겸손한 자세로 노력하는 수밖에 없다.

일단 빨간색을 없앨 수 있도록 모델 클래스를 정의하자.

예제 C-11 모델 클래스(초기 버전)

```
// Account.java
...

@Data
public class Account {
  private Long id;
  private String name;
  private Long balance;
  private List<FixedDeposit> fixedDeposits;
}

// FixedDeposit.java
...

@Data
public class FixedDeposit {
  Long id;
  String name;
  Long amount;
  Account account;
}
```

에디터에 있는 빨간색이 없어져서 컴파일은 되지만, 실제 통합 테스트를 실행해보면 테스트 중 세 가지가 실패한다(성공하는 경우도 컨트롤러를 정의하지 않아서 우연히 HTTP 404 오류가 나기 때문이지 애플리케이션이 정상 작동해서 성공한 것은 아니다). 그리고 아직 각 테스트 케이스의 준비 단계를 처리하지 않았다. 이 부분은 나중에 처리하기로 하고, 일단 URL 처리를 위한 컨트롤러 클래스 테스트를 만들고 컨트롤러 클래스를 만들자.

두 번째 테스트 – 컨트롤러 테스트

컨트롤러는 웹 API를 제공하는 애플리케이션의 외부 접점을 담당하므로 형태가 통합 테스트와 비슷할 수 밖에 없다. 다만, 스프링이 제공하는 `@WebMvcTest`를 사용하고 `Mock`으로 `MockMvc`를 사용하면 `Mock`을 사용해 컨트롤러 기능을 테스트할 수 있다. 일단 `Mock`과 `andExpect`를 사용해서 원하는 결과를 정리하자. `/account URL`에 대한 컨트롤러를 TDD로 구현하는 과정을 보여줄 것이다. 나머지 메서드를 TDD로 구현하는 것은 숙제로 남겨둔다.

예제 C-12 컨트롤러 테스트

```
package appendix.c.mybank;
...

import appendix.c.mybank.controller.AccountController;
...

@WebMvcTest(AccountController.class)
public class ControllerTest {

  @Autowired
  private MockMvc mvc;

  @Test
  void AccountListShouldReturnAllAccounts() throws Exception {
    var account = new Account(0L, "TestAccount1", 1_000_000L, null);

    mvc.perform(MockMvcRequestBuilders.get("/account"))
        .andExpect(status().isOk())
        .andExpect(jsonPath("$").isArray())
        .andExpect(jsonPath("$", hasSize(1)))
        .andExpect(jsonPath("$[0]").exists())
        .andExpect(jsonPath("$[0].id").value(account.getId()))
        .andExpect(jsonPath("$[0].name").value(account.getName()))
        .andExpect(jsonPath("$[0].balance").value(account.getBalance()))
        .andExpect(jsonPath("$[0].fixedDeposits").isEmpty());
  }
  ...
}
```

컴파일하려면 AccountController 클래스가 필요하고 Account를 생성하기 위한 생성자도 필요하다. 일단 본문이 없는 AccountController 클래스를 추가하고, Account 엔티티 객체의 생성자를 직접 구현하거나 롬복 @AllArgsConstructor를 붙이자. 아직도 AccountListShouldReturnAllAccounts는 실패한다. 컨트롤러는 요청이 들어오면 하위 서비스에 요청을 전달하고 결과를 돌려주는 단순한 역할을 수행하므로 여기서도 AccountService를 컨트롤러의 생성자 인수로 추가해서 스프링이 생성자 주입을 수행할 수 있게 하고, 계좌 목록을 가져오는 메서드를 추가한다.

NOTE_ 스프링 부트에서 웹 MVC 컨트롤러 테스트를 작성할 때는 @WebMvcTest(컨트롤러 클래스) 애너테이션을 사용한다.

예제 C-13 AccountService를 추가한 컨트롤러의 /account 매핑 메서드

```
package appendix.c.mybank.controller;

import appendix.c.mybank.model.Account;
...

@RestController
public class AccountController {

  private AccountService accountService;

  AccountController(AccountService accountService) {
    this.accountService = accountService;
  }

  @GetMapping("/account")
  Account[] getAccounts() {
    return accountService.getAllAccounts();
  }
}
```

자연스럽게 accountService에서 모든 계좌를 가져오는 메서드가 필요하다는 사실을 알 수 있다. 이 메서드를 추가하되 아직은 원소가 0개인 배열을 반환하게 만들자.

예제 C-14 AccountService의 getAllAccounts() 메서드

```
package appendix.c.mybank.service;

import appendix.c.mybank.model.Account;
...

public class AccountService {
  ...
  public Account[] getAllAccounts() {
    return new Account[0];
  }
```

```
  ...
}
```

다시 컨트롤러 테스트를 실행해보면 AccountService 빈이 없어서 테스트가 실패한다. 생성자 주입 시 사용할 AccountService 타입의 빈을 제공해야 하는데, 아직 서비스를 구현하지 않았으므로 Mock을 사용한다.

예제 C-15 ControllerTest의 AccountListShouldReturnAllAccounts에서 서비스 Mock 사용하기

```
package appendix.c.mybank;

import appendix.c.mybank.controller.AccountController;
...

@WebMvcTest(AccountController.class)
public class ControllerTest {

  @Autowired
  private MockMvc mvc;

  @MockBean
  private AccountService accountService;

  @Test
  void AccountListShouldReturnAllAccounts() throws Exception {
    var account = new Account(0L, "TestAccount1", 1_000_000L, null);

    given(accountService.getAllAccounts()).willReturn(new Account[] {account});

    mvc.perform(MockMvcRequestBuilders.get("/account"))
    ...
  }
  ...
}
```

비슷한 방식으로 나머지 테스트 케이스를 구현하다 보면 AccountWithNonExistingIdShouldReturn404를 다음과 같이 구현하게 될 것이다.

```
...
public class ControllerTest {
```

```
  ...

  @Test
  void AccountWithNonExistingIdShouldReturn404() throws Exception {
    var account = new Account(0L, "TestAccount1", 1_000_000L, null);

    given(accountService.getAccountById(account.getId())).willReturn(account);
    given(accountService.getAccountById(anyLong()))
        .willThrow(new AccountNotFoundException("Account with id cannot find."));
    mvc.perform(MockMvcRequestBuilders.get("/account/9999"))
        .andExpect(status().isNotFound());
  }
  ...
}
```

이 테스트도 오류가 발생한다. 404 HTTP 응답 코드를 원했지만 실제로는 오류가 발생했다. 이를 막기 위해서는 예외 핸들러를 정의해야 한다.

예제 C-16 ControllerTest에 예외 핸들러를 정의해서 계좌 정보를 못찾은 경우 404 반환하기

```
...
@RestController
public class AccountController {
  ...
  @GetMapping("/account/{accountId}")
  Account getAccounts(@PathVariable Long accountId) {
    return accountService.getAccountById(accountId);
  }

  @ExceptionHandler
  @ResponseStatus(HttpStatus.NOT_FOUND)
  void accountNotFoundExceptionHandler() {}
}
```

핸들러를 정의하고 싶지 않으면 AccountNotFoundException 클래스 앞에 @ResponseStatus를 붙여도 된다. 핸들러를 정의하고 나면 AccountWithNonExistingIdShouldReturn404 테스트도 통과한다.

비슷한 방식으로 나머지 단위 테스트를 작성하면서 컨트롤러 메서드를 구현하고 서비스 메서드를 정의하자. 구현된 전체 컨트롤러는 다음과 같다.

예제 C-17 완성된 AccountController

```
package appendix.c.mybank.controller;

import appendix.c.mybank.exception.AccountNotFoundException;
...

@RestController
public class AccountController {

  private AccountService accountService;

  AccountController(AccountService accountService) {
    this.accountService = accountService;
  }

  @GetMapping("/account")
  Account[] getAccounts() {
    return accountService.getAllAccounts();
  }

  @GetMapping("/account/{accountId}")
  Account getAccounts(@PathVariable Long accountId) {
    return accountService.getAccountById(accountId);
  }

  @GetMapping("/account/{accountId}/fixedDeposit")
  List<FixedDeposit> getFixedDepositByAccountId(@PathVariable Long accountId) {
    return accountService.getFixedDepositByAccountId(accountId);
  }

  @ExceptionHandler(AccountNotFoundException.class)
  @ResponseStatus(HttpStatus.NOT_FOUND)
  void accountNotFoundExceptionHandler() {}
}
```

이 과정에서 모델 클래스는 다음과 같은 형태로 바뀐다. JSON 변환 시 순환참조가 제대로 처리되지 않는 문제를 피하기 위해 `@JsonManagedReference`와 `@JsonBackReference`를 덧붙였다.

예제 C-18 1차 변경된 모델 클래스들

```
// Account.java
package appendix.c.mybank.model;
...

@Data
@AllArgsConstructor
public class Account {
  private Long id;
  private String name;
  private Long balance;

  @JsonManagedReference
  private List<FixedDeposit> fixedDeposits;
}


// FixedDeposit.java
package appendix.c.mybank.model;
...

@Data
@AllArgsConstructor
public class FixedDeposit {
  Long id;
  String name;
  Long amount;

  @JsonBackReference
  Account account;
}
```

컨트롤러 테스트는 모두 성공하지만 아직 통합 테스트는 실패한다. 서비스나 그 아래쪽 레이어 구현이 끝나지 않았기 때문이다. 이제 서비스 클래스에 대한 단위 테스트를 구현하고 이를 바탕으로 서비스 레이어를 구현하자.

세 번째 테스트 – 서비스 테스트

서비스의 경우 비즈니스 로직을 전개하는 데 스프링이 필요하다면 스프링을 활용할 수도 있다. 그러나 생성자 주입을 사용해 필요한 빈을 전달 받고 내부에서 필요한 모든 처리를 수행할 수 있는 완결성이 갖춰진 서비스라면, 하위 리포지터리 레이어나 다른 빈 의존 관계를 Mock으로 대치하는 방식으로 테스트할 수도 있다. 따라서 서비스 테스트는 꼭 스프링 테스트가 아니어도 된다. JUnit5에서는 POJO의 메서드를 테스트 케이스로 사용할 수 있고 굳이 애너테이션을 테스트 클래스에 붙이지 않아도 되지만, 모키토를 사용하기 위해 @ExtendWith(MockitoExtension.class)를 붙여줘야 한다.

여러 테스트 케이스 중에서 계좌 아이디를 가지고 계좌를 하나 얻어오는 서비스 메서드를 테스트하기 위한 테스트 케이스 두 가지를 살펴보자. getAccountByIdReturnsAccount 테스트 케이스는 정상적인 경우happy path를 테스트하고, getAccountByNonExistingIdThrowsException은 잘못된 경우를 테스트한다.

> **NOTE_** 웹 MVC의 서비스 레이어를 테스트할 때 일반 JUnit 테스트와 리포지터리 레이어에 대한 Mock을 활용하면 간편하다.

예제 C-19 계좌 아이디를 가지고 계좌 정보를 얻어오는 서비스 메서드에 대한 테스트 케이스

```
package appendix.c.mybank;

import appendix.c.mybank.exception.AccountNotFoundException;
...

@ExtendWith(MockitoExtension.class)
public class ServiceTest {

  @Mock
  AccountRepository accountRepository;

  AccountService accountService;

  @BeforeEach
  void setUp() {
    accountService = new AccountService(accountRepository);
  }
  ...

  @Test
  void getAccountByIdReturnsAccount() {
    var account = new Account(0L, "TestAccount1", 1_000_000L, null);
```

```
    given(accountRepository.getOne(account.getId())).willReturn(account);

    var result = accountService.getAccountById(account.getId());
    assertThat(result).isEqualToComparingFieldByField(account);
  }

  @Test
  void getAccountByNonExistingIdThrowsException() {
    var account = new Account(0L, "TestAccount1", 1_000_000L, null);
    var message = "Account with id = 999 does not exist.";

    given(accountRepository.getOne(account.getId())).willReturn(account);
    given(accountRepository.getOne(anyLong())).willReturn(null);

    var thrown = catchThrowableOfType(() -> {
          accountService.getAccountById(999L);
       }, AccountNotFoundException.class);
    assertThat(thrown).hasMessage(message);
  }
  ...
}
```

getAccountByIdReturnsAccount는 평이하다. 테스트 케이스를 작성하다 보면 AccountRepository에 대한 Mock이 필요하다는 사실을 알 수 있어 이 클래스를 추가하고 관련 메서드도 추가하게 된다. accountService.getAccountById에 정상적인 ID를 넘겨서 제대로 객체가 넘어오는지, assertJ의 isEqualToComparingFieldByField 메서드를 사용해 비교한다.

getAccountByNonExistingIdThrowsException은 예외 발생을 테스트할 때 사용할 수 있는 catchThrowableOfType 사용법을 보여준다. catchThrowableOfType은 람다를 실행하면서 우리가 지정한 타입의 예외가 발생하는지 체크하고, 예외가 발생하면 그 예외를 돌려준다. 여기서는 돌려받은 예외를 thrown 변수에 저장하여 우리가 원하는 메시지인지 검사했다. 던져질 예외 타입이 여럿이라면 catchThrowableOfType 대신 catchThrowable을 사용할 수도 있다.

한편, 리포지터리는 전달받은 ID에 해당하는 엔티티를 찾을 수 없을 때 null을 반환한다는 점에 유의하자. AccountService의 getAccountById 메서드는 리포지터리가 돌려준 엔티티가 null인지 검사하여 널인 경우 AccountNotFoundException 예외를 던지도록 구현돼야 한다. 나머지 테스트 케이스들도 비슷한 방식으로 구현할 수 있다. 테스트 케이스를 구현하고 테스트를 통과시키기 위해 필요한 구현을 서비스에 추가하면 다음과 같이 서비스 코드가 완성된다.

예제 C-20 서비스 테스트를 통과시키면서 완성된 서비스 클래스

```
package appendix.c.mybank.service;

import appendix.c.mybank.exception.AccountNotFoundException;
...

public class AccountService {

  AccountRepository accountRepository;

  public AccountService(AccountRepository accountRepository) {
    this.accountRepository = accountRepository;
  }

  public Account[] getAllAccounts() {
    return accountRepository.findAll().toArray(new Account[0]);
  }

  public Account getAccountById(Long id) {
    var account = accountRepository.getOne(id);

    if(account == null)
      throw new AccountNotFoundException(id);
    else
      return account;
  }

  public List<FixedDeposit> getFixedDepositByAccountId(Long id) {
    var account = accountRepository.getOne(id);

    if(account == null)
      throw new AccountNotFoundException(id);
    else
      return account.getFixedDeposits();
  }
}
```

서비스 계층까지 완성했지만 여전히 통합 테스트는 녹색 불이 들어오지 않는다. 이제 리포지터리를 구현할 차례다.

네 번째 테스트 – 리포지터리 테스트

리포지터리 테스트는 스프링의 @DataJpaTest를 사용해 정의할 수 있다. 테스트 케이스마다 사용할 데이터를 준비하는 작업이 필요하므로 JUnit5의 @BeforeEach와 스프링 부트 테스트가 제공하는 테스트 엔티티 매니저(TestEntityManager)를 사용해 엔티티를 준비한다. 정기 예금이 2개 있는 계좌 정보를 엔티티 매니저로 저장하고, 테스트 케이스에서 JPA의 리포지터리 메서드를 사용해 이를 읽고 테스트하는 코드를 다음과 같이 작성할 수 있다.

예제 C-21 리포지터리 테스트

```
package appendix.c.mybank;

import appendix.c.mybank.model.Account;
...

@ExtendWith(SpringExtension.class)
@DataJpaTest
public class RepositoryTest {
  @Autowired
  AccountRepository repository;

  @Autowired
  TestEntityManager em;

  Account accountSaved;

  FixedDeposit fixedDepositSaved1;

  FixedDeposit fixedDepositSaved2;

  @BeforeEach
  void setUp() {
    // 계좌 정보를 만들고 저장한다. 일단 fixedDeposit을 null로 설정한다.
    accountSaved = em.persistFlushFind(new Account(null, "TestAccount1", 1_000_000L,
List.of()));

    // 저장한 계좌 정보를 가지고 정기 예금을 만든다.
    fixedDepositSaved1 = em.persistFlushFind(
       new FixedDeposit(null, "FixedDeposit1", 1_000L, accountSaved));
    fixedDepositSaved2 = em.persistFlushFind(
       new FixedDeposit(null, "FixedDeposit2", 999L, accountSaved));
```

```
    // 계좌 정보의 정기 예금 목록을 방금 만든 정기 예금들로 채운 후 다시 저장한다.
    var list = List.of(fixedDepositSaved1, fixedDepositSaved2);
    accountSaved.setFixedDeposits(list);
    em.persistAndFlush(accountSaved);
  }

  @Test
  void findAllReturnsAllAccounts() {
    var accounts = repository.findAll();
    assertThat(accounts).isNotEmpty();

    var account = accounts.get(0);
    assertThat(account.getId()).isEqualTo(accountSaved.getId());
    assertThat(account.getName()).isEqualTo("TestAccount1");
    assertThat(account.getBalance()).isEqualTo(1_000_000L);

    var fixedDeposits = account.getFixedDeposits();

    var fixedDeposit1 = fixedDeposits.get(0);
    assertThat(fixedDeposit1.getId()).isEqualTo(fixedDepositSaved1.getId());
    assertThat(fixedDeposit1.getName()).isEqualTo("FixedDeposit1");
    assertThat(fixedDeposit1.getAmount()).isEqualTo(1_000L);

    var fixedDeposit2 = fixedDeposits.get(1);
    assertThat(fixedDeposit2.getId()).isEqualTo(fixedDepositSaved2.getId());
    assertThat(fixedDeposit2.getName()).isEqualTo("FixedDeposit2");
    assertThat(fixedDeposit2.getAmount()).isEqualTo(999L);
  }

  @Test
  void getOneByIdReturnsAccount() {
    var account = repository.getOne(accountSaved.getId());
    assertThat(account).isNotNull();
    assertThat(account.getId()).isEqualTo(accountSaved.getId());
    assertThat(account.getName()).isEqualTo("TestAccount1");
    assertThat(account.getBalance()).isEqualTo(1_000_000L);
  }

  @Test
  void getOneByNonExistingIdReturnsNull() {
    var account = repository.getOne(999L);
    assertThat(account).isNull();
  }
}
```

이 코드의 `setUp()`에서 엔티티를 초기화할 때 `id` 필드에는 `null`을 넣었다. JPA가 데이터를 영속화할 때 데이터베이스에서 아이디를 자동으로 생성해 저장하고 돌려주며, 이 아이디를 키로 객체의 동일성을 판단하기 때문에 임의로 `id` 필드값을 지정하면 안 된다는 점에 유의하자.

NOTE_ 스프링 부트에서 리포지터리 테스트를 작성할 때는 @DataJpaTest 애너테이션을 활용한다.

테스트 케이스는 컴파일되지만 리포지터리는 자동 연결되지 않는다. 앞에서 서비스 테스트와 함께 정의한 리포지터리는 스프링 자동 연결을 사용하지 않고 테스트에서 객체를 직접 생성해 사용했다. 이 리포지터리의 코드는 다음과 같다.

예제 C-22 서비스 테스트까지 만족한 시점의 리포지터리 클래스

```
package appendix.c.mybank.repository;
...

public class AccountRepository {
  public List<Account> findAll() {
    return List.of();
  }

  public Account getOne(Long id) {
    return null;
  }
}
```

하지만 우리는 JPA를 사용할 경우 스프링 데이터 JPA가 자동으로 기본 CRUD 연산을 제공한다는 사실을 잘 알고 있다. 이를 만족시키기 위해 다음과 같이 위의 클래스 정의를 인터페이스로 바꾸면서 `JpaRepository`를 확장하고 `@Repository` 애너테이션을 붙여 메서드 구현이나 빈 연결 등의 뒷일을 스프링 데이터 JPA에게 맡기자.

예제 C-23 서비스 테스트까지 만족한 시점의 리포지터리 클래스

```
package appendix.c.mybank.repository;
...

@Repository
public interface AccountRepository extends JpaRepository<Account, Long> {
```

```
    List<Account> findAll();
    Account getOne(Long id);
}
```

이제 테스트를 실행해보면 다음과 같은 오류를 볼 수 있다.

```
Testing started at 11:42 pm ...
...

> Task :test
...

org.springframework.beans.factory.BeanCreationException: Error creating bean with
name 'accountRepository': Invocation of init method failed; nested exception is
java.lang.IllegalArgumentException: Not a managed type: class appendix.c.mybank.
model.Account
...
```

Account 클래스가 JPA에 의해 관리되는 타입이 아니라는 오류가 표시된다. 이유가 뭘까? 모델 클래스를 @Entity 애너테이션으로 표시하지 않았기 때문이다. 이제 Account와 FixedDeposit 클래스 정의 앞에 @Entity 애너테이션을 추가하고 다시 테스트를 실행해보면 다음과 같은 오류가 나온다.

```
...

org.springframework.beans.factory.BeanCreationException: Error creating bean with
name 'entityManagerFactory' defined in class path resource [org/springframework/
boot/autoconfigure/orm/jpa/HibernateJpaConfiguration.class]: Invocation of init
method failed; nested exception is org.hibernate.AnnotationException: No identifier
specified for entity: appendix.c.mybank.model.Account
...
```

엔티티를 식별할 수 있는 식별자를 추가하지 않았다는 뜻이다. Account와 FixedDeposit의 id 필드를 식별자로 지정하자. h2 데이터베이스의 경우 시퀀스 처리를 자동으로 해주지 못하므로 자동 생성 ID를 지정할 때 @GeneratedValue(strategy = GenerationType.SEQUENCE, generator= ...) 애너테이션을 사용해 시퀀스에 사용할 제네레이터를 직접 시성해야 한다.

식별자를 지정하는 김에 다른 필드에 대해서도 데이터베이스 컬럼 관련 애너테이션을 추가하고, JPA의 OneToMany나 ManyToOne 등의 대응 관계도 지정하자. 이렇게 필요한 내용을 채워 넣은 Account는 다음과 같다.

예제 C-24 Account 모델 클래스(최종 버전)

```
package appendix.c.mybank.model;

import com.fasterxml.jackson.annotation.JsonManagedReference;
import lombok.AllArgsConstructor;
import lombok.Data;
import lombok.NoArgsConstructor;

import javax.persistence.*;
import java.util.List;

@Data
@AllArgsConstructor
@NoArgsConstructor
@Entity
@SequenceGenerator(name = "SeqAccount", sequenceName = "DB_SEQ_ACCOUNT", allocationSize = 1)
public class Account {
  @Id
  @GeneratedValue(strategy = GenerationType.SEQUENCE, generator = "SeqAccount")
  @Column
  private Long id;

  @Column
  private String name;

  @Column
  private Long balance;

  @JsonManagedReference
  @OneToMany
  private List<FixedDeposit> fixedDeposits;
}
```

다음은 FixedDeposit 모델 클래스 정의다. Account에서는 @OneToMany 애너테이션으로 FixedDeposit과의 일대다 연결을 표현하고 FixedDeposit에서는 @ManyToOne 애너테이션으로 다대일 연결을 표현하며, 두 애너테이션이 서로 쌍을 이룬다는 데 유의해야 한다. 캐스케이딩cascading이나 페치fetch 전략 등은 디폴트값을 사용한다. 이 부분은 JPA 관련 서적을 참조하자.

예제 C-25 FixedDeposit 모델 클래스(최종 버전)

```
package appendix.c.mybank.model;
...

@Data
@AllArgsConstructor
@NoArgsConstructor
@Entity
@SequenceGenerator(name = "SeqFixedDeposit", sequenceName = "DB_SEQ_FiXEDDEPOSIT",
                   allocationSize = 1)
public class FixedDeposit {

  @Id
  @GeneratedValue(strategy = GenerationType.SEQUENCE,
                  generator = "SeqFixedDeposit")
  @Column
  Long id;

  @Column
  String name;

  @Column
  Long amount;

  @JsonBackReference
  @ManyToOne
  @JoinColumn(nullable = false)
  Account account;
}
```

이렇게 해놓고 테스트를 실행해보면 다른 테스트는 문제가 없지만 getOneByNonExistingIdReturnsNull 테스트가 실패한다. 컨트롤러 테스트를 작성하는 과정에서 ID에 해당하는 계좌가 없으면 getOne이 null을 반환한다고 가정했지만, 스프링 데이터 JPA가 제공하는 리포지터리 구현의 getOne은 EntityNotFoundException 예외를 발생시키므로 문제가 생긴다.

```
...
Unable to find appendix.c.mybank.model.Account with id 999
javax.persistence.EntityNotFoundException: Unable to find appendix.c.mybank.model.
Account with id 999
...
```

이 경우 별도의 리포지터리 구현 클래스를 만드는 것이 귀찮으므로, 리포지터리 테스트를 변경하고 상위 서비스 코드에서 null이 아닌 EntityNotFoundException 예외를 처리하도록 변경해야 한다. 일단 리포지터리 테스트 코드의 getOneByNonExistingIdReturnsNull을 다음과 같이 변경하자.

```
...

@Test
void getOneByNonExistingIdReturnsNull() {
  var throwed = catchThrowableOfType(() -> { repository.getOne(999L); },
     EntityNotFoundException.class);

  assertThat(throwed).hasMessageContaining("Unable to find");
}
...
```

이렇게 변경해도 실제로는 예외가 발생하지 않고 테스트가 실패한다. 이유를 밝혀내기 위해 디버깅하다 보면 repository.getOne(999L)이 즉각 예외를 반환하지 않고 하이버네이트 프록시를 반환한다는 것을 알 수 있다. 이 프록시는 내부 필드 중에서 getOne 요청에 사용하지 않은 필드(즉 id가 아닌 다른 필드) 중 하나에 접근하려고 하면 비로소 예외를 던진다. 다음과 같이 테스트 케이스를 수정하자.

```
...

@Test
void getOneByNonExistingIdReturnsNull() {
  var throwed = catchThrowableOfType(() -> { repository.getOne(999L).getName(); },
     EntityNotFoundException.class);

  assertThat(throwed).hasMessageContaining("Unable to find");
}
...
```

이런 경우는 getOne을 사용하는 대신 CrudRepository에 있는 findById()를 사용하는 편이 더 나아 보인다. findById는 Optional을 반환하므로 서비스에서도 이 Optional 값을 활용해 쉽게 처리할 수 있다. findById()를 사용하면 다음과 같이 테스트 케이스를 고칠 수 있다.

```
...

@Test
void getOneByNonExistingIdReturnsNull() {
  var opt = repository.findById(999L);
  assertThat(opt).isEmpty();
}
...
```

이런 변화에 맞춰 ServiceTest에서도 getOne이 아닌 findById를 사용하도록 변경하자. 예를 들어 getFixedDepositByNonExistingIdThrowsException에서 accountRepository를 모킹하는 부분을 다음과 같이 바꿔야 할 것이다.

```
given(accountRepository.findById(account.getId())).willReturn(Optional.of(account));
given(accountRepository.findById(anyLong())).willReturn(Optional.empty());
```

이렇게 바꾸고 나면 스텁 부분에 오류가 나면서 테스트가 실패한다.

```
...
appendix.c.mybank.ServiceTest > getAccountByNonExistingIdThrowsException() FAILED
  org.mockito.exceptions.misusing.UnnecessaryStubbingException
...
```

이는 서비스 클래스에서 사용하지 않는 메서드인 findById에 대한 기능을 채워 넣었기 때문에 발생하는 오류다. 이를 막으려면 다음과 같이 findById를 사용하도록 서비스 클래스를 변경해야 한다.

예제 C-26 AccountService 클래스(최종 버전)

```
package appendix.c.mybank.service;

import appendix.c.mybank.exception.AccountNotFoundException;
import appendix.c.mybank.model.Account;
import appendix.c.mybank.model.FixedDeposit;
import appendix.c.mybank.repository.AccountRepository;

import java.util.List;
```

```
public class AccountService {

  AccountRepository accountRepository;

  public AccountService(AccountRepository accountRepository) {
    this.accountRepository = accountRepository;
  }

  public Account[] getAllAccounts() {
    return accountRepository.findAll().toArray(new Account[0]);
  }

  public Account getAccountById(Long id) {
    return accountRepository.findById(id)
        .orElseThrow(() -> { throw new AccountNotFoundException(id); });
  }

  public List<FixedDeposit> getFixedDepositByAccountId(Long id) {
    return accountRepository.findById(id)
        .map((v)->v.getFixedDeposits())
        .orElseThrow(() -> { throw new AccountNotFoundException(id); });
  }
}
```

Optional에 대한 map과 orElseThrow를 사용해 ID에 해당하는 원소를 찾을 수 있는 경우와 아닌 경우로 깔끔하게 처리할 수 있었다. 리포지터리 테스트까지 필요한 모든 단위 테스트를 마무리했으므로 통합 테스트를 실행해보자.

마무리 – 다시 통합 테스트로

다른 모든 단위 테스트는 통과하는데 통합 테스트는 통과하지 못한다. 일단 맨 처음 만나는 오류는 다음과 같이 AccountService 빈을 찾을 수 없다는 오류다. 이는 AccountService 클래스 앞에 @Service 애너테이션을 붙이면 쉽게 해결된다.

```
...
***************************
APPLICATION FAILED TO START
***************************

Description:
```

```
Parameter 0 of constructor in appendix.c.mybank.controller.AccountController
required a bean of type 'appendix.c.mybank.service.AccountService' that could not
be found.


Action:

Consider defining a bean of type 'appendix.c.mybank.service.AccountService' in your
configuration.
...
```

하지만 데이터베이스에 레코드가 들어 있지 않기 때문에 테스트가 실패한다. JUnit의 @BeforeAll과 @AfterAll을 사용해 통합 테스트 시작 시 데이터베이스에 레코드를 넣고 테스트 완료 시 레코드를 제거하게 만들자. 여러 가지 방법이 있겠지만, 리포지터리를 활용해 엔티티를 저장하고 삭제하는 형태로 구현할 것이다. 추가된 레코드의 id가 어떤 값일지 알 수 없으므로 테스트 케이스를 수정해서 저장한 엔티티로부터 id를 가져오도록 바꿔야 한다. 정기 예금 엔티티를 저장하려면 정기 예금 저장을 담당할 리포지터리를 작성해야 한다. 다음과 같이 몇 줄만 추가하면 간단하게 리포지터리가 생성된다.

```
package appendix.c.mybank.repository;
...

public interface FixedDepositRepository extends JpaRepository<FixedDeposit, Long> {}
```

이제 다음과 같이 IntegrationTest 클래스에 데이터 생성과 정리 메서드를 추가하고, 저장한 엔티티로부터 ID를 얻어서 사용하도록 소스 일부분을 변경하자. 지면 관계상 변경한 테스트 케이스 메서드는 FixedDepositByAccountIdShouldReturnAllFixedDeposit만 나타낸다.

예제 C-27 IntegrationTest

```
package appendix.c.mybank;

import appendix.c.mybank.model.Account;
...

@SpringBootTest(webEnvironment=RANDOM_PORT)
```

```
@TestInstance(TestInstance.Lifecycle.PER_CLASS)
public class IntegrationTest {

  @Autowired
  TestRestTemplate restTemplate;

  @Autowired
  AccountRepository accountRepository;

  @Autowired
  FixedDepositRepository fixedDepositRepository;

  Account accountSaved;
  FixedDeposit fixedDepositSaved1;
  FixedDeposit fixedDepositSaved2;

  @BeforeAll
  void setUp() {
    accountSaved = accountRepository.saveAndFlush(
        new Account(null, "TestAccount1", 1_000_000L, List.of()));

    fixedDepositSaved1 = fixedDepositRepository.saveAndFlush(
        new FixedDeposit(null, "TestFixedDeposit1", 1_000L, accountSaved));
    fixedDepositSaved2 = fixedDepositRepository.saveAndFlush(
        new FixedDeposit(null, "TestFixedDeposit2", 999L, accountSaved));

    accountSaved.setFixedDeposits(List.of(fixedDepositSaved1, fixedDepositSaved2));
    accountRepository.saveAndFlush(accountSaved);
  }

  @AfterAll
  void tearDown() {
    accountSaved.setFixedDeposits(List.of());
    accountRepository.saveAndFlush(accountSaved);

    fixedDepositRepository.delete(fixedDepositSaved1);
    fixedDepositRepository.delete(fixedDepositSaved2);

    accountRepository.delete(accountSaved);
  }
...

// - `GET /account/{id}/fixedDeposit` : `{id}`라는 계좌에 속한 정기 예금 목록을 반환한다.
@Test
```

```
  void FixedDepositByAccountIdShouldReturnAllFixedDeposit() {
    // arrange

    // act
    String url = String.format("/account/%d/fixedDeposit", accountSaved.getId());
    var ty =  new ParameterizedTypeReference<List<FixedDeposit>>(){};
    ResponseEntity<List<FixedDeposit>> res =
        restTemplate.exchange(url, HttpMethod.GET, null, ty);

    // assert
    assertThat(res.getStatusCode()).isEqualTo(HttpStatus.OK);
    assertThat(res.getBody().size()).isEqualTo(2);

    var deposit = res.getBody().get(0);
    assertThat(deposit.getId()).isEqualTo(fixedDepositSaved1.getId());
    assertThat(deposit.getName()).isEqualTo("TestFixedDeposit1");
    assertThat(deposit.getAmount()).isEqualTo(1_000);
    assertThat(deposit.getAccount().getId()).isEqualTo(accountSaved.getId());

    var deposit2 = res.getBody().get(1);
    assertThat(deposit2.getId()).isEqualTo(fixedDepositSaved2.getId());
    assertThat(deposit2.getName()).isEqualTo("TestFixedDeposit2");
    assertThat(deposit2.getAmount()).isEqualTo(999);
    assertThat(deposit2.getAccount().getId()).isEqualTo(accountSaved.getId());
  }
  ...
}
```

테스트를 실행해보면 NullPointerException이 발생하면서 테스트가 실패한다. 그 이유는 Account와 FixedDeposit이 서로 순환참조를 하기 때문에, JSON 변환 시 문제가 생겨 추가했던 @JsonBackReference, @JsonManagedReference 때문이다. JSON에서는 FixedDeposit에서 Account로 가는 참조를 표현할 방법이 없으므로 @JsonBackReference 애너테이션이 붙은 FixedDeposit의 account 필드는 어쩔 수 없이 null로 설정된다.

이 문제를 해결하는 방법으로 두 가지 정도를 생각할 수 있다.

모델 클래스를 바로 JSON으로 변환하지 말고 AccountDto, FixedDepositDto를 정의하고 서비스에서 DTO를 돌려준다. FixedDepositDto는 account 필드로 계좌 객체(또는 계좌 DTO 객체)를 직접 가리키는 대신 accountId 필드로 계좌 아이디를 지정해야 한다. AccountDto의 fixedDeposits는 FixedDepositDto의 리스트 타입이 되어야 한다.

부록 C의 MyBank 애플리케이션에서 FixedDeposit 목록을 얻는 상황은 Account 엔티티 객체를 얻어서 그 안에 포함된 fixedDeposits를 얻거나 "/account/{accountId}/fixedDeposit" URL을 사용해 특정 계좌 ID에 해당하는 정기 예금 목록을 가져왔을 때 뿐이므로, 클라이언트는 언제든 정기 예금이 속한 계좌의 ID를 알 수 있다. 그래서 FixedDeposit을 JSON으로 직렬화한 경우 정기 예금 쪽에서 계좌로 가는 연결이 없어도 된다고 볼 수 있다. 이런 해석을 택한다면 테스트 케이스에서 deposit.getAccount().getId() 등 정기 예금이 속한 계좌를 얻어서 아이디를 가져오는 부분을 아예 삭제하고 FixedDeposit의 account 필드를 무시할 수도 있다.

정공법은 DTO를 사용하는 것이겠지만, 여기서는 지면과 시간 관계상 account 필드를 무시하는 방법을 택할 것이다. 이 경우 단지 FixedDepositByAccountIdShouldReturnAllFixedDeposit 테스트 케이스에서 deposit.getAccount().getId()와 deposit2.getAccount().getId()가 있는 두 단언문만 제거하면 된다. 두 줄을 제거하면 마침내 모든 테스트가 정상 통과한다.

NOTE_ 테스트 케이스를 만들었을 때 생각했던 시스템 명세가 테스트와 구현을 진행하는 과정에서 잘못된 것으로 판명되거나 기술적, 사업적으로 가능하지 않을 수 있다. 이런 경우가 발생하면 테스트 케이스와 구현 코드를 변경하는 것이 당연하다. 설계, 테스트코드, 구현은 개발이 진행되는 과정에서 변화하며 진화하기 마련이다.

로컬 서버 실행 후 실제 요청 보내서 시험해보기

이제 로컬에서 애플리케이션을 실행하고 실제 요청을 보내보자. HTTP 요청을 보낼 때 사용할 수 있는 여러 도구가 있지만 여기서는 HTTPie를 사용한다. 맥에서는 브류로 간편하게 HTTPie를 설치할 수 있다. 실행 파일 이름은 http다.

먼저 완성한 MyBank 애플리케이션을 실행하자. gradle bootRun을 하거나, 인텔리J에서 MybankApplication 클래스 옆에 있는 화살표(다음 그림의 빨간 동그라미 부분)를 클릭해서 실행할 수 있다.

그림 C-6 인텔리J IDE에서 부트 애플리케이션을 실행하기 위한 버튼 위치

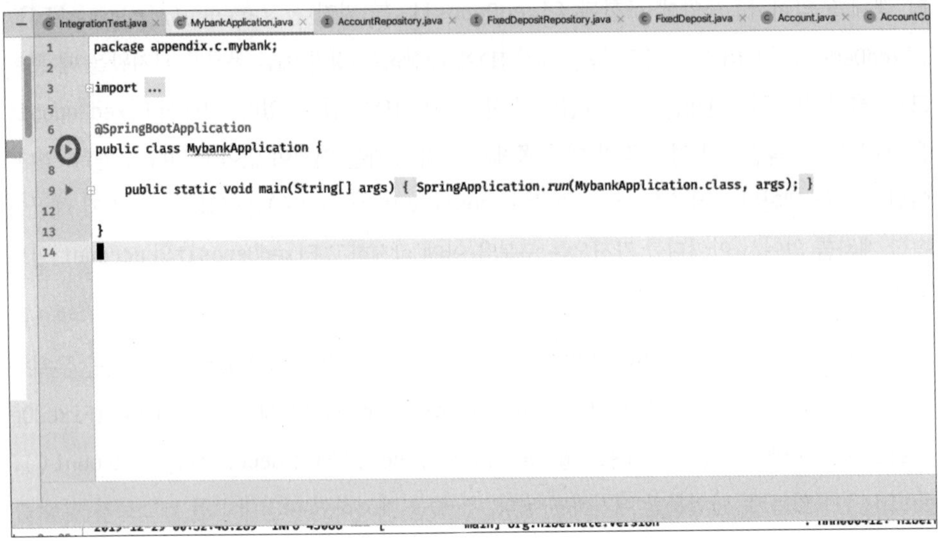

이제 터미널을 열고 HTTPie를 사용해 계좌 목록을 가져오는 `/account` 경로에 대한 GET 요청을 보내보자.

```
$ http http://localhost:8080/account
HTTP/1.1 200
Connection: keep-alive
Content-Type: application/json
Date: Sat, 28 Dec 2019 14:33:22 GMT
Keep-Alive: timeout=60
Transfer-Encoding: chunked

[]
```

아직 아무 데이터도 없으므로 빈 리스트를 볼 수 있다. 웹 브라우저에서 `http://localhost:8080/h2-console`을 열어 로그인한 후 데이터베이스 콘솔을 열고 데이터를 입력하면 다음과 같이 다른 결과를 볼 수 있다.

```
$ http http://localhost:8080/account/2
HTTP/1.1 200
Connection: keep-alive
```

```
Content-Type: application/json
Date: Sat, 28 Dec 2019 15:02:18 GMT
Keep-Alive: timeout=60
Transfer-Encoding: chunked

{
  “balance”: 1000000,
  “fixedDeposits”: [
    {
      “amount”: 1000,
      “id”: 1,
      “name”: “TestFixedDeposit1”
    },
    {
      “amount”: 2000,
      “id”: 2,
      “name”: “TestFixedDeposit2”
    }
  ],
  “id”: 2,
  “name”: “TestAccount1”
}
```

이제 웹 API가 준비됐으므로 이를 앱에서 활용할 수 있다. 프론트엔드 웹 앱을 리액트react나 뷰Vue, 앵귤러Angular 등으로 구현하는 경우 JSON을 돌려주거나 JSON을 통해 요청을 처리하는 백엔드 애플리케이션을 유용하게 사용할 수 있을 것이다.

C.5 요약

스프링 부트를 사용하면 복잡한 스프링 설정에 직접 손댈 필요 없이 의존 관계가 잘 준비되고 표준적인 사용법에 맞게 설정된 스프링 앱을 빠른 속도로 개발할 수 있다. 스프링 부트가 제공하는 기본 설정에서 바꿔야 할 부분이 있다면 프로퍼티 파일이나 애너테이션, yaml 파일, 자바 프로그램 등을 통해 원하는 대로 변경할 수 있다. 스프링 이니셜라이저를 사용하면 프로젝트 정보, 사용하려는 의존 관계와 패키징 방법, 빌드 스크립트 종류 등을 선택해서 쉽게 프로젝트 틀을 만들 수 있다. 이번 장에서는 스프링 부트가 어떻게 작동하는지 간략히 살펴보고, 스프링 부트가 제공하는 테스트 기능을 활용해 TDD로 웹 API 프로젝트를 진행하는 과정을 설명했다. 최근 마이크로서비스가 각광받으면서 작은 크기의 웹 애플리케이션을 작성하고 배포해야 하는 경우가 많은데, 스프링 부트를 활용하면 JVM상에서 실행되는 웹 애플리케이션을 간편하게 작성해서 배포할 수 있다.

INDEX

INDEX

INDEX

기타

INDEX